广东农食产品应对国外技术性贸易措施指南

»»» 李志勇 主编 «««

廣東省出版集團
广东科技出版社
·广 州·

图书在版编目（CIP）数据

广东农食产品应对国外技术性贸易措施指南/李志勇主编.—广州：广东科技出版社，2012.8

ISBN 978-7-5359-5692-7

Ⅰ.①广… Ⅱ.①李… Ⅲ.①农产品—出口贸易—研究—广东省②食品—出口贸易—研究—广东省③技术贸易—研究—世界 Ⅳ.①F752.652 ②F746.17

中国版本图书馆 CIP 数据核字（2012）第 081704 号

Guangdong Nongshi Chanpin Yingdui Guowai Jishuxing Maoyi Cuoshi Zhinan

责任编辑：冯常虎
责任校对：梁小帆　盘婉薇　杨凌松
责任印制：罗华之
出版发行：广东科技出版社
（广州市环市东路水荫路 11 号　邮政编码：510075）
E-mail:gdkjzbb@21cn.com
http://www.gdstp.com.cn
经　　销：广东新华发行集团股份有限公司
印　　刷：广州伟龙印刷制版有限公司
（广州从化太平经济开发区创业路 31 号　邮政编码：510990）
规　　格：889mm×1 194mm　1/16　印张 26.75　字数 640 千
版　　次：2012 年 8 月第 1 版
2012 年 8 月第 1 次印刷
定　　价：120.00 元

《广东农食产品应对国外技术性贸易措施指南》编写委员会

主　编　李志勇

副主编　刘中勇　谢　力　刘　青　邵锦华

　　　　　韦晓群　刘　津　许业莉　邹志飞

编　委　（以姓氏笔画为序）

　　　　　韦晓群　石璐璐　刘　青　刘　津　刘中勇

　　　　　关丽军　许业莉　李志勇　李建军　李谦铿

　　　　　吴灿平　邹志飞　邵锦华　相大鹏　钟怀宁

　　　　　翁文川　高东微　谢　力　蒲　民　蔡　纯

参　编　（以姓氏笔画为序）

　　　　　王　伟　王志强　王丽霞　刘静宇　许志钦

　　　　　苏道斌　张　隽　陈文锐　陈永红　陈源树

　　　　　陆瑞强　武目涛　易　蓉　易敏英　凌　莉

　　　　　席　静

前　言

广东是农产品与食品（以下简称“农食产品”）生产和出口大省。进入21世纪以来，世界各国对食品安全与质量日益关注，农食产品进口准入条件也不断提高。技术性贸易措施已经成为制约广东农食产品出口最普遍和最难以对付的贸易壁垒，对广东农食产品行业造成直接冲击。据初步统计，有超过40%的广东农食产品出口企业曾遭遇过国外食品技术性贸易措施，经济损失数亿美元。因此，如何帮助广东出口农食企业及时了解国外农食产品技术性贸易措施的相关动态，为政府相关部门应对国外技术性贸易措施提供参考和决策依据，已经成为当前广东农食产品出口行业亟待解决的问题。

本书为广东省重大科技专项（2010B080701056）研究成果，通过收集整理一手的权威数据和资料，详细介绍了国外技术性贸易措施对广东农食产品出口贸易的影响，深入分析了广东农食产品贸易中遭遇技术性贸易措施的现状和原因，了解主要贸易对象伙伴农食产品技术性贸易措施，研究主要贸易对象伙伴重要的农食产品安全限量要求，借鉴世界各国利用和应对农食产品技术性贸易壁垒方面的主要做法，全方位系统探索了广东农食产品出口应对国外农食产品技术性贸易措施对策及建议，以期为广东企业打破和跨越技术性贸易措施奠定基础，促进广东农食产品出口。

本书可为出口食品监管、食品安全检验、质量检验、安全卫生监督、企业质量控制操作人员、食品安全相关专业的研究人员以及工商、农业、食品协会工作者提供非常有价值的法规、标准等参考资料，为有关职能部门提供决策参考依据，为广东应对国外农食产品安全技术性贸易措施提供理论及实践参考。

由于时间仓促和编者水平有限，纰漏和欠缺在所难免，诚望广大读者批评指正。

编　者

2012年2月

目 录

第一章 绪 论

第一节 广东农食产品出口特点 …… 1
第二节 技术性贸易措施对广东农食产品出口的影响 …… 2
第三节 技术性贸易措施产生的原因 …… 3
第四节 广东农食产品出口应对国外技术性贸易措施意义 …… 3

第二章 广东农食产品出口遭遇技术性贸易措施现状

第一节 广东农食产品出口贸易现状 …… 4
一、广东农食产品出口贸易概况 …… 4
二、广东各类农食产品出口国家或地区概况 …… 5
三、广东农食产品出口国家或地区概况 …… 11
第二节 广东农食产品出口遭遇通报情况 …… 14
一、广东农食产品出口受阻情况 …… 14
二、广东农食产品出口受阻原因 …… 15
三、广东农食产品出口主要贸易国家或地区通报原因 …… 34
四、小结 …… 42
第三节 广东农食产品出口企业遭遇技术性贸易措施情况 …… 43
一、遭遇技术性贸易措施企业经济损失 …… 44
二、企业出口遭遇国外技术性贸易措施的种类 …… 45
三、企业遭遇国外技术性贸易措施造成损失的主要形式 …… 45
四、企业应对国外技术性贸易措施或新技术要求的方式 …… 45
五、企业在应对国外技术性贸易措施时希望政府提供帮助的方式 …… 46
六、企业在出口中遇到的主要障碍 …… 47
七、小结 …… 47

第三章　广东主要贸易对象农食产品技术性贸易措施

第一节　国际食品技术性贸易措施协调组织 …… 48
一、国际食品法典委员会 …… 48
二、国际标准化委员会 …… 51
第二节　美国 …… 52
一、监管机构概况 …… 52
二、法规体系概况 …… 54
三、监管体系特点 …… 54
四、技术性贸易措施体系 …… 55
五、进出口安全检验检疫措施体系 …… 62
第三节　加拿大 …… 65
一、监管机构概况 …… 65
二、法规体系概况 …… 66
三、监管体系特点 …… 66
四、技术性贸易措施体系 …… 68
五、进出口安全检验检疫措施体系 …… 72
第四节　澳大利亚、新西兰 …… 74
一、监管机构概况 …… 74
二、法规体系概况 …… 75
三、法规体系特点 …… 76
四、技术性贸易措施体系 …… 78
五、进出口安全检验检疫措施体系 …… 81
第五节　日本 …… 83
一、监管机构概况 …… 83
二、法规体系概况 …… 85
三、法规体系特点 …… 85
四、技术性贸易措施体系 …… 86
五、进出口安全检验检疫措施体系 …… 90
第六节　欧盟 …… 91
一、监管机构概况 …… 91
二、法规体系概况 …… 91
三、监管体系特点 …… 93
四、技术性贸易措施体系 …… 94
五、进出口安全检验检疫措施体系 …… 100
第七节　韩国 …… 101
一、监管机构概况 …… 101
二、法规体系概况 …… 101
三、技术性贸易措施体系 …… 102
四、进出口安全检验检疫措施体系 …… 107

第八节 中国香港 …… 107
一、监管机构概况 …… 107
二、法规体系概况 …… 108
三、监管体系特点 …… 108
四、技术性贸易体系 …… 110
五、进出口安全检验检疫措施体系 …… 112
第九节 东盟 …… 113
一、东盟食品安全合作概况 …… 113
二、东盟主要贸易国技术性贸易措施体系 …… 115
三、进出口安全检验检疫措施体系 …… 119

第四章 广东主要贸易对象国重要农食产品安全限量要求比较分析

第一节 食品添加剂 …… 121
一、食品添加剂概述 …… 121
二、中国有关食品添加剂法规概况 …… 122
三、中国有关食品添加剂标准概况 …… 126
四、国外食品添加剂法规标准概况 …… 131
五、食品香料香精管理 …… 140
六、主要贸易国食品添加剂比较分析 …… 142
七、我国食品添加剂使用与食品出口受阻 …… 152
八、进口食品中食品添加剂使用监管 …… 156
第二节 农药残留 …… 157
一、农药残留概述 …… 157
二、国内外农食产品中农药残留限量标准状况 …… 158
三、农药残留安全限量指标值比较 …… 163
第三节 兽药残留 …… 165
一、兽药残留概述 …… 165
二、国内外农食产品中兽药残留限量标准状况 …… 166
三、兽药残留限量标准的差异性分析 …… 171
第四节 重金属残留 …… 175
一、重金属残留概述 …… 175
二、国内外重金属限量法规和标准简介 …… 175
三、国内外重要农食产品重金属限量比较 …… 176
第五节 微生物限量 …… 199
一、微生物限量概述 …… 199
二、国内外微生物限量法规和标准简介 …… 200
三、国内外重要农食产品微生物限量比较 …… 202
第六节 食品接触材料限量 …… 219
一、安全法规比较 …… 219
二、检验方法比较 …… 222
三、食品接触材料安全限量要求比较 …… 226

第五章　世界各国应对农食产品技术性贸易措施经验剖析

第一节　国际农食产品技术性贸易措施的应用规则 …… 238
一、技术性贸易措施制定应遵循的基本原则 …… 238
二、措施争议的解决机制 …… 245
三、措施争议过程中的辅助性措施 …… 248
第二节　发达国家应对农食产品技术性贸易措施经验剖析 …… 250
一、发达国家利用措施争议解决机制实例 …… 251
二、发达国家利用争议解决机制经验 …… 254
三、发达国家应对过程中所采取的辅助措施 …… 256
第三节　发展中国家应对农食产品技术性贸易措施经验剖析 …… 265
一、发展中国家利用争端解决机制实例 …… 265
二、发展中国家应对农食产品技术性贸易措施不足原因分析 …… 267
三、发展中国家利用 WTO 争端解决机制维护自身利益的建议 …… 269
四、中国遭遇国外贸易救济措施分析 …… 269

第六章　广东农食产品应对国外技术性贸易措施的对策和建议

第一节　主要贸易国或地区农食产品技术性贸易措施特点 …… 273
一、设立高效风险评估机构，积极制定技术性贸易措施体系 …… 273
二、法律法规种类繁多，体系完善又各不相同 …… 274
三、技术标准更加严格，认证和检疫程序复杂繁琐 …… 274
四、绿色壁垒形式多样，动物福利壁垒日趋加强 …… 275
第二节　广东农食产品出口产业 SWOT 分析 …… 276
一、优势分析 …… 277
二、劣势分析 …… 278
三、机遇分析 …… 280
四、挑战分析 …… 280
第三节　广东农食产品出口应对技术性贸易措施对策和建议 …… 282
一、目标 …… 282
二、对策和建议 …… 282
第四节　广东出口农食产品应对重点安全限量要求对策和建议 …… 285
一、食品添加剂 …… 285
二、农兽药残留 …… 287
三、微生物污染 …… 290
四、重金属污染 …… 291
五、转基因成分 …… 292
第五节　广东出口重点农食产品应对技术性贸易措施的对策和建议 …… 293
一、水产品及其制品 …… 293
二、蔬菜及其制品 …… 308
三、肉类及其制品 …… 320

四、调味品 …… 333
五、休闲食品 …… 338

参考文献 …… 344
附录Ⅰ　水产品兽药残留限量指标 …… 349
附录Ⅱ　乳品兽药残留限量指标 …… 368
附录Ⅲ　食品接触材料限量值 …… 390

第一章
绪 论

中国是一个农业大国，长期以来，农产品出口对带动农村就业、增加农民收入、优化农业产业结构、提高农产品国际竞争力、提升国内相关产业水平发挥了重要作用，对解决“三农”问题意义重大。据推算，平均每1万美元农产品出口可直接和间接提供28个就业机会，2010年广东省农产品出口56.7亿美元，意味着将提供1 587.6万个就业机会，所以，农产品与食品（以下简称“农食产品”）的出口具有重要的经济意义和社会意义。

第一节 广东农食产品出口特点

广东是农食产品出口大省，在2000年被山东超过之后排名就一直处于全国第二的位置，占全国农食产品出口总额的10%~15%。

作为农食产品出口大省，广东拥有许多优势。

首先，广东具有天然的出口优势。广东地处热带、亚热带，气候条件优越，土地肥沃，有非常丰富的南亚热带水果资源，盛产独有或国内其他地区量少的水果品种。广东的主要农作物有水稻、甘蔗、花生、水果、茶叶、蔬菜、蚕桑等。同时，广东海岸线长、滩涂多，有极丰富的海洋生物、水产品资源及畜禽资源。水海产品、粮食粉及糕点类、糖及其制品、蔬菜、水果及坚果是广东出口主要的特色产品。2010年上述产品出口占农产品出口的55.9%。其中水海产品、粮食粉及糕点类、糖及其制品、蔬菜、水果及坚果分别出口20亿美元、3.5亿美元、3.5亿美元、2.9亿美元、1.8亿美元。

其次，广东地处中国东南部，毗邻中国香港特别行政区、东南亚各国，而且是中国最大的侨乡之一，具有天然的地位优势。广东是中国香港特别行政区的粮食、蔬菜、水产品、禽肉类食品最大的供应方，对维持香港的繁荣和稳定起到重要的作用；由于交通方便，气候条件接近，广东是东盟地区与中国食品重要的交流基地，水产品、畜牧产品、水果瓜菜等为双方贸易的热点产品；广东省自古就是中国海上贸易和移民出洋最早、最多的省份，近代以后逐渐发展成为重点侨乡。广东有2 000多万海外侨胞，占全国的2/3，主要分布在东南亚、欧美、澳大利亚、新西兰等国家和地区，遍及世界100多个国家和地区。千百年来，各国侨胞为广东带来了具有异族风情的食品，这些风味的食品经过广东本地侨乡的加工改良，已经沉淀为具有广东特色的产品，深受国内外消费者喜爱。

第三，广东食品企业体制灵活，技术优势明显。广东是中国改革开放的前沿阵地，国有、民营、合资、外商独资企业以及股份制企业等多种经济成分的充分发展，使广东食品企业有较强的市场活力。据统计，广东涉及农产品出口的企业有 2 700 多家。其中，私营企业和外商投资企业为出口主力军。2010 年，广东私营企业出口 24.3 亿美元，增长 29%；“三资”企业出口 24.2 亿美元，增长 8.7%，两者合计占同期出口总值的 85.5%。此外，国有企业出口 6.8 亿美元，占比 12%。

改革开放以来，广东食品出口企业不断进行技术改造、技术创新，使得全行业的技术装备水平在全国仍处于领先水平。发展强劲的食品包装与机械制造业，研制出具有国内先进水平的机械设备和成套生产线，为食品工业上水平、保质量提供了可靠的基础。同时大量的外资、合资企业带来先进的管理经验及工艺技术，也提升了整个行业的科技水平。30 年来，广东出口食品质量安全控制情况相对较好，已经初步形成品牌，受到国外消费者的认同。

但是，广东农食产品的出口同样受到多种不利因素的挑战。

首先，广东是一个以机电、玩具、高新技术产品出口为主的省份，农产品出口占广东商品出口总额的比重呈下降态势，从 2004 年的 1.80%持续下降到 2010 年的 1.00%。

其次，自从加入 WTO 后，国外具有竞争优势的农产品大量涌入中国市场。早在 2004 年，广东农产品贸易已经出现逆差，并且呈逐年上升的态势。

第三，广东的食品加工程度依然不足。2003—2008 年，广东农产品出口中，农产品加工品的比重从 39.58% 提升到 48.34%，表明近年广东农产品出口加工程度有所提高，但与发达国家 70%~90% 的农产品加工率相比，仍处于较低水平，加工农产品在整个农产品出口所占的比例仍有待进一步提高。

第二节　技术性贸易措施对广东农食产品出口的影响

随着全球贸易自由化进程的加快，传统的关税措施逐渐减少，更多的国家将贸易保护手段转向了更为隐蔽和灵活的技术性贸易措施。技术性贸易措施已经取代贸易救济措施，成为影响各国食品出口最重要的非关税措施，已成为我国农食产品出口的最大障碍。仅 2008 年，国外技术性贸易措施直接导致中国企业的贸易损失超过 505 亿美元（约合人民币 3 400 亿元），其中广东占直接损失总额的 44.97%。美、欧、日等发达国家和地区，利用和凭借其先进的科学技术和雄厚的经济实力，设置了各种苛刻的技术性贸易措施，严重阻碍了我国农食产品出口，也影响了相关行业的发展。

尽管广东的农食产品出口是持续增长的，但是受国外技术性贸易措施的影响日益严重。例如，2005 年由于受国外技术性贸易措施的冲击，广东被退运的农食产品金额达 202 万美元，比上年猛增 87.6%；2009 年广东被退运的农食产品的损失超过 1 300 万美元，占全国农食产品损失的 40%以上。其中，出口到欧盟、日本的农食产品情况最为严重。广东传统的优势出口产品如水产品、肉类及其制品、蔬菜及其制品等由于受绿色措施和药物残留等影响，不同程度出现了较大幅度的下降。据广东质监局统计，2002—2005 年，广东省农食产品所受的贸易直接损失分别为 2.2 亿美元、2.8 亿美元、3.2 亿美元、4.1 亿美元，农食产品行业成为广东遭遇技术性贸易措施的重灾区。

技术性贸易措施不可避免，“十二五”期间将更加突出。面对新形势，通过认真研究国外技术性贸易措施对广东农食产品贸易的影响，深入分析广东农食产品贸易中遭遇技术性贸易措施的现状和原因，了解主要贸易对象国农食产品技术性贸易措施，借鉴发达国家在利用和应对农食产品技术性贸易措施方面的主要做法，探索应对国外的技术性贸易措施，减少国际贸易纠纷，为广东农食产品开辟更广阔的国际市场，从而推动广东农业发展，增加农民收入，已成为当前广东具有重大现实意义的研究课题。

第三节　技术性贸易措施产生的原因

技术性贸易措施产生的主观原因是有关成员的贸易保护主义思想依然存在，他们出于保护国内产业的考虑，总是希望通过各种手段限制货物的进口；客观原因是 WTO 贸易规则原则上禁止配额、许可证和高关税等传统的贸易保护措施，但 WTO 并不禁止各成员国为了保护人类、动植物的生命和健康或为了保护环境而对进口货物规定必要的卫生和技术要求，这为技术性贸易措施提供了发展的空间。此外，由于各国经济水平、科学技术水平和风俗习惯等存在较大差异，各国政府在对外贸易中出于保护、健康、安全、环保等方面的原因，制定和实施的“技术标准”必然“标准不一”和“高低不同”，大多数发展中国家由于技术落后，过于追求低成本等原因，采用和实施的技术标准普遍低于发达国家，这就为发达国家采用技术性贸易壁垒限制商品进口提供了现实可能性。

第四节　广东农食产品出口应对国外技术性贸易措施意义

广东农食产品遭遇国际技术性贸易措施由来已久，但是一直未能实现全面、有效的应对。因此，极有必要在分析广东农食产品出口和遭遇技术性贸易措施阻碍现状的基础上，深入开展广东主要贸易对象国农食产品技术性贸易措施研究，探讨主观与客观原因，并确定应对的重点；通过比较分析广东主要贸易对象重要的农食产品安全限量要求，包括农药残留、兽药残留、添加剂限量、污染物限量、有害微生物与生物毒素限量等，建立应对的数据库；深入剖析发达国家应对农食产品技术性贸易措施经验和主要做法，全方位、系统地提出广东应对国外农食产品技术性贸易措施的目标和对策。一方面，可以为广东出口农食产品企业及时了解国外农食产品技术性贸易措施的相关动态，避免因不熟悉具体的法规和政策而遭受不必要的损失；另一方面，也可为政府相关部门和农食行业，应对国外技术性贸易措施提供参考和决策依据，对引导企业加大技术创新力度，帮助企业积极采用国际标准或国外先进标准，从而促进广东农食产业结构调整，逐步构建和完善广东农食产品质量安全及技术性贸易措施体系，增加广东农食产品的国际市场份额，具有重要的现实意义。

第二章
广东农食产品出口遭遇技术性贸易措施现状

近年来，美、欧、日等发达国家和地区，利用先进的科学技术和雄厚的经济实力，设置了各种苛刻的技术性贸易措施，严重阻碍了我国农食产品出口，技术性贸易措施已成为广东农食产品出口的最大障碍。

第一节　广东农食产品出口贸易现状

一、广东农食产品出口贸易概况

根据广东出入境检验检疫部门的统计数据，2006—2010 年广东各种农食产品的总出口额为 311.81 亿美元，其中最多的两类是接触材料和水产品，出口额分别为 97.75 亿美元和 97.70 亿美元，其次是肉及肉制品、果蔬类、调味品和糖果等。

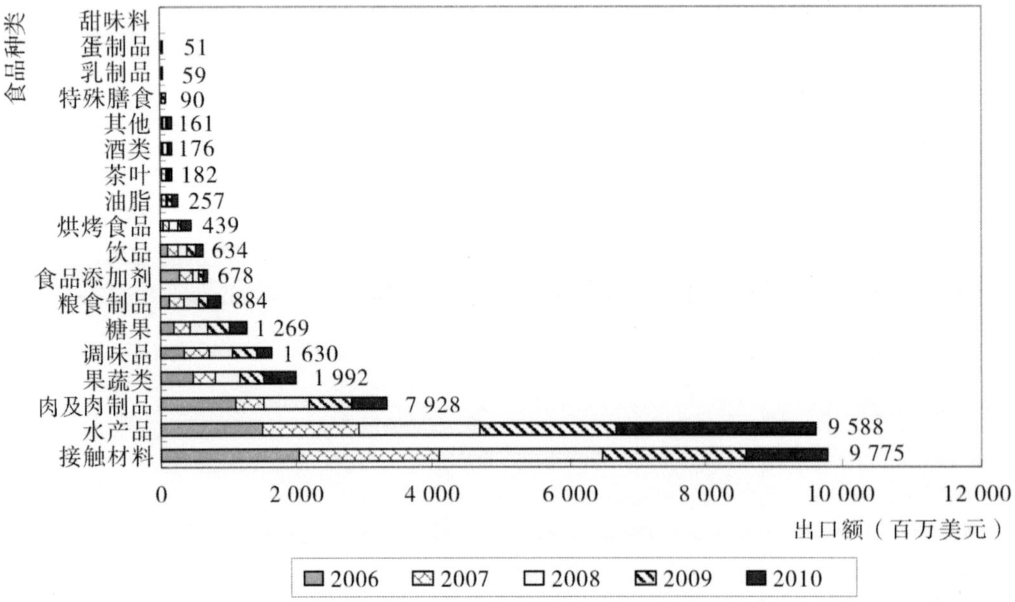

图 2-1　2006—2010 年广东各种农食产品出口情况

2006—2010 年，广东各种出口农食产品按照出口金额来看，出口货值最高的前 6 位是接触材料、水产品、肉及肉制品、果蔬类、调味品、糖果，共占所有出口产品的 88.65%（图 2–1），其中接触材料和水产品均占 31.20%左右，肉及肉制品、果蔬类、调味品和糖果各占 10.77%、6.10%、5.20%、4.16%（图 2–2）。从图 2–1 可以看到，从 2006 年至 2010 年出口额上升的产品有水产品、糖果、烘烤食品、油脂、特殊膳食，出口额下降的有接触材料、食品添加剂。

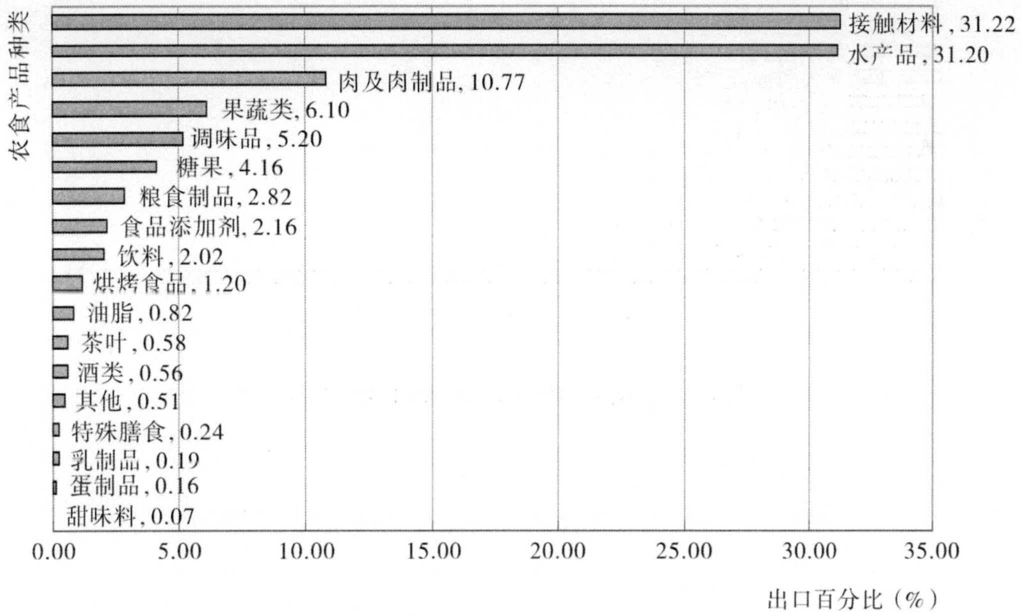

图 2–2　2006—2010 年广东各种农食产品出口比例

二、广东各类农食产品出口国家或地区概况

1. 接触材料

广东食品接触材料出口较多的国家或地区依次为美国、德国、中国香港、加拿大、英国、比利时等，共占 80.5%。其中美国最多，为 24.88%，德国和中国香港各占 7.55%和 6.42%（图 2–3）。从 2006—2010 年的数据可以看到，广东输往美国、德国、中国香港、韩国、沙特阿拉伯的接触材料总货值呈明显下降的趋势，输往加拿大、比利时、法国、巴西等国的接触材料总货值呈上升趋势（图 2–4）。

2. 水产品

广东出口水产品较多的国家或地区依次为美国、中国香港、日本、马来西亚、墨西哥、加拿大、韩国、澳大利亚、俄罗斯、中国台湾、泰国、越南、中国澳门、菲律宾等，共占 80.5%（图 2–5）。

广东水产品输往美国的出口额累计达到 2.5 亿美元，年均 0.5 亿美元。中国香港次之，5 年共 1.5 亿美元，年均 0.3 亿美元。广东输往这些国家或地区的水产品呈逐年上升的趋势（图 2–6）。

3. 肉及肉制品

广东肉及肉制品出口较多的国家或地区依次为中国香港、中国澳门、美国、泰国、日本、印度、马来西亚、墨西哥、英国等，共占 99.22%。其中中国香港占 88.88%（图 2–7）。整体而言，广东输往这些国家或地区的出口额在 2006 年最大，之后逐渐下降（图 2–8）。

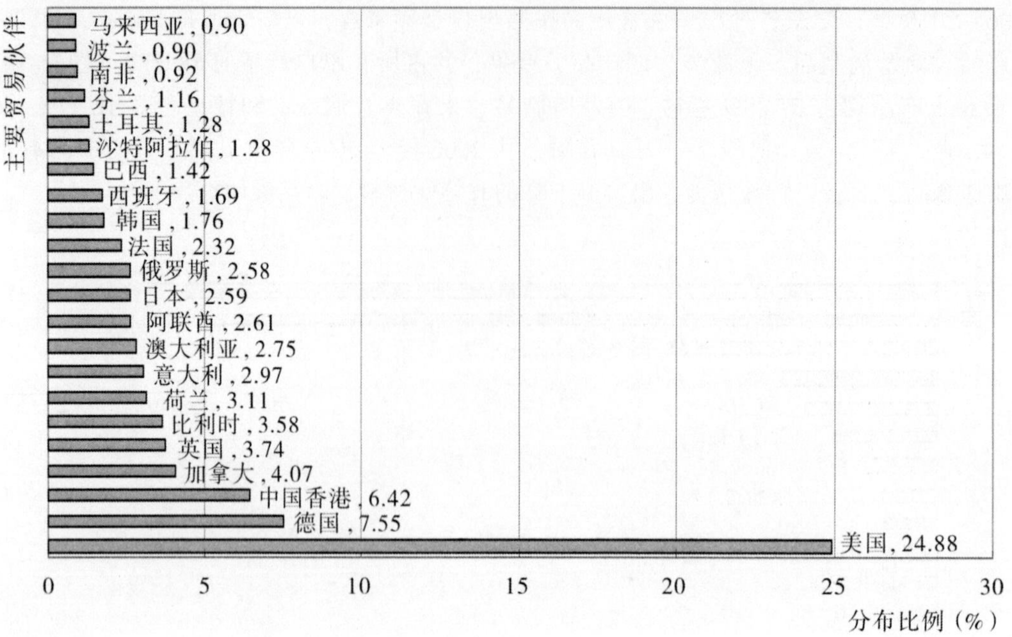

图 2-3　2006—2010 年广东接触材料出口分布比例

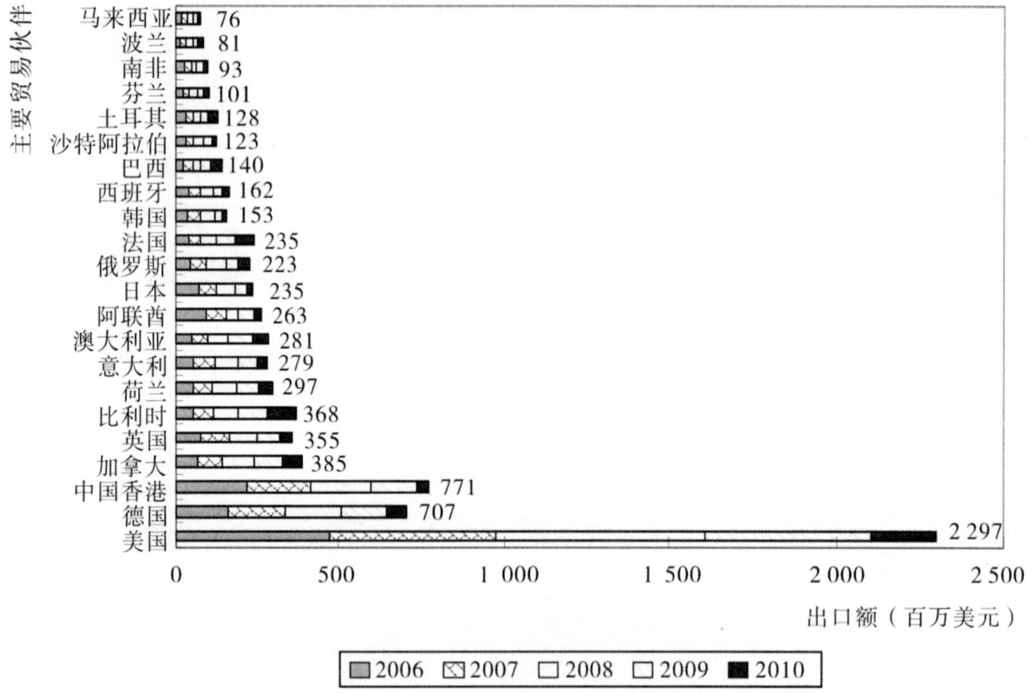

图 2-4　2006—2010 年广东接触材料出口分布情况

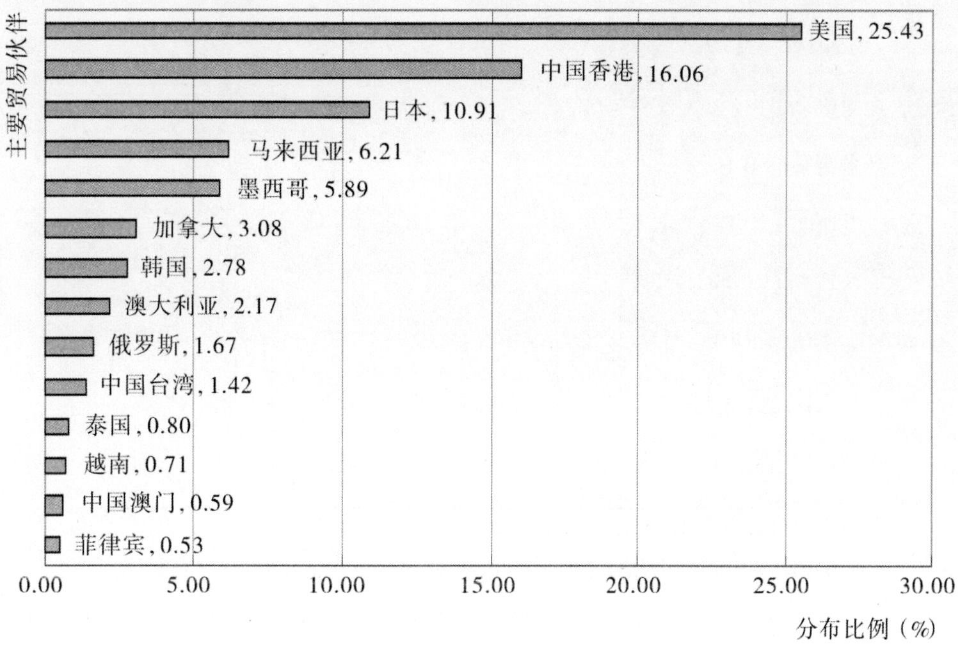

图 2-5　2006—2010 年广东水产品出口分布比例

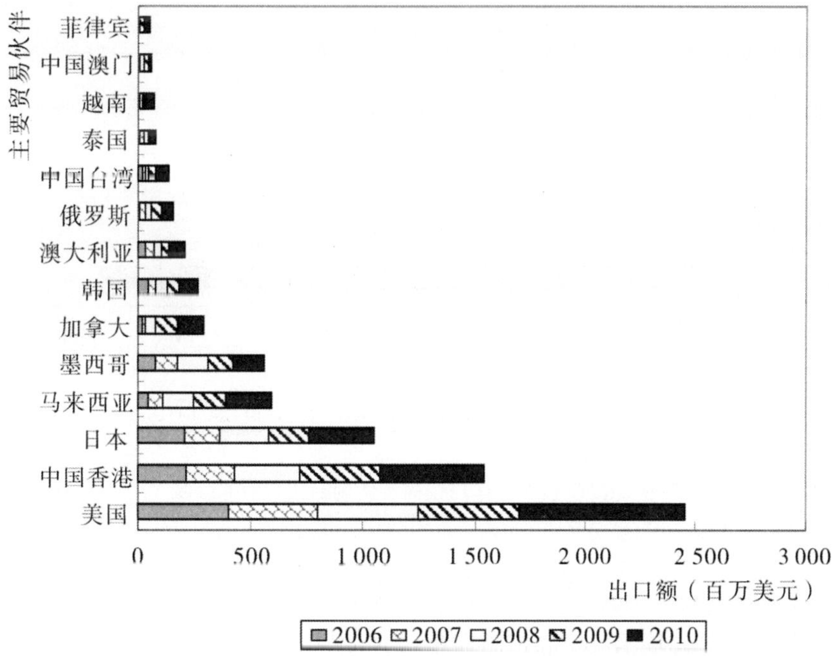

图 2-6　2006—2010 年广东水产品出口分布情况

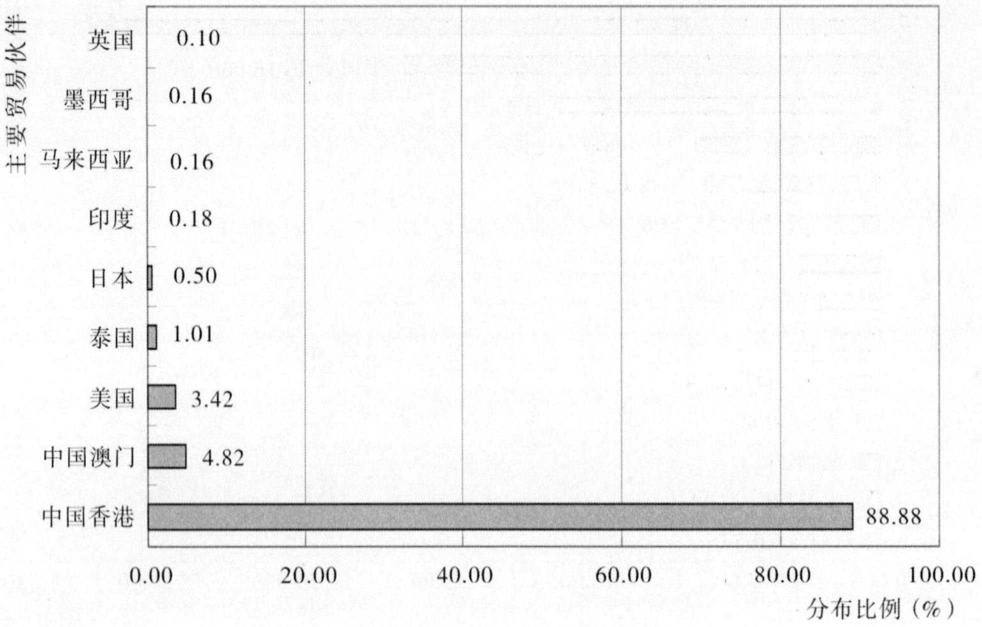

图 2-7　2006—2010 年广东肉及肉制品出口分布比例

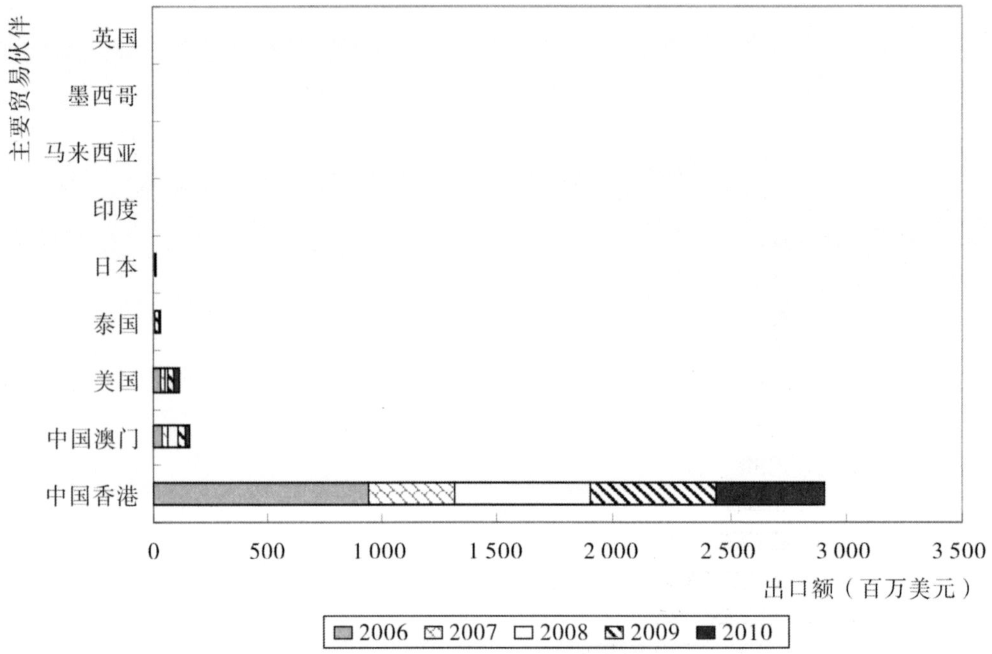

图 2-8　2006—2010 年广东肉及肉制品出口分布情况

4. 果蔬类

广东果蔬类农食产品出口较多的国家或地区依次为中国香港、日本、马来西亚、美国、越南、德国、荷兰、中国澳门、加拿大、新加坡、泰国、阿联酋、英国、孟加拉、澳大利亚等，共占广东所有果蔬类出口的 85.92%（图 2-9）。从 2006—2010 年变化趋势看，广东输往日本、马来西亚、中国澳门的总货值略有下降，输往越南、新加坡的产品总货值略有上升（图 2-10）。

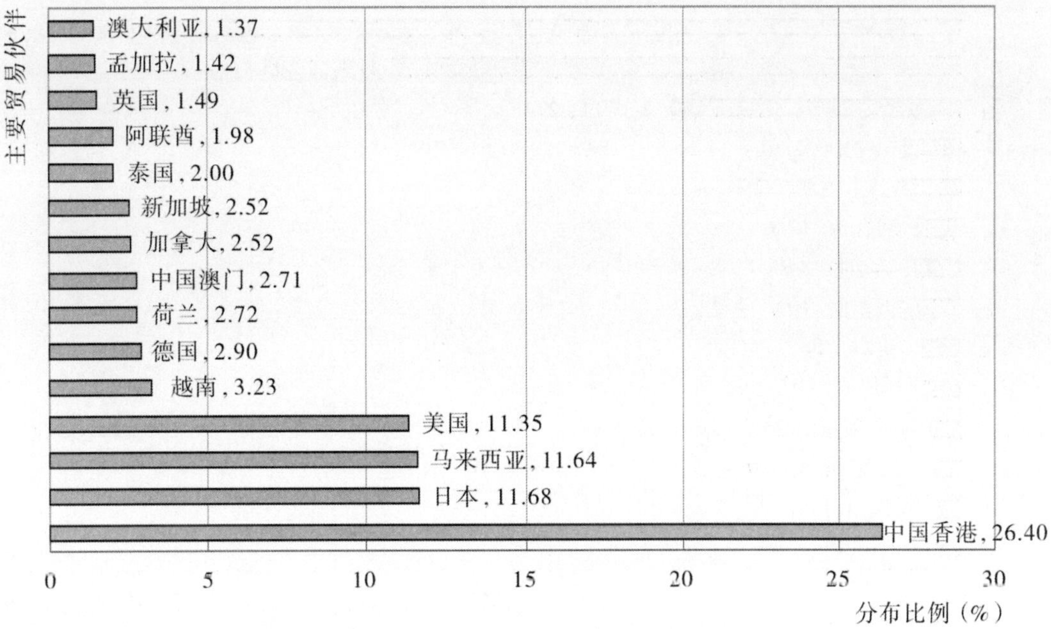

图 2-9　2006—2010 年广东果蔬类出口分布比例

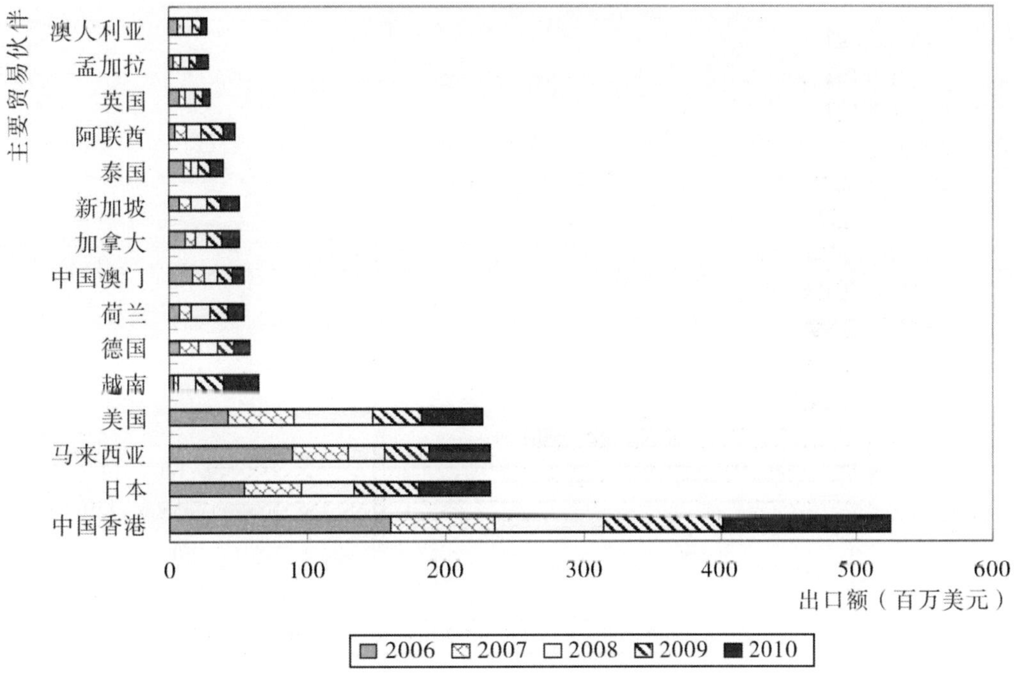

图 2-10　2006—2010 年广东果蔬类出口分布情况

5. 调味品

广东食品调味品出口较多的国家或地区依次为中国香港、日本、美国、保税区、马来西亚、阿联酋、孟加拉、俄罗斯、印度、新加坡、澳大利亚、印度尼西亚、英国和中国台湾等，共占广东所有调味品出口的 87.13%（图 2-11）。

从 2006—2010 年的数据看，广东输往日本、美国、马来西亚、俄罗斯、中国台湾的调味品总值呈下降趋势，输往阿联酋、印度、孟加拉的调味品总货值略有上升（图 2-12）。

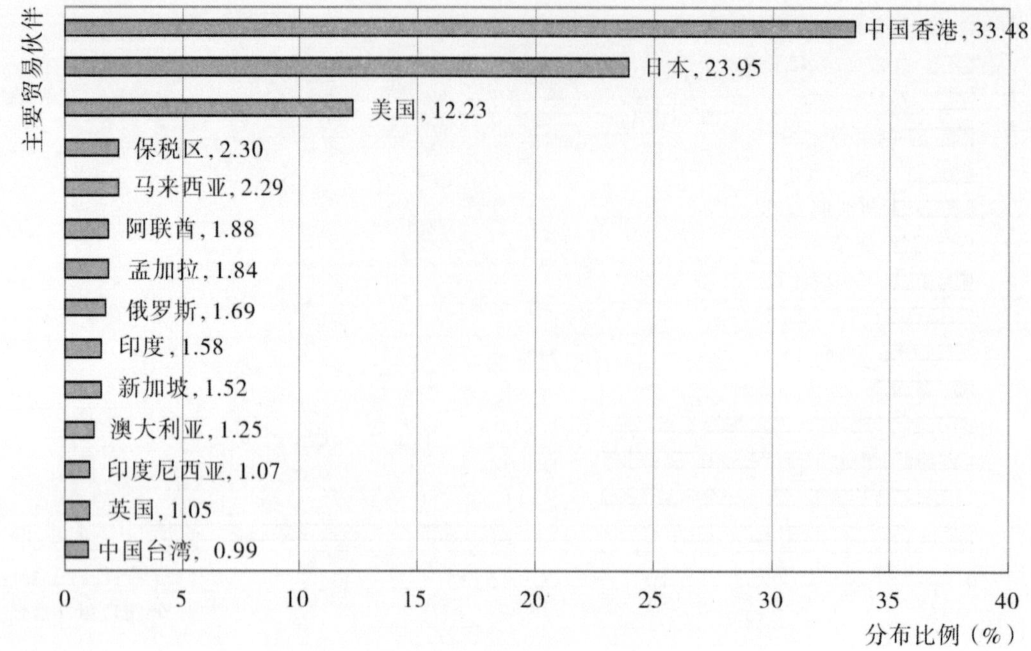

图 2-11　2006—2010 年广东调味品出口分布比例

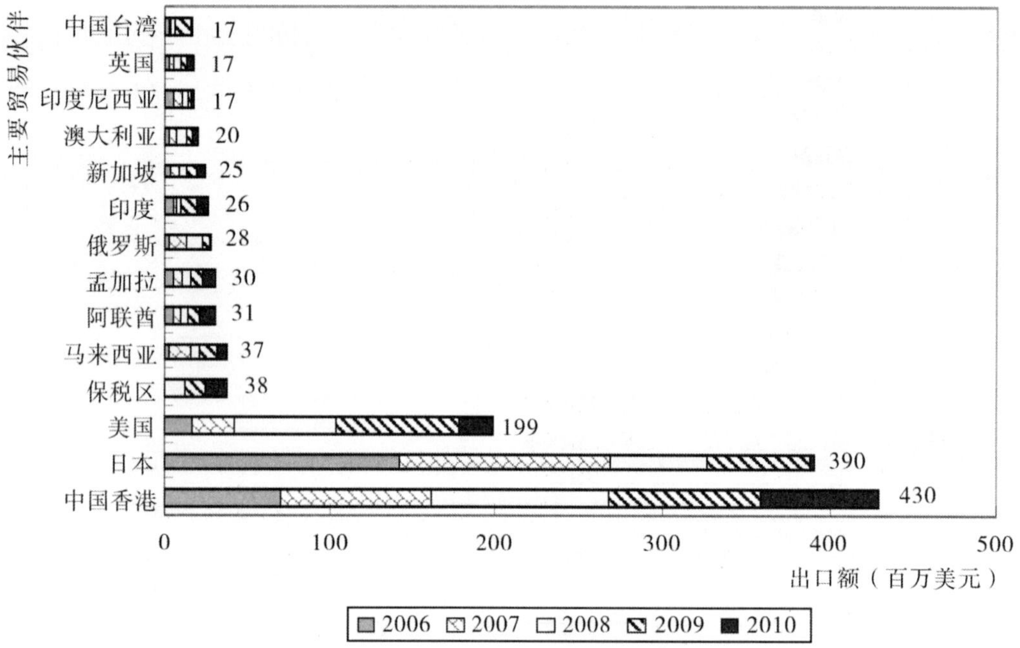

图 2-12　2006—2010 年广东调味品出口分布情况

6. 巧克力、糖果类食品

广东食品巧克力、糖果类食品出口较多的国家或地区依次为中国香港、美国、澳大利亚、马来西亚、印度尼西亚、加拿大、英国、日本、泰国、沙特阿拉伯、菲律宾、新加坡、阿联酋、俄罗斯、墨西哥、也门、安哥拉、苏丹、巴基斯坦、伊拉克等，共占全部出口的 75.06%（图 2-13）。

从 2006—2010 年的数据看，广东输往美国、印度尼西亚、英国、沙特阿拉伯、新加坡、阿联酋、也门、苏丹、巴基斯坦和伊拉克的糖果总货值呈逐渐下降的趋势，输往中国香港、澳大利亚、泰国、菲律宾的糖果总货值略有上升（图 2-14）。

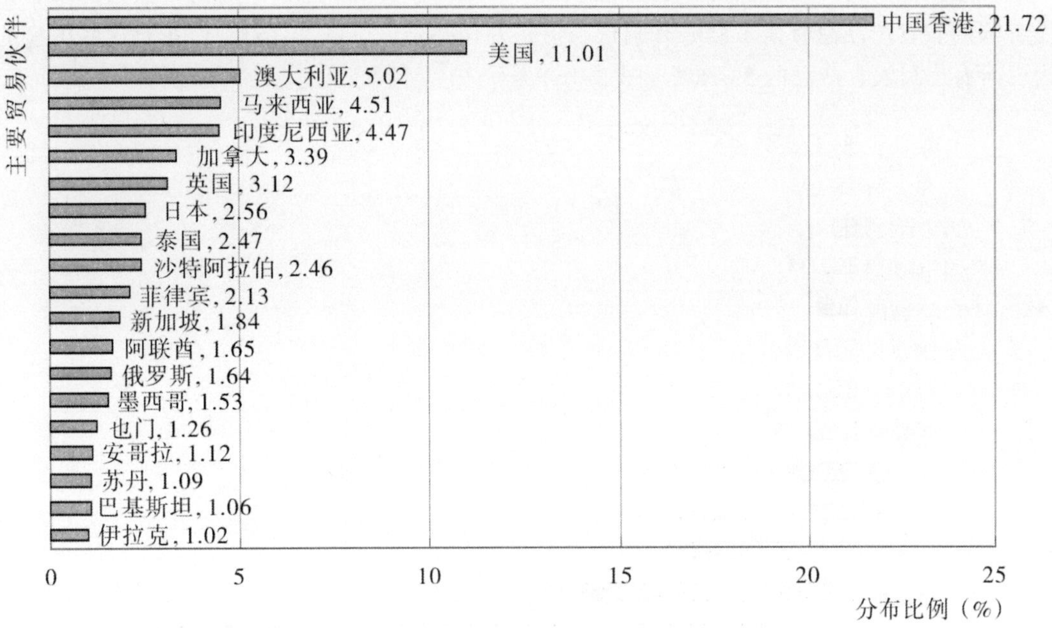

图 2-13 2006—2010 年广东糖果类出口分布比例

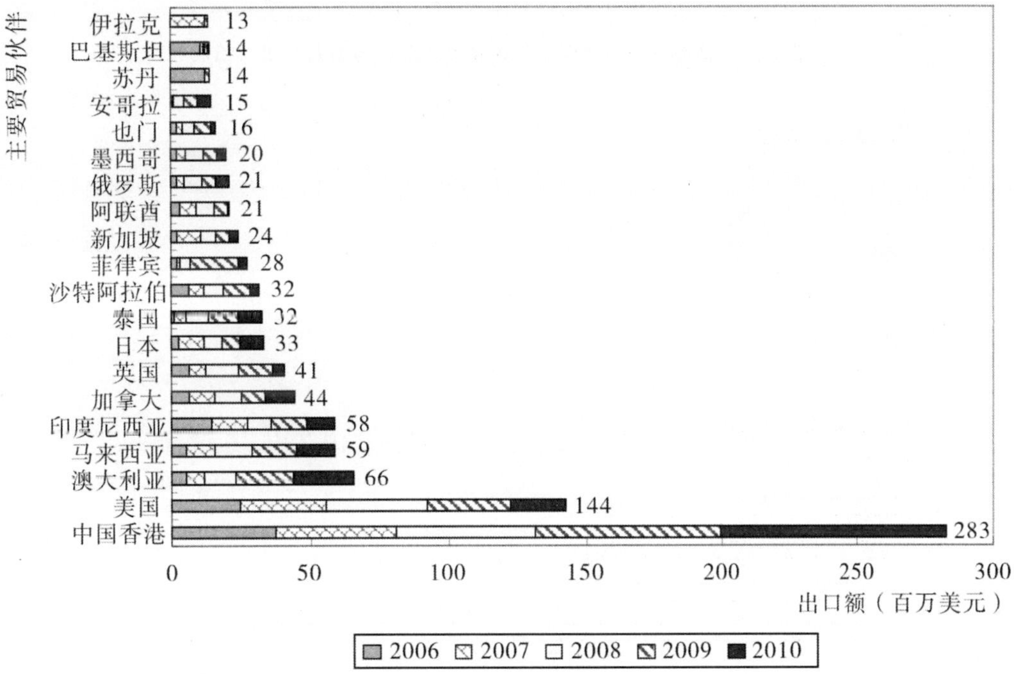

图 2-14 2006—2010 年广东糖果类出口分布情况

三、广东农食产品出口国家或地区概况

1. 出口整体情况

广东农食产品的出口国家数量约为 190 个，其中主要的贸易伙伴有中国香港、美国、东盟、日本、欧盟、墨西哥、澳大利亚、新西兰、加拿大、韩国、中国澳门、中国台湾、俄罗斯和阿联酋

等，广东对这些国家的出口总额为165.83亿美元。从2006—2010这5年的出口数据可以看到，广东输往各国的农食产品总货值虽然略有起伏，但是变化并不大（图2–15）。广东对这些国家的出口总额为占所有出口农食产品的53.18%（图2–16）。

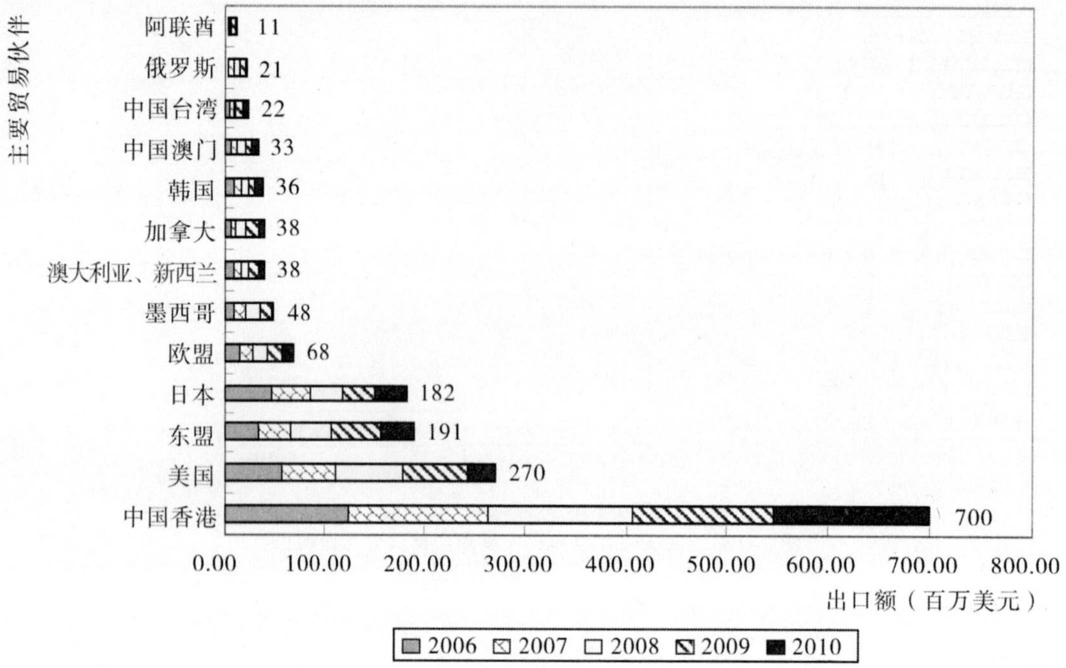

图2–15　2006—2010年广东农食产品对不同国家的出口情况

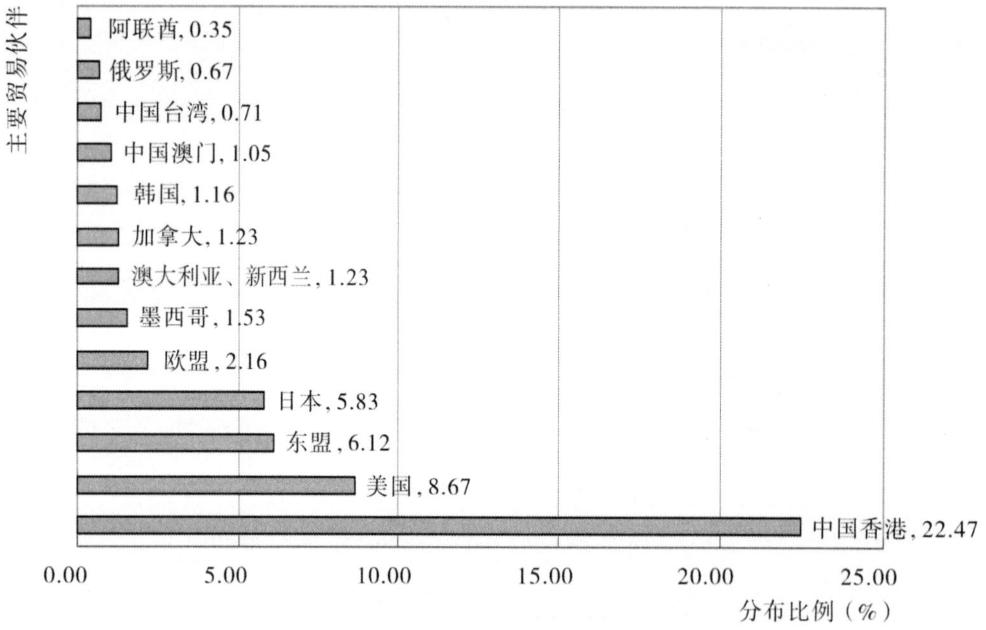

图2–16　2006—2010年广东农食产品出口分布比例

2. 出口东盟国家情况

广东农食产品出口东盟的比例占6.12%，总额为19.8亿美元，其中马来西亚的出口最多，为7.93亿美元，其次是泰国、马来西亚、越南、菲律宾等（图2–17）。东盟十国中，广东输往泰国、越南、马来西亚的农食产品总货值呈上升趋势，输往印度尼西亚、菲律宾、柬埔寨、文莱、老挝的农食产品总货值略有下降。

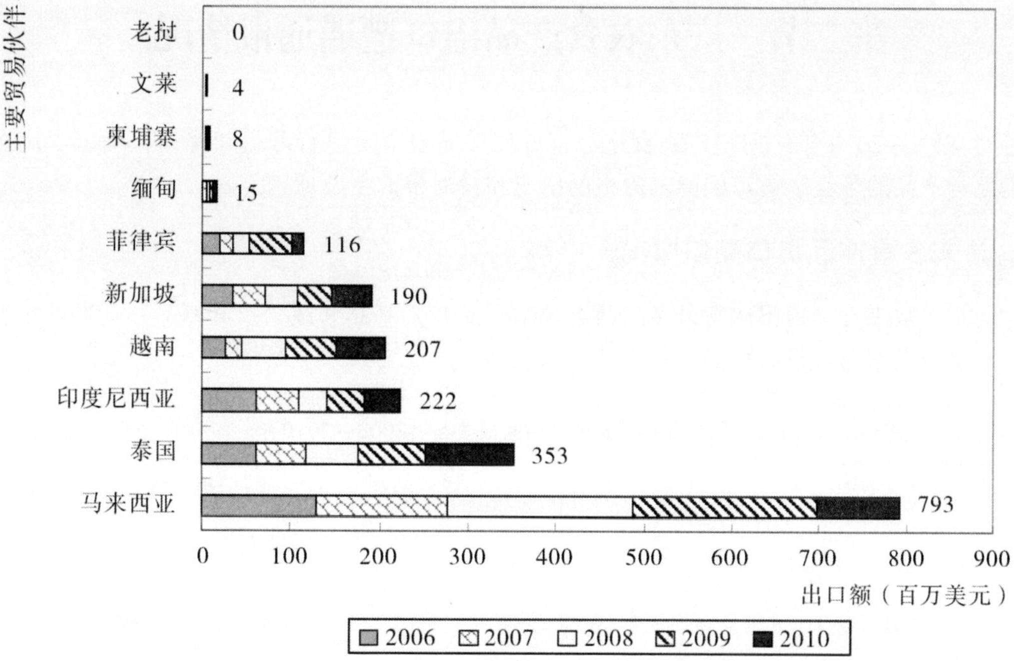

图 2-17　2006—2010 年广东农食产品出口东盟国家情况

3. 出口欧盟国家情况

广东农食产品出口欧盟的比例占 2.16%，总额为 6.75 亿美元，其中英国的出口最多，为 1.67 亿美元，其次是泰国、荷兰、德国、法国、意大利和西班牙等（图 2-18）。

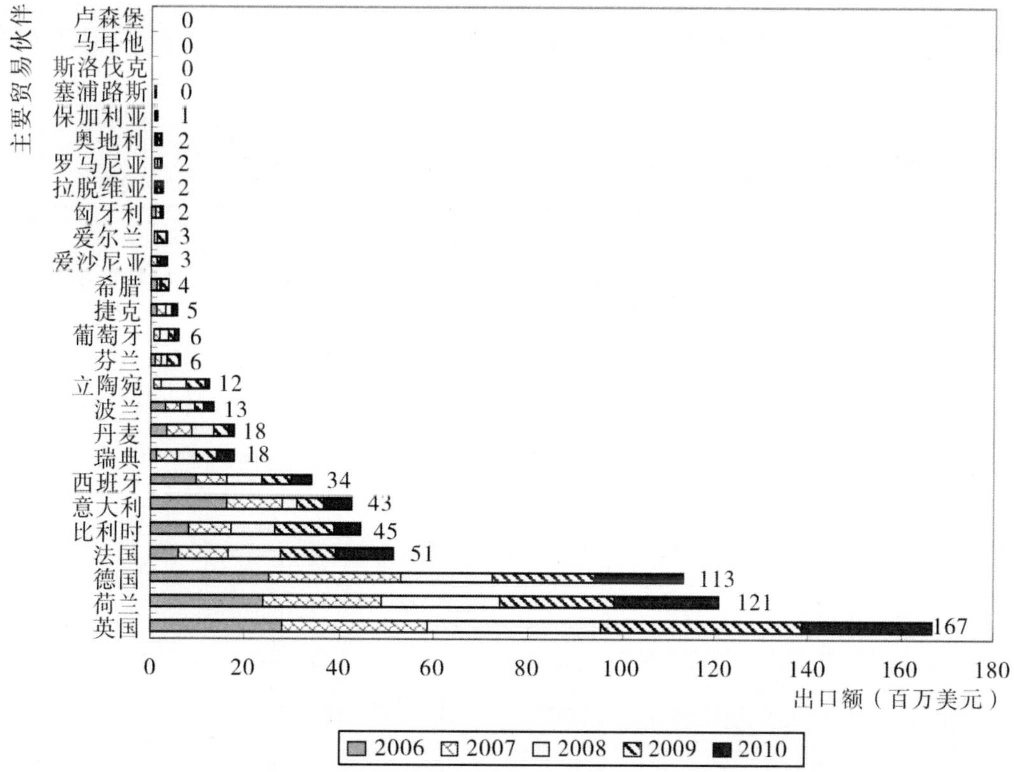

图 2-18　2006—2010 年广东农食产品出口欧盟情况

第二节 广东农食产品出口遭遇通报情况

通过对 2008—2010 年广东出口农食产品官方核实通报情况进行分析和统计，确定了广东主要出口受阻农食产品的种类、被不同国家通报的情况和被通报的主要原因。

一、广东农食产品出口受阻情况

从被通报次数来看，通报次数最多的两类是水产品及其制品和蔬菜及其制品，其次是粮食及粮食制品、水果及其制品、烘焙食品，具体情况如表 2-1。

表 2-1 广东出口农食产品通报情况（2008—2010 年）

序号	食品类别	通报次数			
		2008 年	2009 年	2010 年	总计
1	水产品及其制品	91	32	98	221
2	水果及其制品（含干果、坚果及其制品）	26	16	66	108
3	蔬菜及其制品（含豆类、杂豆）	29	34	41	104
4	粮食及粮食制品	31	36	28	95
5	烘焙食品	17	19	24	60
6	糖与糖果、巧克力类	24	21	7	51
7	调味品	23	11	13	47
8	中草药	11	13	15	39
9	果汁及饮料	4	13	8	25
10	食用菌类	12	4	8	24
11	特殊营养食品	7	3	5	15
12	肉类及其制品	6	1	7	14
13	冷冻食品	3	6	1	10
14	炒货类	4	4	1	9
15	其他	3	2	2	7

总体而言，广东出口农食产品主要是被美国、欧盟、日本和加拿大等国家或地区通报，具体通报次数统计情况见表 2-2。

表 2-2 广东出口农食产品被不同国家或地区通报情况

国家或地区	通报次数			
	2008 年	2009 年	2010 年	总计
美国	198	170	207	575
欧盟	17	16	43	76
日本	16	12	27	55
加拿大	21	4	22	47
中国香港	12	9	7	28
韩国	16	2	4	22
新加坡	6	0	10	16

注：其中欧盟国家中通报次数较多的国家包括英国 14 次，德国 13 次，俄罗斯 10 次。

由表 2–2 可知，广东出口农食产品主要受阻国家为美国、欧盟、日本和加拿大。

二、广东农食产品出口受阻原因

(一) 水产品及其制品

广东出口的水产品及其制品主要包括冷冻虾、蟹、罗非鱼、烤鳗、鱿鱼、石首鱼等动物源性食品和海藻、海带、紫菜等植物源性食品，被不同国家或地区通报的情况见表 2–3。

表 2–3　不同国家或地区对水产品及其制品通报情况（2008—2010 年）

国家或地区	通报次数			
	2008 年	2009 年	2010 年	总计
美国	62	24	63	149
日本	5	4	22	31
加拿大	5	1	7	13
俄罗斯	7	0	3	10
韩国	5	1	1	7
新加坡	2	0	2	4
马来西亚	3	0	0	3
西班牙	2	0	0	2
中国澳门	0	1	0	1
意大利	0	1	0	1
总计	91	32	98	221

从表 2–3 可以看出，水产品及其制品出口主要被美国通报，通报次数占通报总次数的 67.4%；其次是日本，占通报总次数的 14.0%。因此，水产品及其制品出口主要受阻国家为美国和日本。

水产品及其制品被通报的主要原因包括兽药残留不合格、食品添加剂不合格和化学物质污染，不同国家或地区通报原因的统计情况见表 2–4。

表 2–4　水产品及其制品遭不同国家或地区通报原因统计（2008—2010 年）

国家或地区	美国	俄罗斯	韩国	加拿大	马来西亚	欧盟	日本	新加坡	中国澳门	总计
兽药残留不合格	106	0	5	4	1	0	27	4	1	148
食品添加剂不合格	61	1	1	4	0	0	2	0	0	69
品质不合格	22	0	0	7	0	0	0	0	0	29
微生物污染	7	16	0	0	0	0	3	0	0	26
证书材料不合格、未注册审批	9	0	0	0	0	0	0	0	0	9
标签不合格	8	0	0	0	0	0	0	0	0	8
化学物质污染	1	0	0	0	2	3	0	0	0	6

从表 2–4 可以看出，水产品及其制品出口主要受阻原因为兽药残留不合格和食品添加剂不合格。从进一步的分析来看，水产品及其制品出口受阻主要原因具体包括：

1. 兽药残留不合格

兽药残留不合格的主要原因包括检出不安全的新兽药、兽药残留和检出未经批准的兽药等原因。从表 2–5 可以看出，兽药残留主要被美国和日本通报，美国通报的原因主要是不安全的新兽药和兽药残留，分别占兽药残留不合格通报次数的 40.5%和 20.3%，被检出最多的是硝基呋喃及其代谢物；日本主要通报的兽药残留还包括金霉素、新诺明、呋喃唑酮、四环素、恩诺沙星和隐形孔雀石绿等。

表 2–5 水产品及其制品兽药残留不合格原因

不合格原因及检测结果	美国	韩国	加拿大	马来西亚	日本	新加坡	中国澳门	总计
不安全的新兽药	60	0	0	0	0	0	0	60
兽药残留	30	0	0	0	0	0	0	30
硝基呋喃	9	0	1	0	0	2	0	12
硝基呋喃代谢物	1	5	0	0	0	0	0	6
金霉素	0	0	0	0	6	0	0	6
新诺明	0	0	0	0	5	0	0	5
呋喃唑酮	0	0	0	0	3	2	0	5
含有 503(f)(4)章未列出药物	4	0	0	0	0	0	0	4
四环素	0	0	0	0	4	0	0	4
恩诺沙星	0	0	0	0	4	0	0	4
隐形孔雀石绿	0	0	1	0	2	0	1	4
氯霉素	0	0	1	1	0	0	0	2
未经批准的兽药	1	0	0	0	0	0	0	1
未批准使用的新药	1	0	0	0	0	0	0	1
环丙沙星	0	0	0	0	1	0	0	1
氟喹诺酮类药物	0	0	1	0	0	0	0	1
磺胺甲噁唑	0	0	0	0	1	0	0	1
土霉素	0	0	0	0	1	0	0	1

2. 食品添加剂不合格

食品添加剂不合格主要包括检出不安全的食品添加剂、未被批准的食品添加剂和不安全的色素。从表 2–6 可以看出，食品添加剂不合格主要是被美国通报，通报的主要原因是检出不安全的食品添加剂，占食品添加剂不合格通报次数的 85.5%。

表 2–6 水产品及其制品食品添加剂不合格原因

不合格原因及检测结果	美国	俄罗斯	韩国	加拿大	日本	总计
不安全的食品添加剂	59	0	0	0	0	59
不安全的色素	2	0	0	0	0	2
未被批准使用的食品添加剂	0	0	0	2	0	2
TBHQ	0	0	0	0	2	2
二氧化硫	0	1	0	0	0	1
亚硫酸盐	0	0	0	1	0	1
硫酸盐	0	0	0	1	0	1
焦油色素	0	0	1	0	0	1

3. 品质不合格

品质不合格的主要原因为净重测定不合格、感官测定不合格、感官评价不合格和污秽或腐败，其中美国主要因污秽或腐败通报，占品质不合格通报次数的 75.9%；加拿大则因净重测定、感官测定和感官评价不合格进行通报（表 2–7）。

表 2–7 水产品及其制品品质不合格原因

不合格原因及检测结果	美国	加拿大	总计
污秽或腐败	22	0	22
净重测定不合格	0	5	5
感官测定不合格	0	1	1
感官评价不合格	0	1	1

4. 微生物污染

微生物污染的主要原因包括检出沙门氏菌、单核细胞李斯特杆菌、大肠杆菌超标、肠杆菌类细菌或肠系膜嗜氧杆菌和兼性厌氧微生物（表 2–8）。微生物污染主要是被俄罗斯、美国和日本通报，其中俄罗斯通报的次数最多。

表 2–8 水产品及其制品微生物污染原因

不合格原因及检测结果	美国	俄罗斯	日本	总计
沙门氏菌	4	2	0	6
单核细胞李斯特杆菌	3	1	0	4
大肠杆菌超标	0	2	1	3
肠杆菌类细菌或肠系膜嗜氧杆菌	0	3	0	3
兼性厌氧微生物	0	3	0	3
厌氧微生物超标	0	1	0	1
厌氧菌和好氧菌	0	1	0	1
嗜温好氧及兼性厌氧微生物	0	1	0	1
乏氧微生物数量超标	0	1	0	1
细菌总数超标	0	0	1	1
肠炎弧菌	0	0	1	1
有害生物	0	1	0	1

5. 其他不合格原因

因证书材料不合格和未注册审批主要是被美国通报，共通报 9 次，其中 4 次由于加工过程未备案，生产、加工和包装过程不卫生 3 次，未注册低酸食品 2 次。

因标签不合格主要是被美国通报，共通报 8 次，其中缺少英文标签被通报 3 次，贴错标签、未在标签中标明色素、未标明必要的营养成分、营养标签不合格和其他不合格原因各被通报 1 次。

因化学物质污染共通报 6 次，主要是被欧盟检出砷通报 3 次，马来西亚检出镉通报 2 次，美国检出三聚氰胺通报 1 次。

（二）水果及其制品

广东出口的水果及其制品包括葡萄干、干李子、山楂片、话梅、干枣、陈皮、杏脯和枸杞等。水果及其制品被不同国家或地区通报的情况见表 2–9。

表 2-9 不同国家或地区对水果及其制品通报情况（2008—2010 年）

国家或地区	2008 年	2009 年	2010 年	总计
美国	26	16	58	100
日本	0	0	3	3
中国香港	0	0	2	2
欧盟	0	0	2	2
中国台湾	0	0	1	1
总计	26	16	66	108

由表 2-9 可知，水果及其制品在出口时主要的受阻国家是美国，占通报总次数的 92.6%。

水果及其制品被通报的原因主要包括食品添加剂不合格和品质不合格，具体情况见表 2-10。由表 2-10 可见，主要受阻原因为食品添加剂不合格和品质不合格。

表 2-10 水果及其制品遭不同国家或地区通报原因统计（2008—2010 年）

原因分类	美国	欧盟	日本	中国香港	总计
食品添加剂不合格	137	0	5	2	144
品质不合格	50	0	0	0	50
标签不合格	9	0	0	0	9
证书材料不合格、未注册审批	6	0	0	0	6
化学物质污染	1	1	0	0	2

1. 食品添加剂不合格

食品添加剂不合格的主要原因为检出不安全的色素、糖精、甘素和不安全的食品添加剂（表 2-11）。食品添加剂不合格主要是被美国通报，最主要的原因是检出不安全的色素，占食品添加剂不合格通报次数的 37.3%；其次为检出糖精，占 27.1%；第三是检出甘素，占 13.6%。

表 2-11 水果及其制品食品添加剂不合格原因统计

不合格原因及检测结果	美国	日本	中国香港	总计
不安全的色素	55	0	0	55
糖精	37	0	0	37
甘素	20	0	0	20
不安全的食品添加剂	12	0	0	12
甜蜜素	5	3	0	8
亚硫酸盐超标	6	0	0	6
三氯蔗糖	0	2	0	2
二氧化硫	0	0	2	2
人造色素	1	0	0	1
环磺酸盐	1	0	0	1

2. 品质不合格

品质不合格主要是被美国通报，主要原因是污秽或腐败。

3. 其他不合格原因

因标签不合格被美国通报 9 次，分别包括未标明人工色素 3 次、未标明亚硫酸盐 2 次、未标明糖精1次、未标明防腐剂1次和其他标签不合格原因3次。

因证书材料不合格和未注册审批被美国通报6次，分别包括加工过程未备案4次，未注册低酸食品2次。

因化学物质污染共被通报2次，包括美国和欧盟通报检出重金属铅各1次。

(三)蔬菜及其制品

广东出口的蔬菜及其制品主要包括菠菜、菜心、羽衣甘蓝、红薯、豆类等新鲜蔬菜和豆腐、腐乳、盐渍蔬菜等加工食品，被不同国家或地区通报的情况见表2-12。

表2-12 不同国家或地区对蔬菜及其制品通报情况(2008—2010年)

国家或地区	通报次数			
	2008年	2009年	2010年	总计
美国	19	23	17	59
中国香港	2	6	3	11
新加坡	3	0	8	11
加拿大	2	0	7	9
欧盟	1	2	2	5
日本	1	2	1	4
泰国	0	0	3	3
澳大利亚	1	1	0	2
总计	29	34	41	104

从表2-12可以看出，蔬菜及其制品出口主要被美国通报，占通报总次数的56.7%，其次是中国香港和新加坡，均占通报总次数的10.6%。因此，蔬菜及其制品出口受阻国家或地区为美国、中国香港和新加坡。

蔬菜及其制品被通报的原因主要包括品质不合格、证书材料不合格和未注册审批、农药残留不合格和化学物质污染(表2-13)。

表2-13 蔬菜及其制品遭不同国家或地区通报原因统计(2008—2010年)

原因分类	美国	澳大利亚	加拿大	欧盟	日本	中国香港	新加坡	泰国	总计
品质不合格	28	0	7	0	0	0	0	3	38
证书材料不合格、未注册审批	29	0	0	0	0	0	0	0	29
农药残留不合格	3	0	2	0	4	2	9	0	20
化学物质污染	2	0	0	0	0	8	2	0	12
标签不合格	10	0	0	0	0	0	0	0	10
食品添加剂不合格	7	0	0	1	0	1	0	0	9
微生物污染	0	0	0	5	1	0	0	0	6
其他	1	2	0	0	0	0	0	0	3

从表2-13可以看出，蔬菜及其制品出口受阻原因主要为品质不合格、证书材料不合格和未注册审批、农药残留不合格。

1. 品质不合格

品质不合格的主要原因有污秽或腐败、检出有土、商品质量不合格和不符合卫生要求，具体的情况见表 2-14。从表 2-14 可以看出，品质不合格主要是被美国通报，占品质不合格通报次数的 73.7%，主要的原因是污秽或腐败；其次是加拿大因检出有土通报；第三是泰国因商品质量不合格通报。

表 2-14　蔬菜及其制品品质不合格原因

不合格原因及检测结果	美国	加拿大	泰国	总计
污秽或腐败	27	0	0	27
检出有土	0	7	0	7
商品质量不合格	0	0	3	3
不符合卫生要求	1	0	0	1

2. 证书材料不合格和未注册审批

证书材料不合格和未注册审批的主要原因包括加工过程未备案、未注册低酸食品、加工过程不卫生和加工过程未注册（表 2-15）。由表 2-15 可知，证书材料不合格和未注册审批被美国通报，主要的原因是加工过程未备案和未注册低酸食品，分别占此类通报次数的 44.8%和 37.9%。

表 2-15　蔬菜及其制品证书材料不合格、未注册审批原因

不合格原因及检测结果	美国
加工过程未备案	13
未注册低酸食品	11
加工过程不卫生	4
加工过程未注册	1

3. 农药残留不合格

农药残留不合格主要是因检出农药残留超标，包括检出二硫代氨基甲酸盐、二硫代氨甲基酸酯、涕灭威亚砜等（表 2-16）。农药残留不合格主要是被新加坡、日本和美国等国家或地区通报，通报次数最多的是检出二硫代氨基甲酸盐。

表 2-16　蔬菜及其制品农药残留不合格原因

不合格原因及检测结果	美国	加拿大	日本	中国香港	新加坡	总计
CS2/二硫代氨基甲酸盐	0	0	0	0	5	5
农药残留超标	3	0	0	0	0	3
二硫代氨甲基酸酯	0	0	0	0	2	2
涕灭威亚砜	0	0	2	0	0	2
三唑醇	0	0	1	0	0	1
咪鲜胺	0	1	0	0	0	1
嘧霉胺	0	0	0	0	1	1
甲胺磷	0	0	0	1	0	1
苯菌灵	0	1	0	0	0	1
溴虫腈	0	0	0	0	1	1
速螨酮	0	0	0	1	0	1
乙酰甲胺磷	0	0	1	0	0	1

4. 化学物质污染

化学物质污染主要是检出含有重金属镉、三聚氰胺和含有酸性有害成分（表 2-17）。化学物质污染主要是被中国香港通报，占化学物质污染通报次数的 66.7%，主要原因是检出重金属镉；其次是被美国和新加坡通报。

表 2-17 蔬菜及其制品化学物质污染不合格原因

不合格原因及检测结果	美国	中国香港	新加坡	总计
镉	0	8	1	9
三聚氰胺	1	0	1	2
含有酸性有害成分	1	0	0	1

5. 其他不合格原因

因标签不合格主要是被美国通报，共通报 10 次，主要包括未标明营养成分 2 次、未列出每种成分常用名 1 次、缺少英文标签 1 次和标签错误 1 次和其他不合格原因 5 次。

因食品添加剂不合格主要是被美国、欧盟和中国香港通报，共 9 次，主要包括检出不安全的色素 4 次、不安全的食品添加剂 2 次、未经申报的甜味剂 1 次、甜蜜素 1 次、二氧化硫 1 次。

因微生物污染主要是被欧盟和日本通报，共 6 次。欧盟通报 5 次，主要包括检出细菌 2 次、蜡样芽孢杆菌 2 次和枯草芽孢杆菌 1 次；日本通报微生物阳性 1 次。

另外，蔬菜及其制品还被澳大利亚因检出活的禁止入境有害生物 2 次等。

(四) 粮食及粮食制品

广东出口的粮食及粮食制品主要包括米粉、面条、米线和年糕等，被不同国家或地区通报的情况见表 2-18。

表 2-18 不同国家或地区对粮食及粮食制品通报情况（2008—2010 年）

国家或地区	通报次数			
	2008 年	2009 年	2010 年	总计
美国	21	25	6	52
欧盟	6	10	22	38
日本	2	1	0	3
韩国	1	0	0	1
中国香港	1	0	0	1
总计	31	36	28	95

从表 2-18 可以看出，粮食及粮食制品出口主要是被美国和欧盟通报，分别占通报总次数的 54.7%和40.0%。因此，粮食及粮食制品出口时的主要受阻国家是美国和欧盟。

粮食及粮食制品被通报的主要原因包括品质不合格、含违规转基因成分和化学物质污染（表 2-19）。

表 2-19　粮食及粮食制品遭不同国家或地区通报原因统计（2008—2010 年）

原因分类	美国	欧盟	韩国	日本	中国香港	总计
品质不合格	47	0	0	0	0	47
含违规转基因成分	0	36	0	2	0	38
化学物质污染	5	1	0	0	0	6
农药残留不合格	1	0	0	3	0	4
证书材料不合格、未注册审批	0	3	0	0	0	3
标签不合格	2	0	0	0	0	2
食品添加剂不合格	0	0	1	0	1	2

从表 2-19 可以看出，粮食及粮食制品出口时的主要受阻原因是品质不合格和违规转基因成分。

1. 品质不合格

品质不合格主要是被美国通报，主要原因是污秽或腐败。

2. 含违规转基因成分

含违规转基因成分主要是检出未经批准的转基因成分，包括检出转基因成分 Bt63、Cry1Ac、KF-6、Bt-NOS 等（表 2-20）。违规转基因成分主要是被欧盟通报，通报的主要原因是检出转基因成分 Bt63，占违规转基因成分通报次数的 55.3%。

表 2-20　粮食及粮食制品检出违规转基因成分

不合格原因及检测结果	欧盟	日本	总计
转基因成分 Bt63	21	1	22
未经批准的转基因成分	10	0	10
KF-6	4	0	4
转基因成分 Bt-NOS	1	0	1
Cry1Ac	0	1	1

3. 其他不合格原因

因化学物质污染共被通报 6 次，其中美国因检出三聚氰胺通报 5 次，欧盟因检出铝通报 1 次。

因农药残留不合格共被通报 4 次，其中日本通报 3 次，原因分别是检出 2,4-D、呋喃它酮代谢物和呋喃唑酮代谢物，美国因农药残留超标通报 1 次。

因证书材料不合格被欧盟通报 3 次。

因标签不合格共被美国通报 2 次，分别是缺少必要的营养信息和缺少生产企业名。

因食品添加剂不合格共被通报 2 次，分别是韩国因检出含有未申报色素通报 1 次，中国香港因检出防腐剂苯甲酸通报 1 次。

（五）烘焙食品

广东出口的烘焙食品主要包括饼干、沙琪玛、面包、花生酥和月饼等。烘焙食品出口主要被美国和欧盟等国家或地区通报，具体情况见表 2-21。

表 2-21 不同国家或地区对烘焙食品通报情况（2008—2010 年）

国家或地区	2008 年	2009 年	2010 年	总计
美国	5	17	20	42
欧盟	2	1	3	6
中国香港	5	1	0	6
日本	3	0	0	3
韩国	1	0	1	2
新加坡	1	0	0	1
总计	17	19	24	60

由表 2-21 可知，烘焙食品出口时的主要受阻国家是美国，被美国通报的次数占总通报次数的 70.0%。

烘焙食品被通报的原因主要包括化学物质污染、标签不合格、证书材料不合格和未注册审批、品质不合格等（表 2-22）。

表 2-22 烘焙食品遭不同国家或地区通报原因统计（2008—2010 年）

原因分类	美国	韩国	欧盟	日本	中国香港	新加坡	总计
化学物质污染	32	0	2	1	5	1	41
标签不合格	16	0	0	0	0	0	16
证书材料不合格、未注册审批	6	0	3	0	0	0	9
品质不合格	6	0	0	0	0	0	6
食品添加剂不合格	3	0	0	2	0	0	5
生物毒素超标	0	0	1	0	1	0	2
农兽药残留不合格	0	1	0	0	0	0	1
微生物污染	0	1	0	0	0	0	1

由表 2-22 可知，烘焙食品出口主要受阻原因为化学物质污染和标签不合格。

1. 化学物质污染

化学物质污染主要是检出三聚氰胺和检出有毒有害物质，具体情况见表 2 23。

表 2-23 烘焙食品化学物质污染原因统计

不合格原因及检测结果	美国	韩国	欧盟	日本	中国香港	新加坡	总计
三聚氰胺	22	0	2	1	5	1	31
有毒有害物质	8	0	0	0	0	0	8
含有 801 章禁用物质	1	0	0	0	0	0	1
含有不适宜在食品中应用的成分	1	0	0	0	0	0	1

由表 2-23 可知，化学物质污染主要是由于检出三聚氰胺，占化学物质污染总次数的 75.6%，其中美国通报次数最多，其次是中国香港。

2. 标签不合格

因标签不合格共被美国通报 16 次，主要包括未标明含有色素 2 次、未标明每种成分的常用名 1 次、没有英文标签 1 次和其他标签不合格原因 12 次。

3. 其他不合格原因

因证书材料不合格和未注册审批共被通报 9 次，其中美国通报未注册低酸食品和加工过程未备案各3 次，欧盟通报健康证书不合格 3 次。

因品质不合格被美国通报 6 次，原因为污秽或腐败。

因食品添加剂不合格共被通报 5 次，其中美国因检出不安全色素通报 3 次，日本因检出二氧化硫和亚硫酸盐各 1 次。

因生物毒素超标共被通报 2 次，分别是欧盟和中国香港通报检出黄曲霉毒素各 1 次。

因农兽药残留不合格被韩国通报 1 次，原因为检出甲苯。

因微生物污染被韩国通报 1 次，原因是检出细菌数超标。

（六）糖和糖果、巧克力类

广东出口的糖和糖果、巧克力类食品主要有硬糖、奶糖、棒棒糖、巧克力糖果、水晶糖、棉花糖、冰糖和各种水果口味糖果等。糖和糖果、巧克力类食品主要被美国、韩国和欧盟通报（表 2–24）。

表 2–24　不同国家或地区对糖和糖果、巧克力类的通报情况（2008—2010 年）

国家或地区	2008 年	2009 年	2010 年	总计
美国	13	21	7	41
韩国	8	0	0	8
欧盟	3	0	0	3
总计	24	21	7	52

由表 2–24 可知，糖和糖果、巧克力类食品出口受阻的国家是美国，美国的通报次数占通报总次数的78.8%。

糖和糖果、巧克力类食品被通报的主要原因包括化学物质污染、食品添加剂不合格、标签不合格和品质不合格（表 2–25）。

表 2–25　糖和糖果、巧克力类遭不同国家或地区通报原因统计（2008—2010 年）

原因分类	美国	欧盟	韩国	总计
化学物质污染	26	2	0	28
食品添加剂不合格	11	1	8	20
标签不合格	12	0	0	12
品质不合格	4	0	0	4

1. 化学物质污染

化学物质污染的原因包括检出三聚氰胺、有毒有害物质、重金属铅等，具体情况见表 2–26。

表 2–26　糖和糖果、巧克力类化学物质污染原因统计

不合格原因及检测结果	美国	欧盟	总计
三聚氰胺	13	2	15
含有有毒有害物质	8	0	8
铅	3	0	3
不符合 801(a)(3)	2	0	2

由表 2–26 可知，化学物质污染主要是被美国通报，化学物质污染被通报的主要原因是检出三

聚氰胺，其次是检出有毒有害物质。

2. 食品添加剂不合格

食品添加剂不合格的原因包括检出不安全的色素、不安全的食品添加剂等，具体情况见表 2–27。

表 2–27 糖和糖果、巧克力类食品添加剂不合格原因统计

不合格原因及检测结果	美国	欧盟	韩国	总计
不安全的色素	9	0	0	9
甜蜜素	0	0	3	3
安塞蜜钾盐	0	0	2	2
环磺酸盐	0	0	2	2
不安全的食品添加剂	1	0	0	1
人工色素	1	0	0	1
焦油色素	0	0	1	1
E1270 赤藓红	0	1	0	1

由表 2–27 可知，食品添加剂不合格主要被美国通报，主要的通报原因是检出不安全的色素，其次是检出甜蜜素。

3. 标签不合格

标签不合格主要是被美国通报，主要原因包括未标明每种成分的常用名称、标签没有标明必要的营养成分和标签信息不全等标签不合格原因（表 2–28）。

表 2–28 糖和糖果、巧克力类标签不合格原因统计

不合格原因及检测结果	美国
未标明每种成分的常用名称	3
标签没有标明必要营养成分	3
标签信息不全	2
标签不合格	2
标签不明显	1
未在标签中标明色素	1

4. 品质不合格

品质不合格主要是被美国通报，主要原因是被通报掺假 2 次和污秽或腐败 2 次。

（七）调味品

广东出口的调味品主要包括醋、酱油、大豆酱、胡椒、辣椒、蚝油和虾酱等。调味品主要被美国和欧盟通报，具体情况见表 2–29。

表 2–29 不同国家或地区对调味品通报情况（2008—2010 年）

国家或地区	2008 年	2009 年	2010 年	总计
美国	18	9	5	32
欧盟	2	0	7	9
马来西亚	2	0	0	2
日本	1	1	0	2
中国台湾	0	1	0	1
韩国	0	0	1	1
总计	23	11	13	47

由表 2-29 可知，调味品出口的主要受阻国家是美国，占通报总次数的 68.1%，其次是欧盟，占通报总次数的 19.1%。

调味品被通报的原因主要包括证书材料不合格和未注册审批、品质不合格、食品添加剂不合格，具体情况见表 2-30。

表 2-30　调味品遭不同国家或地区通报原因统计（2008—2010 年）

原因分类	美国	马来西亚	欧盟	日本	中国台湾	韩国	总计
证书材料不合格、未注册审批	25	0	0	0	0	0	25
食品添加剂不合格	3	4	2	1	0	0	10
品质不合格	8	0	0	0	0	1	9
微生物污染	3	0	5	0	0	0	8
标签不合格	4	0	0	0	0	0	4
农兽药残留不合格	0	0	0	1	1	0	2
人类受到危害	0	0	2	0	0	0	2
化学物质污染	0	0	1	0	0	0	1
生物毒素超标	0	0	1	0	0	0	1

1. 证书材料不合格和未注册审批

因证书材料不合格和未注册审批主要是被美国通报，主要原因是加工过程未备案，被通报 16 次；未注册低酸食品，被通报 9 次。

2. 食品添加剂不合格

食品添加剂不合格主要是因为检出山梨酸、苯甲酸和亚硫酸盐等不安全的食品添加剂，具体情况见表 2-31。

表 2-31　调味品食品添加剂不合格原因统计

不合格原因及检测结果	美国	马来西亚	欧盟	日本	总计
亚硫酸盐	1	0	0	0	1
E2160 丙酯对羟基苯甲酸	0	0	1	0	1
E2140 对羟基苯甲酸丁酯	0	0	1	0	1
苯甲酸	0	2	0	0	2
山梨酸	0	2	0	1	3
含有色素	1	0	0	0	1
不安全的食品添加剂	1	0	0	0	1

由表 2-31 可知，食品添加剂不合格主要是马来西亚通报检出苯甲酸和山梨酸各 2 次，其次是美国通报检出亚硫酸盐、色素和不安全的食品添加剂各 1 次。

3. 其他不合格原因

因品质不合格共被通报 9 次，其中美国通报 8 次，包括因污秽或腐败通报 7 次和不符合卫生标准通报 1 次；韩国因任意延长流通时间通报 1 次。

因微生物污染共被通报 8 次，其中欧盟通报 5 次，原因是检出蜡样芽孢杆菌 3 次和枯草芽孢杆菌 2 次，美国因检出沙门氏菌检出 3 次。

因标签不合格共被美国通报 4 次。

因人类受到危害是被欧盟检出辐照通报 2 次。

因农药残留不合格共被通报2次，包括日本因检出除草剂通报1次和中国台湾因检出巴拉松通报1次。

因化学物质污染是被欧盟检出锌通报1次。

因生物毒素超标是被欧盟检出黄曲霉毒素通报1次。

（八）药材类食品

广东出口的药材类食品主要包括中草药、草药茶、阿胶、车前草、菊花、干燥荷叶、陈皮、灵芝、人参、茯苓等。药材类食品的主要出口国家或地区包括美国、中国台湾、欧盟、日本和马来西亚，具体情况见表2-32。

表2-32　不同国家或地区对药材类食品通报情况（2008—2010年）

国家或地区	2008年	2009年	2010年	总计
美国	11	13	9	33
欧盟	0	0	1	1
日本	0	0	1	1
中国台湾	0	0	3	3
马来西亚	0	0	1	1
总计	11	13	15	39

由表2-32可知，美国是药材类食品出口的主要受阻国家，通报次数占通报总次数的84.6%。

药材类食品被通报的主要原因包括品质不合格、食品添加剂不合格、标签不合格和农药残留不合格等，具体情况见表2-33。

表2-33　药材类食品遭不同国家或地区通报原因统计（2008—2010年）

原因分类	美国	欧盟	日本	中国台湾	马来西亚	总计
品质不合格	19	0	0	0	0	19
食品添加剂不合格	9	1	1	0	0	11
标签不合格	9	0	0	0	0	9
农药残留不合格	3	0	0	3	0	6
证书材料不合格、未注册审批	5	0	0	0	0	5
微生物污染	1	0	0	2	0	3
化学物质污染	2	0	0	0	0	2
检出漂白剂	0	0	0	2	0	2
生物毒素超标	0	0	0	0	1	1

由表2-33可知，药材类食品出口的主要受阻原因是品质不合格和食品添加剂不合格。

1. 品质不合格

品质不合格主要是被美国因污秽或腐败而通报。

2. 食品添加剂不合格

食品添加剂不合格的主要原因包括检出不安全的食品添加剂、二氧化硫超标、检出甘素、糖精等，具体情况见表2-34。

表 2-34　药材类食品添加剂不合格原因统计

不合格原因及检测结果	美国	欧盟	日本	总计
不安全的食品添加剂	4	0	0	4
二氧化硫超标	0	1	1	2
苯甲酰亚胺	1	0	0	1
甘素	1	0	0	1
糖精	1	0	0	1
不安全的色素	1	0	0	1
环磺酸盐	1	0	0	1

由表 2-34 可知，食品添加剂不合格主要是被美国通报，通报的主要原因是使用不安全的食品添加剂。

3. 标签不合格

标签不合格主要是被美国通报，通报的原因包括缺少食品通用名称、缺少英文标签、编造产品成分和标签错误等，具体情况见表 2-35。

表 2-35　药材类食品标签不合格原因统计

不合格原因及检测结果	美国
标签不合格	4
缺少食品通用名称	2
缺少英文标签	1
编造产品成分	1
标签错误	1

4. 其他不合格原因

因农药残留不合格共被通报 6 次，其中美国通报 3 次，2 次是因为检出杀虫剂，1 次是因为检出农药残留；中国台湾通报 3 次，分别为检出亚赐圃、贝芬替、益达胺各 1 次。

因证书材料不合格和未注册审批被美国通报 5 次，其中 2 次是因为加工过程未备案，2 次是因为未注册低酸食品，1 次是因为生产、加工和包装过程不卫生。

因检出漂白剂共被中国台湾通报 2 次。

因化学物质污染共被美国通报 2 次，分别是检出三聚氰胺和有毒有害物质各 1 次。

因微生物污染是被美国检出沙门氏菌通报 1 次。

因生物毒素超标是被马来西亚检出黄曲霉毒素通报 1 次。

（九）果汁及饮料

广东出口的果汁及饮料主要包括冬瓜饮料、芦荟汁、金银花茶、绿茶饮料和能量饮料等。果汁及饮料出口主要是被美国和欧盟通报，其中美国的通报次数占通报总次数的 96.0%（表 2-36）。

表 2-36　不同国家或地区对果汁及饮料类通报情况（2008—2010 年）

国家或地区	2008 年	2009 年	2010 年	总计
美国	4	12	8	24
欧盟	0	1	0	1
总计	4	13	8	25

果汁及饮料类被通报的主要原因包括证书材料不合格和未注册审批、标签不合格和食品添加剂不合格（表 2-37）。

表 2-37 果汁及饮料类遭不同国家或地区通报原因统计（2008—2010 年）

原因分类	美国	欧盟	总计
证书材料不合格、未注册审批	13	1	14
标签不合格	10	0	10
食品添加剂不合格	2	0	2

1. 证书材料不合格和未注册审批

证书材料不合格和未注册审批的主要原因包括生产、加工和包装过程不卫生、加工过程未备案、未注册低酸食品和未经授权在市场上销售，具体情况见表 2-38。

表 2-38 果汁及饮料类证书材料不合格和未注册审批原因统计

不合格原因及检测结果	美国	欧盟	总计
生产、加工和包装过程不卫生	8	0	8
加工过程未备案	3	0	3
未注册低酸食品	2	0	2
未经授权在市场上销售	0	1	1

2. 标签不合格

标签不合格主要是被美国通报，主要通报原因包括营养标签不合格、未标明每种成分的常用名等，具体情况见表 2-39。

表 2-39 果汁及饮料类标签不合格原因统计

不合格原因及检测结果	美国
标签有误	2
未标明每种成分的常用名	2
营养标签不合格	2
标签不合格	2
未标明制造商名称	1
标签描述不符合规定	1

3. 食品添加剂不合格

食品添加剂不合格主要是被美国因检出不安全的色素而通报。

（十）食用菌类

广东食用菌类出口的产品包括金针菇、木耳、银耳、新鲜蘑菇和干蘑菇等。主要通报的国家或地区包括美国、中国香港、马来西亚、泰国和澳大利亚，具体情况见表 2-40。

表 2-40 不同国家或地区对食用菌类通报情况（2008—2010 年）

国家或地区	2008 年	2009 年	2010 年	总计
美国	8	2	5	15
中国香港	1	2	1	4
马来西亚	2	0	0	2
泰国	0	0	2	2
澳大利亚	1	0	0	1
总计	12	4	8	24

由表 2-40 可知，食用菌类的主要出口受阻国家是美国。

食用菌类通报的主要原因包括品质不合格、食品添加剂不合格、标签不合格、农药残留不合格等，具体情况见表 2-41。

表 2-41 食用菌类遭不同国家或地区通报原因统计（2008—2010 年）

原因分类	美国	澳大利亚	马来西亚	中国香港	泰国	总计
品质不合格	16	0	0	0	0	16
食品添加剂不合格	1	0	2	1	2	6
标签不合格	2	0	0	0	0	2
化学物质污染	0	0	0	2	0	2
农药残留不合格	0	0	0	1	0	1
其他	0	1	0	0	0	1

由表 2-41 可知，食用菌类出口的主要受阻原因是品质不合格和食品添加剂不合格。

1. 品质不合格

品质不合格主要是被美国因污秽或腐败而通报。

2. 食品添加剂不合格

食品添加剂不合格的原因包括二氧化硫超标、使用了不安全的色素、检出二硫代氨基甲酸盐和氨基甲酸盐（表 2-42）。

表 2-42 食用菌类食品添加剂不合格原因统计

不合格原因及检测结果	美国	澳大利亚	马来西亚	中国香港	泰国	总计
二氧化硫超标	0	0	0	1	2	3
不安全的色素	1	0	0	0	0	1
二硫代氨基甲酸盐	0	0	1	0	0	1
氨基甲酸盐	0	0	1	0	0	1

3. 其他不合格原因

因标签不合格被美国通报 2 次，原因是未在标签中标明色素 1 次和其他标签不合格原因 1 次。

因化学物质污染被中国香港通报 2 次，原因是检出镉和钾各 1 次。

因农药残留不合格被中国香港通报 1 次，原因是检出达马松。

因检出禁止入境有害微生物被澳大利亚通报 1 次。

（十一）特殊营养食品

广东出口被通报的特殊营养食品主要包括食用纤维、减肥胶囊、儿童维生素、食品增补剂、婴儿食品、维生素胶囊和减肥果等。特殊营养食品出口主要被通报的国家或地区包括美国、欧盟、韩国和中国香港，具体情况见表 2-43。

表 2-43 不同国家或地区对特殊营养食品通报情况（2008—2010 年）

国家或地区	2008 年	2009 年	2010 年	总计
美国	5	2	0	7
欧盟	0	1	4	5
韩国	1	0	1	2
中国香港	1	0	0	1
总计	7	3	5	15

由表 2–43 可知，特殊营养食品出口的受阻国家或地区是美国和欧盟。

特殊营养食品被通报的主要原因包括标签不合格和化学物质污染（表 2–44）。

表 2–44 特殊营养食品遭不同国家或地区通报原因统计（2008—2010 年）

原因分类	不合格原因及检测结果	美国	韩国	中国香港	欧盟	总计
标签不合格	贴错标签	2	0	0	0	2
	违反了商标法（FPLA）	2	0	0	0	2
	未标明每种成分的常用名	2	0	0	0	2
	标签不明显或不易懂	2	0	0	0	2
	未标明膳食补充剂	2	0	0	0	2
	标签未标明必要营养成分	2	0	0	0	2
	小计	12	0	0	0	12
化学物质污染	西布曲明	0	2	0	3	5
	未被批准的新药	3	0	0	0	3
	三聚氰胺	1	0	1	0	2
	含有 510 章未列出的药物	1	0	0	0	1
	他达拉非	0	0	0	1	1
	西地那非	0	0	0	1	1
	Hoodia gordonii	0	0	0	1	1
	小计	5	2	1	6	14

由表 2–44 可知，因标签不合格主要是被美国通报，主要原因包括贴错标签、违反了商标法（FPLA）、未标明每种成分的常用名、标签不明显或不易懂、未标明膳食补充剂、标签未标明必要营养成分。化学物质污染主要是因为检出了西布曲明、未被批准的新药、三聚氰胺等。

（十二）肉类及其制品

广东出口被通报的肉类及其制品主要包括冷冻蛙腿和鸡肉饼。出口主要被通报的国家为美国和日本(表 2–45)。

表 2–45 不同国家或地区对肉类及其制品通报情况（2008—2010 年）

国家或地区	2008 年	2009 年	2010 年	总计
美国	3	1	7	11
日本	3	0	0	3
总计	6	1	7	14

由表 2–45 可知，肉类及其制品出口的主要受阻国家为美国。

肉类及其制品被通报的原因包括兽药残留不合格、微生物污染、标签不合格和品质不合格（表 2–46）。

表 2-46　肉类及其制品遭不同国家通报原因统计（2008—2010 年）

原因分类	不合格原因及检测结果	美国	日本	总计
兽药残留不合格	不安全的新兽药	5	0	5
	兽药残留	2	0	2
	呋喃它酮代谢物	0	1	1
	呋喃唑酮代谢物	0	2	2
	小计	7	3	10
微生物污染	沙门氏菌	2	0	2
标签不合格	标签不合格	1	0	1
	未标明生产商、包装商或分销商的名称	1	0	1
	小计	2	0	2
品质不合格	污秽或腐败	1	0	1

由表 2-46 可知，肉类及其制品出口受阻的主要原因是兽药残留不合格，主要是被美国通报，不合格的原因主要是检出不安全的新兽药、兽药残留以及呋喃唑酮代谢物等。

（十三）冷冻食品

广东出口被通报的冷冻食品主要包括黄金汤丸、白菜蒸饺子、冷冻芝麻团、冷冻芋头包、冷冻韭菜饼。出口冷冻食品主要是被日本、中国香港、美国和加拿大通报（表 2-47）。

表 2-47　不同国家或地区对冷冻食品通报情况（2008—2010 年）

国家或地区	2008 年	2009 年	2010 年	总计
日本	1	4	0	5
中国香港	2	0	0	2
美国	0	1	1	2
加拿大	0	1	0	1
总计	3	6	1	10

广东出口的冷冻食品被通报的原因包括食品添加剂不合格、生物毒素超标、化学物质污染、农兽药残留不合格和微生物污染（表 2-48）。

表 2-48　冷冻食品遭不同国家或地区通报原因统计（2008—2010 年）

原因分类	中国香港	日本	加拿大	美国	总计
食品添加剂不合格	0	4	0	2	6
生物毒素超标	2	0	0	0	2
化学物质污染	0	0	0	1	1
农兽药残留不合格	0	0	1	0	1
微生物污染	0	1	0	0	1

由表 2-48 可知，广东出口冷冻食品主要的受阻原因是食品添加剂不合格，主要的通报国家是日本和美国，其次是生物毒素超标，主要是中国香港通报。

1. 食品添加剂不合格

食品添加剂不合格的原因包括检出特丁基对苯二酚（TBHQ）、不安全的食品添加剂和防腐剂。

2. 其他不合格原因

生物毒素超标被中国香港因检出黄曲霉毒素而通报 2 次。

农兽药残留不合格被加拿大因检出硝基呋喃而通报 1 次。

微生物污染被日本因检出大肠菌群阳性而通报1次。

化学物质污染被美国因检出三聚氰胺而通报1次。

（十四）炒货类

广东出口被通报的炒货类包括烤西瓜子、葵花子、干燥香瓜子、红瓜子等，出口受阻的国家或地区包括美国和欧盟（表2-49）。

表2-49 不同国家或地区对炒货类通报情况（2008—2010年）

国家或地区	2008年	2009年	2010年	总计
美国	3	3	1	7
欧盟	1	1	0	2
总计	4	4	1	9

由表2-49可知，炒货类出口受阻国家是美国。

炒货类被通报的原因包括食品添加剂不合格、标签不合格、生物毒素超标、微生物污染和化学物质污染（表2-50）。

表2-50 炒货类遭不同国家或地区通报原因统计（2008—2010年）

原因分类	不合格原因及检测结果	美国	欧盟	总计
食品添加剂不合格	不安全的色素	4	0	4
	E9500 安赛蜜	0	1	1
	E9540 糖精	0	1	1
	不安全的添加剂	1	0	1
标签不合格	未标明成分常用名	1	0	1
	未标明含有人工色素	2	0	2
生物毒素超标	黄曲霉毒素超标	1	0	1
微生物污染	沙门氏菌	0	1	1
化学物质污染	三聚氰胺	1	0	1

（十五）其他

1. 果冻类食品

果冻类食品主要是被欧盟通报3次，原因分别是存在食用窒息风险，含有未经批准的海藻提取物，未经批准的食品添加剂4250魔芋。

2. 乳及乳制品

乳制品被黎巴嫩通报1批，原因是品质不合格。

3. 蛋类及其制品

蛋类被欧盟因非法进口而通报1批。

4. 食用植物油

食用植物油被韩国因检出苯丙吡超标而通报1批。

5. 食品添加剂

食品添加剂被美国因检出三聚氰胺而通报1批。

三、广东农食产品出口主要贸易国家或地区通报原因

(一)美国

美国是广东农食产品的主要出口国家之一，对各类食品均有通报，2008—2010年的具体通报情况见表2-51。

表2-51 美国对不同食品类别的通报情况统计

食品类别	2008年	2009年	2010年	总计
水产品及其制品	62	24	63	149
水果及其制品	26	16	58	100
蔬菜及其制品	19	23	17	59
粮食及粮食制品	21	25	6	52
烘焙食品	5	17	20	42
糖和糖果、巧克力	13	21	7	41
药材类	11	13	9	33
调味品	18	9	5	32
果汁及饮料	4	12	8	24
食用菌类	8	2	5	15
蜜饯类	12	2	0	14
肉类及其制品	3	1	7	11
特殊营养食品	5	2	0	7
炒货类	3	3	1	7
冷冻食品	0	1	1	2
其他	0	1	0	1

由表2-51可知，美国对水产品及其制品通报的次数最多，其次是水果及其制品。

美国通报广东出口农食产品的主要原因包括食品添加剂不合格、品质不合格、农兽药残留不合格、标签不合格、证书材料不合格和未注册审批（表2-52）。

表2-52 美国通报不合格原因统计

原因分类	通报次数
食品添加剂不合格	241
品质不合格	201
农兽药残留不合格	120
标签不合格	99
证书材料不合格、未注册审批	93
化学物质污染	76
微生物污染	13
生物毒素超标	1
其他	1

1. 食品添加剂不合格

美国通报食品添加剂不合格的主要原因包括不安全的食品添加剂、不安全的色素、糖精、甘素、亚硫酸盐、甜蜜素等，具体情况见表2-53。

表 2-53 美国通报食品添加剂不合格原因统计

不合格原因及检测结果	通报次数
不安全的食品添加剂	78
不安全的色素	76
糖精	45
甘素	21
亚硫酸盐	7
甜蜜素	6
含有未标明的人工色素	2
环磺酸盐	2
人工色素	2
苯甲酰亚胺	1
含有色素	1

2. 品质不合格

美国通报品质不合格的主要原因包括污秽或腐败、不符合卫生标准和掺假，具体情况见表 2-54。

表 2-54 美国通报品质不合格原因统计

不合格原因及检测结果	通报次数
污秽或腐败	197
不符合卫生标准	2
掺假	2

3. 农兽药残留不合格

美国通报农兽药残留不合格的主要原因包括不安全的新兽药、农兽药残留超标、检出硝基呋喃、含有 503 (f)(4) 章未列出药物、检出杀虫剂、未经批准的兽药、未批准使用的新药和检出硝基呋喃代谢物（表 2-55）。

表 2-55 美国通报农兽药残留不合格原因统计

不合格原因及检测结果	通报次数
不安全的新兽药	65
农兽药残留超标	37
硝基呋喃	9
含有 503(f)(4) 章未列出药物	4
杀虫剂	2
未经批准的兽药	1
未批准使用的新药	1
硝基呋喃代谢物	1

4. 标签不合格

美国通报标签不合格的原因包括未标明每种成分的常用名、未标明必要的营养成分、标签错误、没有英文标签、未标明含人工色素等，具体情况见表 2-56。

表 2-56 美国通报标签不合格原因统计

不合格原因及检测结果	通报次数
标签不合格	38
未标明每种成分的常用名	11
标签没有标明必要营养成分	9
标签错误	7
没有英文标签	6
未标明含人工色素	5
标签不明显或不易懂	3
未标明生产商、包装商或分销商的名称	3
营养标签不合格	3
标签信息不全	2
违反了商标法（FPLA）	2
未标明含亚硫酸盐	2
未标明膳食补充剂	2
编造产品成分	1
标签描述不符合规定	1
标签中未标明含有人工色素	1
未标明防腐剂	1
未标明含有色素	1
未标明含有糖精	1

5. 证书材料不合格、未注册审批

美国通报证书材料不合格和未注册审批的原因包括加工过程未备案、未注册低酸食品以及生产、加工和包装过程不卫生，具体情况见表 2-57。

表 2-57 美国通报证书材料不合格、未注册审批原因统计

不合格原因及检测结果	通报次数
加工过程未备案	45
未注册低酸食品	31
生产、加工和包装过程不卫生	17

6. 化学物质污染

美国通报化学物质污染的原因包括检出三聚氰胺、有毒有害物质、重金属铅等，具体情况见表 2-58。

表 2-58 美国通报化学物质污染原因统计

不合格原因及检测结果	通报次数
三聚氰胺	46
有毒有害物质	17
铅	4
不符合 801（a）（3）	3
未被批准的新药	3
含有 510 章未列出的药物	1
含有不适宜在食品中应用的成分	1
含有酸性有害成分	1

7. 微生物污染

共通报检出 10 次沙门氏菌和 3 次单核细胞李斯特杆菌。

（二）欧盟

欧盟主要对广东出口的粮食及粮食制品、调味品、烘焙食品、蔬菜及其制品、特殊营养食品等进行了通报，具体情况见表 2-59。

表 2-59 欧盟对不同食品类别的通报情况统计

食品种类	2008 年	2009 年	2010 年	总计
粮食及粮食制品	6	10	22	38
调味品	2	0	7	9
烘焙食品	2	1	3	6
蔬菜及其制品	1	2	2	5
特殊营养食品	0	1	4	5
果冻类	2	0	1	3
糖和糖果、巧克力类	3	0	0	3
炒货类	1	1	0	2
水果及其制品	0	0	1	1
药材类	0	0	1	1
果汁及饮料	0	1	0	1
蜜饯类	0	0	1	1
蛋类及其制品	0	0	1	1

欧盟通报广东出口农食产品的主要原因包括含违规转基因成分、化学物质污染、微生物污染、食品添加剂不合格、证书材料不合格和未注册审批、人类受到危害、生物毒素超标和品质不合格（表2-60）。

表 2-60 欧盟通报不合格原因统计

原因分类	通报次数
含违规转基因成分	36
化学物质污染	16
微生物污染	11
食品添加剂不合格	7
证书材料不合格和未注册审批	7
人类受到危害	2
生物毒素超标	2
品质不合格	1

1. 含违规转基因成分

欧盟通报含违规转基因成分的原因包括检出转基因成分 Bt63、未经批准的转基因成分、KF-6 和转基因成分 Bt-NOS，具体情况见表 2-61。

表 2-61 欧盟通报含违规转基因成分原因统计

不合格原因及检测结果	通报次数
转基因成分 Bt63	21
未经批准的转基因成分	10
KF-6	4
转基因成分 Bt-NOS	1

2. 化学物质污染

欧盟通报化学物质污染的主要原因包括检出三聚氰胺、砷、西布曲明、铝、铅、锌、他达拉非、西地那非和Hoodia gordonii，具体情况见表2-62。

表2-62 欧盟通报化学物质污染原因统计

不合格原因及检测结果	通报次数
三聚氰胺	4
砷	3
西布曲明	3
铝	1
铅	1
锌	1
他达拉非	1
西地那非	1
Hoodia gordonii	1

3. 微生物污染

欧盟通报微生物污染的主要原因包括检出蜡样芽孢杆菌、枯草芽孢杆菌、细菌和沙门氏菌，具体情况见表2-63。

表2-63 欧盟通报微生物污染原因统计

不合格原因及检测结果	通报次数
蜡样芽孢杆菌	5
枯草芽孢杆菌	3
细菌	2
沙门氏菌	1

(三) 日本

日本主要对广东出口水产品及其制品、冷冻食品、蔬菜及其制品、粮食及粮食制品、水果及其制品、烘焙食品和肉类及其制品进行了通报，具体情况见表2-64。

表2-64 日本对不同食品类别的通报情况统计

食品种类	2008年	2009年	2010年	总计
水产品及其制品	5	4	22	31
冷冻食品	1	4	0	5
蔬菜及其制品	1	2	1	4
粮食及粮食制品	2	1	0	3
水果及其制品	0	0	3	3
烘焙食品	3	0	0	3
肉类及其制品	3	0	0	3
调味品	1	1	0	2
药材类	0	0	1	1

日本通报广东出口农食产品的主要原因包括农兽药残留不合格、食品添加剂不合格、微生物污染、含违规转基因成分和化学物质污染（表2-65）。

表 2-65 日本通报不合格原因统计

原因分类	通报次数
农兽药残留不合格	38
食品添加剂不合格	15
微生物污染	5
含违规转基因成分	2
化学物质污染	1

1. 农兽药残留不合格

日本通报农兽药残留不合格的原因包括检出金霉素、新诺明、四环素、恩诺沙星、呋喃唑酮、呋喃唑酮代谢物、隐形孔雀石绿、涕灭威亚砜、呋喃它酮代谢物、环丙沙星、磺胺甲噁唑、土霉素、三唑醇、乙酰甲胺磷、2,4–D 和除草剂，具体情况见表 2–66。

表 2-66 日本通报农兽药残留不合格原因统计

不合格原因及检测结果	通报次数
金霉素	6
新诺明	5
四环素	4
恩诺沙星	4
呋喃唑酮	3
呋喃唑酮代谢物	3
隐形孔雀石绿	2
涕灭威亚砜	2
呋喃它酮代谢物	2
环丙沙星	1
磺胺甲噁唑	1
土霉素	1
三唑醇	1
乙酰甲胺磷	1
2,4–D	1
除草剂	1

2. 食品添加剂不合格

日本通报食品添加剂不合格的原因包括检出 TBHQ、甜蜜素、三氯蔗糖、二氧化硫、亚硫酸盐和山梨酸，具体情况见表 2–67。

表 2-67 日本通报食品添加剂不合格原因统计

不合格原因及检测结果	通报次数
TBHQ	6
甜蜜素	3
三氯蔗糖	2
二氧化硫	2
亚硫酸盐	1
山梨酸	1

（四）加拿大

加拿大主要对广东出口水产品及其制品、蔬菜及其制品和冷冻食品进行了通报，具体情况见表2–68。

表 2–68　加拿大对不同食品类别的通报情况统计

食品种类	2008 年	2009 年	2010 年	总计
水产品及其制品	5	1	7	13
蔬菜及其制品	2	0	7	9
冷冻食品	0	1	0	1

加拿大通报广东出口农食产品的主要原因包括品质不合格、农兽药残留不合格和食品添加剂不合格，具体情况见表 2–69。

表 2–69　加拿大通报不合格原因统计

原因分类	通报次数
品质不合格	14
农兽药残留不合格	7
食品添加剂不合格	4

（五）中国香港

香港主要对广东供港的蔬菜及其制品、烘焙食品、食用菌类、水果及其制品、冷冻食品、粮食及粮食制品和特殊营养食品进行了通报，具体情况见表 2–70。

表 2–70　香港对不同食品类别的通报情况统计

食品种类	2008 年	2009 年	2010 年	总计
蔬菜及其制品	2	6	3	11
烘焙食品	5	1	0	6
食用菌类	1	2	1	4
水果及其制品	0	0	3	3
冷冻食品	2	0	0	2
粮食及粮食制品	1	0	0	1
特殊营养食品	1	0	0	1

香港通报广东供港农食产品的主要原因包括化学物质污染、食品添加剂不合格、农兽药残留不合格和生物毒素超标，具体情况见表 2–71。

表 2–71　香港通报不合格原因统计

原因分类	通报次数
化学物质污染	16
食品添加剂不合格	5
农兽药残留不合格	3
生物毒素超标	3

（六）韩国

韩国主要对广东出口的糖和糖果以及巧克力类、水产品及其制品、特殊营养食品、烘焙食品、粮食及粮食制品、调味品和食用植物油进行了通报，具体情况见表 2-72。

表 2-72 韩国对不同食品类别的通报情况统计

食品种类	2008 年	2009 年	2010 年	总计
糖和糖果、巧克力类	8	0	0	8
水产品及其制品	5	1	1	7
特殊营养食品	1	0	1	2
烘焙食品	1	0	1	2
粮食及粮食制品	1	0	0	1
调味品	0	0	1	1
食用植物油	0	1	0	1

韩国通报广东出口农食产品的主要原因包括食品添加剂不合格、农兽药残留不合格、化学物质污染、品质不合格等，具体情况见表 2-73。

表 2-73 韩国通报不合格原因统计

原因分类	通报次数
食品添加剂不合格	10
农兽药残留不合格	6
化学物质污染	2
品质不合格	1
其他	1
微生物污染	1

（七）新加坡

新加坡主要对广东出口的蔬菜及其制品、水产品及其制品和烘焙食品进行了通报，具体情况见表 2-74。

表 2-74 新加坡对不同食品类别的通报情况统计

食品种类	2008 年	2009 年	2010 年	总计
蔬菜及其制品	3	0	8	11
水产品及其制品	2	0	2	4
烘焙食品	1	0	0	1

新加坡通报广东出口农食产品的主要原因包括农兽药残留不合格和化学物质污染，具体情况见表 2-75。

表 2-75 新加坡通报不合格原因统计

原因分类	通报次数
农兽药残留不合格	13
化学物质污染	3

四、小结

（一）广东农食产品出口国家或地区及贸易受阻总体情况

广东出口农食产品主要包括水产品及其制品、肉制品、果蔬、调味品和糖果，主要出口的国家或地区为中国香港、美国、东盟、日本和欧盟。

广东出口农食产品被通报的主要食品类别包括水产品及其制品、蔬菜及其制品、粮食及粮食制品、水果及其制品和烘焙食品，主要通报的国家或地区为美国、欧盟、日本、加拿大和中国香港。

（二）广东农食产品出口受阻的主要原因及食品类别

广东出口农食产品受阻的主要原因包括食品添加剂不合格、品质不合格、农兽药残留不合格、标签不合格、证书材料不合格、未注册审批、化学物质污染和含违规转基因成分等。

从发出通报的主要贸易国家或地区来看，美国主要通报的不合格原因是食品添加剂不合格、品质不合格、农兽药残留不合格；欧盟主要通报的不合格原因是含违规转基因成分、化学物质污染和食品添加剂不合格；日本主要通报的不合格原因是农兽药残留不合格、食品添加剂不合格、微生物污染。

从通报的食品类别来看，美国主要通报的食品类别是水产品及其制品、水果及其制品、蔬菜及其制品；欧盟主要通报的食品类别是粮食及粮食制品、调味品、烘焙食品；日本主要通报的食品类别是水产品及其制品、冷冻食品、蔬菜及其制品。

（三）主要贸易国家或地区的通报重点及对策

1. 食品添加剂

食品添加剂是广东农食产品出口被通报的主要原因，各个国家或地区都非常重视，且通报的原因也各有特点。如美国通报的内容较笼统，多数没有通报具体的食品添加剂品种，多以不安全的色素和不安全的添加剂的形式通报。这种通报方式使通报的食品添加剂品种透明度较差，对寻找原因、规避障碍和提出应对措施增加了困难；日本特别关注我国允许使用、日本不准许使用的品种，如甜蜜素和特丁基对苯二酚就是两个典型的品种。日本对容易超标的品种也非常关注，如二氧化硫、防腐剂和色素都属于这类。因此企业作为食品出口贸易的主体，应正确了解、理解进口国或地区的食品添加剂使用规定，严格按照进口国或地区的规定组织生产。

2. 农兽药残留

美国主要是检出不安全的新兽药和农兽药残留不合格，如硝基呋喃；而日本主要是检出金霉素、新诺明、四环素和恩诺沙星等。日本对农兽药残留的要求非常严格，检测覆盖的范围包括金霉素、新诺明、四环素、恩诺沙星、呋喃唑酮、呋喃唑酮代谢物、隐形孔雀石绿、涕灭威亚砜、呋喃它酮代谢物、环丙沙星、磺胺甲噁唑、土霉素、三唑醇、乙酰甲胺磷、2,4-D 和除草剂等。因此，对农兽药残留的监管必须从源头抓起，对高风险农兽药使用的地区进行风险评估，必要时停止该地区的原料供应，对农兽药使用不规范或违规的情况，应组织有关部门进行清理整顿，并加强监管。与此同时，对国外通报或进口国要求检测的，国内又无法检测的项目，需要尽快收集国外先进的检测方法，尽快与国外的检测技术接轨。

3. 品质和标签不合格

美国和加拿大因品质不合格多次发出通报，主要的原因是产品污秽或腐败，因此农食产品出口美国时应格外注意产品的包装和保存条件。此外，广东出口的多批农食产品因标签不合格而被通报，原因包括未标明每种成分的常用名、未标明必要的营养成分、标签错误、没有英文标签、未标明含人工色素等。近年来，一些发达国家对进口的农食产品的标签和包装进行了非常详细的规定，制定了相应的法规和标准，并且对包装和标签进行严格的检查，因此，企业应关注出口国家在食品包装和标签方面的法规和标准，以符合相关规定。

4. 生产加工过程备案

近年来，美国和欧盟逐渐对生产企业的加工过程备案以及生产、加工和包装过程的卫生情况给予了很大的关注。值得注意的是，广东出口的农食产品还有因未注册的低酸食品而被通报。酸化食品属风险度较高的产品种类，美国 FDA 已将其纳入重点管理并制定了相关的法律法规，其中对酸化食品的生产设施、产品关键因子备案以及加工管理提出了明确的要求。因此，低酸食品出口生产企业应进行原辅料基地备案和加工工艺登记备案，并对加工过程进行监管，建立良好的卫生质量管理体系。

5. 转基因成分

欧盟非常关注转基因成分，因检出转基因成分 Bt63、未经批准的转基因成分、KF-6 和转基因成分Bt-NOS 而通报多批样品。转基因食品的安全性一直存在争议，而欧盟则历来对转基因食品持非常谨慎的保守态度，并规定所有转基因产品都必须有标签清楚地表明“本产品为转基因产品”。目前只有有限的几种转基因谷物和转基因食品获得进入欧盟的许可证，而一些欧盟成员国还在继续执行本国的转基因食品禁令。因此，出口企业要高度关注进口国对食品转基因成分安全的相关要求，严格按照进口国标准要求组织食品生产加工，切实保证出口产品质量安全符合要求。

6. 化学物质污染

化学物质污染已经成为人们备受关注的焦点，主要的通报原因包括检出三聚氰胺、有毒有害物质和重金属等。这表明国内的食品安全管理体系建设尽管已经取得了较大的成绩，但与发达国家相比仍然有一定的差距，特别是三聚氰胺食品安全事件充分暴露了我国食品质量安全管理体系的软肋。另外，发达国家对食品安全检测技术呈现出快速化、系列化、标准化和精确化的特征，而广东出口检验过程中，由于标准和检测方法不同步，部分项目可能无法达到进口国的检验要求，从而导致出口受阻。因此，广东应在努力提高食品质量安全管理体系的同时，力争检测标准和检测技术与国际接轨。

7. 努力开发新兴市场，使出口市场由单一走向多元

广东农食产品已经出口到阿联酋、南非、也门、安哥拉、苏丹、巴基斯坦、伊拉克等新兴市场，而尚未遭到新兴市场的通报，提示企业应关注新兴市场，尤其是拉美和非洲等发展中国家市场。

目前，广东的农食产品出口主要集中在欧盟、美国和包括日本、韩国在内的一些亚洲国家或地区，这些地区的技术性贸易措施比较严格，食品企业在致力提高出口农食产品质量的同时，应考虑有步骤地调整农食产品出口的市场方向，将部分重点转向发展中国家和中等收入国家。一方面可以避开欧、美、日等发达国家严苛的技术性贸易措施，减轻来自发达国家的市场压力；另一方面可以争取缓冲时间，逐步实现产品质量的提升和相应技术的提高。此外，还要采取出口产品多元化和时间均衡化的做法，避免因产品品种少和时间集中给进口国带来的市场压力。

第三节　广东农食产品出口企业遭遇技术性贸易措施情况

据统计，2010 年全年广东省进出口贸易总额为 7 846.6 亿美元，占全国进出口总值的 26%，比上年同期增长 28.4%。其中，出口 4 532.0 亿美元，增长 26.3%。数据显示，广东在 2011 年也继续保持与主要贸易伙伴的良好外贸往来，与中国香港、美国、欧盟、东盟、日本和中国台湾的进出口均保持在 20%以上的增幅。其中，对中国香港进出口居总值和增幅之首；对美国和欧盟进出口分别增长 21.6%和 25.9%。

尽管广东外贸形势喜人，但广东农食产品出口并非一帆风顺，尤其是近年来农食产品出口不断

遭遇国外技术性贸易措施，对广东农食产品出口企业造成了巨大的压力，为此，我们于2010年针对在广东检验检疫部门注册备案的近30家农食产品出口企业展开问卷调查，在此基础上进行了广东农食产品出口企业遭遇技术性贸易措施情况分析。

一、遭遇技术性贸易措施企业经济损失

在28家被调查的农食产品出口企业中，2010年有12家受到技术性贸易措施的影响，占被调查企业总数的43%。受影响企业的经济损失，主要包括直接损失以及为适应各进口国技术要求而新增的成本，如现场处理、技术改造、包装机标签更换、新增检验检疫、认证等费用。据统计，这12家企业合计现场处理费用为175万美元，约占损失总费用的16%；产生的检测费用共为30.72万美元，认证、注册费共为7.24万美元，约共占损失总费用的4%；生产改造费用215.54万美元，约占损失总费用的21%；直接损失608.5万美元，约占损失总费用的59%，因遭遇技术性贸易措施影响造成的全部损失为1 037万美元（表2–76）。

表2–76 受影响企业的经济损失

费用支出条目	费用金额（万美元）
现场处理费用	175
检测、认证费用	37.96
生产改造费用	215.54
直接损失	608.5
损失合计	1 037

调查表明，出口企业受美国技术性贸易措施影响最大，损失额高达436.7万美元，约占53%；其次受日本影响较大，损失额达142.8万美元，约占17%；再次是韩国，损失额达80万美元；欧盟和东盟的影响次之，损失额分别约70万美元；澳大利亚对这些企业造成的损失达20.16万美元，加拿大所造成损失约2.98万美元（图2–19）。

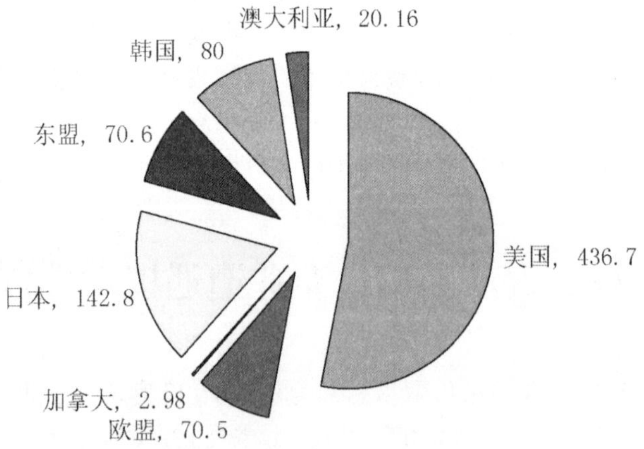

图2–19 不同国家技术性贸易措施造成被调查农食产品出口企业的经济损失（单位：万美元）

二、企业出口遭遇国外技术性贸易措施的种类

参与调查的企业在农兽药残留、重金属、食品添加剂、食品标签等方面遭遇技术性贸易措施的情况较多，分别各约有7次。其次是注册要求、微生物、动物检疫、接触材料、致敏原标志等各2~4次。这些企业中遭遇东盟技术性贸易措施的最多，有14次；其次是遭遇美国和日本技术性贸易措施，分别有9次和7次（表2–77）。

表2–77 企业出口遭遇国外技术性贸易措施的种类

技术性贸易措施种类	美国	欧盟	日本	东盟	韩国	俄罗斯	加拿大	澳大利亚	新西兰	非洲国家	拉美国家
工厂、仓库注册要求	0	1	1	1	1	0	0	0	0	0	0
动物检疫	1	0	0	1	1	0	0	0	0	0	0
植物病虫杂草方面要求	0	0	0	0	0	0	0	0	0	0	0
食品中农兽药残留限量	2	0	0	3	1	0	1	0	0	0	1
食品微生物指标	1	0	1	1	0	0	0	0	0	0	0
食品添加剂	1	0	1	2	0	0	1	0	0	1	1
食品中重金属等有害物质限量要求	1	0	2	1	0	0	1	0	0	1	1
食品接触材料	0	0	1	1	0	0	0	0	0	0	0
食品标签要求	2	1	0	2	0	0	1	0	0	0	0
木质包装要求	0	0	1	1	0	0	0	0	0	0	0
食品中过敏原要求	1	0	0	1	0	0	0	0	0	0	0

三、企业遭遇国外技术性贸易措施造成损失的主要形式

2010年，参与调查的企业遭遇国外技术性贸易措施造成损失的主要形式为取消订单，共11次，其次是降级处理，共5次。其他处理方式包括销毁、扣留、退回、降级等，为0~3次（表2–78）。

表2–78 企业遭遇国外技术性贸易措施造成损失的主要形式

形式	美国	欧盟	日本	东盟	韩国	俄罗斯	加拿大	澳大利亚	新西兰	非洲国家	拉美国家	其他
取消订单	3	1	2	1	1	0	1	0	0	2	0	0
扣留货物	2	0	0	0	0	0	0	0	0	0	0	0
销毁货物	1	0	0	0	0	0	1	0	1	0	0	0
退回货物	0	0	2	0	0	0	0	0	0	0	0	0
口岸处理	0	0	1	0	0	0	0	0	0	0	0	0
改变用途	0	0	1	0	0	0	0	0	0	0	0	0
降级处理	1	0	1	1	1	0	0	0	0	1	0	0
其他	1（市场损失）	0	0	0	0	0	0	0	0	0	0	0

四、企业应对国外技术性贸易措施或新技术要求的方式

据统计，面对国外的技术性贸易措施，被调查企业的第一反应是加强内部管理，其次才是向质检部门寻求帮助与向国外进口商交涉。通过其他方式如向商务部、驻外使馆、行业协会寻求帮助的

相对较少（图 2-20）。

被调查企业获取相关信息的途径主要通过国家质量监督检验检疫机构、国外经销商，然后才是行业协会、媒体等（图 2-21）。

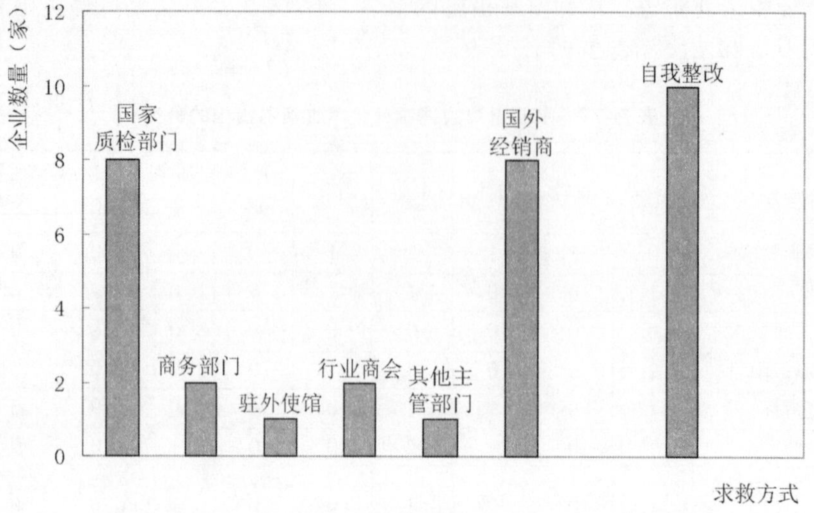

图 2-20 企业遭遇国外技术性贸易措施时采取的求救方式

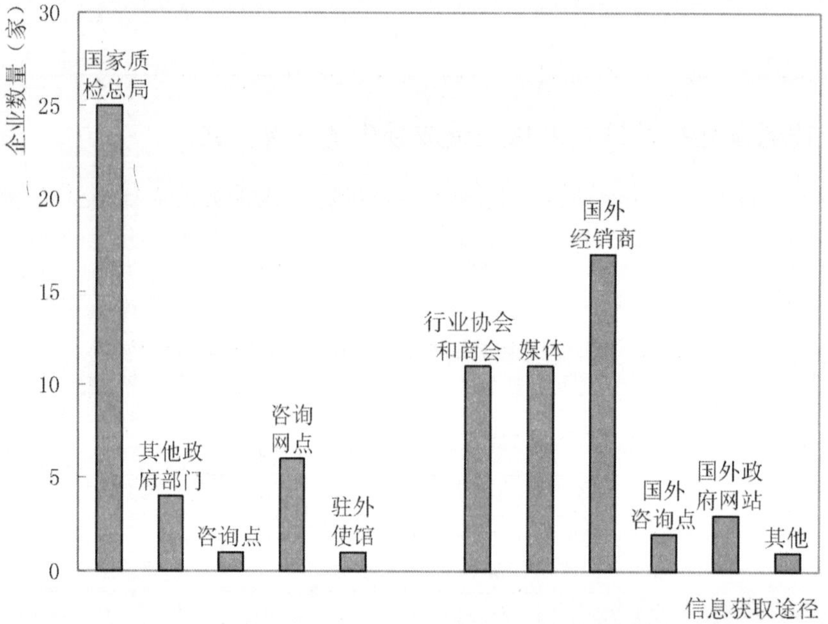

图 2-21 企业获取国外技术性贸易措施的途径

五、企业在应对国外技术性贸易措施时希望政府提供帮助的方式

通过调查得知，企业希望政府能采用多种形式对企业进行帮助，如及时发布国外检验检疫技术贸易措施信息、具体产品技术性贸易措施信息、提供应对指南、提供针对性咨询、举办培训班等。也有的企业要求政府能帮助他们与国外政府交涉、谈判（图 2-22）。

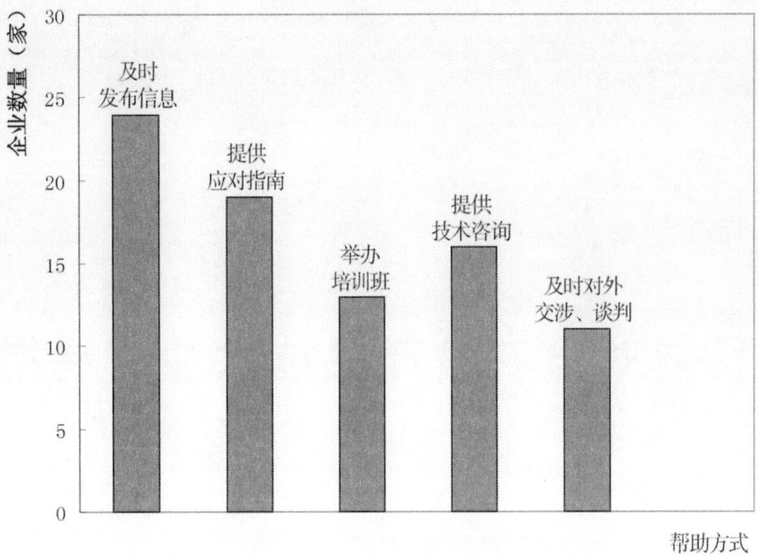

图 2-22　企业希望政府提供帮助的方式

六、企业在出口中遇到的主要障碍

通过调查得知，目前影响中国食品出口的主要问题是技术性贸易措施及汇率问题。其他问题如反倾销、反补贴、关税、许可证、配额等也有一定的影响（图 2-23）。

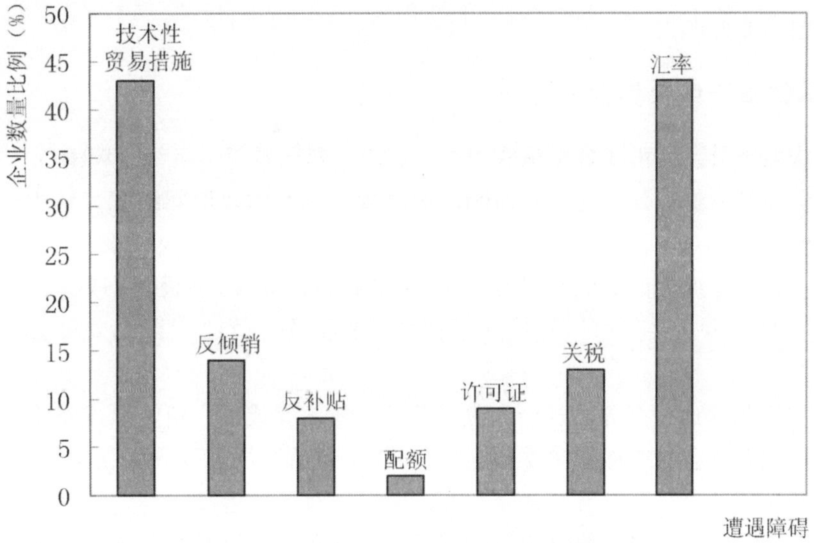

图 2-23　企业在出口中遇到的主要障碍

七、小结

目前看来，技术性贸易措施是继汇率之后对广东农食产品企业出口影响最大的因素。据初步统计，有超过 40%的广东农食产品出口企业遭遇过国外食品技术性贸易措施，经济损失数亿美元。调查显示，美国、日本和东盟是企业遭遇技术性贸易措施最严重的国家或地区；农兽药残留、重金属、食品添加剂、食品标签等是国外技术性贸易措施最重要的几项指标；取消订单和降级处理是遭遇国外技术性贸易措施时最常用的处理方式；企业急需针对性更强的帮助应对方式，但是目前主要以寻求国家质检总局以及国外经销商帮助为主。针对以上情况，相关部门应该采取积极、更具有针对性的措施，帮助企业认知、应对国外尤其是美国、日本和东盟的技术性贸易措施，重点需要关注的领域包括农兽药、重金属、食品添加剂以及食品标签等。

第三章
广东主要贸易对象农食产品技术性贸易措施

第一节　国际食品技术性贸易措施协调组织

国际食品法典委员会（Codex Alimentarius Commission，CAC）以及国际标准化委员会所制定的标准是解决国际食品贸易纠纷的仲裁标准，因而世界各国在食品技术性贸易措施设立过程中都会参考这两个国际组织的标准。

一、国际食品法典委员会

国际食品法典委员会是由联合国粮农组织（FAO）和世界卫生组织（WHO）共同建立，以保障消费者健康和确保食品贸易公平为宗旨而制定国际食品标准的政府间组织。自 1961 年第 11 届粮农组织大会和 1963 年第 16 届世界卫生大会分别通过了创建 CAC 的决议以来，已有 173 个成员国和 1 个成员国组织（欧盟）加入该组织，覆盖全球 99%的人口。CAC 下设秘书处、执行委员会、6 个地区协调委员会、21 个专业委员会（包括 9 个一般专题委员会、12 个商品委员会）和 1 个政府间特别工作组。

CAC 的主要工作是通过其分委员会和其他分支机构来完成的。负责标准制定的两大组织类别分别是 9 个一般专题委员会（或称横向委员会）和 12 个商品委员会（或称纵向委员会）。两类委员会通过分别制定食品的横向（针对所有食品）和纵向（针对不同食品）规定，建立了一套完整的国际食品标准体系，以“食品法典”的形式向所有成员国发布。其组织结构如图 3-1 所示。

国际食品法典委员会所制定的标准可分为一般专题标准以及商品标准两大类。

（一）一般专题标准

一般专题标准由一般专题委员会制定。一般专题委员会按照不同食品中共同的监管对象而设立，分为农药残留委员会、食品进出口检验与认证系统委员会、食品中兽药与残留委员会、特殊膳食与营养委员会、食品标签委员会、分析方法与取样委员会、一般准则委员会、食品添加剂与污染物委员会、食品卫生委员会等 9 个一般专题委员会。

从 1963 年成立至今近 50 年，CAC 一般标准委员会已经建立了 8 000 个左右的国际食品标准，包括 41 个卫生、安全、技术方面的法规，185 种农药评价，1 005 个食品添加剂和 54 个兽药及 25 个食品污染物的评估，3 274 个农药限量标准。其中农药、兽药、污染物、毒素、添加剂都被规定了限量标准。

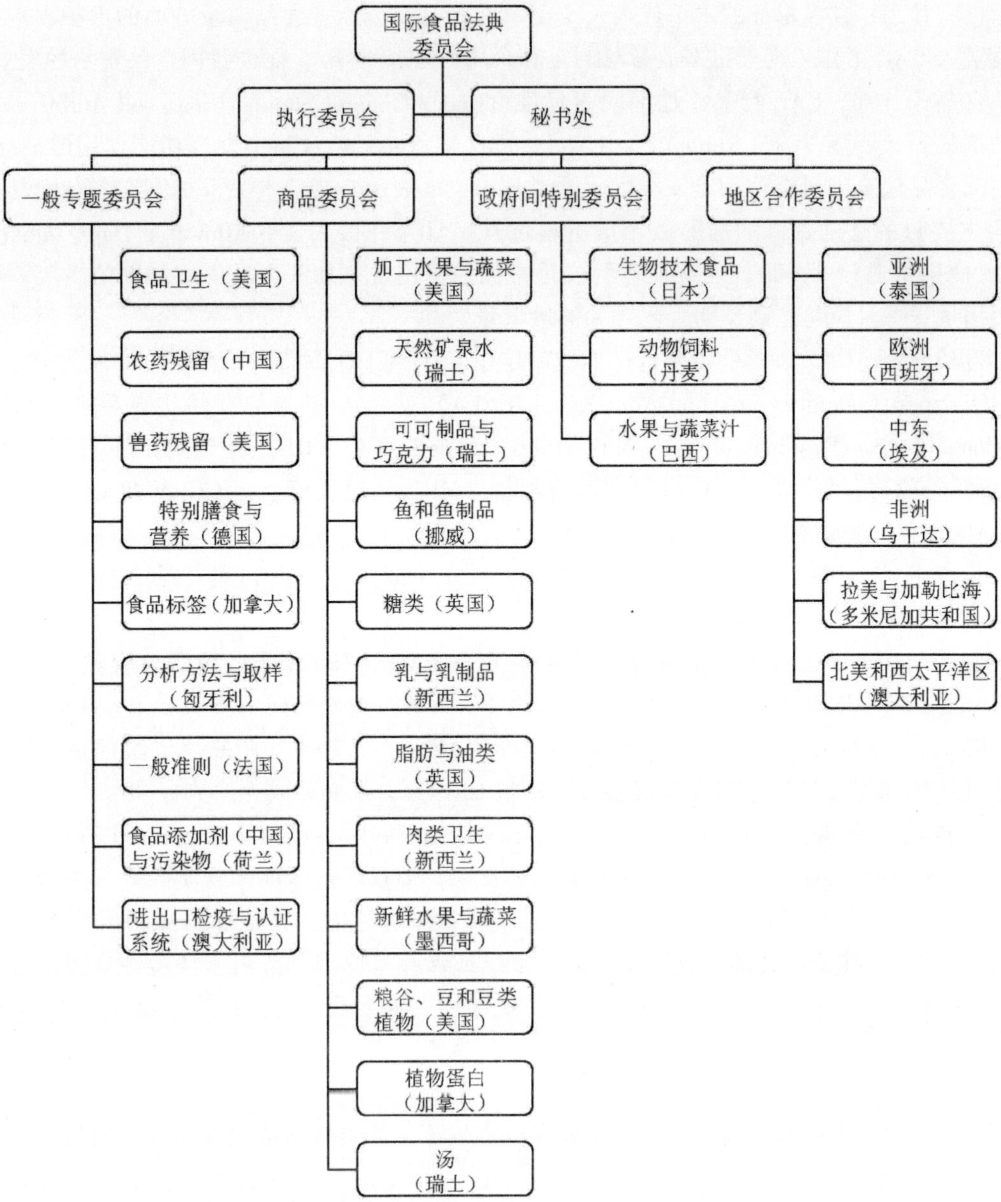

图 3–1 国际食品法典委员会组织结构

CAC 标准中还包括为保障食品良好品质、安全及卫生而建立的良好的生产工艺规范，这些生产工艺规范有良好农业规范（Good Agricultural Practice,GAP）、良好兽医控制规范（Good Veterinarian Practice,GVP）、良好操作规范（Good Manufacturing Practice,GMP）、良好实验室规范（Good Laboratory Practice,GLP）等。这是一种全方位、立体地控制整个食品质量的概念，实际上是从生产（工业、农业、加工）延伸至耕作、饲养、收获、加工、存储、运输乃至销售各个环节来提供食品质量和安全卫生保障。

食品法典给所有国家提供机会参与国际组织制定和协调食品标准，并确保其在国际上加以执行。发达国家采用国际标准的情况为：20 世纪 80 年代初，英国、法国、德国等国家采用国际标准已达 80%；日本的国家标准有 90%以上采用国际标准；目前，发达国家采用国家标准的面更广，某些标准甚至高于现行的 CAC 标准水平；发达国家基本垄断了国际标准的制定修订工作。我国国家标准采用国际标准的情况为：加入世界贸易组织 10 年来，我国国家标准与国际标准一致性水平不断提升，采用国际标准的比例由加入世贸组织时的 40%提升到现在的 68%；但覆盖面远远不够，标准化工作也有差距。食品标准的水平代表一个国家在食品安全性、食品质量方面的保护水平，我国还需加强融入 CAC 工作力度，更多地参与制定和采用 CAC 等标准，促进我国食品贸易的发展。

(1) 食品添加剂。CAC 食品添加剂限量标准（Codex General Standard for Food Additives）中规定：添加剂的最大使用量（Maximum Use Level）是在某种或某类食品中发挥功能作用的最高浓度，并且被国际食品法典委员会认为是安全的，通常以 mg/kg 表示。制定食品添加剂在各种食品中最大使用量的主要目的是确保添加剂的摄入量不超过其一日允许摄入量（Allowable Daily Intake，ADI 值）。最大使用量通常不是最佳的、推荐的或是常见的使用量。加入食品中添加剂的量应等于或低于最大使用量，并且应是达到预期工艺效果的最低量。

(2) 兽药残留。CAC 兽药残留限量标准的制定由 FAO/WHO 食品添加剂联合专家委员会（Joint FAO/WHO Expert Committee on Food Additives，JECFA）及 CAC 下属的食品法典兽药残留委员会（Codex Committee on Residues of Veterinary Drugs in Food，CCRVDF）合作完成。JECFA 独立于 CAC，负责开展兽药风险评估，提出最大残留限量（MRLs）建议值，经 CCRVDF CCPR 审议通过并呈报 CAC 大会批准后成为法典标准。

2011 年 7 月底，国际食品法典委员会（CAC）发布了新修订的 2011 年“食品中兽药残留限量标准”。

(3) 农药残留。CAC 农药残留限量标准的制定由 FAO/WHO 农药残留联席会议（Joint FAO/WHO Meeting on Pesticide Residues，JMPR）及 CAC 下属的法典农药残留委员会（Codex Committion Pesticide Residues, CCPR）合作完成。JMPR 独立于 CAC，负责开展农药残留风险评估，提出最大残留限量（MRLs）建议，经 CCPR 审议通过并呈报 CAC 大会批准后成为法典标准。

(4) 污染物和毒素。CAC 发布了 Codex General Standard for Contaminants and Toxins in Foods Codex Stan 193–1995，Rev.3–2007，对重金属、污染物、毒素限量标准等物质的要求进行限定。按照 CAC 的定义，食品污染物指食品由于生产（包括农作物种植、牲畜养殖和兽医学等所实施行为）、制造、加工、准备、处理、包装、装运、运送或保存等原因，或由于环境污染因素，而存在于食品、并非故意添加到食品中的任何物质（昆虫碎片、鼠类毛发或其他外来物质除外）。这些物质包括但不限于重金属、组胺、真菌毒素、植物源性毒素、卤代化合物、反射性核元素或放射性物质等。

(5) 食品标签。考虑到各国食品标签法规在标准规范上的差异会造成食品国际贸易中的技术壁垒，CAC 专门成立了食品标签法规委员会（Codex Committee on Food Labelling，CCFL/CAC），其主要职责是起草适用于所有食品的标签规定；审议、修改并通过由各专业商品分委员会起草的标准中所拟定的具体标签规定草案；研究 CAC 指定的具体标签问题；研究有关食品广告的问题，特别是涉及索赔和误导说明的食品广告问题。

CAC 涉及食品标签标准主要是《预包装食品通用标签规则》，该通则于 1981 年开始实施，并于 1991 年进行了修订。此后，在 1999 年、2001 年、2003 年、2005 年和 2008 年的 CAC 年会上均有部分改进。标签设计范围除了常见的名称、配料、含量、生产日期、地址、生产商等之外，还包括致敏原成分、转基因、有机食品等。

(6) 质量体系认证。1997 年，联合国粮农组织与世界卫生组织（FAO/WHO）所属的国际食品法典委员会（CAC）制定和公布了《HACCP 体系及其应用准则》，并推荐其作为世界各国食品生产企业的安全质量管理准则。

（二）商品标准

商品标准由 CAC 商品委员会制定。商品委员会包括加工水果与蔬菜委员会，脂肪与油类委员会，新鲜水果与蔬菜委员会，天然矿泉水委员会，可可制品与巧克力委员会，鱼与鱼制品委员会，糖类委员会，乳与乳制品委员会，肉类卫生委员会，粮谷、豆和豆类植物委员会，植物蛋白委员会以及汤委员会等12个商品委员会。

食品的商品标准覆盖了食品国际贸易中重要的大宗商品，作为食品（产品）标准是CAC标准中的重要内容之一。纵观CAC完成的商品标准内容，主要需要达到两个技术性目标。

（1）修订老的商品标准，使其合理化和简化。例如：乳及乳制品委员会修订奶油、乳制品、淡炼乳、甜炼乳、奶粉、干酪标准；天然矿泉水分法典委员会将天然矿泉水地区性标准经简化后扩大上升为CAC标准；谷物豆类委员会将小麦与硬质小麦合并以适应现代化贸易需要；可可制品与巧克力委员会修订可可脂、可可块/可可饼、可可粉/可可与糖的干混物等。

（2）制定新的商品标准。例如：新鲜水果和蔬菜委员会制定龙眼、菠萝、葡萄柚、姜、佛手瓜、番石榴、柚、莱姆酸橙、苹果、葡萄、番茄、灯笼果、竹笋、柑橘、番木瓜、黄仙人掌果标准；欧洲地区制定了欧洲地区的蛋黄酱、食醋标准；脂肪/油委员会制定了高油酸葵花子油、高油酸红花子油的标准；加工水果/蔬菜委员会制定了无花果干标准。

在全球经济一体化的趋势下，不管是不是世界贸易组织的成员，其贸易伙伴都会用食品法典的标准以及WTO的协议来要求对方遵循。国家食品标准只有与国际标准接轨，才能减少进出口贸易中的争端。另外，CAC标准都是以科学为基础制定出来的，CAC成员国如能参照遵循这些标准，既可避免重复性工作，又可节省大量财力。因此，CAC标准是打开国际市场大门的通行证。

二、国际标准化委员会

国际标准化委员会（International Organization for Standardization，ISO）的宗旨是：在世界范围内促进标准化工作的开展，以利于国际物资交流和互助，并扩大知识、科学、技术和经济方面的合作。其主要任务是：制定国际标准，协调世界范围内的标准化工作，与其他国际性组织合作研究有关标准化问题。ISO的组织机构包括：ISO全体大会、主要官员、成员团体、通信成员、捐助成员、政策发展委员会、合格评定委员会、消费者政策委员会、发展中国家事务委员会、特别咨询小组、技术管理局、技术委员会TC、理事会、中央秘书处等。

ISO在食品质量和安全管理方面的认证标准有ISO9001和2005年发布的ISO22000。两者都是企业自愿采用的管理体系标准。

ISO9001是ISO9000族标准所包括的一组质量管理体系核心标准之一。ISO9000族标准是国际标准化组织（ISO）在1994年提出的概念，是指“由ISO/TC176（国际标准化组织质量管理和质量保证技术委员会）制定的国际标准。ISO9001用于证实组织具有提供满足顾客要求和适用法规要求的产品的能力，目的在于增进顾客满意。随着商品经济的不断扩大和日益国际化，为提高产品的信誉、减少重复检验、削弱和消除贸易技术壁垒、维护生产者、经销者、用户和消费者各方权益，这个第三认证方不受产销双方经济利益支配，公证、科学，是各国对产品和企业进行质量评价和监督的通行证，可作为顾客对供方质量体系审核的依据，证明企业有满足其订购产品技术要求的能力。

ISO22000在食品危害风险识别、确认以及系统管理方面，整合了CAC制定的HACCP体系和应用指南部分，基于审核的需要，将HACCP计划与前提方案结合。由于危害分析有助于建立有效的控制措施组合，所以它是有效的食品安全管理体系的关键。其要求对食品链内合理预期发生的所有危害，包括与各种过程和所用设施有关的危害进行识别和评价，因此，对已确定的危害是否需要组织控制，该标准提供了确定并形成文件的方法。其使用范围覆盖了食品链全过程，与食品生产密切相关的行业也可以采用该标准建立食品安全管理体系。通过对食品链中任何组织在生产（经营）过程中可能出现的危害（指产品）进行分析，确定关键控制点，将危害降低到消费者可以接受的水平。ISO22000旨在协调全球范围食品链内食品安全管理的要求，是更有重点、更连贯和更有整体性的食品安全管理体系。

另外，ISO还制定了许多食品检测标准，如微生物含量检测、氮含量检测、茶多酚含量检测等。

第二节 美 国

美国是广东农食产品出口额第 2 位的国家，约占 15%。

一、监管机构概况

美国涉及食品监督管理的机构非常复杂，主要的机构达 20 个之多。细分起来，卫生部有 5 个，农业部有 9 个，环保局有 3 个，还有商务部、国防部和海军各 1 个。而其中最主要的有美国联邦卫生与人类服务部（DHHS）所属的食品与药品管理局（FDA）、美国农业部（USDA）所属的食品安全与检验局（FSIS）、动植物卫生检验局（APHIS）。主要职责如下：

（一）卫生与人类服务部（DHHS）

卫生与人类服务部（the Department of Health and Human Services，简称 DHHS），是维护美国公民健康，提供公众服务的联邦政府行政部门。下设的 13 个部门中与食品安全监管相关的主要有以下几个：

1. 食品与药品管理局（FDA）

在食品监管方面，FDA 负责美国州际贸易及进口食品，包括带壳的蛋类食品（不包括肉类和家禽）、瓶装水以及酒精含量低于 7%的饮料的监督管理。FDA 对食品的监管职责是通过食品安全与应用营养中心（CFSAN）来实施的，目的是保证美国食品供应能够安全、卫生、有益（wholesome），标签、标示真实；保证化妆品的安全和正确标志，保护公众健康。

2. 过敏与传染病研究所（NIAID）'

NIAID 通过卫生与人类服务部支持的相关研究包括：食源性疾病的传播、发生、发展的病理学研究，治疗及预防等相关课题。

3. 疾病控制与预防中心（CDC）

CDC 旨在通过预防与控制疾病来提高人类健康及生活质量，负责收集相关传染病信息、进行传染病检测，并提供相关技术支持。CDC 拥有一个全国性的食源性疾病监测网络——食品网（Food Net），细菌基因图谱国家电子网络——脉动网（Pulse Net），同时还建立了食源性疾病暴发的快速反应与监控体系。

（二）美国农业部（USDA）

美国农业部（United States Department of Agriculture，简称 USDA），成立于 1862 年。下设的 17 个部门中与食品安全监管相关的主要有以下几个：

1. 食品安全检验局（FSIS）

食品安全检验局（Food Safety and Inspection Service，FSIS）是美国农业部负责公众健康的机构，主要负责保证美国国内生产和进口消费的肉类、禽肉及蛋类产品供给的安全、有益，标签、标示真实，包装适当。

2. 动植物卫生检验局（APHIS）

动植物卫生检验局（Animal and Plant Health Inspection Service， APHIS）负责监督和处理可能发生在农业方面的生物恐怖活动，外来物种入侵、外来动植物疫病传入、野生动物及家畜疾病监控等，从而保护公共健康和美国农业及自然资源的安全。

3. 农业科学研究院（ARS）

农业科学研究院（Agricultural Research Service，ARS）是美国农业部主要的研究机构，负责一系列影响美国人民日常生活的食品安全研究项目，推广相关科学知识，并向 APHIS 及 FSIS 提供技术支持。

4. 州际研究、教育和推广合作局（CSREES）

州际研究、教育和推广合作局（Cooperative State Research，Education and Extention Service，CSREES）是美国农业部主要的集资研究机构。该机构可以为从事食品安全等相关研究的学校、政府机构、专业组织及业界团体提供竞争性的集资。

5. 经济研究所（ERS）

经济研究所（Energy Recycle System，ERS）是美国农业部经济信息来源和经济研究的主要机构。ERS 的研究可以为农业、食品、自然资源及乡村发展提供相关信息，提高政府决策的科学水平。

6. 农业营销局（AMS）

农业营销局（Agricultural Marketing Service，AMS）旨在维护稳定的市场环境，保障农牧民及消费者的利益。该机构主要通过提供农产品质量定级和认证服务，保证国民能有选择性地享受高品质的食品供给。

7. 谷物检验、批发及畜牧场管理局（GIPSA）

谷物检验、批发及畜牧场管理局（The Grain Inspection, Packers and Stockyards Administration，GIPSA）负责管理家畜、肉（猪、牛、羊、禽）类、谷物及相关农产品贸易。GIPSA 可以就农产品制定官方定级和检验标准，统一检测方法，从而维护公平竞争的市场营销体系。

8. 海外农业局（FAS）

海外农业局（Foreign Agricultural Service，FAS）负责帮助美国产品进入国际市场，促进美国产品获得新的海外市场准入或提高其在国际市场的竞争力。FAS 同时也支持农业国际贸易的发展。

9. 首席经济师办公室/风险分析及成本收益分析办公室（OCE/ORACBA）

首席经济师办公室/风险分析及成本收益分析办公室（Office of Risk Assessment and Cost-Benefit Analysis，OCE/ORACBA）主要职责是保证美国农业部重要的法规草案能够建立在坚实的科学基础之上，并通过成本收益分析（即必须是收益大于成本）。该部门负责政策指导和技术支持，组织协调农业部起草法规的成本收益分析工作，并保证农业部门出台的政策符合美国相关的法规要求。

（三）联邦环境保护署（EPA）

联邦环境保护署（United States Environmental Protection Agency，EPA）的主要任务是保护人类健康和自然环境。总部设在华盛顿，有 10 个地方办公室和几十个实验室。与食品安全相关的机构主要有：

1. 预防、农药及有毒物质办公室（OPPTS）

预防、农药及有毒物质办公室（Prevention, Pesticides and Toxic Substances，OPPTS）职责广泛，旨在保护当前及今后的公共健康和环境免受有毒有害化学药品的污染，设定食物中的农药及其他有毒有害物质的残留限量等。

2. 研究开发办公室（ORD）

研究开发办公室（Office of Research and Development，ORD）是环境保护局主要的科研机构。其研究项目围绕风险分析或风险管理来进行，为环保局正确履行保护人类健康、保护自然环境的职能提供科学依据。

3. 水资源办公室（OW）

水资源办公室（Office of Water，OW）旨在保证水质安全，以供人类安全饮用、鱼类及贝类安全生存和适于游泳，从而保护人类健康。该办公室负责制定相关管理规定，确定相关研究项目，开展风险分析。

（四）国防部（DOD）

国防部（United States Department of Defense，DOD）中涉及食品监管的主要是美国军队兽医局

(DOD/VSA)。VSA 负责美国军队食品供应的安全。由于美国军队在世界各地广泛分布，所以美国军队兽医局必须制定相应的管理规定和检验项目，对分布在全球的食品供应商进行认证。

(五) 商务部 (DOC)

商务部（Department of Commerce，简称 DOC）中涉及食品监管的部门主要是国家大洋大气管理局/国家海洋渔业局（NOAA/NMFS）。NMFS 负责推荐性的海产品检验项目，主要是有关海产品的食品安全事宜，包括对海产品及加工设备的检验、实验室检测、风险分析、风险管理、风险传播及产品质量等级的确定等。

(六) 政府与学术界在食品安全领域的相互合作

1. 食品安全与应用营养联合研究院

食品安全与应用营养联合研究院是一个政府与学术界在食品安全领域的合作机构，旨在为相关食品安全政策提供技术支持。参与合作方包括：FDA 下属的 CFSAN、CVM 以及马里兰大学。

2. 食品安全及技术中心 (NCFST)

食品安全及技术中心（National Center for Food Safety and Technology，NCFST）由来自伊利诺斯州技术研究院的科学家、FDA 官员以及食品相关业界人士组成的联盟，其重点在于保护食品供应的安全。

(七) 政府机构间协作关系

1. 风险评估联盟

风险评估联盟 RAC 负责食品安全风险评估的联邦政府机构间相互协作，通过交流和合作，共同开展食品领域的风险分析工作。

2. 技术支持工作组

技术支持工作组为多个机构参与的工作小组，负责开展预防和打击生物恐怖活动的全国性的机构间合作研究机构。其与食品安全相关的工作包括：危害因子（细菌、病毒等）在食品中的生存能力、检测技术、造成危害程度的评估及食品安全培训等。

3. 食源性疾病反应协作组

食源性疾病反应协作组（FORCG）目的在于提高联邦、州及地方机构对发生跨州界食源性疾病做出反应的处理能力。FORCG 将联邦、州及地方相关政府机构纳入到了全国性的食源性疾病综合反应体系。

二、法规体系概况

美国有关食品安全的主要法规包括：《联邦食品、药物和化妆品法》（Federal Food，Drug，and Cosmetic Act，FFDCA）、《联邦肉检验法》（Federal Meat Inspection Act，FMIA）、《禽肉制品检验法》（The Poultry Products Inspection Act，PPIA）、《蛋制品检验法》（EPIA）、《食品质量保护法》（Food Quality Protection Act，FQPA）和《公共卫生服务法》、《婴儿药法》、《茶叶进口法》、《婴儿食品法》等。其中，《联邦食品、药品和化妆品法》是美国食品安全的最主要法规。

2011 年 1 月 4 日，美国总统签署了《FDA 食品安全现代化法案》（FDA Food Safety Modernization Act，FSMA），使该法案成为第 111 届国会第 353 号法律（Public Law No. 111-353）并付诸实施。这是 70 多年来美国对现行主要食品安全法律《联邦食品药品化妆品法》的重大修订，也是美国食品安全监管体系的重大变革。

三、监管体系特点

(一) 依据国情选择食品安全战略目标

美国在不同的国情下会选择不同的战略目标，制定相应的战略计划。早在 2001 年 1 月，克林顿政府食品安全顾问班子就制定了总统食品安全战略计划。此计划主要针对美国食源性疾病对公共健康的威胁持续发生，易感人口的数量增长，现行的食品生产、流通和消费模式的改变，提出了食品安全战略计划。该计划的最终目标是通过减少食源性危害的流行来确保公共健康。2007 年 11 月，布什政府又公布了关于提高进口产品安全的行动计划，为了配合此次行动计划，美国食品药品监督管理局制定了全面的食品保护计划，保护计划中提出美国食品药品监督管理局将与美国疾病控制和预防中心、美国农业部食品安全和监督署共同合作，利用预防、干涉和反馈等方法来确保国内和进口食品的安全。

（二）联合监管、高效合作

美国的食品供应由地方、州和国家一级的机构组成的综合性系统提供保护和管理。联邦、州和地方当局在食品和食品加工设施监管方面起着各自独立而又互相补充的作用。联邦机构通过对加工安全管制共同促进食品安全与保安，防止食源疾病和食品风险。这些机构采用的具体措施还包括：检查、监测、执法、研究和风险评估、食品上市许可、添加剂、农药和新兽医用药的上市许可。

（三）推行从“农田到餐桌”全程控制和可追溯原则

在美国食品安全管理机制中，食品安全首先是食品生产者、加工者的责任，政府在食品安全监管中的主要职责，就是通过对食品生产者、加工者的监督管理，最大限度地减少食品安全风险。

美国的食品安全监管强调“从农田到餐桌”的整个过程的有效控制，监管环节包括生产、收获、加工、包装、运输、贮藏和销售等；监管对象包括化肥、农药、饲料、包装材料、运输工具、食品标签等。通过全程监管，对可能会给食品安全构成潜在危害的风险预先加以防范，避免重要环节的缺失，并以此为基础实行问题食品的追溯制度。

（四）采用风险分析法制定食品安全法规

食品安全风险分析是美国制定食品安全管理法律的基础，也是美国食品安全监管工作的重点。食品安全的风险分析包括风险评估、风险管理和风险交流 3 个部分，通过采用合理的经济和技术手段，主动地、有目的地、有计划地对食品风险加以处理，以期达到使消费者得到高水平保护的目的。

四、技术性贸易措施体系

美国制定并实施了大量技术性贸易措施。据估算，目前美国官方认定的国家标准有 4 万多个，各种非官方标准机构、专业学会和行业协会制定的标准有 5 万多个。可以说，美国是技术性贸易壁垒的“典范”。它的技术性贸易壁垒体系包括以下几个方面。

（一）技术法规

1. 基本法律

美国的食品安全法为《食品安全现代化法案》，该法可分为以下 5 个主要内容：

(1) 预防控制。食品和药品管理局首次获得法律授权，可以要求在整个食品供应链上建立全面的、基于预防的控制机制。

(2) 检测和遵守。该法律认识到检测是确保产业承担起生产安全食品责任的重要途径。因此，新法对食品和药品管理局检测食品生产者的频率做出了明确规定。食品和药品管理局致力于基于风险的原则分配其检测资源，同时采取创新的检测方式。

(3) 进口食品安全。食品和药品管理局通过新工具用于确保进口食品符合美国标准，保障消费者安全。例如，新法首次要求进口商必须验证其海外供货商为保证食品安全而采取了充分的预防控制措施。食品和药品管理局还可以授权合格的第三方检测者确认境外食品设施符合美国食品安全标准。

(4) 问题应对。食品和药品管理局首次获得授权，可以对所有食品发布强制召回通知。由于食品行业大体上遵守自愿召回的要求，因此食品和药品管理局预计不会经常使用这项授权。

(5) 增强伙伴关系。新法认识到加强所有食品安全部门现有合作关系的重要性，包括联邦、州、地方、海外领地、部落以及外国机构的合作，以实现公共卫生目标。比如，该法指示食品和药品管理局完善州、地方、海外领地和部落食品安全官员的培训。

美国 FDA 于 2011 年 9 月就实施《食品安全现代化法案》107 章有关费用条款发布了行业指南文件，行业指南列出了美国 FDA 征求复查费以及与食品、饲料召回相关费用的规定。

2. 一般专题管理法规

(1) 关于食品添加剂的技术法规。美国在联邦法规第 21 主题 170.3 定义这一章列出了相关定义和食品分类。

食品添加剂，是指包括所有未被联邦法规 201 (s) 豁免的、具有明确的或有理由认为合理的预期用途的，直接或间接地，或者成为食品的一种成分，或者会影响食品特征的所有物质。

无需列入法规规定的食品添加剂，是指凡与食品接触的物品（即食品的包装和食品的加工设备）中所用的物质，如其迁移至或有理由认为可能迁移至食品中的量是微不足道的，则可根据 170.39 条的规定，无需列入食品添加剂法规中。

FDA 对加入食品中的化学物质分为 4 类：

①食品添加剂，需经两种以上的动物实验，证实没有毒性反应，对生育无不良影响，不会引起癌症等，用量不得超过动物实验最大无作用量的 1%。

②一般公认为安全的物质，如糖、盐、香辛料等，不需动物实验，列入 FDA 所公布的 GRAs 名单，但如发现已列入而有影响的，则从 GRAs 名单中删除。

③凡需审批者，一旦有新的实验数据表明不安全时，应指令食品添加剂制造商重新进行研究，以确定其安全性。

④凡食用着色剂上市前，需先经全面安全测试。

美国将色素从食品添加剂中划分出来单独管理。与其他食品添加剂相比，只有经过进一步测试证实其安全性后才可以继续使用法案颁布之前使用的色素。联邦法规第 21 主题“食品和药品”中的第 70~74 部分、第 80~82 部分是关于色素的具体法规规定，第 170~186 部分是有关其他食品添加剂的规定，包括一般性条款（包括通则、包装和标志、安全性评估等）、申请、品种名单、认证等内容。

近两年，美国又针对 C8~C18 的饱和脂肪酸铵残留限量豁免的最终规则以及羟丙基纤维素作出规定。

(2) 关于农药残留的技术法规。美国对食品的安全卫生指标十分敏感，尤其对农药残留、放射性残留、重金属含量的要求日趋严格。美国于 1975 年开始实施国家药物残留计划（NRP），要求动物在屠宰前必须检查杀虫剂、重金属、激素和抗生素的残留，1982 年建立了“避免动物源性食品药物残留数据库”，供兽医和养殖者查询。美国还对新鲜蔬菜的农药残留限量制定了 98 种农药的 620 个限量标准。

美国农药残留容许量标准主要由美国环保局（EPA）负责制定，在美国联邦法规汇编（CFR）第 40 篇“环境保护”第 180 节“化学农药在食品中的残留容许量与残留容许量豁免”公布。该节包括 5 个分节，即“A 分节 定义和解释性法规”、“B 分节 程序性规定”、“C 分节 具体容许量”、“D 分节 容许量豁免”以及“E 分节 不需要制定限量的农用化学物”。

同时，美国食品药品管理局对食品和饲料中的不可避免的农药残留制定了行动水平（Action level），在 FDA 符合性政策指南 [CPG Sec. 57（五）100] 公布。此外，美国联邦法典（US Code）第 21 篇“食品和药品”第 9 章 346a 部分还对农药残留容许量以及残留容许量豁免的原则性问题进行了规定。

长期以来，美国不断对农药残留限量以及受监管农药种类做出修订，如 2011 年，美国规定了嘧啶肟草醚（saflufenacil）的许可限量。

（3）关于兽药残留的技术法规。美国兽药残留限量标准由美国食品与药品管理局（FDA）负责制定，在美国联邦法规汇编（CFR）第 21 篇“食品和药品”第 556 部分“食品中新型兽药的残留容许量”公布。联邦法规“食品中新型兽药的残留容许量”由 A、B 两部分组成，A 部分为一般条款，B 部分为各种兽药的具体残留限量要求。

（4）关于微生物的技术法规。美国的微生物指标采用的 CAC 标准的指标，这些指标要求体现在 FDA 和 EPA 公布的附录里。

2011 年 9 月，美国农业部（USDA）为了预防疾病以及挽救生命，同时更好地保护美国市场上的牛肉供应，将在牛肉供应中对被称为“the Big Six”的 6 种危险大肠杆菌菌株颁布禁令。除了已知的肠出血性大肠埃希氏菌 O157：H7（*E coli* O157：H7）外，将会新增 6 种额外的志贺毒素大肠埃希菌（Shiga toxin-producing *E coli*，STEC）菌株，即 *E coli* O26、O45、O103、O111、O121 和 O145。出售携带有这些病原体的商品将被视为违法行为。美国农业部食品安全检验局将会对碎牛肉、牛肉等上述病原体进行检测。

（5）关于有毒有害化学物质的技术法规。美国有毒有害化学物质的规定包括在美国食品化学品法典（Food Chemicals Codex，FCC）中，该法典是由美国国家科学院药品研究院（Institute of Medicine of the National Academy of Sciences）下属的食品与营养品委员会（Food and Nutrition Board）负责制定的关于食品化学品标准的综合性集成，是美国食品和药品管理局以及许多国际食品检验权威机构用于鉴定食品化学品等级的重要依据。第 1 版 FCC 于 1966 年问世，在此之前 FDA 一直通过法规与非正式声明等形式公布其对食品化学品以及食品添加剂化学品的安全卫生要求，但是对于食品化学品的制造商与用户来讲，这些分散的法规与声明远远不能满足他们在推广、采购食品化学品时的特定要求。因此，FCC 的问世使得加工食品制造商、食品技术人员、食品质量控制化学师、研究人员等各方在涉及食品安全方面的问题时有了参考依据。

该法典包含以下内容：

①关于美国境内食品、化学品的质量与纯度方面的标准。

②关于食品添加剂、GRAS 物质以及任何其他食品原材料方面的信息。

③915 种食品化学品的标准专论。

（6）关于食品标签的技术法规。迄今为止，美国建立了比较完善的食品标签法规体系，主要体现在《食品致敏原标签和消费者保护法案》、《美国法典》（合理包装和标签法、联邦食品药品和化妆品法、禽类产品检验法、肉类产品检验法、蛋类产品检验法、联邦酒类管理法）和联邦法典（食品标签、葡萄酒标签和广告、蒸馏酒标签和广告、麦芽酒标签和广告、酒类标签标示程序、酒精饮料健康警示声明）中，联邦法典21 章第 101 食品标签部分，详细规定了不同种类食品产品的营养和健康声称及标签标志要求。

2006 年，美国开始要求在传统食品和膳食补充品的营养标注中，标注反式脂肪酸的含量。反式脂肪酸主要存在于植物性奶油、马铃薯片、沙拉酱、饼干以及炸薯条、炸鸡块等食物中。同饱和脂肪酸一样，反式脂肪酸也会增加人体胆固醇含量，特别是低密度脂蛋白胆固醇的含量。以前，一般食品包装上都要求标注饱和脂肪酸含量，但一直没有要求标注反式脂肪酸的含量。新出台的草案新增了反式脂肪酸营养成分声明，并对现有的饱和脂肪酸和胆固醇成分声明、低脂肪和超脂肪以及含有可能导致胆固醇升高的油脂声明作了进一步规定，并明确了反式脂肪酸成分及不合格标准。美国此举目的在于给消费者提供更为广泛、全面的食品营养成分信息，以帮助消费者保持健康饮食习惯。

肉制品标志方面，2011 年 7 月 21 日，FSIS 提出通过“填注、腌制或其他方式”添加的添加剂都必须将名称以及数量标注于产品名称标签上的草案，并已公布在“联邦纪事”上。

（7）关于食品接触材料的技术法规。美国 FDA 认为食品包装材料属于食品添加剂管理的范围。

FDA 对食品添加剂的定义包括了通过直接或间接地添加、接触食品成为食品成分或者影响食品性质的所有物质，因包装、贮存或其他加工处理过程而迁移到食品中的物质属于间接添加剂。美国联邦法典第 21 卷“食品、药物和化妆品”的第 174、175、176、177、178 部分（21.CFR.Part；174、175、176、177、178）对食品添加剂有详细的规定。

用于生产食品容器和包装物的材料必须符合如下定义：有理由认为它会直接或间接地成为被包装在容器中的食品的成分，或影响其特征的所有物质。“影响食品特征”不包括物理性影响，如保护包装的内容物，维护形状和防止水分损失。如包装物的成分没有从包装物迁移到食品中，它不会成为食品的成分，则不属食品添加剂。某种不会成为食品成分的物质，但在食品加工中应用，如：在制备某一种食品配料时，能赋予食品不同香气、组织或其他食品特征者，可能属于食品添加剂。

（8）环境保护和动物福利要求。发达国家制定了一系列环境保护法规，对进口农产品形成了通常所说的“绿色壁垒”。绿色壁垒主要包括国际和区域性的环保公约、国别环保法规和标准、检验和检疫要求、绿色包装与标签要求、ISO14000 环境管理体系和环境标志等自愿性措施、生产和加工方法及环境成本内在化要求等。如 1995 年 4 月，发达国家要求实施《国际环境监察标准制度》，要求产品达到 ISO9000 系列标准体系，还要求使用“绿色环境标志”。美国于 1988 年开始实行环境标志制度，有 36 个州联合立法，在塑料制品、包装袋、容器上使用绿色标志，还率先使用“再生标志”，表明可重复回收，再生使用。

美国 FDA 规定，凡是出口到美国的鱼类及其制品，都必须贴上有美方证明的来自未污染水域的标签。目前，美国、德国、日本、加拿大、挪威、瑞典、法国、芬兰、澳大利亚等发达国家都已建立了环境标志制度，并趋向于协调一致，相互承认。它犹如无形的层层屏障，使发展中国家产品进入发达国家市场步履维艰，甚至受到巨大冲击。

美国 FDA 还曾宣布对中国的虾类制品实行“自动扣留”，其原因是中国的渔船上没有安装海龟逃生装置，危害海龟的生存，致使中国冻龙虾出口额由 1995 年的 1 203.9 万美元减少到 1997 年的 23.8 万美元。

3. 具体食品的相关管理

（1）低酸和酸化食品的进口管理。所谓“低酸性罐头”，是指 pH 高于 4.6、水活性高于 0.85、事先密封于任何容器再经加热处理杀菌的食品。如：多数蔬菜、蘑菇、金枪鱼、椰汁等罐头食品。酸化食品指在低酸性食品中加入酸或酸性食品使其 pH 降至 4.6 以下、水活性在 0.85 以上的食品，如腌制食品、泡菜等。

根据美国政府联邦法规（Federal Register）第 21 卷对低酸食品入境的规定，FDA 要求所有低酸性罐装食品进入美国海关之前，必须取得“罐头食品工厂注册号”（Food Canning Establishment, FCE）号码及“加工过程呈报号”（Submission Identifier, SID）登记。该法规要求不仅适用于美国境内食品，也适用于国外进口食品。为使产品符合上述法规并顺利进入美国市场合法销售，必须办理工厂 FCE 注册及 SID 登记。

对于所有拟进口美国的低酸罐头食品和酸性食品，生产商需针对每种产品、每种风味、每种包装规格提供独立的加工过程备案资料，并在装运前完成资料备案。进口前，生产商应向 FDA 提交加工过程备案资料，直到 FDA 审核合格后，该备案才算通过。进口的低酸罐装食品和酸化食品要求符合联邦食品、药品和化妆品法案及公平包装及标签法案的要求，产品应安全、清洁、健康，标签内容应真实并符合内容要求。加工过程须符合相应 GMP 法规的要求。第一次出口到美国的产品例行抽检，在符合其他相关法规要求后方能放行。相同产品第二次入关时才能享受免检待遇。

（2）婴儿配方食品的管理。婴儿配方食品是供婴幼儿食用的液体或粉状食品，可作为母乳替代品。由于婴儿配方食品常常是婴幼儿主要的营养来源，所以对其营养含量及安全性的控制至关重要。“联邦食品、药品和化妆品法案”、“美国婴儿配方食品法案”授权 FDA 对婴儿配方食品进行管理，同时制定营养含量强制标准、GMP 以及营养质量控制程序。婴儿配方食品的生产企业必须符合以下要求：符合良好操作规程的要求；遵循产品营养质量控制程序；对每项配方进行检测确保其营养标准；对成品进行检测确保产品安全性；包装容器上必须标注所有营养成分及含量；保存详细的生产和检测记录备查；销售或捐赠新的婴儿配方食品或配方或主要加工过程有变化的婴儿配方食品时，生产商需提前 90 天通知 FDA。

有以下情况，将被认为是掺假产品：营养未达到要求；营养指标未达到法规规定的要求；加工过程未达到 GMP 或质量控制程序的要求；未按法规要求保留应有的记录；违反了联邦食品、药品和化妆品中的条款。对问题产品 FDA 实施强制召回措施。

（3）果汁及果汁类产品的管理。FDA 对果汁及果汁饮料产品制定了相关法规和果汁产品的 HACCP 原则，法规要求果汁或果汁饮料的生产商必须确保产品生产过程符合该 HACCP 原则，对于标签标注为含 100%果汁的产品，要求其整个加工过程符合 HACCP 原则，对于果汁含量低于 100%的饮料，要求产品中果汁成分的加工过程必须符合 HACCP 原则。由于 CGMP 是有效运行 HACCP 的基础，所以生产企业要求同时符合 CGMP 的要求，用于零售的饮料果汁产品加工者除外，FDA 的食品法典对于这类加工者生产安全的产品制定了相关导则。

进入美国市场的进口果汁和果汁产品，进口商必须确保该进口产品的加工过程符合法规中规定的 HACCP 原则，或者该出口国与美国达成了谅解备忘录。此外，进口商还必须保存所有证明该进口产品符合美国法规规定的要求的所有被查资料。

生产出口果汁及果汁饮料的美国国内生产企业也必须符合上述要求，以下情况除外：产品符合国外进口商的要求；产品符合进口国法律要求；运输外包装上标注：产品仅供出口，不在国内销售。

（4）保健食品的管理。1994 年 10 月，保健品健康和教育法案通过并实施，填补了联邦食品、药品和化妆品法案关于保健品的空缺，建立了关于保健品安全和标签的法规要求。

美国对保健品的管理主要采用企业自律管理的模式。根据美国膳食补充剂健康与教育法（Dietary Supplement Health and Education Act, DSHEA），保健品生产企业有责任生产和销售安全的保健品，并确保产品标签内容真实且无误导性，保健品生产和上市销售前无需得到 FDA 的批准，企业及产品均无需向 FDA 注册，如果产品中使用了新成分，企业须向 FDA 提供该成分的安全性报告和数据。FDA 无权强制要求企业向 FDA 或消费者提供产品安全性或功效性报告或数据，但企业可以自愿提供。

DSHEA 要求对于含新成分的保健品，其生产商或销售商必须向 FDA 提供该成分使用安全性的报告和数据，1994 年 10 月 15 日之前，由于没有保健品允许使用成分目录，所以当时完全由企业自行判断该成分是否是新成分。

FDA 法规要求，保健品标签须包含的内容包括：产品名称（并标注“补充剂”）、生产商、包装商或销售商名称和地址，产品净含量。除一些小包装产品或由合格的小企业生产的产品外，保健品还需包含营养标签，该标签要求标注所有成分。

FDA 的食品安全和应用营养中心负责对保健品的监督管理，FDA 对保健品的管理主要通过收集保健品生产企业、销售商对产品的检测数据，消费者及贸易商对产品的投诉信息，FDA 的不定期抽样检查以及与保健品使用相关事件的处理信息等。

由于 FDA 的现有资源主要用于处理一些具有较大安全风险的产品和食品安全事件的应急处理，所以，保健品的管理主要采取企业自律的模式，由企业负责确保其产品的安全性及标签的真实性，FDA 一般不接受消费者委托的保健品成分含量检测，消费者可以与生产商联系或委托商业检测机构对产品成分含量进行检测。

（5）咖啡因饮料。2011 年 7 月，美国加利福尼亚州通过了含咖啡因酒精饮料禁令，禁止进口、生产和销售含咖啡因酒精饮料。该禁令现在正在接受参议院的审查。

据了解，截至目前，美国已经有6个州颁布了类似法令，包括马萨诸塞州、纽约、华盛顿、犹他州、密歇根州、堪萨斯州。在此之前，加利福尼亚州已经发生过多起酒精中毒事件。FDA研究表明，喝含咖啡因的饮料会引起很多过激反应，受到添加咖啡因的高酒精含量的影响，会导致暴饮和危险的行为，还会给自己和他人造成致命的危害。

(6) 鲑鱼。2011年6月，美国国会口头表决通过了一项由议员提出的转基因鲑鱼禁令修正案，该修正案将禁止美国FDA就批准转基因鲑鱼支出费用。

据悉，鲑鱼转基因技术由美国生物科技公司AquaBounty研制而成，美国FDA曾考虑批准转基因鲑鱼供人食用。

（二）技术标准

美国标准体制与其他国家的最大区别就在于结构的分散化。联邦政府负责制定一些强制性标准，主要涉及制造业、交通、环保、食品和药品等行业。美国大部分标准是所谓的“自愿标准”，即由民间标准机构、专业学会和行业协会制定并发布，由企业界自愿采纳。美国的民间标准机构多达400多个，美国国家标准协会（American National Standard Institute, ANSI）则负责对自愿标准进行协调，协会本身并不制定标准。也就是说，在美国并没有一个专门机构主导标准的制定与推广。这种高度分散的体制导致的结果是技术标准极其繁杂，比如，向美国出口某些产品可能会涉及几个甚至十几个相关标准，有的是政府的强制性规定，而更多的是自愿标准。

ANSI是美国非营利性民间标准化团体，自愿性标准体系的协调中心。ANSI经联邦政府授权，作为自愿性标准体系中的协调中心，其主要职能是：协调国内各机构、团体的标准化活动；审核批准美国国家标准；代表美国参加国际标准化活动；提供标准信息咨询服务；与政府机构进行合作。理事会是ANSI的决策机构，由各大公司、企业、专业团体、研究机构、政府机关的代表组成。理事会休会期间，由执行委员会代行其职能。理事会下设执行标准商议会、标准审查部、国际标准委员会、审计鉴定部、认证委员会、团体会员商议会、公司会员商议会、消费者商议会等业务部门。下设电工、建筑、日用品、机械制造、安全技术等技术委员会。ANSI对产品认证机构、质量体系认证机构、实验室和评审人员进行认可，对质量体系认证和人员资格认可。ANSI评定过程的公正性由大家评议，并将评议意见在ANSI的周刊上发表。同时，建立申诉机制和管理办法，及时处理所有的申诉案例。

ANSI认证的食品相关产品范围包括食品生产工具器具、瓶装水和包装的冰、饮用水添加剂及饮用水处理设备、餐具等。

美国还利用推行国内生产加工方法及其他标准设置技术贸易壁垒。美国在不断加强本国技术标准的同时，还有意识地对其标准战略进行调整。2000年，美国国家标准协会颁布了《国家标准战略》，明确提出要发挥美国标准体系的优势，整合各方面资源，大力推进本国技术标准的国际化。美国标准化战略的核心是：加强国际标准化活动——使国际标准反映美国技术；承担更多的ISO、IEC秘书工作。战略的重点领域是健康、安全、环保方面的标准化。

美国官方分析化学家协会（Association of Official Agricultural Chemists，AOAC）是世界性的会员组织，其宗旨在于促进分析方法及相关实验室品质保证的发展及标准化。作为分析方法学术交流及高品质实验室认证信息的主要来源，AOAC促进了国际品质管理实验室认证的标准化需求。100多年来，批准了2 700多个分析方法，作为国际AOAC标准方法被世界各国广泛采用。

（三）合格评定程序

合格评定程序是技术性贸易壁垒的重要内容之一，是指任何用于直接或间接确定符合技术法规或标准要求的程序，简言之，就是产品的质量认证或体系认证。作为世界最大的发达国家，美国是一个相对成熟的国际市场，其认证项目较多。据统计，美国目前有55种认证体系。质量认证的管理体制是自由分散的体制，没有统一的国家质量认证管理机构，政府部门和民间组织都可开展质量认证工作。

认证一般包括资质认证、质量体系认证以及产品认证。与企业息息相关的认证为后两者。

质量体系认证有 HACCP 认证以及 cGMP 认证。

1. HACCP

HACCP 是 Hazard Analysis and Critical Control Point 的英文缩写，中文名称是“危害分析与关键控制点”。它是一种对食品安全危害予以识别、评估和控制的系统方法，也是一个确保食品生产过程及供应链免受生物、化学和物理性危害污染的安全管理工具。HACCP 关注的焦点是整个食物链的安全危害，即从原料、中间产品到餐桌的每一个环节的安全和管理控制。

1995 年 12 月，FDA 颁布了强制性的水产品 HACCP 法规（21CFR-123&1240），实施过渡期 1 年，之后又宣布自 1997 年 12 月起所有对美出口的水产品企业都必须建立 HACCP 体系，否则其产品不得进入美国市场。

FDA 认为，需要进一步制定其他法规，以便对需要导入 HACCP 体系的各类食品实施生产和进口控制。FDA 鼓励并最终要求所有的食品工厂都实行 HACCP 体系。

1997 年 FDA 对水果汁、蔬菜汁及蛋品的生产提出包括 HACCP 在内的强制性和非强制性管理方案。2001 年 9 月，FDA 又颁布了美国第二个强制性的果蔬汁 HACCP 法规（21CFR Part-120），规定对所有在美国销售的果蔬汁企业（包含国外企业）必须建立和保持 HACCP 体系，否则产品不得进入美国市场。面临当今食品安全的新威胁和挑战，FDA 已将 HACCP 作为修订美国食品安全保证计划的基础。

美国农业部把 HACCP 在肉和禽类加工厂的应用视作预防食品危害的一种有效手段，用于控制、减少和防止肉与禽类致病菌的污染。1990—1991 年，USDA 就畜、禽肉生产中引入 HACCP 进行了调查，1996 年颁布了肉、禽类产品“减少致病菌、危害分析和关键控制点（HACCP）系统最终法规”，于 1996 年 7 月生效。为了便于工厂建立 HACCP 体系，美国农业部食品安全检验署（USDA/FSIS）提供了肉、禽类食品一般 HACCP 模式。

2011 年 4 月，美国农业部食品安全与检验局（FSIS）出台一套有关减少即食食品中的病原菌的指导方案，以帮助小型肉类与禽类产品制造商生产出更高质量的产品。这套法规并非针对肉禽类产品生产厂家的强制要求，而是为了帮助小型制造商更好地遵守 FSIS 现行法规。

2011 年 4 月，美国 FDA 发布了第 4 版《水产品 HACCP 指南》，以履行已升级为法律的《食品安全现代化法案》。最新版指南文件的变更之处主要包括以下几点：

①更新了包括海洋弧菌与副溶血性弧菌在内的贝类动物病原菌的采后处理方式。

②修订了时间与温度以更好地防控鲭毒素（组胺）与病原菌。

③纳入自上版发行后的所有变更法规与耐受水平。

④纳入美国市场上最新的海鲜风险信息。

⑤与海鲜有关的潜在疾病与损伤的说明将更加具体。

该文件有助于海鲜加工商建立与执行其 HACCP 计划。但该文件并未详细说明消费者、食品商店或餐馆应采取的安全性操作。

2011 年 8 月，美国农业部 FSIS 发布了摄像头监控食品加工厂区作业的最终执行指南文件。该指南文件旨在使处于联邦检查范围的肉、禽加工厂了解到摄像头监控作业方面的知识，美国农业部期望食品加工厂使用摄像头或者数据记录仪器来监控作业。

2. cGMP

GMP 是生产食品及药物的质量管理规范。生产厂家要想通过美国 FDA 的认证，首先必须通过美国 FDA 制定的 GMP。而 cGMP 则是美国 FDA 制定的最新食品及药物生产质量管理规范，cGMP 比 GMP 要求更高、更严格。

FDA 认证的产品范围主要集中在以下几类：

①食品类产品。

②医疗器械产品。

③化妆品。

④辐射电子产品。

⑤营养保健品。

⑥中草药及成药。

⑦护理保健器材。

⑧罐头食品。

针对不同的产品，其申办的形式不同：

①食品类（Food）。指的是普通食品，除卫生检验外还需要制作营养标签。饮料和罐头食品还需办理 FCE（工厂注册）、SID（产品注册）。

②健康食品（Health Food）。又称功能食品，除达到普通食品的进口标准外，还需具有改善人体机能的功效，但需要做营养标签。

③营养补充剂（Dietary Supplement）。包括氨基酸、微量元素、维生素、矿物质及中草药类，依据 FDA 法规制作，它能够在药品说明书、包装、标签上体现中医药、保健品改善人体机能，预防疾病的作用。FDA 对于组成成分的说明及外包装和标签有严格的要求。

五、进出口安全检验检疫措施体系

（一）进出口检验检疫法规

美国进出口食品安全的监管机构是 FDA。向美国出口食品的国家多达 150 个，根据新法（《FDA 食品安全现代化法案》），FDA 拥有确保进口食品达到美国标准，并确保对美国消费者安全的权力。

第一，该法第一次规定，食品进口商必须确保他们的外国食品供应商拥有足够的预防性控制措施来保证食品安全。

第二，FDA 将授权第三方稽查机构或人士来证实外国食品生产企业的设备达到美国的食品安全标准。

第三，对于存在高风险的食品，FDA 有权要求相关进口食品在进入美国境内时具备可信赖的第三方认可证明。

此外，为了对外国食品出口企业进行检查，法律还配套了一些另外的资源。

第四，对于那些拒绝接受美国检查的外国食品出口企业，其出口到美国的食品，FDA 将有权拒绝其进入美国国境。

与此同时，美国建立了进口产品的自动预警系统，协助 FDA 对有问题的货物以及被列入“不经检验即自动扣留”（Detention Without Physical Examination, DWPE）名单的货物进行评估和识别。通过 FDA 的进口产品操作和管理系统（Operational and Admini-strative System for Import Support, OASIS）同海关的自动贸易系统（Automated Characterization Suite, ACS）的联网，使得 FDA 可以对每一批监管的进口货物进行快速及时的处理，进口货物信息通过 ACS 系统输入至 FDA，该系统同时会向 FDA 提供关于该货物的相关信息，包括：潜在的问题、历史记录等，同时系统会自动保存新的记录，FDA 将在几分钟后作出放行、抽检或扣留等决定。

食品和药品管理局因资金与人手不足，造成每年有多达 95%的食品制造厂和货仓没有接受检查，该特点决定了必须把食品监管重点放在其他国家，并且以预防为主；所有出口到美国的食品，都需要经过独立的第三方食品安全认证。

（二）预警机制

食品安全信息披露方面，美国非常重视信息的反馈及对反馈信息的评价，使用多种方法获取反馈信息，通过建立信息共享平台等方式，获取来自公众的反馈信息。

美国在实现食品安全信息透明性和公开性的目标中，有 3 部法律至关重要，一是行政程序法（Federal Administrative Procedure Act，FAPA），二是联邦咨询委员会法（Federal Advisory Committee Act，FACA），三是信息公开法（Freedom of Information Act，FOIA）。行政程序法规定了行政当局制定、修改、废除行政法规所必须遵守的程序和利益集团要求公布、修订行政法规所应遵守的程序，该法使厂家、消费者和其他相关单位和个人都可以参与相应食品安全行政法规的制定过程。联邦咨询委员会法规定，如果行政部门制定行政法规需要依赖咨询机构，则要求这些咨询机构必须尽力避免利益的冲突，保持平衡，并保证公众能有对他们进行评论的机会。信息公开法为公众提供了获得联邦机构信息的权利，规定任何居住在美国的人都有权获得政府有关公众健康保护的信息和记录，仅排除一些少数限定情况。

美国发布食品安全预警机构主要有两个，一个是 FDA，另外一个是农业部 FSIS。FDA 相当于最高执法机关，负责各州间贸易销售的国产食品和进口食品。农业部 FSIS 负责国内生产与进口的肉类、家禽及相关产品，蛋类加工产品。农业部动植物卫生检验署负责由动物、植物制造的食品。

在预警信息的来源方面，美国非常重视对其他国家以至全球总体食品安全情况资料的搜集和评价，对于一些国际性和全球性的食品安全问题，如疯牛病、禽流感，通过举办国际合作性研究项目和学术讨论，全面搜集全球范围的资料进行评价，作为美国的基础资料。在风险分析方面，美国发布的“总统食品安全计划”首次把防治生物性污染提上日程，并鼓励研究开发预测性模型和其他工具方法，促进微生物风险评估工作的开展。美国的风险管理通过训练有素的立法机构操作，其唯一的目标就是对美国消费者提供高水平的保护。信息反馈是通过准确把握食品安全动态，广泛征集食品安全信息，及时发现食品安全问题，鼓励公众参与食品安全管理，强化公众的主体意识，推动食品安全管理工作民主化、科学化的需要。美国非常重视信息的反馈及对反馈信息的评价，使用多种方法获取反馈信息，包括在线提问、免费热线和调查评估等方式。

美国食品安全预警信息披露的对象主要包括消费者、生产经营者、科学家和研究工作者。

（三）追溯机制

2002 年美国国会通过了《公共健康安全与生物恐怖应对法》（Public Health Security and Bio-terrorism Preparedness and Responses Act），将食品安全提高到国家安全战略高度，提出“实行从农场到餐桌的风险管理”。国家对食品安全实行强制性管理，要求企业必须建立产品可追溯制度，并对食品生产中各个环节的追溯做出了详细的规定。

1. 农业生产环节可追溯制度

在农业生产环节可追溯制度中，美国政府对种植生产以及农药的使用上都有严格要求和监管措施，要求所有生产过程，从种子处理、土壤消毒、栽培方式、灌溉、施肥、使用农药到收获采摘都要记录。要求能够追溯到生产基地、品种、生产时间。即使是跨国生产基地，如在墨西哥生产的马铃薯也必须执行 GAP 管理体系。

2. 包装加工环节可追溯制度

美国法律要求所有食品供应商必须建立食品可追溯制度。食品可追溯制度分为前追溯制度（Identify the Immediate Previous Source，IPS）和后追溯制度（Identify the Immediate Subsequent Recipient，ISR）。

前追溯制度主要记录内容有：企业的名称及其所拥有的信息（国内或国外的），产品名称、产品出产日期，产品商标、产品类型、产品品种特性、产品等级等，产品生产者、主要生产过程、产品包装者，生产区域信息，单位包装数量或质量。

后追溯制度主要记录内容有：产品接受者企业名称所拥有的信息（国内或国外的）；描述产品交割的类型，包括产品商标名称、产品品种特性等；产品交割日期；谁生产、生产工艺如何、谁包装以及带有产品识别条码信息等；产品单位包装数量（质量）；外包装损坏程度；产品的保存期；产品的保质期，即失去价值或风味发生变化的时间；产品运输企业名称以及与运输企业相关的产品后追溯信息。

实际上，产品加工生产过程中实行的可追溯就是 GMP 和 HACCP 管理体系。实行 GMP 和 HACCP 都是以第三方认证形式建立的产品质量可追溯制度，美国政府虽然不强调产品认证，但要求产品生产的每个环节必须是可控、安全和可追溯的，由此许多企业在生产过程中都选择了 GMP 和 HACCP 管理体系。只有经过严格生产控制的合格的产品才被允许贴上标志及条形码。

3. 运输、销售环节可追溯制度

运输、销售过程主要实行食品供应可追溯制度和 HACCP 认证制度。

(1) 运输企业主要是承接供应商给出的信息并转给批发、零售商的产品主要信息。

(2) 批发商除将产品供应商提供的信息输入电脑外，还要对产品进行分类标志，建立本企业的条形码信息，该条形码信息主要记录有：反映本企业信息；对入库产品进行货柜编号；标出每一货柜的产品信息，包括产地信息；部分进口产品需请美国农业部检疫局进行产品检验，合格产品盖有标志章；经过 HACCP 认证的产品，贴有 HACCP 认证机构的标志，通过有机认证产品，贴有有机产品认证标志；产品的接受者企业。

(3) 零售商同样需要了解以上信息，同时建立零售企业条形码。该条形码记录的主要内容有：产品的产地、属性，产品集装箱号码，产品包装类型、包装容器，产品种类、产品形式，产品品种，产品质量，是否有机认证、HACCP 认证等。

(4) 实行召回制度。如果在消费环节出了问题，企业有责任将产品召回。

(四) 召回体系

美国负责监管食品召回的是 FSIS 和 FDA。FSIS 主要负责监督肉、禽和蛋类产品质量与缺陷产品的召回，FDA 主要负责 FSIS 管辖以外的产品，即肉、禽和蛋类制品以外食品的召回。美国的《联邦法规》、《食品、药品及化妆品法》、FSIS 指令《肉和禽产品的召回》、FDA《产品召回工业指南》规定，美国将食品召回分为三级：一级召回，针对有理由会引起严重健康问题或者死亡的危害或有缺陷的产品，如含有肉毒杆菌毒素的食品或不知名过敏原的食品等；二级召回，针对可能会引起短暂性或可逆性健康损害的产品以及引起严重健康问题可能性很小的产品，如某一成分含量低于标准等；三级召回，针对不大可能引起健康问题，但违反有关标签或生产规定的产品，如包装不密封、没有贴英文标签等。

美国食品召回在 FSIS 或 FDA 的监督下进行，美国的食品召回遵循着严格的法律程序：

①企业报告。食品的生产商、进口商或者经销商在发现其生产、 进口或经销的食品存在关系到大众安全的问题时，应在掌握情况的 24 小时内向 FSIS 或 FDA 提交问题报告。由 FSIS 和 FDA 专家委员会来判断是否召回。

②在收到企业的报告后，FDA 要迅速对食品的缺陷等级进行评估。还要根据产品上市的时间长短、进入市场的数量多少、流通方式以及消费群体等资料，评估造成危害的严度，形成的评估报告。

③FSIS 或 FDA 的评估报告如认定食品存在缺陷并应当召回，企业一方面应立即停止该食品的生产、进口或销售，通知零售商撤下该食品。

④由 FSIS 或 FDA 在自己的网站上或向新闻媒体发布召回稿，然后由企业通过大众媒体向广大消费者、经销商公布召回公告；最后在 FSIS 或 FDA 的监督下，企业对缺陷食品采取补救措施或予以销毁，及对消费者进行补偿。当 FSIS 或 FDA 认为企业采取了积极有效的措施，缺陷食品对大众的危险降到了最低，召回结束。

第三节 加 拿 大

虽然加拿大是广东农食产品出口额第8位的国家，但是被公认为是食品安全监管最有效的国家之一，值得借鉴。

一、监管机构概况

加拿大负责食品安全法规制定和管理部门为加拿大卫生部，负责食品安全检验以及认证的部门是加拿大农业部下属的食品检验局（CFIA）。此外，农业和农业食品部、渔业和海洋部、自然资源部、边境检验局也是卫生部与食品检验署的协作部门，在处理涉及多部委职责范围的问题时，各部积极合作，互相提供技术支持和专业意见。

卫生部和食品检验署的工作既互相联系又有所区别并各有侧重，两部门的职责分工由《加拿大检验署法》加以确定，随后又以谅解备忘录的形式进一步明确和细化。加拿大卫生部负责食品安全立法、食品安全基础研究、食品标准的制定以及对加拿大食品检验署工作的评价。这些工作的内容涵盖了审查各项食品安全措施的计划与实施，核查卫生与安全标准的遵守程度，以及评价各项工作的成果。而食品检验署主要负责这些法律和标准的执行工作，其职责包括食品安全相关检验、动植物安全法规和标准制定、动植物安全法规和标准执行、消费者保护法规和标准制定、消费者保护法规和标准执行、HACCP计划实施、生物技术规范、公平标签等。将食品安全检查及相关活动和危险性评估分别设置在加拿大食品检验署和加拿大卫生部，是为了将监督检查的职责与危险性评估分开，使危险性评估工作能独立进行。

加拿大食品检验署自1997年成立以来，在保护加拿大动植物健康、食品安全、促进加拿大农林产品及食品的出口贸易方面发挥了重要作用。该部门总部位于首都渥太华，在全国实行垂直管理。由一名署长和一名执行副署长共同负责监督管理食品检验署的日常工作，署长直接向加拿大农业和农业食品部长汇报工作。该署共设12个部门，其中5名副署长分别负责食品检验署的策划执行、政策和计划、人力资源、科学、财务、管理和信息技术工作，还有3名执行主管分别负责审计、评估和风险监控，董事会秘书处、公共事务工作，此外还设有法律服务处、首席兽医办公室、部门助理和署长执行助理。有6 500多名专业人员受雇于CFIA，分布在总部和大西洋区、魁北克区、安大略区以及西加拿大区4个大区的18个分区和160个办事处，有22个实验室(有900多名检测人员，每年进行60多万个检测)，以及大约400个派驻生产企业的办公室，全部实行公务员管理。在所有工作人员中，有食品安全专家、兽医专家、农学家、生物学家、化学家、系统管理专家、公共关系专家、科研人员、实验室技术人员、检验员、财务管理和相关的辅助人员。该部门的工作目标包括保护加拿大人民不受可预防性健康危害的影响；通过实行公平、有效的食品和动植物管理制度，支持富有竞争力的国内和国际市场，保护消费者利益；维护动植物资源的可持续性；保障加拿大食物供应及农业资源的安全；提供完善健全的相关管理。

加拿大食品检验署负责的工作可以分为三部分，即食品安全、动物卫生和植物保护，正好是SPS协议所覆盖的3个方面。按照加拿大目前的国家食品安全战略，可将这三方面的工作分解成14个领域。在食品安全方面，食品检验署负责食品安全体系建设，促进公平的食品标签实施，包括9个领域，即水产品、奶产品、蛋类产品、肉类卫生、蜂蜜、鲜果和蔬菜、加工产品、食品安全调查、公平标签实施；在动物卫生方面，食品检验署负责全国的动物卫生工作，保证动物健康，防止动物疾病在动物间及向人类传播，包括两个领域，即动物卫生计划（包括越来越被国际社会关注的对动物的人道运输及防止动物疫病向人类传播等）和饲料计划；在植物保护方面，负责植物资源保护，防止植物和森林资源受植物病虫害侵害，包括 3 个具体领域，即植物保护、杂草和化肥。

二、法规体系概况

加拿大与食品安全有关的法律法规主要有：《食品药物法》、《肉品检验法》、《鱼类检验法》、《农业产品法》、《消费品包装和标志法》、《植物保护法》、《化肥法》、《种子法》、《动物卫生检疫法》和《饲料法》等。

《食品药物法》由加拿大卫生部发布，该法负责有关食品、药物、化妆品和医疗器械的卫生安全和防止商业欺诈（食品检验只负责其中的食品），是加拿大国会通过的法律。《食品药物法》以及相关法律的建立，都基于国际标准来制定，如世界卫生组织以及其他一些国际组织，其中也包括了国际动物健康组织所执行的标准。

与《食品药物法》相配套，加拿大制定了《食品与药品管理条例》，该法从小处着眼，建立了诸多健康和安全条款。与食品相关的内容有 28 大类，按照具体的产品对食品外观、成分、浓度、功效、纯度和质量做出详细规定，并制定限定食品中含有农药、兽药、微生物、有害金属和非金属及其化学物残留、食品添加剂和抗生素的最大允许含量等。

《肉品检验法》规定了如何制定合法登记的生产单位生产安全的肉类制品所应达到的标准和要求，以及为防止欺诈在省级和国际市场上出售时的标志标准与要求。

《鱼类检验法》规定了有关鱼类产品和海洋植物的捕捞、运输和加工的标准和要求，包括了省级贸易和外贸进出口的鱼类产品与海洋植物。

《农业产品法》就如何监督在联邦登记注册的企业生产农业产品（例如奶品、加工品）规定了基本原则，并制定了促进省级贸易和外贸进出口食品的安全和质量的标准。

《消费品包装和标志法》防止包装食品和某些非食用产品在包装、标志、销售、进口和广告方面的商业欺诈（食品检验署只负责食品部分）。

《植物保护法》防止对植物有害的疾病的进出口和传播，并就如何控制和消除疾病以及对植物进行认证做了规定。

《化肥法》协助确保化肥和营养补充产品安全、有效并标志准确。

《种子法》在种子的进出口和销售中监管种子的质量、标志及登记注册规定了标准。

《饲料法》管理牲畜饲料的生产、销售和进口。

《动物卫生检疫法》防止将动物疾病传入加拿大并防止对人类健康或国家的畜牧业经济构成危害的疾病在国内的传播。

加拿大的食品法律在通过之前会在官方法律法规公告上发表，消费者和协会有 90 天的时间，对它作出评论和意见。议会的相关委员会在国会通过法律之前，举办一些公众可以参与公开的听证会。产业协会、消费者都可以通过这种公开的形式提出自己的意见。加拿大议会在法律制定前、制定中、制定之后都要听取公众意见。产业协会、企业、消费者，可以通过国会议员的渠道，把自己的意见反映出来。

三、监管体系特点

（一）以卫生部、食品检验局为主体的三级管理体制

加拿大食品安全采取的是分级管理、相互合作、广泛参与的模式。联邦、各省和市政当局都有管理食品安全的责任。联邦一级的主要监管机构是加拿大卫生部以及农业食品部（Agriculture and Agri-food）下属的食品检验局（CFIA）。

这两个部门相互合作，各司其职。卫生部负责制定所有在加拿大出售的食品的安全及营养质量标准，以及食品安全的相关政策。CFIA 负责管理联邦一级注册、产品跨省或在国际市场销售的食

品企业，并对有关法规和标准执行情况进行监督，实施这些法规和标准。

省级政府的食品安全机构提供对在自己的管辖权范围内、产品本地销售的成千上万的小食品企业的检验，市政当局负责向经营最终食品的饭店提供公共健康的标准，并对其进行监督。政府要求农民、渔民、食品加工者、进口商、运输商和零售商根据标准、技术法规和指南来生产、加工和经营。家庭、饭店和机构食堂的厨师则要根据食品零售商、加工企业和政府提供的指南加工食品。该国采取联邦制，实行联邦、省和市三级行政管理体制。联邦、各省和市政当局都有管理食品安全的责任。

此外，外交和国际贸易部、加拿大农业及农业食品部、自然资源部、渔业与大洋部、边境检验局、高等院校和各种专门委员会也是卫生部与 CFIA 的协作部门，在处理涉及多部委职责范围的问题时，各部门积极合作，互相提供技术支持和专业意见。

此外，广大公众也积极参与并同有关部门合作。

（二）积极实施食品安全计划，有效帮扶企业提高食品质量安全

作为加拿大最大的基于科学的监管机构，CFIA 在促进和推广使用有效的操作规范方面发挥了突出的作用。CFIA 制定了一系列规划和创新计划，鼓励产业界采用 HACCP，即危害分析与关键控制点措施，CFIA 协助产业界改造和重组它们的 HACCP 系统，提供 HACCP 系统认证，并对执行状况进行核实，使所有的食品法规都在 HACCP 系统下得以实施，而 CFIA 的检验员将注意力主要集中在高风险领域。

CFIA 质量管理计划（QMP）就是一个基于 HACCP 原理的规划，该规划自 1992 年起在加拿大的鱼产品加工部门强制执行。这个规划的实施体现了 CFIA 与产业界的成功合作，CFIA 因此也在国际上被广泛认为在食品产业中强制执行以 HACCP 为基础的管理系统的先行者之一。在其他商品领域，如鸡蛋、牛奶等，HACCP 的实施在当前还是自愿性的。在肉类和家禽加工业里，虽然也是自愿性的，但 HACCP 的强制实施已经处在立法程序中。

食品安全督促计划（FSEP）是一个为农业食品部门（Agri-food Sector）制定的规划。该规划不仅在肉类和家禽加工厂普遍实行，而且在乳、蜂蜜、鸡蛋、蔬菜、水果加工业内也得到广泛应用。自该规划实施以来，已经有 664 个联邦注册的食品企业（总共 2 003 个）提出了认证申请，其中已有 327 个，即大约半数得到了 CFIA 的 HACCP 认证。企业认证的进度比较有节制，主要是因为这个过程需要投入大量的资源。CFIA 的主要资源被用于检查和更新 FSEP 计划，并为在所有联邦注册的肉制品加工企业强制实施 HACCP 系统做基础工作。加拿大肉产业在自愿实施 HACCP 系统方面一直走在前列。

在家禽领域，全部 64 个联邦注册的家禽加工企业中的 8 个（13%）实施了现代化家禽检验规划，这是一个在过去几年的基础上实施的新的先导项目。CFIA 还对《肉类检验法》起草了一个修正案，以便为该规划的强制实施提供必要的法律基础。该修正案第一次明确规定，有关动物的健康状况的信息在动物装车运输之前就必须提前向相应的屠宰场报告，以便屠宰场的责任兽医能够得到更多的信息，从而判断屠宰动物的健康状况。这将为屠宰场提供农场实施的食品安全项目的必要信息。

2000 年 9 月，为了表明政府对食品安全的承诺，加拿大农业食品部宣布了一项在“加拿大调整和农村发展基金”支持下的 1 140 万加元的联邦基金项目——“加拿大食品安全调整规划”（Canadian Food Safety Adaptation Program，CFSAP）。该规划由 CFIA 管理，并提供科技支持。CFSAP 将和食品产业界共同资助以 HACCP 为基础的食品安全风险管理战略、工具和系统的开发活动，凡是国家级的协会或小组，不管是直接还是间接参与食品的生产、销售、派送和加工过程的都可以参加这项活动。该规划包括两个阶段：第一阶段集中在食品安全战略的设计和开发活动，第二阶段的重点是这些战略的实施。CFSAP 是由 CFIA 和农业部及食品行业的有关人员共同设计的，它对

CFIA 正在实施的 FSEP 和 QMP 具有很好的补充作用。

CFIA 还向另外一个由加拿大农业联合会管理的规划——“加拿大农场生产食品安全规划”(COFFSP) 提供科学和技术方面的支持。该规划也是由加拿大调整和农村发展基金发起的，覆盖了从田头/畜舍到屠宰加工企业门户的食品安全问题。它通过联邦政府和产业界的合作，鼓励国内初级产品协会开发战略和必要的工具，以便使生产者在农场的食品生产环节实施与 HACCP 原理相一致的食品安全措施。

CFIA 对 CFSAP 和 COFFSP 的参与体现了其持续地改进食品安全的承诺，即从初级产品生产到最终产品零售的多部门、跨行业的食品安全协作，最终实现“从农场到餐桌”的食品安全管理。

综观加拿大的食品安全管理可以发现，由于消费者对食品安全的要求越来越高，加拿大的食品安全管理办法也在发生巨大变化，特别是近些年来，其突出特点是在传统的调查、检查、检验的基础上，全面推广基于 HACCP 原理的预防性食品安全管理办法，不仅联邦一级，而且各省也在大力推广这一系统。

四、技术性贸易措施体系

(一) 技术法规

1. 一般商品的管理法规

(1) 关于食品添加剂的技术法规。加拿大食品药物法中“16 部分 食品添加剂”按照功能作用将食品添加剂分为 15 类，分别以列表的形式规定了允许使用的添加剂品种、使用范围及最大使用量。B 部分中的“6 部分 食品色素”又对食品色素的使用规格标准、销售、进口、标签等做了更为具体的规定。该法规还专门设有一个章节“E 部分 环己基氨基磺酸盐和糖精类甜味剂”，针对这两类高甜度合成甜味剂的销售、广告、标签做了更为严格的要求。

同时，加拿大卫生部根据消费者需求，不断对食品添加剂法规进行修订。2011 年 7 月 10 日，加拿大卫生部发布关于修订诱惑红作为食品着色剂的使用条例提案，将诱惑红作为食品着色剂用于圆鳍鱼子酱生产中的最大使用限量调整为 1 300 mg/kg。而现有《食品药品条例》规定：诱惑红作为食品着色剂用于鱼子酱生产中的最大使用限量为 300 mg/kg。

(2) 关于农药残留的技术法规。加拿大农药残留限量标准由加拿大卫生部下属有害生物管理局 (PMRA) 负责制定。2008 年 6 月之前，农药残留限量标准的法律基础为食品药物法 (Food and Drug Act)，相关农药残留限量标准被收录在食品药品条例 (Food and Drug Regulations) 第二部分第 15 节。2008 年 6 月 16 日，加拿大发布 C28 法案，将农药残留限量标准的法律基础改为有害生物控制产品法 (Pest Control Products Act)，相关限量标准也转由有害生物控制产品条例 (Pest Control Products Regulations) 收录，对于上述限量标准，加拿大还制定了相关农药详细的残留定义。

需要注意的是，除个别豁免物质 (农用化学品的助剂或载体、无机溴化盐、二氧化硅、硫、苏云金芽孢杆菌的可存活孢子、高岭土) 外，对于无限量标准的农药残留，目前加拿大执行 0.1mg/kg 的统一标准 (General Maximum Residue Limit)。但加拿大目前已在考虑采用美国的做法，对于无限量标准的农药残留拟实施不得检出 (ND) 要求。

同时，加拿大卫生部根据消费者需求，不断对食品添加剂法规进行修订。2011 年 5 月 10 日，加拿大卫生部虫害防治管理局修订了噁醚唑等 5 种农药在食品中的残留限量标准。2011 年 9 月，加拿大发出多项通报，加拿大卫生部有害生物管理局 (PMRA) 拟对杀虫剂肟草酮 (tralkoxydim)、甲酰胺磺隆 (foramsulfuron)、氟胺磺隆 (triflusulfuron-methyl) 和戊唑醇 (tebuconazole) 制定最大残留限量。

(3) 关于兽药残留的技术法规。加拿大兽药残留限量标准由加拿大卫生部下属兽药理事会

(VDD) 负责制定。加拿大兽药残留限量标准包括两类：正式残留限量标准 (MRLs) 和管理性残留限量标准 (AMRLs)。二者均是由 VDD 经过全面评估后制定的，具有相同的法律效力，唯一区别是 MRLs 已经被加拿大食品药品条例收录和发布，而 AMRLs 还未完成收录程序，只在卫生部官方网站发布。

需要注意的是，对于无限量标准的兽药残留，加拿大一律要求不得检出 (ND)。

(4) 关于微生物的技术法规。对肉类产品参照美国 FSIS 的大肠杆菌和沙门氏菌操作限量标准进行检验。每年取一组样品，企业做大肠杆菌检验，送官方认可实验室做沙门氏菌检验，以判定产品和加工过程的卫生。

加拿大卫生部新修订的《方便食品中李斯特菌含量标准》于 2011 年 4 月 1 日正式实施，新标准涵盖肉、家禽、鱼类、水果、蔬菜及奶制品等。加方宣称此次标准修订是在强化对高风险产品中李斯特菌控制的基础上进行的，目的是为企业控制和确证该菌提供技术指南，并从法律层面界定与李斯特菌生长相关的方便食品范畴。

(5) 关于食品标签的技术法规。为防止包装食品和某些非食用产品在包装、标志、销售、进口和广告方面的商业欺诈 (食品检验署只负责食品部分)，加拿大在《消费品包装和标签法》、《消费品包装和标签条例》以及其他许多法规中，都对产品 (包括农产品) 的标记和标签作了明确的规定。原则上，对产品的标签有 3 项要求：标签上必须标明产品的通用名称、数量、生产厂家的名称和地点，但具体到各种产品又有不同的具体要求。卫生部和食品检验局负责制定食品标签准则。该准则要求其标签内有影响的食品，如可能引起过敏或可能造成毒性、成分及营养改变的，则实行强制性标签。要求生产商在标签上标志是否含有某种成分，但这种标志应真实且不会造成误导。

为保证农产品质量在运输、销售过程中不受影响。加拿大对农产品包装的方法和材料及容器的卫生普遍作了规定。此外，还根据农产品的具体特点，对一些农产品的容器提出了具体要求。

(6) 生物毒素。据加拿大食品检验署 (CFIA) 官方网站消息，2001 年 7 月 20 日加拿大食品检验署修订了扇贝毒素(pectenotoxins，PTXs) 的限量水平，将贝类 (可使用部分) PTX-1、PTX-2、PTX-3、PTX-4、PTX-6 与 PTX-11 6 种扇贝毒素的限量水平修订为 0.2μg/g。

(7) 环境保护和动物福利要求。加拿大联邦一级的动物福利立法主要有：1990 年的肉类检验规定要求屠宰前给动物致昏和进行屠宰前照料；1990 年的动物健康法案对运输途中的动物照料和无法站立动物的处理做了规定；另外，还有加拿大刑法典中的虐待法。虐待法是唯一的一部规范如何对待农场动物的国家立法。绝大部分的有关动物保护的法律 (非刑事法) 都是省一级的。同美国的州立法一样，加拿大大部分省都有自己的动物保护法。

2. 具体食品的管理法规

(1) 肉制品管理法规。凡符合下列条件的肉类产品方能进口：肉类产品的原产国及加工国拥有经加拿大农业和农业食品部长书面认可的检验书；进口商可以向检验人员提供足以使加拿大政府满意的证据，证明进口的肉类产品符合标准且按有关规定进行了包装和标记。

此外，肉类产品进口后应立即交付检验人员进行检验，任何人不得购买不符合上述规定或尚未交付检验的肉类产品。由加拿大农业和农业食品部长指定的检验人员可在任何地方对其认为不符合该法规定的肉类产品 (包括进口产品) 随时拆包进行抽样检验，并有权扣压和没收任何违反该法有关规定的肉类产品。

加拿大对肉类产品进口实施严格的检验：①加拿大农业部规定肉类产品只有在符合其认可出口国标准的情况下才能进口。②装载进口肉类的集装箱必须按照加拿大《肉类检验法》的规定加贴标签。③肉类产品标签除必须符合《肉类检验法》的规定外，还须提供具有符合《动物卫生法》的原产地证明及符合《肉类检验法》规定的检查证。

(2) 新鲜水果和蔬菜管理法规。《新鲜水果蔬菜条例》对新鲜水果和蔬菜的范围作了界定，其次对新鲜水果和蔬菜的等级以及每种等级的具体要求作了详细的规定，制定了食用新鲜水果和蔬菜的健康安全要求。同时该条例对新鲜水果和蔬菜的包装与标签作了原则性规定，还明确了许多主要水果和蔬菜品种的具体详细的包装与标签要求。《新鲜水果蔬菜条例》对进口新鲜水果和蔬菜的等级、卫生安全、包装与标签等方面作了更为细致、严格的规定，只有在以上各方面都达到规定要求的新鲜水果和蔬菜才允许进入加拿大国内市场。

加拿大根据水果种类和不同产地的有害生物风险程度实行分类管理，对部分水果种类进口实行许可证制度，并制定出明确的进口检疫要求。不同种类的水果有不同的检疫要求，甚至来自不同产地的同一种水果的检疫要求也不同。加拿大对苹果、梨、樱桃、葡萄这几种落叶水果的进口控制较严，而对柑橘类和热带水果要求较宽松，来自世界各地的柑橘类和各种热带水果包括荔枝、龙眼等均可进入加拿大市场，不要求事先取得进口许可证，也不要求附有官方植物检疫证书，只有一条检疫要求，即不能带有活虫，如果被发现带有活虫，就需退回再出口或做销毁处理。水果和蔬菜在进口到加拿大时，必须遵守食品和药物规则中的健康与安全要求，以及特定的植物保护要求。

（3）水产品管理法规。根据加拿大《鱼类检验法》的规定，凡出口到加拿大的鱼类都需要经过感官评估、内容判断、标签评估、（罐装类）容器的完整性评估等任意抽检。如果某种鱼类不能通过某种检验，则该类鱼产品名称以及检验类型将由检验员记录在进口警报清单内，且此后同一家生产商生产的该类产品出口至加拿大时需接受同种检验。

对于罐装鱼产品，需要在第一批货出货前或出货时提供每种罐装鱼产品的相关文件，并由加拿大进口商保留一份复印件。之后同种产品每次出货，如果进口商或加拿大食品检验局要求提供该文件，出口商应相应提供热处理机构认可的热处理程序证明，罐装产品还需满足加拿大的焊接要求。

（4）有机食品法。《有机食品法》对所有在加拿大出售的有机食品的标签及广告有以下规定:

①有机含量在95%以上的食品才可在标签上注明为“有机食品”。

②多成分产品其有机含量在70%~95%的可在标签及广告中标明“该产品为含有____%的有机产品”。

③多成分产品其有机含量低于70%的不可标明为“有机食品”，只可在产品成分一栏中标明具体有机成分的含量。

④标签及广告中必须标明认证其为有机食品的机构。而以上第1项和第2项必须获得加方认证机构的相关认证。

（5）能量饮料。加拿大卫生部宣布针对能量饮料的一系列新规定，多数能量饮料将被归类为食品，产品包装上需要增加成分表。新规定还包括：每250mL能量饮料咖啡因最高含量为100mg；一次饮用能量饮料的咖啡因含量最好不超过180mg（大约相当于一个中杯咖啡的咖啡因含量）；产品包装上要有咖啡因总含量信息；产品包装上要有不建议儿童、孕妇和哺乳期妇女饮用含咖啡因成分饮料的提示以及这类饮料不应与酒精饮料混合饮用的警告等。

（二）标准

加拿大食品安全标准体系中的食品安全标准为基于通用或反复使用目的，由公认机构批准的、非强制性遵守的、规定产品或者相关的食品加工和生产方法的规则、指南或者特征的文件。它也包括或者专门规定那些适用于产品、加工或者生产方法的术语、符号、包装、标志或者标签的要求。加拿大制定的食品安全标准主要是一些检验检测的方法标准。

加拿大公共事务和政府服务部（Public Works and Government Services Canada）下的加拿大通用标准局（Canadian General Standards Board，CGSB）在非强制性标准的制定中起重要作用，有许多标准就是由该机构负责起草制定的。非强制性标准由CGSB制定出来后，必须经过加拿大标准委员会（Standards Council of Canada，SCC）批准颁布。SCC是协调加拿大有关机构和组织参与国际标准体系的一家联邦国有公司，经它鉴定合格的标准发展（Development）组织有4家，还有225家在认证（Certification）、测试（Testing）和管理体系（Management System）注册三大评估（Assessment）领域合格的组织。非强制性标准也是一种国家标准。其制定和发布也需按照规定的程序进行。加拿大食品安全标签标准的起草由加拿大通用标准局负责，如该局专门成立了转基因食品或非转基因食品自愿标签标准委员会，自愿标签标准委员会中有使用者、生产商和公众各利益团体的代表者。在自愿标签标准委员会达成一致意见的基础上，拟订的标准草案将提交给加拿大标准委员会，标准草案经加拿大标准委员会批准后，就正式成为一项新的国家标准。

（三）合格评定

加拿大实施的认证制度有强制性认证与自愿性认证两大类。政府仅规定那些需要绝对确保安全的产品必须进行检验或认证。

加拿大国家级的认证工作是由加拿大标准委员会（SCC）的合格评定部负责具体实施的。它由1个审核员培训机构、15个质量体系认证机构、22个产品和实验室认证机构以及4个国家标准制定机构组成。加拿大国家认证工作包含在国家标准化技术活动之中，ISO9000、ISO14000都是驱动加拿大认证工作的动力和基础。SCC合格评定部进行认可的机构主要包括：标准制定机构、质量体系或产品认证机构、标准和测试实验室、环境管理体系注册机构、环境管理体系审核员认证机构、环境管理体系审核员培训机构、技术熟练的试验机构、质量管理体系注册机构、质量管理体系审核员认证机构和质量管理体系审核员培训机构等。目前，SCC通过其合格评定部，在全国范围内，已对275个实验室机构和部门进行了认可，极大地推动了加拿大工业的发展。

加拿大开展认证工作的机构必须经过加拿大标准委员会（SCC）批准和认可。目前，经SCC认可的管理体系认证机构有19家，测试实验室有300多家，检测机构有12家，产品认证机构有30家。在产品认证机构中，加拿大13家，美国17家。其中加拿大认证机构中的加拿大标准协会（CSA）的组织系统和设备最为健全。

加拿大的认证可分为质量体系认证和产品认证。

1. 质量体系认证

加拿大食品检验局（CFIA）制定了一系列规划和创新计划，鼓励产业界采用HACCP，CFIA协助产业界改造和重组它们的HACCP系统，提供HACCP系统认证，并对执行状况进行核实。使所有的食品法规都在HACCP系统下得以实施，而CFIA的检验员将注意力主要集中在高风险的领域。

加拿大在食品控制和立法中采纳HACCP体系方面有以下行动：

（1）HPB（卫生部）。HPB按照《食品和药物法》已经制定了*Good Manufacturing Regulations for Food*（《食品良好制造法规》），其中包括了遵循HACCP原理对食品生产实施控制的要求。HPB也已制定了大量特定食品的标准，这些标准向食品工业界和政府管理官员提供了指南和解释，以便使食品生产能符合法规的各项特定要求。

（2）海洋渔业署（Fisheries and Oceans Canada）。截至1992年2月，加拿大的水产加工业是世界上第一个受到HACCP计划管理的工业。此项管理法规称为Quality Management Program（QMP）。QMP规定了食品工厂内质量管理的最低要求，并由加拿大海洋渔业署负责实施和进行符合性的验证。

（3）农业部（Agriculture Canada）。为了督促在联邦登记的农业食品加工企业中建立和保持HACCP体系，1997年加拿大农业部制定了食品安全强化计划（FSEP），通过各种单独的专家会议，已至少提出了19种食品的HACCP一般的模式，包括肉类产品工厂的腊肠、机械分割肉、盐干肉、蛋和蛋类加工厂的干蛋白、单冻蛋、冻蔬菜、蜂蜜及高酸食品等。

2. 产品认证

2011年3月10日，CFIA提醒有机产品行业，有机产品法规的商业流和执行政策（Stream of Commerce and Enforcement Policy）将于6月30日期满，届时将实施新规。商业流和执行政策于6

月30日期满后，取而代之的将是CFIA标准的合规及执行规定，包括以下几项：

①封存不合规的产品以及/或将其下架。

②更正不合规的标签。

③将不合规的进口产品退回原产国。

制定有机产品法规的目的是：

①保护消费者免受误导性或欺骗性标签的迷惑。

②降低消费者对“有机”定义的困惑。

③便于加拿大的有机产品进入要求对该类产品进行监管的国外市场。

④支持本国有机食品市场的发展。

有机产品法规针对有机产品认证制定了严格标准。符合生产要求并且至少含95%有机质的产品才能标为“有机”，并使用加拿大的有机产品标志。

有机产品法规适用于加拿大本国和进口产品。不论原产地，所有有机认证产品须符合加拿大标准。

希望成为按照有机产品法规认证的生产商须按照加拿大有机产品标准建立有机产品生产体系，并将产品通过认可的认证机构的有机认证。有机认证产品还须附带有机认证机构的名称。

五、进出口安全检验检疫措施体系

（一）进出口检验检疫法规

加拿大食品检验署负责对与食品相关的法律法规进行管理和执行。主要与食品相关的法律有：农业及农业食品行政经济处罚法、加拿大食品监督署法、加拿大农产品法、消费品包装和标签法、食品药品法、鱼类检验法、肉类检验法、动物卫生检疫法、加拿大谷物法、植物保护法、种子法、饲料法、化肥法。这些法律都是食品安全的基本要求和一般规定。联邦政府及有关部门为实施这些法律制定了相关的配套法规，对农产品和食品的生产、加工、储藏、流通、食品安全限量和卫生规定、检测方法、标签标志、包装材料卫生要求等都做了明确规定。这些条例主要有：农业及农业食品行政经济处罚条例、乳制品条例、鸡蛋条例、新鲜水果和蔬菜条例、蜂蜜条例、许可及仲裁条例、家畜及家禽屠体分级条例、有机产品条例、枫叶产品条例、加工鸡蛋条例、加工产品条例、消费品包装和标签条例、食品药品条例、鱼类检验条例、1999年肉类检验条例、加拿大谷物条例、1983年饲料条例、化肥条例等。此外，2009年6月30日，加拿大《有机食品法》正式实施。新规定对所有国产及进口有机食品制定了标准，并要求所有在加拿大市场出售的有机食品生产商都需经过CFIA授权的认证机构的认证。这些法律法规共同构成了加拿大进行食品安全监管的依据。

（二）追溯机制

加拿大执行追溯的机构有：

1. 联邦、省/地区追溯行动小组

该小组成立于2005年11月，在联邦、省/地区的农业部长确定追溯问题为重点工作领域并希望迅速向前推进之后产生；联邦、省/地区追溯行动小组需要在政府（联邦和省/地区）的领导下，根据政府（联邦和省/地区）所提供的连贯、全面的政策框架做出决策；主要负责就国家农业和食品追溯制度的制定与实施提供建议。

2. 产业–政府咨询委员会（IGAC）

2006年6月，联邦、省/地区农业部长们认识到产业界的牵头作用，认为应建立家畜追溯基础，并逐步建立从家畜、家禽开始的国家农业和食品追溯制度（NAFTS）。2006年8月成立了产业–政府咨询委员会，目的是为了领导全国追溯制度的制定与实施。产业–政府咨询委员会由20名产业界成员和15名来自联邦、省和地区的政府成员组成。政府成员包括：加拿大农业与农业食品部、加拿大食品检验署和省级政府。

在建立国家农业和食品追溯制度中，联邦、省/地区行动小组与产业界将共同合作为包括动物疾病和食品安全问题爆发在内的突发事件做好准备，及时做出反应，进而加强产业界的竞争力，提高保有或抓住市场机遇的能力。

3. 加拿大食品安全追溯协会

加拿大负责追溯管理的机构还有加拿大食品安全追溯协会，这是一个开放性的非盈利机构，它主要为进口到加拿大的所有食品制定追溯标准。

2004 年，食品安全追溯协会完成并审定了第 1 版加拿大食品可追溯数据标准，目的是开发加拿大所有农产品和食品种养者、处理加工制造者、分销者、零售者和进出口商都可遵守的追溯标准。为满足不同食品和农业部门的要求，此标准利用国际数据载体的标准形式来分享可追溯性信息，从而获得牛肉、猪肉和生产溯源试点项目的可追溯信息报告，其中涉及实施可追踪性解决方案，可追溯性的要求具体到加拿大中小型企业。

加拿大国际农业和食品追溯制度是以产业界和政府的协调合作为基础，利益相关各方均共同承担让体系运转的责任。追溯制度建立在产业界和政府已经取得的重大进展之上，采取基于风险的逐步实施方式，产业界的牵头作用是成功的关键，利益相关方共同分担费用，并且必须满足政府支持突发事件管理的信息需求。所有有资格的信息使用者采用同一个信息接入窗口，并允许产业界和各级政府多家信息使用者使用，防止未获授权者使用特别/专属信息。该追溯体系成功的关键是其建立在国家标准之上，从设计上防止了不必要的信息重复，并且通过信息的准确及时、坚持体系性能标准、定期进行测试、独立的审计以及政府的参与，逐步成为国家以及国际上可靠的体系。

加拿大国际农业和食品追溯制度的建立，以 3 个核心要素为基础：产品/动物识别、产地识别、产品/动物的运输。根据风险分析相关部门的准备情况和能力实施计划，通过建立高效的数据收集系统，着重于多方对信息的合法利用。各个相关部门可灵活掌握相关的国家标准，从而分别满足各个部门的需要。在产业界与政府的合作下，由产业界牵头，政府提供长期明确的承诺，进行更加广泛的家畜和家禽追溯。

追溯体系的建立所要达到的目标是：突发事件的应急准备，对应对和恢复措施进行规划；扩大市场机遇；加强供应链管理；提高竞争能力。在应对危机规划、反应与恢复中，主要是应对自然灾害、疾病暴发、食品安全事件及生物恐怖主义；在扩大市场机遇中，主要提供与可核实的特征信息的联系，如牛只进入市场所需要的年龄或支持标签说明；在加强供应链管理中，主要加强农业食品链中的双向信息流动，从而帮助个人参与者做出更加正确的决定。整个追溯体系的涉及必须允许多方（联邦、省/地区政府和产业界）均可使用信息，防止未获授权者使用特别/专属信息。

（三）预警机制

1. 食品安全风险沟通机制

加拿大食品检验局公共关系处负责对食品安全风险进行精确预测，及时全面联系相关利益方和有效控制管理风险，这是建立良好公共关系的基础。

该处在公共风险沟通方面的主要做法有：定期组织有关利害关系方进行风险应对预演；在做出重要决策时，不但要以科学为基础，还要及时与利害关系方反复沟通，向有关组织和代表咨询；向产业和公众广泛宣传相关知识，取得他们对新政策、标准、措施的理解与支持。加拿大食品检验局公共关系处与媒体保持着很好的关系，通过电视、报刊等形式将自己制作的电视短片、宣传手册等发送给广大加拿大消费者。

为确保全面有效地征求利害关系方意见和支持，加拿大将吸纳公众参与政府工作的力度分为 3 个层次：告知、咨询和全面参与。公共关系处要慎重决定每一事件的公众参与方式，有时通过媒体途径将有关信息公布于众就足够，而当公众认可度对相关项目或者措施的成败至关重要时，就需要考虑让公众以咨询甚至全面参与的方式参加到政府工作中来。

在实施这些措施时，加拿大食品检查局公共关系处一直秉承“及早和透明”原则，及早让利害关系方参与有利于及时确定联合行动方案，将有效地执行或者开展有关项目、政策或者协议，同时能将可能的负面影响范围降到最低。

2. 食品安全风险评估体制

加拿大食品检验局组织联邦、省政府和部分科研机构的专家组成科学委员会，通过为风险危险性评分定级的方式，决定不同风险类型前摄性风险管理工作的轻重缓急，确定需要优先分配资金、采取积极预防行动的重点食品风险名单。一般而言，危险度评分 80 以上的为高危风险，60~80 分属于中度风险，60 分以下的危险性则比较低。风险危险度的评价完全以科学为依据，主要衡量因素为风险的可控制性（传播性）和本身的危害性。控制程度低、感染可能性高而危害大的风险为防范工作的重中之重。

前摄性风险管理的主要方式包括对产业和消费者进行教育培训，复审与核查相关产业的 HACCP 计划，制定和执行相关产品的优良制造/进口规范，密切与其他国家、部门、省政府的相关合作，改进对相关产品的检测方法和战略，对产品的生产工艺与生产程序进行检验，加强抽样分析和标签核查等。

在建立严密的前摄性风险管理机制的同时，食品检验局也开发出一套食品安全事件快速反应机制。疫病爆发、消费者反馈、企业自检报告、下游产业举报、常规检查发现问题乃至其他国家和机构的有关通报、媒体揭发等都可能成为该机制的触发点。在食品安全反应程序启动后，加拿大食品检验局将迅速开展食品安全调查和风险对人、动植物和环境健康的危险性评估，在科学的基础上，根据风险性质和企业过错程度做出处理。处理方式包括警告、扣留、召回、销毁、拒绝入境、中止或者吊销执照与许可、拒绝认证、罚款乃至诉诸法庭等。在必要的时候，加拿大食品检验局会与卫生部、加拿大公共卫生健康机构及其他相关部门的科研人员与法律专家合作处理食品安全问题。

(四) 召回机制

加拿大负责监管食品召回的部门是 CFIA，依据的法律为《食品检验署法》（CFIA 法）和《食品药品法》。CFIA 于 1999 年设立了食品安全和召回办公室（OFSR），具体负责全国食品的召回工作。OFSR 以全面、适当、一致和及时为指导原则，对食品召回的主要职责包括：

①协调全国的食品召回工作。

②对食品召回进行统一的决策。

③确保对食品安全突发事件达到时效性的服务标准。

④统一负责与国际食品紧急事故办公室的联络工作。

根据 CFIA 法，加拿大的食品召回分为自愿召回和强制召回。自愿召回指由事故单位自行发起和执行的召回。强制召回在 CFIA 法第 19 条第一条款中进行界定：CFIA 根据 CFIA 法第 11 条规定，某类产品对公众或动植物健康构成了风险，部长可以通知出售、买卖或分销产品的任何人员，强制进行该产品的召回或将产品集中到部长指定的地点。在作出强制召回决定之前，必须先进行风险评估。

第四节　澳大利亚、新西兰

澳大利亚和新西兰是广东农食产品出口额第 7 位的国家，与加拿大类似，这两个国家亦属于食品安全监管成效显著的国家。

一、监管机构概况

新体制下的澳大利亚和新西兰政府的主要食品监管机构及其职责为：

（一）澳大利亚-新西兰食品法规部长级委员会（Australia and New Zealand Food Regulation Ministerial Council，ANZFRMC）

即原来的澳大利亚、新西兰食品标准理事会（Australia New Zealand Food Standards Council），该委员会成员由澳大利亚联邦政府、新西兰的卫生部长、澳大利亚各州及直辖区的卫生部长以及其他部门部长（如初级产业部、农业部、消费者事务部等）联合组成，澳大利亚联邦卫生部长担任主席。委员会负责制定国内食品法规及食品标准指定的政策指引并监督执行，推动食品标准在全国范围内的统一执行以及和国际标准的协调同步；有权采纳、修订或废止食品标准。委员会每年至少召开 1 次全体大会讨论有关议题。

（二）澳大利亚-新西兰食品法规常务委员会（Food Regulation Standing Committee，FRSC）

作为部长级委员会的下设部门，由部长级委员会各成员单位中的部门负责人和澳大利亚地方政府机构协会主席组成，其主要职责是向部长级委员会提出政策制定的建议和确保全国范围内食品标准实施与强制执法的一致性。

（三）执行分委员会（Implementation Sub-Committee，ISC）

ISC 是 FRSC 下设的分委员会，负责监督和协调食品法规、标准实施的一致性。此外，ISC 还制定食品法规、标准实施指南，以提高法规运行的效率和降低企业执行法规、标准所带来的负担。

（四）澳大利亚、新西兰食品标准局（FSANZ）

FSANZ 是澳大利亚和新西兰食品安全法定监管机构，虽然它归属政府管理，但根据法律的规定，澳大利亚、新西兰食品标准局是一个独立的法定机构，享有极大的自主权和决策权。标准局根据部长级委员会的政策指引，基于科学依据，制定澳大利亚、新西兰统一的联合食品标准法典(Joint Food Standards Code）和所有的澳大利亚国内食品标准。它的主要职责包括：制定、评估食品标准，协调食品安全监管和召回，展开科研工作，评估进口食品监管政策，制定食品法典的实施指南等。食品标准局现设有两个办事处，一个在堪培拉，另一个较小的在惠灵顿。该机构现约有 146 名职员，其中大部分都有一定的科学或技术背景，包括微生物学、食品科技、化学、遗传学、毒物学和法律等。

（五）新西兰食品安全局（New Zealand Food Safety Authority，NZFSA）

NZFSA 于 2007 从原归属的新西兰农业和林业部（Ministry of Agriculture and Forestry，MAF）划分出来成为负责食品安全管理的全新专职部门。主要职责有：负责制定新西兰食品安全政策、部分法规、卫生标准并予以具体执行实施；监督、评估法规、标准执行情况；为商业界、企业、消费者提供咨询服务，为出口食品签发进口国所需的证书。与进口国监管机构就进口国卫生标准的制定进行磋商。

（六）澳大利亚检疫检验局（Australian Quarantine and Inspection Service，AQIS）。

AQIS 成立于 1987 年，现属于澳大利亚农业、渔业和林业部（Department of Agriculture, Fisheries and Forestry，DAFF）。作为政策执行部门，AQIS 的主要职责包括：①负责口岸检疫以防止和减少外来虫害与疾病进入澳大利亚境内；②实施进出口检验、认证以确保澳大利亚消费者、动物、植物的健康和安全并推动澳大利亚的出口产品出口；③配合国内市场监管部门、各州/地区政府控制虫害、疾病对国内生态环境的危害以及监管农产品、食品的安全。

（七）各州、直辖区和地方政府机构

州、直辖区政府根据联邦法律、标准负责转化为本州有效的法规并予以执行；地方政府则负责法规标准的具体实施及日常食品的监管工作。

二、法规体系概况

澳大利亚有关食品的法律法规还包括：《进口食品控制法》、《出口食品控制法》及相关的环境

法、农业法、各州的公平贸易法、各州的食品法和健康法等。目前，澳大利亚的食品管理法律分为联邦和地方两个系统。

1. 食品政策

包括澳大利亚政府会议的政府间食品管理协议、食品管理部长理事会的食品政策指南。

2. 一般法

包括《模范食品法》、《进口食品控制法》、《出口控制法》及国际贸易法律等。

3. 特别法

如《澳大利亚、新西兰食品标准法典》。

食品标准由澳大利亚州及特区政府的卫生部门行使法律执行权；对于进口食品，则由澳大利亚检验检疫部门执行。

FSANZ 制定的食品标准涉及如下内容：对食品生产单位、食品标签包括食品进口标签等的法律约束要求，政府许可的食品添加剂和催化剂一览表，新特食物、转基因食品和放射性食品一览表，食品中化学最大残留限制一览表，食品的安全处理要求，食品的初级生产（如生产基地）要求，等等。

《澳大利亚、新西兰食品标准法典》包括的内容为：

第一章：通用食品标准。该章节规定了适用于所有食物的标准，如食品标签及其他信息要求(part 1.2)、食品添加剂（part 1.3)、食品污染物及残留（part 1.4)、需要上市前许可的食品（新奇食品、转基因食品及食品辐照）（part 1.5）和微生物技术及食品加工要求（part 1.6）等方面。

第二章：食品产品标准。该章节涉及各类食品的具体标准，分为谷类（part 2.1)、肉、蛋和鱼类(part 2.2)、水果和蔬菜（part 2.3)、食用油（part2.4)、奶制品（part 2.5)、不含酒精的饮料(part 2.6)、酒精饮料（part 2.7)、糖和蜂蜜（part 2.8)、特殊用途食品（part 2.9）以及其他食品标准（part 2.10)。

第三章：食品安全标准。该章节规定了专门适用于澳大利亚的食品安全要求。

第四章：初级产品标准。该章节规定了专门适用于澳大利亚的初级产品标准和加工标准（海产品、家禽肉、肉类奶制品和特殊奶酪）以及对酒类产品的要求。

三、法规体系特点

（一）追求体系统一、简洁、易行

澳大利亚和新西兰食品法规体系改革的重要目标是在确保为消费者提供更高水平的食品安全保障的同时，有效降低原有法规给行业、企业带来的不必要压力和成本支出，保持澳大利亚和新西兰食品从业者的创新水平和竞争力。因此，改革的核心工作是最大限度地整合各类重叠、交叉冲突的单一商品技术标准为通用性强的结果导向型技术标准，删除、简化原有标准中涉及品质、运输、重量等品质指标以及描述性、介绍性的技术内容，更多关注安全、卫生等强制符合性指标的建立，从而最终建立起统一、简洁、易行的食品安全技术标准，让消费者、食品企业尤其是众多中小企业能够更好地理解和执行，从而将有限的资源更多集中于提高产品的安全性来有效减少食源性疾病的发生。在食品法规的实施过程中，也充分考虑行业、企业的可承受能力和实际可操作性，避免由于准备不充分而匆匆实施立法的做法给行业带来的不利冲击。因此，除非特殊情况，新法规均规定有足够期限的法规过渡期和宽限期，给予行业、企业充分时间去适应法规的有关要求。

食品标准法典的出台是最小有效立法实践的重要成果，该新法典取代新西兰、各州、地区政府原来自行制定的以产品标准为代表的各类食品品质、安全技术法规、标准而成为澳大利亚、新西兰在食品安全管理方面统一遵守的标准，也是澳大利亚全国唯一的食品安全技术标准，统一、简洁、明晰的食品标准法典大大降低了政府执行部门、国内外企业和消费者理解、实施和遵守法规标准的难度和成本，涵盖了“从农田到餐桌”食品供应链的各个环节，有效提升整个澳大利亚和新西兰食品安全监管、生产、贸易的整体效能和竞争力。此外，在实施阶段，从法典的正式颁布到最终的全面实施，政府给予行业两年的过渡适应期，对部分企业反应较大的条款，如食品安全计划的引入，新版法典没有急于要求全国立即统一执行而是在初期允许各州自愿转化遵守，等待时机成熟后再要求全国范围内强制统一实施。

（二）制定工作公开化、程序化和透明化

为提高法规制定工作的可度量化和透明化，保障受法规影响利益方的合法利益不受损害，提高消费者对食品法规体系的信心，新法规体系首次在法律上明确规定了相关立法机构在信息收集、指引政策制定、技术标准制定和实施执法等各个关键环节均要建立起对应的咨询协商机制，让相关利益方能够充分参与法规的制定和修订工作。依据灵活、有效、合适与节省资源的原则，充分考虑议题的数量、受影响范围、复杂程度、时间和资源约束等因素，具体的磋商机制包括纸质文件咨询、网络咨询、专家咨询、现场会议、工作小组、公共论坛、研讨会、市场调查、互联网互动交流等多种措施、方式的灵活组合。有关咨询活动予以及时、全面的记录，产生的文件、资料和报告均尽可能主动通过网络、宣传品等渠道免费对外公开和方便各个利益方获取。

以强制性技术法规标准的制/修订为例，食品标准局依法建立起一套公开、透明的程序来回应外部对制/修订技术法规标准的需求和要求，任何个人、企业、社会团体均可以向澳大利亚、新西兰食品标准局提出建立、修订食品标准的要求，食品标准局将首先评估这些请求是否属于法规涵盖的范围并符合立法的原则和目的，如果不适合或通过非强制性的措施（如良好生产规范或行业指南）可以达到目的，则不考虑展开相关技术标准的制/修订工作。如果要求是合理的，标准局将启动下一步的公众评估程序，整个流程要通过公众咨询、听证会等形式举行至少 3 次咨询磋商活动，广泛征求行业和公众意见，并依序完成初步评估、草案评估、最终评估 3 个不同阶段的评估报告。任何评估工作必须建立在风险分析的基础上，要清楚界定可能涉及的利益相关方，对拟制法规标准给受影响利益方可能带来的成本和收益要予以准确定性定量分析等。在完成最终的评估报告后，食品标准局将标准制/修订建议草案提交部长委员会审议，如果部长委员会认为标准草案不符合有关政策的要求，有权不批准草案的颁布，并可要求食品标准局继续修订标准草案直至符合要求，保证所制定法规、标准的科学性、可行性和获得公众充分的认可与支持，确保标准在颁布后能得到良好的遵守和执行。

（三）促进标准的科学性和国际一致性

在整个食品法规的改革中，澳大利亚、新西兰两国政府一直都很强调所制定的技术法规标准和相关国际技术标准的一致性，一方面确保澳大利亚、新西兰两国的技术标准能够达到与国际同步的水平，提高澳大利亚、新西兰食品标准的更新速度，适应快速发展的食品工业对安全标准的需求；另一方面也帮助澳大利亚、新西兰两国的食品出口产业能够及时、有效应对国际上的诸多技术性贸易壁垒，促进出口贸易的便利化和自由化。澳大利亚、新西兰食品标准局改变过去强调主权原则下的自行研究立法的做法，充分借鉴国际上成熟的科学理念以及现行的技术标准来加快相关技术法规标准制定工作，如充分参考甚至直接引用国际食品法典来制定有关技术标准和符合性指标，引入 HACCP 等国际公认的先进安全控制技术来建立适用于澳大利亚、新西兰两国的企业生产监管政策和措施，在食品接触材料的安全监管领域，采用欧盟的食品接触材料安全法规来作为监管的法律依据，力图用较少资源的投入来达到有效的法律监管。

（四）讲究预防性监管

为改变原有侧重“事先许可、事后抽检、出事处罚”食品安全监管模式所引致事后补救式的被动状况，澳大利亚、新西兰出台一系列的措施来推动建立基于风险分析基础的预防性监管法规体系，这些措施主要包括：

（1）立法推行强制性的食品安全计划。依据食品法典规定，企业要建立和实施基于 HACCP 理

念上的食品安全计划，在全面评估食品供应链的基础上，企业要准确鉴别出供应链环节中关键的风险点，根据危害性分析和临界控制点原则制定出有效控制风险的措施，并形成书面的食品安全计划书，经报食品标准局审批通过后实施。每一个食品安全计划的实施情况将由合资格的官方或第三方食品安全检查员来定期核查，确保安全计划的顺利实施。

（2）依据风险分析原则来制定食品安全技术标准。《1991 年澳大利亚新西兰食品标准法案》规定，食品标准局在制定食品技术标准和监管措施时，必须基于最新的科学研究成果和风险性分析的结果来做出决策。风险分析包括风险评估、风险管理和风险信息交流 3 个步骤，食品标准局将根据独立风险评估专家组做出的科学风险评估结果，综合考虑有关立法要求、消费行为、政府间或国际协议和经济等因素对备选政策进行权衡，最终选择和制定适当的技术标准或措施，其中包括强制性的技术标准和措施，也有非强制性的措施和建议。其中，政府采用风险评估方式对生产企业按照风险高低予以分类，根据不同企业的不同风险分级采取强度、频率不一的监管措施。

（3）建立全国性的监控和法规评价体系。政府制定并实施各类如消费者膳食消费行为、化学、微生物污染状况、药物残留等监控计划，收集分析有关信息和数据，为风险分析和法律法规效果评估提供科学、客观的技术支持。此外，澳大利亚、新西兰政府建立起一套综合社会、经济、科学等要素的评价体系，通过采用定性和定量分析方法，对实施中法律法规的有效性、符合性、存在问题等方面进行评估，并根据评估结果对法规标准进行适当调整来确保实施的有效性和前瞻性，努力建设监管关口前移、源头管理、预防为主的新模式。

（五）强调食品安全企业的主体责任

澳大利亚和新西兰政府认识到，原有强调政府作为第一责任人的立法理念已无法适应快速变化外部环境的挑战而存在不少问题。一方面，政府大包大揽，企业被动接受监管的做法往往使得企业认为食品安全只是政府的事而与己无关的消极、依赖性想法，由此带来的企业社会责任感不强、自我质量控制意识薄弱等问题而影响了对食品安全生产的有效控制；另一方面，政府有限的资源和技术能力很难对数量庞大的生产企业和复杂供应链的各个环节进行有效的监管。因此，新法规明确规定企业作为食品安全的主要责任者，应主动加强对产品的自我安全控制，确保所生产、销售食品的安全，政府的角色则转变为风险管理者，主要负责制定法规标准，实施国家监测计划，建立食品安全预警和召回制度，开展培训、教育和对企业安全计划实施进行监督等。

食品安全负责主体的改变使得政府可以有效减少资源的投入，减轻纳税人的负担，提高工作成效；更重要的是政府意识到必须依赖企业才能真正确保食品的安全，从而抛弃原有强调“干预”企业管理的模式而转变为更多地提供服务以及与企业建立起良好互信的关系来共同做好食品安全工作。同时，促使企业清楚认识到自己的角色和责任，能够发挥了解产品生产的优势，主动做好安全监控工作，降低生产不安全产品的概率，规避相应的法律和道德风险，争取消费者的信任，从而最终有利于企业和行业的长远发展。

四、技术性贸易措施体系

（一）法规标准

根据澳大利亚和新西兰签订的合作条约规定，澳大利亚各州、地区和新西兰都实施统一的食品标准。两国政府共同建立了澳大利亚、新西兰食品标准局（FSANZ）作为负责两国食品事务的机构，该机构制定并颁布了食品标准法典，旨在防止动植物虫害和疫病的传播，保护食品卫生和安全，确保为消费者提供安全的食品。

1. 关于食品添加剂的技术法规

澳大利亚和新西兰食品标准局大多引用国际标准或其他国家的权威标准，如：规定添加剂规格应符合联合国粮农组织出版的食品和营养报告 52 中的食品添加剂规格汇编第一、二卷，包括附录

1~7 的相关要求；或者美国食品化学品法典（FCC）第 4 版及其增补版的规定以及本地区制定的规格标准，如果上述标准中没有关于该添加剂的规定，则应符合英国药典、美国药典、国际药典、美国联邦法规、日本添加剂标准等 10 个国家或国际组织的标准规定。

同其他国家相比，澳大利亚和新西兰政府的管理政策是尽可能将添加剂的品种和数量保持在最少，如：标准中明确规定“当两种或两种以上功能相同的食品添加剂在一起使用时，每种添加剂的用量与其最大允许量的比例之和不能超过 1”，而其他大多数国家则仅对某些品种有类似规定。

在食品标准法典的第一章中，将食品添加剂、维生素和矿物质、加工助剂作为单独的类别归属于“食品中的添加物质”。食品标准法典的其他章节也对食品中添加的食品添加剂、加工助剂、维生素和矿物质、其他营养物等物质的特性和纯度的规格，以及食品成分和复合成分的标志与命名进行了规范。

2011 年 7 月，澳大利亚发布了新的食品添加剂使用标准。

2. 关于农药和兽药残留的技术法规

澳大利亚农药兽药管理局（APVMA）负责制定农产品、特别是进入食物链的农产品中的化学农药和兽药最大残留限量标准。澳大利亚的农兽药残留限量标准由 5 部分组成：

（1）食品中化学农药、兽药和相关物质的最大残留限量。

（2）最大残留限量标准适用的产品部位（取样分析部分）。

（3）残留定义。

（4）动物饲料中农药的最大残留限量。

（5）不需要设定最大残留限量的农兽药及相应的使用方法。

需要指出的是，根据相关规定，如果某种农兽药或者某种农兽药在某种农产品中的残留未在上述限量表中列出，澳大利亚一律要求不得检出（ND）。此外，在该局官方网站上，还发布了关于农兽药残留相关问题的说明文件。

2011 年 5 月，FSANZ 批准了一项请求提高甜菊糖苷最大容许限量的申请。该申请将甜菊糖苷在冰淇淋、水基饮料、酿造软饮料、配方饮料以及风味大豆饮料中的含量提高至 200mg/kg，在普通大豆饮料中的含量提高至 100mg/kg。

4. 关于微生物、有毒有害化学物质的技术法规

澳大利亚关于微生物、有毒有害物质技术法规标准均发布于澳大利亚、新西兰食品标准法典。

5. 关于食品标签的技术法规

除了一般标签的标准外，澳大利亚禁止标签宣称有治疗和预防疾病的功效；禁止使用可以导致消费者误解为有医疗作用的文字、注释、声明或设计；禁止使用任何疾病和生理状况的名称或说明；禁止注释宣称减肥食品或有减轻体重的功效；禁止将分析证书任何部分使用在标签上。

澳大利亚还禁止使用“纯的”、“纯天然”、“有机的”、“低酒精含量”、“不含酒精”、“健康”、“含丰富维生素”等文字表述。

对于特殊食品上的标签有特殊规定，节食食品应该在标签上标注“节食食品”字样，同时附上配方；已经改变了碳水化合物结构的食品，应该标注“碳水化合物结构改变”字样，并附上碳水化合物成分表；对于酒精饮料，必须标明 20℃下的酒精浓度；乳制品则应要求在标签上标明“应冷藏”字样；对于特殊含有的物质应标明，如“人造增甜食物”、“含有咖啡因”等。

对进口食品标签检查的关注内容包括：

（1）准确的商品描述。

（2）生产商和进口商的详细情况。

（3）是否注明原产地国。

（4）标签是否用英文。

（5）批号和使用日期是否注明。

（6）净重、成分是否注明等。

6. 关于食品接触材料的技术法规

产品销往澳大利亚，市场认可欧盟 1935/2004/EC 法规和美国 FDA 相关法规。这是由于目前在澳大利亚还没有实行像欧盟（EC）No.1935/2004/EC 法规或美国 FDA 的统一法规去统一规范和管理。

依据的相关标准或法规有：

（1）塑料。欧盟 2002/72/EC 或美国 FDA 的测试项目均适用于澳洲 AS2070：1999。要求测试项目：全面迁移测试。

（2）陶瓷、玻璃、搪瓷器皿。澳大利亚 No.289，1999 条例。测试项目：可溶性铅和镉测试，依据BS4860-1 和 BS4860-2。

（3）金属器皿。西澳统一条例健康（食品卫生）条例 No.41，1993。测试项目：可溶性重金属（铅、镉、锑、铜、锌）。

7. 环境保护和动物福利要求

澳大利亚联邦于 1981 年颁布了《南极海洋生物资源保护法》，1997 年颁布了《自然遗产信托法》，1999 年颁布了《环境保护和生物多样性法》。1980 年在州一级，首都区域颁布了《自然保育法》；新南威尔士州于 1916 年颁布了《森林法》，1950 年颁布了《野生生物保育法》，1975 年颁布了《国家公园和野生生物法》，1987 年颁布了《荒野保护法》；南澳大利亚州 1972 年通过了《国家公园和野生生物法》，1992 年通过了《荒野保护法》；北澳大利亚州 2000 年 3 月通过了《动物福利保护法》；北部区域州 1996 年颁布了《区域公园和野生生物保育法》；昆士兰州 1992 年通过了《自然保育法》，1993 年通过了《湿热带世界遗产保护和管理法》；塔斯马尼亚州 2002 年通过了《国家公允和保育管理法》和《自然保育法》；维多利亚州于 1975 年颁布了《国家公园法》和《野生生物法》，1987 年通过了《保育、森林和土地法》。这些动物保护法为澳大利亚实施环境保护和动物福利要求提供了法律基础。

（二）合格评定

澳大利亚的合格评定工作包括试验、校准、检查和认证。

1. 合格评定技术机构

（1）标准化机构——负责合格评定所需标准的制定和管理。

（2）认可机构——负责对从事试验、校准、检查和认证业务机构进行能力认可。

（3）测试机构——为合格评定活动提供技术支持，包括为合格评定机构提供仪器设备的量值溯源和校准服务。

（4）合格评定机构——负责在被认可的业务范围内对产品、服务或过程进行试验、检查和认证。

认可工作由澳大利亚政府授权。被授权的食品认可机构有：澳大利亚有机食品认可委员会和澳大利亚检验检疫局。

2. 认证工作

澳大利亚认证活动分为体系认证和产品认证两大类。

（1）澳大利亚体系认证为自愿性。主要包括：

①质量管理体系认证（ISO9000）。

②环境管理体系认证（ISO9000 和 ISO14000）。

③食品安全管理体系认证（HACCP-ISO/IEC Guide 62）。

④职业健康和安全管理体系认证（OH&S-AS/NZS4801）。

（2）澳大利亚产品认证分强制性和自愿性两大类。强制性产品认证包括：

①安全认证。

②产品符合性批准。

③食品检验检疫。

食品的自愿性产品认证包括：

①合格认证。

②有机食品认证。

3. 产品认证、评判依据

澳大利亚开展产品认证工作的依据是法令/法规或认证规则。评判依据是法令/法规引用的产品安全标准或相关的产品性能标准。如：农副产品必须符合澳大利亚进口食品控制法令/法规、澳大利亚检疫法令/法规、各州的健康和食品法令/法规的要求，以及这些法令/法规引用的相关标准（澳大利亚食品标准法典、澳大利亚食品微生物检验标准、澳大利亚食品微生物试验方法标准、澳大利亚农业质量有机标准等）的要求。

4. 标志

列入强制性认证范围的产品要进入澳大利亚市场，除了要符合澳大利亚联邦政府、各州/地区政府制定的相关法令/法规以及这些法令/法规引用的相关标准外，还要标上相应的认证标志。

没有列入强制性认证范围的产品，只要符合相关的澳大利亚国家标准或专业标准就可以进入澳大利亚市场。但是，为了增加其产品的市场竞争能力，制造商可主动申请对其产品认证。

五、进出口安全检验检疫措施体系

（一）进口食品安全管理

《进口食品控制法》（1992）规定，FSANZ 负责制定进口食品的政策，具体执行由澳大利亚检验检疫局（AQIS）负责。具体而言，FSANZ 负责制定风险评估和风险分类政策、实施风险评估、确定潜在的危害、评估危害发生的可能性以及向 AQIS 推荐适当的管理措施。AQIS 负责发展和维持执行体系和程序，与澳大利亚海关进行联络，保证进口食品符合 FSC 的要求，与 FSANZ 共同制定和实施抽样计划，以及决定不合格食品的处理办法。

澳大利亚对进口食品按其危险程度分三类进行检验。分类标准由澳大利亚-新西兰食品局制定，具体分为风险食品类、主动监督类和随机监督类。AQIS 依据食品的风险性质对进口食品进行监控，重点为食品安全和标签的正确。当发现标签存在问题时，会对食品进行额外检查。

1. 风险类食品（Risk Categorised Food）

指含有高或中等潜在污染或其他食品安全缺陷风险、且从消费者安全角度来看发生频度可能无法接受的食品。一个新的海外生产商首次进口时，实施全部检验。如该种进口食品连续 5 次检验合格时，以后每 4 批随机抽检 1 批，如检验不合格，则重新改为实施全部检验；若连续通过 20 次检验，同时进口保持稳定，则改为每 20 批随机抽检 1 批，如检验不合格，则改为实施每 4 批随机抽检 1 批，如检验仍不合格，则改为实施全部检验。

目前风险类食品有两种风险等级：高风险及中等风险。

属于风险类别的食品有：

（1）罐装番茄和装在焊接的铁皮罐子里的番茄制品。

（2）桂圆肉。

（3）煮熟的甲壳纲类动物。

（4）煮熟的鸡肉或鸡肉制品。

（5）椰子干。

（6）鱼。

（7）调味酱。

(8) 不需加工就可食用的软体动物。

(9) 罐装蘑菇。

(10) 红辣椒。

(11) 干果。

(12) 胡椒。

(13) 煮熟的猪肉及猪肉制品。

2. 主动监督类食品 (Active Surveillance Category)

属于这一类的食品虽然被视为有潜在危险性，但缺乏进一步的信息以确认是否存在危害，一般维持至少6个月，然后对资料进行审核，以确定该种食品是否转划为风险类别或随机监督类别。

该类别的每个进口国的食品，随机抽检10%批次。该类食品经过检查和提取样品后即可放行。

主动监督类食品包括：

(1) 浆果类水果 (检验农药残留)。

(2) 糖果类食品 (检验铅)。

(3) 瓜儿豆橡皮糖 (检验沙门氏菌)。

(4) 加工过的水果 (检验人工合成甜味剂)。

(5) 车前草 (检验农药残留和铅)。

(6) 不属于风险类别的可直接食用的水产品和含有该类水产品的制品 (检验大肠杆菌群和标准平板法测定总菌数)。

3. 随机监督类食品 (Random Surveillance Category)

所有其他的进口食品都被划分在这一类别。该类别的所有进口食品，随机抽检5%批次，受到检验的频率最小。

AQIS主要对食品标签进行审查和安全项目进行目视检验，具体的要求在AQIS的官网中的Review of the Imported Food Control Act 1992中发布。

对于抽检不合格的进口食品，食品所有人可以做出改进、降级 (如作为动物饲料或肥料)、转口或销毁。做出改进前，澳大利亚检验检疫局对该食品发出裁决令 (Holding Order)，并对裁决令涉及的进口食品进行100%的检验。中国是收到裁决令最多的国家之一，裁决令所涉及的产品包括海藻、海贝、干鱼片、春卷、干蔬菜、果子冻、梅子饼、奶油苹果干、蜜饯桃和汤料等。

具体商品的检疫要求可登陆AQIS的进口条件数据库 (ICON) 进行查询。

更多的AQIS对于进口食品的监管可登陆AQIS官网FOOD部分进行查询。

4. 未通过检验的进口食品处理

进口食品没有通过检验，有以下几种处理办法：

(1) 在合适和条件允许情况下，对食品加以进一步的处理使其符合标准，如重新贴标签。

(2) 将食品送出境外。

(3) 将食品降级，供非人类使用。

(4) 将食品销毁。

食品货物在没有得到检疫局批准前，不得移动或进行处理。

尽管法律允许对未通过检验的食品进行处理使其变得符合标准，但是法律还规定，任何处理都不能使未通过的检疫食品与其他食品相混淆。

进口商在其货物没有通过检疫时将会收到一份“进口食品检疫通知”，说明没有通过的理由。进口商必须填写一份“未通过食品对策申请”交检疫局。如果采取进一步的补救措施，进口商需要将具体做法在申请中写清楚以便检疫局考虑。如果仅仅是简单的标签不合格，进口商无需列出如何改正的具体步骤，只需将进行进一步处理的场所告知检疫局并得到批准后，就可以进行处理。

如果进口商选择把食品送出境外，一般情况下会退回到供应商那里。进口商还可以把货物出口到第三国。但进口商必须得到第三国的书面许可，证明在知道该批食品由于何种原因未被批准进入澳大利亚的情况下，仍旧同意该批食品进入该国。检疫局只有收到上述许可后才能将货物放行。

把不合格的食品降级处理（包括用来做牲畜的饲料或是肥料）或销毁时，检疫局会通知当地的卫生组织，由他们来下令让进口商或分销商收回所有的产品降级处理或加以销毁。

如果检验结果表明食品不符合标准，检验局将告知进口商可选择的做法。进口商必须以书面形式作出其选择申请并交给当地的检疫局机构。必要时，这一申请将会送到中央办公室。手续办妥后，进口商要在检疫局的监督下把货物进行处理、再出口、销毁或进一步检查。

经过进一步处理的食品必须再次接受检查，样本提取数量也要高些。

5. 质量控制体系

澳大利亚检验检疫署（AQIS）正在建立有关水产品、乳制品和蛋制品的新的检验体系，称为FHCS（Food Hazard Control System）。FHCS 体系的设计把官方检验资源集中在食品生产中可能发生的危害上，而不是集中在终成品的评价上。在 FHCS 体系下，食品工厂对各种生产的食品都要有书面HACCP 计划。一旦计划经 AQIS 批准，该计划就构成了 AQIS 官员实施检验的基础。只要计划持续运作良好，工厂就可自由地出口产品，无须再作强制性的终成品检验。AQIS 检验的频度将因食品风险的类别和工厂运作的历史而异。

（二）食品召回

食品召回由澳大利亚-新西兰食品标准局主导进行。主要依据《贸易实践法》以及相应产品的法律法规及强制标准的相关规定。

澳大利亚依据产品的销售渠道和销售范围来确定产品召回的级别，目前其分级只有贸易召回（Trade Recall）和消费者召回（Consumer Recall）2 个级别。这种分类方法依据简单明了，易于快速采取措施。

召回分为以下几个程序：

（1）产品缺陷的报告或投诉。

（2）建立召回委员会。

（3）危害/风险评估。

（4）召回中责任人应通知的人及通知的方式。

（5）召回产品的处置。

（6）公布召回报告。

第五节　日　　本

日本是广东农食产品出口额第 4 位的国家，约占 10%。日本被认为是全球食品安全监管最严厉的国家之一。

一、监管机构概况

日本食品安全管理的政府部门，主要由 3 个隶属于中央政府的政府机构组成：食品安全委员会、厚生劳动省和农林水产省。其中，厚生劳动省和农林水产省是进行食品安全管理的主体，按照生产、加工、流通等不同环节分别确定各自职责，在食品安全委员会的协调下，共同负责日本的食品质量安全管理工作，管辖的对象包括食品的生产者、加工者、销售者和消费者。在管理的侧重点上，厚生劳动省主要管理食品安全，管辖的领域主要是食品供应链的下游区域，即食品的加工、流通、消费阶段的安全卫生管理；而农林水产省更多的是管理食品品质，管辖的领域主要是食品供应链的上游区域，即农食产品生产阶段和农食产品批发过程的品质管理。例如，肉用牲畜的饲养和屠宰由农林水产省管理，而经屠宰场处理后的畜肉由厚生劳动省管理。由于食品安全与食品品质之间的本质必然联系及食品供应链上各个环节之间的相互制约，两个政府部门在管理工作的许多方面存在协作、交流和沟通。

（一）食品安全委员会

为了进一步加大食品安全管理的力度，2003 年 7 月 1 日，日本根据《食品安全基本法》在内阁中设立了食品安全委员会。食品安全委员会的职能主要包括：①进行食品安全风险评估；②为食品安全法规、标准的制定和政策的实施提供咨询、调查和审议；③监督食品安全政策的执行情况；④协调厚生劳动省和农林水产省在食品安全管理方面的关系。

各级政府部门积极配合和协助食品安全委员会的工作。食品安全委员会可以根据实际需要，委托政府下属的研究所和检验机构、第三方独立研究和检验机构、各种民间团体和企业甚至个人开展调查研究。

食品安全委员会成员 7 人，由内阁总理大臣任命，其中 3 人为常务委员。委员任期 3 年，可以连任，任职期间不允许从事其他与经济利益有关的活动、不允许在政治团体中任职。食品安全委员会可以根据需要，在对食品安全的具体事务进行调查和审议时成立专门委员会。

食品安全委员会在机构设置上是内阁的一个办公室，直接向首相负责并报告，独立履行风险评估职能，并向风险管理者提出有科学依据的建议，是对食品安全进行风险评估和风险沟通的部门。

（二）厚生劳动省

厚生劳动省医药食品局中的食品安全部负责食品卫生安全管理。食品安全部下设基准审查课、企划情报课和监视安全课 3 个部门。其中，基准审查课负责制定有关食品、食品添加剂等的各种标准；其他两个部门则通过地方政府和地方检验机构，对食品生产和贸易过程中与食品卫生安全有关的事务进行管理、监督和指导。

食品安全部主要职责是：①加工和流通环节食品质量安全的监督管理；②组织制定食品中农业化学品残留标准和加工食品卫生安全标准；③对进口食品的安全检查和管理；④国内食品加工企业的经营许可；⑤食物中毒事件的调查处理；⑥流通环节的养殖业食品经营许可；⑦依据《食品卫生法》进行监督执法以及向有关机构和社会提供与发布食品安全管理信息等。

厚生劳动省是对食品安全进行风险管理的政府部门。厚生劳动省通过其分布在全国的 31 个检疫所、7 个地方厚生局以及与 47 个都道府县、分布在 80 个不同地区的 576 家保健所合作，对日本境内生产或销售的食品进行安全风险管理。

（三）农林水产省

农林水产省也是进行食品安全风险管理的政府部门。农林水产省中与食品安全有关的部门主要是消费安全局，成立于 2003 年，通过加强食品生产过程的风险管理达到强化农产品和食品的质量与安全目的。消费安全局的主要职能是：①国内生鲜农食产品生产环节的质量安全管理；②农药、兽药、化肥、饲料等农业投入品生产、销售与使用环节的监督管理；③进口农食产品动植物检疫；④国产和进口粮食的安全性检查；⑤国内农食产品品质、认证和标志的监督管理；⑥食品生产、加工过程中 HACCP 体系的应用推广；⑦流通环节中批发市场、屠宰场的设施建设；⑧包括消费者反映在内的农食产品质量安全信息的收集和沟通等。近年来，农林水产省在对食用的农、林、牧、渔产品的生产进行全面管理的同时，大力推行农林产品标准化和标志制度，即通常所谓的农食产品“身份证”制度。

（四）其他机构

日本参与食品安全管理的组织和机构，除政府部门外，还包括政府认可的非官方机构，如与厚生劳动省密切联系并建立食品安全相关数据库的日本食品化学研究振兴财团；独立的第三方研究和检验机构；认证机构；相关行业商协会等。

二、法规体系概况

日本的食品安全法规体系主要分为4个层次，依次为：法律（法）、政令（施行令）、省令（施行规则）、省发出的告示等，相当于中国法律法规体系中的法律（法）、法规（条例）、部门规章（实施规则）和规范性文件（办法）。

日本食品安全监管体系，所运用的法律法规种类繁多。其中最主要的是《食品安全基本法》和《食品卫生法》，此外还有《健康增进法》、《农林产品标准化和正确标志法》、《食品制造过程管理高度化临时措施法》、《粮食、农业、农村基本法》等十多部法律法规。这些法律法规绝大多数都出台了配套的施行令和施行规则，根据法律规定的管辖范围，主要分别由厚生劳动省和农林水产省制定与实施，运用于食品安全不同领域的管理中。如厚生劳动省依据相关法规制定了《日本以外使用的农业化学品最大残留限量设立和修订申请指南》、《重组DNA技术用于食品及食品添加剂的安全性审查手续》等规定，农林水产省依据相关法规制定了《农林水产省食品安全紧急应对基本方针》、《制造加工/流通销售阶段食品安全紧急应对实施方针》等规定。也有一些法律法规和规定同时适用于两个政府部门，如《食品制造过程管理高度化临时措施法》及其施行令和施行规则、《农林水产省和厚生劳动省关于食品安全风险管理的标准操作手册》等同时适用于厚生劳动省和农林水产省。

在上述与食品安全监管体系密切相关的法律法规中，有部分并非直接对食品安全作出规定，而是间接对日本食品安全监管体系产生影响，如与动植物卫生有关的《家畜传染病预防法》、《植物检疫法》、《牧场法》、《牛海绵状脑病对策特别措施法》，与农业化学品使用有关的《肥料管理法》、《药事法》、《农业化学品管理法》、《农业化学品和饲料安全保障与质量改进法》，与水资源有关的《水道法》等。

三、法规体系特点

（一）实施“从农场到餐桌”的食品安全全程管理和溯源制度

根据现行《食品卫生法》，食品安全卫生方面的行政管理工作主要由厚生劳动省组织、开展。对于国内流通的食品（包括国产食品和经过进口检验后进入日本市场的进口食品），厚生劳动省与地方政府相互合作，共同实施食品安全各项管理措施。农林水产省下属的消费技术服务中心，在全国47个都道府县设有7个分中心，负责全国农产品质量安全调查分析、受理消费者投诉、办理JAS认证及认证产品监督管理，并与地方农业服务机构保持紧密联系、收集有关信息并对其提供监督指导。

因此，从机构设置上，日本已经建立了多层次的、完善的食品安全监督管理网络，对食品生产和流通的全过程进行严密的监督管理。

与此同时，日本近年来在食品行业大力推广HACCP管理体系，并在《食品卫生法》中作出了相关法规规定，同时，《食品制造过程管理高度化临时措施法》鼓励在食品制造过程中应用高新技术，防止卫生危害的发生，确保食品的品质，促进管理的先进化，并规定对应用HACCP体系进行生产管理的企业，政府给予长期低息贷款和税收的优惠。

推广HACCP管理体系以前，食品的卫生管理往往只停留在食品安全管理机关对产品的卫生质量检验监管上。采用HACCP管理体系后，日本在食品生产经营中引进了一种促进经营企业进行自主卫生管理以确保食品安全的机制。在HACCP管理体系下，食品生产经营企业必须设立食品卫生管理员，对生产经营设施、设备、人员、流程等食品生产经营各个环节中的卫生状况进行监督管理，向企业报告工作情况并提出意见和建议，从而强调了企业在食品安全卫生管理中的主动性和责任。

（二）苛刻的"肯定列表制度"农药残留管理规定

日本实施"肯定列表制度"的法律依据是《食品卫生法》（2003 年修订案）中第 11 条第 3 款。该条款可以简要表述为：对于已建立最高残留限量标准的化学物质，其在食品中的含量不得超过最高残留限量标准；对于未制定限量标准的农业化学品，其含量不得超过厚生劳动省确定的"一律标准"，但经厚生劳动省确定的豁免物质不受此限制。

日本对农业化学品的定义，在 1948 年公布的《农药管理法》中规定为所有在农业中使用的化学品，即广义的农业化学品。"肯定列表制度"中涉及的化学物质，从用途上可以分为农药、兽药及饲料添加剂。因此，"肯定列表制度"所指的农业化学品，不但包括中国通常认为的农药，而且包括畜牧业和渔业中使用的各种化学物质，如抗生素、激素等作为兽药和饲料添加剂使用的化学物质。

"一律标准"是"肯定列表制度"的本质和核心内容，从根本上改变了日本对食品中农业化学品残留的管理规定，管辖的农业化学品品种和食品种类范围从有限扩展到无限，弥补了食品中农业化学品残留管理的空白点，健全了管理体制，为日本对食品中农业化学品残留限量的管理构建了完备的体系框架。日本虽然不是首创设立"一律标准"的国家，但是却是世界上第一个实际采用 0.01mg/kg"一律标准"进行食品中农业化学品残留管理的国家。考虑到"一律标准"所覆盖的农业化学品范围和食品种类，日本可被认为是现今世界上对食品中农业化学品残留管理最苛刻的国家。

（三）频繁修改食品质量标签要求

日本对于食品质量标签要求修改非常频繁。如在 2008 年，日本农林水产省先后宣布对鱼片、火腿、香肠、醋、调味料、脱水汤料、挂面、方便面、糙米和精米、酱油、番茄、咸肉等约 20 种食品的标签标准进行修改，除了修正定义外，还提高了上述产品的配料清单标示要求。

四、技术性贸易措施体系

日本有名目繁多的技术法规、标准和合格评定程序，这一方面促进了企业提高产品质量，保护了消费者的利益；另一方面阻止了外国商品的进口。当外国产品进入日本市场时，不仅要求符合国际标准，还要求符合较为苛刻的日本标准。

（一）技术法规

1. 一般商品的管理法规

（1）关于食品添加剂的技术法规。2011 年 7 月，日本发布食品添加剂使用新标准，并更新指定的食品添加剂名单，内容如下：

①Food safety information–food additives（即食品添加剂法规介绍）。

②Standards for use–2011.7.19 （即食品添加剂使用标准）。

③List of designated additives（2011.7.21） （即指定的食品添加剂）。

④List of existing food additives（2010.5.9） （即既存的食品添加剂）。

⑤List of food additives generally provided for eating or drinking as foods and which are used as food additives（2006.12.5） （即通常作为食品也可作为食品添加剂的物质）。

⑥List of plant or animal sources of natural flavorings（2006.12.5） （即天然调味剂原料）。

日本的食品添加剂可分为指定的食品添加剂、现存的食品添加剂、天然调味剂原料和通常作为食品也可作为食品添加剂的物质。

1947 年，日本食品卫生法对添加剂实施主动列表制度，即只允许在食品中使用日本厚生省指定的认为安全的食品添加剂。在 1995 年之前，主动列表系统仅适用于化学合成的添加剂。1995 年，日本对食品卫生法进行修订，使该系统涵盖除个别豁免外的所有合成及非合成添加剂。指定的食品添加剂可分为有使用标准的食品添加剂及无使用标准的食品添加剂两类。

不受主动列表系统约束的食品添加剂包括以下几类：

①现存的食品添加剂。1995年法规修订之前，已经在市场上销售或使用的不受主动列表系统约束的食品添加剂，均为非化学合成添加剂。1996年4月16日，日本厚生劳动省公布了现存食品添加剂清单。

②天然调味剂原料，不受主动列表系统约束。

③通常作为食品也可作为食品添加剂的物质。

日本食品添加剂使用标准 Standards for Use, According to Use Categories（2011.7.19）涵盖了绝大部分指定的化学添加剂及一些现存添加剂。我们将食品添加剂使用标准做成了数据库，挂接在中国技术性贸易措施网站（www.tbt-sps.gov.cn）上，进入“食品添加剂限量查询”模块即可查询。“指定的食品添加剂”，“现存的食品添加剂”，“天然调味剂原料”和“通常作为食品也可作为食品添加剂的物质”，点击进入相应模块即可查看。

（2）日本肯定列表。肯定列表制度是日本对食品（包括可食用农产品）中农业化学品（包括农药、兽药和饲料添加剂）残留管理而制定的一项新制度要求。该制度已于2006年5月29日执行。

日本“肯定列表制度”涉及对所有农业化学品的管理，在该制度下，对所有农业化学品制定了限量标准，包括暂定最大残留限量标准（以下简称“暂定标准”）和一律限量标准（以下简称“一律标准”）。此外，还制定了“豁免物质”清单。

日本“肯定列表制度”涉及的农业化学品残留限量包括5个类型：

①暂定标准。暂定最大残留量标准，即对当前通用农药、兽药和饲料添加剂都设定新的残留限量标准，并根据参考资料及新毒理学资料的变化情况，每5年复审1次。暂定标准制定的依据，分别有CAC制定的国际食品法典标准（Codex Standard）（占总标准数的6%）、原日本制定的标准（占总标准数的37%）以及美国、欧盟、加拿大等制定的标准（占总标准数的39%）等。暂定标准已有51 000多条，涉及农产品食品264种（类），农业化学品734种，包括498种农药、182种兽药、34种兼做农药和兽药、16种兼做兽药和饲料添加剂、1种兼做农药和饲料添加剂、3种饲料添加剂。

②沿用原限量标准。这一部分是指日本在“肯定列表制度”中未制定新的临时限量标准，仍然采用已有的限量标准，这些标准将和临时限量标准一起在肯定列表中使用。沿用原限量标准而未重新制定暂定限量标准，共涉及农业化学品63种，农产品食品175种，残留限量标准2 470条。

③一律标准。是对未涵盖在上述标准中的所有其他农业化学品或其他农产品制定的一个统一限量标准，即0.01mg/kg。

一律限量标准是日本政府确定的对身体健康不会产生负面影响的限值。一律限量标准以5μg/（人·日）的毒理学阈值作为计算基准，确定的限量值为0.01mg/kg。该标准制定的理论依据是，即使食品中含有该种物质，但只要低于规定的限量，一般不会对人体造成伤害。它将应用于含有肯定列表制度中未制定最大残留限量标准的农业化学品。

④豁免物质。豁免物质是指那些在一定量水平下不会对人体健康造成不利影响的农业化学品，包括那些来源于母体化合物但发生了化学变化所产生的化合物。豁免物质制定的依据为科学的风险评估，认为这种物质在食物中的存在是安全的。豁免物质包括三类物质：根据《食品安全基本法》第11款规定不需要对可摄入量进行风险评估的化学品；《农药取缔法》指定的农业化学品；除上述情况外，其他不会对人体健康造成不利影响的物质。豁免物质共68种，包括杀虫剂和兽药13种、食品添加剂50种和其他物质5种。

⑤不得检出物质。有15种农业化学品不得在任何食品中检出，有8种农业化学品在部分食品中不得检出，涉及84种食品和166个限量标准。规定不得检出的原因是其致癌性，或不能确定平

均每日最高允许摄入量（ADI 值）。“不得检出”的检测方法和检测限量水平（LOD）在官方公报上公布。

(3) 关于微生物的技术法规。日本关于食品中微生物限量的规定有：食品卫生关系法（中央法规）、食品卫生 514 号第 43 卷第10 号（食品卫生协会）。

(4) 关于食品标签的技术法规。日本对食品标签的法规标准主要有《食品卫生法》、《健康增进法》、《农林产品的标准化和正确标签法（JAS 法）》、《食品表示法》、《计量法》、《原子力政策大纲》。具体详细的条例、标准有：《食品卫生实施条例》、《健康增进法实施条例》、《营养标示基准》、《水果饮料质量表示基准》、《碳酸饮料质量表示基准》、《豆乳类食品质量表示基准》等。

日本食品标签的通用要求和其他国家一样，包括食品名称、配料表、净含量、生产厂商的名称、地址、使用方法或贮藏指南，特殊的要求有营养标签、致敏原标志、转基因成分标志等，某些特殊食品的标志也有具体要求，如矿泉水类、冷冻果汁饮料、肉食干制品、非加热肉食制品、特定加热肉食制品、加热肉食制品、经冻结的生产或加工食品、冻结的切片或剥离的鲜鱼贝类、除听装罐头或瓶装罐头外填充入包装容器加压加热杀菌处理的食品、经油脂处理过的方便面等。

除了上述强制性标签外，日本法规还允许食品上的某些推荐性标签的存在，如获得 JAS 认证的食品标签等。

(5) 关于食品接触材料的技术法规。日本的食品容器、包装材料与食品添加剂分开管理。日本食品卫生法规定，禁止生产、销售、使用可能含有有害人体健康物质的食品容器、包装材料。日本厚生劳动省可以根据需要制定食品容器、包装材料的标准与卫生要求，一旦颁布了相应标准，则禁止不符合标准的材料生产和销售。日本厚生劳动省颁布的标准分为 3 类：

①一般标准。规定了所有食品容器和包装材料中重金属，特别是铅的含量要求。如规定马口铁中的铅含量不得超过 5%，其他金属容器不得超过 10%。该类标准还规定，包装材料使用合成色素必须经过厚生劳动省的批准。

②类别标准。建立了金属罐、玻璃、陶瓷、橡胶等类物质的类别标准。此外，还制定了 13 类聚合物的标准，包括 PVC、PE、PP、PS、PVDC、PET、PMMA、PC、PVOH 等。

③专门用途标准。对于具有特定用途的材料制定的标准，如巴氏杀菌牛奶采用的包装、街头食品用包装等。

(6) 环境保护和动物福利要求。日本 1973 年制定了《保护动物法》，1986 年颁布了《关于鸟兽保护和狩猎法》。另外，相关协定还有 1972 年美国和日本的《候鸟、濒危灭绝鸟及生境保护公约》，1973 年前苏联和日本的《苏日候鸟及受灭绝威胁鸟保护与保护方法公约》，1974 年澳大利亚和日本的《澳日候鸟、濒临灭绝鸟及生境保护协议》，1983 年中国和日本的《中日候鸟及其生境保护协定》等。

2. 具体食品技术法规

(1) 水产品进口要求。日本对水产品进行监管所依据的法律法规为《食品卫生法》（Food Sanitation Law）、《检疫法》（Quarantine Law）、《关于农林物资的规格化及品质表示的正确化法律》、JAS 法（The Law Concerning Standardization and Proper Labeling of Agriculture and Forestry Products）和《华盛顿条约》（Washington Convention）。

①《食品卫生法》对水产品的相关规定。《食品卫生法》对水产品的进口程序、检验检疫程序、水产品的成分标准、水产品中农药以及添加剂的标准和规范、水产品标签要求进行了详细规定。

关于水产品的农药和添加剂的标准与规范、水产品标签要求，具体可参见法规中的水产品中添加剂限量标准、水产品农药限量标准、水产品标签要求等。

②《检疫法》对水产品的相关规定。《检疫法》主要是针对进口产品是否会带有传染疾病原，其主要目的是防止将包括霍乱和黄热病在内的传染疾病通过进口产品带入到日本国内。日本对进口

水产品没有指定的禁止国家或地区。但是对于霍乱发生频率较高或其他传染病疑似率较高的国家或地区，要按照《检疫法》对进口水产品进行检验检疫。

③JAS法对水产品的相关规定。JAS法规定了水产品的质量标签以及自愿性加贴JAS标记。进口水产品在通关后可由JAS注册认证组织加贴JAS标签。JAS标记由生产商或进口商自愿认证，非强制性。关于水产品的质量标签以及加贴JAS标记的相关规定，具体可参见法规中的水产品质量标签标准、水产品认证要求。

④《华盛顿条约》对水产品的相关规定。《华盛顿条约》也称《濒危野生动植物种国际贸易公约》，以保护野生动植物为目的。日本关于《华盛顿条约》中规定的水产品的进口，必须按照《华盛顿条约》的规定进行。

（2）蔬菜、水果。日本对进口蔬菜水果的要求在《食品卫生法》中有相关规定，并且对进口的蔬菜水果还须按照《植物保护法》在入境口岸接受检查之后，蔬菜水果的进口安排须依照《食品卫生法》办理。进口的蔬菜水果必须附有原产地主管机构签发的《品质及状况证明书》。进口商须凭此证明书，向农林水产省设于入境口岸的植物保护站申请"植物进口检验申请书"。《日本农业标准法》主要规定了蔬菜和水果产品必须附贴标签，注明产品名称、产品类别、产地来源、生产商名称、进口商的运输公司、产品的分量体积、大小或等级。

①对进口蔬菜水果的检验检疫程序。经过检疫所检验之后的蔬菜水果，应将"食品进口通知单"的两个副本提交给厚生劳动省检疫站主管食品检验的部门。依据《食品卫生法》，在检疫站审查和检验后，若没有发现问题，将在通知单上加盖"通知"字样，并将一份副本返回给出口商，注明农药残留标准是针对水果和蔬菜提出的。根据《食品卫生法》和其他关于农药残留标准的相关法律，首次进口的加工产品的进口商须提交说明详细成分和加工工艺流程的参考资料，可能受黄曲霉素污染的坚果须进行黄曲霉素检验，用于果汁饮料保存、着色以及加甜的食品添加剂必须符合《食品卫生法》的要求。根据《食品卫生法》的规定，对新鲜水果蔬菜进行卫生检验时，主要检查食品添加剂（抗真菌剂、包衣剂、着色剂等）和农药残留。对于每一种水果蔬菜，都规定了允许使用的化学药物和农药残留的标准。

②对进口蔬菜、水果的卫生安全检疫要求。依据《植物保护法》要求，进口蔬菜和水果须进行检疫。但用糖、亚硫酸、醋酸、酒精等浸泡的脱水水果及鲜水果（包括杏、无花果、柿子、杨桃、李子、梨、枣、海枣、菠萝、香蕉、番木瓜、葡萄、芒果、桃和龙眼），不需为防止植物传染病的目的进行检疫。

进口蔬菜和水果时，进口商应附上如"植物进口检验申请"的相关文件向植物检疫站申请检验，并附带由出口国植物传染病防治机构签发的植物传染病防治证书。检验中一经发现带有害虫或被害虫损坏时，须进行熏蒸和消毒处理，熏蒸必须由特定机构在进口码头特定的熏蒸仓内执行，以防止传染病扩散，处理费用由进口商自行承担。

（3）功能食品。在日本的分类中，"功能食品"一词实际上是"为特殊健康需要而设计的食品"（Foods for Specified Health Use）的简称，一般写作"FOSHU"。FOSHU制度是独一无二的，它只管理特殊食品的健康声明。经认证的产品可以在产品标签上表述健康声明。

（4）豆瓣酱。2011年6月，日本发布G/TBT/N/JPN/359号通报：修订大豆豆瓣酱的质量标签标准。为了向消费者提供更多的大豆豆瓣酱相关信息以供其选择，日本消费者厅要求在标签中标明大豆豆瓣酱中含有的调味料。

（二）技术标准

日本国家标准分为工业标准（JIS）和农林标准（JAS），其中与食品安全相关的主要为JAS。

日本的农林标准JAS是由具有消费、流通、生产经验的各界代表组成的调查会来制定的。在通过JAS认定的企业里，用JAS规格制定的标准对企业实施管理，以确保产品品质的可靠性。生产出来的产品在进行抽样检测后获得 JAS 标记。取得 JAS 标记的产品，通过登记定级机关的核查，确实符合 JAS 规格后方可陈列其产品。对于不合格的产品，将取消其 JAS 标记资格。

农林水产消费技术中心进行 JAS 的后续管理业务，对上市销售产品进行调查和登记定级，判定取得 JAS 标记的产品是否真正符合 JAS 规格。同时，还要对认定企业的品质管理状况、登记定级机关和企业的定级业务进行调查。以往的 JAS 制度只针对加工食品、林产品等的规格保证一定的质量，而对采用其他特殊生产方法和具有特色原料生产出来的产品却无明确规定。为了对消费者和生产厂家负责，1996 年 12 月制定了第一个特定 JAS 规格，1999 年 6 月又对“本地鸡肉”制定了特定 JAS 规格标准。此后，JAS 标准体系也在不断调整和扩充。

另外，日本众多的行业协会也制定行业标准。

（三）合格评定程序

日本不仅通过标准，而且通过认证制度和产品的合格检验等对进口商品设置重重障碍。利用复杂的进口手续、苛刻的检验，对进口商品设置壁垒，对某些产品，日本进口商在进口前，不仅对国内生产、消费、需求等进行动态调查，并由其商品流通业界做出定性定量分析，确定其具有对比性、代表性、适用性、流通性，还要对产品进行质量认证，或对其生产工艺和生产方法进行合格评定等，以确保日本市场的实际效益。

日本质量认证管理体制是由政府部门管理质量认证工作，各部门分别对其管辖的某些产品实行质量认证制度，并使用各自设计和发布的认证标志。日本通产省管理认证产品占全国认证产品总数的90%左右，其实行强制性和自愿性两类产品认证制度。强制性认证制度以法律的形式颁布执行，主要指商品在品质、形状、尺寸和检验方法上均须满足其特定的标准，否则就不能在日本制造与销售，其认证产品主要有消费品、电器产品、液化石油器具和煤气用具等。自愿性认证制度使用 JIS 标志，有两种标志图案：一种是用于产品的 JIS 标志，表示该产品符合日本有关的产品标准；另一种是用于加工技术的 JIS 标志，表示该产品所用的加工方法符合日本工业标准的要求。

日本没有制定食品必须经过认证认可才可以上市的制度。在日本不存在通常意义上的食品合格评定程序。

五、进出口安全检验检疫措施体系

在日本确定食品是否合格的基本程序有两种，一为监控检查，二为命令检查。在日本，只要是经过卫生许可企业生产的食品允许先上市，最终通过监控检查和命令检查把握食品安全。监控检查对食品的抽检率为 10%。如果监控检查发现违反食品卫生法事例，则监控检查的频率将提高至 30%。检测费用由国家承担。如再次发现违规事例，则产品进入命令检查程序，接受批批检测，检测费用由企业承担。

对于进口食品也是如此。进口食品经过抽检合格后日本就允许入境。上市后如发现违规则由都、道、府、县负责召回或废弃处理。如产品在被提高至 30%的频率后被发现再次违规，产品即接受命令检查，进行批批检测，检查结果出来前产品不得通关。如果在命令检查期内多次违规，那么就有可能被启动禁止进口程序。

关于产品检验方面，日本规定对不同时间进口的同种商品，每一次都要有一个检验过程。而对本国同类商品，只需一次性对生产厂家做检验就可以了，这是明显的歧视性待遇。日本从 1991 年起，开始对进口水产品实施外国厂商注册制度。日本政府规定，进口商在进口水产品时，必须事先将进口的水产品品名和数量报告给厚生劳动省，然后由政府的检验机构或厚生劳动省授权指定的 57 个实验室之一检验合格后方能通关。检测项目共计近 30 个，通关手续也较繁琐。

第六节 欧 盟

欧盟是广东农食产品出口额第五大地区，约占4%。该地区的食品安全监管被认为是全球最严格的地区之一。

一、监管机构概况

（一）健康与消费者保护总司

食品法规的立法工作由欧盟委员会负责，其具体的颁布、监管机构为欧盟委员会下属的健康与消费者保护总司（Health and Consumer Protection Directorate-General，DG SANCO）。

DG SANCO 下属负责食品安全监管的部门为食品与兽医办公室（The Food and Veterinary Office，FVO）。FVO 负责监督欧盟成员国对欧盟兽医、植物检疫以及食品卫生相关法规的执行情况，从而增强欧盟消费者对食品安全的信任。FVO 负责审核、控制和监管整个食品链中对食品安全和食品卫生相关的遵守情况，并将结果公之于众。

FVO 按照独立透明的原则执行其监督职责，具体的监管内容有：监管成员国对动物源性食品的监测体系，监管在食品中使用的化学品，监管进口食品；对蔬菜及其制品的监管，尤其是对水果和蔬菜、有机水果和蔬菜，包括进口水果和蔬菜中农药残留的监管；对动物健康的监管；对植物卫生的监管，包括植物中有害组织、转基因组织、农药以及有机农业的监管。

（二）食品安全局

根据欧盟食品白皮书 [Regulation （EC） No. 178/2002] 成立的欧盟食品安全局（The European Food Safety Authority，EFSA）是一个独立于欧盟委员会的机构，负责统一管理欧盟内所有与食品安全有关的事务，负责与消费者就食品安全问题直接对话和建立成员国间食品卫生和科研机构的合作网络。EFSA 下设管理委员会、行政主任、咨询论坛、科学委员会和 8 个专门科学小组。该机构依据独立性、科学性和透明性原则履行其职责，具体包括科学建议的准备和法规的制定、信息的收集及分析，加强共同体的决策系统和对食品安全问题的监视与监控以及在各利益方进行成果交流。其中，专家委员会可直接就食品安全问题对欧盟委员会提出决策性意见。

二、法规体系概况

欧盟法律是一个独立的体系，它的地位高居成员国国内法律之上。欧盟法律除了国家条约等基本法外，还有辅助性法律，包括有约束力的指令（Directive）、法规（Regulation）和决议（Decision），以及无约束力的建议（Recommendation）和意见（Opinion）。食品相关法律通常以指令、法规或决议的形式发布。欧盟食品法律的修正通常以新的、独立的指令和法规形式进行更新，其法律文本在欧盟官方公报（Official Journal of European Communities）上公布。欧盟法规体系包括以下几种形式：

①法规（Regulations）。《欧洲共同体条约》第 189 条第 2 款规定，法规具有普遍适用、统一的约束力，并在所有成员国直接适用。法规具有基础条约的实施细则的性质。法规相当于议会通过的法令，公布生效后各成员国必须执行。能够自动并完整地在所有成员国内按照设定日期生效，不需要转化为国内法。

②指令（Directives）。详细说明了必须实现的效果，是对成员国要达到的目的具有约束力的欧洲经济共同体法律。同时也给予各成员国把指令转变成国内法的形式和实施指令的具体方式方法的选择权。一般给成员国一定的时间执行（通常给予 2~3 年的过渡期），使其变成本国法律。

③决议（Decisions）。决议是有明确针对对象的、有约束力的法律文件。一经颁布，各成员国也必须遵照执行，没有选择变通的余地。它与法规有类似的效力，但是适用的范围不同。条例具有普遍性，对所有成员国具有约束力，决议仅指向个别、具体、确定的问题。

④建议和意见（Recommendations and Opinions）。建议和意见不具有约束力，但一经发布，对有关国家以及社会舆论都有一定的影响力。

欧盟主要的食品法规体系有：

（一）食品安全白皮书

2000年，欧盟委员会发表《食品安全白皮书》，为欧盟改进食品安全立法和管理、恢复公众信心提供了路线图（Road Map）。

欧盟食品安全白皮书包括执行摘要和9章的内容，用116项条款对食品安全问题进行了详细阐述，制定了一套连贯和透明的法规，提高了欧盟食品安全科学咨询体系的能力。白皮书提出了一项根本改革，就是食品法以控制“从农田到餐桌”全过程为基础，包括普通动物饲养、动物健康与保健、污染物和农药残留、新型食品、添加剂、香精、包装、辐射、饲料生产、农场主和食品生产者的责任，以及各种农田控制措施等。同时，它要求各成员国机构加强工作，保证措施能可靠、合适地执行。

白皮书中的一个重要内容是建立欧洲食品安全局，主要负责食品风险评估和食品安全议题交流；设立食品安全程序，规定了一个综合的涵盖整个食品链的安全保护措施；并建立一个对所有饲料和食品在紧急情况下的综合快速预警机制。另外，白皮书还介绍了食品安全法规、食品安全控制、消费者信息、国际范围等几个方面。白皮书中各项建议所提的标准较高，在各个层次上具有较高透明性，便于所有执行者实施，向消费者提供对欧盟食品安全政策的最基本保证，是欧盟食品安全立法和行动的指导性文件。

白皮书要求，自白皮书正式发表后的几年内，其提出的84项具体行动方案要逐步得到实施，作为新食品法框架内容的具体实现。近年来其中大部分计划已经完成，欧盟大量的涉及食品质量与安全的专项法规得到改进和加强。此外，欧委会还在白皮书中呼吁欧洲标准化组织优先制定严格的欧洲食品安全标准，欧洲标准化组织近几年在食品标准的制定上也取得显著进展。

白皮书围绕食品链这条主线，对“从农田到餐桌”全过程进行控制，通过协调立法、整合机构，实现全过程管理；强调公开透明原则，同时对食品链中各方责任进行明确界定。

（二）法规2002/178/EC

2002年1月28日颁布的法规2002/178/EC，主要拟订了食品法律的一般原则和要求、建立EFSA和拟订食品安全事务的程序，是欧盟的又一个食品重要法规。法规2002/178/EC包含5章65项条款。范围和定义部分主要阐述法令的目标和范围，界定食品、食品法律、食品商业、饲料、风险、风险分析等20多个概念。一般食品法律部分主要规定食品法律的一般原则、透明原则、食品贸易的一般原则、食品法律的一般要求等。EFSA部分详述EFSA的任务和使命、组织机构、操作规程；EFSA的独立性、透明性、保密性和交流性；EFSA财政条款；EFSA其他条款等方面。快速预警系统、危机管理和紧急事件部分主要阐述了快速预警系统的建立和实施、紧急事件处理方式和危机管理程序。程序和最终条款主要规定委员会的职责、调节程序及一些补充条款。

（三）法规2004/852/EC

该法规规定了食品企业经营者确保食品卫生的通用规则，主要包括：企业经营者承担食品安全的主要责任；从食品的初级生产开始确保食品生产、加工和分销的整体安全；全面推行HACCP；建立微生物准则和温度控制要求；确保进口食品符合欧洲标准或与之等效的标准。

（四）法规2004/853/EC

该法规规定了动物源性食品的卫生准则，其主要内容包括：只能用饮用水对动物源性食品进行清洗；食品生产加工设施必须在欧盟获得批准和注册；动物源性食品必须加贴识别标志；只允许从欧盟许可清单所列国家进口动物源性食品等。

（五）法规 2004/854/EC

该法规规定了对动物源性食品实施官方控制的规则，其主要内容包括：欧盟成员国官方机构实施食品控制的一般原则；食品企业注册的批准；对违法行为的惩罚，如限制或禁止投放市场、限制或禁止进口等；在附录中分别规定对肉、双壳软体动物、水产品、原乳和乳制品的专用控制措施；进口程序，如允许进口的第三国或企业清单。

（六）法规 2004/882/EC

该法规是一部侧重对食品与饲料、动物健康与福利等法律实施监管的条例。它提出了官方监控的两项基本任务，即预防、消除或减少通过直接方式或环境渠道等间接方式对人类与动物造成的安全风险；严格食品和饲料标志管理，保证食品与饲料贸易的公正，保护消费者利益。官方监管的核心工作是检查成员国或第三国是否正确履行了欧盟食品与饲料法、动物健康与福利条例所要求的职责，确保对食品饲料法以及动物卫生与动物福利法规遵循情况进行核实。

（七）指令 2002/99/EC

本指令要求各成员国 2005 年前转换成本国法律。该指令提出了动物源性食品在生产、加工、销售等环节中的动物健康条件的官方要求。指令中还包括了相关的兽医证书要求、兽药使用的官方控制要求、自第三国进口动物源性食品的卫生要求等。

（八）法规 2005/183/EC

为了确保饲料和食品的安全，欧盟法规 2005/183/EC 对动物饲料的生产、运输、存储和处理作了规定。同食品生产商一样，饲料生产商应确保投放市场的产品安全、可靠，而且负主要责任，如果违反欧盟法规，饲料生产商应支付如产品退货以及饲料损坏等的损失成本。

三、监管体系特点

（一）“从农场到餐桌”的一体化管理

欧盟新食品立法要围绕“一条主线”——食品链，即“从农场到餐桌”全过程控制，包括食品和饲料，以及在适当的情况下，保护动物健康和福利，植物健康和环境。采取协调立法、整合机构和公开透明等措施。

FVO 在欧盟有关指令和决议的授权下，负责制定每年核查计划，选择优先国家并实施核查；核查后形成报告，草案先给被核查国主管当局评议，向被核查国提出整改建议，要求对方拿出整改措施；与委员会其他部门一起，评估整改行动计划并通过随后的一系列活动监督整改行动计划的执行；并在合适的时期，提请委员会明晰、修正法规或新立法规。负责欧盟农药残留年度报告以及年度工作报告，评估核查计划的进展，提交全球核查结果等。

FVO 的核查范围包括：检查成员国动物源性食品的监控系统、化学品使用（兽药、生长激素、农药）和进口产品；流行病（如猪瘟）；动物运输、屠宰等；水果和蔬菜的农药残留，GMO 等。

专门科学小组（SCFCAH）根据法规 2002/178/EC 成立，取代了食品常务委员会、动物营养常务委员会、兽医常务委员会和植物卫生常设委员会的部分职能（植保产品、植物产品允许最大农药残留限量的制定），以便能对食品链采取高效、综合的处理方法。SCFCAH 由各成员国代表组成，主席由欧盟委员会代表担任，帮助 EC 准备食品相关执行措施（立法），欧盟委员会只有在 SCFCAH 同意时才能采取相应措施。

SCFCAH 分为 8 个小组：食品基本法，食品链的生物安全，食品链毒理安全，进口条件和控制，动物营养，GMO 食品、饲料和环境风险，动物健康与动物福利，以及植物药理。

欧盟在食品、饲料企业全面推行危害分析和关键控制点（HACCP），识别任何必须预防、消除或降低到可接受水平的危害；确定关键控制点，在该工序或工序组中必须通过控制来防止或消除某个危害或将危害降低到可以接受的水平；在关键控制点确立关键限值，对于识别危害的预防、消除或降低，分为可接受性与不可接受性；在关键控制点建立并执行有效的监控程序；当监控显示某一关键控制点不受控制时，建立纠偏行动；建立有规律实施的程序；建立与食品企业的种类和大小相应的文件与记录。但欧盟认为，HACCP 体系不应视为企业的一种自我调节的方法，也不应代替官方控制。

（二）建立溯源体系以及快速预警系统

食品安全溯源体系，最早是 1997 年欧盟为应对“疯牛病”问题而逐步建立并完善起来的食品安全管理制度。这套食品安全管理制度由政府进行推动，覆盖食品生产基地、食品加工企业、食品终端销售等整个食品产业链条的上下游，通过类似银行取款机系统的专用硬件设备进行信息共享，服务于最终消费者。一旦食品质量在消费者端出现问题，可以通过食品标签上的溯源码进行联网查询，查出该食品的生产企业、食品的产地、具体农户等全部流通信息，明确事故方相应的法律责任。此项制度对食品安全与食品行业自我约束具有相当重要的意义。

食品安全溯源体系的建立由政府主导推动，通过食品产业链上的各方参与来进行实现。其中主要包括：农产品生产基地、肉牛养殖基地、屠宰加工企业、食品加工企业、流通企业、零售企业、最终的食品消费者。

食品安全溯源体系的建立有赖于物联网相关的信息技术。具体是通过开发出食品溯源专用的各类硬件设备应用于参与市场的各方并且进行联网互动，对众多的异构信息进行转换、融合和挖掘，实现食品安全追溯信息管理，完成食品供应、流通、消费等诸多环节的信息采集、记录与交换。

欧盟食品和饲料快速预警系统（Rapid Alert System for Food and Feed, RASFF）是根据欧共体条例2002/178/EC 建立的。建立该系统的目的是为欧盟各成员食品安全主管机构提供有效的途径，交换有关信息，并采取措施确保食品安全。当某一成员国发现存在对人类健康有严重危害的警情时，应立即在该预警系统下通知委员会，委员会则立即将信息传递给各成员国。RASFF 直接受欧盟委员会管理，DG SANCO 负责协调；EFSA 是通报信息的接收者，负责分析通报信息的内容，并向欧盟委员会和各成员国提供风险分析所需的信息。

（三）风险分析和管理

在食品安全立法和管理中，建立风险分析与管理机制，把风险分析作为食品安全政策的基础，强调预防为主；建立食品安全预警与快速反应体系；建立危机解决机制。通过危机的预防和消减，以及发生危机的快速解决，达到对食品安全的有效控制。欧盟的 EFSA 充分承当了食品安全风险分析的作用。

四、技术性贸易措施体系

欧盟是当今世界上最大的贸易集团之一，也是最先采用技术壁垒和目前设置技术壁垒最多的国家集团。欧盟的技术贸易壁垒涉及的产品领域不断扩展，生命周期不断延伸，表现形式多样，逐渐形成了结构越来越完善、效果越来越明显的 TBT 体系。

（一）技术法规

欧盟于 1960 年初至 1985 年发布的近 300 个“旧方法指令”主要集中在药物、农药、食品添加剂和机动车辆等领域。1985 年以来发布了 25 个“新方法指令”，涉及安全、健康和环境保护与消费者保护的领域，包括的产品有机械产品、玩具、医疗器械、燃气燃具、建筑产品、电讯产品、电气设备、民用爆炸物等，这些已经构成了以指令为核心的技术法规体系。2006 年 7 月，欧盟实施了“关于在电子电器设备中限制使用某些有害物质指令”。欧盟的技术法规是根据基础条约规定的决策程序制定的法律，是欧盟法律体系中的主要内容，在法律效力上要低于欧盟的基础条约，它充分发挥了保护本区域市场和促进经济发展的作用。

1. 一般食品法规

（1）关于食品添加剂的技术法规。欧盟对食品添加剂的使用规定主要以指令的形式颁布，规定统一的要求，并由各成员国以相应的国内法或行政措施予以具体实施。包括食品检测取样和分析方法；食品控制附加措施；关于食品卫生；关于欧共体成员国之间的兽医检验指令等。

目前欧盟食品添加剂法律体系主要由一部框架指令 89/107/EEC 规定所用品种食品添加剂的通用要求，以及 3 项针对特定种类食品添加剂的指令和相关纯度标准指令组成。

89/107/EEC（修正案：94/34/EC）指令是食品添加剂使用的纲领性文件，要求逐步建立准许使用的食品添加剂清单及其使用的通用标准。大多数食品添加剂使用时都有一定的使用限量，没有规定使用限量的食品添加剂必须符合良好操作规范（GMP）。

特定指令包括：

①着色剂 94/36/EC，规定着色剂是指给食品添加或恢复颜色的物质。包括：

a. 食品的天然成分以及源自天然但通常不作为食品着色成分消费，也不作为食品特征成分的物质。

b. 从食品和其他天然物质中萃取得到的制品。着色剂不包括在食品加工中由于变色作用生成或复合食品加工中形成的物质。该指令分别以附录的形式列出了清单，包括：许可使用的清单、不得含有食品着色剂的清单、可以使用某些着色剂的食品清单、仅可以用于某些用途的着色剂清单、可按适量原则用于食品的着色剂清单。

②甜味剂 94/35/EC（修正案：96/83/EC、2003/115/EC、2004/77/EC）规定了食品甜味剂许可使用的清单，以及使用范围最大使用量；给出了“不加糖”、“降能”的定义。“不加糖”指没有添加任何的单糖、双糖或其他利用甜味特性而使用的食品；“降能”指与原始的食品或相似的产品相比，能量值至少减少 30%。该指令同时规定了食品中使用甜味剂的标签信息警示要求。

③除着色剂和甜味剂以外的其他食品添加剂 95/2/EC（修正案：96/85/EC、98/72/EC、2001/5/EC、2003/52/EC、2004/45/EC），指令适用于食品甜味剂、着色剂以外的其他食品添加剂，不包括酶制剂。指令规定，只有符合食品科学委员会要求的防腐剂、抗氧化剂等各类食品添加剂才能使用于食品，分别列出了允许在食品中“适量”原则使用的、允许限量使用的、限条件使用的及其他允许使用的添加剂清单、允许使用的载体和载体溶剂清单、允许在婴幼儿食品中使用的食品添加剂清单。

根据框架指令的要求，欧盟委员会还制定了各类添加剂的纯度要求，指令包括 95/31/EC、95/45/EC 和 96/77/EC。

2011 年 4 月，欧盟食品导航网站发布，欧洲议会环境委员会正积极推动含阿巴斯甜（Aspartame）产品警示标的提议。该委员会认为阿巴斯甜可能会对孕妇造成一定的危害。提议规定，要求将注明“含有阿巴斯甜（为苯丙氨酸的其中一种来源，可能不适宜孕妇）”的标签置于产品之上。

2011 年 4 月，欧盟发布委员会条例草案拟修订第（EC）1333/2008 号食品添加剂条例的附件Ⅰ－Ⅱ，制定一份食品添加剂、食品酶、食品调味剂和营养素中可用食品添加剂（含载体）及其使用条件的欧盟清单。该条例草案拟对附件Ⅲ进行更新，新附件包括了“食品添加剂、食品酶、食品调味剂和营养素中可用食品添加剂（含载体）及其使用条件的欧盟清单”。清单包含“营养素”和“制剂”的定义以及 6 个部分；6 个部分分别以表格形式列明了食品添加剂中的载体、食品添加剂中的食品添加剂（载体以外）、食品酶中的食品添加剂（含载体）、食品调味剂中的食品添加剂（含载体）、营养素中的食品添加剂以及前面 5 个部分食品添加剂组的定义。此份目录主要基于国际食品法典委员会关于食品添加剂的通用标准，并考虑了目前在欧盟授权使用的食品添加剂的特殊性。

2011 年 9 月，欧盟修订了“日落黄作为食品添加剂的最大允许水平的暴露评估”，评估所得日落黄的量儿童最高暴露评估水平（最大值 0.8mg/kg bw/day），低于全欧洲国家认可的暂定 ADI 值 1mg/kg bw/day，因而欧盟相应提高了相应食品中 4 个水平日落黄的最高限量。

（2）关于农药残留的技术法规。欧盟农药残留限量标准由欧盟健康与消费者保护总司负责制定。为解决各成员国食品及饲料中农药残留限量标准不一致的问题，欧盟于 2005 年 5 月颁布了关于“植物和动物源性食品和饲料中农药最大残留标准以及修订理事会 91/414/EEC 指令的第 396/2005 号议会与委员会法规”，要求欧盟各成员必须实施统一的农药最高残留限量标准，对于无具体限量标准且不属于豁免物质的农药残留则实施 0.01mg/kg 的一律标准。

该法规共有 7 个附录，包括：食品与饲料分类表（附录 1）、正式限量标准（附录 2，包括关于谷物中农药残留限量的 86/362/EEC 指令、关于动物源性食品中农药残留限量的 86/363/EEC 指令、关于植物源性食品中农药残留限量的 90/642/EEC 指令等 3 个指令制定的协调标准）、临时限量标准(附录 3，包括欧盟水平尚未协调的农药残留限量标准以及 86/362/EEC、86/363/EEC、90/642/EEC 等 3 个指令未涉及的食品中农药残留限量标准)、豁免物质清单（附录 4)、受分析方法限制产品的特定一律标准（附录 5)、某些加工产品的稀释因子（附录 6)、成员国可制定高于欧盟协调标准的特定农药/产品清单（附录 7，主要是在成员国内部作为熏蒸剂使用的农药)。目前，欧盟已完成附录 1、附录 2、附录 3、附录 4、附录 7 等的制定，法规也于 2008 年 9 月生效。附录限量标准的数据可在中国技术性贸易措施网站（www.tbt-sps.gov.cn）数据库中查询。

此后，欧盟根据欧盟食品公司的要求对某些农药进行风险评估，提高了若干农药的限量指标。

2011 年 5 月，欧盟建议修改杀菌剂环氟菌胺和烯酰吗啉的最大残留限量标准，将这两者的限量从0.02mg/kg 提高到 0.04~0.8mg/kg。

2011 年 6 月，欧盟拟修订多种动植物商品中农药 fluxapyroxad 限量标准，将限量由现行的 0.01mg/kg 提高到 0.01~2mg/kg。

2011 年 6 月，欧盟拟修订大米中丙环唑的最大残留限量，将现行最大限量值 0.05mg/kg 提高为 0.7mg/kg。

2011 年 6 月，欧盟建议将杀菌剂戊唑醇在干扁豆和豌豆中的残留限量由 0.05mg/kg 修改为 0.2mg/kg；将杀菌剂嘧菌酯在多种油籽中的最大残留限量标准由 0.05mg/kg 修改为 0.4mg/kg。

2011 年 7 月，欧盟建议将杀菌剂 bixafen 在油菜子、亚麻子、芥菜子和罂粟子中的最大残留限量由 0.01mg/kg 修改为 0.015mg/kg；建议将除草剂甲咪唑烟酸在甘蔗中的最大残留限量设定为 0.01mg/kg。

2011 年 7 月，欧盟建议修改除草剂酰嘧磺隆的最大残留限量标准，将其在猪肉、脂肪、肾脏、肝脏和可食用的内脏中的最大残留限量标准由 0.01mg/kg 修改为 0.02mg/kg；在牛肉、脂肪、肝脏、可食用内脏和牛奶等中的最大残留限量标准由 0.01mg/kg 修改为 0.02mg/kg，牛肾脏中由 0.01mg/kg 修改为 0.15mg/kg，将小麦、大麦、黑麦、燕麦秸秆中限量标准设定为 0.05mg/kg，新鲜草饲料中限量标准为 5mg/kg，干草中限量标准为 0.05mg/kg。

2011 年 10 月，欧盟修订部分作物中农药 fenpyrazamine（胺苯吡菌酮）最大残留限量，将原来的默认限量（Default Level）0.01 mg/kg 更改为，鲜食葡萄、酿酒葡萄、番茄、辣椒、茄子为 3mg/kg，皮可食用的葫芦为 0.07mg/kg。

（3）关于兽药的技术法规。2009 年 5 月，欧盟发布 EC470/2009 号条例，该条例制定了建立动物源性食品中药理活性物质残留限量的共同体程序，替代 EEC2377/90 号条例成为欧盟管理兽药残留最核心的一部法规，对欧盟所有成员国有约束力。该法规对食用动物的用药进行严格管理，对动物源性食品中药理活性物质残留建立残留限量或行动参考点进行监控。

EEC2377/90 号条例中与残留限量要求直接相关的 4 个附录目前仍然适用，即附录Ⅰ已制定最大残留限量的药理活性物质及其限量，附录Ⅱ制定免除于残留限量要求的物质，附录Ⅲ已制定临时最大残留限量标准的药理活性物质及其限量（尚未完成全部安全性评估，但无证据表明该限量会对消费者产生危害），附录Ⅳ不制定残留限量标准（禁用）的物质。根据该条例，各成员国不得禁止或阻止符合附录Ⅰ、附录Ⅱ、附录Ⅲ要求的食品在本国流通。

2009 年 12 月，欧盟又发布了 COMMISSION REGULATION （EU） No. 37/2010，将附件内容规范整合。COMMISSION REGULATION （EU） No. 37/2010 发布后又经如下文件修订：

①COMMISSION REGULATION （EU） No. 758/2010。

②COMMISSION REGULATION （EU） No. 759/2010。

③COMMISSION REGULATION （EU） No. 761/2010。

④COMMISSION REGULATION （EU） No. 914/2010。

⑤COMMISSION REGULATION （EU） No. 362/2011。

⑥COMMISSION REGULATION （EU） No. 363/2011。

此外，欧盟还公布了不受 EC470/2009 号条例限制的物质清单。

（4）关于微生物残留的技术性贸易措施。（EC）2160/2003 号法规规定，自 2010 年底起，除非符合 25g 样品沙门氏菌含量标准，否则原鸡类育种禽群、蛋鸡、嫩鸡和火鸡鲜家禽肉，不得投放市场供人消费。该标准是为肠炎沙门氏菌(Salmonella enteritidis）和鼠伤寒沙门氏菌（Salmonella typhimurium）而设置的。该标准建议以 ISO 6579 水平分析方法为基准法，在产品有效期内投放市场期间，5 份 25g 样品不得含上述血清型沙门氏菌。

（5）重金属残留以及有害有毒物质。2011 年 5 月，欧盟发布了（EU）No. 420/2011 号条例，修订（EC）No. 1881/2006 号条例，对食品中重金属、二噁英等污染物的最大限值进行了修订。对各类食品中铅、铬、汞、二噁英、多氯联苯和多环芳香碳氢化合物的最高限量做了规定，其限量要求在 0~8mg/kg。

（6）转基因食品的技术性贸易措施。2003 年 7 月，欧盟农业部长理事会正式通过了两项关于转基因生物（GMO）的欧盟委员会提案。其一是（EC） No. 1829/2003 转基因食品和饲料，其二是（EC） No. 1830/2003 转基因生物的追溯与标志法规。这两项提案的通过标志着欧盟将建立一个清晰的追溯和标志转基因生物的体系，用于规范转基因食品（GM 食品）和转基因动物饲料（GM 动物饲料）的市场投放与标签标志。

迫于企业的联合要求，2010 年，欧盟委员会批准欧盟国家种植转基因土豆，并且严格规定了种植条件。这是继转基因玉米之后，欧盟批准的第 2 种转基因作物。这一决定被认为是欧盟委员会对转基因农作物立场的转变。2011 年，欧盟批准了动物转基因饲料的进口。

但是，2011 年 9 月，欧洲法院做出新裁定，即使仅含有微量转基因作物花粉的蜂蜜，在没有获得特定许可前，也不能在欧盟市场销售，意味着欧盟整体上关于转基因食品的规制标准将进一步收紧。

（7）关于食品标签的技术法规。包括向最终消费者出售的食品标签、广告和说明书，关于营养标签，关于食品批次和标志，关于除 79/112/EEC 指令规定外某些食品标签的强制性表示指令等。

据意大利全国种植业者联合会消息，欧盟近期通过新的法规，对牛奶、鸡蛋和鸡肉产品也实行原产地强制标志制度，以保证产品来源的透明度和食品安全。

目前意大利实行原产地强制标志制度的食品分别为：鸡肉及鸡肉制品、牛肉、新鲜水果蔬菜、鸡蛋、蜂蜜、番茄调味酱、鲜奶、鱼、初榨橄榄油。

2011 年 10 月，欧盟部长会议一致通过食品和饮料标签新规定。新规定要求：所有食品和饮料包装必须清楚标志脂肪、糖、盐、碳水化合物及热量值；禁止将人造食品如“人造奶酪”等简称为“奶酪”；对可能会引起过敏反应的物质需要特别强调；能量饮料等含咖啡因食品须贴上对孕妇和儿童的警示；所有新鲜肉制品必须标上产地标签，而此前仅有鲜牛肉需标上产地标签。新规定预计于

2014 年起强制执行，关于热量值的规定于 2016 年起强制执行。

（8）关于与食品接触的物品和材料的技术法规。89/109/EEC 为与食品接触的物品和材料的框架指令。实施指令包括：接触食品的塑料、塑料制品迁移实验基本规则，接触食品的塑料、塑料制品的专项指令，再生纤维素薄膜的专项指令等。

英国标准协会（BSI）宣布，针对食品制造商和产品包装的最新安全体系食品包装指导规则 PAS 223 已于 2011 年 7 月 1 日开始实行。PAS 223 旨在满足 BS EN ISO 22000 标准下的 PRPs 的相关要求。PAS 223 制造和提供食品包装中的食品安全设计要求和前提方案（PRP）为生产安全的食品包装提供了新的保证。BSI 称，新的指导规则有利于世界范围内的食品安全认证机构，如食品安全认证基金会（FSSC）与食品安全包装联盟（FSAP）专家已签署认可该标准。

（9）环境保护和动物福利法规。目前，与动物福利保护有关的欧盟法律文件既包括欧洲共同体的一些文件，还包括欧盟成立后的一些条约、条例、指令、决定、意见、建议等。在野生生物保育方面，有 1992 年 5 月 21 日的《关于保育自然生境和野生动植物的理事会指令》（92/43/EEC），1996 年 12 月 19 日的《关于通过规范贸易保护野生动植物物种的理事会条例》（97/338/EC）；在渔业和海洋生物保护方面，有1997 年 4 月 29 日的《关于采取一定的技术措施保育渔业资源的理事会条例》；在野生鸟类保护和狩猎限制方面，有 1979 年 4 月 2 日的《关于保育野鸟的理事会指令》（79/409/EEC），1992 年 6 月16 日的《关于与野生猎物的猎杀和野生猎物的肉投放市场有关的公共健康与动物健康问题的理事会指令》（92/45/EEC）；在个别物种的保护方面，有 1981 年 1 月 20 日的《关于进口鲸鱼和其他鲸类制品一般规则的理事会条例》（81/348/EEC），1983 年 3 月 28 日的《关于成员国进口小海豹皮及其产品的理事会指令》（83/129/EEC），1989 年 8 月 2 日的《关于禁止未加工和已加工的非洲象牙进口至共同体的委员会条例》（89/2496/EEC）；在捕捉方法方面，有 1991 年 11 月 4 日的《关于在共同体内禁止采用抓腿圈套和把以抓腿圈套或其他不符合国际人道标准的方式捕获的特定动物的毛皮和人工加工的产品引入共同体的理事会条例》（91/3254/EEC）；在农场动物保护方面，有 1986 年3 月 25 日的《关于拟订保护箱式笼中蛋鸡的最低标准的理事会指令》（86/113/EEC），1988 年 3 月 7 日的《关于遵守欧洲法院在 131/86 号案件 [25] 判决的理事会指令》（88/166/EEC），1991 年11 月 19 日的《关于拟订保护小牛的最低标准的理事会指令》（91/629/EEC），1991 年 11 月 19 日的《关于拟订保护猪的最低标准的理事会指令》（91/630/EEC），1993 年 12 月 22 日的《关于屠宰或宰杀时保护动物的理事会指令》（92/119/EC），1998 年 7 月 20 日的《关于保护农畜动物的理事会指令》（98/58/EC），1999 年 7 月 19 日的《关于拟订保护蛋鸡的最低标准的理事会指令》（99/74/EC）；在动物的运输方面，有 1989 年 12 月 11 日的《关于动物在共同体内部贸易过程中的兽医检查理事会指令》（89/662/EEC），1991 年 11 月 19 日《关于在运输途中保护动物的理事会指令》（91/628/EEC），1997 年 6 月 25 日的《关于分段运输点的共同体标准和修订 91/628/EEC 指令附件所指的定期计划的理事会条例》（97/1255/EC）；在实验动物的福利保护方面，有 1976 年 7 月27 日的《成员国与化妆品有关法律的协调的理事会指令》（简称《化妆品指令》，76/768/EEC，该指令已经进行了多次修订），1986 年 11 月 24 日的《关于协调成员国有关保护实验和用于其他科学目的的动物的法律、条例和行政性规定的理事会指令》（86/609/EEC）等。

1991 年 12 月，欧洲理事会通过了欧洲议会号召的“保护动物的宣言”。该宣言指出，欧洲理事会、欧洲委员会和各成员国“在起草和实施农业、运输、国际市场及其研究的一般政策的立法时，应充分地尊重动物所需求的福利”。该宣言作为《欧盟条约》的最后文本的附件，1992 年 2 月 7 日被所有欧洲共同体国家的首脑签署。

（10）纳米标志。2011 年 6 月，欧洲议会通过一条有关食品标签纳米材料成分标记的临时协议。协议要求所有以纳米材料形式存在的食品成分必须清楚列入产品成分之内，并在材料前加标“nano”记号。这条欧盟成员国协议将纳米材料（Engineered Nanomaterial）定义为：“任何有意生产的一边或多变维度尺寸在100nm左右的物质，或由离散的功能部件组成，不论内部还是表面离散，具有约100nm的一边或多变维度尺寸，包括100nm尺寸以上但保留纳米级特征属性的结构、团聚体或聚集物。”协议认定，纳米级特征属性包含两种情况：涉及特定大表面积材料的属性；特定理化属性，有别于非纳米形式的相同材料。该协定还将需要通过欧洲议会全体会议投票表决，以及之后欧盟理事会的审议。如果该临时协定最后通过立法，食品生产企业可获得3年缓冲期以适应新法。

2. 特殊食品技术法规

（1）特殊营养用途食品的技术法规。发布框架指令89/398/EEC（经96/84/EC和1999/41/EC指令的修订），实施指令包括：婴儿食品配方，供婴幼儿食用的谷类食品和婴儿食品，减肥食品等。

（2）特殊食品法规。针对食品：鲜牛奶、奶制品条例，可可和巧克力糖的类别，蜂蜜，芥子酸最大含量，糖的成分检验方法，果酱、果冻、橘子酱、甜栗子泥，可涂抹脂肪等。

针对饮料：不加糖和蜂蜜的饮料，果汁和类似产品，天然矿泉水，咖啡和菊苣萃取物，酒精饮料，芳香葡萄酒、芳香葡萄酒饮料、芳香葡萄酒产品鸡尾酒。

（3）茶叶。欧盟于2011年10月1日起对中国输欧茶叶采取新的入境检验措施，主要包括以下几项：一是所有从中国进口的茶叶必须通过欧盟指定口岸进入。二是所有货物必须有常规入境文件才会被允许进入指定口岸。三是欧盟将对10%的货物进行农药检测。如果该批货物被抽中检测，则要实施100%抽样检测（每一个麻袋）。四是该法规同样适用于没有重量限制的样品等。五是进口商承担所有相关检测和入境文件准备的费用。

欧盟抽样检测的农药残留项目主要包括以下几项：噻嗪酮（0.05mg/kg，欧盟标准，后同）、吡虫啉(0.05mg/kg)、三唑磷（0.02mg/kg）、氰戊菊酯（0.05mg/kg）、高氰戊菊酯（0.05mg/kg）、氯氰菊酯(0.5mg/kg)、溴丙磷（0.1mg/kg）、氟乐灵（0.1mg/kg）、三唑酮（0.2mg/kg）。

（4）活性物质。2010年，欧盟连续发布2010/15/EU、2010/14/EU、2010/17/EU号指令，修改91/414/EEC指令(植物保护产品指令)，增加heptamaloxyloglucan、氧吡菌胺（fluopicolide）、马拉息昂（malathion）为活性物质。同年，欧盟还发布指令2010/20/EU，从91/414/EEC中删除甲苯氟磺胺（tolylfluanid），原因是其代谢物可能对人类的健康存在风险。各指令分别对新增加活性物质的化学物纯度、杂质含量、使用范围做了详细规定。

欧盟委员会2010年5月12日发布G/TBT/N/EEC/326、327、328号通报，修订欧洲议会和理事会指令98/8/EC（生物灭杀剂指令），将二氧化碳、多杀菌素、木馏油作为活性物质包括在其附件Ⅰ（可以在生物灭杀制品中使用的欧盟活性物质肯定列表）中。

（二）技术标准

欧盟的技术标准分为两级：一级是欧洲标准，即包括欧洲标准化委员会在内的欧洲区域标准化组织制定、发布的标准，目前已制定了3 000多项；另一级是各国标准，包括各成员的国家标准，以及各国行业协会、专业团体制定的标准，目前这类标准有10万多项。由于成员国经济、技术实力普遍较强，因而各国的技术标准水平较高，法规较严。目前，欧盟已颁布的有关技术标准涉及压力容器、玩具、建筑材料、煤气炉、电磁干扰设备、个人防护用品、机械、电子医疗设备、通信设备等，应有尽有，统称为CE标准，其对产品的技术细节、安全性、卫生和环保等方面作出了较高的要求和技术标准。尤其是对产品的环境标准要求，让一般发展中国家的产品望尘莫及。总体上看，要进入欧盟市场的产品一般至少必须达到下列3个条件中的1个，即：符合欧洲标准EN，取得欧洲标准委员会CEN认证；与人身安全有关的产品取得欧盟安全认证标志CE；生产企业取得ISO9000认证证书。

（三）合格评定

目前针对不同产品的要求，欧盟制定了8种统一的合格评定基本模式，配之以8种衍生模式，即：A—生产内部控制、B—形式检验、C—符合性要求、D—生产质量保证、E—产品质量保证、F—产品检验、G—单检验证、H—完全质量保证。欧洲以外的国家，其产品要进入欧盟市场，必须符合欧盟指令和标准。欧盟指令对市场上流通的产品都做了规定，对不同产品制定了不同的要求，实行自我认证的要保存一套完整资料，并且要先寄样品到该国检验。欧盟 12 个新指令覆盖的产品要想进入欧盟市场，就必须加贴 CE 标志，在国家之间互相承认检验结果之前，外国产品要进入欧洲市场，就必须取得一个欧洲国家的信任。除 CE 认证外，许多国家对某些产品还要求单独认证，因此欧盟各国存在严重的重复认证的现象，使欧盟以外的国家很难适应。

2011 年 6 月 21 日，欧洲议会为提高欧盟农产品市场竞争力，同时为方便消费者辨别并选择“高质量”食品，议会下设的农业与乡村委员会投票表决通过了一项提案，旨在简化“指定原产地保护”（PDO）、“地理标志保护”（PGI）及“传统产品保护”（TSG）等食品质量标志的申请审批程序。根据该项提案有关规定，通过相关审批认证的欧盟产品将被强制要求加施质量标志，但对于来自第三国产品仍可在自愿的基础上加施相关标志。该法案旨在推广食品质量标志在欧盟市场上的使用，鼓励欧洲消费者更多选择具有质量标志的食品。

五、进出口安全检验检疫措施体系

欧盟食品和饲料快速预警系统（Rapid Alert System for Food and Feed, RASFF）是依据欧盟条例 No. 178/2002《一般食品法》建立的，它是一个连接系统各成员国食品与饲料安全主管机构、欧盟委员会以及欧洲食品安全管理局等的网络。所有参与其中的机构都建有各自的联系点，联系点彼此联系，形成沟通渠道顺畅的网络系统。这个系统的主要目标是保护消费者免受不安全食品和饲料危害，系统及时收集源自所有成员的相关信息，以便各监控机构就食品安全保障措施进行信息交流。

在不违反其他欧盟规章的前提下，系统各成员国主要通过 RASFF 向委员会迅速通告如下信息：

①各国为保护人类健康而采取的限制某食品或饲料上市，或强行使其退出市场，或回收该食品或饲料，并需要紧急执行的措施。

②由于某食品或饲料对人类健康构成严重威胁而旨在防止、限制其上市或最终使用，或旨在对该食品或饲料的上市和最终使用附加特别条件，并需要紧急执行的专家建议或一致意见。

③由于涉及对人类健康的直接或间接威胁，欧盟内边境主管机构对某食品或饲料集装箱或成批运输货物的拒收情况。

RASFF 通报主要分为两类，即预警通报和信息通报。预警通报就是当构成危险的食品和饲料已上市，必须立即采取行动时，由首先监测到该情况并已采取措施（如召回或回收）的成员国发出预警通报。这种通报旨在将发现的问题及采取措施的信息告知网络各成员，使其检查问题产品是否也出现在自己的市场上，以便采取相应措施。通过预警通报也可以向消费者解释，预警系统通报的商品已经或正在被清除出市场，增强消费者信心和安全感。消费者被保证预警通报的产品已被撤回或正在从市场撤回的过程中。成员国有自己的机制来执行这些行动，包括必要时通过媒体提供详细信息。信息通报主要是针对虽然被鉴定为具有风险、但是还没有到达快速预警系统成员国的市场，因此不需要马上采取措施的食品或饲料。这类信息主要包括所关注的食品或饲料在欧盟的口岸如何被检出和被拒绝抵制的信息。由于通报的商品根本没有进入市场，消费者不必担心相应的危险。

由于要在保守商业机密和公开信息两个方面寻求平衡，产品的商标和制造厂商的名字一般不公布。既然通报中提到已经采取了必要的措施或已清除了该产品，就不再对消费者构成威胁。对于上面两种通报，还会在发布通报后再追加详细信息，包括分布细节、产品来源、附加分析结果、货物的有关文件等。这些附加通报的信息也被称为附加信息通报。此外，还有一类信息，它们与食品或饲料的安全有关，但却不属于预警或信息通报的范畴，同时各成员国相关机构又对此非常关注，这些信息被统称为新闻通报。在欧盟委员会的网站上，每周都会有对一周所发布的通报进行的总结。

每年，还会发布详细的年度报告，对全年的情况进行分析。

RASFF 系统覆盖面广，反应迅速，有效地保证了食品和饲料的消费健康。RASFF 的建设非常强调对食品安全风险与危机的有效预防和遏制，通过快速预警系统，实现风险管理，及时处理食品安全事件，控制食品安全事件与事故的发生。RASFF 几乎覆盖了整个食物链。系统监测的不仅局限于人们平时狭义上所指的食品，还明确地将饲料纳入了安全管理的范畴。该系统运转后，发出了大量预警通报和信息通报，2002 年发布 3 024 个，2003 年 4 414 个，2004 年 5 562 个，2005 年 7 170 个，2006 年 6 840 个，2007 年 7 138 个，2008 年 6 904 个，较为有效地实现了对食品和饲料安全的监测预警。

第七节 韩　国

韩国是广东农食产品出口额第 9 位的国家，约占 2%。

一、监管机构概况

韩国的食品安全管理以保护消费者安全为核心，以提高品质和市场竞争力为重点。从监管对象看，对进口食品的安全管理明显严于本国。从监管措施看，对进口产品以强制性检验检疫和市场检查为重点，对国内产品则以技术服务和认证为重点。

在管理体制方面，韩国成立了由国务总理主持的食品安全协会，负责制定食品安全管理的方针政策，部门间的组织协调，食品卫生事故的组织处理。食品质量安全管理涉及农林水产食品部、海洋渔业部和食品药品管理局。

（一）农林水产食品部

农林水产食品部（Ministry for Food, Agriculture, Forestry and Fisheries, MIFAFF）负责农产品（即种植业产品）生产、贮藏和批发市场中的质量安全管理，畜产品“从牧场到餐桌”全过程的质量安全管理和农畜产品的品质认证、地理标志管理、原产地管理和 GMO 标志管理以及进口农畜产品及其加工品的病虫害检疫和畜产品（包括加工品）的质量安全管理工作。而且，在韩国农林水产食品部，农产品质量安全管理在全国实施的是垂直管理。农林水产食品部内设的农产品质量管理局、畜产品质量管理局和粮食管理局，负责农产品质量安全方面对策的拟定、法律法规的制定等。

（二）海洋渔业部

海洋渔业部负责水产品的质量安全管理和病虫害检疫工作。

（三）食品药品管理局

韩国食品药品管理局（Korea Food & Drug Administration, KFDA）负责农产品加工品（经加工已不能辨认其原有形态的产品）和流通领域农产品的安全（有毒有害物质）管理工作。

二、法规体系概况

韩国主要的食品安全技术法规有 51 部，包括：《农水产物品质管理法》、《粮谷管理法》、《家畜传染病预防法》、《畜产法》、《种畜等的生产能力、规格标准》、《畜产品加工处理法》、《饲料管理法》、《肥料管理法》、《植物防疫法》、《水产品的生产、加工设施及海域卫生管理标准》、《水产品法》、《水产品检验法》、《食品卫生法》、《酒税法》、《食品公典》、《食品添加剂分析法》等。近年来，韩国加强了法律制修订力度，1997 年颁布了《亲环境农业育成法》。《亲环境农业育成法》是一部关于农产品认证的专门法律，该法对有机农产品、转换期农产品、无农药农产品和低农药农产品认证进行了明确规定。同时修订了《食品卫生法》、《畜产物加工处理法》、

《农产物品质管理法》、《水产物品质管理法》、《农药管理法》、《畜禽传染病预防法》、《饲料法》、《植物防疫法》等法律。

（一）《食品卫生法》和《食品卫生法实施条例》

韩国的《食品卫生法》目的是为了保障韩国公众身体健康，防止因食品造成的卫生污染和危害，提高食品的营养质量而制定的。此法涉及食品、食品添加剂、设备、容器、包装材料、标签、代码以及食品检验、食品的生产经营活动和厨师营养专家、食品卫生审议会、食品卫生组织行政处罚等方面的规定，是一部有关食品方面综合性的法规。制定《食品卫生法实施条例》的目的是规定食品卫生法的细则和法规执行的相关规定。

（二）《植物防疫法》

1961 年 12 月 30 日制定《植物防疫法》、《植物防疫法施行规则》和《输入植物检疫规则》，执行机关为国立植物检疫所，检疫对象为谷类、饲料、原木、苗木、水果、蔬菜、韩药材及植物性产物1 000 余种。其后，根据世界贸易组织《卫生与植物卫生检疫措施协定》（WTO/SPS 协定）的有关规定修改了《植物防疫法》，并按照国际标准对进口植物实行有关病虫害管理。该法规定：凡进口植物（含容器及包装）及明令禁止的品种，必须及时向国立植物检疫机构申报并接受检查；进口的植物等必须附带由出口国政府机构发给的、标明经检查没有携带有关病虫害的检查证明书或复印件（应与原件一致，由签发机构或检察官直接署名、盖章），否则不得进口。

（三）《水产物品质管理法》

此法包括水产品的质量管理、水产加工产业的培育与管理、指定海域的指定及生产、加工设备的注册管理、水产品及水产加工品的检查、移植用水产品的检疫、水产品的安全性调查以及其他补充法规、惩罚法规等。制定此法的目的是通过对水产品进行适当的质量管理，提高水产品的商品性及稳定性，扶植水产品加工产业，从而提高韩国渔民的收入，保护消费者的利益。

三、技术性贸易措施体系

（一）技术法规

1. 一般商品的管理法规

（1）食品添加剂。韩国对食品添加剂使用作出规定的法规是《食品添加物公典》。近年来，韩国对食品添加剂规定进行了大幅度修改。

2009 年 7 月，韩国食品药物管理局公布通报，拟对食品添加剂标准规范进行修订，内容涉及 80 种食品添加剂。2010 年 9 月，韩国发布通报，先后拟定法规修订“食品添加剂一般标准”、33 种食品添加剂使用标准以及拟定法规修改食品添加剂“一般规定”、“制造与加工标准”及“标准规范”。2011 年 5 月，韩国食品药物管理局发布通报拟修改食品添加剂标准规范，拟修改内容主要涉及“食品添加剂”的“标准规范”及“器皿、容器和包装食品接触面消毒液”。

《食品添加剂公典（2011 版）》将添加剂分成合成添加剂、天然添加剂和混合添加剂等 3 部分对添加剂在食品中的使用做了规定。其中，合成添加剂的合成风味物质部分列出了允许使用的人工合成的风味物质，未做限量规定。天然添加剂中的天然风味物质部分列出了允许使用的天然风味物质，未做限量规定。

（2）农药。韩国食品中农药残留限量标准由韩国药品监督管理局（KFDA）负责制定和发布，收录在韩国《食品公典》中，主要包括 3 部分：农产品中农药最大残留限量、人参中农药最大残留限量、畜产品中农药最大残留限量。

此外，韩国要求多菌灵、克菌丹、噻菌灵、福美双等 4 种农药在黄豆芽及绿豆芽中不得检出。

（3）兽药。韩国食品中兽药残留限量标准由韩国药品监督管理局（KFDA）负责制定和发布，收录在韩国《食品公典》中。

对于兽药残留限量标准，韩国制定了一套适用规则：

①任何因安全或药效问题而不准制造或进口的兽药（包括代谢物）在食品中不得检出。

②对于动物源性食品副产品，如内脏、骨头、头、尾、蹄、皮、血及其他可食用组织，如果未针对其制定具体限量标准。对于畜产品，适用同种动物肉（肌肉）的限量标准；对于海产品，适用鱼的限量标准。

③对于加工食品，如果韩国未针对其制定具体残留限量标准，则根据原料的许可限量判断加工食品的残留合格与否，如在脱水或其他处理过程中含水量发生变化，则限量的确定要考虑含水量。

④对于某种特定动物产品，如果韩国标准及CAC标准均未制定兽药限量标准，则可适用类似动物相同部位的最严标准。比如，如果未制定某种兽药在牛、马或鸡产品中的限量标准，则可适用同种兽药在反刍动物、哺乳动物及家禽中同一产品的最严标准。对于蜂王浆和蜂胶，可适用蜂蜜的标准。

⑤对于韩国及CAC未制定标准的兽药、抗生素、合成抗生素，其在畜禽（包括奶、蛋）和鱼及蜂蜜（包括蜂王浆和蜂胶）中的限量为0.03mg/kg。

(4) 食品标签。韩国对食品标签的相关管理工作主要由韩国食品药品监督管理局（KFDA）负责，韩国食品药品监督管理局定期制定并执行食品相关标签的标准。所有进口的食品必须附有韩文的标签。使用的标贴不应轻易地被移去，亦不得遮盖原来的标签。

韩国食品药品监督管理局（KFDA）于2003年8月颁布了《韩国食品标签标准》，全面详细描述了韩国的食品标签要求，包括对进口食品标签的要求。

食品标签必须强制标注的内容包括：食品名称、配料表、净含量/沥干物、原产国、日期标示和贮藏指南、食用方法（仅适用于冷冻食品）和保质期。

茶、饮料、特殊营养食品、健康补充食品等应标示食品类型；须标示除人工添加的水之外的5种以上成分或配料的含量；4种及4种以下时可只标示主要成分；容器、包装材料的标示要求；其他说明和警示性标注内容（辐照食品、饮料酒、含苯丙氨酸的食品、易腐食品等）。

据韩国联合通讯社报道，从2010年7月开始，韩国的烧酒、啤酒和马格利等酒类制品须标明原材料的原产地。

韩国现行酒税法规定，生产和进口酒类制品的企业须在盛酒容器或商标上标明酒的种类、原材料名称和含量、制造日期和是否免税、流通期限或质量有效期等内容。从2010年7月开始，除上述内容外，还须标明造酒原材料的原产地，如不执行，将做出在3个月内禁止造酒或出库的惩罚。韩国政府认为，实行原产地制度，可以扩大消费者知情权，并有助于提高酒制品质量。同时，目前大都使用进口原材料的马格利造酒商有可能更多地利用国产原材料，从而提高国产大米的消费。

据韩国《釜山日报》2010年3月10日报道，韩国国立兽医检查院当日发布了《2010年畜产食品安全管理对策》，规定自2010年11月起，果汁饮料需标明钠、热量值、反式脂肪、胆固醇、糖、脂肪、蛋白质、碳水化合物等成分。此外，韩国研究建立“特别犯罪警察”制度，以打击畜产品犯罪。

2. 具体食品法规标准

(1) 水产品。韩国对水产品进口管理的主要职能部门是海洋水产部（MOMAF），该部门负责制定海洋事务及渔业的政策和计划，其下属的国家鱼类产品检查所负责检查本地出产及进口的鱼类产品。

韩国规定，进口水产品时必须向MOMAF申请检验检疫；为确保水产品的安全和质量，MOMAF必须对处于生产阶段的水产品及生产水产品的水面、渔场、器材等进行重金属、贝类毒素、食物中毒菌、抗生素残留和有害物质含量的检查；对包装阶段水产品、出库后流通前水产品根据

《食品卫生法》等相关法律进行残留基准检查，简称为安全性检查；MOMAF 可根据申请者的要求随时对水产品进行质量、规格、成分、残留物等的检定；此外，该法还要求根据《对外贸易法》规定对水产品进行原产地标志（进口活鱼除外）。

韩国检验进口水产品的机构是海洋水产部属下的国立水产物品质检查院，总部设有一般事务部、质量检验部和分析部，在釜山等地有 12 个支院。主要职责包括：水产品检验检疫；与国外订立并执行水产品质量和安全控制要求；出口水产品加工厂的注册和管理；HACCP 的培训和监督；水产品原产地标签的培训和监督；投放国内市场水产品的质量认证和安全检查。

韩国对水产品的管理措施大都基于卫生标准和检验检疫规定。目前与我国关系较大的水产品管理措施主要有：执行先检验后通关、对冷冻水产品进行金属异物检测、原产地标志、事前确认登记制度等。

①先检验后通关制度。检验分感官检验和理化微生物检验两项。感官检验包括：形状、颜色、新鲜度、规格、外来物、光洁度和温度等；理化微生物检验包括：重金属、大肠杆菌、金黄色葡萄球菌、沙门氏菌、李斯特杆菌、抗生素、贝类毒素等。

进口水产品到达韩国后，先放入水产品冷藏保税库，进口商先要到检查院报检，抽样进行检验和实验室理化检测，对检验合格的产品海关才准许放行，准许销售；不合格的货物将被销毁或退回。水产品的法定检验时间为 5 天，根据产品的食用方式检验不同的项目。

②金属异物检测。根据《中韩关于进出口水产品卫生管理协议》规定，我国输韩冷冻水产品通关时需接受韩方的金属探测检查，规定不允许检出金属异物。

③原产地标志。除活鱼外，其他水产品均需实行原产地标志制。

2010 年，韩国农林水产食品部调整发布了进口水产品检验检疫项目，对进口水产品新增检测项目15 个，包括萘啶酸、双氟沙星、头孢氨苄、交沙霉素、吉他霉素、氟苯尼考、庆大霉素、新霉素、泰妙菌素、甲氧苄胺嘧啶、林可霉素、吡喹酮、苯并芘、一氧化碳、组胺等。上述检测覆盖了鱼、甲壳类及头足类等主要品种。同时精密检查比率将随着抗生物质检测项目增加预计提高 2%左右。

（2）家畜、禽肉类。韩国负责家畜、禽肉类产品的进口监管的主要部门是韩国农林部（MAF）。该部门负责制定与农产品相关的法规条例和标准，其下属的国家动物研究及检验所主要负责执行有关当地和进口畜、禽产品的法规条例。

①对家畜制品的进口检验要求。根据《家畜传染病预防法》，韩国与肉类产品有关的检验检疫规定有：

指定检疫物——所有动物、动物性产品及其包装容器在进口时必须接受韩国立兽医科学检疫院的检疫；已经过韩国立兽医科学检疫院规定的消毒方法、标准进行消毒、灭菌处理的肉类制品可不接受检疫；经农林部长官特别同意，用于实验、研究用动物制品可例外。

禁止进口产品——农林部长官指定、公告的禁止进口国家和区域生产、发送的产品或经由该国家和区域的产品。

进口检疫证明——当指定检疫产品被允许进口时，进口商须出示出口国政府发出的“未被家畜传染病病原体污染”的检疫证明书；农林部长官从家畜防疫及公众卫生角度考虑认为必要时，可制定并公布针对某一出口国的进口卫生条件，内容包括与检疫证明书项目相关的检疫内容、卫生状况等。

依据《家畜传染病预防法》，牛肉、猪肉、家禽肉均为韩国政府指定检疫产品。因此，出口企业要想取得对韩肉类产品出口资格，必须先过检疫关，即按照韩农林部规定的程序提出出口申请，并遵守韩农林部规定的进口卫生条件。农林部规定的肉类产品进口许可程序分为 8 个阶段：

a. 向韩农林部提出具体出口产品的申请，提交申请资料。

b. 农林部对申请资料进行审查。

c. 农林部向申请国提出质疑书。

d. 农林部对申请国的质疑回函进行审查并进行危险评估，如认为申请国为家畜卫生状况良好国家则转入程序。

e. 如认定申请国家畜卫生状况可疑，则可要求先进行实地调查后再转入下一程序。

f. 农林部根据审查结果决定同意或禁止出口，如同意出口则转入下一程序。

g. 农林部制定针对该申请国申请产品的进口卫生条件。

h. 同意进口。

另外，根据《畜产品加工处理法》及施行规则的规定，对家畜、肉类产品的进口申报规定如下：

进口商进口肉类产品时，需按规定样式填写申报书向农林部长官申报。此时，进口商可于货物到达前提前申报。如到货港、到货日期等重要事项发生变化时，应立即以书面形式重新申报变动内容。申报书附加资料如下：

a. 检查成绩书或检查证明书（规定精密检查对象产品必须在农林部长官认可的国内外畜产品卫生检查机构接受检查）。

b. 以韩文标注的包装纸或记载韩文标注内容的资料。

c. 产品生产报告书副本或许可证副本（仅限于对外贸易法规定的为取得外汇收入而进口的原料或为本公司产品进口原料的情况）。

农林部长接到进口申报后根据“畜产品进口申报及检查方法”的规定，对申报产品进行检查，对检查合格产品发放“产品进口申报证书”；对检查不合格产品按规定销毁，并通报海关；但如不合格原因为含水量问题时，允许进口商以加工、加热、改换用途等方法进行整改后重新申报。农林部长从公共卫生角度考虑认为必要时，可向出口国提出进口卫生条件。

②对家禽制品的进口检疫要求。韩国对进口禽肉冷藏或冷冻肉的鸡、鸭、鹅、火鸡、鹌鹑、野鸡规定为：

a. 出口国在过去 3 年间未发生过高致病性禽流感，但如经韩国农林部官员认定，出口国国内对高致病性禽流感的控制措施正得以有效实施，则可将该期限定为 6 个月。

b. 在以家禽饲养场为中心、半径 10km 的范围内，过去 2 个月内未发生过新疫情。

c. 家禽饲养场在过去 12 个月内未发生过禽霍乱、雏白痢、禽伤寒、法氏囊病、马立克氏病、鸭病毒性肝炎（仅限于鸭肉）、鸭病毒性肠炎（仅限丁鸭肉）、新城疫及其他重要家禽传染病，且从中分离出沙门氏菌噬菌体（4 型）。

d. 出口国政府每年需向韩国政府通报本国实施的重要家禽传染病防疫计划及实施结果，并于每月以英文形式向韩国政府通报出口国国内家禽传染病的发生情况。如果出口国发生禽流感、嗜内脏速发型新城疫及其他重要家禽传染病或类似疾病，须立即向韩国政府通报。发生禽流感时，还须在停止出口的同时，向韩国政府通报必要的事项；如要恢复出口，则须事先与韩国政府协商。

e. 出口国政府须对希望向韩国出口家禽肉的国内作业场（屠宰场、加工厂、保管场）实施卫生检查，并向韩国政府通报合格的作业场。家禽的宰杀、分割、加工、包装及保管的作业场，须是中方通报的经韩国政府实地检查或其他方式认可的作业场。

f. 被认可向韩国出口的作业场，不得从禁止向韩国出口的国家进口或经营途经此类国家的家禽和肉类。

g. 禽肉须出自出口国政府兽医官员经实施活体或解剖检疫、结果为健康的家禽。同时在包装物和包装上，须印有经无害于公众健康的方法处理过的合格标志。该合格标志须事先向韩国政府通报。

h. 出口家禽肉中，导致危害公众健康的残留物（抗生素、合成抗生素、农药、激素制剂、重金属及放射性物质等）不得超过许可标准（依据韩国政府的有关规定），不得被沙门氏菌污染，不得进行影响家禽肉结构或特性的离子化放射线或紫外线处理，并不得投入软肉素等成分。

i. 用于包装出口家禽的包装纸须由出口国政府认可、对人体无害、不造成环境污染的材料制成。

j. 出口国政府每年必须以英文版本形式向韩国政府提交有关残留物检查的机构、设施、人员、检查方法、检查计划、检查实绩、残留允许标准、家禽用医药品、动物用医药品及杀虫剂等销售实绩的详细材料。

k. 出口家禽肉须将头、爪、胃、肺、食道、气管等剔除，且不得划破胴体。

l. 出口家禽肉在运抵韩国的过程中，不得经由韩国不允许进口家禽肉地区，不得被传染性家禽病的病原体污染，须没有腐烂、变质等有关危害公众健康的问题，并需安全运输。

m. 出口国政府（兽医官）须以英文形式签发详细记载出口检疫证书。

n. 韩国政府兽医当局有权对向韩国出口家禽肉的肉类作业场进行实地卫生检查，如卫生检查结果不合格，则禁止该作业场生产的肉类向韩国出口。

o. 韩国政府兽医当局在对出口家禽肉的检疫中，如发现有与韩国政府的进口卫生条件不符的事项，以及经禽流感精密检查，结果发现有禽流感血清型时，可退回或销毁该批家禽肉，并可终止该批家禽肉生产作业场向韩国出口。

韩国食品医药品安全局 2010 年 3 月 23 日发出通报称，韩国近期通过对流通中的进口肉干类产品进行调查，得出结论认为有强化该类产品卫生管理的必要性，所以食品医药品安全局决定对调味干鱼脯类、干鱼脯类和其他肉干类产品强化监控检查。

（二）标准

韩国食品质量安全标准主要分两类：一类是安全卫生标准，包括动植物疫病、有毒有害物质残留等，该类标准由卫生部门制定；另一类是质量标准和包装规格标准，由农林部下属的农产物品质研究院负责制定。

韩国建立食品标准的程序为：从产地到销售地点调查产品的质量和包装条件后，再从生产者、销售者、科研部门及相关机构征求各种意见，通过仔细讨论，由委员会确定产品标准。依据食品的质量因子如风味、色泽和大小进行分级，并采用标准的包装材料对其进行包装，对同种产品贴上相同的标签，这一系列过程统称为食品标准化。食品的标准化有利于提高消费者的信任度。在产地，标准化的实施由生产者按标准对食品进行分级包装和运输。为了防止销售违法农产品，在市场上还经常对产品质量、包装和商标进行检查。

（三）合格评定

合格评定制度包括检测、检查、认证等形式，根据强制性与否又区分为强制性制度和自愿性制度。现在韩国有 39 种强制性认证、59 种自愿性认证和 60 多种民间认证等共 160 多种认证制度。

《国家标准法》中的合格评定程序部分奠定了产品认证体系的建立、校准实验室的认可、检测实验室和机构、质量和环境管理体系以及合格评定结果认可的法律基础。这些活动按照国际指南和标准的要求执行。

韩国技术标准院（KATS）依据 ISO/IEC 指南和标准对产品认证机构、校准和检测实验室、检查机构进行认可。其中，韩国产品认可机构（Korea Accreditation System，KAS）负责产品认证机构的认可，韩国认可局（Korea Accreditation Board，KAB）负责体系认证机构的认可，而韩国实验室认可机构（Korea Laboratory Accreditation Scheme，KOLAS）负责校准/检测实验室和检查机构的认可。

韩国产品认可机构（Korea Accreditation System，KAS）创建于 2001 年，其在整合分散于 15 个行政部门的产品认证体系中扮演着重要的角色。根据韩国《国家标准法》第 21 条和 ISO/

IEC17011-2004《合格评定对认可合格评定机构的认可机构的一般要求》, KAS 对产品认证机构以及事后管理进行认可。KAS 加入了国际认可论坛（IAF）和太平洋认可合作组织（Pacific Accreditation Cooperation, PAC）以推动国际和地区活动。认可依据为《国家标准法》和《关于产品认证机构认可和事后管理等的规定》、产品认证机构的一般要求（ISO/IEC Guide 65-1996）以及 ISO 和 IAF 制定的国际标准或者指南等。

四、进出口安全检验检疫措施体系

韩国政府从 2003 年 10 月 10 日起，对进口食品等实行事前确认登记制度（Preconfirmation Based Registration System of Import Foods），由出口国政府提交企业申请材料，经韩方事前进行现场检查，确认企业生产或加工的食品符合韩国食品卫生法的规定，韩国主管部门予以注册登记。

韩国进口食品事前确认登记程序：国外进口食品生产加工商首先提交事前确认登记的申请表；韩国食品药品监督管理局对所提交的申请进行审查，并组织进行现场调查；韩国食品药品监督管理局向食品生产加工商通报授权号。

第八节 中国香港

香港是中国的特别行政区，该地区繁荣稳定对中国的发展至关重要，同时中国香港是广东农食产品交易额最大的地区，约占 40%，对中国香港的食品监管体系研究具有重要意义。

一、监管机构概况

负责食品安全的决策部门为食物及卫生局，其职能是制定相关政策，为香港市民提供优质的卫生、食物及环境卫生服务。负责食品安全具体工作的执行机构分别为食物环境卫生署、渔农自然护理署以及政府化验所。

（一）食物环境卫生署

食物环境卫生署是香港负责食品安全及环境卫生的政府部门，食物环境卫生署在 2006 年成立了食物安全中心，由食物安全专员管理。作为负责食品安全监管的政府专门机构，食物安全中心下设食物监察及管制科、风险评估及传达科和行政科，其中食物监察及管制科负责制定和实施食物监测计划，负责食物的进口管制和出口证明，负责食品安全事故的处理工作，包括调查在餐饮单位发生的经食物传播疾病的事故、处理食物安全危机和统筹食物回收工作，负责联系国际食物主管机构、食物商和其他有关人士，负责确保有效监控食物安全，制定措施防治源自动物的疾病。负责对内地输港食物进行检验。风险评估及传达科负责督导风险评估研究，负责开展香港市民食物消费量调查和有关食物危害和营养的研究，负责根据本地风险评估结果和国际经验就食物标准提供意见，开展食物安全风险传达工作，负责推广“食物安全重点控制”（即 HACCP）系统，负责促进政府、业界和公众三方合作，与国际组织、专业学会和关注团体联系，以加强食物安全计划，支援新食物安全规例和法例的制定工作。行政科负责监督食物安全中心行政后勤服务。

（二）渔农自然护理署

渔农自然护理署负责向市民提供与渔农业、自然保护、动植物及渔业监管有关的服务，与食品安全有关的职责包括促进渔农生产、提高生产力、管理政府新鲜副食品批发市场、控制动植物疾病。渔农自然护理署下设农业、渔业、自然护理、检验及检疫、郊野公园及海岸公园 5 个分署。其中农业分署负责促进农业生产及提高生产力，签发饲养禽畜牌照，为政府的新鲜副食品批销市场提供足够及运作良好的设施；渔业分署负责规管渔业，保护和管理渔业资源，推动渔业的可持续发展；检验与检疫分署负责监控动物疾病及食用动物体内的残余药物，规管投入品的使用，规管动植物及其产品的进出口。

（三）政府化验所

政府化验所负责食品安全的技术监督。政府化验所在1913年成立，主要职责是为其他政府部门提供全面的分析、调查和咨询服务。政府化验所负责食品安全检测的业务部门为分析及咨询事务部，下设食物安全及品质管理科负责食品安全的检测工作，科内设5个不同分工的食物安全组及微量元素化验组、品质管理组，提供各类与食物安全有关的检验分析服务。

二、法规体系概况

香港的食物法例由基本食物法例和附属法例组成，前者是原则性的规定，包括对风险较高的奶类和肉类、食物购买人的一般保障、食物成分组合及标签、食物卫生等规定，对违反食物法例的罪行、赋权条款、责任承担和免责条款等规定；后者是针对行业、产品种类、食物成分及其他加以规制的13个附属法例，如奶粉、食物内染色剂和屠宰房的规定。

香港关于食品监管的法规集中在《公众卫生及市政条例》（第132章）。不同项目的管理要求分布在该条例下的不同章节。该条例主要是对食物购买人的一般保障、与出售不宜食用的食物和掺杂食物有关的罪行、食物成分组合及标签、食物卫生，以及检取和销毁不宜食用的食物。任何人违反条例的规定，即属犯罪，可处第5级罚款及监禁6个月。

指引是指对有关食物的相关事宜进行规定和指导，有29个，主要分为4种类型：一是针对有关食品进（出）口商提供概括性的指引，主要就其涉及的法例、监管部门和事务操作流程作简单介绍；二是对业界的指引，旨在对相关食物业在食物操作和食物法例层面起到说明、提醒或提示有关规定的作用；三是对消费者的指引；四是对相关法例解释、补充的指引。

三、监管体系特点

（一）职能集中

香港食品安全的监管职能较为集中。渔农自然护理署主要负责本地食用农产品生产的管理和促进工作，在食品安全方面主要负责规范食用农产品的种植养殖行为，防止滥用投入品，监控动物疾病及食用动物体内的残余药物。政府化验所主要负责与食品安全有关的分析检验工作，为食品安全监管提供技术支持。而食物环境卫生署下属的食物安全中心负责执行与食物有关的法例，制定及实施全港食品安全监测计划，实施食物进口管制及出口验证，对食物加工厂进行监督检查，对市面食品进行监督检验并就食品安全标准、检验提出专业意见；调查和处理食品安全事故、调查餐饮酒楼的食源性疾病；监督食用动物疾病，对食用动物和活家禽实施进口管制，并对向香港进口食用活动物和食品的农场进行巡视。可以说，食物环境卫生署下属的食物安全中心负责除了本地农产品生产以外的“从农场到餐桌”全过程的食品安全监管。所以，香港虽然有3个相关的食品安全监管部门，但香港本地农业规模很小，食品绝大部分由外地供应，食品安全监管的主要职能集中在食物环境卫生署。

（二）以强大法律为后盾

香港食品安全的法律法规主要有《公众卫生及市政条例》（第132章）、《除害剂条例》（第133章）、《公众卫生（动物及禽鸟）条例》（第139章）及其附属法例。这些法律法规为香港食品安全监管提供了强大的法律支持。

1. 覆盖面全

香港食品安全监管的法律基本覆盖了从投入品、种植养殖以及食品生产、流通、消费的各个领域，规定较为全面。如除《公众卫生及市政条例》本身规范食品生产经营的各种行为外，还有《食物内染色料规例》、《奶粉规例》、《食物内甜味剂规例》、《食物掺杂（金属杂质含量）规例》、《食物业规例》、《食物内防腐剂规例》、《屠房规例》等10多部与食品安全相关的附属法例，规管添加剂等可能危害食品安全的环节和行为。

2. 操作性好

香港食品安全管理的法例对管辖的内容规定得十分详细，明确罗列出监管的内容，不易产生歧义。而且，每部法例又有多部附属的规例，对法例内容进一步细化，甚至以法律的形式列出违禁添加物质的名单及药物残留的最高限量值，如《公众卫生（动物及禽鸟）（化学物残余）规例》（第139N章）附表规定了违禁化学物的名单、食用动物组织内及奶药物残留的最高限量，具有很强的法律效力。

（三）震慑力强

在香港，没有与内地相同或类似的行政处罚概念，行政机关对行政违法原则上没有处罚权。绝大多数的违法行为被视为犯罪，由法院处以刑罚。另外，香港食品监管的法律在规定处罚措施时，对罚款数量及监禁时间均作出明确规定，而非一个可供执罚者选择的幅度，规定较为硬性。在上述法例中，明确违反某一规定即属犯罪。如违反《公众卫生及市政条例》51条第（5）项关于在奶类掺杂的规定即属犯罪，可判处第3级罚款及监禁3个月。由于法例规定较为严厉，且香港人一旦留有犯罪案底，将难以在社会立足，其震慑力十分强大。

（四）以风险分析为基础

香港采用国际食物安全管制机构倡导的以风险分析为基础的监管模式。食物安全中心设有风险评估组、风险管理组和风险传达（即风险交流）组，分别负责风险评估、风险管理和风险传达工作。食物安全中心的风险评估工作主要包括进行调查研究和文献研究工作。中心每年均会进行多项风险评估研究，全面检讨和分析与公众健康有重大关系的食物危害，如中学生从食物中摄取氯丙醇的情况、食物含铝的情况、不同品种鱼类的总汞和甲基汞含量和市面上食品的反式脂肪含量研究等。此外，该中心也会监察和评估每天在香港和外地发生的食物安全事故，以便能迅速主动采取行动，避免市民受到影响；开展食物消费量调查，以掌握市民的食物消费模式资料，提高市民对食物风险的评估能力。

食物安全中心还成立总膳食研究专责小组，负责拟定有关研究计划。食物环境卫生署还定期分析食物监测计划所收集的数据，并进行专题研究，评估某些食物的风险，及时制定食物安全策略。风险传达组经常举办各种互动的推广及宣传活动，与各有关人士有效沟通。定期举办业界咨询论坛，以便食物业界和政府就当前及重要的食物安全事宜交流资讯和意见。成立消费者联系小组，收集市民食物安全的有关建议及意见，以了解市民对食物安全的认识、观念和风险认知，从而提供适当的风险传达资讯。如发生备受关注的食物安全事故，会在网页及通过电子邮件发出食物警报。风险传达组也会处理传媒和市民有关食物安全的查询，公布食物监测和风险评估研究结果，发出相关的健康指引。定期制作各种教育宣传资料，包括不同专题的小册子、海报和展览板。

风险管理组会因应涉及的风险和香港情况，评估事故对香港的影响，建议应采取的合适行动及应变措施。同时根据情况采取相应行动，包括向出口国或有关的进口商、零售商索取更多资料；抽取样本进行测试；如事件对公众有重要影响，会发出食物警报，并会通过电子资讯系统向公众和业界发布有关资料；通知卫生署和医疗人员；暂停食物进口，以及统筹食物回收工作。

（五）重视技术监督

香港食品安全监管十分重视以技术手段作为依托。从机构设置上，除政府化验所专门设置食品检验机构外，食物安全中心也设置了食物化验组，在文锦渡对内地供港的新鲜农产品进行快速和全面的检验。渔农自然护理署检验及检疫分署也设置兽医化验所，开展包括动物病原体、屠宰前食用动物体内的化学物残留等检验工作。

从检测数量上，为确保食物安全，食物环境卫生署制定并实施食品监测计划，在进口、制造以至批发和零售等食物供应的每个环节，抽取食物样本进行检验。2007 年，共检验了 65 206 个食物样本，约每 1 000 人抽查 9 个样本；还对进口的食用禽、畜抽取数量巨大的组织、血液和尿液样本进行药物残留和疾病的检验检疫。渔农自然护理署的兽医化验所 2006—2007 年度进行了 29.8 万项监察禽流感的化验，以及 11.3 万项监察化学物残留的化验。通过大规模的监测，及时发现供港食品安全存在的问题并迅速采取措施。

（六）监管效能高

香港食品安全监管效能较高，具体表现在以下两个方面。

1. 执法严

食物业经营者如违反公众卫生法例，会被检控。食物环境卫生署推行违例记分制，一再违例者可能会被暂时吊销或取消牌照。建立警告信制度，多次违反发牌或持牌条件者可能会被取消牌照。此外，该署还会采取严厉措施对付无牌食物业处所，包括检控违例者和即时拘捕屡犯者。

《公众卫生及市政条例》提供有效的机制，当局可以封闭对市民健康构成即时危害的食物业处所。2007 年，食物环境卫生署巡查持牌食物业处所数目 205 549 次，检控 4 204 宗；暂时吊销牌照 160 个，取消牌照 6 个；检控无牌食物业处所 2 065 宗，发出封闭令 7 份；对怀疑为非法屠房的处所采取了 305 次扫荡行动和监察巡查，对新鲜粮食店和街市肉档进行了 7 761 次突击巡查。2006—2007 年度，渔农自然护理署巡查本地禽畜农场超过 8 400 次，检疫入口种猪 1 299 头，当中 1 个农场因使用违禁化学物被定罪。为执行禁止散养鸡、鸭、鹅、鸽及鹌鹑等家禽的法例，渔农自然护理署的执法人员巡查全港乡村，共检获约 490 只家禽，违例者可被罚款 5 万~10 万港币。

2. 效率高

由于职责明确，而且香港特区政府对行政事务的办理制定了严格的程序和责任，香港食品安全监管部门的工作效率高。食物环境卫生署 2007 年批准冷藏冷冻（冰鲜）肉类及家禽进口证 69 698 宗、进口野味、肉类及家禽申请 2 244 宗，进口奶类及奶类制品申请 140 宗，进口冰冻甜点申请 125 宗；文锦渡食品管制办事处检查运载蔬菜车辆 28 588 辆；巡查了内地 61 个注册农场和 21 个加工厂；监察本地和海外的 820 宗食物安全事故；处理了 6 360 宗食物投诉；接获 2 922 宗暂准食物业牌照的申请，并发出 1 976 个暂准牌照；接获和处理 3 058 宗食物业牌照申请。

（七）注重营造政府、业界和消费者三方合作的机制

香港食品安全监管部门认为食品安全是政府、业界和消费者三方的共同责任，主张在食品安全管理中要清楚划分各方责任，并致力通过政府、业界和消费者三方的积极合作，提高食品安全水平。因此，香港食品安全监管机构加强了与业界和消费者的沟通与联系，以建立政府、业界和消费者的三方互信合作的伙伴关系。主要措施包括及时公布食品安全事件、发布消费者容易理解的信息；及时收集业界和消费者意见；邀请业界和消费者代表参与制定食品安全指引；与消费者委员会联合就消费者关注的专题进行研究；成立专家委员会，让专家、业界和消费者共同参与研究重要食品安全措施；及时传达监测结果，让消费者和业界采取必要的保护措施减少风险；通过多种方式及时传达食品安全知识，帮助业界履行职责，协助消费者正确消费。

四、技术性贸易体系

（一）技术法规标准

1. 基本法律

香港新《食物安全条例》的主要做了以下修订：

(1) 对立法规管的食物定义范围有所扩大。体现在：第一，在《公众卫生及市政条例》中，食物的定义并不包含活鱼（介贝类水产动物除外）、活两栖动物和冰，此次草案则将前述 3 种添加到

食物的定义中。第二，目前香港食品卫生管理局及下属职能机构（香港食环署）对野味、肉类、家禽的规管依据为《进口野味、肉类及家禽规例》（第132AK章），该规例中不包含禽蛋产品的内容。新《食物安全条例》把添加了禽蛋规管要求的内容包含进来。第三，针对水果及蔬菜，香港制定有关药物残留的法规，为农药在水果、蔬菜中的安全使用订立标准。同时拟将针对野味、肉类、家禽和水产进口商的规管措施推广到蔬果进口商。

（2）对相关部门执法权限予以扩大。包括授权对进口食品（野味、肉类和家禽除外）符合食品安全标准的检查权利和发出禁止进口令、禁售令或回收令的权利。主要内容为依据食物的风险水平对不同的食物类别施加各种进口管制措施；赋予食物安全主管部门权力，在情况必要时发出禁止进口令、禁售令或食物回收令；成立食物安全上诉委员会，受理进口商或分销商认为上述指令发出而影响其正常权益须上诉的机构。

（3）严格了溯源体系的运作。包括授权建立食品进口商和分销商的资料库、对进口商和分销商须建立食品流向记录提出要求。在新《食物安全条例》中，强制所有食物进口商和分销商向食物安全主管当局登记；规定所有食物进口商和分销商保存为其供应食物和向其采购食物的企业的记录；规定所有食物零售商必须保留食物供应商记录。

（4）对内地供港的水生动物及水产品明确法律依据以及输港口岸做出调整。新《食物安全条例》将会对香港食品卫生管理局与国家质检总局过去达成的行政安排（检验检疫协议）做出法律地位的确认；并在原有文锦渡口岸输送供港水生动物及水产品基础上，拟增加经水路入港的流浮山、葵涌码头。

2. 一般专题的管理法规

相关标准有本地标准和采纳的国际/地区标准，本地制定的标准采用的国际/地区标准。

（1）食品添加剂。中国香港关于食品添加剂使用的法规包括：

香港法例132BD食物内防腐剂规例（2008.7.1）中列出的经准许的抗氧化剂名单于2005年12月23日修订，以配合食品法典委员会订立的标准。

香港法例132U食物内甜味剂规例（2003.12.19）（以前称《食物掺杂（人造糖）规例》）《食物内甜味剂规例》列出的经准许的甜味剂名单于2003年12月19日修订，以配合食品法典委员会订立的标准香港法例132H食物内染色料规例（2008.12.1）。

《食物及药物（成分组合及标签）规例》订明的准许加进炼奶、淡奶、牛油或忌廉的添加剂类别，以及有关标示添加剂的规定，已分别于2004年7月9日及2004年12月6日修订，以配合食品法典委员会订定的标准。

（2）农药。香港特别行政区政府为了加强对香港食品中农药残留的管理，正在研究制定《香港食物中残余除害剂的建议规管方案》（以下简称《规管方案》）。《规管方案》的实施将对我供港食品贸易造成重大影响。出入境检验检疫机构对《规管方案》进行研究后发现，《规管方案》涉及的农药中，我国内地尚有377种农药无检测方法。

（3）兽药。《香港法例》第139章公众卫生（动物及禽鸟）条例—第139N章公众卫生（动物及禽鸟）（化学物残余）规例规定了食品中兽药残留限量标准，具体内容可通过数据库查询。

（4）化学污染或毒素污染。化学污染或毒素污染的规定在《食物掺杂（金属杂质含量）规例》（第132V章）以及《食物内有害物质规例》（第132AF章）中，《食物内有害物质规例》采纳食品法典委员会所拟定的食物内兽药残余最高残余限量为标准。

2011年6月3日，香港特区政府宣布制定食品药品中含塑化剂邻苯二甲酸二酯（DEHP）上限为1.5mg/kg，任何食物DEHP含量超出该水平，均可依照食物安全法例禁止在港发售，并进行回收和销毁；同时将DEHP列入恒常检测范围。该限量较国际研究建议的15mg/kg更严格。

（5）食品标签。关于食品标签的规定集中在《食物及药物（成分组合及标签）规例》（第

132W 章）中。

3. 具体食品的技术法规

香港制定了《进口野味、肉类及家禽规例》（第 132AK 章）管理野味、肉类及家禽，制定《冰冻甜点规例》（第 132AC 章）管理冰冻甜点。

（二）合格评定

1. 产品进口管制及推出市场前的发牌工作

食物环境卫生署从香港进口检查站抽取食物样本，以进行各项检验工作。进口野味必须事先获得食物环境卫生署的批准，而进口的肉类及家禽则仅限于该署认可的来源地。若干食物行业（包括食肆及烘制面包饼食店）必须领取牌照，方可经营。

2. 产品推出市场后的监察工作

除了就事故采取行动外，食物环境卫生署也进行食物监察及食物标签检查工作。

五、进出口安全检验检疫措施体系

（一）进口食物安全的管制

供应香港的食物大部分来自外地，对进口食物的安全管制，是保障香港食物安全的首要环节。香港对进口食物的监管非常严格。从进口食物的类别上看，对风险相对较高的进口食物如肉类、奶类和家禽，不论来源地，进口时必须附有官方证明书或卫生证明书，由出口地的检验检疫部门证明该产品符合卫生安全标准；进口商在进口这些食品前，应向香港食物安全中心注册，获得食物环境卫生署的批准。从食物进口的程序上看，内地供应香港的蔬菜，首先必须来自质检总局网站上公布的注册蔬菜公司；其次，叶类蔬菜必须妥为包装，对运载车辆进行全车封识，每批蔬菜必须附有供港澳蔬菜农药使用报告单、供港澳蔬菜检验检疫监管卡，并注明蔬菜的相关资料，如种植农场的名称和地址、注册登记号和生产日期；第三，蔬菜必须从文锦渡关口进港，在深圳检查车辆铅封，并用电脑随机抽检，到香港还要进行随机取样检验。

基于公共卫生理由，香港政府对进口食物施加规定。某些高危进口食物，例如牛奶、奶类制品、冰冻甜食、野味、肉类和家禽等均受到《公众卫生及市政条例》（第 132 章）的附属法例所监管。进口野味须事先获得食物环境卫生署的批准，而进口肉类和家禽则仅限于食物环境卫生署所认可的来源地。为方便付运食物的发放，入口商最好能够提供出口国家的卫生当局所签发的官方卫生证明书。

所有进口蔬菜均应附有识别标签及使用杀虫剂报告单。蔬菜样本从运载的货车收集后，会在文锦渡食品管制中心进行残留杀虫剂检验。活的食用牲口也须在文锦渡、批发市场及屠房接受检查和检验。为了帮助企业有效进口，香港政府发布多个指引：

（1）内地冰鲜鸡输入香港指引。

（2）香港入口食物指引。

（3）香港入口冰冻甜点指引。

（4）香港入口野味、肉类及家禽指引。

（5）香港入口奶类及奶类饮品指引。

（6）香港入口海产指引。

（7）冷藏肉类、冰鲜肉类、冷藏家禽和冰鲜家禽进口证申请指引。

（8）食物回收指引。

（9）管制食物中所含残余除害剂。

（10）无菌处理包装低酸食物卫生工作守则。

（11）申请动物制食品卫生证书指引。

（二）内地与香港食品安全合作

自 2000 年 9 月原国家出入境检验检疫局与原香港特别行政区政府环境食物局签署会谈纪要以来，内地与香港特别行政区进行了卓有成效的合作。

2003 年 6 月，中华人民共和国商务部代表中央政府与香港特别行政区财政司共同签署了“内地与香港关于建立更紧密经贸关系的安排”。其主要内容包括三方面：①两地实现货物贸易零关税；②扩大服务贸易市场准入；③实行贸易投资便利化。在贸易投资便利化方面，包括 7 个领域的合作，其中第 3 个领域为商品检验检疫、食品安全、质量标准方面的合作。

2006 年，广东省食品药品监督管理局与香港特区卫生福利及食物局共同签署了“粤港食品安全工作交流与合作框架协议”，建立了工作通报机制，双方合作正式启动。该协议包括：①加强资讯交换。其中包括两地重大食品安全政策、法规、标准的出台、修改或更新，重要食品质量安全检测（抽验）结果，大规模食品召回或类似专门行动涉及双方的重大食品安全事故信息与调查结论等。②定点联络。广东省食品药品监督管理局和香港卫生福利及食物局负责日常工作层面及具体事项的联络工作。③定时会议。双方同意每年至少共同召开 1 次工作会议，总结合作情况和研究下一阶段工作安排或重大事项，如其间有重大食物安全事故发生，双方可以临时召开紧急高层会议。④专家沟通。对于有关食品安全方面的专业性、技术性问题，由双方组织专家研究，为双方政府提供决策参考。

国家质检总局对供港蔬菜制定了一系列严格措施，如：实行基地备案制度、加工厂注册登记制度、现场监装制度、对蔬菜运输车辆实行铅封等，基本上保障了供港蔬菜质量安全。

但由于检验检疫监装使用的传统铅封防伪性差，在巨大的利益驱使下，部分企业在市场上购买蔬菜冒充基地菜，或者在运输途中进行换货、换柜，为此，口岸检验检疫局不得不加大现场查验力度。这不仅加大了工作量，降低了通关效率，而且造成蔬菜难以“顺畅”供港，影响了蔬菜的新鲜可口。为此，国家质检总局引用物联网概念，创建了供港蔬菜 RFID 溯源监管系统。供港蔬菜 RFID 溯源监管系统采用国际最先进的无线射频识别 RFID 技术，将供港蔬菜生产的每一个质量控制环节进行实时、客观的识别跟踪；通过电子网络信息化管理平台，全面实现供港蔬菜“从田间到餐桌”的全过程质量追溯和监管。供港食品 RFID 溯源监管系统已成功应用到部分供港活畜禽、蔬菜等的检验检疫监管中，建立了河南、湖南供港猪示范区 3 个，深圳供港活鸡示范区 1 个，蔬菜生产基地 1 个，示范企业的产品达标率 100%。

第九节 东　　盟

东盟，即东南亚联盟（Association of Southeast East Asian Nations，ASEAN），包括新加坡、马来西亚、泰国、越南、菲律宾、印度尼西亚、缅甸、文莱、柬埔寨、老挝等。东盟毗邻广东，是广东农食产品出口额排名第三的地区，约占 11%，也是中国入世之后与中国率先签订自由贸易区协议的地区之一。东盟将效仿欧盟，于 2015 年成立东盟经济共同体（AEC）。目前，东盟食品合作正处于起步阶段。近年来，该地区不断出台技术性贸易措施，显然，对该地区食品安全监管研究具有重要的战略意义。

一、东盟食品安全合作概况

（一）合作机构概况

目前，东盟各国的食品安全监管由本国负责，不受东盟统一管理。但是东盟食品安全的统一监管目前已经起步。

1992年，东盟各国经济部长于1992年10月22日至23日在菲律宾马尼拉的第24次会议上组建了东盟标准与质量协商委员会（ACCSQ），负责消除包括标准、质量检测和技术法规等形式在内的非关税壁垒。

ACCSQ是一个地区性的标准化组织，尚未制定自成一体的东盟标准，是一个松散型的组织，主要是进行成员国之间生产标准的协调和技术法规一致性的协调。

该组织在组织运作过程中遵循以下两个准则：

1. ISO标准和指南

运用ISO标准和指南，尽可能以ISO标准和指南为基础进行协调。

2. WTO/TBT协议的原则

包括标准协调原则、正当目标原则、避免不必要的贸易壁垒原则、等效和相互承认原则、非歧视原则、对发展中成员国的特殊和差别待遇原则、透明度原则。

目前，ACCSQ的组织结构包括12个工作组，其中与食品有关的管理组为：WG1——双边互认协议（MRAs）及标准工作组、WG2——认可及合格评定工作组、WG3——法定计量工作组、PFP-WG——食品生产工作组。

（二）食品安全监管法规体系概况

为了保障优质、健康、安全的食品在区域内更自由地流通，并使东盟各国生产的农产品、食品达到国际标准、提高竞争力，东盟国家在经济一体化框架下加强了农产品食品安全方面的合作，于2011年2月11日发表的“东盟国家农产品食品安全合作情况”主要包括：

（1）2006年发布《东盟水果蔬菜种植、收获、处理标准》。

（2）制定775项涉及61种农药的残留标准。

（3）49项动物疫苗标准。

（4）13项牲畜养殖认证标准。

（5）3项畜牧产品认证标准。

此外，为应对近年来频发的人畜感染禽流感，东盟除了加强自身的食品安全控制外，也在与亚洲开发银行、联合国粮农组织等国际机构加强合作。

为了迎接2015年东盟经济共同体（AEC）的成立，东盟将于2014年统一产品质量标准。目前ACCSQ已将食品、化妆品、汽车、电器、电子、医疗机械用品、药品以及橡胶及其制品等8类产品确定为首先制定统一标准的产品。

（三）监管体系特点

1. 各国拥有本国食品安全法规体系

目前，由于尚未成立东盟经济共同体，东盟尚未建立统一的食品安全监管体系，东盟各国拥有本国自身的食品安全法规体系，这些法规体系各不相同，互不干涉。

2. 各国食品法规体系的建立主要以国际标准为基础

东盟十国中经济实力较强的国家的食品法规体系以国际标准为主，如新加坡、马来西亚、泰国、印度尼西亚和菲律宾。其法规体系中的内容，包括农药残留、兽药残留、食品添加剂、化学污染物、微生物、食品标签等，直接采取国际标准中的部分内容。其他国家的食品安全立法也类似，但是其国际化进程程度不一。

3. 各国逐年设立并增加技术性贸易措施

随着东盟一体化进程的推进，东盟各国近年来加快了食品技术性贸易措施的制定和通报，提高了食品进口门槛。

二、东盟主要贸易国技术性贸易措施体系

（一）新加坡

1. 食品安全法规及监管机构概况

新加坡的食品安全管理机构主要为农粮兽医局（AVA）。食品检验检疫机构主要为新加坡国家发展部下设的原产局（相当于农牧渔业部），原产局下设动物、植物、水产等方面的检疫机构。

新加坡食品安全监管法规主要为 AVA 制定的《新加坡原产局兽医公共卫生要求》，该法规对国内食品以及进出口食品中的农药残留限量、兽药残留限量、食品添加剂限量以及食品标签等内容作出规定。新加坡于 2011 年 4 月 15 日发布了 2011 年食品条例的修订文件。

该法规 Sale of Food Act（Chapter 283，Section 561）Food Regulations（2006.9.13）中 part 3 15~28 条，表 3 至表 8 对抗结剂、消泡剂、抗氧化剂、人造甜味剂、化学防腐剂、着色剂、乳化剂或稳定剂、调味剂、增味剂、保湿剂、营养增补剂、螯合剂、气体包装剂以及其他通用添加剂在食品中的使用作出了规定。

法规规定食品中农药残留必须符合新加坡的限量标准。如果新加坡没有相关规定，则必须符合 CAC 限量标准；对于加工/混合食品，其残留限量不得超过用于加工该食品原料容许量或组成该混合食品的容许量。

新加坡食品条例（Food Regulations）中仅对动物源性产品中抗生素和雌激素做了规定。根据食品条例，抗生素指化学合成或微生物来源的化学物质，其在低浓度下可消灭细菌或其他微生物或阻碍其生长。除尼生素可作为经热处理破坏肉毒杆梭菌孢子的干酪及罐装食品的防腐剂外，新加坡要求抗生素及其降解产物在奶、肉、肉制品及其他食品中不得检出。同时，对于尼生素，新加坡禁止含有 diethy lstibestrol［3,4–bis（p–hydroxyphenyl）–3–hexene］、hexoestrol［3,4–bis（p–hydroxyphenyl）–n–hexane］、dienoestrol［3,4–bis（p–hydroxyphenyl）–2,4–hexadiene］等雌激素的肉及肉制品。

新加坡农粮兽医局已经审议了食品法规，并且提议下列修订：①为减少新加坡居民摄取反式脂肪，对于脂肪和油类，采用每 100g 产品 2g 反式脂肪的限量，对于零售包装强制性采用反式脂肪标签。②在食品标签方面的新要求，预包装食品的净含量声明、包装在液体介质中的食品沥干重量声明和冷冻食品的重量声明。含有潜在的食品过敏原成分的预包装食品将需要具体标示，以通知消费者这些成分的存在。要求有效期日戳的预包装食品的列表将扩展到将即食的最低程度加工水果和蔬菜（例如切开的水果和蔬菜）包括在内，因为这些产品是高度易腐烂的。在法规修正案中规定了允许健康声明的列表，以及在食品标签和广告上健康声明使用的标准。③经修订的(对于进口食品的)进口许可声明要求：在申请进口许可时没有商标名称的食品将必须使用商标名称。要求申报国外制造商的名称或计划的商标名称，因为这有利于产品溯源。

2. 食品标准及监管机构概况

新加坡的标准管理部门是新加坡标准化、生产力与创新局［Standards，Productivity and Innovation for Growth （SPRING），Singapore］，实行一级管理。SPRING Singapore 是新加坡工商业部的下属机构，其前身为新加坡生产力和标准局（PSB），1996 年与国家生产力委员会（NPB）和新加坡标准工业研究协会（SISIR）合并，2002 年 4 月改名为 SPRING Singapore。

新加坡注重食品安全法律制度建设，实施严格的安全鉴定标准。自 2006 年起，新加坡开始实行 ISO22000 食品安全鉴定标准，成为东南亚地区第一个采用 ISO22000 食品安全管理系统鉴定标准的国家。

（二）马来西亚

1. 食品法规及其监管机构概况

马来西亚负责食品安全法规体系立法的机构为健康部，成立了国家食品安全和营养委员会（National Food Safety and Nutrition Council，NFSNC）。

为履行对世界贸易组织（WTO）所作出的承诺，适应贸易全球化对食品安全不断提高的要求，马来西亚还在SPS协议和TBT协议框架下鼓励食品标准一致化，将SPS协议认可的药典标准、指南和推荐标准作为其制定法规的基础，既避免了产生贸易壁垒，又能确保本国的食品安全。

马来西亚的食品安全法规体系主要为《食品安全条例》（National Food Safety Policy）。食品条例规定从2004年3月起罐装水果和罐装蔬菜预包装加工食品，必须加贴营养标签。马来西亚是继美国、加拿大、澳大利亚、新西兰和日本之后第6个实施强制性营养标签制度的国家。

2. 食品标准、认证及其监管机构概况

马来西亚标准的管理部门主要是马来西亚标准部（Department of Standards Malaysia，DSM），主管部门是马来西亚科技创新署（Ministry of Science，Technology and Innovation），指定马来西亚标准与工业研究公司（Standards and Industrial Research Institute of Malaysia Behad，SIRIM Bhd）为唯一的标准制定机构，是政府所有的非盈利机构。

马来西亚食品安全标志认证包括3个部分：食品安全检查、马来西亚良好作业规范认证（GMP）、马来西亚危害分析和关键管制点认证（HACCP），企业可向马来西亚卫生部食品安全与品质组申请，政府将根据食品制造商的遵守程度来给予认证。此外，马来西亚还要求进口食品获得清真食品认证。马来西亚伊斯兰教发展署（JAKIM）发布“马来西亚清真肉、禽生产规程草案”，该规程对屠宰场/屠宰车间规定了屠宰、致昏方式、加工工艺及清真肉禽制品存储和运输操作指南。规程与马来西亚标准MS 1500 : 2009“清真食品——生产、制备、处理和存储——通用指南（第2次修订）”一起使用。制定该规程的目的是为了提供明确的清真肉禽制品生产指南。规程适用于所有清真肉禽制品生产企业，包括向马来西亚出口的企业。规程作为标准MS 1500 : 2009的补充要求。

马来西亚要求国内中小型食品业者今后将必须取得“马来西亚食品安全标志”认证。该认证由马来西亚卫生部于2010年11月推出，免费供业者申请，协助企业达到2009年食品安全条例的规定。马来西亚拟自2014年起全面实行食品上市认证制度。届时，所有中小型及家庭式食品制造商所生产食品皆需获得卫生部“马来西亚食品安全认证”后方能面市，此举主要是确保国内所有食品制造商所制造的食品均达到安全水平。

（三）泰国

1. 食品监管机构及其法规概况

泰国食品安全由卫生部和农业部等几个独立的部门共同负责。早在1979年，泰国就制定了食品业的相关立法。食品法把所有食品分为三大类：特别控制类食品、标准类食品和标签类食品，并根据每一类食品的特点采取不同程度的控制措施。

一般来说，泰国食品在上市前其生产或进口商首先要取得生产或进口许可证，许可证的有效期通常为3年。特别控制类食品在生产或进口前需要申请注册；标准类食品要申请生产通知单，其质量必须达到规定的标准。而对于标签类食品，主要是对其食品标签进行审查以防误导消费者。食品标签一般包含产品名称、主要成分、生产商和生产地址等泰语标注的信息。一些诸如调料类食品的商标在上市前须获得食品和药品管理局的批准。另外，作为一种让消费者了解某些食品的主要渠道，食品上市前的广告宣传须获得泰国食品和药品管理局的许可，对质量和效果宣传失实的广告被明令禁止。也就是说，泰国食品安全系统的一大特点是在食品上市前就采取有效的控制措施，这从根本上减少了食品安全问题的产生。

2. 食品标准、认证概况

泰国良好农业操作认证和有机食品认证的主管部门都为泰国农业与合作部（MOAC），由泰国农业与合作部授权泰国国家农业商品与食品标准委员会（NCACFS）下属的农业商品与食品标准局（ACFS）制定良好农业操作和有机食品认证国家标准，同时负责认证机构的认可工作。

泰国的良好农业操作和有机食品认证机构分为三大类：①官方认证机构；②私人认证机构；③国外认证机构。官方认证机构设立在泰国农业与合作部，由三部分组成，分别是：农产品认证处（DOA），主要负责农作物产品认证；畜产品认证处（DOL），主要负责畜禽类产品的认证；水产品认证处（DOF），主要负责淡水养殖产品的认证。官方认证机构的认证权限仅限于泰国国内企业，产品销售也以泰国本国市场为主。泰国的私人认证机构的认证活动以 ACT 为主。私人认证机构的认证范围不仅仅限于国内市场，而是以产品的出口为主，同时也有部分产品在国内市场进行销售。国外认证机构在泰国的认证活动也比较频繁，所占有机食品认证的份额也比较大，几乎达到所有有机食品认证企业的 50%左右。其中包括日本的 JONA 和 OMIC、德国的 BCS、法国的 ECOCERT 以及瑞典的 KRAV 等多家认证机构。这些国外认证机构认证的产品除了销往认证机构所在国市场外，在泰国市场也占据一席之地。

泰国良好农业操作和有机食品认证使用的是同一个标志。该标志的形状有如一个大写的英文字母 Q，因此，在泰国也被称为 Q 标志。2005 年，农业商品与食品标准局制定了良好农业操作产品和有机食品使用 Q 标志的标准。依据该标准，使用 Q 标志的 GAP 产品必须符合如下 5 项要求：①初级加工产品（仅限于产品在农场阶段）必须符合 GAP 相关国家标准，并要通过获得认可的认证机构的认证；②产品加工过程，包括包装车间或屠宰车间必须达到 GMP 或 HACCP 要求，并且也要获得认可的认证机构的认证；③准许使用 Q 标志的产品必须满足可追溯的要求；④产品必须出具符合认证机构所执行标准要求的产品质量检测报告；⑤产品的检测标准必须符合 ACFS 的国家标准或由 NCACFS 所认可的标准的要求。

Q 标志的形状虽然相同，但对于 GAP 产品和有机食品 Q 标志的颜色有所不同，GAP 标志的主体颜色为绿色，而有机食品的主体颜色为金黄色，金黄色标志标示的产品是表示比绿色标志的产品更安全、更健康。但是，有机食品转换期产品标志与 GAP 所使用的是同一个标志。由于标志的实施才开始不久，部分使用标志的企业还存在使用错误的现象。

（四）印度尼西亚

1. 食品法规及其监管机构概况

印度尼西亚食品安全的监管机构主要为农业部农业检疫局、国家药品食品管理局（NADFC）和卫生部。其中农药残留、兽药残留的法规由卫生部和农业部联合制定，食品标签、微生物、化学污染物残留等法规由国家食品药物管理总局制定。

2011 年 3 月，印度尼西亚通报关于加工食品中微生物和化学污染物的最大限量的法规。该法规包括食品中微生物和化学污染物的种类和最大限量。法规与 CODEX 标准协调一致。

微生物污染包括：细菌总数（TPC）、大肠菌群、大肠杆菌、沙门氏菌、金黄色葡萄球菌、蜡样芽孢杆菌、真菌、酵母菌、产气荚膜梭菌、单增李斯特菌、霍乱弧菌、肠杆菌和阪崎肠杆菌。

化学污染物包括：重金属砷、镉、汞、锡、铅，以及其他化学污染物苯并 [a] 芘、二噁英（2,3,7,8-TCDD）、1,3-二氯-2-丙醇 （1,3-DCP）、 3-氯-1, 2-丙二醇 （ 3-MCPD）。

法规规定的限量要求包括：食品中重金属污染物最大限量标准；食品中微生物污染最大限量标准；食品中苯并 [a] 芘、二噁英（2,3,7,8-TCDD）、1,3-二氯-2-丙醇（1,3-DCP）、 3-氯-1,2-丙二醇(3-MCPD）的最大限量标准。

2. 食品标签规定

2011 年 1 月，印度尼西亚国家药品食品管理局通报发布法规 HK.03.1.23.06.10.5166 / 2010 规定在药品、传统药物、补药及食品标签中包含的特殊物质、酒精含量及有效期信息。该法规取代印度尼西亚国家药品食品管理局法规 No. HK.03.1. 23.0、6.10.3156 / 2010 关于源于及包含特殊材料 / 物质和/或包含酒精的药品、传统药物、化妆品、食品补充剂及食品。

该法规规定除符合相关现行法律以外，药品、传统药物、补药及加工食品标签应具备以下信息：动物源材料、酒精含量、有效期。

法规规定包含动物源材料/物质的上述产品应在标签上包含相关信息。使用猪肉源材料或在生产过程中与猪肉源材料接触的此类产品适用于特殊规则。动物源材料有明胶、甘油、酶、脂肪、胶原、初乳、胚胎素、血液提取物、水解血红蛋白、角蛋白、毛发提取物、胎盘、蛋白质、胸腺提取物、胸腺水解产物、胃提取物、油、白油、稠化剂、乳化剂、稳定剂、I-色氨酸、甘油单酯、甘油二酯、甘油三酯。

法规规定以下标签信息适用：

(1) 包含特殊物质成分或已获得主管部门认证物质的药品、传统药物、补品及食品，应在清真标签上声明认证信息。

(2) 包含猪肉源特殊物质的药品、传统药物和补药标签上应有提供“猪肉源”信息的特殊标志。

(3) 生产过程中与猪肉源特殊物质接触的药品标签上应有提供“产品在生产过程中与猪肉源材料接触”信息的特殊标志。

(4) 生产过程中与猪肉源特殊物质接触的加工食品标签上应有通过文字及猪的图片提供“包含猪肉”信息的特殊标志。

(5) 包含酒精产品应有酒精含量百分比。

上述产品标签信息还应包含有效年、月的信息组成的有效期内容。对于保质期小于3个月的加工食品，标签上应包含有效年、月、日的信息组成的有效期内容。有效期相关规定不适用于以下产品：

(1) 葡萄酒。

(2) 酒精含量超过10%的酒精饮料。

(3) 醋。

(4) 糖。

(5) 货架期小于24h的面包和糕点。

法规规定此类标签标志尺寸应成比例，字体最小尺寸不小于1.5mm。法规还规定了违反法规规定类型实施的行政处罚等级。

该法规生效前已上市的药品、传统药物、补药及加工食品必须在法规生效后1年内调整其标志/标签以符合法规规定。

3. 食品标准化认证及其监管机构概况

印度尼西亚的标准化主管部门是印度尼西亚国家标准总局（Badan Standadisasi Nasional，BSN），该局由2001年第103号总统法令批准成立，取代原印度尼西亚标准化委员，属于非政府机构，其主要职责是发展和促进印度尼西亚的标准化。

印度尼西亚的食品认证主要有清真食品认证。印度尼西亚作为世界第四大人口大国，拥有近2.2亿人口，其中约87%的居民信奉伊斯兰教，是世界上穆斯林人口最多的国家。印度尼西亚政府规定市场上的食品也必须经由印度尼西亚伊斯兰教最高组织即印度尼西亚穆斯林大会（Majelis Ulama Indonesia或Indonesian Council of Ulama，MUI）认可，取得“Halal（清真）”认证后的食品方可食用。MUI负责颁发清真证书。

1989年1月6日，MUI建立了LP.POM-MUI（食品、药品、化妆品评估协会）。LP.POM-MUI作为一个独立的组织机构，对食品、药品和化妆品进行深入研究、调查和检验，然后提交结果给MUI。LP.POM-MUI拥有60多个验厂员和各领域的专家，如食品技术、工业技术、化学、生物化学、家禽、兽医、医药和其他相关领域。在实验室分析方面，MUI 与茂物农业大学（IPB）开展合作。

4. 进出口安全监管

在新鲜植物食品进出口方面，印度尼西亚颁布了《进出口新鲜植物食品安全控制条例》，要求所有向印度尼西亚出口的新鲜植物产品必须按照规定准备相关检验检疫材料，由印度尼西亚质检部门批准，并在印度尼西亚质检部门指定的实验室进行农药残留、重金属污染、细菌含量等的检测，全部合格后方可由指定港口进入印度尼西亚市场。该条例于 2009 年 11 月 19 日生效。

水产品进口方面，印度尼西亚要求进口水产品需要注册。

（五）菲律宾

菲律宾的食品安全监管机构主要为食品、药品和化妆品管理局，该机构隶属于卫生部，按1963年制定的《菲律宾共和国食品、药品和化妆品法》规定所产生。FDA 由一名局长和副局长负责，设有 4 个主要部门：实验室处、监督和发证处、麻醉品管理处、管理处。其中实验室处、监督和发证处的工作与食品卫生监督管理有关。

按《菲律宾共和国食品、药品和化妆品法》规定，食品中农药残留、兽药残留、食品添加剂、有毒有害物质、食品标签、食品接触材料的限量以及检测工作由实验室处的食品检验科负责，食品的微生物学检验由实验室处的食品微生物检验科负责。

食品的质量和生产、加工过程的卫生规范、合格评定、监测由监督和发证处负责。

菲律宾还设有菲律宾产品标准局（Bureau of Product Standards，BPS the Philippines），隶属菲律宾贸工部（Department of Trade and Industry，DTI）。BPS 中设有标准发展部、标准信息服务部(包括标准馆和 WTO/TBT 咨询点)、产品认证处、质量体系认证和合格评定机构认可部等单位。BPS 的职能主要是负责开展、实施和协调菲律宾国内所有标准化工作。它主要负责制定和宣传国家标准、开展产品测试和认证、对测试实验室能力的认可以及进行管理体系认证机构的认证，以提高菲律宾产品的全球竞争力，保护消费者和企业的利益。

（六）东盟其他国家

东盟其他国家（包括缅甸、文莱、柬埔寨、老挝、越南等）各自设有食品安全监管机构，对在本国销售的食品进行监管。

近年来，随着东盟经济一体化进程的推进，这些国家加强了食品安全的监管力度。例如，越南农业与农村发展部日前颁布新规定，2011 年 7 月 1 日在口岸、货物集结地和仓库对各种进口食品（如葡萄、橙、橘、苹果、梨、樱桃、西兰花、马铃薯、番茄等）按其风险度抽取 10%~100%不等的样品进行食品安全检查。具体为：当检查发现某批货物严重违反食品安全规定时将抽取 30%样品进行检查；连续发现 2 批货物严重违反食品规定的，将对货物进行 100%检查。规定还要求在货物到达口岸前最少 24h 内，货主必须向检查机关办理食品安全登记手续。

三、进出口安全检验检疫措施体系

东盟各国食品按检验检疫体系依照本国安检体制进行，近年来，这些国家食品进出口安全检验检疫体系有以下动态：

（一）设立共同预警机制

2007 年，泰国与马来西亚、越南和柬埔寨共同建立“东盟食品安全预警机制”，在东盟地区内建立食品安全信息网络，监督农产品和食品安全。预警机制通过互联网交流和发布食品安全信息。未来将有更多东盟成员国加入“东盟食品安全预警机制”，该机制也将成为东盟食品安全信息的交流平台。

（二）中国-东盟自由贸易区合作逐步深入

经过多年的谈判与实践，中国-东盟自由贸易区从2011年1月1日起全面启动，它标志着由中国和东盟十国组成，接近6万亿美元国内生产总值、4.5万亿美元贸易额的区域，开始步入零关税时代。中国-东盟自由贸易区启动后，中国对东盟的平均关税将从之前的9.8%降至0.1%，而东盟6个旧成员文莱、印度尼西亚、马来西亚、菲律宾、新加坡、泰国，对中国的平均关税将从12.8%降低到0.6%，4个新成员越南、老挝、柬埔寨和缅甸，将于2015年实现90%零关税的目标。

在检验检疫方面，东盟也与中国进行了跨日持久的谈判和实践。早在2004年11月，中国倡议切实落实中国-东盟自由贸易区的货物贸易协定和争端解决机制协定，加快自由贸易区服务贸易和投资谈判。两年后，中国质检总局和东盟秘书处合作在广西南宁成功举办"中国-东盟出入境检验检疫合作论坛"。2007年10月，在第十一次中国-东盟领导人会议上，中国-东盟举行"进出口食品安全管理与合作　保护消费者利益"为主题的第一届中国-东盟质检部长会议，发表"南宁联合声明"，同年11月，中国-东盟签署"关于加强卫生与植物卫生领域合作备忘录"（即SPS备忘录）。2009年10月，在第十二次中国-东盟领导人会议上，中国-东盟又签署了"关于加强标准、技术法规和合格评定领域合作的谅解备忘录"（即TBT备忘录）。2011年10月，围绕"产品质量与安全"这一主题，第一届中国-东盟TBT合作部长会议审定中国-东盟TBT合作备忘录里"2010—2013年度执行计划"，审议发表加强产品质量与安全合作的"南宁联合声明"。

2010年11月26日，中国通过《中华人民共和国海关〈中华人民共和国与东南亚国家联盟全面经济合作框架协议〉项下进出口货物原产地管理办法》，自2011年1月1日起施行。

（三）中国与东盟各国签订的食品安全协议

由于东盟经济一体化尚未完成，因此中国与东盟各国分别签订了食品进出口安全双边协议。

2004年4月，中国质检总局与泰国农业与合作部签署了"关于卫生与植物卫生合作谅解备忘录"，该备忘录保证了中泰两国水果、大米等动植物产品的安全输送。同年，中国质检总局与越南农业部签署"关于出入境植物检验检疫合作谅解备忘录"，与缅甸联邦政府签订"关于植物检疫的合作协定"，与老挝农林部签订"关于动植物卫生和食品安全合作谅解备忘录"等，有效地促进了中国与东盟各国的双边贸易。

第四章
广东主要贸易对象国重要农食产品安全限量要求比较分析

本章主要从农食产品中食品添加剂、农药残留、兽药残留、重金属污染物、有害微生物、食品接触材料等六方面，对包括欧盟、美国、加拿大、澳大利亚和新西兰、日本、韩国、中国香港等广东主要贸易对象国（地区）以及中国的重要农食产品的上述安全限量要求进行比较分析。

收集到的部分相关限量数据在附录表中列出，更多的限量数据已经建立应对数据库，挂接在中国技术性贸易措施网站（网址 http://www.tbt-sps.gov.cn）上，供农食产品进出口企业、进出口检验检疫部门、农食产品质量监督部门、标准化研究部门等免费查询。这些基础数据以及深入的比较分析将可为我国制/修订农食产品重要安全指标限量标准提供科学基础，为质检职能部门提供决策和监管参考依据。同时，也有利于帮助全国特别是广东农食产品进出口企业了解和熟悉主要贸易国家农食产品重要的限量要求，有助于打破和跨越主要贸易对象国农食产品技术壁垒。

第一节　食品添加剂

一、食品添加剂概述

《中华人民共和国食品安全法》规定：食品添加剂，指为改善食品品质和色、香、味以及为防腐、保鲜和加工工艺的需要而加入食品中的人工合成或者天然物质。GB 2760—2011《食品添加剂使用标准》对食品添加剂给出了同样的定义。该标准明确了营养强化剂、食品用香料、胶基糖果中基础剂物质、食品工业用加工助剂也按食品添加剂管理。

食品添加剂可以有效地改善食品的色、香、味和品质，延长食品的贮存期，它们是食品加工业不可缺少的辅料。虽然食品添加剂形成产业已有百年之久，传统使用的食品添加剂都是采用天然物质，包括动物、植物与矿物等，这些天然物质无论在品种上还是在性能上，都远远不能满足食品工业发展的需要。食品添加剂真正的发展和在食品中大量的应用始于西方发达国家。该产业只是在近十几年来才成为一门新兴独立的生产工业。化学工业特别是合成化学工业的发展，使食品添加剂进入了一个新的加速发展的阶段，许多人工合成添加剂相继大量应用于食品加工生产。据统计，全世界食品添加剂的品种已多达 25 000 种（其中 80%为香料），直接使用的有 3 000~4 000 种，常见的为 600~1 000 种。美国使用的品种最多，被批准和使用的食品添加剂种类已有 3 000 多种，食品添加剂对美国食品工业的发展起到了非常重要的作用。

世界范围内由食品安全卫生质量引起的贸易纠纷不断上升。食品安全问题已经成为全社会广泛关注的焦点，而食品添加剂的安全、合理使用则直接关系到食品的安全。我国政府已把食品安全工作提高到前所未有的高度，对加强全国食品安全工作做出了重大决策，并在全国范围内开展了专项整治。食品安全对食品添加剂提出了更高的安全性、卫生性要求。因此，分析比较主要贸易国有关食品添加剂的法规、标准和使用原则，有利于加强进出口食品添加剂及其使用的管理，积极应对国外有关食品添加剂的技术壁垒和建立我国食品添加剂方面的技术贸易措施。

二、中国有关食品添加剂法规概况

我国目前批准使用的食品添加剂有 2 000 多种，其中直接使用的食品添加剂共 500 多种。

（一）《中华人民共和国食品安全法》

《中华人民共和国食品安全法》于 2009 年 6 月 1 日起正式施行。该法共有 10 章，104 条。该法确立了八方面的重要法律制度。一是明确食品安全监管体制，对实行分段监管的各部门的具体职责进一步明确。国务院设立食品安全委员会，协调、指导食品安全监管工作。进一步加强地方政府及其有关部门的监管职责。二是确立安全风险评估制度。对食品中生物性、化学性和物理性危害对人体健康可能造成的不良影响进行科学评估。三是统一食品安全国家标准。确立了统一制定食品安全国家标准的原则。四是强化经营者的社会责任。规定食品生产经营许可、食品生产经营者安全信用档案等制度外，还确立了不安全食品召回和停止经营等一系列法律制度。五是食品添加剂须安全可靠。进一步加强了对食品添加剂的监管，食品生产者应当按照食品安全标准关于食品添加剂的品种、使用范围和用量的规定使用添加剂，不得在食品生产中使用食品添加剂以外的化学物质或者其他危害人体健康的物质。六是保健食品实行严格监管。有关监督管理部门应当依法履职，承担责任。七是有效处置食品安全事故。对报告、事故处置、责任追究做了具体明确的规定。八是确立了惩罚性赔偿制度。对用非食品原料生产食品，或者在食品中添加食品添加剂以外的化学物质，或者用回收食品做原料生产食品，生产经营营养成分不符合食品安全标准的专供婴幼儿和其他特定人群的主辅食品等严重的违法行为，规定了相关的刑事、行政和民事责任。

该法对食品添加剂的生产经营、进口和使用进行了明确的规定。该法中有第 2、13、19、20、28、36、38、42、43、45、46、47、48、62、63、84、85、86、87、88、89、99 条共 22 条直接涉及食品添加剂。概括起来有如下八方面的内容：

1. 适用于食品添加剂管理

明确该法适用于食品添加剂的生产经营，食品生产经营者使用食品添加剂，对食品、食品添加剂和食品相关产品的安全管理（参见第 2 条）。

2. 明确了食品添加剂的概念

食品添加剂，指为改善食品品质和色、香、味以及为防腐、保鲜和加工工艺的需要而加入食品中的人工合成或者天然物质（参见第 99 条）。

3. 国家建立食品安全风险评估制度

国务院卫生行政部门负责组织对食品添加剂中生物性、化学性和物理性危害进行风险评估（参见第 13 条）。

4. 食品添加剂产品标准和使用标准属于国家强制标准

食品添加剂的品种、使用范围、用量规定属于强制执行食品安全标准（参见第 19 条、第 20 条）。

5. 对预包装食品生产使用食品添加剂进行了规定

（1）食品生产者采购的食品添加剂应当查验供货者的许可证和产品合格证明文件。不得采购或者使用不符合食品安全标准的食品添加剂。食品生产企业应当建立食品添加剂进货查验记录制度，如实记录食品添加剂的名称、规格、数量、供货者名称及联系方式、进货日期等内容。进货查验记录应当真实，保存期限不得少于 2 年（参见第 36 条）。

(2) 食品生产者应当依照食品安全标准关于食品添加剂的品种、使用范围、用量的规定使用食品添加剂；不得在食品生产中使用食品添加剂以外的化学物质或者其他可能危害人体健康的物质(参见第46条)。

(3) 预包装食品的包装上应当有标签，标签中所使用的食品添加剂名称应是在国家标准中的通用名称（参见第42条)。

6. 对食品添加剂的生产经营进行了规定

(1) 国家对食品添加剂的生产实行许可制度。申请食品添加剂生产许可的条件、程序，按照国家有关工业产品生产许可证管理的规定执行（参见第43条)。

(2) 禁止生产经营用添加食品添加剂以外的化学物质的食品（参见第28条)。

(3) 食品添加剂应当在技术上确有必要且经过风险评估证明安全可靠，方可列入允许使用的范围。国务院卫生行政部门应当根据技术必要性和食品安全风险评估结果，及时对食品添加剂的品种、使用范围、用量的标准进行修订（参见第45条)。

(4) 申请从事食品添加剂新品种生产活动的单位或者个人，应当向国务院卫生行政部门提交相关产品的安全性评估材料。国务院卫生行政部门应当自收到申请之日起60日内组织对相关产品的安全性评估材料进行审查；对符合食品安全要求的，依法决定准予许可并予以公布；对不符合食品安全要求的，决定不予许可并书面说明理由（参见第44条)。

(5) 食品添加剂应当有标签、说明书和包装。标签、说明书应当载明：①名称、规格、净含量、生产日期；②成分或者配料表；③生产者的名称、地址、联系方式；④保质期；⑤产品标准代号；⑥贮存条件；⑦生产许可证编号；⑧法律、法规或者食品安全标准规定必须标明的其他事项，以及食品添加剂的使用范围、用量、使用方法，并在标签上载明“食品添加剂”字样（参见第47条)。

(6) 食品添加剂的标签、说明书，不得含有虚假、夸大的内容，不得涉及疾病预防、治疗功能。生产者对标签、说明书上所载明的内容负责。食品添加剂的标签、说明书应当清楚、明显，容易辨识。食品添加剂与其标签、说明书所载明的内容不符的，不得上市销售（参见第48条)。

7. 对进口食品添加剂进行了规定

(1) 进口食品添加剂应当符合我国食品安全国家标准。进口的食品应当经出入境检验检疫机构检验合格后，海关凭出入境检验检疫机构签发的通关证明放行（参见第62条)。

(2) 首次进口食品添加剂新品种，进口商应当向国务院卫生行政部门提出申请并提交相关的安全性评估材料。国务院卫生行政部门应当自收到申请之日起60日内组织对相关产品的安全性评估材料进行审查，作出是否准予许可的决定，并及时制定相应的食品安全国家标准（参见第63条)。

8. 明确了法律责任和违法的处罚

(1) 违反本法规定，未经许可生产食品添加剂的，由有关主管部门按照各自职责分工，没收违法所得、违法生产经营的食品添加剂和用于违法生产经营的工具、设备、原料等物品；违法生产经营的食品添加剂货值金额不足1万元的，并处2 000元以上5万元以下罚款；货值金额1万元以上的，并处货值金额5倍以上10倍以下罚款（参见第84条)。

(2) 违反本法规定，有下列情形之一的：①用非食品原料生产食品或者在食品中添加食品添加剂以外的化学物质；②经营腐败变质、掺假掺杂的食品；③从事食品添加剂新品种生产，未经过安全性评估。由有关主管部门按照各自职责分工，没收违法所得、违法生产经营的食品和用于违法生产经营的工具、设备、原料等物品；违法生产经营的食品货值金额不足1万元的，并处2 000元以上5万元以下罚款；货值金额1万元以上的，并处货值金额5倍以上10倍以下罚款；情节严重的，吊销许可证（参见第85条)。

(3) 违反本法规定，有下列情形之一的：①生产经营无标签的食品添加剂或者标签、说明书不符合本法规定的食品添加剂；②食品生产者采购、使用不符合食品安全标准的食品添加剂。由有关主管部门按照各自职责分工，没收违法所得、违法生产经营的食品和用于违法生产经营的工具、设备、原料等物品；违法生产经营的食品货值金额不足1万元的，并处2 000元以上5万元以下罚款；货值金额1万元以上的，并处货值金额2倍以上5倍以下罚款；情节严重的，责令停产停业，直至吊销许可证（参见第86条）。

（4）违反本法规定，有下列情形之一：①未对采购的食品原料和生产的食品添加剂进行检验；②未建立并遵守查验记录制度、出厂检验记录制度；③制定食品安全企业标准未依照本法规定备案；④未按规定要求贮存、销售食品或者清理库存食品；⑤进货时未查验许可证和相关证明文件；⑥生产的食品添加剂的标签、说明书涉及疾病预防、治疗功能。由有关主管部门按照各自职责分工，责令改正，给予警告；拒不改正的，处2 000元以上2万元以下罚款；情节严重的，责令停产停业，直至吊销许可证（参见第87条）。

（5）违反本法规定，事故单位在发生食品安全事故后未进行处置、报告的，由有关主管部门按照各自职责分工，责令改正，给予警告；毁灭有关证据的，责令停产停业，并处2 000元以上10万元以下罚款；造成严重后果的，由原发证部门吊销许可证（参见第88条）。

（6）违反本法规定，有下列情形之一的：①首次进口食品添加剂新品种未经过安全性评估依照本法第85条的规定给予处罚；②违反本法规定，进口商未建立并遵守食品进口和销售记录制度的，依照本法第87条的规定给予处罚（参见第89条）。

（二）《中华人民共和国食品安全法实施条例》

为了配合《中华人民共和国食品安全法》的实施，国家法制办会同卫生部等部门起草了《中华人民共和国食品安全法实施条例》。条例总体思路：一是进一步落实企业作为食品安全第一责任人的责任，强化事先预防和生产经营过程控制，以及食品发生安全事故后的可追溯。二是进一步强化各部门在食品安全监管方面的职责，完善监管部门在分工负责与统一协调相结合体制中的相互协调、衔接与配合。三是将食品安全法一些较为原则的规定具体化，增强制度的可操作性。但对食品安全法已经作出具体规定的内容，一般不再重复规定。该条例共64条，其中第37、40、51、58、62条共5条直接涉及食品添加剂。

（1）首次进口食品添加剂新品种，进口商应当向出入境检验检疫机构提交依照食品安全法第63条规定取得的许可证明文件，出入境检验检疫机构应当按照国务院卫生行政部门的要求进行检验（参见第37条）。

（2）进口的食品添加剂应当有中文标签、中文说明书。标签、说明书应当符合食品安全法和我国其他有关法律、行政法规的规定以及食品安全国家标准的要求，载明食品添加剂的原产地和境内代理商的名称、地址、联系方式。食品添加剂没有中文标签、中文说明书或者标签、说明书不符合本条规定的，不得进口（参见第40条）。

（3）食品安全法第82条第2款规定的食品安全日常监督管理信息包括：①依照食品安全法实施行政许可的情况；②责令停止生产经营的食品添加剂的名录；③查处食品生产经营违法行为的情况；④专项检查整治工作情况；⑤法律、行政法规规定的其他食品安全日常监督管理信息。涉及两个以上食品安全监督管理部门职责的，由相关部门联合公布（参见第51条）。

（4）进口不符合本条例第40条规定的食品添加剂的，由出入境检验检疫机构没收违法进口的食品添加剂；违法进口的食品添加剂货值金额不足1万元的，并处2 000元以上5万元以下罚款；货值金额1万元以上的，并处货值金额2倍以上5倍以下罚款（参见第58条）。

（5）明确了食品安全风险评估用语的含义。食品安全风险评估，指对食品、食品添加剂中生物性、化学性和物理性危害对人体健康可能造成的不良影响所进行的科学评估，包括危害识别、危害特征描述、暴露评估、风险特征描述等（参见第62条）。

（三）《食品添加剂新品种管理办法》及《食品添加剂新品种申报与受理规定》

《食品添加剂新品种管理办法》规定，食品添加剂新品种及扩大使用范围或者用量的食品添加剂品种必须申报审批。

为了规范食品添加剂新品种申报与受理工作，2010年5月29日卫生部又发布了《食品添加剂新品种申报与受理规定》。

（四）《食品添加剂生产监督管理规定》

《食品添加剂生产监督管理规定》要求从生产源头上加强对食品添加剂的监管。提高生产准入门槛细化生产许可证制度。食品添加剂质量直接影响食品质量，该规定细化了生产许可证制度，进一步提高了食品添加剂的生产准入门槛。食品添加剂生产者必须取得生产许可证后，才能从事食品添加剂的生产。食品添加剂生产许可证有效期拟为5年。强调了生产者是产品质量安全的第一责任人，发现隐患要主动召回。保障使用者知情权，成分要求全标注。食品添加剂应当有标签、说明书。食品添加剂的标签、说明书，应当标明下列事项：产品名称、规格和净含量；成分或者配料表；生产日期、保质期限或安全使用期限；贮存条件；产品标准代号；生产许可证编号；食品安全标准和国务院卫生行政部门公告批准的使用范围、使用量和使用方法；生产者名称、地址和联系方式；法律、法规或者食品添加剂安全标准规定必须标明的其他事项。而复合食品添加剂除要遵守上述规定外，还应当在成分或者配料表中同时标明与食品添加剂国家标准和国务院卫生行政部门公告名单相一致的各单一品种的名称，并按含量由大到小排列。

（五）《食品添加剂生产许可审查通则》

国家质检总局为了规范对食品添加剂生产企业的生产许可审查工作，2010年以第81号公告发布了《食品添加剂生产许可审查通则》。该通则共有19条，并附“食品添加剂生产许可实地核查记录”。主要内容包括如下4个方面。

1. 实地核查

核查组在实地核查前应准备核查工作文件，并与企业进行沟通；实地核查应在企业生产运行状态下进行；可采用查看现场、查看文件和记录、考察有关人员现场操作、企业员工测试等方式进行实地核查；对附表中以*号标注的条款应根据有关规定决定该选项是否作为核查内容；实地核查判定采用分数制，满分为150分，总分低于133分判为不合格；依据实际核查情况填写《食品添加剂生产许可实地核查记录》，实地核查记录、附页等资料均应有核查组长和企业负责人签字确认，参加核查人员如有不同意见，应一并签署。

2. 现场抽样和封样

对实地核查合格的企业，按有关规定对企业申请生产的产品抽样和封样；国家标准或行业标准规定有质量等级的，应抽取企业申请产品中质量等级最高的产品；国家标准或行业标准中有与标样比对的检验项目时，企业应同时提供同一型号产品的标样；抽样时，应注意样品外包装完好无损。并对被抽查样品数量、需要抽样工具和样品容器的提供做出了规定。核查人员抽样后对样品进行封样并填写抽样单。封条上应有实地核查组织单位盖章、抽样人员签名和抽封样日期，企业工作人员应对封样确认签字，并加盖企业公章。

3. 送检

封样后，由企业自主选择国家质检总局网站公布的生产许可检验机构，企业应在封样之日起7个工作日内将样品寄（送）到检验机构，并确定样品送达时的完整性、有效性。

4. 检验

检验机构接收样品时应对合格的样品按规定受理；对不合格得出样本应拒绝接收并当场告知企业，同时应当通知审查部门。对接收或拒收的样品，检验机构应当在抽样单上签章并做好记录。检验机构应当在保质期内按检验标准检验样品，并在30个工作日内完成检验。检验完成后2日内检验机构应当向组织审查部门及企业递交检验报告。

（六）《食品生产加工企业食品添加物质使用备案管理办法》

该办法于2007年4月19日发布。该办法是根据《中华人民共和国工业产品生产许可证管理条例》、《食品生产加工企业质量安全监督管理实施细则（试行）》的规定制定的。以加强对食品生产加工企业使用食品添加剂的监督管理，遏制食品企业滥用食品添加剂和非食品原料违法行为。该办法要求在我国境内从事食品生产加工的企业，必须将食品中全部添加物质的种类、用途、用量等事项向所在地县级质量技术监督局备案，并对备案内容的真实性负责。若备案的基本内容发生变化的，应当在15日内重新备案。备案的基本内容包括：食品生产加工企业名称，生产加工的食品品种，食品添加物质的名称、来源、生产企业，企业在生产的各种食品中添加该物质的最大限量等。已纳入生产许可证管理目录且进入无证查处期的食品添加剂，还要备案生产许可证号。使用复合食品添加剂的，应当同时对复合食品添加剂的用途备案。

（七）《食品标志管理规定》

2009年10月22日，国家质量监督检验检疫总局对《食品标志管理规定》进行了修改。该规定适用于在我国境内生产（含分装）、销售的食品的标志标注和管理。规定食品标志应当标注食品的成分或者配料清单。在食品中直接使用甜味剂、防腐剂、着色剂的，应当在配料清单食品添加剂项下标注具体名称；使用其他食品添加剂的，可以标注具体名称、种类或者代码。食品添加剂的使用范围和使用量应当按照国家标准的规定执行。《食品标志管理规定》属于行政规章，是执法的行政依据。

三、中国有关食品添加剂标准概况

（一）使用标准

1. GB 2760—2011《食品添加剂使用标准》

（1）修订的主要内容。2011年6月20日生效的GB 2760—2011《食品添加剂使用标准》对2007年版做了部分结构调整。标准名称由GB 2760—2007版的“食品添加剂使用卫生标准”改为GB 2760—2011版的“食品安全国家标准　食品添加剂使用标准”，删除了标准的英文名称，发布者由“中华人民共和国卫生部　中国国家标准化管理委员会”改为“中华人民共和国卫生部”。GB 2760—2011版删除了GB 2760—2007的“2 规范性引用文件”。附录B增加了“食品用香料使用规定”，新增了“B.1 食品用香料、香精的使用原则”。增加了不得添加食品用香料、香精的食品名单。将“表B.2 允许使用的食品用天然等同香料名单”和“表B.3 允许使用的食品用人造香料名单”合并为一个表，表题命名为“表B.3 允许使用的食品用合成香料名单”。表头包括序号、编码、原编码、香料中文名称、香料英文名称、FEMA编号。在该表中，重新调整了编码，以“S”开头后面接四位数。为了便于使用者查阅，仍标注了原编码供参考使用。附录C增加了“食品工业用加工助剂（以下简称‘加工助剂’）使用规定”。将GB 2760—2007的“附录C（规范性附录）食品工业用加工助剂使用名单”修改为GB 2760-2011“附录C 食品工业用加工助剂（以下简称‘加工助剂’）使用规定”。新增了“C.1 食品工业用加工助剂的使用原则”。将GB 2760—2007的“C.1 食品工业用加工助剂名单（不含酶制剂）”表拆分为“表C.1 可在各类食品加工过程中使用，残留量不需限定的加工助剂名单（不含酶制剂）”和“表C.2 需要规定功能和使用范围的加工助剂名单（不含酶制剂）”。对GB 2760—2007附录F中“表F.1 食品分类系统”做了部分修改。

（2）标准收录的添加剂品种。GB 2760—2011《食品添加剂使用标准》共收录2 306个品种（包括香料）。GB 2760—2011中允许使用的食品添加剂数量庞大，并且出现形式复杂，有的在各表中反复出现，如柠檬酸、乳酸等物质就同时在表A1、表A2、表C1中出现；标准将某一物质与其多种盐作为一条描述，如将“苯甲酸”和“苯甲酸钠”就列为“苯甲酸及其钠盐”；同一种物质在标准中以不同名称出现，如丙三醇与甘油；有些物质互相涵盖，如聚甘油脂肪酸酯与三聚甘油硬脂酸。据统计，GB 2760—2011 所列入的食品添加剂（不包括食品用香料）共为 480 种。在各表中分布见表 1。GB 2760—2011 列入食品用香料 1 853 种，在表 B.2 中列出的 400 种天然食品用香料中有 5 种已在前面表中出现；在表 B.3 中列出的 1 453 种合成食品用香料有 22 种已在前面表中出现。

(3) 标准的正文包括范围、术语和定义、食品添加剂的使用原则、食品分类系统、食品添加剂的使用规定、营养强化剂、食品用香料、食品用加工助剂、胶基糖果基中基础剂物质及其配料共 9 个部分。

(4) 标准附录包括 6 个附录，其中 4 个规范性附录，2 个资料性附录。附录 A 至附录 D 为规范性附录，附录 E 、附录 F 为资料性附录。

①附录 A 食品添加剂的使用规定。该附录包括：

表 A.1 食品添加剂的允许使用品种、使用范围以及最大使用量或残留量，共 282 个。

表 A.2 可在各类食品中按生产需要适量使用的食品添加剂名单，共 77 种。

表 A.3 按生产需要适量使用的食品添加剂所例外的食品类别名单。

②附录 B 食品用香料使用规定。该附录包括：

表 B.1 不得添加食用香料、香精的食品名单。

表 B.2 允许使用的食品用天然香料名单，共 400 种。

表 B.3 允许使用的食品用合成香料名单，共 1 453 种。

③附录 C 食品工业用加工助剂使用规定。该附录包括：

表 C.1 可在各类食品加工过程中使用，残留量不需限定的加工助剂名单（不含酶制剂），共 37 种。

表 C.2 需要规定功能和使用范围的加工助剂名单食品（不含酶制剂），共 70 种。

表 C.3 食品用酶制剂及其来源名单，共 52 种。

④附录 D 胶基糖果中基础剂物质及其配料名单，共 55 种。包括天然树胶 6 类，合成橡胶 5 类，树脂 12 类，蜡类 7 种，乳化剂和软化剂 14 种，抗氧化剂和防腐剂 7 种，填充剂 4 种。

注意，如果按以上列出的添加剂品种数汇总应为 2 426 种，而实际统计数的添加剂品种数为 2 306 种（包括香料）。这是由于各使用类别中列出的添加剂互相覆盖、重复出现所致。

⑤附录 E 食品添加剂功能类别。根据每种添加剂在食品中常常具有一种或多种技术作用，在该标准每种添加剂的具体规定中，列出了该添加剂常用的技术作用，但并不是详尽的列举。如山梨酸及其钾盐的功能就列出了防腐剂、抗氧化剂、稳定剂 3 种技术作用，但这种列出并不用作食品标签的目的。

共分为 23 类：酸度调节剂、抗结剂、消泡剂、抗氧化剂、漂白剂、膨松剂、胶基糖果中基础剂物质、着色剂、护色剂、乳化剂、酶制剂、增味剂、面粉处理剂、被膜剂、水分保持剂、营养强化剂、防腐剂、稳定剂和凝固剂、甜味剂、增稠剂、食品用香料、食品工业用加工助剂、其他。

⑥附录 F 食品分类系统（16 大类）。食品分类系统用于界定食品添加剂的使用范围，只适用于使用 GB 2760 查询添加剂。该标准的食品分类系统共分 16 大类。16 大类如下：乳及乳制品（13.0 特殊膳食用食品涉及品种除外）；脂肪、油和乳化脂肪制品；冷冻饮品；水果蔬菜（包括块根类）、豆类、食用菌、藻类、坚果以及籽类等；可可制品、巧克力和巧克力制品（包括代可可脂巧克力及制品）以及糖果；粮食和粮食制品，包括大米、面粉、杂粮、块根植物、豆类和玉米提取的淀粉等（不包括 07.0 类焙烤制品）；焙烤食品；肉及肉制品；水产及其制品（包括鱼类、甲壳类、贝类、软体类、棘皮类等水产及其加工制品）；蛋及蛋制品；甜味料，包括蜂蜜；调味品；特殊膳食用食品；饮料类；酒类；其他类（第 1.0 至第 15.0 类除外）。

在每一大类下分若干亚类，亚类下分次亚类，次亚类下分小类，有的小类还可再分为次小类，并以类别代号表示。如果允许某一食品添加剂应用于某一食品类别时，则允许其应用于该类别下的所有类别食品，另有规定的除外。具体说：如果食品大类可用的食品添加剂，则其下的亚类、次亚类、小类和次小类所包含的食品均可使用；亚类可以使用的，则其下的次亚类、小类和次小类可以使用，但是，大类不可以使用，另有规定的除外。

(5) 食品添加剂使用总体原则。标准在制定我国食品添加剂使用的总体原则时规定了食品添加剂使用的基本要求、可以使用食品添加剂的条件、原料中使用食品添加剂带入到终产品中的判定原则等内容。将食品分类系统用于界定本标准食品添加剂的使用范围。即允许某一食品添加剂应用于某一食品类别时，则允许其应用于该类别下的所有类别食品，另有规定的除外。

①规定了食品添加剂使用时应符合的要求。

a. 不应对人体产生任何健康危害。

b. 不应掩盖食品腐败变质。

c. 不应掩盖食品本身或加工过程中的质量缺陷或以掺杂、掺假、伪造为目的而使用食品添加剂。

d. 不应降低食品本身的营养价值。

e. 在达到预期目的的前提下尽可能降低在食品中的用量。

②可使用食品添加剂的情况。

a. 保持或提高食品本身的营养价值。

b. 作为某些特殊膳食用食品的必要配料或成分。

c. 提高食品的质量和稳定性，改进其感官特性。

d. 便于食品的生产、加工、包装、运输或者贮藏。

③规定食品添加剂必须符合质量标准要求。按照本标准使用的食品添加剂应当符合相应的质量规格要求。

④规定了带入原则。

a. 规定了食品添加剂可以通过食品配料（含食品添加剂）带入食品的情况。

b. 根据本标准，食品配料中允许使用该食品添加剂。

c. 食品配料中该添加剂的用量不应超过允许的最大使用量。

d. 应在正常生产工艺条件下使用这些配料，并且食品中该添加剂的含量不应超过由配料带入的水平。

e. 由配料带入食品中的该添加剂的含量应明显低于直接将其添加到该食品中通常所需要的水平。

(6) 查询食品添加剂使用原则的方法。标准中食品添加剂参照字典的排列方式、检索方式以食品添加剂名称汉语拼音排序的形式。标准对每一种添加剂都标示了英文名称，还参照国际食品法典标准（GSFA）标出了添加剂的国际编码，便于和国际相关标准进行比较，减少了由于添加剂名称表述不一致而引起的歧义。

2. GB 14880—1994《食品营养强化剂使用卫生标准》

该标准于1994年颁布，标准中列出了我国允许使用的营养强化剂的品种、使用范围和最大使用量。营养强化剂的使用必须符合GB 14880—1994以及卫生部有关公告名单中规定的品种、范围和使用量，并遵守《食品营养强化剂使用卫生标准实施细则》和其他相关法规标准的规定。该标准适用于为增加营养价值而加入食品中的天然或人工的营养素。标准中所设定的指标值通常是指某一营养强化剂的使用量而不是最终产品中该营养强化剂的含量。允许使用的营养强化剂包括氨基酸及含氮化合物、维生素类、矿物质类、脂肪酸类；食品原成分中含有某种物质，其含量达到营养强化剂最低标准1/2者，不得进行强化。使用已强化的食品原料制作食品时，其最终产品的强化剂含量必须符合GB 14880的要求。

（二）食品添加剂品种标准

1. 食品添加剂品种标准构成

我国的食品添加剂品种标准体系经过了几十年的发展，形成了由国家标准与行业标准共同构成的食品添加剂品种标准体系的格局。由于食品添加剂品种的原料特点和产业差别，我国颁布的食品添加剂品种标准包括国家标准（GB）、化工行业标准（HG）、轻工行业标准（QB）、医药行业标准（YY）、商业行业标准（SB）、林业行业标准（LY）等 200 多项（不包括香料标准）。在这些标准中又有强制标准和推荐性标准之分。据统计，目前我国共有食品添加剂品种标准（不包括香料、营养强化剂）274 项，其中食品安全国家标准 84 项，国家标准 90 项，行业标准 37 项，指定标准 63 项；共有营养强化剂品种标准 36 项，其中食品安全国家标准 12 项，国家标准 8 项，指定标准 16 项；共有香料品种标准 169 项（包括食品添加剂香料标准与工业用香料标准），其中食品安全国家标准 2 项，国家标准 27 项，行业标准 97 项，指定标准 34 项，其他香料香精标准 9 项。在列出的 1 853 种香料中，其中有 1 826 种仅作为香料。

2. 标准结构与内容

我国食品添加剂品种标准由技术指标和相应的鉴定与检测方法构成。我国食品添加剂国家标准和行业标准的内容结构包括品种特性、规格、技术指标、试验方法、检验规则，标志、标签，包装、贮藏和运输等。近两年发布的食品安全国家标准对原标准结构进行了较大调整，标准正文只列入范围、品种特性、技术指标；将针对技术指标的检测方法列入附录；删除了检验规则、标志、标签、包装、贮藏和运输等。为了保障食品安全和指导食品添加剂生产企业组织生产，卫生部针对我国目前允许使用的食品添加剂还有相当部分尚无产品质量标准的现况，指定了 36 项食品添加剂技术指标。

（1）质量技术指标是食品添加剂标准的核心和产品质量的基本保证。食品添加剂产品技术指标包括：①质量指标：外观（如颜色、状态等）；含量；纯度（铅、砷、铬、镉、铜、汞、锌等有害金属元素指标，干燥失重、灼烧残渣、不溶物、残存溶剂等指标）3 个方面。②微生物指标如菌落总数、大肠菌群、致病菌。③毒物指标：黄曲霉毒 B_1，个别的还包括氰化物等有毒物质。

（2）针对技术指标确定的鉴别原则和检测方法。①主成分可根据需要采用容量法、重量法、色谱法等进行分析；②杂质和危害残留物定量分析应根据需要选择气相色谱、液相色谱、串联质谱等准确、灵敏的分析技术；③尽量选择我国标准通常采用的方法、已有的标准方法和通常现行的试验方法；④等同采用我国国家标准、行业标准、国际标准及国外标准（如 WHO/FAO 的 JECFA 标准，美国、欧盟、日本等国的标准）的检测方法；⑤尽量选择容易推广和一些企业实验室容易实现的方法；⑥新研制的方法需要多间实验室验证。

3. 有关香料、香精标准

有关香料、香精标准共 9 项，包括 GB/T 14455.1—2008《精油命名原则》、GB/T 11538—2006《香料香精术语》、GB/T 14156—2009《食品用香料分类与编码》、GB 10355—2006《食品添加剂乳化香精》、QBT 4003—2010《食用香精标签通用要求》、QB/T 1505—2007《食用香精》、QB/T 2640—2004《咸味食品香精》、QB/T 1506—2004《烟用香精》、YC/T 164—2003《烟用香精和料液》。

4. 综合性标准

（1）GB 26687—2011《复配食品添加剂通则》。复配食品添加剂指为了改善食品品质、便于食品加工，将两种或两种以上单一品种的食品添加剂，添加或不添加辅料，经物理方法混匀而成的食品添加剂。该标准适用于除食品用香精和胶基糖果基础剂以外的所有复配食品添加剂。该标准规定了复配食品添加剂的基本要求，生产企业应按照国家标准和相关标准组织生产，制定复配食品添加剂的生产管理制度等。

（2）GB 25591—2010《食品添加剂复合膨松剂》。适用于 GB 2760 允许使用的食品添加剂品种经物理方法混合而成的复合膨松剂（又称为泡打粉、发泡粉、发酵粉）。

（三）《预包装食品标签通则》

2011 年 4 月 20 日，卫生部发布 GB 7718—2011《预包装食品标签通则》，定于 2012 年 4 月 20

日实施。标准要求“食品标签必须明示所有添加剂”，并对配料表中食品添加剂标示提出了具体要求，预包装食品的标签上应标示配料表，配料表中的食品添加剂按照要求标示名称。规定食品添加剂应当标示其在 GB 2760 中的食品添加剂通用名称。食品添加剂通用名称可以标示为食品添加剂的具体名称，也可标示为食品添加剂的功能类别名称，并同时标示食品添加剂的具体名称或国际编码（INS 号）在同一预包装食品的标签上，应选择附录 B 中的一种形式标示食品添加剂。当采用同时标示食品添加剂的功能类别名称和国际编码的形式时，若某种食品添加剂尚不存在相应的国际编码，或因致敏物质标示需要，可以标示其具体名称。食品添加剂的名称不包括其制法。加入量小于食品总量 25% 的复合配料中含有的食品添加剂，若符合 GB 2760 规定的带入原则且在最终产品中不起工艺作用的，不需要标示。食品配料中对食用香精、香料，应标示为“食用香精”、“食用香料”、“食用香精香料”。GB 7718—2011 的附录 B 还详细列举了食品添加剂在配料表中标示的多种方式。

（四）卫生规范

2005 年 12 月 21 日，卫生部制定印发了《食品添加剂明胶生产企业卫生规范》，规定了明胶生产企业的选址、设计与设施、原料采购、生产过程、质量检验、贮存与运输和从业人员的基本卫生要求和管理原则。这是针对相当部分企业在不具备生产条件状况下，违法使用工业废料生产食品添加剂明胶，严重危害消费者身体健康的形式下发布的。

GB/T 23531—2009《食品加工用酶制剂企业良好生产规范》则是对酶制剂生产企业生产行为的规范。

（五）检验标准

1. 食品安全性毒理学评价程序以及系列毒理实验方法

食品添加剂新品种申报时须提供检验机构出具的毒理学安全性评价报告。GB 15193.1—2003《食品安全性毒理学评价程序》是进行毒理学试验的主要标准依据，该标准适用于评价食品生产、加工、保藏、运输和销售过程中使用的化学和生物物质（其中包括食品添加剂）以及在这些过程中产生和污染的有害物质，食物新资源及其成分和新资源食品。该程序规定了食品安全性毒理学评价试验（急性毒性试验、遗传毒性试验、亚慢性毒性试验、慢性毒性试验并包括致癌试验）的内容及选用原则。如果需要批准使用的食品添加剂新品种是已由国际组织进行了毒理学安全评价的物质，我国只需要进行暴露评估。如果是一种没有毒理学安全评价的全新物质，则应按要求进行安全性毒理学评价。该系列标准目前正在修订，将有相应食品安全国家标准面世。

2. 食品添加剂检测方法

（1）食品添加剂检测方法。

①针对食品添加剂的通用检测方法，如 GB/T 5009.75—2003《食品添加剂中铅的测定》、GB/T 5009.76—2003《食品添加剂中砷的测定》、GB/T 5009.74—2003《食品添加剂中重金属限量试验》等。

②针对某添加剂品种建立的检测方法，如 GB/T 15343—2009《滑石化学分析方法》、GB/T 15344《滑石物理检验方法》，共 22 项，主要是针对香料中的酯值或含酯量、酸值或含酸量、乙醇中溶解（混）度、旋光度、相对密度、羰值和羰基化合物含量、熔点的通用检测方法。

③可以采用的其他食品检测方法。如 GB 4789.3—2008《食品卫生微生物学检验　大肠菌群测定》、GB/T 5009.4—2003《食品中灰分的测定》、GB 7531—1987《有机化工产品　灰分的测定》等的检测方法也能为食品添加剂检测所用。

（2）食品中食品添加剂检测标准。食品中食品添加剂的残留量是指食品添加剂或其分解产物在最终食品中的允许残留水平。对食品中存留的食品添加剂或其转化产物的检测技术包括分光光度法、原子荧光光谱法、电化学法、原子吸收光谱法、气相色谱法、高效液相色谱法、串联质谱等精密仪器分析方法。对能收集到的食品中添加剂检测方法标准进行统计，其中有国家推荐标准（GB/T）81 项；检验检疫行业标准（SN/T）19 项、农业部推荐标准（NY/T）5 项，商业推荐标准（SB/T）1 项。

四、国外食品添加剂法规标准概况

（一）国际食品法典委员会

1. 概况

国际食品法典委员会（Codex Alimentarius Commission, CAC）是由联合国粮农组织（FAO）和世界卫生组织（WHO）共同建立，并由 FAO/WHO 直接领导的一个政府间组织。CAC 大会分别在罗马的 FAO 总部和日内瓦的 WHO 总部每两年轮流召开。截至 2010 年，CAC 有 182 个成员国和 1 个成员国组织（欧盟）。我国于 1984 年正式加入 CAC。CAC 下设秘书处、执行委员会、6 个地区协调委员会、21 个专业委员会（包括 10 个综合性委员会、11 个商品委员会）和 1 个政府间特别工作组。FAO/WHO 设立了联合食品添加剂专家委员会（简称 JECFA）。

2. 食品添加剂法典委员会（Codex Committee on Food Additives, CCFA）

CCFA 的前身食品添加剂和污染物法典分委员会（Codex Committee on Food Additives and Contaminants，CCFAC）就是 CAC 的 10 个综合性委员会中最早成立的一个。1964 年，CAC 下设 CCFAC，具体负责：规定食品添加剂的最大使用量、功能分类、规格和纯度、食品添加剂分析方法，以及提出的联合国粮农组织和世界卫生组织联合食品添加剂专家委员会（JECFA）优先评价名单等相关内容。截至 2006 年第 29 届 CAC 会议，共有 CAC 标准、准则和规范为 4 783 项，其中有关食品添加剂的相关规定 1 119 项，占 CAC 标准的 23.4%。CCFA 每年举行会议，对 JECFA 所通过的各种食品添加剂的标准、试验方法、安全性评价等进行审议和认可，再提交 CAC 复审后公布，以便在广泛的国际贸易中制定统一的规格和标准，确定统一的实验方法和评价等，克服由于各国法则不同所造成的贸易上的障碍。2005 年 7 月，CAC 的第 28 届会议批准将食品添加剂从 CCFAC 中分离出来，设立 CCFA。

CCFA 的主要职责：①制定或认可各项食品添加剂允许的最高量；②准备优先考虑的食品添加剂名单供 FAO/WHO 食品添加剂联合专家委员会进行毒理学评价；③指定各食品添加剂的功能类别；④向 CAC 大会提交有关食品添加剂特性和纯度技术规格，供大会讨论通过；⑤制定出食品添加剂的法规通用标准，供各国参考；⑥审议对确定食品中存在添加剂的分析方法等。

在 1992 年的 CCFAC 第 24 次会议上，丹麦和荷兰提出制定《食品添加剂通用法典标准》(GSFA)，以规范食品添加剂的使用要求。GSFA 汇总了法典各产品标准中涉及的添加剂条款，将这些条款按照新的格式要求列入 GSFA。GSFA 在 2007 年颁布了最新的《食品添加剂法典通用标准》第 8 版（CXS—192）。

GSFA 共包括如下 7 个部分：①序言；②附件 A（导则）；③附件 B（食品分类系统）；④附件 C（食品添加剂索引）；⑤表 1（以添加剂类别为序，在某类食品或个别食物中的最大使用量）；⑥表 2（以食品类别为序，某类或某种食品中使用的添加剂及其使用的特殊规定）；⑦表 3（可在各类食品中依照 GMP 使用的添加剂）。

CAC 发布的 GSFA 对食品添加剂的定义是其本身通常不作为食品消费，不用作食品中常见的配料物质，无论其是否具有营养价值。在食品中添加该物质的原因是出于生产、加工、制备、处理、包装、装箱、运输或贮藏等食品的工艺需求（包括感官），或者期望它或其副产品（直接或间接地）成为食品的一个成分，或影响食品的特性，或为了保持或提高食物的营养质量而添加的物质。该术语的范围不包括污染物。食品添加剂共 27 类，包括酸度调节剂、抗结剂、消泡剂、抗氧化剂、漂白剂、填充剂、碳酸气、载体、着色剂、护色剂、乳化剂、乳化盐、固化剂、风味增强剂、面粉处理剂、发泡剂、胶凝剂、上光剂、保湿剂、包装充气气体、防腐剂、气雾推进剂、膨松剂、螯合剂、稳定剂、甜味剂、增稠剂。列入 INS 编码系统的有 625 种。

GSFA 包括添加剂使用总原则、进入食品中的食品添加剂残留物说明、食品分类系统释义、标准的重审和修订等内容，对添加剂的使用起到了很好的指导和规范作用。GSFA 在对食品添加剂和食品类别标准化编码处理的基础上，建立了两套编排格式，规定了不同食品添加剂允许使用的食品类别及使用量以及不同食品品种允许使用的添加剂品种及其使用量。GSFA 纵向和横向的查询系统为使用者提供了最大可能的准确和便捷。总之，在框架结构、具体条款内容、编排格式等方面，GSFA 均具有相当的优越性和可参考性。

3. FAO/WHO 食品添加剂联合专家委员会

1956 年，在罗马成立了 FAO/WHO 所属的重要咨询机构——联合食品添加剂专家委员会（The Joint FAO/WHO Expert Committee on Food Additives，JECFA）。JECFA 作为国际专家科学委员会，由来自 15 个国家的 35 名专家组成，由 FAO 和 WHO 联合管理。FAO 和 WHO 在为 JECFA 选择成员的专业方面是互补的。FAO 侧重选择为食品添加剂的质量和纯度制定规格、评估食品中兽药残留方面的专家。WHO 选择的成员侧重考虑毒理学评估专业领域。FAO 和 WHO 均可邀请评估摄入的专家参与。在充分考虑专家的科学信任度、科学技术力量的平衡及其他经验后，决定委员会成员的选择。JECFA 由世界权威专家组织以个人身份参加工作，独立任命，以纯科学的立场对世界各国所用的食品添加剂进行评议，并将评议结果不定期进行公布。其意见和观点不代表政府或其他工作部门。

CCFA 制定的食品添加剂法典是在 JECFA 评价推荐的基础上进行审议和认可的。JECFA 的规定虽然没有法规的作用，但其数据具有权威性。CCFA 对 JECFA 所通过的各种食品添加剂标准、试验方法、安全性评价等进行审议和认可，再提交 CAC 复审后公布。

4. CCFA 和 JECFA 的关系

CCFA 和 JECFA 分别作为危险性管理者和危险性评估者，始终保持着密切的工作联系。

CCFA 根据食品法典标准中提出的有关添加剂和污染物的新问题，向 JECFA 提供需进行毒理学评价（或再次评价）的食品添加剂和污染物重点名单。在要求对指定化学物质进行评价时，CCFA 需提供背景情况，并明确解释该项请求的理由。

JECFA 主要根据重点名单对食品添加剂、污染物、天然毒素及兽药残留进行危险性评估，向 CCFA 提供关于暴露评估的食物中污染物和天然毒素的现有数据的有效性和分布方面的科学意见；有关具体食品对暴露量作用程度的详细情况；危险性评估中不确定性的程度和来源；危险性评估中所使用的所有假设，包括用于说明不确定性的默认假设的依据；危险性评估结论等内容，作为 CCFA 和食品法典委员会做出危险性管理决定的依据。

CCFA 与 JECFA 之间通过危险性信息交流，CCFA 可以获得最佳的危险性评估，用于制定使用食品添加剂的安全条件及食品中污染物和毒素的最大安全允许量或行为规范，从而保证了消费者在该规定范围内使用添加剂是安全的，而且为满足现代社会食品生产和市场需要，其使用也是合理的。

CCFA 一直与 JECFA 保持密切的联系。CCFA 每年定期召开会议，根据 JECFA 的毒理学评价资料和人群的暴露水平，制定或批准各项食品添加剂和污染物（包括环境污染物）以及食物和动物饲料中天然存在的有毒物质的最大允许限量或推荐值。对 JECFA 所通过的各种食品添加剂标准、试验方法、安全性评价等进行审议和认可，再提交 CAC 复审后公布，并向世界各国推荐，以期在广泛的国际贸易中制定统一的实验方法和评价等，但不能作为强制性法规。各国根据情况制定本国的具体规定。

（二）美国

根据美国食品和药品管理法规第 201 款规定，食品添加剂包括在生产、加工、处理、包装、运输、贮藏过程中直接或间接进入食品并成为食品一部分的任何物质，分2类。一类是直接食品添加剂，是出于某种特定目的而直接加入食品中的物质，如阿斯巴甜等；另一类是间接食品添加剂，是指由于包装、贮存或其他加工处理过程，在合理的预期下，痕量水平转移到食品中的物质，如在贮存过程中进入食品的痕量包装材料。根据该定义，食品配料也是食品添加剂的一部分，这是美国与大多数国家对食品添加剂定义的不同之处。

根据美国CFR第21篇170的定义，食品添加剂是指包括所有未被《联邦食品、药品和化妆品法》第201节豁免的，具有明确的或有理由认为合理的预期用途，直接或间接地，或者成为食品的一种成分，或者会影响食品特征的所有物质。用于生产食品容器和包装物的材料如果直接或间接地成为被包装在容器中食品的成分，或影响其特征的所有物质也符合食品添加剂的定义。“影响食品特征”不包括物理影响。如包装物的成分没有迁移到食品中，不成为食品的成分，则不属食品添加剂。但如果某种不会成为食品成分的物质在食品加工中应用而赋予食品不同风味、组织结构或改变了食品其他特征者，也可能属于食品添加剂。食品添加剂共分32类，分别是抗氧化剂、抗结剂和自由流动剂、非营养性甜味剂和营养性甜味剂、表面活性剂、面粉处理剂、pH调节剂、着色剂和护色剂、保湿剂、稳定剂和增稠剂、成型助剂、固化剂、乳化剂和乳化盐、表面光亮剂、润滑和脱模剂、膨松剂、风味增强剂、熏制和腌渍剂、抗微生物剂、熏蒸剂、气雾推进剂、充气剂和气体、组织改良剂、面团增强剂、酶类、营养增补剂、香味料及其辅料、加工助剂、螯合剂、溶剂和载体、增效剂、氧化剂和还原剂、干燥剂。

美国规定，食品中公认为可安全使用的物质不属于食品添加剂范畴，但对这类物质的使用也实行严格管理。FDA已推行一项新的公认安全物质的通报系统，即由生产企业向FDA提交其产品，根据其用途属于公认安全物质的报告，FDA在一定时间内（通常为180天），向申请人发信确认或否认申请的物质的公认安全性。

1. 加入食品中的化学物质分类

①食品添加剂，需经两种以上的动物实验，证实没有毒性反应、对生育无不良影响、不会引起癌症等，用量不得超过动物实验最大无作用量的1%。

②一般公认为安全的物质，如糖、盐、香辛料等，不需动物实验，列入FDA所公布的GRAS（公认为安全的物质）名单，但如发现已列入而有影响的，则从GRAS名单中删除。

③凡需审批者，一旦有新的实验数据表明不安全时，应指令食品添加剂制造商重新进行研究，以确定其安全性。

④凡食用着色剂上市前，需先经全面安全测试。

此外，对营养强化剂的标签标示，FDA在国家标准和教育法令（NLEA）中规定了新标示管理条例。其中要求维生素、矿物质、氨基酸及其他营养强化剂的制造商对其产品作有益健康的标示声明，其准确度达9~19级（10级制），该法令于1994年5月8日生效，但目前批准的仅强化剂和叶酸两种。

食品添加剂和色素补充法案均包括这样一项条款，如果发现有对人类或动物致癌作用则禁止使用该添加剂，这一条款即指德莱尼修正案。随着科技进步和毒理学资料的积累，以及现代分析技术的提高，每隔若干年后，食品添加剂的安全性会被重新评价和公布。美国食品和药品管理法第402款规定，只有经过评价和公布的食品添加剂才能生产和应用，否则会被认定为不安全。含有不安全食品添加剂的食品则“不宜食用”，“不宜食用”的食品禁止销售。

2. 主要的食品安全监管部门

食物和药品管理局在联邦食品、药物与化妆品法等法律的授权下，负责FSIS职责之外的食品掺假、存在不安全因素隐患、标签有夸大宣传等管理食品与食品成分的权利，直接参与食品添加剂法规的制定和管理。农业部（USDA）是掌管食品安全第二个最重要的部门，用于肉和家禽制品的添加剂需得到 FDA 和 USDA 双方的认证。如果食品含有添加剂或农药的残留量不符合环境保护署（EPA）标准或杀虫剂的残留量没有 EPA 的标准或超过其标准，这些食品都将在美国的市场上禁止销售。财政部的酒精、烟草和火器管理局（Bureau of Alcohol Tobacco Firearms and Explosives, BATF）负责烟酒制品配方的管理。酒和烟由酒烟草税和贸易局（Alcohol and Tobacco Tax and Trade Bureau, TTB）管理，所以用于酒、烟的食品添加剂也实行双重管理。美国海关总署与农业部和 FDA 联合，负责对进口食品的安全监管。

食品添加剂立法的基础工作往往由相应的协会承担。如食品香料立法的基础工作由美国食品香料和萃取物制造者协会（FEMA）担任，其安全评价结果得到 FDA 认可后，以肯定的形式公布，并冠以一般公认安全（GRAS）的 FEMA 号码。

为了加强食品安全有关职能部门的协调，美国于 1998 年 8 月成立总统食品安全委员会，成员包括农业部、商务部、健康与人口部的部长，管理与预算办公室（OMB）、环境保护署、总统科技助理（总统科技政策办公室主任）、总统国内政策助理等。三部部长和总统科技助理为委员会的联合主席。

3. 立法与标准概况

（1）1938 年出台的联邦食品、药品和化妆品法（Federal Food、Drug and Cosmetic Act, FFDCA），是美国食品安全方面最主要的法律之一。赋予 FDA 管理食品、食品成分的权利。FFDCA 规定任何不洁的、腐烂的、腐败变质的或其他方面不适用的食品都属伪劣食品。该法还规定，只要是在不卫生条件下制作、包装食品，那么不管有没有污染发生，都被视为伪劣品，这就对加工业提出了“良好操作规范”要求。

除了上述法案以外，联邦法规（CFR）第 21 主题“食品和药品”中的 70~74、80~82 部分是关于色素的具体法规规定，170~186 部分是有关其他食品添加剂的规定，包括一般性条款（包括通则、包装和标志、安全性评估等）、申请、品种名单、认证等内容。与其他国家不同的是，美国以每个添加剂品种为一小节，包括规格标准、使用规定以及标签标志要求。

（2）FD & C 食品添加剂补充法案。1958 年通过的 FD & C 食品添加剂补充法案，分别由美国食品与药物管理局（FDA）和美国农业部（USDA）贯彻实施。该法规定了食品添加剂的允许使用范围、最大允许用量和标签表示方法。FDA 负责食品添加剂上市前的审批。规定出售食品添加剂之前需经毒理学试验，要求生产者证实其使用安全性，食品添加剂的使用安全和效果的责任由制造商承担，但对已列入 GRAS 者例外，凡新的食品添加剂在得到 FDA 批准之前，绝对不能生产和使用。该补充法案豁免了两类物质的审批程序。

第一类物质是指所有 1958 年之前经 FDA 或 USDA 确定为安全的物质，即前批准物质，例如午餐肉中使用的亚硝酸钾和亚硝酸钠。

第二类物质是通常认为安全的物质（GRAS）。GRAS 物质是根据 1958 年以前食品中广泛使用的历史或发表的科学文献依据，专家组认定其使用的安全性的物质，如糖、盐、谷氨酸钠和其他数百种物质一起被划分为 GRAS 物质。1958 年以来，FDA 和 USDA 根据最新的科学信息对所有前批准物质和 GRAS 物质进行连续监测。一旦有证据表明可能存在安全问题，联邦当局就会禁止其使用或要求进行进一步研究。

（3）FD & C 色素补充法案。1960 年议会通过了一项关于色素管理的法案——FD & C 色素补充法案，将色素从食品添加剂中划分出来单独管理，并将色素分为有证及无证两种，前者是人造色素，后者是天然色素，两者的生产者均要向 FDA 证实其纯度及安全性。要求用于食品、药品、化妆品和某些医疗设备的色素在上市前必须通过 FDA 批准。与其他食品添加剂相比，只有经过进一步测试证实其安全性之后才可以继续使用法案颁布之前使用的色素。原来使用的 200 种色素中有 90 余种被认为是安全的，其余的或者由 FDA 禁止使用，或者被食品工业所废弃。FDA 要求国内和国外生产商提交每批货物的样品，并对其进行分析，以确认每批色素符合相应的规格标准。

(4) 美国食品化学品法典（Food Chemicals Codex，简称 FCC）是由美国国家科学院药品研究院（Institute of Medicine of the National Academy of Sciences）下属的食品与营养品委员会（Food and Nutrition Board）负责制定的关于食品化学品标准的综合性集成。

《食品用化学品法典（第五版）》（FCC V）的内容包括：①关于美国境内食品化学品的质量与纯度方面的标准；②关于食品添加剂、GRAS 物质以及任何其他食品原材料方面的信息；③915 种食品化学品的标准专论。

（三）欧盟

1. 概况

欧盟 Regulation（EC）No. 1333/2008 对添加剂的定义是，不论其是否具有营养价值，本身通常不作为食品消费，也不是食品特有成分的任何物质，它们在食品的生产、加工、制备、处理、包装、运输或存储过程中，由于技术的目的有意加入食品中会成为或者可合理地预期这些物质或其副产物会直接或间接地成为食品的组成部分。欧盟的食品添加剂共 26 类，400 种。分别是甜味剂、着色剂、防腐剂、抗氧化剂、载体、酸、酸度调节剂、抗结剂、消泡剂、填充剂、乳化剂、乳化盐、固化剂、增味剂、发泡剂、胶凝剂、上光剂（包括润滑剂）、保湿剂、改性淀粉、包装气体、推进气体、膨松剂、螯合剂、稳定剂、增稠剂、面粉处理剂。

欧盟食品添加剂的种类不包括我国 GB 2760 和 GB 14880 所列的营养强化剂和食品用香料。

欧盟的食品添加剂编号系统 E No.是最早采用的。根据欧盟法律规定，在使用食品添加剂的产品上可以只写出编号，而不标示具体名称。欧盟的这一编码体系已经被食品法典委员会（CAC）所采用。

2. 法规

(1) 欧盟 2008 年第 1331 号法规。法规名称为《建立食品添加剂、食品酶及食用香料批准的通用程序》，共五章 16 条。2009 年 1 月 20 日施行。法规适用于制定一套评估和批准食品添加剂、食物酶、食物香料和用于或准备用于粮食内部或表面的食材香料的通用程序。规定了列入欧盟目录物质的原则；食品添加剂、食品酶及食用香料批准的通用程序，以及实施措施，保密、紧急情况等其他规定。

(2) 欧盟 2008 年第 1332 号法规。《有关食品酶的法规》于 2009 年 1 月 20 日施行。食品酶是由植物、动物或微生物，或者包括采用微生物发酵过程生产的产品等所获得的产物。该法规仅适合在食品生产、加工、准备、处理、包装、运输或贮藏过程中行使技术功能的酶，包括作为加工助剂的酶。法规还规定了食品酶，包括了作为加工助剂的酶在食物中的使用原则。该法规包括：批准的食物酶类名单列表；食物酶在食物中的使用条件；用于销售的食物酶的标签规则。

(3) 欧盟 2008 年第 1333 号法规。《关于食品添加剂》于 2010 年 1 月 20 日施行。规定了主题、范围和定义。明确了 11 类物质不是食品添加剂。法规规定了欧盟食品添加剂列表内容、适用原则，食品添加剂的功能类。食品中食品添加剂的使用，食品添加剂的标志。程序上的规定与实施，过渡期和最后条款。包括如何创建欧盟食品添加剂列表；过渡措施；已授权食品添加剂的重新评估；废除的法令；过渡性条款。在欧盟的食品添加剂列表建立好以前，执行委员会应采取修订措施来修订指令 94/35/EC、94/36/EC 和 95/2/EC 的附录。欧盟针对三类批准使用物质建立了相应添加剂的纯度指令。甜味剂纯度准则指令 95/31/EC 规定了 14 种甜味剂的质量要求；着色剂纯度准则指令 95/45/EC 规定了 47 种着色剂的质量要求；有关甜味剂和着色剂外其他食品添加剂纯度准则的指令 96/77/EC 规定了其余食品添加剂的质量要求。

①甜味剂 94/35/EC（修正案：96/83/EC、2003/115/EC、2004/77/EC），规定了食品甜味剂许可使用的清单，以及使用范围、最大使用量；定义了“不加糖”、“降能”的定义。“不加糖”指

没有添加任何的单糖或双糖或其他利用甜味特性而使用的食品；“降能”指与原始的食品或相似的产品相比，能量值至少减少30%。该指令同时规定了食品使用了甜味剂的标签信息警示要求。

②着色剂94/36/EC，规定着色剂是指给食品添加或恢复颜色的物质。包括：食品的天然成分以及源自天然但通常不作为食品着色成分消费，也不作为食品特征成分的物质；从食品和其他天然物质中萃取得到的制品。着色剂不包括在食品加工中由于变色作用生成或复合食品加工中形成的物质。该指令分别以附录的形式列出了清单，包括：许可使用的清单、不得含有食品着色剂的清单、可以使用某些着色剂的食品清单、仅可以用于某些用途的着色剂清单、可按适量原则用于食品的着色剂清单。

③除着色剂和甜味剂以外的其他食品添加剂95/2/EC（修正案：96/85/EC、98/72/EC、2001/5/EC、2003/52/EC、2004/45/EC），指令适用于食品甜味剂、着色剂以外的其他食品添加剂，不包括酶制剂。指令规定，只有符合食品科学委员会要求的防腐剂、抗氧化剂等各类食品添加剂才能使用于食品，分别列出了允许在食品中“适量”原则使用的、允许限量使用的、限定条件下使用的及其他允许使用的添加剂清单、允许使用的载体和载体溶剂清单、允许在婴幼儿食品中使用的食品添加剂清单。

（4）欧盟2008年第1334号法规。《关于食用香料香精和某些具有香味性质的食品配料在食品中和食品上的应用》于2011年1月20日施行，为食用香料香精和具有香味性质的食品配料在食品内部和表面的使用制定了规则。规定了该法规的主题、食用香料香精的范围和定义等，明确了使用食用香料香精、具有香味性质的食品配料和资源材料的条件；规划了批准用于食品的欧盟食用香料和资源材料名录（附录Ⅰ，待公布）；以及标签标示、程序规定和贯彻执行、过渡条款和最终条款。指令88/388/EEC、88/389/EEC和指令91/71/EEC从2011年1月20日起被废止。法规（EC）No. 2232/96将从该法规2（2）条款中所述名录的应用之日起被废止。被废止的法律中的参考资料将成为本法规的参考资料。欧盟的食品添加剂、食品酶以及食用香料的重要法规与指令见表4–1。

表4–1　食品添加剂、食品酶以及食用香料的重要法规与指令

		法规、指令号	名称
批准程序		Regulation（EC）1331/2008	关于食品添加剂、食品酶以及食用香料通用审批程序（2009年1月20日施行）
食品用酶		Regulation（EC）1332/2008	对食品酶的法规（2009年1月20日施行）
食品添加剂	框架	Regulation（EC）1333/2008	关于食品添加剂（2010年1月20日施行）
	着色剂	Directive 94/36/EC	关于供食品中使用的着色剂
		Directive 95/45/EC	着色剂纯度准则
	甜味剂	Directive 94/35/EC	关于供食品中使用的甜味剂
		Directive 95/31/EC	甜味剂纯度准则
	除色素和甜味剂以外的所有添加剂	Directive 95/2/EC	关于供食品中使用的除着色剂和甜味剂以外的其他食品添加剂
		Directive 96/77/EC	甜味剂和着色剂外其他食品添加剂纯度准则
	香料	Regulation（EC）1334/2008	关于食用香料香精和某些具有香味性质的食品配料在食品中和食品上的应用（2011年1月20日施行）

(5) 食品添加剂规格纯度指令。针对三类物质有发布了相应的纯度技术要求，但并不是一种物质一个质量标准。如有关乳化剂类、稳定剂类和增稠剂类纯度准则的指令 78/663/EEC 。该指令于 1978 年公布，此后大多内容已被下列 3 个指令所替代：有关甜味剂纯度准则的指令 95/31/EC，规定了 14 种甜味剂的质量要求；有关着色剂纯度准则的指令 95/45/EC，规定了 47 种着色剂的质量要求；有关甜味剂和着色剂外其他食品添加剂纯度准则的指令 96/77/EC ，则规定了其余食品添加剂的质量要求。

(6) 营养物质。欧盟 258/97/EC 主要针对新型食品、欧盟以外国家来源的食品和食品添加剂。评估以营养价值为标准。

欧盟 2002/46/EC 明确指出："营养品或食品添加剂"是指具有营养价值的营养品，或是具有营养、生理作用的其他物质。生产的目的是对正常饮食的补充。产品剂型可以是胶囊、含片、片剂、丸剂、粉剂、口服液或滴剂。

3. 管理

由于欧盟是一个统一的市场，因此食品添加剂产品一旦进入某一欧盟成员国市场，原则上即可在其他成员国自由销售。和其他国家相同，欧盟也有专项法规对食品添加剂进行管理。欧盟食品添加剂的使用原则是食品中只能含有欧盟允许使用的食品添加剂和成员国允许使用的香料，即使用食品添加剂必须符合欧盟的相关规定和一般卫生法规的要求。欧盟食品添加剂立法采用混合体系，即通过科学评价和协商，制定出能为全体成员国接受的食品添加剂法规，以肯定的形式公布允许使用的食品添加剂名单、使用特定条件及在某类食品中的最高限量等。

为协调各成员国对食品及食品添加剂的政府监控，欧盟指导规则规定了食品控制官方机构和相关措施，明确了各成员国控制机构必须遵循的原则，以确保食品添加剂管理协调一致。如欧盟法规规定，某成员国控制机构判定一种添加剂产品不符合欧盟食品法规的要求，应将此信息报告欧盟委员会，欧盟委员会每星期发布上述通告，告知各成员国采取相应措施。例如，德国报告了一例进口的辣椒酱中使用了未经许可的色素；意大利报告了罐头食品、干燥黑真菌和干胡萝卜的标示不符合要求等。如果某个第三国的食品经常违规，欧盟可能会决定在所有的欧盟入境口岸对其进口的产品实行 100% 的检测。如果进一步的调查证明，从第三国进口的违规食品对欧盟的食品安全构成威胁，欧盟将禁止从第三国进口此类食品。

(四) 日本

1. 概况

日本负责食品管理的机构主要由 3 个隶属于中央政府的政府部门组成：农林水产省、厚生劳动省和食品安全委员会。其执行机构主要是两个省下属的动植物检疫所和食品检疫站。食品安全委员负责食品风险评估，厚生劳动省、农林水产省负责食品风险管理。

日本《食品卫生法》对食品添加剂的定义是一种在食品制造的加工过程中使用的物质，或者是用于以食品加工或防腐为目的的物质。营养强化剂包括在一般食品添加剂中。日本将食品加工、制造、保存过程中，以添加、混合、浸润或其他方式使用的成分定义为食品添加剂。食品添加剂一般可以不是食物，也不一定有营养价值，但必须符合上述定义的概念，即不影响食品的营养价值，且具有防止食品腐败变质、增强食品感官性状或提高食品质量的作用。

①根据日本 2011 年 3 月 15 日更新的使用标准，按用途分为 27 大类，分别是：酸味剂、抗结剂、消泡剂、防霉剂、抗氧化剂、防黏着剂、漂白剂、胶母糖基础剂、色泽稳定剂（固色剂）、助色剂、膳食补充剂、乳化剂、成膜剂、香料、面粉处理剂、食用色素、保湿剂、杀虫剂、非营养甜味剂、防腐剂、品质保持剂、膨松剂、调味剂、溶剂或萃取剂、杀菌剂、增稠剂或稳定剂、杂项（混合吸收剂、酿造剂、发酵调节剂、过滤助剂、加工助剂、品质改良剂）。

②食品添加剂按其来源分类：a. 天然食品添加剂是指利用动植物或微生物的代谢产物等为原

料，经提取所获得的天然物质；b. 化学合成的食品添加剂是指采用化学手段，使元素或化合物通过氧化、还原、缩合、聚合、成盐等合成反应而得到的物质。目前使用的大多属于化学合成食品添加剂。

③按照目前日本使用习惯和管理要求。

a. 指定添加剂是指对人体健康无害的合成添加剂。分为已有使用标准的食品添加剂和尚未制定使用标准的食品添加剂两类。必须按一定程序审批后，才能使用。截至 2011 年 7 月 21 日，日本使用的指定添加剂共 420 种。其中所列类别名称扩展后，还包括脂肪族醇、高脂肪族醛、高脂肪族碳氢化合物、芳香醇、芳香醛、酯、醚、糠醛类及其衍生物、脂肪酸、吲哚类及其衍生物、异硫氰酸盐、酮、内酯、苯酚醚、酚类化合物、萜烯碳氢化合物、硫醚、硫醇 18 类 3 414 种香料物质。以上物质不包括有高毒性的物质。指定添加剂中又分为有使用规定和无使用限制两类。

b. 即存添加剂也叫现用添加剂，指在食品加工中使用历史长，被认为是安全的天然添加剂。1996 年 4 月日本厚生劳动省公布了一批即存食品添加剂名单。名单内的品种不受食品卫生法的约束，因此继续允许这些食品添加剂的经销、制造、进口等营销活动。即存食品添加剂不包括应用化学反应原理获得的物质或用化学手段合成的化合物，大多为天然植物提取物。截至 2011 年 5 月 6 日，有即存添加剂 365 种。

c. 天然香料是指那些从动物或植物，或动植物混合物中提取的用于食品调味的物质。约有 612 种。天然调味剂应该用来源物质名称或其同义词进行申明，并须在产品标签上附有“调味剂”的字样。

d. 通常既可作为食品也可作为食品添加剂的物质有 106 种，包括甘草粉、红米色素、姜黄等物质。

2. 法规和标准

（1）法规。

①食品卫生法。1947 年由厚生劳动省公布，但食品添加剂法规到 1957 年才真正公布和实施。新修订的《食品卫生法》2006 年 5 月起实施，目的是防止因食品而引发的安全危害，提高公共卫生水平，明确了厚生劳动省大臣负责食品卫生的管理。范围包括食品、食品添加剂、天然香料、设施设备（不包括农业、水产业的设施设备）、食品包装容器。新《食品卫生法》对食品添加剂的管理更加严格，如规定食品添加剂要扩大使用范围，必须经过新成立的隶属内阁政府的食品安全委员会批准。

②食品卫生法实施条例。列出了指定食品添加剂清单，并对食品添加剂的标签要求、审批过程、进口申报、产品检验等做出了详细规定。日本对其认可的出口国官方实验室的检验结果虽然视为与日本检疫站出具的结果等同，但对进口食品添加剂成分规格的检验必须按食品卫生法指定的检验方法进行。

③101 号临时措施法案。1995 年 5 月 24 日发布的关于修订食品卫生法和营养促进法的《101 号临时措施法案》，厚生劳动省将强制标记评估制度从原有的化学合成食品添加剂推广延伸到天然食品添加剂。作为该修正案的过渡措施，厚生劳动省公布了现使用的天然食品添加剂（指即存食品添加剂）目录，并允许它们在过渡期间继续使用。本法修正后，如果这些添加剂被发现有安全问题或已知没有实际使用价值，厚生劳动省可勒令禁用这些食品添加剂，并从现有食品添加剂目录中删除。1996 年 4 月 16 日又公布了 120 指令。1989 年 12 月，厚生劳动省以 207 号指令对“非合成食品添加剂”规定了其来源和制造方法。

（2）标准。日本厚生劳动省负责食品卫生法的制/修订，并按照该法对食品添加剂进行规范化管理。对有使用标准的物质，通过食品小六法规定添加剂限量标准。

①使用标准及食品添加剂种类构成。

a.《食品卫生法实施条例》列出指定食品添加剂的清单。2006 年 5 月 16 日，日本食品卫生法实施条例列出的指定食品添加剂共 360 种。指定食品添加剂又分为已有使用标准的食品添加剂和尚未制定使用标准的食品添加剂两类。日本批准的食物添加剂清单列出了允许在食品中所使用的添加剂，以及产品中使用添加剂的目的（例如防腐剂，抗氧化剂等），允许使用添加剂的食品，在食物中使用添加剂的最大允许限度。截至 2008 年 4 月，已制定出可使用的食品添加剂中 31 类 284 种添加剂的使用规格和限量，其中列出了产品中使用添加剂的用途（例如防腐剂、抗氧化剂等）、允许使用添加剂的食品、在食品中使用添加剂的最大允许量以及使用注意事项，并对另外的 294 种添加剂的功能加以明确界定，但目前还未制定相应的使用规格和限量。

b.《101 号临时措施法案》第 2 条中规定日本厚生劳动省应列出在该法发布之前已经销售、生产、进口、加工、使用或以销售为目的展示过的食品添加剂或已包含在制剂或食品中的食品添加剂的清单，并于 1996 年 4 月 16 日公布，称其为即存食品添加剂。厚生劳动省将根据有关方面提交的建议并认为理由充足时，修改、增减这一清单中相应的食品添加剂名称。由于有对日本食品卫生法进行修订的临时措施，清单中所列的食品添加剂和含有这些添加剂的食品或制剂不受《食品卫生法》第 6 条的约束，故继续允许针对这些食品添加剂等而从事的经销、制造、进口等营销活动。

c. 天然调味剂是指从动物或植物，或动植物混合物中提取的用于调味食品的物质。天然调味剂应用原料物质的名称或其后所示的同义词进行申明，同时须附有“调味剂”（Flavoring Agent）的字样。

d. 通常既可作为食品也可作为食品添加剂的物质。

②食品添加剂产品规格标准。《日本食品添加物公定书》（Japanese Standard of Food Additives，简称 JSFA）也叫《日本食品添加剂标准》，是日本食品添加剂的标准文件，日本食品卫生法的技术法规。它规定了各种试验方法，并对约 400 种食品添加剂规定了质量标准。早在 1957 年就开始着手编写，1960 年正式出版了第 1 版《日本食品添加物公定书》。随着科技的进步和食品工业的发展，此公定书已进行过数次修正。1966 年 3 月由厚生劳动省出版了“第 2 版食品添加物公定书”，为食品添加剂制定品种、质量标准和使用限量等法规。把食品添加剂分为化学合成和非化学合成两大类，但只对化学合成的添加剂有严格要求。随后分别出版了第 3 版至第 8 版，第 6 版至第 7 版经过 6 年半的间隔时间，第 7 版至第 8 版经过 8 年的间隔时间。第 8 版增加 62 个天然添加剂新品种，同时废止了 30 多个已经不再使用的品种。

（五）韩国

韩国的《食品添加剂法典》对食品添加剂的定义、分类、使用目的、使用范围及使用限量等都作了明确规定。韩国食品药物管理局不定期地对食品添加剂限量使用标准和规范进行修改和补充。目前韩国允许使用的化学合成物共 424 种，允许使用的天然添加物 196 种，混合添加剂 7 种，只能用作香料的物质 79 种。

（六）澳大利亚

根据澳大利亚和新西兰签订的合作条约规定，澳大利亚和新西兰都实施统一的食品标准。两国政府共同建立了澳大利亚和新西兰食品标准局（FSANZ）作为负责两国食品事务的机构，该机构制定并颁布了食品标准法典，旨在防止动植物虫害和疫病的传播，保护食品卫生和安全，确保为消费者提供安全的食品。

澳大利亚和新西兰食品标准局大多引用国际标准或其他国家的权威标准，如：规定添加剂规格应符合联合国粮农组织出版的食品和营养报告 52 中的食品添加剂规格汇编第一、二卷，包括附录 1 至附录 7 的相关要求；或者美国食品化学品法典（FCC）第 4 版及其增补版的规定以及本地区制定的规格标准，如果上述标准中没有关于该添加剂的规定，则应符合英国药典、美国药典、国际药典、美国联邦法规、日本添加剂标准等 10 个国家或国际组织的标准规定。

同其他国家相比，澳大利亚和新西兰政府的管理政策是尽可能将添加剂的品种和数量保持在最少，如：标准中明确规定“当两种或两种以上功能相同的食品添加剂在一起使用时，每种添加剂的用量与其最大允许量的比例之和不能超过 1”，其他大多数国家则仅对于某些品种有类似规定。

在食品标准法典的第一章中，将食品添加剂、维生素和矿物质、加工助剂作为单独的类别归属于“食品中的添加物质”。食品标准法典的其他章节也对食品中添加的食品添加剂、加工助剂、维生素和矿物质，及其他营养物等物质的特性和纯度的规格，以及食品成分和复合成分的标志与命名进行了规范。

五、食品香料香精管理

香精是由一种或多种芳香物质、溶剂或食品加工助剂组成的具有一定香气特征和浓度的混合物。其组成复杂，少的由几种单体香料组成，多则由十几种、几十种甚至上百种香料组成。全世界目前使用的香味物质有 3 000 种，其自身安全性和食品香精中使用的助剂的安全性决定了食品香精的安全性。食品用香精香料是食品添加剂中的一大类，食用香料与日用或其他香料不同，具有自身的特殊性。食用香料以再现食品的香气或风味为根本目的，因为人类对未品尝过的食品的香气及风味有本能的警惕性，而日用香料则可以具有独特的幻想型香气，并为人们接受；食用香料必须考虑食品味感上的调和，很苦或很酸涩的香料不能用于食品，而其他香料一般不用考虑味感的影响。人类对食用香料的感觉比日用香料敏感得多，这是因为食用香料可以通过鼻腔、口腔等不同途径产生嗅感或味感；食用香料与产品色泽等有着更为密切的联系。如在使用水果型香料时，若不具备接近天然水果的颜色，人们会产生其香气是其他物质的错觉，使其效果大为降低。关于对食品香料的立法和管理，最早建立食品香料法规的是德国和美国。在工业发达国家的食品香料法规中值得重视的是美国、欧洲理事会及日本的法规。

（一）食品香料国际组织

国际上对食品香料香精产品的管理也十分重视，有食品香料工业国际组织（International Organization of Flavor Industry，简称 IOFI）、国际日用香料工业协会（IFRA）、国际精神香料贸易联合会（IFEAT）、美国国际食用香味料及萃取物制造者协会（FEMA）、欧洲理事会香料专业委员会（COE）以及专门对香料香精进行安全评价的世界权威组织 RIFM，都在对香料香精产品和原料进行研究、安全评价和监督。至 2002 年 11 月，国际上 IFRA 已通过可使用的香料原料达 2 600 种，是安全的；2002 年 7 月通过的 100 种是监督使用的，有 36 种是禁止使用的，50 种是限制使用的，其他需进一步研究确定其性质。

食品香料工业国际组织成立于 1969 年 8 月，总部设于比利时的布鲁塞尔，科学秘书处设于瑞士日内瓦。根据实践经验和提高工作效率，1979 年在日内瓦重建，总部和科学秘书处均设在日内瓦，IOFI 的成员为世界上食品香精香料主要生产国的国家级食品香精香料工业协会。它的任务是通过科学的工作制定出能为全体成员国接受的食品香料法规，以克服非关税贸易壁垒，促进食品香精香料工业的健康发展。IOFI 的食品香料法规为混合体系，即对于有已知毒性的天然香料规定它们在食品香精或最终食品中的最高限量；对于人造食品香料以肯定者的形式加以管理，即规定哪些人造食品香料可以安全使用；对于天然等同的食品香料不必列出。1978 年 IOFI 制定了实践法规《Code of Practice》，1985 年该法规出了第 2 版，并以英、法、德、意、西班牙等多种文字出版，本法规可以为我国食品香精香料立法和管理借鉴。IOFI 现有成员国 20 余个，绝大多数为发达国家（如英、美、日、法、意、加等）。IOFI 的实践法规对于天然和天然等同香料采用否定列表（Negative List）加以限制，而对人造香料采用肯定列表（Positive List）来规定，列入此肯定列表的约有 400 种人造香料。

（二）美国

自1958年开始，美国将食品香料列入食品添加剂范围并进行立法管理。美国FDA最早直接参与法规的制定和管理。他们根据人们长期的使用经验和部分毒理学资料，将允许使用的食用香料列入联邦法规21CFR§172和21CFR§182节的有关章节，当时仅将香料分为天然香料和合成香料两大类。在法规的第二部分共列入约1 200种允许使用的食用香料，对使用范围和使用量未作规定。但这毕竟确定了用“肯定表”（Positive List）的形式为食用香料立法，即只允许使用列表中的食用香料，而不得使用表以外的其他香料。随后FDA发现新的食用香料层出不穷，用量又小，仅靠国家机构来从事食用香料立法简直不可能。这一任务随之落到了美国FEMA（Flavor and Extract Manufactureres Association）头上。其结果得到FDA认可，他们对经过适当安全评价的食品香料以肯定形式发表，并冠以GRAS（一般公认安全）的FEMA号码。冠以GRAS称号的食品香料在美国可以以GMP（即良好的制造生产规范）形式安全使用。

FEMA是个行业组织，成立于1956年，它是一个行业自律性组织。FEMA组织内有一个专家组，它由行业内外的化学家、生物学家、毒理学家等权威人士组成。自1960年以来连续对食用香料的安全性进行评价（注意这里用的是“评价”一词，因为如上所说，不必要也不可能对每种食用香料进行毒理学试验，但必须逐个加以安全评价）。评价的依据是自然存在状况、暴露量（使用量）、部分化合物（或相关化合物）的毒理学资料结构与毒性的关系等。对每种经专家评价为安全的食用香料都给一个FEMA编号。

自1965年公布第一批FEMA GRAS名单（公开发表于*Food Technology*杂志上）以来，到2007年5月已公布到FEMA GRAS23，编号从2001号开始，目前已达4429号，先后23次公布的批准了2 429种GRAS物质。即允许使用共2 429种食用香料FEMA GRAS得到美国FDA的充分认可，作为国家法规在执行。已通过的2 429种食用香料也属于“Positive List”。列入GRAS目录的食品香料也不是一成不变的。随着科技进步和毒理学资料的积累以及现代分析技术的提高，每隔若干年时间，再重新评价1次，重新确定GRAS身份。到目前为止，原有GRAS FEMA编号的10种食品香料已被取消GRAS称号，即在食品香精中禁止使用。对食品香料的安全评价采用与其他大宗食品添加剂不同的评价方法。由于食用香料品种太多，从人力物力上来说，是不可能对每种食用香料加以评价的，只能根据用量和从分子结构上可能预见的毒性等来确定优先评价的次序。到目前为止，只评价了约900种食用香料，评价的结果证明FEMA GRAS是正确的。FEMA GRAS并未真正受到JECFA的挑战。

美国FDA的名单及FEMA名单不仅适用于美国，它在世界上有广泛的影响。全盘采用的国家有阿根廷、巴西、捷克、埃及、巴拉圭、波多黎各、乌拉圭等；原则采用的国家和地区有：阿富汗、奥地利、澳大利亚、孟加拉、巴巴多斯、玻利维亚、保加利亚、哥斯达黎加、智利、中国、哥伦比亚、塞浦路斯、厄瓜多尔、萨尔瓦多、斐济、希腊、危地马拉、洪都拉斯、中国香港、匈牙利、印度尼西亚、牙买加、约旦、韩国、黎巴嫩、马尔代夫、墨西哥、尼泊尔、新喀里多尼亚、新几内亚、新西兰、尼加拉瓜、巴拿马、巴基斯坦、秘鲁、菲律宾、波兰、罗马尼亚、斯里兰卡、苏丹、中国台湾、泰国、特立尼达和多巴哥，土耳其、英国、西萨摩亚。

（三）欧盟

在欧盟，食品用香料不作为食品添加剂，另有指令规定了其定义、使用通则、标签要求以及最大限量规定。欧洲理事会（Council of Europe，简称CE）的食品香料法规类同于IOFI的规定，采用“混合体系”为食品香料立法。欧盟对天然和天然等同香料是采用否定表（Negative List）形式加以管理，即只规定那些天然和天然等同香料不准用或限量使用。对人造食用香料才用肯定表（Positive List）形式加以管理，即只有列入此表的人造食品香料才允许使用。欧洲国家对食用香料的立法和管理不是靠政府而是靠行业组织，以行业自律为主。食用香料和香精的安全性实行的是行业负责制。事实上没有一个企业愿冒不依据实践法规的规定来生产产品的风险，一旦违规被揭露就受到欧洲香料香精行业协会（European Flavour & Fragrance Association，简称 EFFA）的查处，严重的会倾家荡产。

欧盟并没有真正国家法规意义上的食用香料名单，但它确实有 COE 蓝皮书，即 Council of Europe Blue Book——“Flavoaring Substances and Natural Source of Flavourings”。该蓝皮书不是法律文件，而是一批专家的准备报告。此专家组于 20 世纪 90 年代初已停止工作。蓝皮书包括一份可用于天然食品香料的天然资源表，天然资源中活性成分的暂时限制已有了规定，它指出了使用于饮料和食品的最高浓度。蓝皮书还包括一份可加到食物中而不危及健康的香味物质表和一份暂时能加到食物中的物质表。每种食用香料都有一个 COE 编号，共有 1 700 余种。

（四）日本

在《日本食品添加物公定书》中涉及的食用香料并不多。日本对天然香料采用否定表的形式加以管理，而对合成香料却采取肯定列表一一列出名单，并规定质量规格，但有标准可查的食品香料不足100 种（氨基酸、酸味剂除外）。由于日本国内的食品香精市场有限，许多香精以外销为主。对于这部分香精他们执行的是进口国的法规。目前日本已倾向接受 IOFI 和 JECFA 的规定，食品香料法规已逐步国际化。日本香料协会对日本香料行业的自律、对法规执行情况的监督检查起着至关重要的作用。

六、主要贸易国食品添加剂比较分析

对中国与 CAC、澳大利亚、美国、欧盟、日本、韩国允许使用的食品添加剂品种进行了比对列表，并且对其功能进行了标注，共收录 1 957 种（基本不包括香料），涉及的功能类型约 24 类，以及与各国允许使用的四类食品添加剂品种进行比较，相关比较表格挂接在中国技术性贸易措施网站（网址 http://www.tbt-sps.gov.cn）上。

在 1 957 种食品添加剂中，中国允许使用的食品添加剂有 583 种，CAC 314 种，澳大利亚 553 种，美国 658 种，欧盟 398 种，日本 716 种，韩国 445 种。而中国与主要贸易国相比，与 CAC 都允许使用的食品添加剂有 156 种，与澳大利亚都允许使用的食品添加剂有 209 种，与美国都允许使用的食品添加剂有 187 种，与欧盟都允许使用的食品添加剂有 178 种，与日本都允许使用的食品添加剂有 220 种，与韩国都允许使用的食品添加剂有 200 种。

（一）着色剂

1. 各国（地区）色素的使用特点

（1）正向肯定列表规定允许使用的品种。在对每种着色剂（又叫色素）的使用范围与用量规定上，美国、日本、中国台湾和中国香港的表述简单明晰，在明确规定色素不允许使用范围以外的，都是默认允许使用的；并没有规定色素在各种食品的使用限量。中国香港对食用色素允许使用和不允许使用做了原则性规定，列出了允许使用的品种，没有详细列出各个品种的使用范围和使用量。中国澳门的食品添加剂使用标准还不成熟，仅规定了允许使用品种，没有规定使用范围和剂量。CAC、中国、加拿大、俄罗斯和欧盟对色素使用的规定非常具体详细，使用时稍不注意就容易混淆、忽略，甚至误用。中国采用了与 CAC 完全相同的表述模式，规定了某类食品及其亚类允许使用品种及限量，同一种焦油色素在不同食品中的使用限量差别就非常大。中国采用的这种标准模式从系统性看较科学，但应用起来比较复杂。尽管我国 GB 2760—2007 推出多年了，但仍有部分生产者和监管者对该标准的掌握还不太熟练。加拿大标准的编排模式也与中国类似，但表述并不系统。欧盟从不得含有色素的食品、仅可以使用某些许可色素的食品、仅可用于某些用途的色素、规定色素最大允许量的食品等多个层面阐述了色素的使用，可能是这些标准中最复杂的一类，极易造成误解。俄罗斯与欧盟类似，从不允许添加色素的食品、加工中对色素使用有限制的食品、色素的卫生标准等层面阐述了使用规定。

(2) 规定禁止使用的色素。中国、CAC、加拿大、俄罗斯虽然没有列出禁止使用色素的范围，但实际上没有申明允许使用的领域就是默认的禁用范围。美国 FFDCA 的 401 节规定了不能着色的食品（除非所加入的色素是这类标准所允许的）。中国香港明确规定禁止未经烹煮及未经加工处理的肉类、野味、家禽、鱼、水果或蔬菜使用各种色素，如拟出售给人食用，则除非是作为标记用途，否则不得加进或加上任何染色料；但如按规定办理，如柑橘属水果可加进或加上准许染色料——在该类水果皮上以准许染色料标明"加有色素"字样；该类字样应清楚可阅，大小明显易见。中国台湾规定在生鲜肉类、生鲜鱼贝类、生鲜豆类、生鲜蔬菜、生鲜水果、味噌、酱油、海带、海苔、茶等不得使用色素。日本规定色素禁用于腌鱼、鲜鱼、鲜贝（包括鲸肉），Kasutera（茶碗糕），KINAKO（烘烤大豆粉），KONBU（海藻）/WAKAME（海草）（两者均为昆布属植物），豆类/pulses，橘，肉类，腌肉、日本豆面酱(MISO)（发酵大豆面团），面条（包括 Wantan），海苔(NORI)(紫菜类)，酱油，松糕，茶叶，蔬菜，或腌鲸肉的着色。欧盟在 94/36/EC 以附件Ⅱ列举了不应含添加色素的食品。

2. 对焦油色素应用态度的差异

世界使用的焦油色素最多时达 100 余种。1960 年，美国允许使用的焦油色素就有 35 种。随着人类对其毒性和危害的深入了解，已将一部分从允许使用的食用色素名单中删去。现在各国（地区）对焦油色素使用的容忍程度差异较大，允许作为食用焦油色素使用的品种及数量越来越少，且允许使用的品种不尽相同。许多国家还将食用焦油色素使用作为重要的技术贸易壁垒手段。美国、中国台湾、日本对焦油色素的使用态度较宽容，仅规定了不允许使用的食品种类，除对个别品种有使用量限制外，其余都允许按生产需要量使用。一些国家，如瑞典、芬兰、挪威、印度、丹麦、法国等禁止使用偶氮类色素，其中挪威、丹麦等国完全禁止使用任何化学合成色素。还有一些国家禁止在肉类、鱼类及其加工品、水果及其制品、调味品、婴儿食品、糕点等食品中添加合成色素。CAC 对焦油色素的使用特别谨慎与严格，由于 CAC 制定标准是为了减少各国食品添加剂使用标准之间的差异，批准的品种要得到所有成员国的同意。标准制定需要经过 8 个步骤，对每一个品种达成共识需要经历一个复杂而漫长的过程。

3. 允许使用色素品种差异

(1) 焦油色素。焦油色素色彩鲜艳、着色力强、价格便宜，在食品中仍被广泛应用。出于安全性考虑，各国（地区）对焦油色素使用都有严格的准许使用品种规定。美国、加拿大与中国台湾的允许使用食用色素品种非常接近。美国允许使用的有 9 种，其中橘红 2 号、橙色 B 分别限于肠衣和水果表面着色，但在中国台湾不允许使用；而胭脂红在中国台湾准许使用，美国却不许使用。加拿大允许使用的品种比美国多了苋菜红和丽春红 SX 两种，但不允许使用橙色 B。中国香港与欧盟允许使用的品种完全一样。俄罗斯与欧盟允许使用的品种也非常接近，俄罗斯较欧盟多允许使用黄色 2G 和坚牢绿，而不允许使用赤藓红、棕色 FK、苋菜红和立索玉红。中国内地、中国澳门及日本允许使用品种非常相近。与中国澳门比较，中国内地允许使用偶氮玉红，而中国澳门允许使用坚牢绿，其余 10 种完全一样。与日本比较，中国不允许使用坚牢绿、酸性红、荧光桃红、孟加拉玫瑰红，而日本不允许使用喹啉黄和偶氮玉红。各国（或地区）允许使用的食用焦油色素见表 4-2。

(2) 天然色素。天然色素多来自动物、植物组织，而自然界有色的无毒植物超过 2 000 种，颜色丰富多彩。目前，已开发了不少安全的天然色素，国际上已有 100 种以上。允许使用的天然色素中还有部分属于人工合成天然等同物。如化学合成的 β-胡萝卜素在化学结构上与自然界发现的完全相同，叶绿素铜钠是由天然色素经化学处理所得的叶绿素衍生物。美国、加拿大、欧盟都没有要求对"天然的"、"与天然等同的"和"合成的"加以区别。我国则注明了天然或人工合成天然等同物。但由于天然色素的化学性质不稳定、颜色不鲜艳、在加工保存过程中容易褪色或变色、使用

表 4-2　各国（地区）允许使用的食用焦油色素

中文名	其他中文名	英文名	化学类型	INS	EEC	CAS	C.I.	部分国家（地区）的代号					允许使用品种									
								英国	美国	日本	中国台湾	韩国	CAC	中国大陆	俄罗斯	欧盟	美国	加拿大	日本	中国香港	中国澳门	中国台湾
柠檬黄	酒石黄	Tartrazine	单偶氮类	102	E102	1934-21-0	19140	黄 17	黄 5	黄 4	黄 4	黄 4		●	●	●	●	●	●	●	●	●
喹啉黄	酸性黄 3 号	Quinoline Yellow	氧杂蒽类	104	E104	8004-92-0	47005	黄 13	黄 10					●	●	●				●	●	
黄色 2G		Yellow 2G	单偶氮类	107		25739-65-5	18965	黄 5							●							
日落黄	晚霞黄	Sunset Yellow FCF	单偶氮类	110	E110	2783-94-0	15985	黄 22	黄 6	黄 5	黄 5	黄 5	●	●	●	●	●	●	●	●	●	●
橘红 2 号		Citrus Red No.2	单偶氮类	121		6358-53-8	12156										●	●				
偶氮玉红	淡红	Carmoisine	单偶氮类	122	E122	3567-69-9	14720	红 3						●	●	●				●		
苋菜红	蓝光酸性红	Amaranth	单偶氮类	123	E123	915-67-3	16185	红 4	红 2	红 2		红 2		●		●		●	●	●	●	
胭脂红	丽春红 4R	Ponceau 4R	单偶氮类	124	E124	2611-82-7	16255	红 2		红 102	红 6		●	●	●	●			●	●	●	●
丽春红 SX		Ponceau SX	单偶氮类	125		4548-53-2	14700		红 4									●				
赤藓红	樱桃红	Erythrosine	氧杂蒽类	127	E127	16423-68-0	45430	红 6	红 3	红 3	红 7	红 3	●	●		●	●	●	●	●	●	●
诱惑红	阿洛拉红	Allura Red AC	单偶氮类	129	E129	25956-17-6	16035	红 17	红 40	红 40	红 40	红 40		●	●	●	●	●	●	●	●	●
专利蓝 V	酸性蓝 3	Patent Blue V	三苯基甲烷类	131	E131	3536-49-0	42051	蓝 5							●	●				●		
靛蓝		Indigotine	靛系染料	132	E132	860-22-0	73015	蓝 24	蓝 2	蓝 2	蓝 2	蓝 2		●	●	●	●	●	●	●	●	●
亮蓝		Brillant Blue FCF	三苯基甲烷类	133	E133	2650-18-2	42090	蓝 4	蓝 1	蓝 1	蓝 1	蓝 1	●	●	●	●	●	●	●	●	●	●
绿色 S	亮绿 BS	Green S	三苯基甲烷类	142	E142	3087-16-9	44090	绿 4				绿 3			●	●				●		
坚牢绿		Fast Green FCF	三苯基甲烷类	143	E143	2353-43-9	42053	绿 3	绿 3	绿 3	绿 3		●		●		●	●	●		●	●
亮黑 PN		Brillant Black PN	双偶氮类	151	E151	2519-30-4	28440	黑 1							●	●				●		
棕色 FK		Brown FK	单双三偶氮物	154	E154	8062-14-4	–									●				●		
棕色 HT		Chocolate Brown HT	双偶氮类	155	E155	4553-89-3	20285	棕 3							●	●				●		
立索玉红		Litholrubine BK	单偶氮类	180	E180	1236082	15850									●				●		
酸性红	酸性红 52	Acidrose Red B	单偶氮类			3520-42-1	45100			红 106									●			
荧光桃红		Phloxine B	荧光酮类			18472-87-2	45410		红 28	红 104									●			
孟加拉玫瑰红		Rose Bengale	荧光酮类			632-68-8	45440			红 105									●			
橙色 B		Orange B	单偶氮类			15139-76-1											●					
新红		New Red	单偶氮类			3734-67-6	18050							●							●	

注：●表示允许使用，下同。

成本高等原因，食品生产企业使用积极性不高。同时，天然的并不一定表明安全，如藤黄科植物藤黄的胶质树脂的毒性很大。JECFA对天然色素的毒性试验非常严格；除来自可食部分以外，其余的与人工合成色素的要求同样严格。根据GB 2760—2007《食品添加剂使用卫生标准》，某些天然色素的ADI值较小，并不比人工合成色素安全。如斑黄（类胡萝卜色素）的ADI暂定为0.05 mg/kg，比日落黄（ADI 0~2.5 mg/kg，FAO/WHO，2001）和柠檬黄（ADI 0~7.5 mg/kg，FAO/WHO，2001）等焦油色素的ADI要低得多。有的天然色素具有生物活性（如β-胡萝卜素），因而兼有营养强化作用。有的品种具有特殊的芳香气味，添加到食品中能给人带来愉快的感觉。天然色素除了着色力和稳定性差外，部分天然色素由于共存成分的影响而有异味或异臭。

日本将食品添加剂分为非天然物和天然物两大类，对前者的质量指标和限量等均有严格规定，而对后者则均以“按正常需要为限”，不作各种明确的限制规定。日本允许使用的天然色素有80多种，其中在指定食品添加剂中有7种，在即存食品添加剂中有43种，在通常作为食品也可作为食品添加剂的物质中约有34种。中国有56种，俄罗斯有43种，欧盟有32种，美国有30种，加拿大有25种，CAC有13种，中国澳门有46种，中国台湾有14种，中国香港列出的约16种（虽然没有逐一列出以食用水果或蔬菜生产的天然染色料，但这些品种的范围很大）。其中焦糖色素（除中国台湾外）、胡萝卜素类、叶绿素及叶绿酸类在10个国家（地区）都允许使用；核黄素在中国内地、中国澳门和中国香港没有明确申明用于着色，其他国家（地区）或组织都明确提出作为色素使用。除了中国台湾和CAC外，都允许使用姜黄类。

（3）其他色素。在上述10个国家（地区）中，加拿大、俄罗斯和日本（没有批准使用银）及中国香港允许使用金、银、铝；除了CAC和中国澳门以外，都允许使用二氧化钛；俄罗斯、日本、欧盟及中国澳门允许使用植物炭黑；中国内地、俄罗斯、美国、加拿大，欧盟、CAC及中国香港和中国台湾都允许使用氧化铁类，但使用氧化物品种各异。美国还允许使用葡萄糖酸亚铁和乳酸亚铁；欧盟还允许使用碳酸钙。

4. 使用范围与限量差别

第一，同一色素对不同染色食品基质的染着性不同，不同色素对同一染色基质的染着性也不一样，如赤藓红对蛋白质基质的染着性较好，而柠檬黄则较差。第二，由于人们对各种食品摄入量的不同也决定了某一色素在不同食品中的使用量不同。第三，各国（地区）对色素，特别是焦油色素使用态度也存在较大差异。这些因素决定了各国（地区）允许使用的品种、范围和限量差异会较大。例如，日落黄和亮蓝在各国（地区）都允许使用，但在各国标准中的表述与使用范围差别都很大。中国内地使用限量范围是0.025~0.5 g/kg，CAC为0.05~0.3 g/kg，加拿大为0.125~0.3 g/kg，欧盟、俄罗斯在部分饮料中的规定多数为100 mg/L，在其他规定了限量的食品中的限量范围是0.1~0.5 g/kg。除CAC外，各国（地区或组织）都允许使用柠檬黄，中国允许使用的剂量范围为0.05~0.5 g/kg，加拿大的限量多为0.3 g/kg，欧盟、俄罗斯在部分饮料中的规定多数为100 mg/L，在其他规定了限量的食品中的限量范围是0.1~0.5 g/kg。喹啉黄在中国仅允许在预调酒中使用，限量为0.1 g/kg，而欧盟、俄罗斯规定的使用范围较广。欧盟允许在Americano（一种饮料）及法规（EEC）No. 1601/91中涉及的苦味苏打和苦味酒中使用，并且规定了允许使用的食品范围和各自的用量。

（二）甜味剂

1. 各国（地区）甜味剂的使用特点

各国（地区）标准对甜味剂的使用品种规定都采用了正向肯定列表。美国、加拿大、日本允许使用的合成甜味剂较少，中国、CAC、欧盟、俄罗斯和中国香港允许使用的合成甜味剂较多。中国香港、中国澳门只列出了允许使用品种和使用总体原则，没有列出使用量与范围，其他国家（地区）的标准对合成甜味剂都规定了使用食品范围和限量，但对天然甜味剂则允许按生产需要使用。美国的甜味剂按照食品添加剂的安全分类陈述，分散在各个章节内；中国台湾将酸味剂、鲜味剂、苦味剂、甜味剂放在同一章陈述；CAC、中国内地、中国澳门按食品添加剂的字母顺序混排；中国香港、加拿大、欧盟、俄罗斯、日本按甜味剂功能集中排列。

2. 使用品种的差异

各国（地区）允许使用甜味剂品种的中英文对照及编码见表4-3。常见合成甜味剂包括：安赛蜜、阿力甜、阿斯巴甜、阿斯巴甜-乙酰磺胺酸盐、环己基氨基磺酸及盐（钙、钾、钠）、纽甜、三氯蔗糖、糖精及盐（铵、钙、钾、钠）共8类。阿斯巴甜和安赛蜜在各国（地区）都允许使用。阿力甜仅在CAC、中国及中国香港、中国澳门允许使用。糖精虽然在国际上安全性争议较大，但目前除了加拿大以外都准许使用。环己基氨基磺酸及其盐在美国、日本、加拿大不允许使用；纽甜在中国、CAC、美国、加拿大和中国台湾准许使用。

此外，各国（地区）使用了大量天然甜味剂。包括罗汉果甜苷、麦芽糖醇（麦芽糖醇糖浆）、乳糖醇、山梨醇糖浆、索马甜、糖甜菜的风味浸取物、天冬氨酸一钠、甜菊糖苷（甜叶菊粉、甜叶菊提取物）、新橙皮苷二氢查尔酮、异麦芽糖醇、异麦芽酮糖、赤藓糖醇、甘草及其衍生物（单葡糖苷酸基甘草酸、甘草、甘草酸铵、甘草酸二钠、甘草酸三钾、甘草酸三钠、甘草酸一铵、甘草酸一钾、甘草提取物、甘草甜素）、高果糖糖浆、D-甘露糖醇、木糖醇（D-木糖醇）、D-山梨醇、麦芽糖浆、葡萄糖浆、蔗糖、转化糖、右旋糖。其中部分本身就属于糖类，另一部分为天然植物提取物，属于GARS。

（三）防腐保鲜剂

1. 各国（地区）允许使用品种差异

表4-4所列品种为值得在进口食品中关注的中国不准许使用，而在某些贸易国（地区）允许使用的防腐保鲜添加物质。在我国进口食品管理中值得对这些物质加强监控。表4-5所列品种为中国准许使用，而在一些贸易国（地区）不允许使用的防腐保鲜添加物质，我国出口食品应注意对这类物质监控，防止在出口食品中误用。正是由于各国（地区）允许使用品种和范围的差异，导致了许多外贸上的冲突与摩擦。

2. 几类重要食品添加剂的使用差别

（1）苯基苯酚类。常见品种有2-苯基苯酚、2-苯基苯酚钠、4-苯基苯酚、4-己基间苯二酚。美国和中国台湾不使用，中国、CAC、日本、俄罗斯、中国香港、中国澳门允许使用其中的部分品种。由于各国（地区）使用品种存在差异，可以针对出口和进口的不同领域关注相应产品。4-苯基苯酚仅允许在中国及中国澳门使用，出口到其他国家（地区）应避免使用该物质。

（2）苯甲酸及其盐类。属于酸型防腐剂，常见品种包括苯甲酸、苯甲酸钙、苯甲酸钾和苯甲酸钠。这类物质使用历史悠久，防腐效果肯定，全部国家（地区）都允许使用。近年来，有研究报道苯甲酸及其盐类能引起肝脏损害和轻微蓄积，故对该类产品应该重点关注其使用范围和使用量。

（3）山梨酸及盐类。属于酸型防腐剂，常见品种包括山梨酸、山梨酸钙、山梨酸钾和山梨酸钠。较苯甲酸及盐类毒性小，可以参与人体代谢。各国都准予使用。有报道指其具有影响代谢和引起纤维肉瘤的作用，故应关注其使用范围和使用量。

（4）对羟基苯甲酸酯及盐类。属于酯型防腐剂，常见品种包括对羟基苯甲酸丙酯、对羟基苯甲酸丙酯钠、对羟基苯甲酸丁酯、对羟基苯甲酸庚酯、对羟基苯甲酸甲酯、对羟基苯甲酸甲酯钠、对羟基苯甲酸乙酯、对羟基苯甲酸乙酯钠、对羟基苯甲酸异丙酯和对羟基苯甲酸异丁酯。虽然CAC没有推荐使用，但本文所列国家和地区都允许使用该类物质中的一些品种，日本和中国澳门允许使用的品种较少，而其余国家（地区）却允许使用多个品种。由于使用品种存在差异，可根据进出口产品的特点关注相应的品种。

（5）硝酸盐及亚硝酸盐类。主要用于肉制品护色和防腐。亚硝酸盐能够有效地抑制肉毒梭状芽孢杆菌的生长，降低腌制品引起食物中毒的风险。目前，还没有适当的物质可以替代亚硝酸盐的这

表 4-3 各国（地区）使用甜味剂品种的中英文对照及编码

名称	INS	CAS	中国	CAC	美国	加拿大	欧盟	日本	俄罗斯	中国香港	中国澳门	中国台湾
D-甘露糖醇（D-Mannitol）	421	69-65-8	●	●	●	●	●		●		●	
D-木糖醇（D-Xylitol）								●				●
木糖醇（Xylitol）	967	87-99-0	●	●	●	●	●	●			●	
D-山梨醇（Sorbitol）	420	50-70-4		●	●	●	●	●	●		●	●
阿力甜（Alitame）	956	99016-42-9	●	●						●	●	
阿斯巴甜（Aspartame）	951	22839-47-0	●	●	●	●	●	●	●	●	●	●
阿斯巴甜-乙酰磺胺酸盐（Aspartame-acesulphame salt）	962	106372-55-8					●			●		
赤藓糖醇（Erythritol）	968	149-32-6	●	●		●	●				●	●
单葡糖苷酸基甘草酸（Monoglucuronyl glycyrrhetic acid）												●
甘草（Licoriceroot）		8916-91-6	●								●	
甘草及其衍生物					●							
甘草酸铵（Ammonium glycyrrhizinate）		53956-04-0	●								●	●
甘草酸二钠（Disodium glycyrrhizinate）		71277-79-7						●				
甘草酸三钾（Tripotassium glycyrrhinate）		68797-35-3	●								●	
甘草酸三钠（Trisodium glycyrrhizinate）												●
甘草酸一铵（Monoammonium glycyrrhizinate）	958	1407-03-0										●
甘草酸一钾（Monopotassium glycyrrhinate）			●								●	
甘草提取物（Licorice extracts）												●
甘草甜素（Glycyrrhizin）	958	471-53-4										●
高果糖糖浆（High fructose syrup）					●							
环己基氨基磺酸（Cyclamates）				●			●			●		
环己基氨基磺酸钙（Calcium cyclamate）	952	139-06-0	●	●			●		●	●		●
环己基氨基磺酸钾（Potassium cyclohexylsulfamate）	952								●	●		
环己基氨基磺酸钠（Sodium cyclohexylsulfamate）	952	139-05-9	●	●			●		●	●	●	●
罗汉果甜苷（Siraitia grosvenorii (swingle) c.jeffrey extract）			●									

续表

名称	INS	CAS	中国	CAC	美国	加拿大	欧盟	日本	俄罗斯	中国香港	中国澳门	中国台湾
麦芽糖醇（Maltitol）	965（i）	585-88-6	●	●		●	●		●		●	●
麦芽糖醇糖浆（Maltitol syrup）	965（i）					●	●				●	●
麦芽糖浆（Malt syrup）	965（ii）	8002-48-0			●							
纽甜（Neotame）	961	165450-17-9	●	●	●	●						●
葡萄糖浆（Glucose syrup）		977004-12-8			●							
乳糖醇（Lactitol）	966	585-86-4	●	●		●	●		●		●	●
三氯蔗糖（Sucralose）	955	56038-13-2	●	●	●	●	●	●	●	●		●
山梨醇糖浆（D-Sorbitol solution 70%）	420		●	●		●	●					●
索马甜（Thaumatin）	957	53850-34-3		●		●	●	●	●	●	●	●
糖精（Saccharin）	954（i）	1981-7-1		●	●		●	●	●	●		●
糖精铵（Ammonium saccharin）	954	128-43-8			●							
糖精钙（Calcium saccharin）	954（ii）	6485-34-3		●	●		●		●	●		
糖精钾（Potassium saccharin）	954（iii）	10332-51-1		●			●		●	●		
糖精钠（Sodium saccharin）	954（iv）	128-44-9	●	●	●		●	●	●	●	●	●
糖甜菜的风味浸取物（Sugar beet extract flavorbase）					●							
天冬氨酸一钠（Monosodium aspartate）		3792-50-5										●
甜菊糖苷（Stevioside）	960	57817-89-7	●						●		●	●
甜叶菊粉（Powdered stevia）								●				
甜叶菊提取物（Stevia extract）								●				
新橙皮苷二氢查尔酮（Neohesperidin dihydrochalcone）	959	20702-77-6					●		●			
乙酰磺胺酸钾（Potassium acesulfame）	950	55589-62-3	●	●	●	●	●	●	●	●	●	●
异麦芽糖醇（Isomalt）	953	64519-82-0		●		●	●		●		●	●
异麦芽酮糖（Palatinose）		13718-94-0	●								●	
右旋糖（Dextrose）		492-62-6			●							
蔗糖（Sucrose）		57-50-1			●							
转化糖（Invert sugar）		8013-17-0			●							

表 4-4 在进口食品中值得关注的中国不准许使用的防腐保鲜添加剂

名称	功能*	INS	CAS	CAC	美国	加拿大	欧盟	日本	俄罗斯	中国香港	中国澳门	中国台湾
2,4,5-三羟基丁酰苯（2,4,5-Trihydroxybutyrophenone）	⑤		1421-63-2		●							
4-羟甲基-2,6-二叔丁基苯酚（2,6-Di-tert-butyl-4-hydroxymethylphenol）	⑤		88-26-6		●							
阿诺克索默（Anoxomer）	⑤	323	60837-57-2		●				●			
臭氧	⑪		1333-74-0		●	●		●				
过氧化氢（Hydrogen peroxide）	①⑧⑩		7722-84-1		●	●		●			●	●
胡椒基丁醚（Piperonyl butoxide）	④		51-03-6					●				
季铵氯化物（Quaternary ammonium chloride combination）	③				●							
甲酸（Formic acid）	①	236	64-18-6	●					●	●	●	
甲酸钙（Calcium formate）	①	238	544-17-2						●			
甲酸钠（Sodium formate）	①								●			
氯化亚锡（Stannous chloride）	①⑤⑨	512	7772-99-8	●	●		●			●	●	
硼酸（Boric acid）	①		10043-35-3				●					
溶菌酶（Lysozyme）	①	1105	9066-59-5	●		●	●	●		●	●	
四氮六甲圜（Hexamine）	①	239	100-97-0	●			●		●	●	●	
四硼酸钠（Sodium tetraborate）	①	285					●					
碳酸铜	③		12069-69-1							●		
烟熏（Wood smoke）	①					●						
抑霉唑 （Imazalil）	①							●				
愈疮树脂（Guaiac resin）	①⑤	314	9000-29-7	●		●		●	●	●	●	●

*：①防腐剂；②防霉剂；③杀菌剂；④杀虫剂；⑤抗氧化剂；⑥抗氧化增效剂；⑦保鲜剂；⑧漂白剂；⑨护色剂；⑩面粉处理剂；⑪助剂。

表 4-5 在出口食品中值得关注的中国准许使用的防腐保鲜添加剂

名 称	功能*	INS	CAS	中国	CAC	美国	加拿大	欧盟	日本	俄罗斯	中国香港	中国澳门	中国台湾
2,4-二氯苯氧乙酸（2,4-Dichlorophe noxy acetic acid）	①⑦		94-75-7	●								●	
2-苯基苯酚钠（Sodium 2-phenylphenol）	②⑦	232	132-27-4	●	●				●	●	●	●	
4-苯基苯酚（4-Phenylphenol）	①	231	92-69-3	●								●	
4-己基间苯二酚（4-Hexylresorcinol）	⑤⑨	586	136-77-6	●			●	●				●	
单辛酸甘油酯（Monooctyl glyerate）	①			●									
桂醛 （Cinnamaldehyde）	①		104-55-2	●								●	
过氧化苯甲酰（Benzoyl peroxide）	⑧⑩	928	94-36-0	●	●	●	●		●			●	●
联苯醚（Diphenyl ether，diphenyl oxide）	①		101-84-8	●								●	
硫代二丙酸二月桂酯（Dilauryl thiodipropionate）	⑤	389	123-28-4	●	●	●					●	●	
乳酸链球菌素（Nisin）	①	234	1414-45-5	●	●	●		●		●	●	●	●
噻苯咪唑（Thiabendazole）	②	233	148-79-8	●					●			●	
双乙酸钠（Sodium diacetate）	①	262ii	126-96-5	●		●	●	●		●		●	●
脱氢乙酸（Dehydroacetic acid）	①②		520-45-6	●		●				●		●	●
脱水乙酸钠（Sodium dehydroacetate）	②	266	4418-26-2	●					●	●			●
稳定态二氧化氯 （Stabilized chlorine dioxide）	①⑧⑩		10049-04-4	●								●	
氧化硬脂精（Oxystearin）	⑤	387	8028-45-3	●		●	●					●	
乙氧基喹（Ethoxy quin）	①⑤	324	91-53-2	●		●					●	●	
仲丁胺（Sceondary buty amine）	⑦⑪			●								●	

*：①防腐剂；②防霉剂；③杀菌剂；④杀虫剂；⑤抗氧化剂；⑥抗氧化增效剂；⑦保鲜剂；⑧漂白剂；⑨护色剂；⑩面粉处理剂；⑪熏蒸剂。

种抑菌作用。亚硝酸盐由于外观与食盐相似，容易被误食造成食物中毒。正是硝酸盐类具有这样的双重作用，虽然其毒性大，但各国（地区）仍然在使用。除 CAC 没有推荐使用外，本文所列的国家（地区）都允许使用。由于该物质仅用于肉制品的护色和防腐，故应关注其使用范围和限量。

（6）没食子酸及酯类。为抗氧化剂，常见品种包括没食子酸、没食子酸丙酯、没食子酸十二酯、没食子酸辛酯。各国（地区）允许使用其中的一个或多个品种，但用量存在差异。如在食用油中没食子酸丙酯的使用量，欧盟规定为 0.2 g/kg，而我国规定为 0.1 g/kg。

（7）酚基抗氧化物类。常见品种包括阿诺克索默、2,4,5-三羟基丁酰苯、4-羟甲基-2,6-二叔丁基苯酚、丁基羟基茴香醚、二丁基羟基甲苯、特丁基对苯二酚。阿诺克索默除了美国和俄罗斯允许使用外，其余国家（地区）均没有批准使用。2,4,5-三羟基丁酰苯、4-羟甲基-2,6-二叔丁基苯酚只有美国准许使用。这3种物质应成为我国从美国进口食品的关注重点。特丁基对苯二酚除了日本不允许使用外，其余国家（地区）都用作为抗氧化剂。对该物质应关注其使用范围和使用限量。尤其对我国出口日本的食品应禁止使用特丁基对苯二酚。

(8) 有机酸及盐和酯类。这类物质多数具有防腐功能。常见品种包括甲酸、甲酸钙、甲酸钠、乙酸、乙酸钙、乙酸钾、二乙酸钾、脱氢乙酸、脱水乙酸钠、双乙酸钠、丙酸、丙酸钙、丙酸钾、丙酸钠、乳酸亚铁、乳酸、柠檬酸二氢钾、柠檬酸二氢钠、柠檬酸氢二钠、柠檬酸异丙酯、柠檬酸硬脂酰酯。这些物质在各国（地区）使用差异较大。除俄罗斯外，甲酸及其盐类都不允许加入食品，故我国对从俄罗斯进口的食品应注意对食品中甲酸及其盐类的监控。乙酸及其盐类、丙酸及其盐类在本文所列的各个国家（地区）都允许使用，但各自使用的是不同的盐。对这类产品，应关注其使用范围和使用限量。

(9) 亚硫酸及盐类。常见品种包括硫黄、二氧化硫、亚硫酸、亚硫酸钙、亚硫酸钾、亚硫酸钠、亚硫酸氢钙、亚硫酸氢钾、亚硫酸氢钠、焦亚硫酸钾、焦亚硫酸钠、连二亚硫酸钠。这是一类广泛使用的漂白剂和防腐剂，由于同时具有双重功能，各国都允许使用。但不同国家和地区对于使用范围、限量和标注要求不同。2004年12月，我国出口到美国的多宗植物性食品——金针菜因使用亚硫酸盐未经申报而被召回。我国对进口植物性产品也应关注亚硫酸盐超标和滥用问题。

(10) 乙二胺四乙酸及盐类。常见品种包括乙二胺四乙酸、乙二胺四乙酸二钠、乙二胺四乙酸二钠钙。这类物质并不是真正意义上的防腐剂和抗氧化剂，但由于其具有稳定剂、凝固剂、抗氧化剂、螯合剂、抗氧化增效剂、助剂等多重功能，能保持食品内环境的稳定，防止食品腐败。许多国家将其作为防腐保鲜的物质看待。这类物质不是监控重点。

(11) 天然提取物。常见品种包括植酸、植酸钙镁、植酸钠、芝麻籽油非皂化物、迷迭香提取物、茶多酚、葡萄子提取物、甘草抗氧物、竹叶抗氧化物、磷脂、乳酸链球菌素、溶菌酶。我国和日本使用的品种较多。由于是天然成分，虽然各国没有明确允许使用，但作为天然成分，目前成为关注重点。

(12) 其他。含氯化合物常见品种包括稳定态二氧化氯、二氧化氯、漂白粉、亚氯酸钠、次氯酸钠液。常被作为消毒剂广泛使用，但有的国家（地区）没有明确标示准予使用；硼酸、四硼酸钠仅欧盟允许作为鲟鱼鱼子酱的防腐剂使用，其余国家均未批准使用。我国也曾经出现过人为加入四硼酸钠污染食品的事件，故对来自欧盟的鲟鱼鱼子酱应注意监控硼酸及其盐类；硫代二丙酸、硫代二丙酸二月桂酯在加拿大、欧盟、日本、俄罗斯、中国台湾不准使用。中国内地准许使用硫代二丙酸，而CAC、美国、中国香港对两种物质都准许使用；联苯在中国内地、CAC、美国、加拿大、欧盟、中国澳门不准许使用，而在日本、俄罗斯、中国香港、中国台湾准许使用。联苯醚只在中国内地及中国澳门准许使用，其余国家（地区）不准使用；抑霉唑在日本准许使用，其余国家（地区）不许使用。我国对从日本进口的产品应关注该物质；愈疮树脂在CAC、加拿大、日本、俄罗斯、中国香港、中国澳门、中国台湾准许使用，而中国内地、美国不准使用。仲丁胺只有中国内地及中国澳门准许使用，其余国家（地区）不准使用。桂醛、2,4-二氯苯氧乙酸只有中国内地及中国澳门准许使用，其余国家（地区）不准许使用；过氧化苯甲酰作为漂白剂、面粉处理剂，欧盟、俄罗斯、中国香港不准许使用，而其余国家（地区）仍在使用；甲基二碳酸盐在加拿大、日本、中国台湾不准使用，中国、CAC、美国、欧盟、俄罗斯、中国香港、中国澳门准许使用；噻苯咪唑只在中国、日本、中国澳门准许使用，其余不准许使用；氯化亚锡在中国大陆、加拿大、日本、俄罗斯、中国台湾不准许使用，而CAC、美国、欧盟、中国香港、中国澳门准许作为抗氧化剂使用，我国对从这些国家进口的产品应注意对氯化亚锡的监控；乙萘酚除中国及中国香港准许使用外，其余国家或地区均不准使用。乙氧基喹在中国、美国、中国香港、中国澳门准许使用，其余不准使用。

七、我国食品添加剂使用与食品出口受阻

随着经济全球化步伐的加快和国际食品贸易的发展，食品添加剂的安全问题已明显影响到人类健康安全和外贸活动。食品添加剂的标准问题在国际上已不单纯是技术问题，在很多情况下已涉及经济和政治问题，并已将其作为一种有效的技术贸易壁垒手段。世界各国都有一套自己相应的食品添加剂使用安全标准。由于各国使用的品种、范围差异和判断标准的不同，某些物质在不同国度属于食品添加剂还是属于非法添加物仅一步之遥。近年来，在一些贸易国所发现的我国出口食品安全问题中，食品添加剂占有重大比例。

（一）遭遇的国外食品添加剂使用标准限制

就食品安全和出口食品贸易而言，我国食品添加剂的安全形势不容乐观。我国每年都有数量可观的出口食品因食品添加剂问题而被美、欧、日等主要贸易国家拒绝进口。据统计，2005—2009年我国输往美国、欧盟、日本和韩国的被通报的原因按农药、兽药、食品添加剂、致病微生物和其他有毒有害物共5个类别的批次统计，食品添加剂使用问题在美国、日本和韩国位于通报原因的第1位，而在欧盟，食品添加剂因素位于第2位。食品添加剂的使用标准和残留量问题已成为我国食品出口的重要障碍，并严重影响到我国食品出口。

1. 各国和地区通报的特点

美国多数以不安全的色素和不安全的添加剂的形式通报，没有具体的添加剂品种。通报品种的透明度较差，对出口国寻找原因、规避障碍增加了困难。欧盟对食品添加剂违规的关注程度不及美、日、韩，2005—2009年仅通报了131批。可能与欧盟进口产品类型和关注的重点有关，也可能与欧盟成员国的食品添加剂使用标准内部存在差异、欧盟内部不统一有关，但我国输欧水产品的聚磷酸盐是近年来欧盟关注的重点。由于2008—2009年我国加强了控制，再没有该品种的通报了。亚硫酸盐、甜味剂和焦油色素以及天然色素在欧盟也时有通报。日本特别关注我国允许使用，而日本未批准使用的品种，如甜蜜素和特丁基对苯二酚等。其中甜蜜素在我国输往日本的产品中，2005年被通报了45批次，直至2009年每年都被发现有问题。特丁基对苯二酚在我国输往日本的产品中，在2005年被通报12批，随后每年都有通报。日本对容易超标的二氧化硫、防腐剂和色素等也非常关注。亚硫酸钠由于使用范围广泛，超标现象突出，日本每年都有通报。韩国对我国食品中使用的防腐剂、二氧化硫、甜味剂都非常关注。韩国所通报的品种非常具体，违规条款非常明确。虽然只统计了韩国2008—2009年两年的通报资料，但韩国通报的数量与品种后来居上，达109批。

2. 我国产品遭遇通报的特点

第一，我国与贸易国的使用标准存在差异的添加剂是各贸易国关注的重点。由于各国饮食习惯及对食品添加剂理解的不同，法规和标准中有关添加剂使用限量、范围甚至质量规格也各不相同。如欧盟规定果冻禁止使用海藻酸钠、海藻酸钾、卡拉胶等食品添加剂，而我国允许包括果冻在内的各类食品使用海藻酸钠、海藻酸钾、卡拉胶时按生产需要适量使用。使用量上也有不同，如食用油中没食子酸丙酯的最大使用量，欧盟规定为0.2 g/kg，而我国规定为0.1 g/kg。

第二，我国出口产品量大，目标大，容易遭遇通报和受阻。如我国出口日本的鳗鱼占了日本进口额的90%以上，日本对我国出口鳗鱼的要求就十分苛刻。欧盟进口中国水产品、蜂蜜多，也特别关注中国水产品和蜂蜜中的添加剂与兽药残留。

第三，应用范围广的添加剂出现的问题多，容易受到关注。亚硫酸盐作为植物食品的漂白剂和防腐剂，被欧美重点监管，每年都有通报。

第四，以往常出现添加剂违规的食品和添加剂品种也是被关注的重点。我国输往欧盟的水产品

在2006年被发现了12批次多聚磷酸盐超标，在2007年又通报了24批次。随着我国加强对多聚磷酸盐的使用控制，2008年以后才没有被通报。

第五，进口国要求使用后标示品种没有标示。如输往美国的酱油使用了亚硫酸盐没有标示而被通报。

（二）出口受阻的原因

我国出口食品因食品添加剂使用问题而出口受阻，除了发达国家的食品添加剂的检测技术、食品添加剂生产的质量控制手段、食品加工技术和方式等优于我国目前的技术水平的客观原因以外，还有许多主观因素。

1. 出口食品生产企业方面

除了个别企业为谋取暴利，不择手段，滥用、超量使用食品添加剂外，主要原因有：

(1) 不了解贸易国的食品添加剂使用规定。如2005年，我国曾由于干海藻食品中营养强化剂碘含量过高等原因而被欧盟成员国政府从市场上撤下。其实，欧盟早已对这些添加剂规定了使用要求，只是我国企业不了解而已。由于对欧盟现行食品添加剂使用规定不了解，如我国允许在蘑菇罐头中使用柠檬酸亚锡二钠、允许对虾中使用肌醇六磷酸和植酸钠保鲜、允许使用4–己基间苯二酚防止虾类褐变，而这些食品添加剂都是欧盟禁止使用的。我国和欧盟对于不加糖的罐头水果都允许使用三氯蔗糖，我国最大使用量为250 mg/kg，而欧盟为400 mg/kg。我国和欧盟都允许蔗糖脂肪酸酯用于口香糖，但我国规定按生产需要适量使用，而欧盟的最大使用量为10 g/kg。不了解这些差异，按照我国规定使用食品添加剂，很可能遭到退货或被销毁处理。

(2) 超限量和超范围使用。超限量使用食品添加剂，不仅造成产品质量不合格，甚至可能危及人体健康。有的企业为使蔬菜外观色泽更好，超量使用二氧化硫类添加剂。还有的企业用煤烘干蔬菜时使用的煤含硫量高，也使脱水蔬菜中二氧化硫超标。超范围使用食品添加剂就是超出了强制性国家标准所规定的某种食品中可以使用的食品添加剂的种类和范围。硫酸钙（石膏）我国仅允许用于面粉处理剂和豆制品，而欧盟则允许用于大多数食品；稳定剂丙二醇我国允许用于糕点，而欧盟则允许用于调味品。我国规定硫酸铝铵的使用范围包括油炸食品、水产品、豆制品、发酵粉、威化饼干、膨化食品和虾片，而CAC标准中其使用范围为水果糖果、醋、油、盐或酱油腌渍的蔬菜及藻类、蔬菜、海藻、坚果、瓜子仁、油炸的鱼和鱼子制品、软体动物、甲壳类和棘皮软体动物以及蛋类产品；欧盟限定其使用范围为蛋白、糖渍的、挂糖浆的水果和蔬菜；美国则认为硫酸铝铵按GMP使用是安全的，使用范围未加限定。2004年，日本就对我输日粉丝批批检测过氧化苯甲酰，要求不得检出此类食品添加剂。

(3) 食品添加剂带入。带入是指某种食品添加剂不是由于直接加入食品，而是通过其他含有该种食品添加剂的食品原（配）料进入到食品中。值得注意的是由于各国食品添加剂使用差异，某些食品添加剂在我国允许使用，而在进口国是没有批准使用的。这种带入所带来的后果是添加了“违禁物质”，性质就完全不同于带入了。我国水果罐头大量出口到欧洲、美国、日本、新加坡等140多个国家和地区，其中欧美、日本等地区占我国水果罐头出口量的绝对份额。2003年，我国某橘子罐头厂在生产加工技术上对甜蜜素把关较严，但生产的什锦罐头被日方检出含有甜蜜素，原因是这种罐头由3种水果拼在一起，其中1种从外地引进的成品水果中含有甜蜜素。2005年，经天津出口到日本的1 305箱6 264 kg果冻进行检验时，发现果冻含有甜蜜素，就是由于生产企业采购的原料中含有甜蜜素所致。2006年6月27日，日本在我国出口加热后食用冷冻食品检出山梨酸5 mg/kg，不符合使用标准，原因就是原料水果酒中使用过量的山梨酸钾达400 mg/kg以上，从而将山梨酸钾带入冷冻食品中。

(4) 食品添加剂本身质量不合格。食品添加剂有严格的质量安全要求。不合格的食品添加剂主要体现在产品纯度上，有些劣质的食品添加剂含有少量汞、铅、砷等有毒有害物质，会严重影响产品质量，危害消费者的身体健康。

(5) 使用未经批准或禁用的物质。在食品中非法添加化工产品和不合格的食品添加剂。这些物质是未经国家食品安全管理部门批准或者已经明令禁用的品种，一旦添加到食品中，将不可避免地导致中毒甚至死亡的食品安全事故。如 2008 年，奶粉中添加“三聚氰胺”的事件造成了全国 29.4 万婴幼儿泌尿系统出现异常。

2. 监督检验方面

(1) 我国对出口食品中食品添加剂使用管理受到严峻挑战，国外标准经常变化和更新，造成对我国产品出口管理要求容易疏漏；有的甚至仅按照我国使用标准进行监管，造成我国合格的产品在进口国不合格的风险很大，这一点在食品添加剂方面尤其明显。目前，农药、兽药和微生物等标准各国都在相互靠近和趋于一致，而唯有食品添加剂的使用标准是各有特色，有一定差别。

(2) 检测技术能力成为有效监管的瓶颈。我国现有食品中添加剂检测方法不能满足出口食品生产使用添加剂品种需要，已是我国食品出口执法把关的重要障碍。我国食品中食品添加剂检测标准数量极少，方法较陈旧。

(三) 应对措施

1. 从源头上控制出口食品中食品添加剂的使用

保证出口食品的安全与质量，生产企业是第一责任人。提高我国出口食品应对国外采取的技术措施，努力确保出口食品的安全与质量。

(1) 正确了解、理解进口国的食品添加剂使用规定，严格按照进口国规定生产。企业是食品出口贸易的主体，直接决定着食品的质量。有的企业没有仔细研究进口国的规定，仅靠道听途说或者个别人的一知半解来了解贸易国的要求，结果造成产品不符合进口国的要求，被退货或销毁。

(2) 把好原料、辅料验收关。对提供原料、辅料的厂家进行风险分析与评估，选择质量长期稳定、信誉良好的、符合出口国要求的供货方。对所进的每批原料、辅料要由供货方提供官方认可的检测报告或合格证明文件，同时签订协议书。一旦被国外检出违禁添加剂、防腐剂，便于追踪溯源，由有关供货方承担造成的损失。

(3) 有效运行 HACCP 体系。有的企业虽然建立了 HACCP 体系，却没有有效运行，仍然存在不按标准采购原料、生产场地卫生状况很差、生产人员随意操作等现象。在 HACCP 计划中，对使用的添加剂、着色剂等均应进行危害分析，在产品 HACCP 计划验证时，企业必须提供该添加剂等国内外允许用于食品加工的依据、产品合格证明或检测报告、使用方法等相关材料。

2. 根据出口目的国（地区）确定添加剂的使用原则

熟练掌握进口国的食品添加剂标准及其更新动态，严格按照批准使用品种、限量和范围使用。美国、日本、中国香港、中国台湾对色素使用限量要求并没有明确规定，针对向这些国家（地区）出口生产的食品应把重点放在允许使用的色素品种控制上；而输往欧盟、俄罗斯、加拿大的产品在注意允许使用品种的同时，还要充分理解允许使用的范围和限量。如出口日本的食品不能使用喹啉黄和新红，出口俄罗斯的食品不能使用苋菜红、赤藓红和新红，出口欧盟和中国香港的食品不要使用新红，出口美国的食品不要使用喹啉黄、偶氮玉红、苋菜红和胭脂红，销往中国台湾的食品避免使用喹啉黄、偶氮玉红、苋菜红和新红，出口加拿大的食品避免使用胭脂红、喹啉黄和新红。出口美国、加拿大、欧盟、日本和俄罗斯的食品避免使用阿力甜；出口美国、加拿大、日本的食品避免使用环已基氨基磺酸及盐类；出口欧盟、日本、俄罗斯、中国香港的食品避免使用纽甜；出口加拿大的食品禁止使用糖精及盐类。美国对糖精的使用范围规定较严，我国出口食品应特别注意避免滥用。甜味剂的选用，除与成本、口味有关外，还与风俗与习惯有关。人工合成甜味剂甜度高、用量少、成本低、市场竞争力强。糖精和甜蜜素是两种古老的强力甜味剂，但甜味特性较差，带有明显的苦后味，因价格低廉而被广泛使用。各国已对这类物质采取了限产限用的政策。随着新型甜味剂产生，这些古老的甜味剂可能会逐渐被替代。我国在出口产品的管理中要密切关注这类物质。同时我国出口产品也要防止由于使用复合产品而造成了进口国认为的违规品种。

3. 关注食品添加剂使用品种的变化

（1）对直接影响食品安全的品种，如引起中毒、不耐受和过敏的物质要特别重视。①亚硫酸盐具有漂白、防腐作用，抑制微生物体繁殖，保持食物外观新鲜。过高的二氧化硫残留会使食品带有臭味，影响质量。美国市场上许多新鲜蔬菜、水果、干果以及海产品中都加有亚硫酸盐，在有些酒和药物中也会添加该物质。亚硫酸盐对患有哮喘等呼吸疾病的人危害较大，摄入亚硫酸盐可能使某些部位皮肤发红和瘙痒，还可能出现胃痛、恶心、腹泻和气促等，严重的甚至会意识丧失以至死亡。由于与亚硫酸盐有关的严重反应大都发生在就餐地点，美国FDA警告餐馆不要使用亚硫酸盐，禁止在新鲜水果和蔬菜中添加亚硫酸盐。美国还要求含亚硫酸盐较高的罐头和盒装食品必须加以标示，予以特殊说明。从2005年11月起，英国和其他欧盟国家规定食品二氧化硫或硫酸盐的含量在10 mg/kg或10 mg/L以上时要明确标示。②焦油色素也是一类安全风险较大的添加剂，有关这类色素引起过敏和不耐受的报道已经很多。欧盟一些国家已经完全禁止使用焦油色素。③防腐剂也是各国关注的焦点。其安全问题已导致消费者对食品添加剂的安全性过分关注，也会继续成为各国通报的重点。

（2）紧密跟踪我国的非法添加物质污染食品事件。啤酒甲醛超标、奶粉受三聚氰胺污染，引起了美国FDA对我国的专项检查。2005年7月，我国国内媒体报道国产啤酒含有甲醛后，韩日两国对此做出强烈反应。韩国食品医药安全厅要求有关方面紧急收回并检测当年进口的中国啤酒，对收回的中国啤酒，以及未来所有从中国进口的啤酒进行甲醛含量检测。日本已要求从中国进口啤酒的企业对啤酒进行甲醛含量检测。日本厚生劳动省还通过日本外务省，要求中国政府对有关中国出口到日本的啤酒含有甲醛的报道进行调查。中国发生的三聚氰胺污染牛奶危机后，WHO/FAO于2008年9月敦促受影响的国家确保婴幼儿的安全喂养，各国应根据一些国家过去两周来对受三聚氰胺污染的进口产品调查结果的报告，密切监测其市场，呼吁各国警惕受三聚氰胺污染的奶制品的可能扩散。欧盟禁止进口含中国产牛奶的婴幼儿食品；韩国监测发现进口的中国饼干中含三聚氰胺，因此下令禁止进口所有成分中含奶粉的中国食品；日本丸大食品召回5种点心的原因就是原料中含有从中国伊利乳业进口的牛奶。

（3）关注我国出口食品历史上发现问题较多的品种。如甜蜜素、亚硫酸盐几乎就是各国常年通报的对象。

（4）关注我国与国外使用不同、使用范围特别的品种，尤其是中国生产使用特有的品种。如新红、某些天然色素。由于这些物质是我国特有的，也会成为通报的常见对象。

（5）影响食品添加剂质量的成分也将成为关注的重点。如许多焦油色素中的副染料都是有一定毒性的。随着一些发达贸易国先进仪器设备投入和微量检测技术的建立，食品添加剂本身质量问题以及存在的有害残留物会被作为有效的技术贸易措施。

（6）带入品种也会成为进口贸易国寻找违规品种的新资源。

4. 关注食品品种变化

（1）经济价值大、在我国出口中占有重要地位的品种。鳗鱼业是我国近10多年来发展起来的新兴创汇产业，年产量超过13万吨，占世界总产量的2/3以上，占国际贸易量的80%以上。全球鳗鱼业的主消费市场在日本，日本鳗鱼进口量约占世界贸易总量的90%，且市场容量逐年增长，现在年销量超过13万吨，我国是日本鳗鱼市场的主要供应国。对日出口占我国鳗鱼产品出口总量的90%。日本为了保护本国产业，不断实施市场壁垒，限制趋严。10多年来，日本多次以保护消费者的健康安全为由，对我国鳗鱼产品采取技术性限制措施。而今日本对鳗鱼检查的不断强化和扩大化，更使得这种技术性贸易措施愈来愈明显。2003年7月3日，日本突然宣布对中国的鳗鱼加工实施命令检验，查验恩诺沙星等药物。据日本相关部门统计，日本消费者最推崇的蒲烧鳗鱼，在2004 年进口量一反常态呈下降的趋势。其中，进口总量为 43 188 t，与上年度相比减少了 6.9%，原因是进口的蒲烧鳗鱼中抗菌剂超标，从而导致日本限制对其进口。

(2) 进口国在国际贸易中选择性大，有多种进口来源的品种。由于进口国选择对象广泛，会在这类产品反复挑毛病，阻止其顺利出口。

(3) 对进口国产品造成竞争性威胁的品种。日本 99% 的冷冻菠菜来自中国，中国产菠菜对日本本土菠菜产业产生较大冲击。出于保护本国农民利益的考虑，日本政府曾在农药毒死蜱残留限量标准中，对属于叶菜类的菠菜规定不超过 0.01 mg/kg，而对根茎类产品，如日本大量生产并大量食用的萝卜的规定却高达 3 mg/kg，两者相差 300 多倍。而对其他一些日本国内产量较大的蔬菜限量标准也远远高于菠菜。但欧盟菠菜毒死蜱的限量为 0.05 mg/kg，美国蔬菜中毒死蜱最严限量也是 0.05 mg/kg，显然，日本是借食品安全之名，保护日本国内的蔬菜产业。

(4) 对进口国民生影响不重要的品种。

(5) 我国频繁曝光易发生问题的品种。

八、进口食品中食品添加剂使用监管

(一) 根据进口来源确定关注的重点品种

随着食品添加剂在现代食品工业的广泛应用，并不是只有我国产品才出现添加剂问题，其实许多进口产品添加剂的问题更多、更复杂。

食用焦油色素虽然是染料中安全性较高的一类，但仍有一定的毒性，世界各国对焦油色素允许使用的种类、使用量及允许使用的食品均有严格规定，准许使用这类色素的品种逐渐减少。随着经济发展和人们健康意识的加强，以天然色素取代焦油色素是一种必然趋势。对进口食品使用色素监管的重点应放在焦油色素、无机盐和几种着色金属上。例如，对从美国进口的产品关注橘红 2 号、坚牢绿和橙色 B，对从欧盟国家进口的产品关注专利蓝、绿色 S、亮黑 PN、棕色 FK、棕色 HT 和立索玉红，对从日本进口的产品关注坚牢绿、酸性红（酸性红 3B）、荧光桃红和孟加拉玫瑰红，对从俄罗斯进口的产品关注专利蓝、黄色 2G、绿色 S、坚牢绿、亮黑和棕色 HT，对从加拿大进口的产品关注丽春红 SX、橘红 2 号和坚牢绿。由于部分国家在食品标志上使用色素代码代替名称，管理中要注意这些代码在不同国家所代表名称的差异。

我国允许使用甜味剂品种最多，国外允许使用的品种在我国几乎都允许使用。有些天然甜味剂的使用品种国内外存在一定差别。对进口食品应把关注重点放在甜味剂的使用范围和使用限量上。如三氯蔗糖虽然各国都允许使用，但我国不允许在肉及肉制品、水产及其制品（包括鱼类、甲壳类、贝类、软体类、棘皮类等水产及其加工制品）中使用，而加拿大却允许在酸甜保藏和半保藏的鱼及卤汁鱼、甲壳类动物和软体动物中使用；俄罗斯也允许在鱼、鱼子、甲壳类和软体动物的酸甜蜜馅中使用，我国应关注这些进口产品中的三氯蔗糖问题。糖精几乎各国（地区）都允许使用，而我国规定糖精钠不允许用于乳及乳制品（13.0 特殊营养用食品涉及品种除外）、脂肪，油和乳化脂肪制品、可可制品、巧克力和巧克力制品（包括类巧克力和代巧克力）以及糖果、粮食和粮食制品[包括大米、面粉、杂粮、块根植物、豆类和玉米提取的淀粉等（不包括 07.0 类焙烤制品）]、肉及肉制品、水产及其制品（包括鱼类、甲壳类、贝类、软体类、棘皮类等水产及其加工制品）、蛋及蛋制品等大类食品。CAC 允许用于可可制品、巧克力和巧克力制品，谷物和淀粉类甜点（如米布丁、木薯布丁），肉类、水产品类。日本允许用于水产品加工食品和乳类制品。俄罗斯允许用于鱼、鱼子、甲壳类和软体动物的酸甜蜜馅。显然这些使用范围在我国都是不允许使用糖精的，值得关注。

食品防腐保鲜在目前仍以化学防腐保鲜剂为主。许多食品防腐保鲜剂具有抗菌和抗氧化的作用，能抑制微生物的生长，防止食物自身腐败，抑制食物褐变和黑斑的形成，减少蛋白质、氨基酸和维生素的损失。食品防腐保鲜剂以安全、营养、无公害为发展方向，从人工合成的化学制品向天然安全的品种发展，从单一品种向复合高效型发展。由于原先一些不属于防腐保鲜剂的物质同时具有防腐保鲜作用，如酸度调节剂、水分保持剂、抗氧化剂、甘油酯、天然抑菌蛋白质、天然植物提取物及其多糖等，这些物质也被开发应用于食品的防腐保鲜。加强对进口食品中防腐保鲜剂监控，对保障我国食品安全具有重要意义。

（二）多途径掌握贸易国的食品添加剂使用问题

除了对于我国以往查出的高违规频率的食品添加剂继续关注外，还应全面掌握和精通贸易国标准要求，加强对相应贸易国食品中添加剂使用标准的信息采集，密切跟踪国外法规标准的变化与更新，紧密跟踪发达国家对各国食品添加剂问题的通报，用出口国标准作为我国对进口食品中添加剂使用管理的参考指导。更值得注意的是，由于复合食品添加剂在各国广泛使用，生产商在使用复合食品添加剂所产生的带入问题，也是我国加强进口食品中食品添加剂使用管理的重要内容。

（三）提高检测技术能力

目前，我国的检测技术能力严重地限制了对进口食品的有效监管。使用标准和食品中添加剂检测技术已成为我国进口食品执法把关的重要障碍。我国允许和不允许使用的食品中食品添加剂检测标准数量极少，方法陈旧；与我国产品屡屡因食品添加剂问题被国外查扣形成明显反差的是，我国发现国外产品因食品添加剂问题不合格的案例却不多，而且基本不涉及我国禁用的食品添加剂和国外开发的食品添加剂新品种，很少出现使用属于我国违禁品种的问题。这说明我国的食品添加剂检测能力的落后已经明显影响着我国对食品添加剂的检验、监管工作的有效开展，也导致了我国对外贸易的被动受阻和应对国外技术措施的尴尬境地。

第二节 农药残留

一、农药残留概述

农药是用于消灭、控制危害农作物的害虫、病菌、鼠类、杂草及其他有害动植物和调节植物生长的药物。目前，世界各国的化学农药品种有 1 400 多种，进入工业化生产和实际应用的有 800 多种。

农药残留是指农药使用后残存于生物体、农副产品和环境中的微量农药原体、有毒代谢物、降解物和杂质的总称。农药残留是农药使用后的必然现象，不可避免。但是，农药残留超过了一定范围就可能通过食物链对生态系统造成危害，进而对人畜产生严重的不良影响。农药残留的问题，不仅涉及国民身体健康，同时也已经成为一个国家农产品出口的重要障碍。据有关部门统计，我国农产品出口因农药超标而被退回的事件每年都会有五六百起，由此造成的经济损失超过 90 亿元。

当然，农药残留最大限量标准的设置绝不仅仅是为了公众健康考虑，同时也是农业技术壁垒设置与反设置的利器。当今，标准技术性贸易壁垒作为世界各国尤其是发达国家推动产品出口、限制国外产品进口、构筑技术壁垒、抢占贸易制高点的实质性措施，其市场准入作用日益突出。标准都不是绝对的，食品安全问题往往是与贸易紧密联系在一起的。在 WTO 规则里面，允许以健康保护的名义来设置一系列标准，各个国家都可以根据自己的技术能力和检验手段来设置技术要求，或者称为技术壁垒。

随着国际食品贸易的发展以及农药残留检测技术的进步，农产品和食品中的农药残留问题日益受到关注。近年来，发达国家和地区通过制定农药最高残留限量标准设置食品贸易技术性壁垒，使我国食品出口连连受阻，导致我国农产品和食品贸易损失巨大。为此，通过我国与国际食品法典委员会、欧盟、美国、日本和加拿大农药残留安全限量标准对比分析研究，从比较中发现差距，从比较中吸收经验，为我国农药残留标准体系的建设提供理论依据，对提高我国食品安全具有重要的意义。

二、国内外农食产品中农药残留限量标准状况

(一) CAC

国际食品法典委员会（Codex Alimentarius Commission，简称 CAC），创建于 1963 年，是联合国粮农组织（FAO）和世界卫生组织（WHO）为推动食品标准计划而设立的政府间国际组织，其宗旨是推动各国政府和非政府机构之间食品标准化领域的合作，保护消费者健康，促进国际食品贸易的公平进行。在过去的近 50 年中，CAC 坚持不懈地致力于所有与消费者健康保护和公平食品贸易相关工作，CAC 的科学性和权威性越来越受到世界各国的认可，目前已有 185 个成员国，代表世界 98% 的人口。在相关食品标准方面，食品法典也成为唯一的最重要的国际参考标准，已制定了 337 项标准，包括一般标准（CODEX STAN）208 项、推荐规范（CAC/RCP）46 项、最大残留限量（CAC/MRL）3 项、分类标准（CAC/MISC）4 项、指南文件（CAC/GL）66 项等。CAC 标准被世界贸易组织（WTO）确定为国际食品贸易仲裁的依据，对全球农产品及食品贸易产生着重大的影响。

协调制定农药残留标准是 CAC 的重要职责，目前已形成了包括农药最大残留限标准、农药残留分析采样方法、农药残留分析方法标准以及农药残留分析的实验室操作规程等较为完善的农药残留限量标准体系。

1. 农药残留限量标准的制定

（1）农药残留限量标准制定程序。国际食品法典委员会下设农药残留联席会议（Joint FAO/WHO Meetings on Pesticide Residues，简称JMPR）和农药残留法典委员会（Codex Committee on Pesticide Residues, 简称 CCPR）两个组织专门负责制定和协调食品中农药最高残留限量。JMPR 独立于 CAC，负责农药安全性毒理学学术评价，修订农药每日允许摄入量 ADI，仅从学术上评价各国政府、农药企业、公司提交的农药残留试验数据和市场监测数据，提出推荐值。CCPR 负责提交进行农药残留和毒理学评价的农药评议优先表，审议 JMPR 提交的农药最高残留限量草案，制定食品中农药最高残留限量标准。

CCPR 在农药残留限量法典标准的制定过程中与 CAC 及 JMPR 保持密切关系，其制定过程为：首先 JMPR 根据农药评估优先列表，评估由成员国或公司提供的农药残留试验数据，提出 MRLs 建议值；然后 CCPR 按照法典标准制定程序，审议 JMPR 建议的 MRLs 残留限量值；最后提交 CAC 大会审议，审议通过后成为法典 MRLs。标准几乎涉及所有种植、养殖农产品及其加工制品。

CCPR 制定农药法典 MRLs 分一般和加速两种程序。第 1 种为一般程序，包括以下 8 个步骤。第 1 步：确定标准制定计划。由农药评估优先列表特别工作组提出农药评估优先列表建议，然后由 CCPR 审议通过。第 2 步：评估。由 JMPR 专家组对农药残留进行风险评估，并提出建议，包括推荐的 MRLs、每日允许摄入量（ADIs）和/或急性参考剂量(ARfD)。第 3 步：征求意见。首次征求各成员国和有关国际组织对 MRLs 建议标准草案的意见，包括建议标准草案可能对其经济利益的影响。第 4 步：CCPR 大会审议。CCPR 大会首次审议 MRLs 建议标准草案和反馈意见。第 5 步：CAC 大会审议。根据 CCPR 大会的结果，CAC 大会审议 MRLs 建议标准草案，通过后成为 MRLs 标准草案。第 6 步：再次征求意见。再次征求各成员国和有关国际组织对 MRLs 标准草案的意见，包括标准草案可能对其经济利益的影响。第 7 步：CCPR 大会再次审议。CCPR 大会再次审议 MRLs 标准草案和反馈意见。第 8 步：CAC 大会审议。根据 CCPR 大会的结果，CAC 大会审议 MRLs 标准草案，通过后成为法典 MRLs，并由 CAC 秘书处公布。第 2 种为加速程序，在上述一般程序制定标准的 8 个步骤中省略第 6、第 7 步，直接由第 4 步建议草案阶段进入第 5/8 步，CAC 大会审议通过后成为法典 MRLs，并由 CAC 秘书处公布。应用加速程序（第 5/8 步）制定 MRLs 必须满足以下条件：一是在第 3 步提出的新的 MRLs；二是在每年 4 月前能获得 JMPR 报告电子版；三是 JMPR 确

认该农药没有膳食摄入问题；四是代表团对推进到第 5/8 步没有反对意见。

(2) 再残留限量的概念。EMRLs（再残留限量）指由于环境背景值（包括以前农业应用，现已禁用的农药）而不是由于直接或间接使用农药而产生的农药残留，它是由 CAC 制定的食品、农畜产品中农药残留的法定允许或认为可接受的最大浓度。制定 EMRLs 的目的是控制禁止使用后长久残留于环境的农药对食品、农畜产品的再次污染，以保护消费者健康和国际贸易。

EMRLs 是基于上述步骤，并根据有广泛地域代表性的残留监测数据（包括零残留结果）而不是根据残留试验数据制定的。最有可能制定 EMRLs 的是在环境中残留时间较长，有可能在食品或饲料残留并引起广泛关注的已禁止使用的农药。

由于农药已禁止使用，对应的残留量逐渐降低，CCPR 将根据 JMPR 重新评估结果，每 5 年对现有的 EMRLs 进行评价。

2. 农药残留限量现行标准

农药残留限量标准数量是一个动态值，自 1966 年召开第 1 届 CCPR 会议以来，到 2011 年已经召开了 43 届会议，每年年会都会审议几十种农药的几百项农药残留限量指标，同时还撤销部分现有的限量标准。CAC 网站数据库资料显示，CCPR 已经制定了克菌丹、甲萘威、喹氧灵等 163 种农药在水果、蔬菜和谷物等 19 大类 308 种食品和农产品中至少 3 197 个 MRLs 和 EMRLs 标准。

农药残留限量值也不是一成不变的，而是通过周期评估程序定期（10~15 年）对其进行再评估，根据最新资料对限量值及时进行修订或撤销。

（二）欧盟

1. 农药残留限量标准的立法进程

欧盟农药残留限量标准立法始于欧共体在 1976 年 11 月制定的理事会指令 76/895/EEC，该指令确定了 43 种农药活性物质在部分水果和蔬菜上的 MRL 标准。1986—1990 年又先后发布了 3 个有关农药 MRLs 标准的理事会指令 86/362/EEC、86/363/EEC 和 90/642/EEC，为植物（包括水果和蔬菜）产品、谷物、动物产品表面和内部农药含量设定了 MRLs 标准。在 1997 年前的理事会指令中制定的农药 MRLs 标准仅仅限于未加工的食品，从 1997 年的 97/41/EEC 指令开始有三方面的重要变化：一是规定了建立加工食品和复合食品的农药 MRLs 标准体系；二是建立了欧盟内部国家间农药标准差异的协调程序，以解决由于这种差异而导致的贸易障碍；三是将制定农药 MRLs 标准的职能从欧盟理事会转到欧盟委员会。

为解决各成员国食品及饲料中农药残留限量标准不一致的问题，欧盟在 2005 年 2 月批准了关于“植物和动物源性食品和饲料内/表农药最大残留限量（MRLs）及修订理事会 91/414/EEC 号指令的第（EC）396/2005 号法规”，替代和简化理事会 86/362/EEC、86/363/EEC 和 90/642/EEC 指令，要求欧盟各成员国必须实施统一的农药最高残留限量标准，对于无具体限量标准且不属于豁免物质的农药残留则实施 0.01 mg/kg 的一律标准。该法规将协调欧盟国家的农药 MRLs，拟制定 7 个附录，目前已完成附录 1 至附录 4、附录 7。

附录 1：适用于农药残留限量的食品与饲料产品分类表［委员会 2006 年 2 月 1 日第（EC）178/2006 号法规］，也就是，按第（EC）396/2005 号法规适用不同活性物质最大残留限量的农业产品（商品）名单。

附录 2：正式限量标准（包括关于谷物中农药残留限量的 86/362/EEC 指令、关于动物源性食品中农药残留限量的 86/363/EEC 指令、关于植物源性食品中农药残留限量的 90/642/EEC 指令等 3 个指令制定的协调标准）［见第（EC）149/2008 号法规］。

附录 3：临时限量标准（包括欧盟水平尚未协调的农药残留限量标准以及 86/362/EEC、86/363/EEC 和 90/642/EEC 指令等 3 个指令未涉及的食品中农药残留限量标准）［见第（EC）149/2008 号法规］。

附录 4：豁免物质清单（包括已完成 EC 级评估、没必要再规定 MRLs 的物质）［见第（EC）149/2008 号法规］。

附录 5：前 4 个附录中没有规定的一律执行 0.01 mg/kg。

附录 6：某些加工产品的稀释因子。

附录 7：成员国可制定高于欧盟协调标准的特定农药/产品清单，主要是在成员国内部作为熏蒸剂使用的农药。

（EC）396/2005 号法规实施时仅完成了附录 1，此后多次补充修订，截至 2010 年 10 月，共修订过15 次，发布了法规（EC）178/2006、（EC）149/2008、（EC）260/2008、（EC）299/2008、（EC）839/2008、（EC）256/2009、（EC）822/2009、（EC）1050/2009、（EC）1097/2009、（EC）304/2010、（EC）459/2010、（EC）600/2010、（EC）750/2010、（EC）765/2010、（EC）893/2010。其中，欧盟发布委员会 2008 年 1 月发布的第（EC）149/2008 号法规，补充制定了（EC）396/2005 号法规的附录 2、附录 3 和附录 4，为附录 1 所涵盖的产品建立了最大残留限量值。该法规发布于 2008 年 3 月 1 日欧盟官方公报上，6 个月后（即 2008 年 9 月 1 日）正式实施，（EC）No. 839/2008 对（EC）No. 396/2005 附录 2、附录 3 和附录 4 再次进行修订，即（EC）No. 839/2008 是对（EC）No. 149/2008 内容的修订。该修订于 2008 年 9 月 1 日生效。

目前，欧盟的农药残留限量标准由欧盟健康与消费者保护总司负责制定。

2. 欧盟农药 MRL 标准制定工作的程序

欧盟植物健康常设委员会通过的农药 MRL 标准制定的工作程序是：通常先为每种农药指定一个成员国来起草制定 MRL 标准的报告，基于可以获得的各种资料，起草成员国向欧盟委员会提出新的或修正的农药 MRL 标准的建议。这个建议先在植物健康科学委员会的一个工作组内进行广泛的讨论，取得一致意见后，再在植物科学委员会中进行讨论（一般持续 4 个月左右），对该项 MRL 建议的科学依据（特别是在饮食习惯或消费者接触方面）的可靠性作出评价。在植物科学委员会作出一个肯定的意见后，欧盟委员会将指示植物健康科学委员会起草指令，在植物健康科学委员会对指令内容获得原则通过后，再在 WTO 程序中进行讨论（约 2 个月），然后在植物健康科学委员会中进行正式投票，最后由欧盟委员会发布。

原则上，制定农药 MRL 标准的主要依据是：①通过严格的残留试验，确定一种农药在特定的使用条件（良好农业规范）下处理某一农作物后该农药的残留动态。②根据适当的消费模式，评估欧洲人群、各民族人群及各种敏感人群（如婴儿）在正常的和不良的条件下的每日残留吸入量。③根据该农药的毒理学试验资料，确定一个“日允许摄入量”（ADI），通常，这包括确定在一生（慢性）的持续吸入期内不产生不利影响的最高剂量，然后再考虑适当的安全系数。④如果通过上述第 2 条评估计算出的消费者从各种日常食品中的日摄入量低于根据上述第 3 条计算出的日允许摄入量，那么根据上述第 1 条得到的残留水平则被确认为 MRL 标准。如果通过上述第 2 条计算得到的残留摄入量高于日允许摄入量，那么上述第 1 条中原定的使用条件需要进行修正，以降低日常食品中的残留水平。如果使用条件无法作出适当的修正，那就不能允许该农药在这种作物上使用，该农药的检测限即被设定为 MRL 标准。

加工和复合食品的农药 MRL 标准一般以作为原料的农产品的 MRL 标准为基础，用适当的稀释或浓缩因子计算得到。计算复合食品的 MRL 时，还要考虑各组成成分的相对含量。但对一些特殊的加工和复合食品，需要先确定其本身的农药 MRL 标准，再根据这些农药 MRL 标准制定作为加工原料的农产品的 MRL 标准。

3. 农药残留限量现状

从 2008 年 9 月 1 日起，欧盟 27 个成员国实行统一的农产品和食品的农药残留标准。虽然新的农药残留标准将保证消费者利益和各成员国之间的有效协调，改变了欧盟不同国家之间实行不同标准的混乱局面，有利于农产品进出口商产品国际贸易的便利程度，但其最大残留限量数值在2005年的基础上被降低很多，更加严格。有一些是刚投入使用的新农药，缺乏危险性评估数据，而且限量基于在本地区的良好农业规范条件下能达到的残留水平，没有考虑与其贸易量较大的发展中国家的现实状况，可能违反了SPS协定的“考虑将对国际贸易的影响降低到最低程度的目标”。

目前实施的（EC）396/2005号法规，增补了大量除草剂的残留限量内容，数量增加为原来的5倍。经查询，截至2011年8月30日，欧盟农药残留数据库网站公布了安果、百菌清、赤霉素等509种农药在水果、蔬菜和谷物等12大类378种食品和农产品中的MRLs和EMRLs标准，数量从原来的39 000多个增加到198 077个，并对现有标准不能覆盖的农药在食品中的残留采用0.01 mg/kg的“统一标准”，其严格程度堪比日本“肯定列表制度”。如香蕉中农药残留由180种增加到443种；荔枝农药残留由178种增加到445种。

（三）美国

在美国，农产品质量及其安全标准，尤其是涉及安全、资源环境保护、动植物卫生、准则、公平贸易等方面的标准，均推行以国家政府标准或技术法规为中心的策略，其制/修订工作由政府负责。

美国的农业标准化管理由美国农业部（USDA）、食品药品管理局（FDA）和环境保护署（EPA）共同进行。其中，农业部（USDA）主要负责畜禽类产品安全，并被授权监督执行联邦食用动物产品安全法规，包括颁布美国的分级标准和有关指导性材料以及对动植物及其产品实施检疫等工作。食品药品管理局（FDA）负责制定畜产品中兽药残留最高限量法规和标准以及除肉类和家禽产品以外的美国国内和进口的食品安全标准。环境保护署（EPA）负责饮用水、新的农约及毒物、垃圾等方面的安全管理，制定农药、环境化学物的残留限量和有关法规。

与农药残留限量相关的标准和法规有：美国联邦法典（US Code）第21篇“食品和药品”第9章346a部分，对农药残留容许量以及残留容许量豁免的原则性问题进行了规定，如规定含有无残留容许量标准或者残留容许量豁免农药的食品不安全等；美国联邦法规汇编（CFR）第40篇“环境保护”第180节“化学农药在食品中的残留容许量与残留容许量豁免”，具体内容包括定义和解释性法规、程序性规定、具体容许量、容许量豁免、不需要制定限量的农用化学物；食品药品管理局（FDA）对食品和饲料中的不可避免的农药残留制定了行动水平（Action Level），在FDA符合性政策指南（CPC Sec. 575.100）公布。

目前，美国共制定594种农药的12 790项农药残留限量指标，包括了具体容许量和容许量豁免；不需要制定限量的农用化学物有4种，分别是甲基溴化物、三碘化钾、玫瑰精B、噻苯咪唑。并计划在10年内完成对现有残留限量的再评价。对没有制定限量标准的无统一限值，但在实际中使用0.01 mg/kg和0.1 mg/kg之间的标准。

（四）日本

日本农产品质量安全管理由农林水产省和厚生劳动省负责。农林水产省主要负责国内生鲜农产品生产环节、农产品投入品、进口农产品动植物检疫、农产品品质和标志认证以及认证产品等方面的质量安全监督和管理。厚生劳动省主要负责加工和流通环节农产品安全监督管理，包括组织制定农产品中农药、兽药最高残留限量标准和加工食品卫生安全标准，对进口农产品的安全检查，国内食品加工企业的经营许可，食物中毒事件的调查处理；流通环节食品（畜、水产品）的经营许可和依据《食品卫生法》进行监督执法以及食品安全情况的发布。农林水产省和厚生劳动省之间既有分工，又有合作。如农药、兽药残留限量标准的制定工作，两个部门共同完成，在获得一致认可后发布。农药最高残留限量标准属日本国家标准，即JAS标准。

1. 农药残留限量的制定原则

日本在制定临时最大残留限量标准时考虑到如下因素：同类食品中不同品种农作物标准之间的一致性；以相同形式代谢物残留的物质的管理；如一律标准（0.01 mg/kg）水平分析困难，使用相应于分析方法测定限值的水平作为暂行最大残留限值（MRLs）；制定了某些农作物低于一律标准（0.01 mg/kg）的最大残留限值的农药，使用制定的MRLs中最低值作为暂行最大残留限值。日本制定临时最大残留限量标准亦考虑到国外标准的采用。另外，仅有现行最大残留限量标准的农药（未提出“暂定标准”的农药）等将列于“肯定列表制度”的附件中。

日本制定临时最大残留限量标准的决策原则大致如下：如果有国际食品法典标准，将采用国际食品法典标准；对没有国际食品法典标准的物资，将采用日本制定的标准（农药取缔法规定的国内登记许可标准），但当需要考虑进口食品的生产流通和出口国农药实际使用情况的话，将采用外国标准，如：对于柚、柠檬、菠萝、小麦、大豆、玉米等低自给率的产品，必要时采用外国标准；对于既没有国际食品法典标准又没有国内标准的物资，将采用外国（美国、加拿大、欧盟、澳大利亚、新西兰）标准。

2. 农药残留限量现状

日本于2006年5月29日起正式实施食品中农业化学品“肯定列表制度”，对食品中所有农业化学品（农药、兽药、饲料添加剂）制定了限量标准，实现对所有农业化学品的管理。日本食品中农用化学品（包括农药、兽药和饲料添加剂）残留限量标准分为4种类型：针对具体产品制定的具体限量标准、在所有产品均不得检出、限量豁免、上述三类以外的执行0.01 mg/kg的一律标准。

截至2011年3月28日，涉及农业化学品824种，共有63 270个残留限量指标。禁用物质为18种；豁免物质共66种；一律标准则将以上面4种类型没有涵盖的以及今后新生产的农业化学品或其他农产品都包括在内，最高限量不得超过0.01 mg/kg。

（五）加拿大

加拿大也在加紧制定和修订本国的农药残留限量标准，由卫生部下属有害生物管理局（PMRA）负责制定农药残留的标准，由食品检验局负责农药的残留监控。2008年6月之前，农药残留限量标准的法律基础为食品药物法（Food and Drug Act），相关农药残留限量标准被收录在食品药品条例（Food and Drug Regulations）第2部分第15节。2008年6月16日，加拿大发布C-28法案，将农药残留限量标准的法律基础改为有害生物控制产品法（Pest Control Products Act），相关限量标准也转由有害生物控制产品条例（Pest Control Products Regulations）收录。

截至2011年5月，加拿大制定了238种农药在蔬菜、水果和谷物等700种食品、农产品中的7 858个农药残留限量指标。除个别豁免物质（农用化学品的助剂或载体、无机溴化盐、二氧化硅、硫、苏云金芽孢杆菌的可存活孢子、高岭土）外，对于没有制定限量标准的执行一律标准0.1 mg/kg。目前，加拿大正考虑采用美国的做法，对于无限量标准的农药残留拟实施不得检出（ND）要求。

（六）澳大利亚

澳大利亚农药兽药管理局（APVMA）负责制定农产品，特别是进入食物链的农产品中的化学农药和兽药最大残留限量标准。澳大利亚的农兽药残留限量标准由5部分组成：

表1：食品中化学农药兽药及相关物质的最大残留限量。

表2：最大残留限量标准适用的产品部位（取样分析部分）。

表3：残留定义。

表4：动物饲料中农药的最大残留限量。

表5：不需要设定最大残留限量的农兽药及相应的使用方法。

目前，澳大利亚共制定了445种农兽药5 590项残留限量指标。

（七）韩国

根据韩国食品卫生法第7条第1款“食品的标准及规格”，韩国食品药品管理局（KFDA）可公布残留限量标准。因此，韩国食品中农药残留限量标准由韩国食品药品管理局负责制定和发布，农药残留限量收录在《食品法典》中，主要包括三部分：农产品中农药最大残留限量、人参中农药最大残留限量、畜产品中农药最大残留限量。

对于缺乏具体限量标准的农产品中农药残留，韩国制定了一套规则：①CAC有标准时直接采用CAC标准；②如果无CAC标准，则采用同种农药在同类农产品中最严值作为目标产品的限量标准；③如果前两项均不适用，则采用同种农药已有限量标准中最严值作为目标产品的限量标准。对于加工食品，如果韩国未针对其制定具体残留限量标准，则采用以下规则：优先适用CAC标准；根据原料的许可限量判断加工食品的残留合格与否，如在脱水或其他处理过程中水含量发生变化，则限量确定时要考虑水含量。

此外，韩国要求多菌灵、克菌丹、噻菌灵、福美双4种农药在黄豆芽及绿豆芽中不得检出。

韩国农药残留限量的标准在亚洲乃至世界各国中都属于较严的，其限量数量和限量水平只比日本略低。到目前为止，韩国食品药品管理局共制定了416种农药的11 729项农药残留限量指标。

（八）中国

在中国，农药的登记管理由农业部负责，农药最大残留限量标准由卫生部负责制定，均为强制性国家标准。因为农业部制定的行业标准中也涉及农药最大残留限量值，所以国家标准和行业标准之间存在交叉与矛盾的现象。

我国现行的农药最大残留限量标准是“GB 2763—2005 食品中农药最大残留限量”。该标准包括136种我国正在使用的农药，基本涵盖了获得农药登记、允许使用的农药和禁止在水果、蔬菜、茶叶等经济作物上使用的高毒农药。该标准依据安全性毒理学评价以及根据我国居民食物消费量估算摄入计量和实际污染水平的监测结果，并参考国际食品法典委员会、美国、欧盟等制定的标准。

此后，卫生部和农业部于2010年7月29日、2011年1月21日联合发布了“GB 25193—2010 食品中百菌清等12种农药最大残留限量”和“GB 26130—2010 食品中百草枯等54种农药最大残留限量”两项强制性国家标准。总共新增了苯醚甲环唑、氟酰胺、氯苯胺灵、苯菌灵、吡蚜酮等20种农药的134项农药残留限量指标。目前，我国国家标准对农药限量的规定涉及156种农药的614项农药残留限量指标，加上农业部制定的行业标准，共涉及230种农药的977项农药残留限量指标。

2002年5月，为从源头上解决农产品尤其是蔬菜、水果、茶叶的农药残留超标问题，农业部颁布第199号公告，停止受理一批高毒、剧毒农药的登记申请，撤销一批高毒农药在一些作物上的登记：①国家明令禁止使用的农药（18种）：六六六、滴滴涕、毒杀芬、二溴氯丙烷、杀虫脒、二溴乙烷、除草醚、艾氏剂、狄氏剂、汞制剂、砷类、铅类、敌枯双、氟乙酰胺、甘氟、毒鼠强、氟乙酸钠、毒鼠硅。②在蔬菜、果树、茶叶、中药材上不得使用的农药（19种）：甲胺磷、甲基对硫磷、对硫磷、久效磷、磷胺、甲拌磷、甲基异柳磷、特丁硫磷、甲基硫环磷、治螟磷、内吸磷、克百威、涕灭威、灭线磷、环磷、蝇毒磷、地虫硫磷、氯唑磷、苯线磷。③限制使用的农药（2种）：三氯杀螨醇、氰戊菊酯不得用于茶树上。

三、农药残留安全限量指标值比较

CAC、欧盟、美国、日本、加拿大等国际组织和国家的农药残留限量标准几乎涉及所有的农产品及食品，且各项指标分类较细，往往一种农药在不同的作物和食品中均有详细规定。特别是近年来，发达国家和地区的农药残留限量标准不断修订，限量指标数量不断增加，甚至对很多低毒、低残留的农药也制定了很严格的限量，其中大部分是以最先进的仪器检测限作为限量标准值，这就给我国农产品和食品出口造成了很大的贸易技术壁垒。

（一）我国标准中农药残留限量指标数量偏少

目前，CAC共制定了163种农药在农产品及食品中的3 197个农药残留限量指标；欧盟共制定出509种农药活性物质在食品中的198 077个农药残留限量指标，并执行0.01 mg/kg的一律标准；

美国共制定 594 种农药的 12 790 个农药残留限量指标，并执行 0.01~0.1 mg/kg 的一律标准；日本制定了 824 种农业化学品在农食产品中的 63 270 个农药残留限量指标，并执行 0.01 mg/kg 的一律标准；澳大利亚制定了 445 种农药 5 590 多项农药残留限量指标；韩国制定了 416 多种农药 11 729 项农药残留限量指标；加拿大制定了 238 种农药的 7 858 项农药残留限量指标，并执行 0.1 mg/kg 一律标准；而我国国家标准对农药限量的规定仅涉及 230 种农药的 977 项农药残留限量指标，涉及的农药数量仅占日本的 28%，限量指标数量仅占欧盟的 0.5%。可以看出，农药残留限量标准制定涉及的农药数量，特别是限量指标数量，中国与这些国家、地区或组织相距甚远。

（二）我国农药残留限量指标过于单一，食品限定过于笼统

我国农药残留标准对粮食、蔬菜和水果等农食产品的限定不如 CAC、欧盟、日本、澳大利亚、韩国、美国和加拿大标准中那样具体。我国现行的农药残留限量标准中规定的农食产品分类比较笼统，而 CAC、欧盟、日本、澳大利亚、韩国、美国和加拿大在农药残留限量标准中规定的食品详细划分到具体的每一种粮食、蔬菜、水果品种。例如在我国国家标准中乐果在蔬菜上的 MRL 值统一限定为 1mg/kg，而 CAC 国际标准中针对菠菜、番茄、胡萝卜、芹菜等蔬菜品种制定农药乐果的 MRL 值。欧盟食品分类更细，我国的粮食是指原粮产品，而欧盟进一步细分为大麦、小麦、黑麦、燕麦、大米；我国蔬菜包括叶菜、果菜和根块类菜，而欧盟蔬菜进一步细分为黄瓜、西兰花、甘蓝等；我国水果只是一大类，而欧盟分为干果、鲜果、硬果和软果等，其中鲜果又分苹果、香蕉、葡萄、柑橘等，并且每一种农产品都对应各自不同种农药的限量标准。美国食品标准中，苹果中有 160 多种、梨中有 80 多种、白菜中有 60 多种、芹菜中有 30 多种、菠菜中有 30 多种的农药最大残留限量标准。加拿大农药残留限量规定也比较细化，例如畜禽产品中农药残留限量，我国只是对肉及其制品统一进行限定，而加拿大详细规定了牛肉、山羊肉、绵羊肉、马肉、猪肉及其副产品中的农药残留含量；我国豆类蔬菜作为一类进行农药最大残留限量限定，而加拿大的豆类蔬菜包括四季豆、菜豆、红花菜豆、食荚菜豆、红菜豆等品种。

（三）限量标准中农药品种间存在差异

发达国家和地区根据各自农药使用情况，结合农产品原料质量安全现状和食品生产方式，对相应的农药进行了限定。国际组织或发达国家标准已制定限量标准，而我国未制定限量指标的农药品种包括 2-苯基苯酚、甲基谷硫磷、苯霜灵、恶虫威、苯菌灵、苄呋菊酯、联苯三唑醇、溴离子、灭螨猛、毒虫畏、噻草酮、三环锡、甲基内吸磷、抑菌灵、氯硝胺、落长灵、乙拌磷、二噻农、二硫代氨基甲酸盐类、多果定等。另外，我国国家标准已制定，而 CAC、欧盟、日本、澳大利亚、韩国、美国和加拿大也有一部分农药未制定相应的残留限量标准。CAC 未制定限量标准的农药品种包括三氟羧草醚、甲草胺、涕灭威、磷化铝、莠去津、丙硫克百威、苄嘧磺隆、杀虫双、丁草胺、丁硫克百威、杀螟丹、灭幼脲、矮壮素、氯化苦、绿麦隆、氰化物、野燕枯、烯唑醇、敌瘟磷等。与我国国家标准相比，欧盟标准中未规定多效唑、辛硫磷、恶草酮、异丙甲草胺、氟乐灵、蚜灭磷、稻丰散、甲基对硫磷等农药品种限量；美国标准中未规定三唑酮、二唑醇、特丁磷、戊唑醇、稀禾定、五氯硝基苯、咪鲜胺、抗蚜威、辛硫磷、磷胺等农药品种；加拿大农药限量标准中没有规定甲基对硫磷、百草枯、多效唑、恶草酮、禾草敌、异丙甲草胺、代森锰锌、咪酰胺、稻丰散、辛硫磷、敌百虫、甲拌磷、三唑酮、蚜灭磷等农药品种。

（四）农药残留限量标准中限量指标存在的差异

1. 农药残留限量标准中部分限量指标一致

通过比较，发现我国农药残留限量标准中有部分限量指标和 CAC、欧盟、日本、澳大利亚、韩国、美国或加拿大规定的相同。新制定的农药残留限量标准中有 80 多种农药的270 多项标准采用 CAC 标准或与 CAC 一致。如葡萄中四螨嗪、乐果、杀螟硫磷等农药限量，苹果中克菌丹、甲萘威、倍硫磷、马拉硫磷、对硫磷、亚胺硫磷、敌百虫和三唑锡等农药限量，胡萝卜、叶球甘蓝和花椰菜上的百菌清限量与我国限定其含量相同，溴氰菊酯在果菜中的限量值一致。欧盟标准中双甲脒在梨中的限量和我国梨果类水果中的限量均为 0.5 mg/kg，在大豆、番茄、芦笋中的多菌灵，葡萄中腐霉利，黄瓜中乙烯菌核利，棉子中氯氰菊酯等农药限定与我国对其限量规定相同。我国农药残留限量与日本暂定标准相同的有 285 个，在香蕉中的腈苯唑均为 0.05 mg/kg，葡萄中的甲氰菊酯、腐霉利的限量值与日本标准一致。美国农药 MRL 标准中大豆中的氟乐灵和灭多威，葡萄中的甲氰菊酯、马拉硫磷和腐霉利，花生和棉子中甲拌磷等农药残留限量指标与我国国家标准相应的限定指标一致。加拿大标准中柑橘中灭多威，葡萄中甲霜灵、芹菜和葡萄中的马拉硫磷，黄瓜、番茄中的乙烯菌核利等农药限量指标与我国国家标准限定值相同。

2. 农药残留限量标准中部分限量指标严于国际或发达国家标准

某些粮食、蔬菜等食品，因我国居民的食用量较大，其农药残留指标严于 CAC 标准，如国家标准中规定马拉硫磷、对硫磷、甲拌磷、甲胺磷、久效磷、氧化乐果、克百威和涕灭威 8 种高毒、高残留农药为不得检出品种。这项规定严于 CAC、欧盟、日本、美国、加拿大等农药残留限量标准。此外，我国农药残留限量标准中某些农药在某个蔬菜品种上的 MRL 值低于 CAC、欧盟、日本、澳大利亚、韩国、美国或加拿大，如 CAC 标准芜菁甘蓝中多菌灵、莴苣头中五氯硝基苯、结球甘蓝中的乙酰甲胺磷等农药限量值均高于我国；我国标准中小麦和香蕉中丙环唑、小麦粉中甲基嘧啶磷、大麦中溴甲烷、棉子中亚胺硫磷等农药限量严于美国；加拿大标准中黄瓜的甲霜灵、肉及肉制品与乳及其制品中林丹等农药限量指标比我国高；欧盟标准中黄瓜、茄子中敌百虫，芒果中咪酰胺等农药限量要求宽松于我国。我国农药残留限量标准低于日本暂定标准有 539 条，涉及 98 种农药，如香蕉中的草甘膦、倍硫磷、多菌灵、溴氰菊酯、戊唑醇、滴滴涕、敌百虫，葡萄中乙酰甲胺磷、六六六、滴滴涕、氰戊菊酯、草甘膦、马拉硫磷、对硫磷、氯菊酯、敌百虫的标准值低于日本标准。

3. 农药残留限量标准中限量指标高于国际和发达国家标准

我国农食产品中限定的个别农药品种的 MRL 值大于 CAC、欧盟、美国、日本、澳大利亚、韩国、加拿大等标准，已不适应现在的食品质量安全要求，按这种标准检测判断，是食品安全的潜在威胁。例如，果菜类蔬菜中甲氰菊酯的残留标准，国家标准是 1 mg/kg，而 CAC、美国、欧盟的标准均为 0.2 mg/kg；我国蔬菜中毒死蜱残留标准为 1 mg/kg，而 CAC 根据不同蔬菜品种制定标准，除叶菜类为 1 mg/kg 外，其他类蔬菜的 MRL 值都很低，青菜和花椰菜仅为 0.05 mg/kg。葡萄中敌敌畏、杀螟硫磷的标准值高于日本标准。对大豆中溴氰菊酯的要求 0.5 mg/kg，是韩国（0.1 mg/kg）的 5 倍，是欧盟（0.05 mg/kg）的 10 倍。加拿大苹果中灭多威，甘蓝、黄瓜、番茄中氯菊酯，美国大豆中异丙甲草胺，欧盟苹果、梨中的三唑酮，柑橘中噻菌灵，番茄中乙烯菌核利等农药限量值均低于我国相应的残留限量值。我国农药残留限量标准高于日本暂定标准有 279 条。

第三节 兽药残留

一、兽药残留概述

随着人们对食品安全的重视，动物性食品中的兽药残留也越来越被关注，在国际贸易中作为技术壁垒也有越来越严重的趋势。根据 WTO 关于货物贸易的多边协议贸易技术性贸易壁垒协议（WTO/TBT）和实施动植物卫生检疫协议（WTO/SPS），进口国为保障本国人民的健康和安全，有权制定比国际标准更加严厉的标准。国际上许多发达国家利用先进的技术设置更高的技术壁垒，给我国的对外农产品和食品贸易造成巨大损失，农产品和食品出口产值急剧下降。为此，对我国与国际食品法典委员会（CAC）、欧盟、美国、日本和加拿大等国家和组织食品中兽药残留限量标准进行收集分析研究，从与我国兽药使用种类、数量、限量标准进行比对中找出差异，合理地利用SPS、TBT协议设置我国的贸易技术壁垒措施，对于制定和修订我国兽药残留限量标准，提高我国食品安全具有非常重要的意义。

二、国内外农食产品中兽药残留限量标准状况

（一）CAC

20世纪80年代在世界卫生组织（WHO）和联合国粮农组织（FAO）成立的国际食品法典委员会(CAC）下设食品中兽药残留法典委员会（CCRVDF）。食品中兽药残留法典委员会负责讨论药物残留的有关问题，制定动物源性食品中药物残留的允许限量标准。CAC制定兽药残留标准的程序非常严格，需要经过CCRVDF的评估和CAC大会审议。CAC的兽药最高残留限量是CAC法典大会上对兽药残留法典委员会（CCRVDF）的限量草案进行讨论后公布的法典标准，限量草案中包括：物质在动物组织中的MRL值，以及其处于最高残留限量评价程序的哪个步骤。目前CCRVDF共召开了19次会议，共制定了57种兽用药物在牛、猪、禽、羊各种组织中的566项兽药残留限量指标。

（二）欧盟

欧盟于1971年11月发布了《饲料添加剂导则》，首次提出控制药物残留的问题。欧盟为了将食品中兽药残留的限制规定推广到整个欧洲，于1990年6月26日发布了关于动物性食品中兽药最高残留限量的共同体程序和标准的2377/90/EEC法规。

2377/90/EEC法规是欧盟管理兽药残留最核心的一部法规，该法规的目标首先是保证食品的安全性，其次才是允许动物源性食品在成员国之间的流动。2377/90/EEC法规中规定兽药残留物是指所有具有药物有效成分的物质，不管其是活性元素、赋形剂、降解产品还是食品中残留的动物代谢物，一直到有疑义的兽药产品。2377/90/EEC设定的最大残留限量是控制动物源性食品药物残留的标准值。到目前为止，2377/90/EEC法规设定的限量是控制兽药残留唯一可选择的手段和措施。

2377/90（EEC）法规将兽药分成了4类，分别包含在4个附录中：①附录Ⅰ：其最高残留限量已经确定的药理活性物质清单（允许使用），共涉及122种兽药；②附录Ⅱ：不必制定最高残留限量的物质清单（允许使用）；③附录Ⅲ：其最高残留限量已经确定的兽医药品中使用的药理活性物质清单（允许使用，临时性），规定了加米霉素（Gamithromycin）在牛脂肪、牛肾脏、牛肝脏中的残留限量值；④附录Ⅳ：无最高残留限量标准（禁用）的物质，10种禁止使用的药物是：马兜铃种（*Aristolochia* spp.）、氯霉素（Chloramphenicol）、氯仿（Chloroform）、氯丙嗪（Chlorpromazine）、秋水仙素（Colchicine）、氨苯砜（Dapsone）、二甲硝咪唑（Dimetridazole）、甲硝哒唑(Metronidazole)、硝基呋喃Nitrofurans（包括呋喃唑酮Furazolidone）、罗硝唑（Ronidazole）。这意味着以上10种活性药物不能在任何动物制品，以及这些动物的饲料和生长环境中使用。

2002年7月，欧盟委员会公布了部分水果、蔬菜、谷物以及某些动物源性食品中兽药残留限量的最高水平。欧盟对兽药残留限量要求比较严格，规定的监测动物及其产品中各类兽药残留物主要包括：一是具有增进蛋白质代谢作用和未经批准兽用药物，为二苯乙烯及其衍生物、甲状腺抑制剂、类固醇、二羟基苯甲酸内酯和β-激动剂等；二是未经许可兽用的药物，为抗菌类药物、β-内酰胺、四环素族、氨基（糖）苷类抗生素、大环内酯类抗生素、磺胺类药物和喹诺酮类；三是其他兽药，为驱虫药、抗球虫药、氨基甲酸酯类、合成拟除虫菊酯类、镇定剂和非类固醇类消炎药。

（三）日本

日本于2006年5月29日起正式实施食品中农业化学品“肯定列表制度”，对食品中所有农业化学品（农药、兽药、饲料添加剂）制定了限量标准，实现对所有农业化学品的管理。日本食品中农用化学品（包括农药、兽药和饲料添加剂）残留限量标准分为4种类型：针对具体产品制定的具体限量标准、在所有产品均不得检出、限量豁免、上述三类以外的执行0.01 mg/kg的一律标准。

截至 2011 年 3 月 28 日，涉及农业化学品 824 种，共有 63 270 个残留限量指标。禁用物质为 18 种；豁免物质共 66 种；一律标准则将以上面 4 种类型没有涵盖的以及今后新生产的农业化学品或其他农产品都包括在内，最高限量不得超过 0.01 mg/kg。

（四）美国

美国于 1975 年即开始实施国家药物残留计划（NRP），要求动物在屠宰前必须检查杀虫剂、重金属、激素和抗生素的残留，1982 年建立了《避免动物源性食品药物残留数据库》，明确规定了动物源性食品药物残留限量标准。美国兽药残留标准所涉及的动物种类、动物组织较多，限量规定得较细，对每种药物的标志残留物都有明确的规定，尤其对畜禽性激素类残留限量分别按不同性别、不同生长阶段、不同部位、不同用途都做了较为清楚的规定。美国兽药管理与人药同步，均由美国食品药品管理局（FDA）负责制定，收录于美国联邦法规汇编 CFR 第 21 篇"食品和药品"第 566 部分"食品中新型兽药的残留容许量"。目前美国已制定了 109 种兽药的残留限量标准。

美国 FDA 公布了禁止在进口动物源性食品中使用的 11 种药物名单，具体包括：氯霉素、克伦特罗、己烯雌酚、地美硝唑（Dimetridazole）、异丙硝唑（Ipronidazole）、其他硝基咪唑类（Other Nitroimidazoles）、呋喃唑酮（Furazolidone）、呋喃西林（Nitrofurazone）、磺胺类药、氟喹诺酮（Fluoroquinolones）和糖肽类抗生素（Glycopeptides），如万古霉素（Vancomycin）、阿伏霉素（Avoparcin）。

（五）加拿大

加拿大兽药残留限量标准由卫生部下属兽药理事会（VDD）负责制定，兽药的残留监控由食品检验局负责。兽药残留限量标准包括两类：正式残留限量标准（MRLs）和管理性残留限量标准（AMRLs）。二者是由 VDD 经过全面评估后制定的，具有相同的法律效力，唯一区别是 MRLs 已经被加拿大食品药品条例收录和发布，而 AMRLs 还未完成收录程序，只在卫生部官方网站发布。对于无限量标准的兽药残留，加拿大一律要求不得检出（ND）。到目前为止，加拿大制定了 77 种兽药的残留限量标准。

（六）澳大利亚

澳大利亚农药兽药管理局（APVMA）负责制定农产品，特别是进入食物链的农产品中的化学农药和兽药最大残留限量标准。澳大利亚的农兽药残留限量标准由 5 部分组成：

表 1：食品中化学农药兽药及相关物质的最大残留限量。

表 2：最大残留限量标准适用的产品部位（取样分析部分）。

表 3：残留定义。

表 4：动物饲料中农药的最大残留限量。

表 5：不需要设定最大残留限量的农兽药及相应的使用方法。

目前，澳大利亚共制定了 445 种农兽药 5 590 项残留限量指标。

（七）韩国

根据韩国食品卫生法第 7 条第 1 款"食品的标准及规格"，韩国食品药品管理局可公布残留限量标准。因此，韩国食品中兽药残留限量标准由韩国食品药品管理局（KFDA）负责制定和发布，兽药残留限量收录在《食品法典》中。

对于兽药残留限量标准，韩国制定了一套适用规则：

（1）任何因安全或药效问题而不准制造或进口的兽药（包括代谢物）在食品中不得检出。比如硝基呋喃及其代谢物、孔雀石绿及其代谢物、二甲基硝咪唑、克伦特罗、氯霉素、乙烯雌酚、氯苯胺灵、万古霉素、硫尿嘧啶、秋水仙碱、乙胺嘧啶、安宫黄体酮等。

（2）对于动物源性食品副产品，如内脏、骨头、头、尾、蹄、皮、血及其他可食用组织，如果未针对其制定具体限量标准，对于畜产品，适用同种动物肉（肌肉）的限量标准，对于水产品，适用鱼的限量标准。

(3) 对于加工食品，如果韩国未针对其制定具体残留限量标准，则根据原料的许可限量判断加工食品的残留合格与否，如在脱水或其他处理过程中水含量发生保护，则限量确定时要考虑水含量。

(4) 对于某种特定动物产品，如果韩国标准及 CAC 标准均未制定兽药限量标准，则可适用类似动物相同部位的最严标准。比如，如果未制定某种兽药在牛、马或鸡产品中的限量标准，则可适用同种兽药在反刍动物、哺乳动物及家禽中同一产品的最严标准。对于蜂王浆和蜂胶，可适用蜂蜜的标准。

(5) 对于韩国及 CAC 未制定标准的兽药、抗生素、合成抗生素，其在畜禽和鱼（包括奶、蛋）及蜂蜜（包括蜂王浆和蜂胶）中的限量为 0.03 mg/kg。

到目前为止，韩国食品药品管理局共制定了 84 种兽药的 938 项残留限量标准。

(八) 中国

我国畜禽及畜禽产品中兽药残留限量标准在 1999 年前仅涉及兽药 45 种，涉及兽药指标与国外存在着一定的差距。到 2002 年 12 月，我国兽药检测项目增至 96 种，兽药指标多采用欧盟标准。2002 年 4 月 9 日农业部发布的 193 号公告《食品动物禁用的兽药及其他化合物清单》规定了 21 种禁用药物（表 4-6），2002 年 12 月 26 日农业部又发布 235 号公告《动物性食品中兽药最高残留限量》，对之前的兽药规定的项目、指标作了修改，且修改的幅度较大，大量采用了国际上较先进的指标限量，较多的是采用欧盟的指标限量，并将我国的兽药使用具体分为 4 种情况：①“动物性食品允许使用，但不需要制定残留限量”的药物 88 种；②“已批准的动物性食品中最高残留限量规定”的药物 13 种；③“允许做治疗用，但不得在动物性食品中检出”的药物 9 种（表 4-7）；④“禁止使用的药物，在动物性食品中不得检出”的药物 31 种（表 4-8）。不仅增加了我国畜禽及畜禽产品检测兽药的种类，而且检测项目由原来的较笼统趋向更加具体、细化。但是这一标准的制定，是因为出口欧盟产品存在严重兽药残留问题而采取的紧急措施，仍然是基于扩大我国动物性产品的出口，是适应别国的标准要求。对日益严重的技术壁垒问题，我们还仅仅是被动地去适应。标准规定的兽药种类还主要是在我国登记注册的兽药以及禁止使用的兽药，而对那些国外有注册使用且有限量标准的兽药却很少涉及。

表 4-6 食品动物禁用的兽药及其他化合物清单

序号	兽药及其他化合物名称	禁止用途	禁用动物
1	β-兴奋剂类：克伦特罗 Clenbuterol、沙丁胺醇 Salbutamol、西马特罗 Cimaterol 及其盐、酯及制剂	所有用途	所有食品动物
2	性激素类：己烯雌酚 Diethylstilbestrol 及其盐、酯及制剂	所有用途	所有食品动物
3	具有雌激素样作用的物质：玉米赤霉醇 Zeranol、去甲雄三烯醇酮 Trenbolone、醋酸甲孕酮 Mengestrol acetate 及制剂	所有用途	所有食品动物
4	氯霉素 Chloramphenicol 及其盐、酯（包括琥珀氯霉素 Chloramphenicol succinate）及制剂	所有用途	所有食品动物
5	氨苯砜 Dapsoneey 及制剂	所有用途	所有食品动物
6	硝基呋喃类：呋喃唑酮 Furazolidone、呋喃它酮 Furaltadone、呋喃苯烯酸钠 Nifurstyrenate sodium 及制剂	所有用途	所有食品动物
7	硝基化合物：硝基酚钠 Sodium nitrophenolate、硝呋烯腙 Nitrovin 及制剂	所有用途	所有食品动物
8	催眠、镇静类：安眠酮 Methaqualone 及制剂	所有用途	所有食品动物
9	林丹（丙体六六六） Lindane	杀虫剂	所有食品动物
10	毒杀芬（氯化烯） Camahechlor	杀虫剂、清塘剂	所有食品动物

续表

序号	兽药及其他化合物名称	禁止用途	禁用动物
11	呋喃丹（克百威）Carbofuran	杀虫剂	所有食品动物
12	杀虫脒（克死螨）Chlordimeform	杀虫剂	所有食品动物
13	双甲脒 Amitraz	杀虫剂	水生食品动物
14	酒石酸锑钾 Antimony potassium tartrate	杀虫剂	所有食品动物
15	锥虫胂胺 Tryparsamide	杀虫剂	所有食品动物
16	孔雀石绿 Malachite green	抗菌、杀虫剂	所有食品动物
17	五氯酚酰钠 Pentachlorophenol sodium	杀螺剂	所有食品动物
18	各种汞制剂，包括：氯化亚汞（甘汞）Calomel、硝酸亚汞 Mercurous nitrate、醋酸汞 Mercurous acetate、吡啶基醋酸汞 Pyridyl mercurous acetate	杀虫剂	所有食品动物
19	性激素类：甲基睾丸酮 Methyltestosterone、丙酸睾酮 Testosterone propionate 苯丙酸诺龙 Nandrolone phenylpropionate、苯甲酸雌二醇 Estradiol benzoate 及其盐、酯及制剂	促生长	所有食品动物
20	催眠、镇静类：氯丙嗪 Chlorpromazine、地西泮（安定）Diazepam 及其盐、酯及制剂	促生长	所有食品动物
21	硝基咪唑类：甲硝唑 Metronidazole、地美硝唑 Dimctronidazolc 及其盐、酯及制剂	促生长	所有食品动物

表 4-7　允许作治疗用，但不得在动物性食品中检出的药物

药物名称	标志残留物	动物种类	靶组织
氯丙嗪 Chlorpromazine	Chlorpromazine	所有食品动物	所有可食组织
地西泮（安定） Diazepam	Diazepam	所有食品动物	所有可食组织
地美硝唑 Dimetridazole	Dimetridazole	所有食品动物	所有可食组织
苯甲酸雌二醇 Estradiol benzoate	Estradiol	所有食品动物	所有可食组织
潮霉素 B Hygromycin B	Hygromycin B	猪/鸡 鸡	可食组织 蛋
甲硝唑 Metronidazole	Metronidazole	所有食品动物	所有可食组织
苯丙酸诺龙 Nadrolone phenylpropionate	Nadrolone	所有食品动物	所有可食组织
丙酸睾酮 Testosterone propinate	Testosterone	所有食品动物	所有可食组织
塞拉嗪 Xylazine	Xylazine	产奶动物	奶

表 4-8 禁止使用的药物，在动物性食品中不得检出

药物名称	禁用动物种类	靶组织
氯霉素 Chloramphenicol 及其盐、酯 (包括琥珀氯霉素 Chloramphenicol succinate)	所有食品动物	所有可食组织
克伦特罗 Clenbuterol 及其盐、酯	所有食品动物	所有可食组织
沙丁胺醇 Salbutamol 及其盐、酯	所有食品动物	所有可食组织
西马特罗 Cimaterol 及其盐、酯	所有食品动物	所有可食组织
氨苯砜 Dapsone	所有食品动物	所有可食组织
己烯雌酚 Diethylstilbestrol 及其盐、酯	所有食品动物	所有可食组织
呋喃它酮 Furaltadone	所有食品动物	所有可食组织
呋喃唑酮 Furazolidone	所有食品动物	所有可食组织
林丹 Lindane	所有食品动物	所有可食组织
呋喃苯烯酸钠 Nifurstyrenate sodium	所有食品动物	所有可食组织
安眠酮 Methaqualone	所有食品动物	所有可食组织
洛硝达唑 Ronidazole	所有食品动物	所有可食组织
玉米赤霉醇 Zeranol	所有食品动物	所有可食组织
去甲雄三烯醇酮 Trenbolone	所有食品动物	所有可食组织
醋酸甲孕酮 Mengestrol acetate	所有食品动物	所有可食组织
硝基酚钠 Sodium nitrophenolate	所有食品动物	所有可食组织
硝呋烯腙 Nitrovin	所有食品动物	所有可食组织
毒杀芬（氯化烯）Camahechlor	所有食品动物	所有可食组织
呋喃丹（克百威）Carbofuran	所有食品动物	所有可食组织
杀虫脒（克死螨）Chlordimeform	所有食品动物	所有可食组织
双甲脒 Amitraz	水生食品动物	所有可食组织
酒石酸锑钾 Antimony potassium tartrate	所有食品动物	所有可食组织
锥虫胂胺 Tryparsamide	所有食品动物	所有可食组织
孔雀石绿 Malachite green	所有食品动物	所有可食组织
五氯酚酸钠 Pentachlorophenol sodium	所有食品动物	所有可食组织
氯化亚汞（甘汞）Calomel	所有食品动物	所有可食组织
硝酸亚汞 Mercurous nitrate	所有食品动物	所有可食组织
醋酸汞 Mercurous acetate	所有食品动物	所有可食组织
吡啶基醋酸汞 Pyridyl mercurous acetate	所有食品动物	所有可食组织
甲基睾丸酮 Methyltestosterone	所有食品动物	所有可食组织
群勃龙 Trenbolone	所有食品动物	所有可食组织

三、兽药残留限量标准的差异性分析

（一）标准中兽药残留限定的动物品种、动物组织较少

目前我国制定的兽药残留标准规定的兽药种类主要是在我国登记注册的兽药以及禁止使用的兽药，而对那些国外有注册使用且有限量标准的兽药却很少涉及。目前我国临床使用的兽药品种达3 000多种，而制定了残留限量标准的兽药品种仅有96种、550个兽药最高残留限量标准，共涉及牛、羊、猪、鸡等动物品种17种，涉及动物的肌肉脂肪等动物组织类别11种。CAC共制定了39种兽药的最高残留限量标准，共涉及牛、马等动物品种的不同动物组织50多种，涉及的药物包括抗生素类、抗寄生虫类、生长促进剂类、激素类和β-肾上腺素能受体阻断剂等。欧盟涉及的兽药为108种。美国已制定了80多种药物，300多个兽药残留限量，包括牛、绵羊、山羊、猪、马、禽等7个动物品种的37种动物组织。加拿大制定了60多种兽药的300多项兽药残留限量标准。澳大利亚和韩国也都制定了共40多种兽药200多项残留限量标准。日本“肯定列表制度”的暂定标准规定了236种兽药和饲料添加剂4 300多个残留限量，未制定残留限量的执行0.01 mg/kg的一律标准。

（二）限量标准中限定最大残留限量的兽药种类不同

兽药残留标准中我国已限定，而CAC、欧盟、日本、澳大利亚、韩国、美国和加拿大未进行限量规定的兽药品种，主要包括甲基吡啶磷、甲砜霉素、磺胺类、赛杜霉素钠、氯苯胍、噻嘧啶、孕酮、苯唑青霉素、喹乙醇、硝碘酚腈、烟碱、滴滴涕、苯硫氨酯、曼泰普林等。另外，与CAC、欧盟、日本、澳大利亚、韩国、美国和加拿大相比，还有一些兽药品种在我国未注册生产使用，而其他国家有生产使用且已制定了其限量标准，这类兽药共有41种，见表4-9，这也是我国今后制定兽药残留限量标准需要重点研究的对象与范围。如CAC对莫昔克丁、氟佐隆、双脒苯脲、2-乙酰胺-5-硝基噻唑、巴喹普林等兽药规定了限量标准；欧盟对麻保沙星、巴喹普林、地昔尼尔、咔唑心安、头孢吡硫、氯舒隆、莫昔克丁、泼尼松龙、萘托比胺等兽药规定了MRL值；美国对甲氧苄喹酯、丁喹酯、头孢匹林、莱克多巴胺、盐酸甲基利血酸甲酯、双硝苯脲二甲嘧啶醇、莫昔克丁、氨磺磷、碳霉素等兽药进行了限定；加拿大对丁喹酯、酒石酸甲噻吩嘧啶、吡利霉素、双氯苄氨胍、苯酰磺胺等兽药进行了最人残留限量规定；日本则制定了产品“暂定标准”而中国未制定限量标准的1 357条限量指标，涉及87种兽药和饲料添加剂，75种产品。

表4-9 我国未注册、而国外注册生产且有限量标准的兽药最大残留限量标准（单位：μg/kg）

中文名称	国家/地区	限量指标				中文名称	国家/地区	限量指标			
		牛	羊	猪	禽			牛	羊	猪	禽
2-乙酰胺-5-硝基噻唑、巴喹普林	美国 CAC 欧盟	10F 150K 300L		50F 50L 40F	100E	麻保沙星	欧盟	50F 150K 150L 150M		50F 150K 150L 150M	
丁羟喹啉（丁喹酯）	美国				400K 400L 100M	美洛昔康	欧盟	35K 60L 20M		65K 65L 20M	
咔唑心安	欧盟	5F 15K 15L 5M		25K 25L 5M 5F		甲基泼尼松龙（甲基强的松龙）	欧盟	10F 10K 10L 10M			

续表

中文名称	国家/地区	限量指标				中文名称	国家/地区	限量指标			
		牛	羊	猪	禽			牛	羊	猪	禽
碳霉素（卡波霉素）、卡洛芬	美国 欧盟	1 000F 1 000K 1 000L 1 000M			OE	盐酸甲基利血酸甲酯、甲噻嘧啶	美国 欧盟	100F 200K 800L 100M	100F 200K 800L 100M	100F 200K 800L 100M	20E 100F 200K 800L 100M
头孢匹林/头孢吡硫	美国	50F 100K 50M				莫昔克丁	CAC 欧盟 美国 日本	50F 50K 50L 50M	500F 50K 100L 50M		
氯地孕酮	欧盟	4F 2L				乙氧萘青霉素（新青霉素Ⅲ、萘夫西林）	欧盟	300F 300K 300L 300M			
氯舒隆	欧盟	200K 100L 35M									
黏菌素/黏杆菌素	欧盟	150F 200K 150L 150M	150F 200K 150L 150M	150F 200K 150L 150M	150F 200K 150L 150M	甲氧苄喹酯（萘喹酯）、萘托比胺	美国 欧盟		100F 500K 1 000L 100M		
氯氟氰菊酯	欧盟	50F 10K 10L 10M				双硝苯脲二甲嘧啶醇	美国				4 000K 4 000L 4 000M 4 000S
氯氰菊酯	欧盟	200F 20K 20L 20M	200F 20K 20L 20M	200F 20K 20L 20M	50K 50L 50M 50F	欧美德普（二甲氧甲基苯嘧啶）、氢氧扎胺	欧盟		20F 100K 500L 20M	20F 100K 500L 20M	
双氯青霉素	欧盟	300F 300K 300L 300M	300F 300K 300L 300M	300F 300K 300L 300M	300F 300K 300L 300M	巴龙霉素	欧盟	1 500K 1 500L 500M		1 500K 1 500L 500M	1 500K 1 500L 500M
地昔尼尔	欧盟		50F 400K 400L 200M			青霉素 G 二乙氨基乙酯	欧盟	50F 50K 50L 50M		50F 50K 50L 50M	
依普菌素	日本	300F 300K 200L 100M				氯菊酯	欧盟	500F 50K 50L 50M	500F 50K 50L 50M	500F 50K 50L 50M	500F 50K 50L 50M
氨磺磷	美国	100F 100M 100M				青霉素 V 钾（苯氧甲基青霉素）	欧盟			25K 25L 25M	

续表

中文名称	国家/地区	限量指标				中文名称	国家/地区	限量指标			
		牛	羊	猪	禽			牛	羊	猪	禽
氟甲砜霉素	欧盟	300K 3 000L 200M				吡利霉素	美国 欧盟	100F 400K 1 000L 100M			
氟佐隆	CAC	7 000F 500K 500L 200M	7 000F 500K 500L 200M	7 000F 500K 500L 200M	7 000F 500K 500L 200M	泼尼松龙	欧盟	4F 10K 10L 4M			
氟胺烟酸	欧盟	30F 100K 300L 20M		30K 200L 50M 10F		莱克多巴胺	美国		150L 50M		
双脒苯脲	CAC 欧盟	50F 1 500K 2 000L 300M			25M	托芬那酸	欧盟	100K 400L 50M		100K 400L 50M	
交沙霉素	欧盟			200F 400K 200L 200M	200F 400K 200L 200M	沃尼妙林	欧盟			100K 500L 50M	

注：M 表示肉，K 表示肾，L 表示肝，F 表示脂肪，SF 表示带皮脂肪，E 表示可食用组织。

（三）兽药残留限量标准中限量指标存在的差异

1. 残留限量标准与国际和发达国家标准一致

我国制定的兽药残留标准中，有部分指标与 CAC、欧盟、日本、澳大利亚、韩国、美国或加拿大限定的兽药残留指标相同。我国 96 种兽药有限量指标，有 64 种兽药与其他组织或国家限量指标相同，其中与 CAC 限量指标相同的兽药有 13 种，与欧盟相同的有 40 种，与美国相同的有 11 种，与日本相同的有 8 种，160 条残留限量。例如，CAC 标准和我国标准中的青霉素在牛肌肉、肾脏和肝中的残留量限定均为 0.05 mg/kg，头孢噻呋在牛肝脏中的残留量限定为 2 mg/kg、在牛奶中的为 0.1 mg/kg。另外，CAC 标准中在牛奶、牛肝、猪肝脏中的克拉维酸，羊奶、猪肾中的替米考星，牛肌肉、猪肌肉、山羊肌肉、火鸡肌肉、鸭肌肉、脂肪和肝中的新霉素，牛奶、牛脂肪、牛肾脏、猪肝脏、猪肾脏中的双甲脒，牛肌肉、脂肪、肝脏、肾脏中的多拉菌素，牛肌肉、脂肪、肝脏、肾中的氮氨菲啶，牛肌肉、脂肪、肝脏、肾脏中的阿苯达唑，牛肌肉、牛奶、牛脂肪、肾脏中的螺旋霉素，牛奶、牛肝中的头孢噻呋等兽药的 MRL 值与我国对其相应的残留限量值一致。欧盟标准中牛、猪、禽、肌肉、脂肪、肝脏、肾脏中的甲氧苄氨嘧啶，猪肌肉、山羊肉、绵羊肉、山羊、绵羊、猪脂肪、肝脏中的二嗪农，所有食品动物中的肌肉、脂肪、肾脏、肝脏中的阿莫西林，牛肌肉、脂肪中的阿苯达唑，牛肝脏、肌肉、肾脏、脂肪以及绵羊肝脏、肌肉、肾脏中的氯氰碘柳胺，猪肌肉、脂肪、肝肾中的达氟沙星，牛奶、羊奶及牛、羊、猪、马肌肉、脂肪、肾脏、肝脏中的苯硫苯咪唑，猪及绵羊肌肉、脂肪、肾、肝中的苯砜苯咪唑，鸡肌肉、脂肪、肝脏、肾脏中的甲苯三嗪酮，鸡脂肪、肝脏、鲑鱼肉中的沙拉沙星，猪肌肉、鸡肌肉、脂肪、肝、肾中的噁喹酸，牛奶、羊奶、牛、羊、猪、鸡、兔肌肉、脂肪、肝、肾、鸡蛋中的黏杆菌素，牛奶、肌肉、肝脏、肾中的地塞米松，牛肌肉、脂肪、肝脏、肾及猪肌肉、脂肪、肝脏、肾和家禽肌肉、脂肪、肝、肾中的二氟沙星，牛肌肉、猪肌肉、禽肌肉、脂肪、肝、肾中的脱氧土霉素，肌肉、脂肪、肝、肾、氟氯苯氰菊酯，牛奶、牛猪肝脏中的庆大霉素等兽药残留限量值与我国兽药残留标准一致；美国标准中牛猪禽可食性组织中的杆菌肽，绵羊可食性组织中的玉米赤霉醇，鸡肌肉、副产品中的罗沙生，牛肌肉、猪可食性组织及禽肝、肾、肌肉中的氯羟吡啶，禽肌肉、肝肾中的乙氧酰胺苯甲酯，牛肌肉、猪肌肉、脂肪及家禽肌肉、脂肪、肝中的乙氧喹啉，牛肝脏中的拉沙洛菌素，牛可食用组织中的哈罗松、黄体酮，牛脂肪、肾、肝、肌肉及绵羊脂肪、肾、肌肉中的孕酮，猪禽可食用组织、蛋中的制霉菌素等MRL指标与我国国家标准中一致；加拿大标准中的鸡肌肉、肝脏、肾脏中的氨丙啉，蛋、猪肝中的阿散酸，鸡肌肉、脂肪、肝、肾及火鸡肌肉、肝中的二硝托胺，禽肝脏、肾脏、肌肉中的氯羟吡啶，鸡肌肉、肝脏中的罗沙生等兽药最大残留限量值与我国规定的相应限量值一致。

2. 残留限量标准严于国际和发达国家标准

在我国兽药残留限量标准中有些兽药的最大兽药残留指标低于CAC、欧盟、日本、澳大利亚、韩国、美国和加拿大标准中限定指标，如土霉素是我国临床常用药，将其在牛肌肉、肝、肾等中的规定为100、300、600，分别是CAC限量标准中规定的1/2；另外，我国关于头孢噻呋在牛肌肉、肾脏、脂肪及猪肌肉、脂肪、肾脏中的限量残留规定，替米考星在牛肌肉、脂肪及猪肌肉、脂肪、肝脏中的残留限量，新霉素在牛、猪、山羊、火鸡、鸭可食用组织中的残留规定，螺旋霉素在牛肝脏、猪脂肪、鸡肝中的规定均严于CAC标准中相应的限量规定。在我国兽药残留限量标准中，牛肌肉、肾脏、脂肪及猪肌肉、脂肪、肾脏中的头孢噻呋，牛肾脏、猪肾脏中的克拉维酸，猪肌肉、脂肪中的氮哌酮，猪肌肉、脂肪、肝、肾中的氟甲喹等兽药的最大残留限量规定均严于欧盟标准中的规定。我国兽药残留标准中部分兽药的MRL值比美国规定的严格，例如牛、猪、禽、绵羊、肌肉、肝、肾中的四环素，牛脂肪、肉、肝、肾、绵羊脂肪、肌肉、肝脏中的苯甲酸雌二醇，牛脂肪、肝脏、肾脏及山羊肉、猪肉、肾中的丙酸睾酮，牛脂肪、肝、肾、肌肉中的苄氧喹甲酯，猪、牛、羊、禽肉、肝、肾中的土霉素，牛可食用组织中的敌敌畏等兽药限量规定均比美国标准中规定的严格。在牛肌肉、牛脂肪、牛肝、肾及猪肌肉、肝、肾、脂肪中的泰乐霉素，牛肝脏中的替米考星，火鸡、犊牛肌肉中的四环素等兽药的最大残留限量值比加拿大标准中其相应的MRL值低。我国制定的限量标准有693条严于日本“暂定标准”。

3. 残留限量标准高于国际和发达国家标准

兽药残留限量标准中有些指标高于CAC、欧盟、日本、澳大利亚、韩国、美国和加拿大兽药残留限量规定，如猪肌肉、脂肪中的氮哌酮，猪肝脏中的头孢噻呋，牛肌肉、脂肪及猪肌肉、脂肪中的克拉维酸，牛肾及鸡肌肉、脂肪、肝脏、肾中的尼卡巴嗪，猪肌肉中的螺旋霉素等兽药，我国规定的相应MRL值比CAC标准高。在我国兽药残留标准中部分兽药的MRL值比欧盟规定的高，如牛脂肪中的阿维菌素，牛肝脏、肾脏中的阿苯达唑，家禽肝脏中的左旋咪唑，牛肌肉、猪肌肉、脂肪、肾脏中的庆大霉素等兽药。我国关于牛可食用组织中的阿莫西林，牛可食用组织、猪可食用组织中的氨苄青霉素，牛可食用组织中的邻氯青霉素，牛猪可食用组织、禽、蛋中的红霉素，禽脂肪中的拉沙洛菌素，猪肉、脂肪、肝、肾中的维吉霉素，牛可食用组织中的邻氯青霉素，牛肝脏中的恩诺沙星等兽药残留限量规定比美国宽松。兽药残留限量标准中部分兽药残留限定比加拿大宽松，如猪肾脏中的安普霉素，猪肝脏中的泰妙菌素，绵羊、火鸡、犊牛中的四环素，牛奶、羊奶中的链霉素，鸡可食用组织中的壮观霉素，鸡皮、脂肪中的盐霉素，鸡、火鸡、牛可食用组织中的莫能菌素，鸡脂肪、牛肝脏、鲑鱼肉中的氟苯尼考，鸡肝脏中的氢溴酸常山酮，鸡皮、鸡脂肪中的马杜霉素等兽药品种在我国国家标准的限量规定均比加拿大标准宽松。日本“暂定标准”严于我国限量标准的有343条，涉及59种兽药和饲料添加剂。

第四节　重金属残留

一、重金属残留概述

随着全球经济一体化的迅速发展和社会的不断进步，食品安全卫生问题已成为国际组织、各国政府、企业和消费者等共同关注的焦点问题。在众多影响食品安全的因素中，重金属污染由于具有累积性、食物链传递性和不易降解性等特点，比有机物污染更为严重，所造成的食源性疾病依旧是影响世界食品安全的问题之一。因此，世界各国政府、有关团体和组织以及众多企业仍然关注重金属污染问题，不断地制/修订重金属限量方面的法规和标准，但由于各国之间发展水平差异较大，而且存在宗教、文化、地理以及政策上的差别，造成各国食品技术法规和标准所制定的食品重金属限量也有所不同。

二、国内外重金属限量法规和标准简介

CAC 农产品和食品重金属限量标准是：Codex Stan 193—1995 食品中污染物和毒素的通用法典标准(Codex General Standard for Contaminants and Toxins in Foods)。自 1995 年首次发布实施以来，共修订 4 次，修正 2 次，目前使用的是 2010 版，该国际标准被推荐用于限定食品和饲料类中的污染物和毒素。

中国农产品和食品的重金属限量基本以强制性国家卫生标准的形式公布。该类标准由中华人民共和国卫生部提出并归口，中华人民共和国卫生部和中国国家标准化管理委员会共同批准发布。2005 年，卫生部和标准化委员会联合发布的 GB 2762—2005 《食品中污染物限量》，代替并废止 GB 14935—1994 《食品中铅限量卫生标准》、GB 15201—1994 《食品中镉限量卫生标准》、GB 2762—1994 《食品中汞限量卫生标准》、GB 4810—1994 《食品中砷限量卫生标准》、GB 14961—1994 《食品中铬限量卫生标准》、GB 15202—2003 《面制食品中铝限量》、GB 13105—1991 《食品中硒限量卫生标准》等 13 项污染物限量标准。2011 年 1 月，卫生部第 3 号公告取消了《食品中污染物限量》的硒指标。此外，还有 60 多个产品卫生标准和小部分产品标准涉及重金属限量标准，实施日期主要集中于 2000—2010 年，也有个别标准是 20 世纪 80、90 年代的旧标准，这些标准与《食品中污染物限量》互补使用。

欧盟委员会以法规的形式制定发布农产品和食品的重金属限量，并强制要求各成员国执行。2006 年，欧盟委员会发布了设定食品中某些污染物最大限量的 (EC) 1881/2006 号条例 [Commission Regulation (EC) No. 1881/2006 of 19 December 2006 setting maximum levels for certain contaminants in foodstuffs]，于 2007 年 3 月 1 日正式实施，并取代了已多次修订的 (EC) No. 466/2001 条例，规定了铅、镉、汞、锡 4 种重金属在各类食品中的最大限量值，适用产品范围包括乳及乳制品、禽畜肉及其制品、鱼类、甲壳类及软体贝类动物、谷物、蔬菜及豆类、水果及其制品、脂肪和油、酒、罐装食品等。同年 9 月，欧盟委员会发布了 (EC) 1126/2007 号条例，首次修订 (EC) 1881/2006 号条例，增加了玉米及玉米制品中的镰刀菌毒素、伏马毒素和玉米赤霉烯酮限量值。2008 年 6 月，欧盟委员会发布的 (EC) 565/2008 号条例，再次修订 (EC) 1881/2006 号条例，增设了鱼肝脏中二噁英和多氯联苯的最大限量值。2008 年 7 月，欧盟委员会发布的 (EC) 629/2008 号条例，第 3 次修订 (EC) 1881/2006 号条例，删除了“野生”蘑菇和“栽培”蘑菇的区分，修改了铅、镉和汞在蘑菇和某些鱼类中的最大限量的规定。2010 年 2 月，欧盟委员会先后发布了 (EC) 105/2010 号和 (EC) 165/2010 号两项条例，对 (EU) No. 1881/2006 进行修订，增设了调味品中

赭曲霉毒素 A 以及杏仁、榛果、巴西坚果、果仁和某些谷物中黄曲霉毒素的最大限量。

澳大利亚农产品和食品的重金属限量由澳大利亚新西兰食品标准局（Food Standards Australia New Zealand, FSANZ）以标准的形式公布，具体见 2000 年 12 月 20 日澳大利亚和新西兰两国共同建立的《澳大利亚新西兰食品标准法典》（Australia New Zealand Food Standards Code）中的“标准 1.4.1 污染物和天然有毒物（Standard 1.4.1 Contaminants and Natural Toxicants）”，此后，标准 1.4.1 自2002—2011 年先后共修正了 10 次。

日本农产品和食品的重金属限量由厚生劳动省以法规的形式公布，相关法规主要有：“Specifications, Standards and Testing Methods for Foodstuffs, Implements Containers and Packaging, Toys, Detergents”（2009 年 1 月版）和“Specifications and Standards for Foods, Food Additives, etc. Under The Food Sanitation Law”（2009 年 1 月版）。

在韩国，与农产品和食品相关的法律法规是：食品卫生法（Food Sanitation Act）、食品卫生法实施条例（Enforcement Decree of the Food Sanitation Act）、食品卫生法实施细则（Enforcement Rule of Food Sanitation Act）、食品法典（Food Code）。其中，《食品法典》以法规的形式公布了农产品和食品的重金属限量，现行的是 2009 年 10 月版。

美国的技术性贸易措施体系非常分散，法规标准分散且一致性差。比如，美国的法律体系是由联邦法律和各州法律组成的，50 个州都有自己的宪法和法律，各州之间的法律不完全相同，这在很大程度上影响了法律的统一实施。又如，美国政府广泛地依赖和使用非政府机构制定的自愿标准，然而当标准无法满足管理和采购要求时，联邦政府、州和地方政府及机构会自行制定相关标准，各州标准往往不采用国际标准，缺乏一致性。因此，美国重金属限量数据收集比较困难。依据联邦法规（Code of Federal Regulations, CFR）第 21 篇食品和药品的第 109 部分《人类食品与食品包装材料中不可避免的污染物》所规定的准则，建立了包括重金属在内的人类食品和动物饲料中有毒有害物质的行动水平，主要规定了陶瓷等餐具的重金属铅、镉限量，食品方面仅规定了鱼类、贝类、甲壳类和其他水生类以及小麦的汞限量。另外，还收集并参考中华人民共和国商业部 2005 年 11 月 8 日出版的《出口商品技术指南　食品污染物、农药残留限量》中的美国重金属限量部分。

中国香港农产品和食品重金属限量以法规形式公布，载于“公众卫生及市政条例（第 132 章）”中的“第 132Ⅴ章　食物掺杂（金属杂质含量）规例”，现行的是 1997 年 6 月 30 日版。

CAC、中国及上述各主要贸易国或地区均以法规或标准的方式明确地给出适用于农产品和食品的重金属限量。其中，CAC、欧盟、澳大利亚、日本、韩国、中国香港的重金属限量规定集中于一份法规或标准中，有利于保持各限量值之间的协调一致。中国的重金属限量共涉及 71 份标准，数量较多，分散于各类标准中，不仅安全/卫生标准中有要求，产品标准也有要求；新旧标准实施日期从 1981—2010 年均有，年份跨度大，期间该类标准体系结构也在不断调整中，比如从一份标准仅规定某一重金属限量，演变为一份标准包含了几种污染物限量。这样容易造成不同标准之间内容不协调，出现空缺或者交叉重复，甚至相互矛盾。

三、国内外重要农食产品重金属限量比较

（一）重金属限量要求

整理 2011 年 4 月之前收集到的 CAC、中国以及上述各主要贸易国或地区重金属限量法规和标准，以重金属检验项目为主线，相应的食品种类为辅线，用基本统一的表格形式分别列出各项重金属限量，具体见中国技术性贸易措施网站（网址 http://www.tbt-sps.gov.cn）。

（二）检验项目的比较

1. 重金属的定义

不同领域所指的重金属，由于关注侧重点不同而使得表述不同，因此对重金属尚无严格统一的

定义。

最常见的定义是指比重大于 5 的金属（一般指密度每立方厘米大于 4.5g 的金属）。约有 45 种，如铅、镉、汞、铬、锡、镍、锌、铜、铁、锰、钴、钒、铌、钽、钛、钨、钼、金、银等。

虽然砷不属于重金属，但因其来源以及生物危害都与重金属相似，故被称为类金属，通常被列入重金属类进行研究、讨论。环境污染方面所说的重金属，主要是指生物毒性显著的元素，如重金属铅、镉、汞、砷、铬等，也指具有一定生物毒性的元素，如重金属锡、镍、锌、铜、钴等。

这里除讨论重金属铅、镉、汞、铬、锡、镍、锰之外，还把类重金属砷以及轻金属铝、钡也纳入讨论的范畴。

2. 重金属的危害

重金属一般以天然浓度广泛存在于自然界中，但由于人类对重金属矿产的开采、冶炼、加工以及废气排放、污水灌溉、使用重金属制品等人为因素，造成铅、镉、汞、钴等重金属或其化合物进入大气、水、土壤中，然后进一步在环境或生态系统里存留、积累和迁移，造成严重危害。如随废水排出的重金属，即使浓度小，也可在藻类和底泥中积累，被鱼和贝类的体表吸附，产生食物链浓缩，从而造成公害。又如汽车尾气排放的铅经大气扩散等过程进入环境中，造成目前地表铅的浓度已有显著提高，损害了人体健康。

尽管锌、铜、铁、锰等重金属是生命活动所需要的微量元素，但是大部分重金属如铅、镉、汞等并非生命活动所必需，而且所有重金属超过一定浓度都对人体有害，轻则发生骨痛病等怪病，重则死亡。

对人体毒害最大的重金属有 5 种：铅、镉、汞、砷、铬。常见重金属及其危害如下：

铅：是重金属污染中毒性较大的一种，一旦进入人体将很难排除。它能直接伤害人的脑细胞，特别是胎儿的神经系统，可造成先天智力低下；对老年人会造成痴呆等。另外，还有致癌、致突变作用。

镉：导致高血压，引起心脑血管疾病；破坏骨骼和肝肾，并能引起肾功能衰竭。

汞：食入后直接沉入肝脏，对大脑、神经、视力破坏极大。天然水每升含 0.01 mg，就会导致人中毒。

砷：是砒霜的组分之一，有剧毒，会致人迅速死亡。长期接触少量，会导致慢性中毒。另外，还有致癌性。

铬：会造成四肢麻木、精神异常。

锡：导致血液循环系统异常、贫血等。

3. 重金属检验项目的比较

现有资料表明，CAC、中国及各主要贸易国或地区法规和标准规定的重金属检验项目有所差异（表 4–10）。

从表 4–10 可见：①CAC、澳大利亚、日本、韩国检验项目相同，均采用了铅、镉、汞、砷、锡；②CAC、中国及各主要贸易国或地区均采用了铅、镉、汞这 3 项指标；③除欧盟外，CAC、中国及其他主要贸易国或地区均采用了砷；④除美国外，CAC 和其他主要贸易国或地区均采用了锡；⑤中国、美国和中国香港规定了铬；⑥仅中国规定了镍、铝、锰、钡；⑦仅中国香港规定了锑；⑧韩国还规定了重金属，因未附检验方法，不能确定是否指以铅计的重金属含量。

与各主要贸易国相比，中国是重金属检验项目数量最多的国家，除对人体毒害最大的 5 种重金属和锡之外，还要求检验镍、铝、锰、钡。其中，铝虽然并非人体必需的微量元素，而且作为低毒金属元素，不会导致急性中毒，但是长期超量摄入也会对人体造成危害，会损伤大脑，导致痴呆，还可能出现贫血、骨质疏松等疾病。日常生活中若使用铝锅、铝壶、铝盆等铝或铝合金制品，铝可溶解至食品中，从而进入人体。在食品加工过程中，为使面制食品膨松酥脆，需要添加诸如明矾等

表 4-10 重金属检验项目比较

检验项目	CAC	澳大利亚	日本	韩国	欧盟	美国	中国香港	中国
铅	√	√	√	√	√	√	√	√
镉	√	√	√	√	√	√	√	√
汞	√	√	√	√	√	√	√	√
砷	√	√	√	√	–	√	√	√
铬	–	–	–	–	–	√	√	√
锡	√	√	√	√	√	–	√	√
镍	–	–	–	–	–	–	–	√
铝	–	–	–	–	–	–	–	√
锰	–	–	–	–	–	–	–	√
钡	–	–	–	–	–	–	–	√
锑	–	–	–	–	–	–	√	–
总计	5	5	5	5	4	5	7	10

的含铝添加剂，加上我国存在居民爱吃油条、蒸制面食等生活习惯的实际情况，因此有必要限定面制食品中的铝含量。

由于以天然含钡黄卤水为原料制盐时，卤水中含有毒物质氯化钡，人食用后会中毒，甚至死亡，所以中国国家标准规定了食盐的钡限量。

因为生产过程中有引入镍、锰污染的问题，所以中国国家标准规定了人造奶油的镍限量，以及蒸馏酒和配制酒的锰限量。虽然过多地摄入镍、锰毫无疑问也会对人体健康造成危害，但是CAC和各主要贸易国或地区并未有相应的要求，而且镍、锰是被确认与人体健康和生命有关的必需微量元素之一，锰还作为食品营养强化剂被写入 GB 14880。2011 年 1 月，国家标准化管理委员会和卫生部先后发布公告，废止了国家标准对锌、铜、铁的限量卫生标准，取消了 GB 2762 中硒的指标。可以看出，对于这些人类必需的微量元素，在环境和生产工艺等各方面条件达标的情况下，卫生部将不在国家标准中强制要求检测。因此，随着生产工艺的不断改进，镍、锰是否会紧随锌、铜、铁、硒之后，也成为被取消的重金属指标，值得关注。

（三）食品种类的比较

食品种类的划分可以按营养特点、保藏方法、原料种类、加工方法或食用人群分类。加之分类时考虑的侧重点大多有所差异，所以目前各国食品分类方法不尽相同。

由于 GB 2760 中的食品分类系统参考了国际食品法典委员会（Codex Alimentarius Commission）CODEX STAN 192—1995，Rev. 7—2006《食品添加剂通用标准》（General Standard for Food Additives），因此这里以 GB 2760—2007《食品添加剂使用卫生标准》中的“附录 F 食品分类系统”为框架，对 CAC、中国、欧盟、澳大利亚、韩国、日本、美国、中国香港法规标准中涉及重金属限量的食品种类进行比较。

国内外必须检验重金属项目的食品种类较多。由于各国之间存在饮食文化差异，加之外界环境因素和食品原料来源、生产工艺等有所不同，因此规定了重金属检验项目的食品种类也就不同。以下分别列出 CAC、中国以及各主要贸易国或地区法规和标准中规定了重金属检验项目的食品种类。

1. 国内外重金属限量相应的食品种类情况

(1) CAC。

①铅。

a. 乳及乳制品：牛乳，二级乳制品。

b. 脂肪、油和乳化脂肪制品：食用脂肪和油脂，人造奶油，指定动物脂肪，精制橄榄油，初榨橄榄油，橄榄渣油，禽脂肪，粗制植物油，食用植物油。

c. 水果、蔬菜、豆类制品、食用菌、藻类、坚果以及籽类：各类（亚）热带水果，浆果和其他小型果，柑橘类水果，梨果类，核果类，芸薹属蔬菜，球茎蔬菜，果类蔬菜，叶类蔬菜，豆类蔬菜，根和块茎类蔬菜，罐装什锦水果，罐装柚，罐装橘，罐装芒果，罐装菠萝，罐装覆盆子，罐装草莓，罐装热带水果沙拉，果酱，芒果酱，餐用橄榄，罐装芦笋，罐装胡萝卜，罐装青豆和罐装黄荚种菜豆，罐装嫩豌豆，罐装成熟加工豌豆，罐装蘑菇，罐装棕榈笋，罐装甜玉米，罐装番茄，腌黄瓜，罐装栗子和栗子泥。

d. 粮食和粮食制品：豆类，谷物。

e. 肉及肉制品：牛肉、猪肉和绵羊肉，禽肉，牛下水，猪下水，禽下水。

f. 水产品及其制品：鱼。

g. 调味品：食盐。

h. 特殊营养用食品：婴幼儿配方。

i. 饮料类：加工番茄浓缩汁，果汁，天然矿泉水。

j. 酒类：酒。

②镉。

a. 水果、蔬菜、豆类制品、食用菌、藻类、坚果以及籽类：芸薹属蔬菜，球茎蔬菜，果类蔬菜，叶类蔬菜，豆类蔬菜，根和块茎类蔬菜，茎类蔬菜。

b. 粮食和粮食制品：豆类，谷物，白米，小麦，马铃薯。

c. 水产品及其制品：海水双壳贝类，头足纲动物。

d. 调味品：食盐。

e. 饮料类：天然矿泉水。

③汞。

a. 水产品及其制品：鱼，肉食性鱼类。

b. 调味品：食盐。

c. 饮料类：天然矿泉水。

④砷。

a. 脂肪、油和乳化脂肪制品：食用脂肪和油脂，人造奶油，指定动物脂肪，精制橄榄油，初榨橄榄油，橄榄渣油，粗制植物油，食用植物油。

b. 调味品：食盐。

c. 饮料类：天然矿泉水。

⑤锡。

a. 水果、蔬菜、豆类制品、食用菌、藻类、坚果以及籽类：罐装柑橘类水果，果酱，罐装核果，罐装蔬菜，罐装什锦水果，罐装芒果，罐装菠萝，罐装覆盆子，罐装草莓，罐装热带水果沙拉，芒果酱，餐用橄榄，罐装蘑菇，罐装番茄，腌黄瓜，加工番茄浓缩汁，罐装栗子和栗子泥。

b. 肉及肉制品：熟制腌肉肠，熟制腌火腿，熟制腌猪蹄膀，咸牛肉，午餐肉。

c. 饮料类：罐装饮料。

d. 罐装食品。

(2) 中国。

①铅。

a. 乳及乳制品：鲜乳。

b. 脂肪、油和乳化脂肪制品：食用动物油脂，食用氢化油，植物油料，人造奶油。

c. 冷冻饮品。

d. 水果、蔬菜、豆类制品、食用菌、藻类、坚果以及籽类：水果，小水果、浆果、葡萄，蜜饯，辐照干果果脯，蔬菜，球茎蔬菜，叶菜类，豆芽，干食用菌，鲜食用菌，银耳，食用菌罐头，果、蔬罐头，食用螺旋藻，食用大豆粕，酱腌菜，豆类制品。

e. 可可制品、巧克力和巧克力制品以及糖果：巧克力，糖果，胶基糖果。

f. 粮食和粮食制品：谷类，豆类，薯类，淀粉制品，速冻预包装面米食品，麦片，方便面。

g. 焙烤食品：糕点、面包、饼干。

h. 肉及肉制品：禽畜肉类，鲜、冻禽产品，可食用禽畜下水，熟肉制品，肉类罐头，腌腊肉制品，胶原蛋白肠衣。

i. 水产品及其制品：鱼类，鱼类罐头，盐渍鱼，动物性水产干制品，鱼糜制品。

j. 蛋及蛋制品：鲜蛋，皮蛋，糟蛋，其他蛋制品。

k. 甜味料：食糖，绵白糖，淀粉糖，蜂蜜，辐照花粉。

l. 调味品：酱油，酱，食醋，味精，食用盐，鱼制调味品。

m. 特殊营养用食品：婴儿配方奶粉，婴儿配方食品、较大婴儿和幼儿配方食品，婴幼儿谷物辅助食品，婴幼儿罐装辅助食品。

n. 饮料类：果汁，浓缩果蔬汁（浆），果蔬汁饮料，含乳饮料，植物蛋白饮料，碳酸饮料，固体饮料，可可粉固体饮料，乳酸菌饮料，茶饮料。

o. 酒类：蒸馏酒、配制酒，黄酒、啤酒，葡萄酒、果酒。

p. 其他类：茶叶，果冻，油炸小食品，膨化食品，保健食品。

②镉。

a. 水果、蔬菜、豆类制品、食用菌、藻类、坚果以及籽类：花生，水果，根茎类蔬菜，叶菜、芹菜、食用菌类，其他蔬菜，食用螺旋藻。

b. 粮食和粮食制品：大米，大豆，面粉，杂粮。

c. 肉及肉制品：禽畜肉类，禽畜肝脏，禽畜肾脏，熟肉制品，肉类罐头，腌腊肉制品。

d. 水产品及其制品：鱼，鱼类罐头，盐渍鱼，鱼糜制品。

e. 蛋及蛋制品：鲜蛋。

f. 调味品：鱼制调味品。

③汞。

a. 乳及乳制品：鲜乳。

b. 水果、蔬菜、豆类制品、食用菌、藻类、坚果以及籽类：蔬菜、水果，辐照干果果脯，干食用菌，鲜食用菌，银耳，食用菌罐头，食用螺旋藻，藻类制品。

c. 粮食和粮食制品：粮食，薯类。

d. 肉及肉制品：肉，鲜、冻禽产品，熟肉制品，肉类罐头，腌腊肉制品。

e. 水产品及其制品：鱼及其他水产品，食肉鱼类，食肉鱼罐头，非食肉鱼罐头，腌制生食动物性水产品，盐渍食肉鱼，盐渍非食肉鱼，食肉鱼糜制品，非食肉鱼糜制品。

f. 蛋及蛋制品。

g. 甜味料：辐照花粉。

h. 特殊营养用食品：婴幼儿罐装辅助食品。

④砷。

a. 乳及乳制品：鲜乳，乳粉。

b. 脂肪、油和乳化脂肪制品：植物油料，食用油脂，食用动物油脂，人造奶油。

c. 冷冻饮品。

d. 水果、蔬菜、豆类制品、食用菌、藻类、坚果以及籽类：蔬菜，水果，藻类，藻类制品，豆类制品，蜜饯，辐照干果果脯，干食用菌，鲜食用菌，银耳，食用菌罐头，果、蔬罐头，食用螺旋藻，食用大豆粕，酱腌菜。

e. 可可制品、巧克力和巧克力制品以及糖果：可可脂及巧克力，其他可可制品，糖果，胶基糖果。

f. 粮食和粮食制品：大米，面粉，杂粮，豆类，淀粉制品，速冻预包装面米食品，麦片，方便面。

g. 焙烤食品：糕点、面包、饼干。

h. 肉及肉制品：禽畜肉类，熟肉制品，肉类罐头，腌腊肉制品，胶原蛋白肠衣，鲜、冻禽产品。

i. 水产品及其制品：鱼，鱼类罐头，腌制生食动物性水产品，盐渍鱼，动物性水产干制品，贝类及虾蟹类，鱼糜制品，虾糜制品，其他水产食品。

j. 蛋及蛋制品：蛋类及蛋制品，皮蛋。

k. 甜味料：食糖，绵白糖，淀粉糖，辐照花粉。

l. 调味品：酱油，酱，食醋，味精，食用盐，鱼露，鱼制调味品，其他水产调味品。

m. 特殊营养用食品：婴幼儿谷物辅助食品，婴幼儿罐装辅助食品。

n. 饮料类：浓缩果蔬汁（浆），果蔬汁饮料，果汁及果浆，蛋白饮料，碳酸饮料，可可粉固体饮料，乳酸菌饮料，茶饮料。

o. 酒类。

p. 其他类：果冻，油炸小食品，膨化食品，保健食品。

⑤铬。

a. 乳及乳制品：鲜乳，乳粉。

b. 水果、蔬菜、豆类制品、食用菌、藻类、坚果以及籽类：蔬菜，水果。

c. 粮食和粮食制品：粮食，豆类，薯类。

d. 肉及肉制品：包括肝、肾的肉类。

e. 水产品及其制品：鱼贝类。

f. 蛋及蛋制品：蛋类。

⑥锡。

a. 水果、蔬菜、豆类制品、食用菌、藻类、坚果以及籽类：食用菌罐头，果、蔬罐头。

b. 肉及肉制品：肉类罐头。

c. 水产品及其制品：鱼类罐头。

d. 特殊营养用食品：婴幼儿罐装辅助食品。

e. 饮料类：果蔬汁饮料。

⑦铝。粮食和粮食制品：面制食品。

⑧锰。酒类：蒸馏酒、配制酒。

⑨钡。调味品：食用盐。

⑩镍。脂肪、油和乳化脂肪制品：人造奶油。

(3) 欧盟。

①铅。

a. 乳及乳制品：鲜乳、热处理乳和用于生产乳制品的乳。

b. 脂肪、油和乳化脂肪制品：脂肪和油。

c. 水果、蔬菜、豆类制品、食用菌、藻类、坚果以及籽类：豆类蔬菜，蔬菜，芸薹属蔬菜、叶类蔬菜及真菌，水果，浆果及小水果。

d. 粮食和粮食制品：豆类，谷物。

e. 肉及肉制品：牛肉、绵羊肉、猪肉及禽肉，牛、绵羊、猪及禽类内脏。

f. 水产品及其制品：鱼肉，甲壳类动物，双壳贝类，头足类。

g. 特殊营养用食品：婴幼儿配方及较大婴幼儿配方，食品补充剂。

h. 饮料类：水果汁、浓缩果汁及水果花蜜。

i. 酒类：葡萄酒、苹果酒、梨酒及果酒，加香葡萄酒、加香葡萄酒基饮料及加香葡萄酒基鸡尾酒。

②镉。

a. 水果、蔬菜、豆类制品、食用菌、藻类、坚果以及籽类：蔬菜和水果，茎类蔬菜、根类蔬菜及马铃薯，叶类蔬菜、鲜香草、块根芹，真菌。

b. 粮食和粮食制品：谷物，麸、胚芽、小麦、大米，大豆。

c. 肉及肉制品：牛肉、绵羊肉、猪肉及禽肉，马肉，牛肝、绵羊肝、猪肝、禽类肝脏及马肝，牛肾、绵羊肾、猪肾、禽类肾脏及马肾。

d. 水产品及其制品：鱼肉，甲壳类，双壳贝类，头足类。

e. 特殊营养用食品：食品补充剂。

③汞。

a. 水产品及其制品：水产品及鱼肉。

b. 特殊营养用食品：食品补充剂。

④锡

a. 饮料类：罐装饮料。

b. 特殊营养用食品：罐装婴幼儿食品和经加工的婴幼儿及儿童谷物食品，罐装婴幼儿及较大婴幼儿奶粉，专供婴幼儿的特殊医疗用罐装膳食食品。

c. 非饮料类：罐装食品。

(4) 澳大利亚。

①铅。

a. 水果、蔬菜、豆类制品、食用菌、藻类、坚果以及籽类：芸薹，豆类蔬菜，蔬菜，水果。

b. 粮食和粮食制品：谷类，豆类。

c. 肉及肉制品：可食用的牛、绵羊、猪及禽类内脏，牛肉、绵羊肉、猪肉及禽肉。

d. 水产品及其制品：鱼，软体动物。

e. 特殊营养用食品：婴幼儿配方。

②镉。

a. 水果、蔬菜、豆类制品、食用菌、藻类、坚果以及籽类：根和块茎类蔬菜，叶类蔬菜，花生。

b. 可可制品、巧克力和巧克力制品以及糖果：巧克力和可可制品。

c. 粮食和粮食制品：小麦、大米。

d. 肉及肉制品：牛肉、绵羊肉和猪肉，牛肝、绵羊肝和猪肝，牛肾、绵羊肾和猪肾。

e. 水产品及其制品：软体动物。

③汞。水产品及其制品：甲壳类，鱼和鱼制品，软体动物。
④砷。
a. 水果、蔬菜、豆类制品、食用菌、藻类、坚果以及籽类：海藻。
b. 粮食和粮食制品：谷类。
c. 水产品及其制品：甲壳类，鱼类，软体动物。
⑤锡。罐装食品。
(5) 日本。
①铅。饮料类：软饮料，饮料粉。
②镉。
a. 粮食和粮食制品：大米。
b. 饮料类：软饮料，饮料粉。
③汞。水产品及其制品：鱼贝类。
④砷。饮料类：软饮料，饮料粉。
⑤锡。饮料类：软饮料，饮料粉。
(6) 韩国。
①铅。
a. 水果、蔬菜、豆类制品、食用菌、藻类、坚果以及籽类：葱，萝卜，菠菜，白菜，泡菜。
b. 可可制品、巧克力和巧克力制品以及糖果：可可粉。
c. 粮食和粮食制品：大米，玉米，大豆，红豆，红薯，马铃薯，蒸米饭。
d. 水产品及其制品：海鱼，贝类。
e. 甜味料：白糖，红糖、其他食糖，葡萄糖、果糖，淀粉糖、糖浆、低聚糖。
f. 调味品：食盐。
g. 特殊营养用食品：婴幼儿和儿童其他特殊膳食食品，人参饮料、红参饮料。
h. 饮料类：水果和蔬菜饮料，碳酸饮料，其他饮料，浸泡茶，液态茶。
i. 其他类：茶，咖啡，罐装或瓶装制品。
②镉。
a. 水果、蔬菜、豆类制品、食用菌、藻类、坚果以及籽类：葱，萝卜，菠菜，白菜，泡菜。
b. 粮食和粮食制品：大米，玉米，大豆，红豆，红薯，马铃薯，蒸米饭。
c. 水产品及其制品：贝类。
d. 调味品：食盐。
e. 饮料类：水果和蔬菜饮料，碳酸饮料，其他饮料，液态茶。
③汞。
a. 水产品及其制品：海鱼，贝类。
b. 调味品：食盐。
④砷。
a. 调味品：食盐。
b. 特殊营养用食品：胶囊。
⑤锡。
a. 特殊营养用食品：罐装人参饮料、罐装红参饮料。
b. 饮料类：水果和蔬菜饮料，罐装碳酸饮料，罐装液态咖啡，罐装液态茶，罐装其他饮料。
c. 罐装或瓶装制品，酸性罐装制品。
⑥重金属。

a. 脂肪、油和乳化脂肪制品：乳脂制品。

b. 水果、蔬菜、豆类制品、食用菌、藻类、坚果以及籽类：豆腐。

c. 粮食和粮食制品：淀粉糊。

d. 甜味料：糖制品。

e. 特殊营养用食品：胶囊。

(7) 美国。

①铅。

a. 水产品及其制品：甲壳类，双壳软体。

b. 可可制品、巧克力和巧克力制品以及糖果：儿童常食用的糖果。

②镉。水产品及其制品：甲壳类，双壳软体。

③汞。

a. 粮食和粮食制品：小麦。

b. 水产品及其制品：鱼类、贝类、甲壳类及其他水生动物。

④砷。

a. 肉及肉制品：禽畜肉及下水。

b. 水产品及其制品：甲壳类，双壳软体。

c. 蛋及蛋制品：蛋。

⑤铬。水产品及其制品：甲壳类，双壳软体。

(8) 中国香港。

①铅。

a. 所有固体食物。

b. 所有液体食物。

②镉。

a. 水果、蔬菜、豆类制品、食用菌、藻类、坚果以及籽类：蔬菜。

b. 粮食和粮食制品：谷物。

c. 水产品及其制品：鱼、蟹肉、蚝、明虾及小虾。

d. 肉及肉制品：动物肉类及家禽肉类。

③汞。

a. 所有固体食物。

b. 所有液体食物。

④砷。

a. 固体食物（除鱼及鱼产品、介贝类水产动物及介贝类水产动物产品之外）。

b. 所有液体食物。

⑤铬。

a. 水果、蔬菜、豆类制品、食用菌、藻类、坚果以及籽类：蔬菜。

b. 粮食和粮食制品：谷物。

c. 水产品及其制品：鱼、蟹肉、蚝、明虾及小虾。

d. 肉及肉制品：动物肉类及家禽肉类。

⑥锡。

a. 所有固体食物。

b. 所有液体食物。

⑦锑。

a. 水果、蔬菜、豆类制品、食用菌、藻类、坚果以及籽类：蔬菜。

b. 粮食和粮食制品：谷物。

c. 水产品及其制品：鱼、蟹肉、蚝、明虾及小虾。

d. 肉及肉制品：动物肉类及家禽肉类。

总的来看，CAC、中国及各主要贸易国或地区重金属限量涉及的食品种类数量和内容差异较大。有的食品种类涉及面广，如中国，包括了鲜乳、乳粉、食用油脂、冷冻饮品、水果、蔬菜、食用菌、藻类、可可制品、巧克力、糖果、粮食和粮食制品、面包、糕点、饼干、肉及肉制品、水产品及其制品、蛋及蛋制品、食糖、蜂蜜、花粉、调味品、特殊营养用食品、饮料类、酒类、茶叶、咖啡、油炸食品、膨化食品等；又如中国香港铅、汞、锡、砷是所有食品必检项目。有的分类很细，规定的食品种类非常具体，如CAC，将罐装水果蔬菜细分为柚、橘、芒果、菠萝、覆盆子、草莓、芦笋、胡萝卜、青豆、豌豆、蘑菇、棕榈笋、甜玉米、番茄等。又如欧盟，鱼类还列出了包括拉丁文学名在内的26种具体名称。有的则比较简单，如日本、美国，铅、镉、汞、砷等若干重金属指标仅涉及1~2类食品。

2. 食品种类的比较

（1）铅。国内外检验铅的食品种类比较见表4–11。经分析可以得知，国内外检验铅的食品种类主要有6类：水果、蔬菜、豆类制品、食用菌、藻类、坚果以及籽类，粮食和粮食制品，肉及肉制品，水产品及其制品，特殊营养用食品和饮料类。

部分食品类别仅个别国家有规定，如仅中国规定了冷冻饮品、糕点、面包、饼干、鲜蛋、再制蛋、果冻、油炸小食品、膨化食品、保健食品、蜂蜜、花粉，仅韩国规定了咖啡。

中国是规定食品种类最多的国家，而日本和美国规定的食品种类较少。

中国香港食品种类未列出具体类别，仅分为所有固体食物、所有液体食物，也就是所有的食品种类都应进行该项目检验。

表4–11　国内外检测铅的食品种类比较

食品种类	CAC	中国	欧盟	澳大利亚	日本	韩国	美国
乳及乳制品	√	√	√				
脂肪、油和乳化脂肪制品	√	√	√				
冷冻饮品		√					
水果、蔬菜、豆类制品、食用菌、藻类、坚果以及籽类	√	√	√	√		√	
可可制品、巧克力和巧克力制品以及糖果		√				√	√
粮食和粮食制品	√	√	√	√		√	
焙烤食品		√					
肉及肉制品	√	√	√	√			
水产品及其制品	√	√	√	√		√	√
蛋及蛋制品		√					
甜味料		√				√	
调味品	√	√				√	
特殊营养用食品	√	√	√	√		√	
饮料类	√	√	√		√	√	
酒类	√	√	√				
其他类		√				√	

(2) 镉。国内外检验镉的食品种类比较见表 4-12。经分析可以得知，国内外检验镉的食品种类主要有 4 类：水果、蔬菜、豆类制品、食用菌、藻类、坚果以及籽类，粮食和粮食制品，水产品及其制品，肉及肉制品。

部分食品类别仅个别国家有规定，如仅中国规定了鲜蛋，仅澳大利亚规定了巧克力和可可制品，仅欧盟规定了食品补充剂。

表 4-12　国内外检验镉的食品种类比较

食品种类	CAC	中国	欧盟	澳大利亚	日本	韩国	美国	中国香港
水果、蔬菜、豆类制品、食用菌、藻类、坚果以及籽类	√	√	√	√		√		√
可可制品、巧克力和巧克力制品以及糖果				√				
粮食和粮食制品	√	√	√	√	√	√		√
肉及肉制品		√	√	√				√
水产品及其制品	√	√	√	√		√	√	√
蛋及蛋制品		√						
调味品	√	√				√		
特殊营养用食品			√					
饮料类	√				√	√		

(3) 汞。国内外检验汞的食品种类比较见表 4-13。经分析可以得知，国内外检验汞的食品种类主要是鱼类、贝类或甲壳类等水产品及其制品。然而仅中国规定了鲜乳、蔬菜、水果、食用菌、果脯、银耳、藻类、肉及肉制品、蛋及蛋制品、花粉、婴幼儿罐装辅助食品等食品类别需要检验汞，仅欧盟规定了食品补充剂需要检验汞，仅 CAC 规定了天然矿泉水需要检验汞。中国是规定食品种类最多的国家。

中国香港食品种类未列出具体类别，仅分为所有固体食物、所有液体食物，也就是所有的食品种类都应进行该项目检验。

表 4-13　国内外检测汞的食品种类比较

食品种类	CAC	中国	欧盟	澳大利亚	日本	韩国	美国
乳及乳制品		√					
水果、蔬菜、豆类制品、食用菌、藻类、坚果以及籽类		√					
粮食和粮食制品		√					√
肉及肉制品		√					
水产品及其制品	√	√	√	√	√	√	√
蛋及蛋制品		√					
甜味料		√					
调味品	√					√	
特殊营养用食品		√	√				
饮料类	√						

(4) 砷。国内外检验砷的食品种类比较见表4-14。可见，除欧盟外，CAC、中国和其他主要贸易国或地区均要求检验重金属砷。在该检验项目上，中国是食品种类数量规定得最多的国家，其中鲜乳、乳粉、冷冻饮品、可可脂及巧克力，其他可可制品、糖果、胶基糖果、糕点、面包、饼干、食糖、绵白糖、淀粉糖、辐照花粉、婴幼儿谷物辅助食品、婴幼儿罐装辅助食品、酒类、果冻、油炸小食品、膨化食品、保健食品均是CAC和其他主要贸易国或地区未做规定的食品种类。

中国香港食品种类未列出具体类别，仅分为所有固体食物（除鱼及鱼产品、介贝类水产动物及介贝类水产动物产品之外）、所有液体食物，也就是基本上所有的食品种类都应进行该项目检验。

表4-14 国内外检测砷的食品种类比较

食品种类	CAC	中国	澳大利亚	日本	韩国	美国
乳及乳制品		√				
脂肪、油和乳化脂肪制品	√	√				
冷冻饮品		√				
水果、蔬菜、豆类制品、食用菌、藻类、坚果以及籽类		√	√			
可可制品、巧克力和巧克力制品以及糖果		√				
粮食和粮食制品		√	√			
焙烤食品		√				
肉及肉制品		√				√
水产品及其制品		√	√			√
蛋及蛋制品		√				√
甜味料		√				
调味品	√	√			√	
特殊营养用食品		√			√	
饮料类	√	√		√		
酒类		√				
其他类		√				

(5) 锡。国内外检验锡的食品种类比较见表4-15。除美国外，CAC、中国和其他主要贸易国均要求检验重金属锡。食品种类主要是包括了婴幼儿食品、饮料在内的罐装食品。

中国香港食品种类未列出具体类别，仅分为所有固体食物、所有液体食物，也就是所有的食品种类都应进行该项目检验。

表4-15 国内外检测锡的食品种类比较

食品种类	CAC	中国	欧盟	澳大利亚	日本	韩国
水果、蔬菜、豆类制品、食用菌、藻类、坚果以及籽类	√	√				
肉及肉制品	√	√				
水产品及其制品		√				
特殊营养用食品		√	√			√
饮料类	√	√	√		√	√
罐装食品	√		√	√		√

CAC、中国及各主要贸易国或地区的铅、镉检验项目涉及的食品种类主要是水果蔬菜、粮食、肉及肉制品、水产品；汞主要是水产品；锡主要是罐装食品；而砷涉及的食品种类差异较大。

总之，与CAC及各主要贸易国相比，中国和中国香港不仅重金属检验项目数量多，而且各重金属指标涉及的食品种类数量也多。

（四）限量值的比较

1. 中国与CAC的重金属限量值比较

中国和CAC重金属检验项目均规定了铅、镉、汞、砷、锡。其限量值比较见表4-16。

表4-16　中国与CAC重金属限量值比较

重金属	中国		CAC	
	食品种类	限量（mg/kg）	食品种类	限量（mg/kg）
铅	鲜乳	0.05	牛乳	0.02
	食用动物油脂	0.2	食用脂肪和油脂、指定动物脂肪、禽脂肪	0.1
	人造奶油	0.1	人造奶油	0.1
	水果	0.1	各类（亚）热带水果、柑橘类水果、梨果类、核果类	0.1
	小水果、浆果、葡萄	0.2	浆果和其他小型果	0.2
	球茎蔬菜	0.3	球茎蔬菜	0.1
	叶菜类	0.3	叶类蔬菜	0.3
	蔬菜	0.1	芸薹属蔬菜、果类蔬菜、豆类蔬菜、根和块茎类蔬菜	0.1~0.3
	果、蔬罐头、食用菌罐头	1	罐装什锦水果、罐装柚、罐装橘、罐装芒果、罐装菠萝、罐装覆盆子、罐装草莓、罐装热带水果沙拉、罐装芦笋、罐装胡萝卜、罐装青豆和罐装黄荚种菜豆、罐装嫩豌豆、罐装成熟加工豌豆、罐装蘑菇、罐装棕榈笋、罐装甜玉米、罐装番茄	1
	谷类	0.2	谷物	0.2
	豆类	0.2	豆类	0.2
	禽畜肉类	0.2	牛肉、猪肉、绵羊肉及禽肉	0.1
	食用禽畜下水	0.5	牛下水、猪下水、禽下水	0.5
	鱼类	0.5	鱼	0.3
	食用盐	2	食盐	2
	婴儿配方奶粉、婴儿配方食品、较大婴儿和幼儿配方食品	0.02~0.15	婴幼儿配方	0.02
	果汁	0.05	果汁	0.05
	蒸馏酒、配制酒，黄酒、啤酒，葡萄酒、果酒	0.2~1	酒	0.2

续表

重金属	中国		CAC	
	食品种类	限量（mg/kg）	食品种类	限量（mg/kg）
镉	根茎类蔬菜	0.1	根和块茎类蔬菜、茎类蔬菜	0.1
	叶菜	0.2	叶类蔬菜	0.2
	其他蔬菜	0.05	芸薹属蔬菜、球茎类蔬菜、果类蔬菜	0.05
	大豆	0.2	豆类	0.1
	大米	0.2	白米	0.4
汞	鱼及其他水产品	0.5	鱼	0.5
	食肉鱼类	1.0	肉食性鱼类	1.0
砷	食用油脂、食用动物油脂	0.1	食用脂肪和油脂、指定动物脂肪、精制橄榄油、初榨橄榄油、橄榄渣油、粗制植物油、食用植物油	0.1
	人造奶油	0.1	人造奶油	0.1
	食用盐	0.5	食盐	0.5
锡	果、蔬罐头	250	罐装柑橘类水果、罐装核果、罐装蔬菜、罐装什锦水果、罐装芒果、罐装菠萝、罐装覆盆子、罐装草莓、罐装热带水果沙拉、罐装蘑菇、罐装番茄	250
	肉类罐头	250	熟制腌肉肠、熟制腌火腿、熟制腌猪蹄膀、咸牛肉、午餐肉	50~200
	罐装果蔬汁饮料	200	罐装饮料	150
	鱼类罐头	250	罐装食品	250

在规定了铅的食品种类中，中国和CAC相同的有10类，同类中做出具体限量值的食品较相似，可比性相对较高。CAC某些类别的食品分得很细，如将罐装水果蔬菜细分为柚、橘、芒果、菠萝、覆盆子、草莓、芦笋、胡萝卜、青豆、豌豆、蘑菇、棕榈笋、甜玉米、番茄等。中国在酒类上分得比CAC具体，除分为蒸馏酒、配制酒、发酵酒外，还进一步将发酵酒细分为黄酒、啤酒、葡萄酒、果酒。

镉的食品种类，虽然相同的有4类，但可进行比较的只有蔬菜类、粮食类，且同类中做出具体限量值的食品相似性不高。而另两类中的水产品CAC规定的是海水双壳贝类和头足纲动物，中国规定的是鱼及其制品；调味品CAC规定的是食盐，而中国规定的是鱼制调味品。

汞的食品种类，相同的仅有鱼类。

砷的食品种类，相同的有3类，但可进行比较的只有食用脂肪、人造奶油、食盐，且同类中做出具体限量值的食品相似性不高。而饮料类CAC规定的是天然矿泉水，而中国的饮料类规定的是浓缩果蔬汁、果蔬汁饮料、果汁及果浆、蛋白饮料、碳酸饮料、可可粉固体饮料、乳酸菌饮料、茶饮料等。中国砷涉及的食品种类比CAC多得多。

锡的食品种类，可进行比较的有4类。与铅相应的食品分类相似，CAC某些类别的食品分得很细，如将罐装水果蔬菜细分为柑橘类、蔬菜、什锦水果、芒果、菠萝、覆盆子、草莓、蘑菇、番茄等。

从表4-16可以看出，中国铅、镉、汞、砷、锡限量值基本与CAC相同。中国除芸薹属蔬菜、豆类蔬菜的铅，以及大米的镉限量值要求比 CAC 严格之外，比 CAC 要求宽松的限量值包括鲜乳、食用动物油脂、球茎蔬菜、禽畜肉类、鱼类、婴幼儿配方食品、酒类的铅；大豆的镉；以及罐装熟制腌肉肠、罐装熟制腌火腿、罐装熟制腌猪蹄膀、罐装咸牛肉、罐装午餐肉、罐装果蔬汁饮料的锡。

2. 中国与欧盟的重金属限量值比较

中国和欧盟重金属检验项目均规定了铅、镉、汞、锡。其限量值比较见表 4–17。

表 4–17 中国与欧盟重金属限量值比较

重金属	中国		欧盟	
	食品种类	限量（mg/kg）	食品种类	限量（mg/kg）
铅	鲜乳	0.05	鲜乳	0.02
	食用动物油脂	0.2	脂肪和油	0.1
	水果	0.1	水果	0.1
	小水果、浆果、葡萄	0.2	浆果及小水果	0.2
	鲜食用菌	1.0	真菌	0.1~0.3
	叶菜类	0.3	叶类蔬菜	0.3
	谷类、豆类	0.2	谷物、豆类	0.2
	禽畜肉类	0.2	牛肉、绵羊肉、猪肉及禽肉	0.1
	食用禽畜下水	0.5	牛、绵羊、猪及禽类内脏	0.5
	鱼类	0.5	鱼肉	0.3
	婴儿配方奶粉、婴儿配方食品、较大婴儿和幼儿配方食品	0.02~0.15	婴幼儿配方及较大婴幼儿配方	0.02
	果汁	0.05	水果汁	0.05
	浓缩果蔬汁（浆）	0.5	浓缩果汁	0.05
	葡萄酒、果酒	0.2	葡萄酒、苹果酒、梨酒及果酒	0.2
镉	根茎类蔬菜	0.1	茎类蔬菜、根类蔬菜	0.1
	叶菜类	0.2	叶类蔬菜	0.2
	其他蔬菜	0.05	蔬菜	0.05
	大米	0.2	大米	0.2
	大豆	0.2	大豆	0.2
	鱼	0.1	鱼肉	0.05~0.3
	禽畜肉	0.1	牛肉、绵羊肉、猪肉、禽肉及马肉	0.05~0.2
	禽畜肝脏	0.5	牛肝、绵羊肝、猪肝、禽类肝脏及马肝	0.5
	禽畜肾脏	1.0	牛肾、绵羊肾、猪肾、禽类肾脏及马肾	1.0
汞	鱼及其他水产品	0.5~1.0	水产品及鱼肉	0.5~1.0
锡	罐装果蔬汁饮料	200	罐装饮料	100

在规定了铅的食品种类中，中国和欧盟相同的有9类，同类中做出具体限量值的食品较相似，可比性相对较高。

镉的食品种类，相同的有4类，同类中做出具体限量值的食品较相似，可比性相对较高。欧盟鱼类分类很细、很具体，每种鱼列出拉丁文名，并给出不同的限量值。

汞的食品种类，相同的仅有鱼及其他水产品，而特殊营养用食品，中国规定了婴幼儿罐装辅助食品，欧盟规定了食品补充剂。与镉相应的食品分类相似，欧盟鱼类分类很细、很具体，每种鱼列出拉丁文名，并给出不同的限量值。

锡的食品种类，相同的仅有罐装果蔬汁饮料。而特殊营养用食品，中国规定了婴幼儿罐装辅助食品，欧盟规定了罐装婴幼儿食品、婴幼儿及儿童谷物食品、罐装婴幼儿及较大婴幼儿奶粉、婴幼儿特殊医疗用罐装膳食食品。

从表4–17可以看出，因为欧盟对铅、镉、汞基本采用了CAC已推荐的限量值，所以出现与CAC比较相似的结果：即中国对铅、镉、汞与欧盟基本相同，比欧盟要求宽松的限量值包括鲜乳、食用动物油脂、鲜食用菌、禽畜肉、鱼类、婴幼儿配方及较大幼儿配方食品、浓缩果蔬汁（浆）的铅限量值；罐装果蔬汁饮料的锡。其中，有的限量值甚至是欧盟限量值的10倍，比如鲜食用菌、浓缩果蔬汁（浆）的铅。

3. 中国与澳大利亚的重金属限量值比较

中国和澳大利亚重金属检验项目均规定了铅、镉、汞、砷、锡。其限量值比较见表4–18。

表4–18 中国与澳大利亚重金属限量值比较

重金属	中国		澳大利亚	
	食品种类	限量（mg/kg）	食品种类	限量（mg/kg）
铅	婴儿配方奶粉、婴儿配方食品、较大婴儿和幼儿配方食品	0.02~0.15	婴幼儿配方	0.02
	禽畜肉类	0.2	牛肉、绵羊肉、猪肉及禽肉	0.1
	食用禽畜下水	0.5	可食用的牛、绵羊、猪及禽类内脏	0.5
	鱼类	0.5	鱼	0.5
	谷类、豆类	0.2	谷类、豆类	0.2
	水果、小水果、浆果、葡萄	0.1~0.2	水果	0.1
	蔬菜	0.1~0.3	芸薹、蔬菜（不包括芸薹）、豆类蔬菜	0.1~0.3
镉	禽畜肉类	0.1	牛肉、绵羊肉和猪肉	0.05
	禽畜肝脏	0.5	牛肝、绵羊肝和猪肝	1.25
	禽畜肾脏	1.0	牛肾、绵羊肾和猪肾	2.5
	大米	0.2	大米	0.1
	花生	0.5	花生	0.5
	根茎类蔬菜	0.1	根和块茎类蔬菜	0.1
	叶菜	0.2	叶类蔬菜	0.1
汞	鱼及其他水产品、鱼罐头、腌制生食动物性水产品、盐渍鱼、鱼糜制品	0.5~1.0	鱼和鱼制品	0.5~1.0

续表

重金属	中国		澳大利亚	
	食品种类	限量（mg/kg）	食品种类	限量（mg/kg）
砷	鱼	0.1	鱼类	2.0
	虾蟹类	0.5~1.0	甲壳类	2.0
	藻类	1.5	海藻	1.0
锡	食用菌罐头、果蔬罐头、肉类罐头、鱼类罐头	250	罐装食品	250
	罐装果蔬汁饮料	200		
	婴幼儿罐装辅助食品	50		

在规定了铅的食品种类中，中国和澳大利亚相同的有5类，同类中做出具体限量值的食品较相似，可比性相对较高。

镉的食品种类，相同的有4类，除澳大利亚规定的水产品是软体动物，而中国规定的水产品是鱼类及其制品，无法进行比较之外，其余同类中做出具体限量值的食品较相似，可比性相对较高。

汞的食品种类，相同的只有鱼及其他水产品。

砷的食品种类，虽然相同的有3类，但由于澳大利亚规定的食品类别较少，可进行比较的只有海藻、鱼类和虾蟹类。

锡的食品种类，澳大利亚对所有的罐装食品未做进一步的类别细分，仅设此一个限量值。

从表4-18可以看出，中国除禽畜肝脏、禽畜肾脏的镉，鱼、虾蟹类的砷限量值要求比澳大利亚严格之外，比澳大利亚要求宽松的包括婴幼儿配方食品、禽畜肉类、水果、小水果、浆果、葡萄的铅；禽畜肉、大米、叶菜类的镉；藻类的砷。中国有的限量值要求远远比澳大利亚的严格，如中国规定的鱼的无机砷限量值是澳大利亚的1/20。

4. 中国与日本的重金属限量值比较

中国和日本重金属检验项目均规定了铅、镉、汞、砷、锡。其限量值比较见表4-19。

表4-19　中国与日本重金属限量值比较

重金属	中国		日本	
	食品种类	限量（mg/kg）	食品种类	限量（mg/kg）
铅	果汁、浓缩果蔬汁（浆）、果蔬汁饮料、含乳饮料、植物蛋白饮料、碳酸饮料、固体饮料、可可粉固体饮料、乳酸菌饮料、茶饮料	0.05~2	软饮料、饮料粉	未检出
镉	大米	0.2	大米	1.0
	/	/	软饮料、饮料粉	未检出
汞	鱼及其他水产品	0.5~1.0	鱼贝类	0.3
砷	浓缩果蔬汁（浆）、果蔬汁饮料、果汁及果浆、蛋白饮料、碳酸饮料、可可粉固体饮料、乳酸菌饮料、茶饮料	0.2~1.0	软饮料、饮料粉	未检出
锡	罐装果蔬汁饮料	200	软饮料、饮料粉	150

由于日本规定重金属的食品种类比较少，仅有软饮料、饮料粉、大米和鱼贝类，所以可比性低，主要比较的是：饮料类的铅、砷与锡，大米的镉，鱼贝类的汞。

日本除饮料类比中国多了镉的检验项目外，中国其他重金属涉及的食品种类远比日本多。

从表 4–19 可以看出，日本的软饮料、饮料粉的铅、镉、砷限量值要求非常严格，均为未检出。此外，日本除大米的镉限量值要求比中国宽松之外，鱼贝类的汞以及软饮料、饮料粉的锡限量值要求比中国严格。

5. 中国与韩国的重金属限量值比较

中国和韩国重金属检验项目均规定了铅、镉、汞、砷、锡。其限量值比较见表 4–20。

表 4–20　中国与韩国重金属限量值比较

重金属	中国		韩国	
	食品种类	限量（mg/kg）	食品种类	限量（mg/kg）
铅	球茎蔬菜	0.3	葱	0.1
	叶菜类	0.3	菠菜、白菜	0.3
	蔬菜（包括根茎蔬菜）	0.1	萝卜	0.1
	谷类	0.2	大米	0.2
	豆类	0.2	大豆、红豆	0.2
	薯类	0.2	红薯、马铃薯	0.1
	鱼类	0.5	海鱼	0.5
	食糖	0.5	白糖、红糖、其他食糖	0.5~1
	淀粉糖	0.5	葡萄糖、果糖、淀粉糖	0.5~1
	食用盐	2	食盐	2
	果蔬汁饮料	0.05	水果和蔬菜饮料	0.3
	碳酸饮料	0.3	碳酸饮料	0.3
	茶叶	5	茶	2
镉	根茎类蔬菜	0.1	萝卜	0.1
	叶菜	0.2	菠菜、白菜	0.2
	大米	0.2	大米	0.2
	大豆	0.2	大豆	0.1
	杂粮	0.1	玉米、红薯、马铃薯	0.1
汞	鱼类	0.5~1	海鱼	1
砷	食用盐	0.5	食盐	0.5
锡	罐装果蔬汁饮料	200	罐装水果和蔬菜饮料	150

中国和韩国规定了铅的食品种类都不算少，共有 9 类相同，同类中做出具体限量值的食品相似性不算高，可进行比较的只有蔬菜、粮食类、鱼类、糖类、食盐、饮料类、茶。而可可、巧克力、糖果类中国规定了巧克力、糖果、胶基糖果，韩国规定了可可粉；特殊营养用食品中国规定了婴儿配方奶粉、婴儿配方食品、较大婴儿和幼儿配方食品、婴幼儿谷物辅助食品、婴幼儿罐装辅助食品，韩国规定了液态的婴幼儿和儿童特殊膳食食品、人参饮料、红参饮料。

镉的食品种类，相同的有 4 类，可进行比较的是蔬菜、粮食类。而水产品中国规定的是鱼类及其制品，韩国规定的是贝类；调味品中国规定的是鱼制调味品，韩国规定的是食盐。

汞、砷、锡可进行比较的食品种类分别只有鱼类、食盐、罐装果蔬汁饮料。

从表 4–20 可以看出，中国除了果蔬汁饮料的铅、鱼类的甲基汞限量值要求比韩国严格之外，葱、红薯、马铃薯、茶叶的铅，大豆的镉，以及罐装果蔬汁饮料的锡限量值要求均比韩国宽松。

6. 中国与美国的重金属限量值比较

中国与美国重金属检验项目均规定了铅、镉、汞、砷、铬。其限量值比较见表 4–21。

虽然相同的重金属项目不少，但由于美国规定重金属的食品种类比较少，可比性低。如检验项目镉，没有可进行比较的食品种类，虽然都规定了水产品，但美国规定的是甲壳类、双壳软体，而中国规定的是鱼类。

表 4–21　中国与美国重金属限量值比较

重金属	中国		美国	
	食品种类	限量（mg/kg）	食品种类	限量（mg/kg）
铅	糖果	1	儿童常食用的糖果	0.1
镉	甲壳类	0.1	鱼、鱼类罐头、盐渍鱼、鱼糜制品、鱼制调味品	0.1
	双壳软体	2		
汞	鱼及其他水产品	0.5~1.0	鱼类、贝类、甲壳类及其他水生动物	1.0
	粮食	0.02	小麦	1.0
砷	贝类及虾蟹类	0.5~1.0	甲壳类、双壳软体	76~86
	蛋类、禽畜肉类	0.05	蛋、禽畜肉及下水	0.5~2.0
铬	鱼贝类	2.0	双壳软体	1.0

从表 4–21 可以看出，美国除了糖果中的铅，以及贝类中的铬限量值要求比中国严格以外，其余的均比中国的要求宽松。

7. 中国内地与中国香港的重金属限量值比较

中国内地与中国香港重金属检验项目均规定了铅、镉、汞、砷、锡、铬。其限量值比较见表 4–22。

因为中国香港的铅、汞、锡、砷涉及的食品种类未列出具体类别，仅分为所有固体食物、所有液体食物，也即标明铅、汞、锡、砷是所有食品的必检项目；而铬、镉涉及的食品种类有谷类、蔬菜、肉类、鱼和蟹等水产品，相同的有 4 类，所以中国内地和中国香港重金属限量数据可比性高。

表 4–22　中国内地与中国香港重金属限量值比较

重金属	中国内地		中国香港	
	食品种类	限量（mg/kg）	食品种类	限量（mg/kg）
铬	粮食	1	谷类及蔬菜	1
	蔬菜	0.5		
	肉类（包括肝、肾）	1	动物肉类及家禽肉类	1
	鱼贝类	2	鱼、蟹肉、蚝、明虾及小虾	1
镉	大米、大豆	0.2	谷类及蔬菜	0.1
	杂粮（玉米、小米、高粱、薯类）	0.1		
	根茎类蔬菜（芹菜除外）	0.1		
	叶菜、芹菜、食用菌类	0.2		
	其他蔬菜	0.05		

续表

重金属	中国内地		中国香港	
	食品种类	限量（mg/kg）	食品种类	限量（mg/kg）
镉	禽畜肉类	0.1	动物肉类及家禽肉类	0.2
	熟肉制品	0.1		
	肉类罐头	0.1		
	腌腊肉制品	0.1		
	鱼	0.1	鱼、蟹肉、蚝、明虾及小虾	2
	鱼类罐头	0.1		
	盐渍鱼	0.1		
	鱼糜制品	0.1		
	鱼制调味品	0.1		
锡	食用菌罐头	250	所有固体食物	230
	果、蔬罐头	250		
	肉类罐头	250		
	鱼类罐头	250		
	婴幼儿罐装辅助食品	50		
	果蔬汁饮料	200	所有液体食物	230
汞	粮食（成品粮）	0.02	所有固体食物	0.5
	薯类（马铃薯、白薯）、蔬菜、水果	0.01		
	辐照干果果脯	0.02		
	干食用菌	0.2		
	鲜食用菌	0.1		
	银耳	0.6		
	食用菌罐头	0.1		
	食用螺旋藻	0.05		
	婴幼儿罐装辅助食品	0.02		
	肉、蛋（去壳）及蛋制品	0.05		
	鲜、冻禽产品	0.05		
	熟肉制品	0.05		
	肉类罐头	0.05		
	腌腊肉制品	0.05		
	辐照花粉	0.015		
	鲜乳	0.01	所有液体食物	0.5

续表

重金属	中国内地		中国香港	
	食品种类	限量（mg/kg）	食品种类	限量（mg/kg）
砷	大米	0.15	不属于以下类别的固体食物： (i) 鱼及鱼产品； (ii) 介贝类水产动物及介贝类水产动物产品	1.4
	面粉	0.1		
	杂粮	0.2		
	蔬菜	0.05		
	水果	0.05		
	禽畜肉类	0.05		
	熟肉制品	0.05		
	肉类罐头	0.05		
	腌腊肉制品	0.05		
	蛋类及蛋制品	0.05		
	乳粉	0.25		
	婴幼儿谷物辅助食品（添加藻类的产品）	0.30		
	婴幼儿谷物辅助食品（其他产品）	0.20		
	婴幼儿罐装辅助食品（以水产及动物肝脏为原料的产品）	0.30		
	婴幼儿罐装辅助食品（其他原料的产品）	0.10		
	豆类	0.1		
	藻类（干重计）	1.5		
	藻类制品	1.5		
	植物油料	0.2	所有液体食物	0.14
	鲜乳	0.05		
	酒类	0.05		
铅	人造奶油	0.1	所有固体食物	6
	谷类	0.2		
	豆类	0.2		
	薯类	0.2		
	淀粉制品	1		
	速冻预包装面米食品	0.5		
	麦片	0.5		
	方便面	0.5		
	糕点、面包、饼干	0.5		
	禽畜肉类	0.2		

续表

重金属	中国内地		中国香港	
	食品种类	限量（mg/kg）	食品种类	限量（mg/kg）
铅	鲜、冻禽产品	0.2	所有固体食物	6
	食用禽畜下水	0.5		
	熟肉制品	0.5		
	肉类罐头	0.5		
	腌腊肉制品	0.2		
	胶原蛋白肠衣	2		
	鱼类	0.5		
	鱼类罐头	1		
	盐渍鱼	0.5		
	动物性水产干制品（鱼类）	0.5		
	鱼糜制品	0.5		
	水果	0.1		
	小水果、浆果、葡萄	0.2		
	蜜饯	1		
	辐照干果果脯	1		
	蔬菜（球茎、叶菜、食用菌类除外）	0.1		
	球茎蔬菜	0.3		
	叶菜类	0.3		
	豆芽	0.2		
	干食用菌	2		
	鲜食用菌	1		
	银耳	2		
	食用菌罐头	1		
	果、蔬罐头	1		
	食用螺旋藻	2		
	食用大豆粕	1		
	酱腌菜	1		
	巧克力	1		
	糖果	1		
	胶基糖果	1		
	食糖	0.5		
	绵白糖	1		
	淀粉糖	0.5		
	味精	1		
	食用盐	2		

续表

重金属	中国内地		中国香港	
	食品种类	限量（mg/kg）	食品种类	限量（mg/kg）
铅	鱼制调味品	0.5	所有固体食物	6
	婴儿配方奶粉（乳为原料，以冲调后乳汁计）	0.02		
	婴儿配方食品、较大婴儿和幼儿配方食品	0.15		
	婴幼儿谷物辅助食品（添加鱼类、肝类、蔬菜类）	0.3		
	婴幼儿谷物辅助食品（其他）	0.2		
	婴幼儿罐装辅助食品（以水产及动物肝脏为原料的产品）	0.3		
	婴幼儿罐装辅助食品（其他原料的产品）	0.25		
	豆类制品	1		
	鲜蛋	0.2		
	皮蛋	2		
	糟蛋	1		
	其他蛋制品	0.2		
	茶叶	5		
	蜂蜜	1		
	辐照花粉	0.5		
	果冻	1		
	油炸小食品	0.2		
	膨化食品	0.5		
	保健食品	0.5		
	食用动物油脂	0.2	所有液体食物	1
	食用氢化油	1		
	植物油料	0.2		
	鲜乳	0.05		
	冷冻饮品	0.3		
	酱油	1		
	酱	1		
	食醋	1		
	蒸馏酒、配制酒	1		
	黄酒、啤酒	0.5		

续表

重金属	中国内地		中国香港	
	食品种类	限量（mg/kg）	食品种类	限量（mg/kg）
铅	葡萄酒、果酒	0.2	所有液体食物	1
	浓缩果蔬汁（浆）	0.5		
	果汁	0.05		
	果蔬汁饮料	0.05		
	含乳饮料	0.05		
	植物蛋白饮料	0.3		
	碳酸饮料	0.3		
	固体饮料	1		
	可可粉固体饮料	2		
	乳酸菌饮料	0.05		
	茶饮料	0.3		

从表 4-22 可以看出，中国香港不仅食品分类不具体，过于笼统，而且重金属限量值绝大部分比中国内地宽松。例如，国内婴儿配方奶粉的铅指标限定为 0.02 mg/kg，而中国香港规定所有固体食物的铅限量值均为 6 mg/kg，整整相差 300 倍；国内蔬菜水果的砷指标限定为 0.05 mg/kg，而中国香港蔬菜水果的砷限量值均为 1.4 mg/kg，相差近 30 倍；国内蔬菜水果的汞指标限定为 0.01 mg/kg，而中国香港蔬菜水果的汞限量值均为 0.5 mg/kg，相差近 50 倍；国内鱼的镉指标限定为 0.1 mg/kg，而中国香港鱼的镉限量值均为 2 mg/kg，相差近 20 倍。中国香港比国内严格的只有鱼贝类的铬限量值，大米、叶菜、芹菜、食用菌的镉限量值，以及可可粉固体饮料的铅限量值。

通过上述比较，虽然中国重金属检验项目最多，涉及的食品种类最多，但是限量值的设定比 CAC、欧盟、澳大利亚、韩国、日本宽松。

此外，中国香港重金属检验项目也比较多，但重金属涉及食品种类过于笼统，针对性差，铅、汞、锡、砷涉及的食品种类未列出具体类别，仅分为所有固体食物、所有液体食物，铬、镉涉及的食品种类只有谷类、蔬菜、肉类、鱼、蟹肉、蚝、明虾、小虾，而且绝大部分限量值过于宽松，尤其是铅、汞、砷、镉的限量值。

中国加入 WTO 后，在重金属法规和标准方面做了大量的配套工作，依据风险性评估技术，等效采用或参照国际 CAC 标准，清理整合并作废了一些标准，形成目前使用的国家标准版本，然而还存在标准之间相互矛盾、制/修订迟缓、整体规划性较差、跟不上形势发展需要的问题，仍需进一步完善，为保护人民健康和促进国家进出口贸易发展，更好地保障中国的根本利益，做出积极贡献。

第五节　微生物限量

一、微生物限量概述

在众多影响食品安全卫生的因素中，微生物污染造成的食源性疾病仍是影响世界食品卫生最突出的问题之一。世界卫生组织（WHO）资料显示，有很多零散的病例未报告至 WHO，由于存在很大比例病例漏报的现象，使得全球食源性疾病数量难以估计。但是即便如此，仅2005年报告至WHO的死于腹泻性疾病的就有180万人，这些案例的死亡原因主要归咎于摄入不卫生的食品和饮用水。即使在发达的工业化国家，每年亦有多达30%的人口感染食源性疾病，如美国每年约发生7 600万食源性疾病病例，造成3.25万人住院和5 000人死亡。中国卫生部疾病预防控制中心营养与食品安全所历年全国食源性疾病监测资料表明，由微生物引起的食源性疾病一直是中国最主要的食品安全问题。

二、国内外微生物限量法规和标准简介

中国农产品和食品的微生物限量指标值主要以强制性国家标准的形式公布，迄今为止共收集整理了的78份现行有效的相关标准。该类标准是由中华人民共和国卫生部和中国国家标准化管理委员会共同批准发布的。具体标准编号和标准名称见表4–23。

表4–23 中国涉及农产品和食品的微生物限量指标的国家标准

序号	标准编号	标准名称	序号	标准编号	标准名称
1	GB 2711	非发酵性豆制品及面筋卫生标准	23	GB/T 10133	水产调味品卫生标准
2	GB 2712	发酵性豆制品卫生标准	24	GB/T 10136	腌制生食动物性水产品卫生标准
3	GB 2713	淀粉制品卫生标准	25	GB 10144	动物性水产干制品卫生标准
4	GB 2714	酱腌菜卫生标准	26	GB 10765	婴儿配方乳粉Ⅰ
5	GB 2717	酱油卫生标准	27	GB 10766	婴儿配方乳粉Ⅱ、Ⅲ
6	GB 2718	酱卫生标准	28	GB 10767	婴幼儿配方奶粉及婴幼儿补充谷粉通用技术条件
7	GB 2719	食醋卫生标准	29	GB 10769	婴幼儿断奶期辅助食品
8	GB 2726	熟肉制品卫生标准	30	GB 10770	婴幼儿断奶期补充食品
9	GB 2749	蛋制品卫生标准	31	GB 10775	婴幼儿辅助食品 苹果泥
10	GB 2758	发酵酒卫生标准	32	GB 10776	婴幼儿辅助食品 胡萝卜泥
11	GB 2759.1	冷冻饮品卫生标准	33	GB 10777	婴幼儿辅助食品 肉泥
12	GB 2759.2	碳酸饮料卫生标准	34	GB 10778	婴幼儿辅助食品 骨泥
13	GB 5420	干酪卫生标准	35	GB 10779	婴幼儿辅助食品 鸡肉菜糊
14	GB 5749	生活饮用水卫生标准	36	GB 10780	婴幼儿辅助食品 番茄汁
15	GB 7098	食用菌罐头卫生标准	37	GB 11671	果、蔬罐头卫生标准
16	GB 7099	糕点、面包卫生标准	38	GB 11673	含乳饮料卫生标准
17	GB 7100	饼干卫生标准	39	GB 11674	乳清粉卫生标准
18	GB 7101	固体饮料卫生标准	40	GB 13100	肉类罐头卫生标准
19	GB 8537	饮用天然矿泉水卫生标准	41	GB/T 13102	炼乳卫生标准
20	GB 9678.1	糖果卫生标准	42	GB 13104	食糖卫生标准
21	GB 9678.2	巧克力卫生标准	43	GB 14884	蜜饯卫生标准
22	GB/T 10132	鱼糜制品卫生标准	44	GB 14891.1	辐照熟畜禽肉类卫生标准

续表

序号	标准编号	标准名称	序号	标准编号	标准名称
45	GB 14891.2	辐照花粉卫生标准	62	GB 17399	胶基糖果卫生标准
46	GB 14891.3	辐照干果果脯类卫生标准	63	GB 17400	方便面卫生标准
47	GB 14891.4	辐照香辛料类卫生标准	64	GB 17401	膨化食品卫生标准
48	GB 14891.7	辐照冷冻包装畜禽肉类卫生标准	65	GB 19295	速冻预包装面米食品卫生标准
49	GB 14939	鱼类罐头卫生标准	66	GB 19296	茶饮料卫生标准
50	GB 14963	蜂蜜卫生标准	67	GB 19297	果、蔬汁饮料卫生标准
51	GB 14967	胶原蛋白肠衣卫生标准	68	GB 19298	瓶（桶）装饮用水卫生标准
52	GB 15196	人造奶油卫生标准	69	GB 19299	果冻卫生标准
53	GB 15203	淀粉糖卫生标准	70	GB 19300	烘炒食品卫生标准
54	GB 16321	乳酸菌饮料卫生标准	71	GB 19301	鲜乳卫生标准
55	GB 16322	植物蛋白饮料卫生标准	72	GB 19302	酸乳卫生标准
56	GB 16325	干果食品卫生标准	73	GB 19640	麦片类卫生标准
57	GB 16565	油炸小食品卫生标准	74	GB 19642	可可粉固体饮料卫生标准
58	GB 16740	保健（功能）食品通用标准	75	GB 19643	藻类制品卫生标准
59	GB 16869	鲜、冻禽产品	76	GB 19644	乳粉卫生标准
60	GB 17324	瓶（桶）装饮用纯净水卫生标准	77	GB 19645	巴氏杀菌、灭菌乳卫生标准
61	GB 17325	食品工业用浓缩果蔬汁（浆）卫生标准	78	GB 19646	奶油、稀奶油卫生标准

欧盟农产品和食品的微生物限量指标值由欧盟委员会以法规（即条例）的形式制定发布，要求在各成员国内强制执行。2005 年 11 月 15 日，欧盟委员会发布了关于食品微生物标准的（EC）2073/2005 号条例［Commission Regulation（EC）No. 2073/2005 of 15 November 2005 on Microbiological Criteria for Foodstuffs］，并于 2006 年 1 月 1 日正式实施，该规章规定了严格的食品微生物指标要求，并取代了 93/51/EEC 条例。适用产品范围为：禽畜肉及其制品、甲壳类及软体贝类动物、乳及乳制品、蛋及蛋制品、即食果蔬块、果蔬汁、黄油、鱼类、冷冻甜点、即食食品、婴幼儿和特殊医疗用途的即食食品，6 个月以下婴幼儿配方奶粉和特殊医疗用途的干食品、明胶和胶原质等。2007 年 12 月 5 日，欧盟委员会再次发布（EC）1441/2007 号条例［Commission Regulation （EC） No. 1441/2007 of 5 December 2007 Amending Regulation（EC）No. 2073/2005 of 15 November 2005 on Microbiological Criteria for Foodstuffs］，对（EC）2073/2005 号条例附录中的微生物限量部分进行修订，尤其是增加了 6 个月以下婴儿配方粉和特殊医疗用途的干食品及成长配方粉内沙门氏菌、阪崎肠杆菌、肠杆菌科以及蜡样芽孢杆菌的限量要求。

澳大利亚农产品和食品的微生物限量指标值由澳大利亚新西兰食品标准局（Food Standards Australia New Zealand, FSANZ）以标准的形式公布，具体见 2000 年 12 月 20 日澳大利亚和新西兰两国共同建立的《澳大利亚新西兰食品标准法典》（Australia New Zealand Food Standards Code）中的“标准1.6.1 食品微生物限量标准（Standard 1.6.1 Microbiological Limits for Food）”。截至 2008 年 10 月，对标准 1.6.1 共做过 7 次修改，目前使用的是 2008 年版标准。

日本农产品和食品的微生物限量指标值主要以法规的形式公布，相关法规主要有：食品、器具、容器、包装、玩具、清洁剂的技术规范、标准和测试方法（Specifications, Standards and Testing Methods for Foodstuffs, Implements Containers and Packaging, Toys, Detergents，2006 年 6 月版）及关于乳与乳制品成分标准的部门条例等（Ministerial Ordinance on Milk and Milk Products Concerning Compositional Standards, etc）。

根据《韩国食品安全法规与标准译编》，韩国农产品和食品的微生物限量指标值主要以法规的形式公布，相关法规是 2002 年 5 月颁布的《食品法典》。

CAC 和美国微生物限量数据来源于《国内外技术法规和标准中食品微生物限量》，美国农产品和食品相关微生物限量指标值主要以法规的形式公布。

除美国外，上述所列的主要贸易国均以法规或标准的方式明确地给出适用于成品的微生物限量指标。

美国大力推行 GHP、GMP、HACCP 等“预防为主、全程监控”的管理理念和管理制度，认为以检验的方式进行食品安全性评估，其有效性毕竟有限，采取预防性的措施对产品进行监控将更有效，所以将工作的重点放在原料、生产、加工、贮藏、销售、配制等的过程控制上，而不是成品的检测上。以肉类为例，USDA 要求加工产品的致病性微生物的接受水平为零，即不得检出致病性微生物（如沙门氏菌、金黄色葡萄球菌、单核细胞增生李斯特氏菌、霍乱弧菌、副溶血性弧菌、大肠埃希氏菌等）。但对于加工原料肉的做法是，在全国范围内通过收集对某一种肉类制品中不同致病性微生物污染情况的调查，允许一定限量的致病菌存在，运用统计学技术提出该品种的某种致病性微生物详细而具体的抽样方案和检测限量标准，因此尚未见到对各类农产品和食品的成品微生物限量作出规定的标准或法规。

三、国内外重要农食产品微生物限量比较

（一）微生物限量要求

整理收集到的 CAC、中国以及上述各主要贸易国微生物方面的法规和标准（收集至 2008 年底），以食品种类为主线，以微生物指标为辅线，用基本统一的表格形式分别列出各重金属限量指标要求，具体见中国技术性贸易措施网站（网址 http://www.tbt-sps.gov.cn）。

（二）食品种类的比较

食品种类的划分可以按营养特点、保藏方法、原料种类、加工方法或食用人群分类。由于分类时考虑的侧重点大多有所差异，所以目前各国食品分类方法不尽相同。由于 GB 2760 中的食品分类系统参考了国际食品法典委员会（Codex Alimentarius Commission）CODEX STAN 192—1995, Rev. 7—2006《食品添加剂通用标准》（General Standard for Food Additives），因此这里以 GB 2760—2007《食品添加剂使用卫生标准》中的“附录 F　食品分类系统”为框架，对中国、欧盟、澳大利亚、韩国、日本、美国、CAC 法规标准中涉及食品微生物限量值的食品种类进行比较。

由于各国之间存在饮食文化差异，而且食品原料来源、生产工艺也有所不同，因此规定了检验微生物项目的食品种类也就不同。以下分别列出中国与 CAC 以及各主要贸易国的法规和标准中规定的微生物检验项目的食品种类。

1. 中国

（1）乳及乳制品。鲜乳，巴氏杀菌乳、灭菌乳，调制乳，酸乳，乳粉，发酵乳，生乳，炼乳（淡炼乳，加糖炼乳，食品工业用加糖炼乳），稀奶油、干酪，乳清粉和乳清蛋白粉，脱盐乳清粉，再制干酪。

（2）脂肪、油和乳化脂肪制品。奶油（即黄油），人造奶油。

（3）冷冻饮品。冷冻饮品（含乳蛋白冷冻饮品，含豆类冷冻饮品，含淀粉或果类冷冻饮品，食

用冰块）。

(4) 水果、蔬菜（包括块根类）、豆类、食用菌、藻类、坚果以及籽类等。蜜饯，辐照干果果脯类，干果食品（葡萄干，柿饼），酱腌菜（散装，瓶/袋装），果蔬类罐头，食品工业用浓缩果蔬汁（浆），果、蔬汁饮料（低温复原果汁，其他），食用菌罐头，藻类制品，非发酵性豆制品及面筋（散装，定型包装），发酵性豆制品，烘炒食品。

(5) 可可制品、巧克力和巧克力制品（包括类巧克力和代巧克力）以及糖果。糖果（硬质糖果、抛光糖果，焦香糖果、充气糖果，夹心糖果，凝胶糖果），胶基糖果，巧克力。

(6) 粮食和粮食制品，包括大米、面粉、杂粮、块根植物、豆类和玉米提取的淀粉等。淀粉类制品（销售），麦片类，方便面（面块和调料），速冻预包装面米食品（生制，熟制）。

(7) 焙烤食品。糕点、面包（热加工，冷加工），饼干（非夹心，夹心）。

(8) 肉及肉制品。鲜、冻禽产品（鲜禽产品，冻禽产品），辐照冷冻包装畜禽肉类，熟肉制品（烧烤肉，肴肉，肉灌肠，酱卤肉，熏煮火腿，其他熟肉制品，肉松，油酥肉松，肉粉松，肉干，肉脯，肉糜脯，其他熟肉干制品），肉类罐头，辐照熟畜禽肉类（出厂，销售）。

(9) 水产品及其制品。鱼糜制品（即食，非即食），腌制生食动物性水产品，动物性水产干制品，鱼罐头。

(10) 蛋及蛋制品。蛋制品（槽蛋，皮蛋，巴氏杀菌全蛋粉，蛋黄粉，巴氏杀菌冰全蛋，冰蛋白）。

(11) 甜味料。食糖（白砂糖、绵白糖，赤砂糖），淀粉糖，蜂蜜，辐照花粉。

(12) 调味品。食醋，酱油，酱，辐照香辛料类，水产调味品。

(13) 特殊营养用食品。婴儿配方食品，较大婴儿和幼儿配方食品，婴幼儿谷类辅助食品，婴幼儿罐装辅助食品，保健（功能）食品（液态产品蛋白质≥1%，液态产品蛋白质<1%，固态或半固态产品蛋白质≥4%，固态或半固态产品蛋白质<4%）。

(14) 饮料类。碳酸饮料，固体饮料（蛋白型，普通型），饮用天然矿泉水（水源水，罐装产品），含乳饮料，乳酸菌饮料（活性乳酸菌饮料，非活性乳酸菌饮料），植物蛋白饮料，瓶装饮用纯净水，茶饮料，瓶（桶）装饮用水，可可粉固体饮料。

(15) 酒类。发酵酒（鲜啤酒，生啤酒，熟啤酒，黄酒，葡萄酒、果酒）。

(16) 其他类。胶原蛋白肠衣，油炸小食品类，膨化食品，果冻，生活饮用水。

2. 欧盟

(1) 乳及乳制品。干酪，稀奶油，乳粉，乳清粉，巴氏消毒液态乳。

(2) 脂肪、油和乳化脂肪制品。黄油。

(3) 冷冻饮品。冰淇淋，冷冻乳甜点。

(4) 水果、蔬菜（包括块根类）、豆类、食用菌、藻类、坚果以及籽类等。即食苗芽，即食果蔬块，未巴氏杀菌果蔬汁。

(5) 肉及肉制品。碎肉和预制肉（生食，熟食），机械分离肉，肉制品（生食，熟食），牛、羊、山羊、马、猪的胴体，肉鸡、火鸡的胴体。

(6) 水产品及其制品。活双壳软体动物、棘皮动物、被囊动物、腹足动物，已烹煮甲壳类和软体贝类动物。

(7) 蛋及蛋制品。蛋制品。

(8) 特殊营养用食品。婴幼儿和特殊医疗用途的即食食品，6 个月以下婴幼儿配方奶粉和特殊医疗用途的干食品，成长配方粉。

(9) 其他类。明胶和胶原质，即食食品，含生蛋的即食食品。

3. 澳大利亚

（1）乳及乳制品。未巴氏杀菌乳，乳粉，干酪（软质及半软质，鲜乳制，鲜乳制未成熟）。

（2）脂肪、油和乳化脂肪制品。黄油。

（3）冷冻饮品。预包装冰。

（4）水果、蔬菜（包括块根类）、豆类、食用菌、藻类、坚果以及籽类等。椰子片。

（5）可可制品、巧克力和巧克力制品（包括类巧克力和代巧克力）以及糖果。可可豆粉。

（6）粮食和粮食制品，包括大米、面粉、杂粮、块根植物、豆类和玉米提取的淀粉等。人工培养的种子及谷物（豆芽，苜蓿等）。

（7）肉及肉制品。腌制/盐腌已烹煮预包装肉。

（8）水产品及其制品。生甲壳类，双壳贝类，已烹煮甲壳类，即食脊鳍鲸。

（9）蛋及蛋制品。巴氏杀菌蛋制品。

（10）调味品。热处理预包装肉酱，胡椒粉、辣椒粉及肉桂皮，未烹煮发酵肉粉。

（11）特殊营养用食品。婴幼儿谷类食品，婴幼儿配方奶粉，添加乳酸婴幼儿配方奶粉。

（12）饮料类。矿泉水，预包装水。

4. 日本

（1）乳及乳制品。鲜乳，牛乳，特殊乳，巴氏杀菌山羊乳，组分改变乳，低脂乳，脱脂乳，加工乳，发酵乳，酪乳粉，全脂乳粉，脱脂乳粉，稀奶油粉，甜乳粉，炼乳，脱脂炼乳，淡炼乳，脱脂淡炼乳，甜炼乳，脱脂甜炼乳，稀奶油，加工干酪，冰乳，浓缩乳清，乳清粉，蛋白浓缩乳清粉。

（2）脂肪、油和乳化脂肪制品。黄油，熔融黄油。

（3）冷冻饮品。冰淇淋，奶味冰淇淋，碎冰，冰冻甜点。

（4）肉及肉制品。肉制品（肉脯，热处理肉制品，特别热处理肉制品），鲸鱼肉制品。

（5）水产品及其制品。鲸鱼肉，鱼糕制品，冷冻预煮章鱼，冷冻预煮蟹，生食鲜鱼和贝类，生食牡蛎，冷冻生食鲜鱼和贝类。

（6）蛋及蛋制品。禽蛋。

（7）特殊营养用食品。配方乳粉。

（8）饮料类。软饮料（包括矿泉水），饮料粉，发酵乳饮料，乳饮料。

（9）其他类。罐头食品，冷冻食品。

5. 韩国

（1）乳及乳制品。奶，低脂奶，水解乳糖奶，加工奶（低脂加工奶，牛奶饮品），山羊奶，浓缩奶（浓缩脱脂奶，浓缩甜奶，浓缩脱脂甜奶），发酵奶（浓发酵奶，奶油发酵奶，浓奶油发酵奶，发酵低酪乳），酪乳（酪乳粉），奶粉（全脂奶粉，脱脂奶粉，甜奶粉，混合奶粉），稀奶油（奶油，加工奶油，奶油粉），天然奶酪，加工奶酪，乳清（浓缩乳清，乳清粉），水解乳蛋白制品。

（2）脂肪、油和乳化脂肪制品。黄油（加工的黄油）。

（3）冷冻饮品。冰淇淋（低脂冰淇淋，牛奶冰淇淋、冰糕、脱脂冰淇淋），甜冰，冰淇淋粉，冰淇淋混合料（低脂冰淇淋混合料，牛奶冰淇淋混合料、冰糕混合料、脱脂冰淇淋混合料），食用冰（用于鱼类保鲜的冰）。

（4）水果、蔬菜（包括块根类）、豆类、食用菌、藻类、坚果以及籽类等。泡菜，腌制品，深熟食品，藻类制品（小球藻食品，小球藻制品，螺旋藻食品，螺旋藻制品）。

（5）粮食和粮食制品，包括大米、面粉、杂粮、块根植物、豆类和玉米提取的淀粉等。豆腐、淀粉糊制品，面条（生面条和熟面条，改良的熟面条）。

（6）糖果糕点。饼干、糖果、可可脂产品及巧克力、面包或米糕。

（7）肉及肉制品。肉制品。

(8) 水产品及其制品。鱼肉制品，腌制和发酵的海产品，干贝和鱼片。

(9) 蛋及蛋制品。蛋制品。

(10) 甜味料。乳糖。

(11) 调味料。咖喱，香辛料和调味品，沙司，番茄沙司，调味品，复合调味品。

(12) 特殊营养用食品。配方牛奶（配方奶粉，成长配方奶粉、成长配方牛奶），幼儿配方食品，成人配方食品，婴幼儿谷物配方食品，其他婴幼儿配方食品，营养保健品，病人用食品，膳食替代品，精制鱼油制品，蜂王浆制品（鲜蜂王浆，冻干蜂王浆，鲜蜂王浆制品、冻干蜂王浆制品），酵母制品 （干食用酵母)，花粉制品（花粉，花粉提取物，花粉提取物制品)，角鲨烯制品（角鲨烯，角鲨烯食品)，酶制品，含乳酸菌制品，亚麻酸制品（亚麻酸食品或亚麻酸制品的油)，胚芽制品，卵磷脂制品，二十八烷醇制品，烷氧基甘油制品，葡萄籽油制品，发酵的植物提取物制品，黏多糖-蛋白制品，含叶绿素制品，蘑菇制品，芦荟制品（芦荟凝胶浓缩物或凝胶粉，芦荟粉，芦荟凝胶制品或芦荟汁液制品，芦荟凝胶粉制品，芦荟粉制品)，日本杏提取制品，鳖制品，胡萝卜素制品，壳聚糖制品，蜂胶提取制品，人参精，人参粉，人参茶（纯人参茶，液态人参茶)，人参饮料，瓶装和罐装人参制品，糖浸人参，人参胶囊，其他人参制品，红参精（液态红参，红参精粉)，红参粉，红参茶，红参饮料，红参胶囊，其他红参制品。

(13) 饮料类。提取茶，果茶，咖啡，水果和蔬菜饮料，碳酸饮料，豆浆（豆液，豆浆制品，豆浆粉，其他豆浆制品)，发酵饮料，固体饮料，其他饮料。

(14) 酒类。浊酒，药酒。

(15) 其他类。即食干燥食品，果蔬制品，快餐，人造奶酪，蔬菜奶油，提取制品。

6. 美国

(1) 水产品及其制品。新鲜或冷冻蛤、贻贝及牡蛎，扇贝，贝类，梭子蟹，鱼糕，新鲜及冷冻蟹肉，生滚面包屑虾，金枪鱼、鲯鳅鱼及其相关鱼，即食水产品，甲壳纲，熏鱼。

(2) 肉及肉制品。鸡肉，牛肉，猪肉，火鸡肉。

7. CAC

(1) 乳及乳制品。乳制品。

(2) 焙烤食品。饼干。

(3) 水产品及其制品。鱼。

(4) 蛋及蛋制品。蛋制品。

(5) 调味品。调味料。

(6) 特殊营养用食品。干制食品。

(7) 饮料类。饮用水。

从上可见，除美国和CAC外，中国、欧盟、澳大利亚、日本和韩国等主要贸易国均规定下列八类食品必须进行微生物检验。其中，乳及乳制品、肉及肉制品、水产品及其制品被进一步细分并做出微生物检验规定的食品种类较多，提示各主要贸易国主要关注这三大类食品。同时，各国被细分的食品种类之间共性较多，资料可比性较高，因此，在这里被作为限量值比较的重点讨论对象。

(1) 乳及乳制品。乳，发酵乳，乳粉，炼乳，稀奶油，干酪，乳清粉等。

(2) 脂肪、油和乳化脂肪制品。黄油等。

(3) 冷冻饮品。冰淇淋等。

(4) 肉及肉制品。鲜、冻禽畜肉，熟肉制品等。

(5) 水产品及其制品。鲜鱼类、贝类和甲壳类，腌制等预制水产品等。

(6) 蛋及蛋制品。禽蛋，皮蛋、糟蛋等再制蛋，蛋粉，冰蛋等。

(7) 特殊营养用食品。婴幼儿配方食品，婴幼儿辅助食品，病人用特殊食品等。

（8）饮料类。预包装饮用水，果蔬汁，蛋白饮料，碳酸饮料，茶、咖啡饮料，固体饮料，乳酸饮料等。

由此可见，必须检验微生物项目的食品种类较多，总的来看涉及微生物检验的食品种类主要有：鲜乳，巴氏杀菌乳、灭菌乳，调制乳，酸乳，乳粉，发酵乳，生乳，炼乳（淡炼乳，加糖炼乳，食品工业用加糖炼乳），稀奶油、干酪，乳清粉和乳清蛋白粉，脱盐乳清粉，再制干酪、黄油、冰淇淋、冷冻饮品、食用冰、冷冻甜点、蜜饯、酱腌菜、藻类制品、豆制品、烘炒食品、糖果、巧克力、可可豆粉、淀粉类制品、麦片、方便面、速冻米面食品、糕点、面包、饼干、禽畜肉、熟肉制品、贝类、软体动物、预烹煮食品、腌制动物性水产品、动物性水产干制品、蛋、皮蛋、蛋制品、食糖、蜂蜜、食醋、酱油、酱类、胡椒粉、辣椒粉、水产调味品、婴幼儿配方乳粉、婴幼儿辅助食品、特殊膳食、保健食品、碳酸饮料、固体饮料、矿泉水、豆浆、果蔬汁、饮用水、发酵酒、即食食品、罐头食品等。

蜜饯、豆制品、烘炒食品、糖果、食糖和蜂蜜的微生物检验为中国所独有。此外，由于中国、韩国均属亚洲国家，从地理、文化、生活习俗以及饮食习惯上交流较多，比较接近，所以两国均规定了其他欧美地区国家不曾关注的腌制菜、藻类制品、淀粉类制品、面条、面包、糕点、调味品、保健食品、酒类的微生物学检验。

中国的微生物限量标准，一方面，某些食品种类分得过细，如熟肉制品，按微生物有相同规定的分类又被分成：烧烤肉，肴肉，肉灌肠，酱卤肉，熏煮火腿、其他熟肉制品，肉松、油酥肉松、肉粉松，肉干、肉脯、肉糜脯、其他熟肉干制品。其实这几类致病菌检验项目均为金黄色葡萄球菌、沙门氏菌、志贺氏菌，并且都要求不得检出，菌落总数同属 10^4 数量级，大肠菌群也无明显差异，应该可以统一规定，特别是原料和生产工艺等因素较为接近的类别。另一方面，某些食品种类又缺乏相应的微生物限量标准，如水产品，仅规定了鱼糜制品（即食、非即食）、腌制生食动物性水产品、动物性水产干制品。不少食品微生物限量的制定仍是空白。

（三）检验项目的比较

食品微生物在自然界分布广泛，数量极大，种类繁多，包括细菌、病毒、螺旋体、立克次体、衣原体、支原体、真菌、放线菌和原虫等，但这里主要讨论细菌及其代谢物、真菌类中的霉菌和酵母菌，不包括标准或法规规定允许存在的有益菌，如乳酸菌、双歧乳杆菌。

国际食品法典委员会指南 CAC/GL 21—1997《食品微生物标准制定及应用原则》（Principles for the Establishment and Application Microbiological Criteria for Foods）规定，食品微生物标准体系的构成一般包括：微生物、毒素或代谢物指标，定性和定量检测方法，微生物限量值，现场所采样品数量和检测样大小的方案，符合限量值的检测样数量，标准适用的食品，食品链的标准适用点，不符合标准时所采取的措施。也即是通常所指的检验项目、检验方法、限量值、采样方法、适用范围。中国食品微生物卫生标准体系主要由食品种类、检验项目、限量标准等几部分构成。

作为食品微生物标准体系核心内容的微生物学检验项目，对于确定食品检验的采样方法、定性和定量检测方法、微生物及其代谢物的限量指标等微生物卫生标准体系的其他内容具有决定性作用。同时，建立科学合理的微生物学检验项目，有助于确定合理有效的保质期、准确评价食品卫生状况。因此，完善中国食品微生物学检验项目的制定具有十分重要的指导意义。

现行的食品微生物学检验项目包括食品微生物及其代谢物，主要分成三大类：

1. 定量微生物

定量微生物是指污染食品的微生物总量。除霉菌和酵母菌适用于含糖量较高的食品，被用来评价某些食品的真菌污染程度之外，大多数情况下选择细菌总数。虽然该类菌的卫生学意义相同，直接意义在于作为清洁状态的标志，可反映食品被细菌污染的程度，间接意义在于推断食品鲜度和耐保藏性程度，可预测保质期限。但是各国的该类指标菌的名称、定义和应用都有所差别，如菌落总数、需氧菌菌落计数、标准平板计数、细菌计数、细菌总数、需氧菌平板计数、需氧菌计数、总嗜温菌群、需氧嗜温菌数、嗜冷菌计数、嗜热菌数、总嗜热菌数、耐热需氧菌数、需氧嗜热芽孢数等。

2. 指示性微生物

指示性微生物是指最易检测的粪便污染菌，通常反映食品被人或温血动物粪便污染的程度，从而可推断食品被肠道致病菌污染的可能性。包括大肠菌群、粪大肠菌群、耐热大肠菌群、肠球菌属、大肠埃希氏菌、粪链球菌、肠杆菌科等。

3. 致病性微生物

致病性微生物是指可能通过污染食品从而引起人类发病的各种微生物及其代谢物，在不同食品可能污染的致病菌里，有针对性地选择代表性致病菌作为各自的检验指标。包括沙门氏菌、金黄色葡萄球菌、大肠埃希氏菌O157：H7、志贺氏菌、蜡样芽孢杆菌、产气荚膜梭菌、铜绿假单胞菌、副溶血性弧菌、李斯特氏菌、弯曲杆菌、霍乱弧菌、肉毒梭菌、麻痹性贝类毒素、遗忘性贝类毒素、神经性贝类毒素、组胺等。

国内外食品微生物学检验项目包括的微生物及其代谢物主要有：细菌总数、需氧菌菌落计数、需氧菌平板计数、需氧嗜温菌、遗忘性贝类毒素、神经性贝类毒素、麻痹性贝类毒素、芽孢杆菌、蜡样芽孢杆菌、弯曲杆菌、肉毒梭菌、梭菌、棒曲霉素、凝固酶阳性葡萄球菌、大肠菌群、总大肠菌群、耐热大肠菌群、粪大肠菌群、肠球菌属、大肠埃希氏菌、产肠毒素大肠埃希氏菌、肠出血性大肠埃希氏菌O157：H7、组胺、乳酸菌、单核细胞增生李斯特氏菌、霉菌、酵母菌、霉菌及酵母菌、铜绿假单胞菌、沙门氏菌、志贺氏菌、金黄色葡萄球菌、产肠毒素金黄色葡萄球菌、霍乱弧菌、副溶血性弧菌、葡萄球菌肠毒素、阪崎肠杆菌、肠杆菌科、大肠杆菌群、创伤弧菌、链球菌D群等。表4-24列出了CAC、中国及各主要贸易国食品微生物学检验项目概况。

表4-24 CAC、中国及各主要贸易国食品微生物学检验项目

国家/地区	检验项目				备注
	定量微生物		指示性微生物	致病性微生物及其代谢物	
中国	菌落总数	霉菌、酵母菌	大肠菌群、总大肠菌群、耐热大肠菌群、大肠埃希氏菌	肠出血性大肠埃希氏菌O157：H7、沙门氏菌、志贺氏菌、金黄色葡萄球菌、副溶血性弧菌、溶血性链球菌	
欧盟			大肠埃希氏菌	阪崎肠杆菌、沙门氏菌、葡萄球菌肠毒素、单核细胞增生李斯特氏菌、组胺	食品安全标准部分适用于产品
欧盟	需氧菌菌落计数		肠杆菌科、大肠埃希氏菌	沙门氏菌、凝固酶阳性葡萄球菌、蜡样芽孢杆菌	加工卫生标准部分适用于加工过程
澳大利亚	标准平板计数		大肠菌群、大肠埃希氏菌	沙门氏菌、凝固酶阳性葡萄球菌、单核细胞增生李斯特氏菌、弯曲杆菌、蜡样芽孢杆菌	
日本	细菌计数		大肠菌群、肠球菌属、大肠杆菌群、大肠埃希氏菌	沙门氏菌、金黄色葡萄球菌、副溶血性弧菌、铜绿假单胞菌、梭菌、棒曲霉素	
韩国	细菌总数	酵母菌总数、酵母菌和霉菌数	大肠菌群、大肠埃希氏菌	大肠埃希氏菌O157：H7、沙门氏菌、金黄色葡萄球菌、副溶血性弧菌、梭菌、芽孢杆菌、阪崎肠杆菌	

续表

国家/地区	检验项目				备注
	定量微生物		指示性微生物	致病性微生物及其代谢物	
美国	需氧菌平板计数		粪大肠菌群、大肠埃希氏菌	产肠毒素大肠埃希氏菌、沙门氏菌、金黄色葡萄球菌、副溶血性弧菌、单核细胞增生李斯特氏菌、创伤弧菌、霍乱弧菌、肉毒梭菌、麻痹性贝类毒素、遗忘性贝类毒素、神经性贝类毒素、组胺	
CAC	需氧嗜温菌数		大肠菌群	沙门氏菌、铜绿假单胞菌、链球菌 D 群、组胺	

总的来看，CAC、中国及各主要贸易国都不同程度地利用了定量微生物、指示性微生物和致病性微生物这三类作用不同的指标对食品的卫生状况进行监控评价。下面具体罗列出 CAC、中国及各主要贸易国不同食品的微生物检验项目。

1. 中国

(1) 食用菌罐头、果蔬类罐头、肉类罐头、鱼罐头等罐头类产品应符合罐头食品商业无菌的要求。

(2) 婴幼儿辅助食品——苹果泥、胡萝卜泥、肉泥、骨泥、鸡肉菜糊应无致病菌及因微生物作用所引起的腐败象征。

(3) 仅规定致病性微生物检验项目的食品：辐照冷冻包装畜禽肉类为沙门氏菌，巧克力、干果食品为致病菌。

(4) 规定定量微生物和指示性微生物检验项目的食品：饮用天然矿泉水为菌落总数和大肠菌群，生活饮用水为菌落总数和总大肠菌群，若检出总大肠菌群，进一步检验大肠埃希氏菌或耐热大肠菌群。

(5) 规定定量微生物和致病性微生物检验项目的食品：鲜乳、调制乳为菌落总数和致病菌。

(6) 规定指示性微生物和致病性微生物检验项目的食品：发酵性豆制品、酱腌菜、酱规定的检验项目为大肠菌群和致病性微生物。

(7) 其余食品同时要求检验定量微生物、指示性微生物和致病性微生物相应项目。其中：

①碳酸饮料、糕点、面包、饼干、固体饮料、婴幼儿罐装辅助食品、含乳饮料、脱盐乳清粉、食糖、蜜饯、辐照花粉、辐照香辛料类、蜂蜜、人造奶油、乳酸菌饮料、植物蛋白饮料、保健（功能）食品、瓶装饮用纯净水、食品工业用浓缩果蔬汁（浆）、胶基糖果、速冻预包装面米食品、茶饮料、果蔬汁饮料、瓶（桶）装饮用水、果冻、麦片类、藻类、奶油、稀奶油规定的定量微生物检验项目既包括菌落总数，又包括霉菌、酵母菌。

②干酪、酸乳、烘炒食品、胶原蛋白肠衣规定的定量微生物检验项目选择霉菌、酵母菌，其余食品均选择菌落总数。

③这些食品指示性微生物检验项目均选择大肠菌群。

④这些食品在致病性微生物项目选择方面的情况是：除鲜、冻禽产品规定的致病性微生物为沙门氏菌和出血性大肠埃希氏菌 O157：H7 外，其余统一规定为沙门氏菌、志贺氏菌、金黄色葡萄球菌的检验，水产品在此基础上再增加副溶血性弧菌的检验，食糖、胶基糖果在此基础上再增加溶血性链球菌的检验。

从上可见，中国大部分产品被要求同时进行定量微生物、指示性微生物和致病性微生物的检验。检验项目数最少1项，最多7项，大部分5项。不同食品类别之间的检验项目差异不大，这种几乎对所有食品采用同一检验项目进行衡量的方法缺乏科学性和针对性。

定量微生物检验项目包括菌落总数、霉菌、酵母菌计数，前者几乎应用于所有的食品，按其检验方法可以认为主要是指嗜中温需氧数，后两者则是对含糖量较高的食品。还有为数不少的食品被要求同时检验菌落总数、霉菌、酵母菌计数。大肠菌群成为受粪便污染的唯一指示性微生物检验项目。

致病性微生物指标几乎都采用"致病菌（沙门氏菌、志贺氏菌、金黄色葡萄球菌）"作为统一的检验项目，仅对水产品增加副溶血性弧菌的检验，而标准中几乎没有规定检验单核细胞增生李斯特氏菌、创伤弧菌、霍乱弧菌、阪崎肠杆菌、肉毒梭菌。即一般需要检验3个致病菌，数量较多。

中国生产及进出口的食品种类繁多，而且由于地区差异明显，生产力水平普遍不高，食品仍存在较多的微生物安全隐患，因此虽然中国开展的微生物学检验项目在这几个主要贸易国里并不是最多的，但对于被检验的食品而言，中国成为施检微生物项目较多的国家之一。此外，为数不少的食品定量微生物指标既包括菌落总数，又包括霉菌、酵母菌计数，从反映食品被细菌污染的程度的角度看，指标设立重复。随着中国经济的快速发展，食品质量不断提高，相信国内名目繁多的微生物及其代谢物检验项目将逐步减少，并渐渐与国际和国外先进国家接轨，转为选择性地监控重点检验项目。

2. 韩国

(1) 仅规定定量微生物检验项目的食品：瓶装和罐装人参制品为细菌总数，浊酒、药酒为酵母菌和霉菌数。

(2) 仅规定指示性微生物检验项目的食品：黄油、加工奶酪、淀粉糊制品、婴幼儿谷物配方食品、膳食替代品、精制鱼油制品、蜂王浆制品、花粉制品、角鲨烯制品、酶制品、含乳酸菌制品、藻类制品、亚麻酸制品、胚芽制品、卵磷脂制品、二十八烷醇制品、烷氧基甘油制品、葡萄籽油制品、发酵的植物提取物制品、含叶绿素制品、蘑菇制品、日本杏提取制品、鳖制品、胡萝卜素制品、壳聚糖制品、番茄沙司、调味品、泡菜、腌制和发酵的海产品、干贝和鱼片、蔬菜奶油均为大肠菌群，复合调味品为大肠埃希氏菌，而香辛料和调味品同时被要求两项指示性微生物检验项目——大肠菌群、大肠埃希氏菌。

(3) 仅规定致病性微生物检验项目的食品：即食干燥食品、含禽或蛋≥3%的制品、人参制品或者红参制品为沙门氏菌，果蔬制品、人造奶酪为芽孢杆菌，奶油面包为金黄色葡萄球菌、沙门氏菌，快餐为金黄色葡萄球菌、沙门氏菌、副溶血性弧菌、芽孢杆菌。

(4) 规定指示性微生物和致病性微生物检验项目的食品：黏多糖-蛋白制品为大肠菌群、沙门氏菌，天然奶酪为大肠菌群、梭菌。

(5) 同时规定定量微生物、指示性微生物和致病性微生物检验项目的食品：肉制品、水果和蔬菜饮料为细菌总数、大肠菌群、大肠埃希氏菌O157：H7，巴氏杀菌蛋制品为细菌总数、大肠菌群、沙门氏菌，巴氏杀菌或直接饮食的提取制品为细菌总数、大肠菌群、芽孢杆菌。

(6) 规定定量微生物和指示性微生物检验项目的食品：面条、人参胶囊为细菌总数、大肠菌群、大肠埃希氏菌，其余食品统一为细菌总数、大肠菌群。

韩国开展的微生物学检验项目不多，每类食品被检验的项目也不多，大部分食品采用定量微生物（细菌总数）和指示性微生物（大肠菌群）作为统一的检验项目。检验项目数最少1项，最多4项，大部分2项。不同食品类别之间的检验项目也差异不大，仅是少数选择了致病菌检验的食品，选择上稍有差异。

除浊酒、药酒选择酵母菌和霉菌数作为定量微生物检验项目外，其余均选择细菌总数。除复合调味品选择大肠埃希氏菌作为指示性微生物外，主要以大肠菌群为粪便污染的指示性检验项目，特别是有保健作用的特殊营养用食品，有极少数的食品两项都选。

此外，规定了致病性微生物检验项目的食品种类不多，每类食品规定的致病菌检验项目也不多，一般选择检验1个代表性致病菌，仅快餐选择检验4个致病菌，而且不同食品种类所选的致病菌检验项目不同。

3. 日本

(1) 罐头食品应符合无菌的要求。

(2) 仅规定定量微生物（细菌计数）检验项目的食品：冷冻预煮蟹、鲜乳、炼乳、脱脂炼乳、淡炼乳、脱脂淡炼乳。

(3) 仅规定指示性微生物检验项目的食品：黄油、熔融黄油、加工干酪、浓缩乳清、发酵乳、发酵乳饮料为大肠菌群，肉脯为大肠埃希氏菌，软饮料粉、鲸鱼肉制品、鱼糕制品为大肠杆菌群。

(4) 仅规定致病性微生物检验项目的食品：预煮章鱼、预煮蟹、生食鱼和贝类为副溶血性弧菌。

(5) 规定定量微生物和致病性微生物检验项目的食品：禽蛋为细菌计数、沙门氏菌。

(6) 规定指示性微生物和致病性微生物检验项目的食品：未热处理肉制品为大肠埃希氏菌、金黄色葡萄球菌、沙门氏菌，热处理肉制品为大肠埃希氏菌、金黄色葡萄球菌、沙门氏菌、梭菌，热处理肉制品（加热或杀菌后装袋）为大肠埃希氏菌、沙门氏菌、梭菌，矿泉水规定的检验项目为肠球菌属或铜绿假单胞菌，热处理肉制品（装袋后加热或杀菌）规定的检验项目为大肠杆菌群、梭菌。

(7) 规定定量微生物、指示性微生物和致病性微生物检验项目的食品：冷冻生食鱼和贝类为细菌计数、大肠杆菌群、副溶血性弧菌，生食牡蛎规定的检验项目为细菌计数、大肠埃希氏菌、副溶血性弧菌。

(8) 其余食品统一规定的检验项目为细菌计数、大肠杆菌群，其中乳制品把大肠杆菌群改为大肠菌群。

(9) 纯苹果汁或果汁：棒曲霉素。

日本开展的微生物检验项目不多，每类食品被检验的项目也不算多，大部分食品尤其是乳及乳制品以定量微生物（细菌计数）和指示性微生物（大肠菌群、大肠杆菌群）为主要检验项目。检验项目数最少1项，最多4项，大部分2项。不同食品类别之间的检验项目也差异不大，仅是少数选择了致病菌检验的食品，选择上稍有差异。

定量微生物检验项目统一为细菌计数。指示性微生物检验项目包括：大肠菌群、大肠埃希氏菌、肠球菌属和大肠杆菌群。此外，规定了致病性微生物检验项目的食品种类不多，开展致病性微生物检验时，不同食品种类所选的项目有所不同，致病菌及其代谢物的检验项目数最少1个，最多3个。

4. 澳大利亚

(1) 预包装冰、矿泉水、预包装水仅规定指示性微生物检验项目的食品：大肠埃希氏菌。

(2) 仅规定致病性微生物检验项目的食品：奶粉/胡椒粉、辣椒粉及肉桂皮、椰子片、可可豆粉、人工培养的种子及谷物（豆芽、苜蓿等）、巴氏杀菌蛋制品为沙门氏菌，即食脊鳍鲸为单核细胞增生李斯特氏菌，热处理预包装肉酱为单核细胞增生李斯特氏菌、沙门氏菌，腌制/盐腌已烹煮预包装肉为凝固酶阳性葡萄球菌、单核细胞增生李斯特氏菌、沙门氏菌。

(3) 规定定量微生物和致病性微生物检验项目的食品：生甲壳类、已烹煮甲壳类为标准平板计数、凝固酶阳性葡萄球菌、沙门氏菌。

(4) 规定指示性微生物和致病性微生物检验项目的食品：婴幼儿谷类食品为大肠菌群、沙门氏菌，双壳贝类软体动物为大肠埃希氏菌、单核细胞增生李斯特氏菌，干酪（鲜乳制未成熟）为大肠埃希氏菌、弯曲杆菌，干酪（软质及半软质，鲜乳制）为大肠埃希氏菌、单核细胞增生李斯特氏菌、沙门氏菌，未烹煮发酵肉粉为大肠埃希氏菌、单核细胞增生李斯特氏菌、沙门氏菌。

(5) 规定定量微生物、指示性微生物和致病性微生物检验项目的食品：黄油为标准平板计数、大肠菌群、大肠埃希氏菌、弯曲杆菌、凝固酶阳性葡萄球菌、单核细胞增生李斯特氏菌、沙门氏菌，未巴氏杀菌乳为标准平板计数、大肠菌群、大肠埃希氏菌、弯曲杆菌、单核细胞增生李斯特氏菌、沙门氏菌，婴幼儿配方奶粉、添加乳酸婴幼儿配方奶粉为标准平板计数、大肠菌群、蜡样芽孢杆菌、凝固酶阳性葡萄球菌、沙门氏菌。

澳大利亚检验项目数 1~7 项不等，仅次于中国，成为施检微生物项目相对较多的国家。

定量微生物检验项目为标准平板计数，仅对小部分产品规定该项目的检验，如黄油、未巴氏杀菌乳、婴幼儿配方奶粉、添加乳酸婴幼儿配方奶粉、生甲壳类、已烹煮甲壳类，不常利用该指标来评估食品的卫生状况。指示性微生物为大肠菌群或大肠埃希氏菌。

微生物限量标准所列食品几乎都选择代表性致病微生物项目进行检验，致病菌检验项目数最少 1 个，最多 4 个，不同食品种类所选的致病菌检验项目不同。

5. 欧盟

欧盟微生物限量法规附录Ⅰ的前两章分别是适用于产品的食品安全标准和适用于加工过程的加工卫生标准部分。

(1) 食品安全标准部分。

①仅规定致病性微生物检验项目的食品：6 个月以下婴幼儿配方奶粉和特殊医疗用途的干食品为阪崎肠杆菌，碎肉和预制肉、机械分离肉、明胶和胶原质、黄油、稀奶油、冰淇淋、蛋制品、含生蛋即食食品、已烹煮甲壳类和软体贝类动物、即食苗芽、即食果蔬块、未巴氏杀菌果蔬汁、婴幼儿和特殊医疗用途的即食食品、成长配方粉为沙门氏菌，即食食品为单核细胞增生李斯特氏菌，干酪乳粉、乳清粉为沙门氏菌、葡萄球菌肠毒素，鱼类为组胺。

②规定指示性微生物和致病性微生物检验项目的食品：活双壳软体动物、棘皮动物、被囊动物、腹足动物为大肠埃希氏菌、沙门氏菌。

食品安全标准部分所列食品均未要求进行定量微生物的检验。指示性微生物检验项目为大肠埃希氏菌，也只是规定双壳软体动物、棘皮动物、被囊动物、腹足动物需要检验该指标。

致病性微生物是食品安全标准部分的重点，所有食品均选择性地规定 1 项致病菌，主要是沙门氏菌，即除即食食品和 6 个月以下婴幼儿配方奶粉和特殊医疗用途的干食品外，具余食品均被要求检验沙门氏菌，可以认为基本上以该检验项目作为唯一性指标。食品安全标准部分大多数食品的检验项目数为 1 项，少数为 2 项，施检项目较少。

(2) 加工卫生标准部分。

①仅规定指示性微生物检验项目的食品：巴氏消毒液态乳、蛋制品、冰淇淋、冷冻乳甜点、成长配方粉为肠杆菌科，预制肉、即食果蔬块、未巴氏杀菌果蔬汁、经过热处理的奶或者乳清制成的干酪、生乳或经比巴氏杀菌较弱的热处理后的奶制成的黄油和稀奶油为大肠埃希氏菌。

②仅规定致病性微生物检验项目的食品：肉鸡、火鸡的胴体为沙门氏菌，鲜乳制成的干酪、经比巴氏消毒稍轻微的加热处理的奶制成的奶酪和由经巴氏消毒或者温度更强的热处理的奶或乳清制成的熟奶酪、经巴氏杀菌或者更强的热处理的奶或乳清制成未成熟的软奶酪（鲜奶酪）为凝固酶阳性葡萄球菌。

③规定定量微生物和指示性微生物检验项目的食品：碎肉、机械分离肉为需氧菌菌落计数、大肠埃希氏菌。

④规定指示性微生物和致病性微生物检验项目的食品：6 个月以下婴幼儿配方奶粉和特殊医疗

用途干食品为肠杆菌科、蜡样芽孢杆菌，乳粉、乳清粉为肠杆菌科、凝固酶阳性葡萄球菌，已烹煮甲壳类和软体贝类动物为大肠埃希氏菌、凝固酶阳性葡萄球菌。

⑤规定定量微生物、指示性微生物和致病性微生物检验项目的食品：牛、羊、山羊、马、猪的胴体为需氧菌菌落计数、肠杆菌科、沙门氏菌。

加工卫生标准部分的定量微生物检验项目为需氧菌平板计数，仅对小部分产品规定该项目的检验，如碎肉、机械分离肉和牛、羊、山羊、马、猪的胴体，不常利用该指标评估食品的卫生状况。

指示性微生物检验项目是加工卫生标准部分的重点，主要以反映食品受粪便污染的肠杆菌科或大肠埃希氏菌为检验项目。

部分食品选择性地规定1项致病性微生物项目，肉及肉制品检验沙门氏菌，除6个月以下婴幼儿配方奶粉和特殊医疗用途的干食品检验蜡样芽孢杆菌外，其余乳及乳制品和水产品检验凝固酶阳性葡萄球菌。加工卫生标准部分大多数食品为2项，少数为1项或3项，施检项目也较少。

6. 美国

由于尚未见到美国农产品和食品的微生物限量标准或法规。本部分仅列出适用于HACCP的《FDA and EPA Safety Levels in Regulations and Guidance-seafood》和适用于畜禽产品加工控制的联邦法规。

（1）新鲜或冷冻蛤、牡蛎及贻贝：需氧菌平板计数、大肠埃希氏菌或粪大肠菌群、神经性贝类毒素。

（2）生滚面包屑虾：需氧菌平板计数、大肠埃希氏菌、金黄色葡萄球菌。

（3）新鲜及冷冻蟹肉：大肠埃希氏菌。

（4）所有水生动物：金黄色葡萄球菌、沙门氏菌、肉毒梭菌、麻痹性贝类毒素、遗忘性贝类毒素。

（5）即食水产品（消费者仅需稍微烹煮）：产肠毒素大肠埃希氏菌、单核细胞增生李斯特氏菌、霍乱弧菌、副溶血性弧菌、创伤弧菌。

（6）金枪鱼、鲯鳅鱼及其相关鱼：组胺。

（7）鸡、牛、猪：大肠埃希氏菌、沙门氏菌。

美国水产品的定量微生物和指示性微生物检验项目分别选择需氧菌平板计数和大肠埃希氏菌（或粪大肠菌群），仅小部分水产品要求进行这两项指标的检验。

致病性微生物检验项目除与水产品相关性较大的检验项目副溶血性弧菌、霍乱弧菌、创伤弧菌外，还有产肠毒素大肠埃希氏菌、金黄色葡萄球菌、沙门氏菌、单核细胞增生李斯特氏菌、肉毒梭菌，尤其强调麻痹性贝类毒素、遗忘性贝类毒素、神经性贝类毒素以及组胺的检验。肉类要求进行指示性微生物（大肠埃希氏菌）和沙门氏菌的检验。可以看出，不同食品种类选择了不同的致病性微生物检验项目。

7. CAC

（1）仅规定致病性微生物检验项目的食品：调味品、蛋制品（整只、冷冻干燥除外）的检验项目均规定为沙门氏菌。

（2）规定指示性微生物和致病性微生物检验项目的食品：饼干的检验项目规定为大肠菌群和沙门氏菌，饮用水的检验项目规定为大肠菌群、铜绿假单胞菌和链球菌D群。

（3）规定定量微生物、指示性微生物和致病性微生物检验项目的食品：干制食品、蛋制品（整只，冷冻干燥）、乳制品均规定为需氧嗜温菌、大肠菌群和沙门氏菌。

（4）鱼规定为组胺。

CAC开展的微生物学检验项目不多，每类食品被检验的项目也不算多，部分食品采用定量微生物（需氧嗜温菌）和指示性微生物（大肠菌群）作为统一的检验项目。检验项目数最少1项，最多3项。不同食品类别之间的检验项目也差异不大。

定量微生物检验项目均选择需氧嗜温菌。指示性微生物以大肠菌群为粪便污染的指示性检验项目。除饮用水的致病性微生物检验项目是铜绿假单胞菌和链球菌D群外，其余食品均规定1项致病性微生物检验项目，即沙门氏菌。

总之，从施检项目数来看，欧盟最少，然后是韩国、日本、CAC、美国、澳大利亚，中国较多。从施检项目的选择来看，在定量微生物和指示性微生物检验项目的选择上，中国、韩国、日本大多数食品同时选择菌落总数和大肠菌群。欧盟、美国、澳大利亚、CAC较少采用或不采用定量微生物指标的检验，指示性微生物选择大肠菌群或大肠埃希氏菌作为粪便污染的评估指标。CAC、澳大利亚仅对少数的产品开展定量微生物检验，指示性微生物选择大肠菌群。澳大利亚仅对少数的产品开展定量微生物检验，指示性微生物选择大肠菌群和大肠埃希氏菌。欧盟的食品安全标准部分均未要求定量微生物检验项目，且较少检验大肠埃希氏菌；而加工卫生标准部分要求少数产品开展定量微生物检验，且以大肠埃希氏菌作为主要的检验项目。美国在加工过程的卫生控制时也相对较少采用该两类检验项目。

在致病性微生物检验项目上，中国和澳大利亚、欧盟、CAC几乎所有食品都规定了致病菌检验，韩国和日本少数食品规定了致病菌检验，但与澳大利亚、欧盟、美国、韩国、日本不同，现有的CAC微生物限量规定未根据不同食品种类选择有代表性致病菌进行检验，几乎都采用沙门氏菌。而中国也未根据不同食品种类选择有代表性的致病菌进行检验，几乎都采用“致病菌（沙门氏菌、志贺氏菌、金黄色葡萄球菌）”作为统一的检验项目，缺乏科学性和针对性，而几乎所有标准中都没有规定检验单核细胞增生李斯特氏菌、创伤弧菌、霍乱弧菌、阪崎肠杆菌、肉毒梭菌。

其实，定量微生物和指示性微生物也只是分别反映了食品被细菌和粪便污染的程度，从而可推断生产加工过程中卫生控制是否有效以及食品被肠道致病菌污染的可能性，与致病菌之间并不存在必然的因果关系。据研究，鲜猪肉在贮藏过程中反映出菌落总数和大肠菌群之间具有同步效应，但大肠菌群和沙门氏菌之间的关联却不明确，无法说明这两项指标之间存在直接内在联系。毕竟食品中各项微生物卫生指标的相关性还取决于食品的微生态学基础和食品加工的污染与食品的加工方式等多因素影响。而且，在大力提倡生产加工过程以预防和控制为主导的质量管理理念的新形势下，特别是强调企业是产品质量安全第一责任人的今天，以对最终产品检验把关的方式保障食品的卫生安全，不仅被动而且有效性有限。因此，我们应逐渐通过有效的质量控制手段保障生产加工过程的卫生状况处于良好状态，设立更具针对性的微生物学检验项目，从而减少因为不必要的重复检验造成的资源浪费，更有效地发挥微生物学检验的作用。

不同的食品种类开展的食品微生物检验项目应该有所差异。就定量微生物而言，含盐量高的食品多为耐盐菌，经过加热处理的食品多为耐热菌或细菌芽孢。就培养温度而言，动物性食品的嗜温菌为体温型微生物，植物性食品的嗜温菌为室温型微生物。虽然菌落总数对大多数食品的细菌总量污染进行分析评定是具有代表性的，但不能兼顾所有的食品种类。因此，在制定标准的微生物学检验项目时，不要笼统地对所有类别的食品都选择菌落总数，能进一步细化，充分考虑不同产品的具体情况，选择更有效的定量微生物检验项目，将更准确地反映食品的卫生状况。例如，对于热处理食品可采用耐热需氧菌作为检验项目，对于一般食品可采用需氧嗜温菌作为检验项目，对于冷藏食品可采用嗜冷菌计数作为检验项目，而对于含糖量较高、易受真菌污染的产品可采用酵母菌和霉菌计数。指示性微生物也是如此，不同的检验项目也是各自代表不同的粪便微生物类群，因此，一般食品可采用大肠菌群作为检验项目，热加工食品可采用粪大肠菌群作为检验项目，而冷冻食品和水产品可采用肠球菌作为检验项目。

同理，致病性微生物也应针对不同的食品种类选择代表性项目进行检验。根据美国食品药品管理局、美国疾病控制与预防中心、美国农业部食品安全检验署和美国国立卫生研究院共同编制的关于食源性致病微生物和天然毒素的《有害病菌名录》（Bad Bug Book）手册，不同致病菌相关的食品种类并不相同。具体如下：

与沙门氏菌相关食品包括：生肉、家禽、蛋、乳及乳制品、鱼、虾、蛙腿、发酵粉、椰子、酱和沙拉酱、蛋糕粉、稀奶油夹心甜点和浇头、明胶粉、花生酱、可可粉和巧克力。

与肉毒梭菌相关的食品种类随保存方式和各地区饮食习惯的不同而不同。对于任何能导致该菌生长和毒素产生的食品，在允许芽孢存活的加工条件下，如果食用前未充分加热，都将引起肉毒中毒。大部分能支持肉毒梭菌生长和毒素产生的食品类型的 pH 在 4.6 以上，酸度并非很酸。肉毒毒素已被证明存在于各类食品中，如罐装玉米、胡椒粉、绿豆、汤、甜菜、芦笋、蘑菇、橄榄、菠菜、金枪鱼、鸡肉、鸡肝和鸡肝糊、午餐肉、火腿、香肠、茄子酿、龙虾、烟熏和盐腌鱼。

与金黄色葡萄球菌中毒相关的食品包括：肉及肉制品，家禽和蛋制品，金枪鱼，鸡肉，马铃薯和通心面等沙拉，稀奶油夹心糕点、稀奶油派和巧克力包皮法式小甜点等焙烤制品，三明治饼馅，乳及乳制品。金黄色葡萄球菌广泛存在于环境中，如空气、灰尘、污水、水、乳、食品设备、环境、人类和动物。基本宿主是人类和动物，有 50% 以上健康个体的鼻腔、咽喉、毛发和皮肤可携带该菌，对于那些接触病患个体和医院环境的情况，发生频率甚至会更高。虽然食物加工者经常是引发食物中毒的主要污染源，但是设备和环境也能成为金黄色葡萄球菌的污染源。摄入食物中金黄色葡萄球菌产生的肠毒素所导致的中毒，通常是由于食物之前未被充分加热至 60 ℃ 以上，或者冷藏不低于 7.2 ℃。

空肠弯曲菌常常污染生鸡肉。调查显示，有 20%~100% 的零售鸡肉受污染。这并不令人感到惊讶，因为许多健康的鸡肠道里就有这些菌。鲜乳也是污染源。健康的牛和农场里的苍蝇也经常传播这些菌。未氯化过的水也可能成为污染源。但是，适当烹饪鸡肉、巴氏消毒乳和氯化饮用水都将杀死这些细菌。

可发现小肠结肠炎耶尔森氏菌的食品包括：肉（猪、牛、羊等）、牡蛎、鱼和鲜乳。食物污染的确切原因尚未知。然而，流行于土壤、水，及海狸、猪和松鼠等动物的该菌使其有充分的机会进入我们的食物供应。

与单核细胞增生李斯特氏菌相关的食品包括：鲜乳、巴氏消毒液态乳、干酪（部分软熟化品种）、冰淇淋、生蔬菜、已发酵的生肉香肠、生的和烹煮家禽、生肉（所有类型）、生鱼和烟熏鱼。即使是在低于 3 ℃ 的冷冻食品里，单核细胞增生李斯特氏菌也具有繁殖能力。

通常导致霍乱疾病传播的原因，是由于卫生条件差，使得该菌污染了水。零星的霍乱个案是由于生食了受排泄物污染的沿海水域产的贝类。也可能沿海水域并未受排泄物污染，但水体本身就有霍乱弧菌。生食贝类、不适当的烹煮或者烹煮了的贝类再受污染都将导致霍乱。

生食贝类、不适当的烹煮或者烹煮了的鱼和贝类再受污染都与副溶血性弧菌感染有关。一年中温暖月份与感染的几率存在相关性。污染了该菌的海鲜被冷藏得不适当，将导致该菌的迅速繁殖，从而增加感染的几率。

可以从牡蛎、蛤和蟹分离出创伤弧菌。生食或者再受这些产品的污染将导致发病。

在大多数情况下，引起产气荚膜梭菌中毒的实际原因是由于预制食品的温度控制不当。烹煮后的食品常仅存很少数量的微生物，所以微生物繁殖甚至可引起食品中毒水平是发生在冷却和贮藏预制食品期间。该菌最常在肉、肉制品和肉汁等食品中繁殖。

包括肉、乳、蔬菜和鱼在内的多种类食品与蜡状芽孢杆菌和其他产芽孢菌属导致的腹泻型食物中毒有关。而米制品、其他淀粉类食品如马铃薯、意大利面食和干酪制品等与呕吐型食物中毒有关。而混合食品如酱、布丁、汤、沙锅菜、糕饼和沙拉也常引发食物中毒。

鱼和贝类中常发现嗜水汽单胞菌，还常被发现存在于红肉（牛、猪、羔羊）和家禽等市场样品中。因为对于该菌的毒力作用机制知之甚少，所以假定并非所有的菌株都是致病的，而且该菌普遍存在于环境中。

大多数类志贺邻单胞菌感染发生在夏季，并且与淡水（河、溪、池塘等）的环境污染有关。零星或流行事件中该菌通常的传播路径是摄取了受污染的水或生贝类产品。

志贺氏菌属通常是通过口粪途径污染沙拉（马铃薯、金枪鱼、虾、通心粉和鸡肉）、生蔬菜、乳和乳制品、家禽等食品。排泄物污染水源以及食品加工者不卫生地处理食物是污染最普遍的原因。

乳制品、生贝类和鲜蔬菜可检出肠道杂菌。这些微生物存在于土壤和水中，因此，可能造成健康危害。

链球菌属A群的食物来源包括乳、冰淇淋、蛋、蒸龙虾、碎火腿、马铃薯沙拉、蛋沙拉、奶油蛋羹、米布丁、虾沙拉。在大多数中毒事件中，食物在准备和食用期间，被放置于室温数小时。卫生差、带病的食品加工者或者使用未巴氏消毒的乳使得细菌进入食物。而链球菌属D群的食物来源包括香肠、炼乳、干酪、肉丸子、肉饼、布丁、鲜乳和未巴氏消毒的乳。食物准备过程不卫生使得细菌进入食物。

受生活污水污染的水源可能污染食物。被感染的食物加工者也可能污染食物。产肠毒素大肠埃希氏菌极少从乳制品如半软干酪中分离出来。

虽然任何食物只要暴露于粪便污染物下，都很可能被怀疑感染了肠致病性大肠埃希氏菌，但引发该病的食品通常是生牛肉和鸡肉。

有记载，许多肠出血性大肠埃希氏菌O157：H7的疾病发作与未烹煮的生牛肉饼（碎牛肉）有关，还有苜蓿芽、未巴氏消毒果汁、干腌意大利腊肠、莴苣、野味肉、干酪凝乳。在加拿大，学校内疾病发作事件中鲜乳是媒介食品。

目前尚未清楚掌握何种食物是肠侵袭性大肠埃希氏菌的媒介，但带病人体的粪便污染了任何食物，不论直接污染或者是从受污染的水间接污染，都导致疾病的传染。与引发食物中毒有关的食物是牛肉饼和未巴氏消毒乳。

总之，不论是定量微生物、指示性微生物检验项目，还是致病性微生物检验项目，是否应该选择以及选择哪项指标，必须以科学的风险评估数据为依据，充分考虑诸如食品原料来源及状况、加工过程、包装情况、贮存运输以及适用人群等诸多因素，才可能确定出理想的指标。

根据国际食品法典委员会标准，微生物检验项目的制定，必须考虑健康危害的资料、原料物质的微生物状况、加工对食品微生物学的影响、食品处理和贮存过程中存在的微生物污染和/或生长的可能性及后果、危险人群的类型、应用微生物指标的成本效益比等。通过对上述因素的综合考虑，确保选择的各类食品的微生物学检验项目具有明确的必要性、实用性和有效性。

(四) 采样方法的比较

采用什么样的采样方法主要取决于检验的目的，目的不同，采样的方法也不同。例如对于查找食物中毒微生物的检验，应收集可疑中毒源食品或餐具，同时收集病人的呕吐物、粪便或血液等；对于鉴定畜禽产品中是否含有人畜共患病病源微生物，应采取病原体最集中、最易检出的组织或体液进行检验。而对于食品卫生方面的微生物检验的采样方法，目前国际上较认同国际食品微生物标准委员会（ICMSF）推荐的方法，国内外已逐步推广采用。

ICMSF制定的食品微生物学分析采样方法，与以往在每批产品中仅采1个检样进行检验，该批产品是否合格全凭该检样来决定的方法不同，ICMSF方法是从统计学角度来考虑，对一批产品检查多少个检样才能够有代表性，才能客观地反映该批产品质量的设想进行采样的。ICMSF方法中包括二级法及三级法两种，二级法只设有n、m值，三级法则有n、c、m及M值。依据ICMSF采样方法规定，4个代号分别表示：

n：指从同一批产品中独立、随机抽取的检样数。

c：三级法中是指检样超过微生物限量值 m 而小于于 M 的最大允许数，二级法通常设为 0。

m：微生物指标可接受水平的限量值，三级法中允许不多于 c 个的检样超过该值。

M：微生物指标的最高安全限量值，三级法才需要设定。

(1) 二级法。通常设定检样数 n 和微生物限量值 m，超过合格判定标准 m 值的，则为不合格。通过检查在检样中是否有超过 m 值的，来判定该批是否合格，适用于危害程度严重者。具体流程见图 4–1。

(2) 三级法。设有微生物限量值 m 及 M，所有检样均小于 m 值，即为合格；在 m 值到 M 值范围内的检样数，在 c 值范围内的，即为附加条件合格，否则为不合格；有检样超过 M 值者，则为不合格，适用于危害度低或中等者。具体流程见图 4–1。

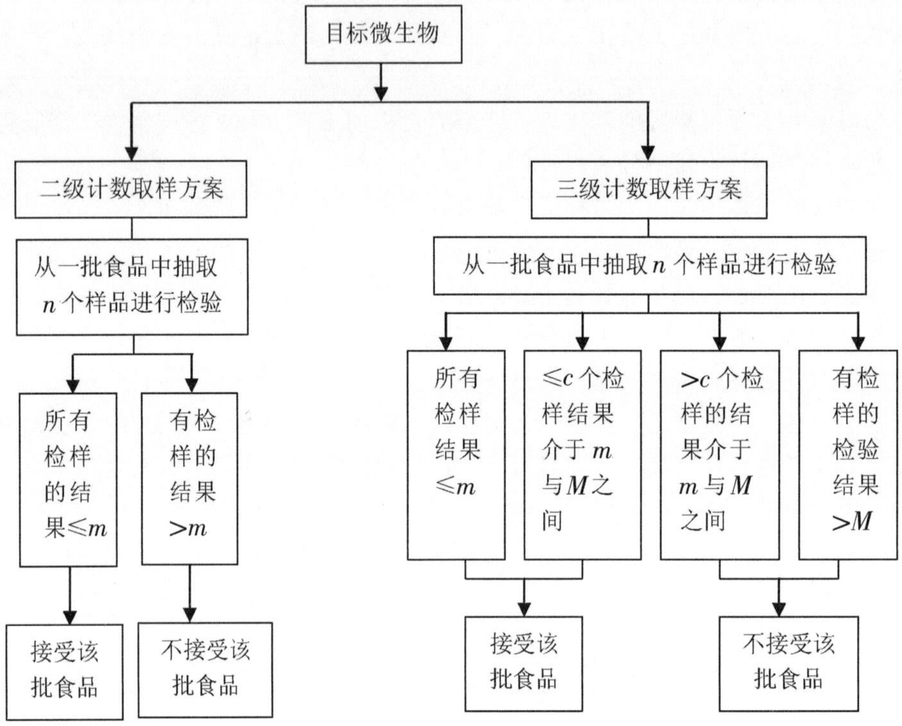

图 4–1　取样方案流程

ICMSF 提出的采样基本原则，是根据以下原则来规定不同的采样数：

(1) 各种微生物本身对人的危害程度不同。

(2) 食品经不同条件处理后，其危害程度可能发生变化，可分成 3 种情况：危害程度降低、危害程度无变化、危害程度增加。

ICMSF 将微生物的危害程度、食品的特性及食品经不同处理后危害度变化情况综合在一起进行分类，具体分类情况见表 4–25。

表 4-25　ICMSF 按微生物的危害度及食品处理进行情况分类

级别	危害程度	对象微生物	食品经不同处理后的货架期/危害程度变化情况		
			减少（加热）	无变化（冷冻品立刻进食）	增加（未加热吃到吃前还有一段时间）
三级方案	1. 实用的：一般性污染，缩短货架期，刚开始腐败	细菌总数	例 1 n=5　c=3	例 2 n=5　c=2	例 3 n=5　c=1
	2. 指示性：低的，间接危害	大肠菌群	例 4 n=5　c=3	例 5 n=5　c=2	例 6 n=5　c=1
		大肠埃希氏菌			
		金黄色葡萄球菌			
	3. 中等危害：直接，局部传播	蜡样芽孢杆菌	例 7 n=5　c=2	例 8 n=5　c=1	例 9 n=10　c=1
		产气荚膜梭菌 A 型			
		致病性大肠埃希氏菌 EPEC			
		产肠毒素大肠埃希氏菌 ETEC			
		金黄色葡萄球菌			
		霍乱弧菌（非 01 和非 0139）			
		副溶血性弧菌			
二级方案	4. 严重危害：丧失能力，但通常无生命危险，后遗症少，病程中等	空肠弯曲杆菌	例 10 n=5　c=0	例 11 n=10　c=0	例 12 n=20　c=0
		结肠弯曲杆菌			
		肠炎沙门氏菌（非伤寒沙门氏菌）			
		志贺氏菌			
		单核细胞增生李斯特氏菌			
		致病性小肠结肠炎耶尔森氏菌			
	5. 最严重危害：普通人群或特定人群，导致生命危险，慢性后遗症，病程长	肠出血性大肠埃希氏菌 EHEC（溶血性尿毒综合征）			
		伤寒沙门氏菌			
		副伤寒沙门氏菌			
		痢疾志贺氏菌			
		霍乱弧菌 01 和 0139			
		空肠弯曲菌 0：19（格利巴林综合征）			
		产气荚膜梭菌 C 型			
		创伤弧菌			
		单核细胞增生李斯特氏菌			
		致病性大肠埃希氏菌 EPEC（婴幼儿死亡率）			
		婴幼儿肉毒杆菌			
		阪崎肠杆菌			

注：表中“减少”系指食品经加热杀死污染的细菌；“无变化”系指微生物数不增减，例如冷冻食品或干燥食品；“增加”系指将食品保存在不良环境中，使微生物易于繁殖和产毒。

根据表 4–25 列举的 15 种情况，危害程度 1~3 可用三级法、危害程度 4~5 可用二级法来判定是否合格。以上 15 种情况分别设定不同的检样数及检样污染最大允许数，在例 1~6 采用三级法，检样需采 5 个（即 n=5），不同的加工处理方式导致危害程度发生变化，检样污染数最大允许数随着危害程度的逐渐增加而加严变小，分别设定为 c=3、2、1。在例 10~15 采用二级法，不得检出该致病菌，设定检样污染最大允许数为 0 个（即 c=0），不同对象微生物危害程度不同，检样随着危害程度的逐渐增加而加严变大，分别设定为 n=5、10、20、15、30、60。

从标准的严格程度看，二级法的合格判定标准只有“是”和“否”，没有中间带，而三级法则有中间带，相对宽松，大体上可以认为二级法比三级法要求更严格。从标准的制定来看，三级法判定合格标准的制定更需建立在科学评估的基础上，手续更加繁琐，而在实际应用中操作较复杂，相比之下二级法在实际操作中则相对简单。

目前，CAC、美国、欧盟、澳大利亚食品微生物检验采样方法采用三级法，而中国、日本、韩国采用的食品微生物检验采样方法实质上等同于二级法。

虽然中国微生物检验已采用国际上通用的二级、三级采样方案，微生物取样标准大多见 GB/T 4789.1，但除少量食品如饮用矿泉水中有相应的二级、三级评判标准外，其余大部分仍沿用原有的二级方案评判标准。对所取的某一个样来说，如果检测致病菌，则只有合格和不合格两种，即相当于 n=1，c=0，m=未检出；如果检测定量指标如细菌总数、大肠菌群等，则也只有合格和不合格两种，相当于 n=1，c=0，m=限量值。中国的微生物采样方法从严格程度而言，比ICMSF 的三级法严格，但比 ICMSF 的二级法宽松，如 n=1，c=0，m=100/g 的采样方法就比 n=5，c=0，m=100/g 的方法宽松。

当然，上述比较是建立在对同种产品规定了相同限量值（m 值）的基础上，如果三级法的限量值远远严格于二级法的限量值，则三级法严于二级法。因此，可以看出微生物限量标准的严格程度不仅仅与设定的限量指标值（m 或 M）密切相关，检样数 n 和检样污染最大允许数也可以作为调控标准严格程度的因素之一，ICMSF 的采样方法不仅仅解决了检样的代表性问题。

目前看来，通过风险评估制定食品微生物限量符合 WTO 原则是大势所趋，中国一直沿用的二级方案评判标准未经风险评估，缺乏制定的科学依据，更重要的是某些限量值偏高。所以，尽快做好与中国食品微生物学风险评估相关的基础性工作，从而修订采样方案评判标准在内的微生物限量标准势在必行。

中国于 1995 年正式颁布了《食品卫生法》，《食品安全法》也于 2009 年 6 月 1 日正式实施，与之配套的《食品安全法实施条例》也已出台。虽然在此期间，尤其是加入 WTO 后，中国在食品微生物法规和标准方面做了大量的配套工作，然而还存在标准修订迟缓，部分已修订的也仅仅是更换标准号或者简单地将内容合并了事，明显跟不上形势发展需要的问题。与欧盟、澳大利亚、美国等主要贸易国相比，食品微生物限量还存在食品分类、检验项目、采样方法等方面的问题，仍需进一步完善。

总的来看，世界各国及地区对于食品微生物限量的制定正在有序地向科学化、规范化的方向不断完善发展。相信在不久的将来，全球的食品微生物限量的制/修订将步入一个全新的基于科学基础的时期。中国应努力抓住加入 WTO 后带来的契机，通过对国外食品微生物法规和标准信息的不断收集和研究，吸取世界各国在食品微生物限量检验的成功经验，加速食品微生物限量标准的制/修订进程，尽快与世界标准接轨，调整改善中国现今颁布执行的食品微生物限量检验标准，更好地保障中国的根本利益，为保护人民健康和促进国家进出口贸易发展做出积极贡献。

第六节　食品接触材料限量

食品接触材料是包装和盛放食品的特殊消费品，在食品的生产、流通、消费过程中可以说是如影随形，在这些过程中，食品接触材料中所含有的某些化学物质可能会超标迁移至食品中，从而最终危害消费者的安全与健康。因此，各国也越来越关注由食品接触材料所带来的食品安全问题，并加强了对食品接触材料的立法监管工作，形成各具特色的监管法规和标准体系，为了更清晰地了解我国与主要贸易国（地区）对食品接触材料质量安全管理的差别，这里以欧盟为重点，兼顾美国和其他国家，对国内外食品接触材料的质量安全控制进行了比较分析。

一、安全法规比较

（一）食品接触材料法规适用范围及其分类

欧盟在其关于食品接触材料的框架法规（EC）No.1935/2004 中规定，食品接触材料法规适用于"预期与食品接触的；或已经接触到食品且预定供作此用的；或可合理地预料会与食品接触，或在正常或可预见的使用条件下会将其成分转移至食品中的材料和制品，包括活性和智能的食品接触材料和制品。"这实际上为"食品接触材料"下了一个全面而明确的定义，其概念更为广泛，从一般的食品包装材料、器具等扩展到所有在正常或可预见的使用条件下会与食品接触的材料及制品。该法规的附录Ⅰ中又具体列出 17 类食品接触材料，包括活性与智能材料及制品、黏合剂、陶瓷、软木、橡胶、玻璃、离子交换树脂、金属与合金、纸和纸板、塑料、印刷油墨、再生纤维素、硅有机化合物、纺织品、清漆与涂料、蜡、木头。法规中规定，需要时可"对附录Ⅰ中所列的各类材料和制品，适当时也包括它们的复合物或生产它们时所用的回收材料和制品"采取或修订特定措施，这些特定措施包括生产材料和制品时许可使用的物质清单、物质纯度标准、迁移限量及其使用条件方面的规定、抽样和分析方法的规定、确保材料和制品可追溯性的规定等。这种对食品接触材料既涵盖全体又考虑具体情况的界定，使得整个法规体系具有相对较好的包容性和适用性。

美国对食品接触材料则是依据其是否属于食品添加剂而进行管理。如果材料或物质按合理的预期用途直接或间接与食品接触，就会成为食品的成分或影响食品特征，从而作为食品添加剂受有关法规约束。如果与食品接触的物品中所用的物质迁移或有理由认为可能迁移至食品中的量是微不足道的，则可依据相关规定，通过一定程序免除食品添加剂法规的限制。因此，包装材料作为间接使用的食品添加剂受控，而某些家用器具则只受联邦食品药品化妆品法的一般安全条款的控制。含铅、镉的陶瓷餐具和炊具另有法规约束。

日本和韩国食品接触材料法规体系相类似，即在其国家的《食品安全法》中对"食品与食品添加剂"和"食品器具、容器、包装"分别规定基本的通用要求，各种材料的具体规格限量、检测方法等则由相应的国家行政管理部门，即日本的厚生劳动省和韩国的食品药品安全厅规定。

我国现行国家法律中尚未对"食品接触材料"明确定义，2009 年 6 月 1 日起实施的《中华人民共和国食品安全法》（以下简称《食品安全法》）采用了具体举例的方式，将"用于食品的包装材料、容器、洗涤剂、消毒剂和用于食品生产经营的工具、设备"归类为"食品相关产品"。我国《食品安全法》中对食品相关产品的规定主要是食品生产和经营中的附属性卫生安全要求，并未如上述国家一样专门设立针对性的章节进行规范。

随着科技的发展，越来越多的活性和智能材料在当代食品包装技术中得到开发和应用。所谓活性材料，是指为延长食品上架期或改善食品品质，在这些材料中有意识地加入了某些能向被包装食品或其周围环境释放或从中吸收物质的成分，如在密封的包装容器中，封入能与氧起化学作用的脱氧剂、能吸收水分的干燥剂等。智能材料则是指能监控被包装食品或其周围环境条件的材料，如贮存时间或温度的指示剂、二氧化碳指示剂等。这些材料中有些其本身并非包装材料（如在包装食品中常见的小袋装干燥剂、防霉剂），但在正常使用中可能与食品接触而迁移其成分，因而按欧盟或美国的界定受控于食品接触材料法规，这也是与我国现行法律标准不同的一个特点。

近年来，“食品接触材料”的广义概念及其与食品安全和人类健康的密切关系已日益为国人所意识和认同。2006 年，国家质检总局启动了建立进出口食品接触材料行业标准体系的规划，该标准体系正式引入了“食品接触材料”的概念，并划分为八大类：活性和智能材料及制品类、辅助材料类（黏合剂、涂料、油墨及蜡等）、无机非金属材料类（陶瓷、玻璃等）、木质品类（包括竹、木、软木等材料及制品）、高分子材料类（橡胶、塑料、有机硅等）、金属类、纸和纸板类、纺织材料类，形成通用安全卫生技术规范、各类材料检验规程（包含合格评定标准）及各类材料检测分析方法 3 个层次，初步构建出该行业标准体系的框架。

（二）安全法规的特点

1. 欧美法规

欧盟及其成员国有关食品接触材料的安全规范大多不作为“标准”，而是以法规、指令或通告的形式发布。通过框架法规、通用措施和特定措施 3 个层次，欧盟已经建立了一个基本的食品接触材料安全法规体系架构，其特点是轮廓完整、脉络清晰、层次分明，而且涵盖了生产、经营、监管的基本要素，包括允许使用物质清单和限量指标、良好生产规范、抽样及检测方法、物质许可及安全评估程序、标签与标志、管理审查及检验控制措施、符合性声明及产品的可追溯性等。通用框架法规划分的 17 大类食品接触材料中，已对塑料、陶瓷、再生性纤维素和活性与智能材料这 4 大类材料制定了安全规范，尤其是塑料相关指令，经过大量安全性评估和多次修订补充后，已建立了一个当今世界上较为齐全的物质肯定列表和一套检测方法。对其余类别的食品接触材料，虽然除对个别物质如氯乙烯单体、橡胶中的 N–亚硝胺等制定规范外，目前尚无欧盟层面上的安全法规，但通过框架法规的材料划分已经预留了立法空间，并通过框架法规的基本要求，可以预见这些材料特定措施将对哪些方面作出规定。而且，对这些材料的欧盟立法空白，欧洲理事会有关食品接触的橡胶、纸和纸板、涂料、硅有机化合物等材料的决议和各成员国的有关规范可以作为补充。

欧盟对与食品接触的塑料材料和制品制定了统一的总迁移限量要求，并不区分具体的塑料品种，如聚乙烯还是聚丙烯，以及具体的使用条件，如高温还是室温，长期还是短时；塑料中使用的所有物质按起始物和添加剂分别列出肯定列表，列表中对需限制使用的物质都有明确的特定迁移限量(SML) 或残留限量（QM）指标；各种物质按化学名称英文字母顺序编排，并附有欧盟包装材料参考编号（FEF），编号按数字从小到大并排，查找较方便，但从表中很难看出物质具体使用在何种塑料中。欧洲理事会关于涂料、橡胶、纸和纸板的物质清单编排形式也基本相同。

与欧盟塑料指令不同，美国 FDA 在联邦法规 CFR21 规章中按不同的聚合物种类分别做出规定，可根据产品所用聚合物品种查找相关要求。不同的聚合物，其浸提液中的提取物限量（相当于总迁移限量）有可能不同；同一种聚合物制品，不同的使用条件下其限量也可能不同。美国对食品接触材料使用物质的管理规范特点是采用“FAP”（食品添加剂申报系统）和“FCN”（食品接触物质通报）以及“免于管理”3 种不同模式。FAP 需由 FDA 完成独立的安全性审查并公布后，物质才可获得批准，审查时间 180 天或更长；FCN 较为快速和可预见，120 天内如 FDA 未否定此通报，则物质自动获得批准；“免于管理”则是：如果某种物质作为包装材料或作为其中的一种成分，能够被证明其迁移到食品的量不超过 0.5 μg/kg，或人体每日通过饮食摄入该物质的量小于每日允许摄入量（ADI）的 1%，则该物质可以免除食品添加剂法规的限制。FCN 通报的物质仅适用于该物质的申请者，如其他生产商要应用同种物质，必须再次向 FDA 申请该物质的通报。FAP 和“免于管理”申请批准的物质则适用于所有生产者。

欧美法规的一个显著特点是时效性，不断根据新的科技进展或风险评估信息进行修订和更新。如关于塑料食品接触材料的2002/72/EC指令，其前身89/109/EEC经过7次修订，2002/72/EC指令本身从2002年发布，至2008年又进行了5次修订；美国联邦法规每年至少修订1次，其中FDA范围的规章第21篇的修订版在每年4月由联邦注册处出版发行。

不过，欧盟法规通常是在原法规保持有效的情况下，发布新法规对原法规中某个或某些条款进行修订，而不是废除或全文替代原法规，因而往往出现对同一管理对象、不同时间的多项法规或指令并存有效的状况。在一段时间后，欧盟官方公报会发布一个“综合版”，对这些条款进行综合整理；而在“综合版”公布之前，若要了解全部现行有效条款，需将原法规及其修订法规一起阅读。这对消费者和企业，特别是我国有关出口产品生产企业来说，显然不太方便。

欧美法规的另一特点是注重生产者自我管理和责任，如欧盟相关食品接触材料物质清单列出了大量生产中允许使用的单体和添加剂及其限制与规范，生产者需按此选择原料和生产；上述美国FDA规章对各类聚合物材料也都作出许多关于原料的安全使用条件和限量的详细规定，生产者在原料、生产配方与工艺的选择中都应遵循这些规定。因此，我国出口产品生产企业务必充分了解这些内容，从采购进料环节开始，控制包括添加剂、辅料在内的原材料质量；从配方开始，控制物质的用量；按相关卫生要求实施出厂前检验，由此掌握控制产品质量的主动权，而不是到临出口时才由检验机构来判定产品的“生死”。

欧美法规值得借鉴的一大特点是安全政策法规建立在风险分析的基础之上。风险分析包括三方面的内容：风险管理、风险评估与风险交流。风险管理与风险评估职能分别由不同的机构承担。风险管理决策需考虑经济、政治、社会等各方面因素，权衡各种措施可能带来的利弊，将其与风险评估分离，可使风险评估免受这些因素的干扰而独立进行。欧盟的风险评估机构是欧盟食品安全局（EFSA），其作为一个独立的科学咨询和风险评估机构，通过暴露途径和摄入量调查分析、毒理学试验和化学检测等科学手段得出风险评估结果，提供给欧盟委员会、欧洲议会作为重要的立法依据之一。近年来，多项关于食品接触材料的指令就是依据食品安全局的意见进行制定或修订的。在德国，BVL是食品安全和消费者保护领域的认证和管理机构，负责风险管理；风险评估机构则是联邦风险评估所（BFR），有关食品接触材料的风险评估主要由BFR中的“消费品安全部”负责，在风险评估结果的基础上，提出降低风险的措施建议，包括物质的限量指标，供联邦政府部门和其他风险管理机构决策。

风险交流是向公众和有关机构、团体（包括主管当局、行业协会、科研机构等）提供可能的或已经评估的风险信息，通过网站、听证会、讨论会等方式公开评估工作和评估结果，消费者和有关各方可参与对评估工作和结果的讨论。通过充分的交流和工作的透明度，建立起消费者的信任，风险管理控制得到行业的参与和支持。

2. 我国国家标准及管理办法

我国有关食品接触材料的法规除了《食品安全法》作为基本法律外，具体体现为一系列的国家卫生标准和管理办法。20世纪80年代以来，我国卫生部门相继颁布了一系列有关食品接触材料的国家卫生标准和管理办法。但由于缺乏风险交流，多年来消费者及企业本身对食品接触材料可能引起的食品安全风险不了解，食品接触材料和制品通常被视为一般工业产品（许多企业也往往同时生产非食品用的工业产品），不重视其卫生质量安全。产品生产由行业归口管理，在本世纪之前作为国家标准和行业标准发布的食品接触材料和制品的产品标准中，大多只规定物理机械性能，而没有卫生理化指标，产品标准与卫生标准脱节，众多生产厂家甚至根本不知道卫生标准的存在，更谈不上对产品的卫生质量检验。有关卫生监督部门对食品接触材料生产企业的卫生质量，相对食品生产企业而言，重视程度和监管力度明显不足。有许多出口食品接触产品，包括塑料和金属制品，多年来一直未列入实施检验检疫的出境商品目录内，导致出口食品接触材料和制品的质量安全长期处于失之监管的状况。

至2006年，我国已发布的有关食品接触材料的国家卫生标准（限量标准）有40余项；卫生管理办法有9项，对应卫生标准的分析方法国家标准约30项，涉及塑料、橡胶、金属、容器内壁涂层、陶瓷、搪瓷、玻璃、纸、竹木等材料及制品。不同的塑料和涂层品种限量指标有所不同。大多数制品的卫生标准中未对生产使用的原料作出规定，GB 9685—2003《食品容器、包装材料用助剂使用卫生标准》则只列出了65种添加剂。这些标准和管理办法多于20世纪80~90年代制定，其中一批国家标准经过修订于2003年重新发布，但主要是根据相关国家标准编写规则修改，技术内容基本不变。随着社会的发展，这些标准和管理办法的部分内容已显滞后，与发达国家的差距较大。

近年来，相关国家标准落后的现状已引起有关部门的重视，加快了制/修订国家标准的步伐，已有数十项新的食品接触材料检测方法的国家标准通过审定或正在制定，对上述早年制定的国家卫生标准的修订也已基本完成，即将发布。GB 9685经过修订已于2009年6月1日起实施，其中用于食品接触材料的添加剂种类增加到959种，限量指标也有较大范围的变动，限量基本上与欧美法规一致。这个标准采用列表形式，对每一种添加剂都列出其允许使用的材料种类，如用于塑料、涂料、橡胶或纸等，并指明最大使用量以及迁移限量或残留限量，其特点是简单明了。但由于物质按名称的字符、数字、英文字母及汉语拼音等多种规则排序，查找不太方便。

食品接触材料种类繁多，所用原料物质更是数不胜数，新材料层出不穷，我国目前尚未对食品接触材料使用的所有单体和起始物建立标准规范，还有多种已经过安全评估且普遍使用的添加剂尚未纳入上述GB 9685标准，因此现有国家卫生标准仍满足不了生产需要。对未列入标准中的物质，可采用“卫生部公告名单”的方式予以补充：生产经营者就“新物质”提出申请并提交规定材料，经过一定程序的技术审查后，对批准的物质以名单的形式向社会公布。未列入上述标准及卫生部公告名单的物质不得用于食品接触材料。

毋庸讳言，我国在包括食品接触材料在内的食品安全控制方面长期存在多头管理、统一协调性差的现象，不同系统的主管部门对同一对象出台的管理条例、办法的相关条款既有重复又有不一致甚至矛盾之处；风险分析和预警机制不完善，前瞻性的风险评估和研究更是力量薄弱，风险管理处于被动状态；监管的预防性、持续性和规范性不强，往往在出现重大安全事故后才进行急风暴雨般的突击检查，缺乏日常的、长期有效的管理机制。

《食品安全法》实施以来，国家各有关部门正在按照法律赋予的责任各司其职，加强监管；加快了建立国家食品安全风险评估机构和风险交流机制的步伐，计划建立全国性的食品安全监测网，目前部分监测工作已经启动。对食品接触材料卫生标准的清理和制/修订也已开展，一批新标准相继发布。吸取三聚氰胺事件的教训，广大生产企业的质量安全意识进一步提高，加强了质量管理和监控，以期保证产品质量安全，重建消费者的信任和信心。

二、检验方法比较

为进一步理解国内外有关食品接触制品的质量安全要求的异同，这里通过对检验方法的比较，介绍有关检验项目及指标的基本概念，以及我国现行国家卫生标准与欧美等国规范的各自特点。

（一）迁移试验

食品接触材料的安全问题主要在于接触食品过程中可能将其组分迁移至食品中。因此，评价食品接触材料（以下简称“材料”）的卫生质量安全，主要是考察其含有的物质组分是否迁移，迁移的量是否达到危及人类健康的水平。一个直接的考察方式就是检测与材料接触过的食品中所含该材料物质组分的量，再与经过风险评估后建立的限量指标比较。但是，不同食品的基体成分可能影响测定结果，而且材料的生产者有时并不确切知道其产品会接触何种食品（例如金属罐用于包装鱼肉还是牛肉），材料的供应商（而非使用者）也往往无法获得接触过材料的食品。于是，国际上普遍采用一定的化学试剂模拟食品（这种化学试剂称为"食品模拟物"），通过"迁移试验"（即在一定的试验条件下使材料与食品模拟物接触）来检测食品接触材料组分的迁移。由于材料释放出的挥发性物质可能在迁移过程中逸出，常规迁移试验得到的结果一般是非挥发性物质的迁移量。迁移出来的非挥发性物质的总量，是考察材料安全性的一个重要指标。在迁移试验中使用的术语，各国有所不同，如表 4-26 所示。

表 4-26　国内外使用的迁移试验有关术语

国家/地区	使用的术语或常用叫法		
	试验方法名称	模拟物	非挥发性物质迁移总量
欧盟	迁移试验（Migration Test）	食品模拟物（Food Simulant），或试验介质（Test Medium）	总迁移量（Overall Migration, Global Migration）
美国（FDA）	浸提或提取（Extraction）	"提取液"或"浸提液"	"提取液"或"浸提液"
中国	浸泡	浸泡液	蒸发残渣
日本和韩国	溶出试验	浸出液	蒸发残渣或蒸发残留物

（二）食品分类与食品模拟物

为便于模拟，通常将食品分为非酸性、酸性、含酒精和油性四大类（如日本），欧盟在此基础上还另有一类"冷冻或干食品"。美国 FDA 是将食品分为非酸性水质产品、酸性水质产品、含游离油脂的水质产品、乳制品（分"油包水"型和"水包油"型）、低含水量的油脂、饮料（分含酒精与不含酒精）、焙烤食品、表面含游离油脂的干固体、不含游离油脂的干固体等类型，但迁移试验大体上按水性、油性、低醇和高醇 4 大类进行。对"非酸性"和"酸性"食品的区分，美国和日本都以 pH 大于或不大于 5 为界，欧盟以 pH 4.5 为界，我国则未明确规定。

如表 4-27 所示，对非酸性、酸性和含醇食品，各国使用的模拟物基本一致，即分别为水、乙酸和乙醇溶液，浓度略有不同。但对于脂类食品，其他国家（包括我国）都使用挥发性有机溶剂，欧盟及其成员国则使用沸点较高的橄榄油，这导致欧盟的脂类模拟物中总迁移量检测方法与其他国家有较大差异。

表 4-27　各国使用的食品模拟物

国家/地区	食品类型			
	非酸性	酸性	含酒精	含脂
欧盟	模拟物 A：水	模拟物 B：3%（m/v）乙酸	模拟物 C：①10% 乙醇（食品含酒精量不高于 10% 时）；②浓度与实际食品中含醇量相同的乙醇（食品含酒精高于 10% 时）	模拟物 D：精制橄榄油（必要时可选用合成甘油三酯混合物或葵花子油）；当技术上不可行时，可用异辛烷或 95% 乙醇代替
美国（FDA CFR 175.300）	水（对不含酒精和脂肪的水质食品）		①8% 乙醇（食品含酒精不高于 8% 时）；②50% 乙醇（食品含酒精高于 8% 时）	正庚烷
日本和韩国	水	4%（v/v）乙酸	20% 乙醇	正庚烷
中国	水	4%（v/v）乙酸	20% 或 65% 乙醇	正己烷

如果材料模拟接触的食品不止一类，或为混合类，例如既含酸又含醇，或既含脂肪又含水，则可能需要用所对应的模拟物分别进行迁移试验。如果有足够的依据认为几种模拟物中有某一个“更严格”，则欧盟允许只选择这个“更严格”的模拟物进行试验。

欧盟 85/572/EEC 指令中列出了详细的各类食品对应的模拟物清单，可根据产品用途按此清单选择模拟物。当由于技术原因不能使用橄榄油时，一定条件下也可用 95% 乙醇或异辛烷替代橄榄油［需注意的是该指令经 2007/19/EC 指令修订后，乳制品（干品除外）的模拟物由原先的蒸馏水改为 50% 乙醇，这意味着迁移试验更为严格。这种改变主要是考虑到乳制品中的脂肪成分］。

与欧美日韩不同，目前我国现行卫生标准中除个别材料外，并未明确规定食品模拟物适用的食品类型，因此检测时往往不分产品具体用途和实际接触的食品类型选用模拟物，而是按标准规定的浸泡液种类进行迁移试验，这可能会出现检测条件与实际使用条件脱节的情况。

到目前为止，各国迁移试验使用的模拟物都为液体，事实上并不适用干食品（不含游离水和油脂）的情况。因此，美、日、韩和欧盟一般都有接触“干食品”的制品不进行迁移试验的附加说明，而我国现行卫生标准尚未对此作出明确规定。

（三）迁移试验条件

迁移试验的实质是模拟材料与食品接触的过程。因此，原则上迁移试验条件应尽可能接近材料实际使用条件，主要是温度和时间。但实际使用条件多种多样，不可能一一试验，不同的条件也会产生不同的测试结果，因而需在尽可能反映实际情况的前提下对试验条件作出一定的规定。各国对试验条件的规定存在一定差异。

欧盟 82/711/EEC 指令规定了迁移试验条件的选择原则，并列出了选择表。其特点是无论何种材料，都按实际使用的“可预见的最差接触条件”选择表格中对应的试验条件。例如，对带任何涂层的制品，当接触时间 4~24 h、接触温度 20~40 ℃ 时，按表选择的试验条件都为 24 h/40 ℃。如果实际使用时间大于 24 h，则要求进行 10 天的迁移试验。生产这类产品（如可长期贮藏食品的罐头盒）的出口企业应注意留有足够的检验时间。另一特点是对同一测试对象进行 100 ℃ 以下的常规迁移试验（即未使用替代模拟物）时，不同模拟物试验的接触时间和温度都是一致的。如果同一产品经历了不同的使用条件，则需按照对应的试验条件连续进行不同条件的迁移试验，例如，某包装食品在 100 ℃下杀菌 20 min，然后在室温下贮存 3 个月，则其包装材料的试验条件可按表选择进行 100 ℃/30 min 的试验后，再接着进行 40 ℃/10 天的试验。进行“替代试验”（即用 95% 乙醇或异辛烷替代模拟物 D）时，试验条件与模拟物 D 不同，例如，用模拟物 D 时为 130 ℃/30 min，用 95% 乙醇或异辛烷则分别为 60 ℃/2 h 和 60 ℃/4 h。采用替代试验的前提是被测材料能承受与模拟物 D 相同的试验条件，即在模拟物 D 使用的试验条件下将试样浸入橄榄油中，如果试样物理性质(熔点、形状等）不变，则可换用新的试样进行替代试验。

美国 FDA CFR 175.30 列出了食品接触材料或制品上聚合物涂层提取试验的时间–温度条件，其特点是根据使用温度（如高温杀菌或冷藏）分类规定试验条件，在每一类中，不同模拟物的接触温度和时间各不相同。对搪瓷和其他金属制品表面释出的铅、镉检测，迁移试验条件与陶瓷相同，即室温/24 h。

我国现行卫生标准则是按各种材料品种分别规定模拟物和试验条件，同一种材料的不同模拟物(浸泡液）试验条件可能不同。以环氧酚醛内壁涂料为例，水的浸泡条件为 95 ℃/30 min，乙酸和乙醇溶液均为 60 ℃/30 min，而正己烷则为室温/2 h。当水的浸泡液用于测定“高锰酸钾消耗量”指标时，浸泡条件有时为 60 ℃/2 h。这种规定使得试验条件的选择很简单，但测试结果有时不能很好地反映实际情况，如高温处理或低温长时间保存的使用条件，或者接触食品类型单一的情况。各国(地区）对试验条件规定的特点归纳如表 4–28。

表 4-28　试验条件规定情况

国家/地区	试验条件选择的规定
欧盟	根据材料或制品实际使用的“最严格”条件选择对应的试验条件；对同一种材料或制品，如果用途不同，选择的迁移试验条件就会不同
美国	对有机涂层按实际使用条件选择对应的试验条件；对无有机涂层金属制品，迁移试验条件与陶瓷制品一致
中国	按照材料（涂料）种类选择试验条件，并对不同模拟物规定一定的试验条件，不因使用情况而变
日本和韩国	一般按照材料（涂料）种类选择试验条件，但当使用温度高于 100 ℃ 时，试验温度为 90 ℃；使用温度低于 100 ℃ 时，试验温度为 60 ℃

（四）食品模拟物体积与材料接触面积之比

迁移试验中另一个需要规范的条件是食品模拟物与材料的接触面积之比（以下简称“体积面积比”）。这个比值不一致，也会导致测定结果的不同。不同国家的规定各有不同，测试结果的表示方式和单位也不一致。

我国 GB/T 5009.156《食品用包装材料及其制品的浸泡试验方法通则》对各类不同形状的制品规定了面积计算方法和使用的浸泡液体积，常用的可填充制品，如碗、杯、罐、瓶等，浸泡液用量为注入容器后至口缘距离 0.5 cm 处的体积；对板、膜、片等材料和扁平（深度小于 2.5 cm）制品，体积面积比为 2 mL/cm^2，测定结果通常以每升食品模拟物（浸泡液）中迁移物的毫克数（mg/L）表示。当限量指标的单位为 mg/dm^2 时，将测得的迁移物浓度值（mg/L）按体积面积比换算后再与限量单位比较。

欧盟规定，当已知实际使用的体积面积比时，按实际比值计算试验所需模拟物体积；如果试验的体积面积比与实际不一致，则测得结果需根据实际比值换算。当不知实际体积面积比时，采用常规的比值：1 L/6 dm^2。测定结果以每平方分米材料接触面积的迁移物毫克数表示（mg/dm^2），也可通过1 L/6 dm^2 的比值计算，以每千克食品模拟物中迁移物的毫克数（mg/kg）表示（欧盟对迁移试验所制定的规则中，所有的食品模拟物的比重被假定为“1”）。

美国 21 CFR 175.300 规定对容积为 1 gal 以下的容器，提取液加至距顶部 0.63 cm（1/4 英寸）处。对容积大于 1 gal 的容器，可采用其他适当的比例。例如大容积搪瓷制品，当采用测试池试验时，每 6.45 cm^2（1 in^2）面积加提取液 40 mL。

日本和韩国对于可填充的容器、金属罐类制品，采用直接灌注浸出液的方法，当制品带盖时，需灌满溶液，使盖子盖上后，盖底可接触到浸出液；对不可填充制品，使用的面积体积比一般都为 2 mL/cm^2。对搪瓷制品同样按可填充和不可填充分类：对深度大于 2.5 cm 的容器直接灌注浸出液，测定结果以 μg/mL 表示；对深度小于 2.5 cm 的扁平制品，测算其接触面积，并以适量体积溶液浸泡，测定结果根据试验时的接触面积及浸泡液体积计算，以 μg/cm^2 表示。

（五）特定情况下的迁移试验

对一般容器类或可填充的制品，只需将模拟物注入制品内使之与制品内壁接触即可。但对于大容器，尤其是食品工业用设备，采用灌注法因为需要耗费大量模拟物而显然不适宜。针对这种情况，各国都允许切割制品，取下大小适宜的片状试样用于迁移试验。当制品材质内外均匀时，可以采用浸泡法，即将试样完全浸没于一定体积的模拟物中进行迁移试验。

但当制品的食品接触面与非食品接触面材质不同时，例如带内壁涂层的金属罐，或多层复合材料制品，或带密封胶的金属盖，或外表面有印刷文字、图案的情况，为防止非食品接触面材料干扰测定结果，只能进行“单面接触试验”，即在迁移试验中，食品模拟物只能接触到制品的食品接触面，而不能同时接触到非食品接触面，这就不能采用浸泡法。为保持“单面接触”，欧、美、日、韩都规定了特别的单面迁移试验方法——测试池法。测试池是一种带有夹持装置的设备，可将试样固定在池中，向池中注入的食品模拟物只与试样的食品接触面相接触。

我国 GB/T 5009.156《食品用包装材料及其制品的浸泡试验方法通则》中，除规定塑料薄膜袋和复合包装袋可使用袋装法（在袋中灌注浸泡液）外，对大多数样品采用填充法和浸泡法，尚未对上述单面接触情况的检测方法作出规定，更无标准测试池设备可用。2008 年以来，检验检疫系统有关单位鉴于检测需要，参考欧盟标准研制出了几种型号的测试池，目前有关测试池试验方法的行业标准也已起草完成，正在进行实验室间的技术验证，不久将投入使用。

三、食品接触材料安全限量要求比较

（一）塑料食品接触材料和制品

1. 总迁移量/蒸发残渣

欧盟对食品接触材料涂层的总迁移量规定了统一的限量，即每千克食品或食品模拟物中不得超过 60 mg（60 mg/kg）。对容积小于 500 mL 或大于 10 L 的容器类制品，以及薄片、膜或其他不可填充的材料或制品，或无法估算其表面积与所接触食品量之间关系的材料或制品，总迁移限量以每平方分米材料或制品的接触面积表示，即不超过 10 mg/dm^2。但对用于婴幼儿食品的产品，其总迁移限量一律以 60 mg/kg 表示。由于脂肪类模拟物相对实际食品具有更高的提取能力，对采用这类模拟物进行迁移试验的测定结果，需按 85/572/EEC 指令中的相关规则用一个 1~5 的“模拟物 D 缩减换算系数”（DRF）校正后再与限量指标比较。德国 BFR 建议（一般塑料制品或橡胶或有机涂层通用要求）也与欧盟采用了类似的限量，即总迁移量不得超过 60 mg/kg。

我国现有针对 8 种食品接触涂料的 8 个卫生标准，每一个卫生标准中都分别规定了蒸发残渣指标，按模拟物分主要是 4 种：蒸馏水、4% 乙酸、20% 或 65% 乙醇、正己烷，限量多数情况下为≤30 mg/L，也有≤60 mg/L 的规定（如 GB 11678—89 食品容器内壁聚四氟乙烯涂料卫生标准中 4% 乙酸的蒸发残渣）。不同材料使用的食品模拟物、迁移条件及指标规定不尽相同，具体仍应以相应产品的卫生标准为依据。

美国 FDA 规定，庚烷提取后应将提取物量除以 5，再与限量指标比较；对某些材料还规定了氯仿提取物的限量指标，即用食品模拟物提取后，提取物再用氯仿溶解提取测定。多数制品的总提取物限量为 0.5 mg/in^2，但根据具体使用情况（如一次性使用还是重复使用）会有不同。

日本并没有专门针对食品接触涂料或涂层的卫生标准，对于食品接触材料涂层主要参照合成树脂通用要求和金属罐要求，合成树脂总迁移量指标是：水、4% 乙酸、20% 乙醇和正庚烷的蒸发残渣多为 60 mg/kg，金属罐总迁移量指标是水、4% 乙酸、20% 乙醇和正庚烷的蒸发残渣多为 30 mg/kg。

2. 特定迁移限量

食品接触材料涂层所用的化学物质种类繁多。根据安全性评估的结果，对某种或某类具体物质迁移量的限制，就是“特定迁移限量”（Specific Migration Limit，SML）。有时，多种物质的 SML 以一种基团或物质表示，例如多种异氰酸酯的 SML 都以异氰酸根 NCO 计，甲醛和六亚甲基四胺的 SML 都以甲醛计，此时在欧盟的物质清单中的 SML 就以 SML（T）的形式出现。

3. 材料中物质含量

有些时候，通过测定材料中物质的含量（如涂料中重金属含量）来评估材料的安全性。应注意的是，虽然在大多数情况下物质含量的单位量纲与迁移量相同，都以 mg/kg 表示，两者的含义却不同，前者表示每千克材料中特定物质的毫克数，后者则是材料中物质迁移到每千克食品或食品模拟物中的毫克数。同一件材料中特定物质的含量是一定的，但在不同的接触条件下（温度、时间、食品或模拟物种类），其迁移量可能不同。由于迁移机制的复杂性，如果未建立可靠的迁移模型数学关系式，除非材料中物质全部迁移，否则是不可能直接根据材料中某物质含量准确计算出其迁移量的，反之亦然。

对单位质量材料中含有物质的限量（最大允许量），欧盟称为“QM”，单位为 mg/kg；当限量以材料与食品接触的单位面积（每 6 dm^2）的物质量表示时，称为“QMA”，单位为 mg/(6 dm^2)；如果多种物质以某个基团或某种物质表示时，“QM”或“QMA”就相应的为“QM（T）”或“QMA（T）”。在欧盟物质清单中也规定了很多的物质含量限量，如丙烯酸二环戊烯酯的 QMA= 0.05 mg/(6 dm^2)，丁二烯在最终制品中的 QM =1 mg/kg，等等。

日本对合成树脂的通用要求是铅、镉含量都不得大于 100 mg/kg。对具体涂料品种尚未有规定。

4. 高锰酸钾消耗量

日本和我国的迁移物指标中还有一项“高锰酸钾消耗量”。高锰酸钾氧化性很强，水溶液中多种有机物都可被其氧化。材料迁移到水模拟物中的有机物越多，用于反应所消耗的高锰酸钾量就越大，因此这项指标可以反映出材料中有机物质对水性食品的迁移情况，不失为一个有效的卫生安全性判断依据。如果这项指标不合格，可从原料中的水溶性有机组分上查找原因，加以改进。

5. 重金属元素

欧盟允许涂料使用的物质清单中未列入铅、镉、汞、砷类化合物，因此食品接触涂料应避免使用这些物质作为添加剂，如用作热稳定剂的铅盐或镉盐。有机锡作为性能优良的热稳定剂和抑菌防霉剂用于塑料中，但有些有机锡的生物毒性很强。经 5009/79/EC 指令修订后，塑料食品接触材料 2002/72/EC 指令对有机锡迁移限量的规定更为严格，如马来酸氢二正辛基锡等 14 种有机锡，以锡计的SML（T）从 0.04 mg/kg 改为 0.006 mg/kg。欧盟物质清单中还对铜、铁、锌、钴等金属或化合物规定了以这些金属元素计的 SML（T）指标，如以铜、锌、钴计的 SML（T）分别为 5 mg/kg、25 mg/kg、0.05 mg/kg。有些允许使用的酸、醇、酚的锌盐未列入清单中，也适用相同的限制。

我国目前的涂料卫生标准中，除对聚四氟乙烯涂料等少数涂料有砷、铬等元素的特定迁移限量外，一般以“重金属（以铅计）”≤1 mg/L 的指标进行限制。其原理是某些重金属会生成硫化物沉淀使溶液混浊或变色，可与一定浓度的硫化铅溶液进行比较判定，故称“以铅计”。事实上迁移出的重金属并不一定都是铅，可能也有会产生硫化物沉淀的其他金属，如铁、锌、锡等。这种方法无法对各金属元素的迁移量准确测定，因此是一种定性或半定量的方法。

日本对合成树脂中重金属的限制主要是铅、镉含量，金属罐中重金属的限制主要是铅、镉、砷的迁移量指标。

（二）食品接触材料涂层

欧盟 Res（2004）1 决议中有特定迁移限量的物质多达数百种，美国 FDA 也对多种化合物规定了模拟物中的提取量指标。对如此之多的物质全都进行检测，既不可能，也无必要，根本上还是要从源头上把好原料关和生产关。表 4–29 是 Res（2004）1 决议中物质清单表中的典型样式，SML（T）即为以某物质为添加剂的食品接触材料涂层中该物质的特殊迁移限量。

表 4-29 Res（2004）1 决议中物质清单表中的典型样式

PM/REF 编号	CAS 编号	名称	SCF-L	限量和（或）规范	ADI/TDI/[mg/(kg·bw)]
10060	000075-07-0	Acetaldehyde 乙醛	2	SML（T）=6 mg/kg（2）	0.1
10120	000108-05-4	Acetic Acid, Vinyl Ester 乙酸乙烯酯	2	SML（T）=12 mg/kg	0.2

注：PM/REF 编号：物质的欧盟包装材料参考号；
CAS 编号：物质的化学文摘服务处注册号；
名称：物质或物质组的化学名称；
SCF-L：物质所在食品科学委员会（SCF）或 EFSA 分类表的编号；
限量和（或）规范：相关物质的限制和（或）规范，SML = 食品或食品模拟物中的特定迁移限量；
ADI/TDI/：按 SCF/EFSA 定义的每日允许摄入量或每日耐受摄入量

在欧盟物质清单中未规定限量的物质，其迁移量不得超过总迁移限量，即 60 mg/kg 或 10 mg/dm^2。如有些在塑料中作为填料大量使用的碳酸钙，会被乙酸溶解而迁移到乙酸溶液中。虽然对碳酸钙未规定 SML 指标，但如在乙酸模拟物中的迁移量超过 60 mg/kg，就会视为不合格。欧盟还规定各种物质迁移量之和也不得超过总迁移限量。以蜜胺制品为例，假定测出其三聚氰胺迁移量为 28 mg/kg，甲醛迁移量为 12 mg/kg，硬脂酸锌的迁移量（以锌计）为 24 mg/kg，虽然各物质迁移量均未超过其特定迁移限量，但总和高于 60 mg/kg，因而也判为不合格。

我国现有卫生标准中对特定迁移限量的涂料用物质的规定十分有限，分别在各产品的卫生标准中列出，如氯乙烯内壁涂料中的氯乙烯单体残留、脱模涂料中的游离酚、聚四氟乙烯涂料中的氟等。新修订的 GB 9685—2008 则大大增加了各类添加剂特殊迁移量的限量。

日本对食品接触材料涂层特定迁移限量的规定有：金属罐中表氯醇、甲醛、氯乙烯单体、苯酚等。

（三）金属食品接触制品

1. 材质要求

对用于制造各类与食品接触金属制品所用的金属材料，各国（地区）的材质要求不尽相同，如日本、韩国仅规定了一般要求，未规定具体材料牌号，法国、意大利则对允许使用的不锈钢列出了多达数十种牌号，包括马氏体、奥氏体和铁素体不锈钢，还规定了有害元素含量，而我国 GB 9684 中仅规定了少数几种牌号的不锈钢，允许使用的不锈钢材料中不包括铁素体。各国对材料要求的情况如表 4-30 所示。

表 4-30 国内外的食品接触金属制品材料要求比较

国家/地区	材料要求			
	不锈钢	铝	带金属镀层的制品	其他金属制品
中国	餐具材料要求与 ISO 标准基本一致；GB 9684 明确规定允许使用的为奥氏体和马氏体，牌号只有少数几种，未规定主要元素含量。 未规定材料中有害重金属含量	GB 11333 未规定铝含量及允许使用的牌号。 未规定材料中有害重金属含量	除镀锡板外，无国家标准规范。 镀锡板的镀锡量≥5.6/2.8 g/m^2；未规定镀锡层中有害元素含量	除镀锡板外，无国家标准规范。 镀锡板的镀锡量≥5.6/2.8 g/m^2；未规定镀锡层中有害元素含量

续表

国家/地区	材料要求			
	不锈钢	铝	带金属镀层的制品	其他金属制品
美国	可使用 AISI 200、300、400 系列牌号（包括铁素体、奥氏体、马氏体）的不锈钢	退火铝和铝合金箔的铝含量≥98%，同时规定了其他元素的含量限制。铅、镉、砷分别<0.01%；包装用铝箔铅、镉、汞、六价铬总量<100mg/kg。 食品设备用铝材也规定了允许使用的牌号	镀银餐具的溶出铅： 成人用：<7 μg/mL； 儿童用：<0.5 μg/mL。 食品设备中的金属镀层：符合相关 ASTM 标准；镀锌层不得用于食品区	食品设备中有关铜和铜合金符合 NSF/ANSI 51—2009 的规定
欧盟（EN 标准）	餐具材料要求同 ISO 标准；未限定允许使用的牌号，但规定了铁素体、奥氏体、马氏体不锈钢的元素含量，以及各类材料允许使用的制品或零部件。 限定含量的有害重金属元素：砷、铅、镉	铸铝和锻制铝：铝含量≥99%，同时规定了其他元素的含量限制。 铝合金：规定了硅、铁、铜等多种元素的含量限制。铅、砷等杂质元素含量≤0.05%；杂质总含量≤0.15%	镀金、银和其他贵金属餐具的镀层纯度；≥80%； 镀锡板锡含量可达 15.1 g/m²；使用锡锭锡含量≥99.85 %； 镀锡层有害元素含量：铅≤0.010%	符合框架法规的通用安全要求及相关食品安全规范
法国	允许使用的铁素体、奥氏体、马氏体不锈钢牌号多达数十种，且规定了主要元素含量。 最低铬含量：13.0%	同欧盟 EN 标准	镀锡层要求同欧盟标准。镀锌层锌含量≥99.85%；镀锌、锡制品不应直接接触含液体酸性食品。 限定含量的有害重金属元素：砷、铅、镉	规定了黑钢板、铸铁、锡、锌及带有机涂层的金属基材要求。限定含量的有害重金属元素：砷、铅、镉
意大利	允许使用的铁素体、奥氏体、马氏体不锈钢牌号多达数十种	符合通用安全法规及食品安全规范	符合通用安全法规及食品安全规范	符合通用安全法规及食品安全规范
日本	允许使用，未规定具体牌号	符合一般安全卫生要求	镀锡层铅<0.1 %	一般要求：铅<0.1%，锑<5%；焊料中铅 <0.2%。铜和铜合金制品表面须镀锡或镀银或经处理。器具不得有可被刮削下的铜、铅或其合金
韩国	与日本相同			

2. 总迁移限量

迁移到食品（或食品模拟物）中所有非挥发性物质的总量称为“总迁移量”或“蒸发残渣”，对总迁移量的限量指标即为“总迁移限量”（Overall Migration Limit）。

对不带有机涂层的金属制品，一般都未规定总迁移限量指标。对金属制品与食品接触表面上的有机涂层，总迁移限量各国有所不同，归纳比较见表 4-31。

表 4-31 各国有关金属制品有机涂层总迁移限量的规定

国家/地区	金属制品有机涂层总迁移限量的规定
欧盟［欧洲理事会 ResAP（2004）1 决议］	容积不小于 500 mL 且不大于 1 L 的容器或可填充制品，以及无法估算面积的制品和类似瓶盖的密封装置：60 mg/kg；容积小于 500 mL 或大于 1 L 的容器或可填充制品，以及可估算面积的薄片制品：10 mg/dm^2。 以上限量适用于所有食品模拟物，但对模拟物 D，迁移结果需根据与制品接触的脂类食品情况除以 1~5 的缩减换算系数后再与总迁移限量比较。根据制品实际使用时接触的食品类型选择适用的食品模拟物总迁移限量
美国（FDA 21CFR 175.300）	容积≤3.785 L 且为一次性使用的容器，氯仿可溶性提取物≤0.5 mg/in^2； 容积<3.785 L 且为一次性使用的容器，氯仿可溶性提取物≤1.8 mg/in^2； 反复使用的容器或其他制品，氯仿可溶性提取物≤18 mg/in^2。 以上限量适用于所有食品模拟物，但正庚烷提取物测定结果需除以 5 后再与限量比较。根据制品实际使用时接触的食品类型选择适用的食品模拟物提取物限量
中国	对 8 种容器内壁涂料的蒸发残渣限量作了规定，一般都应≤30 mg/L，但有的规定了 4 种食品模拟物的限量，有的则为 3 种或 2 种，视涂料品种而定
日本和韩国	蒸发残渣≤30 mg/L。对以天然油脂为原料且氧化锌含量超过 30%的涂料，正庚烷中的蒸发残渣≤90 mg/L，水中的蒸发残渣≤30 mg/L 时，氯仿可溶性提取物≤30 mg/L。 根据制品实际使用时接触的食品类型选择适用的食品模拟物蒸发残渣限量

3. 特定物质限量

涂料所使用的物质数不胜数，各国已规定的限量也无法在此一一列举，对如此之多的物质全都进行检测，既不可能，也无必要，根本上还是要从源头把好原料关和生产关。针对检测材料（涂层）中特定物质含量，日本和韩国都称为“材质试验”，以同测定特定迁移量的“溶出试验”（即迁移试验）相区别。各国有关有机涂层使用物质的限制概况见表 4-32。

表 4-32 各国有关有机涂层使用物质的限制概况

国家/地区	涂层使用物质的限制概况
欧盟	欧盟（EC）No. 1895/2005 法规制定了某些环氧衍生物的使用限制。 欧洲理事会 ResAP（2004）1 决议 1 号技术文件列出了涂料生产中使用的物质清单，包括单体和添加剂，其中又包括已经过评估的物质清单和尚未在欧盟层面上批准的临时性物质清单。清单中列出了相关 SML 和 SML（T）
美国（FDA 21CFR 175.300）	包含允许使用的物质表及其使用限制，以使用量和使用条件为主，未规定物质特定迁移限量指标
中国	现行 8 个食品容器内壁涂料卫生标准中，仅规定了游离酚、甲醛、铅、砷、铬、氟、重金属（以铅计）等 7 项特定物质迁移指标，以及 1 项物质含量指标（氯乙烯单体残留量）。 GB 9685—2008 中，对 300 多种涂料添加剂规定了使用限制，包括最大用量、SML 和 QM。目前尚无专门的食品接触涂料使用的单体或起始物的限量标准
日本	迁移量仅规定了砷、苯酚、甲醛和表氯醇的限制指标，以及氯乙烯单体和邻苯二甲酸二（2-乙基己基）酯的溶出限量（限于 PVC）；材质试验中包含铅、镉含量指标；对 PVC 涂层，材质试验还有二丁基化合物、甲酚磷酸酯、氯乙烯单体和邻苯二甲酸二（2-乙基己基）酯的限量要求
韩国	迁移限量指标中，除苯酚、甲醛和表氯醇外，还包括双酚 A（含苯酚、双酚 A 和对叔丁基苯酚）、双酚 A 二缩水甘油醚和双酚 F 二缩水甘油醚及其衍生物。 对 PVC 树脂材料有铅、镉、氯乙烯、甲酚磷酸酯、邻苯二甲酸酯类的材质要求，还有 6 种邻苯二甲酸酯的迁移指标

欧盟相关指令中指出，有两种情况可不必强制检测特定迁移量，一是“总迁移量的测定值意味着特定迁移限量不超值”；二是“假定材料和制品的残留物质全部迁移也不会超过特定迁移限量”。例如，某种脂溶性物质的 SML 为 6 mg/kg，而脂肪类食品模拟物中的总迁移量检测结果仅为 0.5 mg/kg，说明这种脂溶性物质的特定迁移量不会超过限值，这属于第 1 种情况，可以不检测该物质的迁移量。又如，假定某种物质的 SML 为 0.1 mg/dm^2，而在实际生产中，每平方分米涂层中该物质的使用量仅有 0.05 mg，即使全部迁移量也不会超过 SML，这就属于第 2 种情况，也不必检测这种物质的特定迁移量。由此可见，在保证产品技术性能的前提下，可以通过调整配方中物质用量的方式，达到产品质量安全的符合性；也可以通过材质试验测定物质含量或残留量，如果物质含量低于特定迁移限量，则不需再进行迁移量的检测。

我国和日本的金属内壁有机涂层迁移试验中，与其他国家不同的是还有一项“高锰酸钾消耗量”的指标。高锰酸钾氧化性很强，水溶液中多种有机物都可被其氧化。材料迁移到水模拟物中的有机物越多，用于反应所消耗的高锰酸钾量就越大，因此这项指标可以反映出材料中有机物质对水性食品的迁移情况。有一些有机物如苯甲酸等不会被高锰酸钾氧化，某些无机物如二价铁盐、亚硫酸盐等也会消耗高锰酸钾，因此不能单凭这个指标就判定有机物迁移量的高低，但仍不失为一种有效的参考信息。如果这项指标不合格，可从原料中的水溶性有机组分上查找原因，加以改进。

欧盟和韩国都对双酚 A 二环氧甘油醚和双酚 F 二环氧甘油醚等环氧衍生物提出了限量要求。我国相关卫生标准尚未纳入这些环氧衍生物的指标。由于环氧树脂涂料在金属容器中广泛使用，出口欧盟和韩国的相关产品应加强环氧衍生物指标的控制。

金属盖 PVC 密封胶中的邻苯二甲酸酯类增塑剂是近年来备受关注的物质，各国限制有所差异，如日本只对一种邻苯二甲酸酯［邻苯二甲酸二（2–乙基己基）酯，DEHP］规定限量，欧盟、韩国和我国 GB 9685—2008 中规定限量的邻苯二甲酸酯类物质则有 6~7 种，包括 DEHP、DBP、DINP、BBP 等。

4. 金属材料中重金属元素的限制

金属材料中重金属元素是各国普遍关注的有害物质，对它们的限制包括材料中的最大含量和迁移限量。金属材料中物质含量大多以百分比（质量分数）表示，不易与表示迁移限量常用的单位 mg/kg 混淆。虽然有些国家对材料中的有害重金属含量未明确规定，但对于重金属的迁移都作了限量规定（表 4–33）。

表 4–33 各国有关金属材料中重金属的迁移限量

国家	制品	重金属迁移限量（mg/L 或 mg/kg）						
		铅	镉	铬	镍	砷	锌	锑
中国	铝	精铝：0.2 回收铝：5	0.02	/	/	0.04	1	
	不锈钢	1.0	0.02	马氏体：/ 奥氏体：0.5	马氏体：1.0 奥氏体：3.0	0.04	/	
意大利	不锈钢	/	/	0.1	0.1	/	/	
法国	金属镀层	4	0.3	5	0.5		10	0.01
日本	金属罐	0.4	0.1	/	/	0.2	/	/
韩国	金属制品	0.4	0.1	0.1	0.1	0.2	/	/
芬兰 *	一般制品	0.5	0.1	2.0	2.0	/	/	/
	儿童用品	0.5	0.01	0.2	0.2	/	/	/
美国	成人用镀银餐具	7.0	/	/	/	/	/	/
	儿童用镀银餐具	0.5	/	/	/	/	/	/

注：* 重金属迁移限量指标单位为 mg/dm^2。

从表 4–33 可看出，意大利对不锈钢中铬和镍的迁移限量比其他国家要严格得多，这也是我国被欧盟通报的金属制品中，出口意大利的占绝大多数的主要原因。此外，意大利对已经包装在金属罐内的食品有铁、锡、铅、铬元素迁移量的限制，具体可查询部颁指令 D.M.18.2.84 和 D.M.1.6.88。

需注意的是，韩国食品法典的器具、容器及包装规格经 2008 年修订后，提高了重金属迁移限量标准，其中铬和镍的指标也和意大利一致，对于我国出口金属制品设置了较高的门槛，一些镀铬、镀镍的产品可能不易过关。

另一个需注意的问题是，各国规定指标所对应的食品模拟物和试验条件不完全一致。

(四) 橡胶食品接触制品

1. 产品分类要求

在实际使用中，橡胶制品很少被用作食品包装材料（如瓶、薄膜和容器等），而主要用作与食品接触的产品（如传输带、管道等）。产品与食品的接触情况差异性也相当大，例如接触温度可以是冷冻状态，也可能高达 200 ℃的高温，接触时间的范围从几秒钟到一年甚至更长。综合考虑橡胶制品与其他食品接触制品的不同使用特性、比较低的食品暴露量等因素，欧洲理事会、德国和法国法规对食品接触橡胶制品制定了分类的要求，根据产品的预期用途和迁移的可能性，将橡胶制品合理划分为几种类别，不同的类别将适用于不同的安全规范要求，如限量要求、可使用的物质清单范围和条件等。

欧洲理事会橡胶决议中，对于迁移可能性的判定，引入了计算 *R* 因子的方式来进行评估，通过对*R*1 因子（相对接触面积）、*R*2 因子（温度）、*R*3 因子（接触时间）、*R*4 因子（重复使用次数）几个关键参数的确定和计算来得到 *R* 总因子值，再根据不同的 *R* 总值来对产品进行相应分类。表 4–34 列出欧洲理事会、德国和法国法规对橡胶制品的分类要求。

表 4–34　欧洲理事会、德国和法国法规对橡胶制品的分类要求

国家/地区	制品类别
[欧洲理事会 ResAP（2004）1 决议]	Ⅰ类：喂食奶嘴和接触婴儿食品的橡胶产品，其 *R* 总值大于或等于 0.001
	Ⅱ类：*R* 总值大于或等于 0.001 的产品
	Ⅲ类：*R* 总值小于 0.001 的产品
德国 [(BFR)《XXI.天然和合成橡胶制商品》（01.06.2007 版）]	Ⅰ类制品，长期接触制品 （如容器、容器内衬、大面积密封件、罐头、瓶子等类似物品密封圈）
	Ⅱ类制品，中等程度接触制品 （如软管、瓶塞和盖、高压锅密封圈、咖啡机软管、奶桶密封盖、阀球等）
	Ⅲ类制品，短暂接触制品 （如橡胶奶嘴、牛奶加工用管、牛奶加工用盖子、膜，活塞、固定等类似物、泵定子、食品加工用手套、围裙等，传送带、辊轴涂层）
	Ⅳ类制品，极少接触制品 （传送带和轮毂涂层、吸入和压力带、液态食品用管道，泵、旋塞及阀的密封件等）
	Ⅴ特殊类别制品，打算或预期放入口中的制品 玩具、玩具气球，奶嘴瓶、安抚奶嘴、吸奶罩、咬牙圈等
法国 09/11/1994 法令	A 类，与热的物体接触，可能长时间接触 （如压力锅口，消毒瓶口）
	B 类，长时间接触 （密封盒子和容器的衔接处）
	C 类，中等接触时间 （不使用物质时会接触到物质的管子和阀门）
	D 类，短时间接触 （不使用物质时不会接触到物质的管子和阀门、手套、搬运用绳索）

2. 总迁移限量

各国对于涉及食品接触橡胶制品的总迁移限量有所不同，进行归纳比较见表 4–35。

表 4–35　各国法规对食品接触橡胶制品总迁移限量的规定

国家/地区	制品类别	总迁移限量
欧盟［欧洲理事会 ResAP（2004）1 决议］	Ⅰ类和Ⅱ类产品： （Ⅰ类：喂食奶嘴，和接触婴儿食品的橡胶产品，其 *R* 总值大于或等于 0.001；Ⅱ类：*R* 总值大于或等于 0.001 的产品） 注：*R* 总值是通过由 *R*1（相对接触面积因子）、*R*2（接触温度因子）、*R*3（接触时间因子）、*R*4（重复使用次数因子）4 个因子计算所得	≤60 mg/kg
	Ⅰ类制品（如容器、容器内衬、大面积密封件、罐头、瓶子等类似物品密封圈）	≤50 mg/dm^2（蒸馏水） ≤50 mg/dm^2（10% 乙醇容积） ≤150 mg/dm^2（3% 乙酸，其中有机物应≤50 mg/dm^2）
	Ⅱ类制品（如软管、瓶塞和盖、高压锅密封圈、咖啡机软管、奶桶密封盖、阀球等）	≤20 mg/dm^2（蒸馏水） ≤20 mg/dm^2（10% 乙醇容积） ≤100 mg/dm^2（3% 乙酸，其中有机物应≤20 mg/dm^2 ）
	Ⅲ类制品（如橡胶奶嘴、牛奶加工用管、牛奶加工用盖子、膜，活塞、固定等类似物、泵定子、食品加工用手套、围裙等、传送带、辊轴涂层）	≤10 mg/dm^2（蒸馏水） ≤10 mg/dm^2（10% 乙醇容积） ≤50 mg/dm^2（3% 乙酸，其中有机物应≤10 mg/dm^2）
	Ⅳ特殊类别制品 玩具、玩具气球 奶嘴瓶、安抚奶嘴、吸奶罩、咬牙圈等	 ≤50 mg/dm^2（蒸馏水） ≤20 mg/dm^2（蒸馏水）
法国（09/11/1994 法令）	食品接触橡胶制品	≤10 mg/dm^2 或者 60 mg/kg。 在下列情况下，总迁移物限量以 60 mg/kg 表示： 1）能够盛装 500 mL 到 10 L 液体的容器或类似容器物； 2）可以盛装物品，但是不能确定其与食品或饮料接触面积的容器； 3）瓶盖、密封垫圈、瓶塞或任何其他密封性制品

续表

国家/地区		制品类别	总迁移限量
意大利（21/03/1973 部长指令）		食品接触橡胶制品	≤8 mg/dm²。 但在以下几种情况总迁移限量则以 50 mg/kg 表示： 1）物件本身是容器或可以视为容器，或者本身已经盛满，但容量不少于 500 mL 且不超过 10 L； 2）物件可以被盛满，但无法测定接触食品的表面积； 3）盖子、衬垫、瓶塞或其他类似的密封制品
英国		无针对食品接触橡胶制品制定总迁移限量	
美国（FDA 法规）	21CFR §177.1210、21CFR §177.2600	增塑聚合物，包括未硫化的或硫化的或用其他固化方法处理的天然和合成橡胶，由融化物、溶液、增塑溶胶、有机溶胶、机械分散体或乳胶形式成型的整片或环形垫圈	≤50 mg/kg（水浸提物的氯仿提取部分）
			≤500 mg/kg（庚烷浸提物的氯仿提取部分）
			≤50 mg/kg（氯仿提取乙醇浸泡部分）
		增塑聚合物制的预成型整片或环形垫圈，包括未硫化的天然和合成橡胶	≤50 mg/kg（氯仿提取水浸泡部分）
			≤250 mg/kg（氯仿提取庚烷浸泡部分）
			≤50 mg/kg （氯仿提取乙醇浸泡部分）
		经硫化增塑的聚合物制的预成型整片或环形垫圈，包括天然和合成橡胶	≤50 mg/kg （氯仿提取水浸泡部分）
			≤50 mg/kg （氯仿提取庚烷浸泡部分）
			≤50 mg/kg （氯仿提取乙醇浸泡部分）
		涂有聚合物或树脂的纸的、纸板的、塑料的，或金属箔基质的预成型整片或环形垫圈	≤50 mg/in² （氯仿提取水浸泡部分）
			≤250 mg/kg（氯仿提取庚烷浸泡部分）
			≤50 mg/kg（氯仿提取乙醇浸泡部分）
		拟重复接触水性食品使用的橡胶制品	≤20 mg/in² （蒸馏水回流最初 7 h）， 且≤1 mg/in² （蒸馏水再回流 2 h）
		拟重复接触脂类食品使用的橡胶制品	≤175 mg/kg （正己烷回流最初 7 h）， 且≤4 mg/kg （正己烷再回流 2 h）

续表

国家/地区		制品类别	总迁移限量
中国	GB 17326—1998	食品容器、包装材料用橡胶改性的丙烯腈-丁二烯-苯乙烯成型品	≤15mg/L
	GB 4806.1—1989	食品用橡胶制品	水浸泡液 ≤50 mg/L （高压锅垫圈） ≤30 mg/L （其他）
			65% 乙醇浸泡液 ≤40 mg/L（其他）
			4% 乙酸浸泡液 ≤2 000 mg/L （其他）
			正己烷浸泡液 ≤500 mg/L（高压锅垫圈） ≤2 000 mg/L（其他）
	GB 4806.2—94	橡胶奶嘴	水浸泡液 ≤30 mg/L
			4% 乙酸浸泡液 ≤120 mg/L
日本和韩国		非婴儿奶瓶类橡胶器具、容器和包装	≤60 mg/L
		橡胶奶瓶奶嘴	≤40 mg/L

3. 特定物质限量

主要贸易国及我国法规对食品接触橡胶制品中特定物质限制要求的比较见表 4-36。

表 4-36 主要贸易国及我国法规对食品接触橡胶制品中特定物质限制要求概况

国家/地区	食品接触橡胶制品使用物质的限制概况
欧盟	欧盟 93/11/EEC 指令针对由弹性体或橡胶所制成的奶嘴和安抚奶嘴中 N-亚硝胺和可转化成 N-亚硝胺物质含量和迁移量制定了合格限量； 欧洲理事会 ResAP（2004）4 决议 1 号技术文件列出了橡胶制品生产中使用的物质清单，包括单体和添加剂，其中又包括已经过评估的物质清单和尚未在欧盟层面上批准的临时性物质清单。清单中列出了相关 SML 和 SML（T）。此外，决议还制定了针对橡胶制品中 N-亚硝胺和 N-亚硝基化合物和芳香胺的限量要求
德国（BFR《XXI.天然和合成橡胶制商品》建议）	针对长期接触制品、中等程度接触制品、短暂接触制品、极少接触制品、特殊类别制品等 5 类制品，规定了可使用的物质清单（肯定列表）和使用条件。肯定列表所列出的可使用物质清单主要包括起始物、添加剂、加工助剂、填料、硫化剂、防老剂和色粉等。属于第 1 类的制品只能使用基本列表（Basic List）中所列出的物质和按照使用条件来使用，而属于第 2~4 类的制品除了要选择基本列表所规定的物质和满足使用条件要求外，还需符合报告对具体种类单独列出的附加物质清单（Additional Subatances）的要求。 建议报告规定颜料不得转移到食物中，不得在奶嘴头、安抚奶嘴和牙圈中使用。具体安全指标要求参考Ⅸ.《塑料和其他聚合物商品所用颜料》建议要求，主要的安全指标包括有 8 大类重金属和芳香族伯胺迁移限量。 建议报告还对锌镉含量、N-亚硝胺、N-亚硝基化合物、二级脂肪和脂环胺、甲醛提取量、初级芳香胺迁移量、二苄基二硫代氨基甲酸锌专门制定了限量指标要求

续表

国家/地区	食品接触橡胶制品使用物质的限制概况
法国（09/11/1994 法令）	法令附录 1 和附录 2 制定了肯定列表，其中列出的允许使用的单体、原材料、助剂和添加剂，肯定列表中物质还必须遵守针对物质的使用条件和安全按限量要求； 法令还针对部分单体物质、重金属迁移、有机挥发物、N–亚硝胺和 N–亚硝基化合物、芳香胺、甲醛、过氧化物、邻苯二甲酸酯类、矿物油、苯并芘等物质规定了相应的含量和迁移限量
意大利（21/03/1973 部长指令）	指令规定橡胶制品只可以使用附件 2 第 2 部分所规定的聚合物和添加剂（肯定列表），并且必须符合列表对这些物质所规定的使用条件、适用范围和限量要求； 此外，指令规定颜料不得转移到食物中，主要的安全指标包括 8 大类重金属和芳香族伯胺迁移限量
美国（21CFR 177.2600、177.1210、189–C 分部和 181.32）	针对不同的材料类别和产品类型规定了允许使用的物质表及其使用限制，以使用量和使用条件为主。在 21 CFR 189.220 和 189.250 部分，规定禁止检出可能用于橡胶产品生产的合成化学物：1,2–二氢–2,2,4–三甲基喹啉和硫基咪唑啉和 2–硫基咪唑啉。21 CFR 189.32 规定了丙烯腈单体浸提限量要求
中国（GB 17326—1998、GB 4806.1—1989 和 GB 4806.2—94 卫生标准）	这 3 项涉及橡胶制品的卫生标准中，主要规定了锌、重金属（以铅计）2 项特定物质迁移指标，以及 1 项物质含量指标（丙烯腈单体残留量）。 而在 GB 9685—2008 中，对 300 多种添加剂规定了使用限制，包括最大用量、SML 和 QM。其中包括部分针对食品接触橡胶制品使用的添加剂
日本（厚生劳动省 370 号公告）	公告规定除法令批准或者不会发生搀入食品的情况外，在产品生产过程中不得使用合成颜料，此外，针对具体物质规定了限量指标的有：甲醛、苯酚、锌溶出限量、铅镉含量以及重金属溶出量（以 Pb 计）
韩国（食品法典）	法典规定了不得使用法令批准范围之外的合成颜料，规定了限量指标的具体物质有：甲醛、苯酚、锌、铅镉含量、2–巯基咪唑以及重金属溶出量（以 Pb 计）；此外，生产制造奶瓶（包括奶嘴）时，不可使用邻苯二甲酸二丁酯（di–n–butyl–phthalate，DBP）及邻苯二甲酸丁基苄酯（benzyl–n–butyl–phthalate，BBP）

从表 4–36 可见，欧盟、欧洲理事会和成员国均对 N–亚硝胺、N–亚硝基化合物规定了限量要求。但我国相关卫生标准尚未纳入这些指标。很多企业由于不了解国外的相关法规要求，往往忽视对上述物质进行评估和原料采购、生产过程中的控制，因此，含有该类物质的产品出口时常常遭遇欧盟国家的技术贸易措施的限制。

（五）竹木食品接触制品

1. 法规比较

（1）中国。我国目前针对与食品接触竹木制品的法规还不够健全，主要的测试项目参考 GB 19790.2—2005 竹筷中的有毒有害物质。偏重微生物指标（大肠菌群、致病菌、霉菌）、二氧化硫、邻苯基苯酚、噻苯咪唑、联苯以及抑霉唑的含量等，对于与食品接触竹木制品中防腐剂（五氯苯酚 PCP、砷 As）的测试方法以及指标没有具体的规定。

（2）欧盟。欧盟对与食品接触竹木制品在法规中已经明确规定了必须检测的物质：防腐剂（五氯苯酚PCP、砷 As）。同时，德国在欧盟 1935/2004/EC 法规的基础上明确规定与食品接触木材需要进行感官测试以及五氯苯酚 PCP 的检测，并推荐甲醛释放量的测试。法国对于此类产品也需要按照 DGCCRF 2004—64 的要求进行感官测试以及五氯苯酚 PCP 检测。

（3）美国。美国 FDA 针对与食品接触竹木制品法规中明确规定了必须符合 21CFR PART 178.3800 中对五氯苯酚 PCP 的要求。

（4）韩国。韩国 KFDA 对于与食品接触竹木制品的要求不同于欧美各国，必须检测物质包括了水中洗提出的砷含量、铅含量和二氧化硫含量，以及用20%乙醇溶液洗提出的邻苯基苯酚、噻苯咪唑、联苯以及抑霉唑的含量。

2. 安全限量比较

主要贸易国和中国对与食品接触竹木制品的安全限量要求比较见表4-37。

表4-37 主要贸易国和中国对与食品接触竹木制品的安全限量要求比较

国别/地区	法规/标准	检测项目与限量要求	参考检验标准
欧盟	1935/2004/EC	防腐剂（五氯苯酚PCP、砷As）：不得检出	BS 5666-3：1991（R2008） BS 5666-6：1983（R2008）
欧盟	EN 14372：2004（儿童餐具）	重金属迁移： Sb: ≤15 mg/kg As: ≤10 mg/kg Ba: ≤100 mg/kg Cd: ≤20 mg/kg Pb: ≤25 mg/kg Cr: ≤10 mg/kg Hg: ≤10 mg/kg Se: ≤100 mg/kg	EN 71—3：1994
		甲醛：≤15 mg/kg	EN ISO 4614：1999
德国	LMBG Section 30，31，35	感官测试	DIN 10955：2004
		五氯苯酚PCP：<5 mg/kg	LMBG35，B82.02—8
		甲醛释放量（推荐）	DIN 55666：1995
法国	DGCCRF 2004—64	感官测试	DIN 10955：2004
		五氯苯酚PCP：<0.1 mg/kg	DGCCRF 2006—58
美国	FDA	五氯苯酚PCP：<50 mg/kg	21CFR 178.3800
中国	GB 19790—1：2005 GB 19790—2：2005	大肠菌群（MPN/50 cm²）：不得检出	GB/T 4789.3—2003
		致病菌：不得检出	GB/T 4789.4—2003 GB/T 4789.5—2003 GB/T 4789.10—2003 GB/T 4789.11—2003
		霉菌：≤50 cfu/g	GB/T 4789.15—2003
		噻苯咪唑：≤10 mg/kg 邻苯基苯酚：≤10 mg/kg 联苯：≤10 mg/kg 抑霉唑：≤10 mg/kg	GB 19790.2—2005 附表B
		二氧化硫浸出量：≤600 mg/kg	GB/T 5009.34—2003

第五章
世界各国应对农食产品技术性贸易措施经验剖析

技术性贸易措施的目标是维护国家安全、保护人类健康和安全、保护动植物的生命和健康、保护环境、保证产品质量、防止欺诈行为，并通过技术法规、标准、合格评定程序、卫生与植物卫生措施来加以实施，其宗旨是使国际贸易自由化和便利化。在实际操作中，各国依照技术性贸易措施所实施的认证、检验、注册、监督等制度，以提高进口产品市场准入的技术门槛，最终形成以限制进口为目的的一种非关税壁垒。为了防止各国滥用技术性贸易措施，WTO 在两个协议中制定了各国制定技术性贸易措施应遵循的基本原则，允许其他国家技术性贸易措施实施国提出异议，并制定了争端解决机制。

但是在实际运用上，由于各国技术水平存在较大差异，对这些基本原则以及机制的运用程度不同，从而对各国贸易产生了不同的影响。发达国家是技术性贸易措施的主要发起国，经过了十几年的发展，积累了许多可借鉴经验；发展中国家是技术性贸易措施的主要遭遇国，目前在利用这些基本原则以及解决机制上存在一定差距，应认真研读有关原则，吸取失败教训，借鉴先进经验，迎头赶上。

第一节　国际农食产品技术性贸易措施的应用规则

一、技术性贸易措施制定应遵循的基本原则

(一) TBT 制定应遵循的基本原则

《技术性贸易壁垒协议》英文名 Agreementon Technical Barriers to Trade of The World Trade Organization，英文简称 WTO/TBT，简称 TBT 协议。

《技术性贸易壁垒协议》由前言和 15 条款及 3 个附件组成。主要条款有：总则、技术法规和标准、符合技术法规和标准、信息和援助、机构、磋商和争端解决、最后条款。协议适用于所有产品，包括工业品和农产品，但涉及卫生与植物卫生措施，由《实施卫生与植物卫生措施协议》进行规范，政府采购实体制定的采购规则不受本协议的约束。

协议对成员中央政府机构、地方政府机构、非政府机构在制定、采用和实施技术法规、标准或合格评定程序分别作出了规定和不同的要求。协议的宗旨是，规范各成员实施技术性贸易法规与措施的行为，指导成员制定、采用和实施合理的技术性贸易措施，鼓励采用国际标准和合格评定程序，保证包括包装、标记和标签在内的各项技术法规、标准和是否符合技术法规，和标准的评定程

序不会对国际贸易造成不必要的障碍，减少和消除贸易中的技术性贸易壁垒。合法目标主要包括维护国家基本安全，保护人类生命、健康或安全，保护动植物生命或健康，保护环境，保证出口产品质量，防止欺诈行为等。技术性措施是指为实现合法目标而采取的技术法规、标准、合格评定程序等。

《技术性贸易壁垒协议》附件1为《本协议下的术语及其定义》，对技术法规、标准、合格评定程序、国际机构或体系、区域机构或体系、中央政府机构、地方政府机构、非政府机构等8个术语作了定义。附件2是《技术专家小组》。附件3是《关于制定、采用和实施标准的良好行为规范》，要求世界贸易组织成员的中央政府、地方政府和非政府机构的标准化机构以及区域性标准化机构接受该《规范》，并使其行为符合该规范。

WTO/TBT协定中主要体现了以下基本原则：避免不必要的技术性贸易壁垒原则、非歧视原则、采用国际标准原则、同等效力原则、相互承认原则、透明度原则、一致性原则，对发展中国家提供特殊和差别待遇的原则。

1. 避免不必要的技术性贸易壁垒原则

WTO/TBT协定要求各成员在技术法规、标准及合格评定程序的制定、采用和实施的目的或效果上均不对国际贸易造成不必要的障碍。

2. 非歧视原则

非歧视原则是各国间平等地进行贸易的重要保证，也是避免贸易歧视、贸易摩擦的重要基础。非歧视贸易主要通过最惠国待遇和国民待遇原则加以体现。与WTO其他协定一样，TBT协定要求各成员履行WTO的最惠国待遇和国民待遇义务。在技术法规方面，WTO/TBT协定2.1款明确规定：各成员应保证在技术法规方面，给予来自任何成员领土进口的产品不低于其给予本国同类产品或来自任何其他国家同类产品的待遇。在合格评定程序方面，WTO/TBT协定5.1、5.2款规定，在其他成员领土上生产的产品，申请认证时，应在程序上不低于本国生产的同类产品的待遇；有关产品信息的保密性应受到与本国产品相同的尊重；产品进行合格评定所收的费用应与本国或任何其他的国家相同。各WTO成员进口的产品应享受本国同类产品或任何其他成员的同类产品的同等待遇。

与WTO其他的许多协定一样，GATT的最惠国待遇和国民待遇原则同样适用于TBT协定。WTO/TBT协定第2条第1款规定，各成员应保证在技术法规方面，给予源自任何成员领土进口的产品不低于其给予本国同类产品或来自任何其他国家同类产品的待遇。最惠国待遇和国民待遇的规定同样也适用于合格评定程序。合格评定程序应给予来自其他世贸组织成员的产品“以不低于源自国内或任何其他国家同类产品的供应商的条件”，这就是说，依照技术法规对源自其他成员境内的产品进行合格评定时收取的费用应与国内产品相同。同样，对于由此类合格评定程序产生或提供的源自其他成员境内产品的有关资料，其机密性应受到与国内产品同样的遵守，其合法的商业利益得到与本国产品相同的保护。

3. 采用国际标准原则

WTO/TBT协定2.4、5.4款和附件3规定：如国际标准（指南或建议）已经存在或即将拟就，各成员应以这些标准（指南或建议）或其中的相关部分作为制定标准、合格评定程序的基础，除非此类国际标准（指南或建议）或其中的相关部分无效或不适当（例如保护程度不足、基本气候、地理因素或基本技术问题）。

4. 同等效力原则

WTO/TBT协定2.7款规定：各成员应积极考虑将其他成员的技术法规作为等效法规予以接受，即使这些法规不同于自己的法规，只要确信这些技术法规足以实现与自己的法规相同的目标，该成员也应积极考虑此技术法规与本国法规具有同等效力。

5. 等效原则

国际标准的制定，过程长，耗资大，各国采用和执行国际标准的时间不一致，存在时间差。由于这些原因，各成员的谈判代表在WTO/TBT协定中提出了一个弥补办法，以期达到技术性协调一致，这种方法即等效原则。各成员应考虑将其他成员的技术法规作为等效法规加以接受，即使这些法规不同于自己的法规，只要他们确信这些法规足以实现与自己法规相同的目标。如果各成员都这么做，国际贸易的技术性贸易障碍和壁垒就会消除。

6. 相互承认原则

对产品是否符合相应技术法规、标准的要求进行评定是必要的，但有时也会使贸易受阻，特别是当产品出口到多个国家时，需要作多次重复检验。重复检验、重复认证等诸多干涉，不但加重了出口商的负担，也已成为国际贸易中的技术性壁垒。WTO/TBT协定6.1款规定：各成员应保证，在可能的情况下接受其他成员合格评定程序的结果，即使这些程序不同于他们自己的程序，只要确信这些程序与自己的程序相比同样可以保证产品符合有关技术法规或标准。采用相互承认原则，可以大幅度减少费用，缩短出口检验时间，促进多边贸易发展。

7. 透明度原则

当国际标准、指南或建议不存在，或者拟采用的技术法规或程序与相关国际标准或指南内容不一致，或如果技术法规或合格评定程序对其他成员贸易有重大影响时，各成员必须进行通知。各成员应在法规正式实施60天前将法规草案通知秘书处，以允许其他成员提出意见。当出现涉及安全、健康和环境保护的紧急问题时，相关技术法规也可以事后通报。对于直属于中央政府的地方政府制定的技术法规和合格评定程序，若中央政府先前没通知，也应进行通知。每一成员应在WTO/TBT协定对其生效后，迅速地将其现有的或已采取的、旨在确保本协定实施和管理的措施通知TBT委员会。按照WTO/TBT协定第10条第7款的规定，只要一个成员与一个或多个任何其他国家就与技术法规、标准或合格评定程序有关的问题达成可能对贸易有重大影响的协定，该成员应通过世贸组织秘书处通知其他成员该协定所涵盖的产品，包括对该协定的简要说明。

8 .一致性原则

WTO/TBT协定要求各成员的中央政府、地方政府，以及非政府组织在制定、采用、实施技术法规、标准、合格评定程序方面均应遵守WTO/TBT协定的有关规定，而不应搞“地方保护主义”，不能各行其是不受约束，该要求体现了协定的一致性原则。

9. 对发展中国家提供特殊和差别待遇的原则

TBT协议体现了照顾发展中国家在体制安排方面、资金和贸易方面的特殊需要，对协议中发展中国家成员给予差别待遇和更优惠的待遇。承认发展中国家在制定和实施技术法规、标准以及有关是否符合技术法规和标准的评估程序方面可能会遇到特殊困难，是《协议》签署的一个基础。对发展中国家实行优惠待遇原则是世贸组织关于发达成员国与发展中成员国之间货物贸易和服务贸易关系的一项基本原则，TBT协议在序言部分就强调了对发展中成员国优惠待遇的重要性和必要性。TBT协议的这一原则集中体现在第11条和第12条，协议要求各成员在接到其他成员特别是发展中国家成员的请求时，应就其技术法规的制定，设立国家标准化机构和参加国际标准机构，设立是否符合该成员境内所用标准的评定机构，这些国家的生产者希望有机会利用其境内的政府或非政府机构所实施的合格评定体系而经采取的步骤等提出建议，并给予技术援助。

《协议》提出发达国家应牢记发展中国家成员在制定和实施标准技术法规以及合格评定程序时所遇到的特殊困难，允许发展中国家成员按照它们特殊的技术和社会经济情况采用某些技术法规、标准和合格程序，以便保持与它们的发展需要相一致的当地技术、生产方法和工艺。各成员国还应认识到，发展中成员国在拟订和适用技术规章、标准和合格评定领域面临特殊困难，包括组织体制和基础结构方面的困难，进而发展中成员国的特殊发展和贸易需要及其技术发展状况可能会妨碍它们充分履行其依照协议的各项义务。因此，各成员国应充分考虑这一事实。同时，为保证发展中国家成员国能够遵守本协议，经发展中国家请求，贸易技术壁垒委员会可以给予这些成员国所承担的协议义务的整体或部分免除，但必须有具体的期限。另外，为了保证各成员国对义务的履行，“协议”还规定贸易技术壁垒委员会应定期审议“协议”所规定的在国内和国际上给予发展中国家的特殊与差别待遇。

《协议》还要求各成员应尽可能采取合理措施，确保国际标准化机构在发展中国家成员提出请求时，审议就对发展中国家成员有特殊利益的产品制定国际标准的可能性，并尽可能地制定这些标准。考虑到发展中国家成员在发展、财政和贸易方面的特殊需要，各成员应确保其制定的技术法规、标准和合格评定程序不会对发展中国家的出口制造不必要的障碍。

（二）SPS 制定应遵循的基本原则

《实施卫生与植物卫生措施协议》（Agreement on the Application of Sanitary and Phytosanitary Measures）简称 SPS 协议，是世界贸易组织管辖的一项多边贸易协议，是对关贸总协定第 20 条第 2 款的具体化。它既是单独的协议，又是《农业协议》的第八部分。它由前言和正文 14 条款及 3 个附件组成。主要条款有：总则、基本权利和义务，协商，等效，风险评估和适当的卫生与植物卫生保护水平的确定，适应地区条件，包括适应病虫害非疫区和低度流行区的条件，透明度，控制、检查和批准程序，技术援助，特殊和差别待遇，磋商和争端解决，管理，实施和最后条款。协议涉及动植物、动植物产品和食品的进出口规则。协议适用范围包括食品安全、动物卫生和植物卫生 3 个领域有关实施卫生与植物卫生检疫措施。协议明确承认每个成员制定保护人类生命与健康所必需的法律、规定和要求的主权，但是保证这种主权不得滥用于保护主义，不能成为贸易壁垒和惩罚措施。协议规定各成员政府有权采用卫生与植物卫生措施，但只能在一个必要范围内实施以保护人类及动植物的生命及健康，而不能在两个成员之间完全一致或相似的情况下，采取不公正的差别待遇。协议鼓励各成员根据国标标准、指导原则和规范来建立自己的卫生与植物卫生措施。协议的宗旨是规范各成员实施卫生与植物卫生措施的行为，支持各成员实施保护人类、动物、植物的生命或健康所采取的必要措施，规范卫生与植物卫生检疫的国际运行规则，实现把对贸易的不利影响减少到最低程度。

协议的附件 1 为《定义》，对卫生与植物卫生措施，协调，国际标准、指南和建议，风险评估，适当的卫生与植物卫生保护水平，病虫害非疫区和病虫害低度流行区等作出定义。附件 2 为《卫生与植物卫生措施的透明度》，它包括法规的公布、咨询点、通知程序、 般保留等规定。附件 3 为《控制、检查和批准程序》，它是关于检疫机构在实施卫生与植物卫生措施时应遵循的程序和要求。根据协议规定，设立卫生与植物卫生措施委员会，负责协议的实施。

1. 科学依据原则

SPS 协定在第 2 条及第 3、5、11 条对科学依据有规定，主要含义是：各成员应确保任何卫生与植物卫生措施的实施都以科学原理为依据，没有充分科学依据的卫生与植物卫生措施则不再实施；在科学依据不充分的情况下，可临时采取某种 SPS 措施，但应在合理的期限内做出评价；科学依据与病虫害的非疫区、低度流行区、适当的保护水平等有密切关系。同时还规定各成员在采用国际标准、指南或建议时，在进行风险评估时也要考虑是否有科学依据。

2. 国际标准协调原则

SPS 协定在第 3 条及第 5、6、12 条和附件 1、附件 2 中对国际标准、指南和建议有规定，主要含义是：为了在广泛的基础上协调卫生与植物卫生措施，各成员应根据现行的国际标准、指南和建议制定本成员的卫生与植物卫生措施，这是 SPS 协定在协调 SPS 措施方面的一项基本要求。然而，WTO 自己并不制定也不准备制定这种国际标准、指南和建议，而是由其他相关国际组织，特别是食品法典委员会（CAC）、世界动物卫生组织（OIE）和《国际植物保护公约》（IPPC）秘书处来制定相应的食品安全、动物健康和植物健康方面的国际标准、指南和建议。

凡符合国际标准、指南和建议的 SPS 措施被认为是保护人类、动物和植物的健康所必需的措施。通常国际标准高于成员方自己的国家标准，其中包括发达国家的国家标准，但是SPS协定明确允许各成员政府可以不采用国际标准，如有科学理由，并符合“适当的卫生与植物卫生保护水平”的规定，各成员可以实施和维持比现行国际标准、指南和建议更高的SPS措施，但不能与SPS协定任何其他规定相抵触；不能对国际贸易造成限制。否则，这个成员政府将被要求提供科学理由，并解释为什么相应的国际标准不能满足本成员政府的适当的卫生与植物卫生保护水平。

实施没有国际标准、指南和建议的SPS措施时，或实施的SPS措施与国际标准、指南和建议的内容有实质不同时，并且可能限制或潜在限制出口国的产品出口，进口国则要向出口国做出合理解释，并及早发出通知。

在某一成员不将国际标准、指南或建议作为进口条件的情况下，该成员应说明其中的理由，特别是它认为该标准不够严格、无法提供适当的卫生与植物卫生保护水平时更应做出说明。如一成员将国际标准、指南或建议作为进口条件后又改变立场，那么，该成员应对其立场的改变做出说明，并通知秘书处以及相关的国际组织。

SPS协定鼓励各成员积极参与国际组织及其附属机构，特别是CAC、OIE和IPPC的活动，以促进这些组织制定和定期审议有关的SPS标准、指南和建议。SPS协定还要求“SPS措施委员会”加强与这些国际组织的联系与合作，并制定相应程序，监督和协调国际标准、指南和建议的使用。

3. 等同对待原则

SPS协定第4条对等同对待原则有具体规定，主要含义是：以出口产品为例，如果出口成员对出口产品所采取的SPS措施，客观上达到了进口成员适当的卫生与植物卫生保护水平，那么，进口成员就应当接受这种SPS措施，哪怕这种措施不同于自己所采取的措施，或不同于从事同一产品贸易的其他成员所采用的措施，也应当允许这种产品进口。

为了解决成员间的等同对待问题，SPS协定鼓励各成员进行磋商，并就此问题达成双边或多边协定。

4. 风险分析原则

SPS协定第5条对病虫害风险分析（PRA）有具体规定，主要含义是：有害物风险分析（PRA）简单讲是进口成员的专家在进口前对进口产品可能带来的病虫害的定居、传播、危害和经济影响；对进口食品、饮料或饲料中可能存在添加剂、污染物、毒素或致病有机体可能产生潜在不利影响而做出的科学理论报告。该报告将是一个成员决定是否进口某产品的科学基础，或叫决策依据。

SPS协定规定各成员在制定SPS措施时应以PRA为基础，同时考虑有关国际组织制定的PRA技术。在做PRA时，考虑的内容包括：可获得的科学依据，有关加工工序和生产方法，有关检验、抽样和检测方法，检疫性病虫害的流行，病虫害非疫区的存在，有关生态和环境条件，以及检疫或其他检疫处理方法。

PRA分析与确定“适当的卫生与植物卫生保护水平”有直接关系，如果保护水平定得高，那么，PRA分析涉及的有害生物种类就多，需要的相关资料就多，完成的时间就长。“适当的卫生与植物卫生保护水平”也叫“可接受的风险水平”，依赖于PRA分析的结果。如PRA分析结果认为风险比较低，那么，“适当的卫生与植物卫生保护水平”就可以确定得低一点，相反，就确定得高一点。高低的确定还与病虫害传入后造成的经济损失等有关。无论确定高与低，都要考虑对贸易的消极影响减少到最低程度这一目标。“适当的卫生与植物卫生保护水平”不能随意和不合理地使用，对贸易产生的限制是多大就是多大，不应任意扩大。

5. 非疫区及低度流行区原则

SPS协定在第6条及附件1中对非疫区等有具体规定，主要含义是检疫性病虫害在一个地区没有发生并经主管机关确认的地区就是“病虫害非疫区”。“病虫害非疫区”可以是一个国家的全部或部分地区，也可以是几个国家的全部或部分地区。

确定一个非疫区大小，要考虑地理、生态系统、流行病监测以及SPS措施的效果等。

各成员在接受病虫害非疫区概念的同时，也要接受病虫害低度流行区的概念。检疫性病虫害在一个地区发生水平低，且已采取有效监测、控制或根除措施并经主管机关确认的地区就是“病虫害低度流行区”。与“病虫害非疫区”一样，“病虫害低度流行区”可以是一个国家的全部或部分地区，也可以是几个国家的全部或部分地区。

如果出口成员声明其领土内全部或部分地区是病虫害非疫区或病虫害低度流行区，那么，该出口成员就应当向进口成员提供必要的证据。同时应请求，出口成员应为进口成员提供检验、检测和其他有关程序的合理机会。

6. 检验检疫透明度原则

SPS协定在第7条及附件2对透明度有规定，主要含义如下。

透明性原则是指各成员应确保所有卫生与植物卫生措施法律、法规及时公布。除紧急情况外，各成员应允许在卫生与植物卫生措施法规公布和生效之间留出一段合理的时间间隔，以便让出口成员，尤其是发展中国家成员的生产商有足够的时间调整其产品和生产方法，以适应进口成员的要求。

透明性原则是通过SPS咨询点和通知机构（单一中央政府机构）实现透明。各成员应确保设立一个咨询点，负责对感兴趣的成员提出的所有合理问题提供答复，并提供有关文件，包括：现行的SPS法规或拟议中的SPS法规；任何控制和检查程序、生产和检疫处理方法、杀虫剂允许量和食品添加剂批准程序；PRA程序、适当的卫生与植物卫生保护水平的确定；相关机构、参与地区和国际组织情况及签署的双边和多边文本等。同时，各成员应指定一个中央机构负责对实施缺乏国际标准、指南或建议，或与国际标准、指南或建议有实质不同，并且对其他成员的贸易有重大影响的SPS措施时应及早发出通知，通过WTO秘书处对拟议的法规做出目的和理由说明。此类通知应在征求意见期时尽早发出；应请求向其他成员提供拟议中的法规副本，如可能，应标明与国际标准、指南或建议有实质性偏离的部分；无歧视地给予其他成员合理的时间，以便提出书面意见，应请求讨论这些意见，并对这些书面意见和讨论的结果予以考虑。

如遇紧急情况或威胁时，可以省略有关时间步骤，但要立即通过秘书处通知其他成员所涵盖的特定法规和产品，并对该法规的目标和理由做出简要说明，包括紧急问题的性质；应请求，向其他成员提供法规的副本；允许其他成员提出书面意见，应请求讨论这些意见，并对书面意见和讨论的结果予以考虑。

SPS协定还规定提交秘书处的通知应使用英文、法文或西班牙文；向其他成员提供文件副本时，除邮递费用外，应与本国国民享受同样的价格。

7. 优待发展中国家原则

SPS协定在第9、10条及附件2等对优待发展中国家有规定，主要含义是：各成员同意以双边的形式或适当的国际组织向发展中国家提供技术援助，包括加工技术、科研和基础设施领域、建立国家机构、咨询、信贷、捐赠、设备和培训等；当发展中国家的出口成员为满足进口成员的SPS要求而需要大量投资时，后者应提供技术援助；在制定和实施卫生与植物卫生措施时，各成员应考虑发展中国家的特殊需要；如果分阶段采用新的SPS措施时，应给予发展中国家成员有利害关系的产品更长的时间去符合进口成员的SPS措施要求，从而维持其出口机会；应请求，可免除发展中国家成员在SPS协定项下的全部或部分义务；各成员应鼓励和便利发展中国家成员积极参与有关国际组织。

发展中国家可自（WTO协定）生效之日起推迟2年（截止1997年1月1日）实施SPS协定。

8. 设立SPS措施委员会原则

SPS协定在第12条对SPS措施委员会有规定，主要含义是：为了监督和执行SPS协定的各项规定，特设立卫生与植物卫生措施委员会，为磋商提供一个经常性的场所或论坛，监督和执行SPS协定的各项规定付诸实施，推动协调一致的目标实现。

SPS措施委员会经协商一致做出决定，鼓励各成员对特定的SPS措施问题进行不定期的磋商或谈判；鼓励所有成员采用国际标准、准则和建议，并制定程序监督国际协调的进程及国际标准、指南和建议的采用；应与国际食品法典委员会（CAC）、世界动物卫生组织（OIE）和《国际植物保护公约》（IPPC）秘书处保持密切联系，以获得最佳的科学和技术意见，并保证避免不必要的重复工作；通过制定程序，监督国际协调和国际标准的使用；与有关国际组织一起，拟定一份对贸易有重大影响的卫生与植物卫生措施方面的国际标准、准则和建议清单；可以根据一个成员的倡议，通过适当的渠道邀请有关国际组织或其附属机构审查有关特定标准、指南或建议的具体问题。

SPS措施委员会应在WTO协议生效3年后和在此后需要时，对SPS协定的运用和实施情况进行审议。在适当时，依据本协定实施过程中的经验，SPS措施委员会可向货物贸易理事会提交修正SPS协定文本的建议。

SPS协定除以上主要内容外，还有诸如争端解决、控制、检验和批准程序等内容。关于争端解决，按WTO《争端解决谅解》和GATT 1994第2条和第23条的规定执行；控制、检验和批准程序按保证及时受理、透明批准程序和实施国民待遇等具体规定步骤执行。

（三）部分应遵循原则在执行中存在不足

根据目前世界上现有的存在争议的技术性贸易措施，我们可以看出技术性贸易措施在执行中还存在一些问题。

1. 避免不必要的技术性贸易壁垒原则

当其他国家出口食品达不到进口国的技术性贸易措施时，就会被遭遇严重的惩罚，因而技术性贸易措施的设置虽说是“避免不必要的技术性贸易壁垒”，而实际上经常被用作技术性贸易壁垒。在TBT争议中，这一原则经常被提出。

2. 科学依据原则和风险分析原则

“科学依据原则”指技术性贸易措施的设置需要以一些人类健康、动植物保护相关的科学依据，“风险分析原则”要求“适当的卫生与植物卫生保护水平”不能随意和不合理的使用，对贸易产生的限制是多大就是多大，不应任意扩大。但是科学依据和风险分析结果存在较大的不确定性，这些不确定性来自于所采取的技术方法、研究对象、研究人员、设备仪器等诸多因素影响。国家之间对某些问题，尤其是与经济发展相关的问题时一般争议较大，比如对于转基因食品、某些添加剂的风险分析问题。一般说来，这些争议常存在于发达国家之间，因为只有发达国家才具有较强的风险分析水平，而发展中国家一般只能被动接受。

3. 国际标准协调原则

国家标准协调原则的执行一般比较难，第一是哪些问题需要设立技术性贸易措施，一般从提出到摆上议程需要几年时间；第二是这些技术贸易措施该如何确定，这一般又是多个国家角力的结果，这个过程也是旷日持久，而且受主持国影响；第三是推广和完善的问题，到这一步时该原则才能正常履行。目前一般发达国家都较热衷于作为国际标准制定主持国。

4. 一致性原则和等同对待原则

WTO/TBT协定要求各成员的中央政府、地方政府以及非政府组织在制定、采用、实施技术法规、标准、合格评定程序方面均应遵守WTO/TBT协定的有关规定，而不应搞“地方保护主义”，对国内外商品实施差异化监管，也不能对国外不同国家之间实施歧视化监管。事实上，该原则在实施过程中经常被大打折扣。

5. 优待发展中国家原则

TBT协议体现了照顾发展中国家在体制安排方面，资金和贸易方面的特殊需要，对协议中发展中国家成员给予差别待遇和更优惠的待遇。SPS协定在第9、10条及附件2等对优待发展中国家有规定，主要含义是各成员同意以双边的形式或适当的国际组织向发展中国家提供技术援助。但是实际上，在原则的执行存在以下几个问题。首先，国际援助的主动权一般掌握在发达国家手中，无论是国际货币基金组织、世界银行，还是相关食品安全组织，都由发达国家所掌握，这届国家、机构或者组织在对发展中国家提供援助时，总会提出一些经济附加条件，发展中国家一般难以忍受该条件而导致援助流产。其次，大多数时候，这些援助流于形式，没有实质内容；第三，由于技术性贸易措施对检测技术、监管技术等存在较高的要求，发展中国国家要么不具备这些能力、要么这些能力水平较为落后，因而技术性贸易措施本身就具有歧视发展中国家的倾向。

二、措施争议的解决机制

WTO根据GATT近50年的实践，通过了《关于争端解决规则和程序的谅解》（Understanding on Rules and Procedures the Governing Settlement of Disputes，以下简称DSU）。DSU是为WTO这个多边贸易体制提供保障和可预见性的中心环节，是WTO规则实际有效执行的根本保证。这套争端解决机制在国际司法体制中是相当独特和成功的。“解决争端机关”（DSB）在WTO职能中是与总理事会平行的、以司法为核心的机构。WTO争端解决机制是保障国际贸易规则被WTO成员相对普遍遵守的重要原因之一，也是保障WTO得以顺利运行的重要支柱之一。其对世界贸易组织的贡献，对世界经济发展的贡献难以估计。

WTO争端解决机制具有重要的作用，第一，统一了争端处理程序；第二，设立了专门的争端强制管辖机构（DSB）；第三，规定了争端解决的时限；第四，确立了新的否决一致原则（Negative Consensus）；第五，增设了上诉评审程序（DSU）和上诉机构；第六，引入交叉报复权，加大了裁决的执行力度；第七，采用政治说理与法律方法相结合处理纠纷。

然而，争端解决机制亦有着先天不足，这些不足随着实践的发展不断被放大，目前已经影响到争端解决，限制功能的正常发挥，争端解决机制急需大刀阔斧的改革。

（一）措施争议的解决机制

1.《谅解》适用范围

《谅解》适用于该谅解附录1所列各项协议的争端解决。这些协议（适用协议）包括：《世界贸易组织协定》；多边贸易协定，具体包括附件1A、附件1 B和附件1 C，以及附件2；诸边贸易协定，即附件4的协议。这些协议统称为相关协议或适用协议。

争端解决机制既适用于机构性规则，也适用于权利义务性规则；既适用于实体性规则，也适用于程序性规则（例如附件2）；既适用于强制性规则，也适用于选择适用的规则。各成员就《世界贸易组织协定》和DSU的权利与义务的争端，也适用该争端解决规则与程序。但附件3贸易政策审查机制不属于争端解决机制的适用、调整范围，附件3没有规定对成员有约束力的权利和义务。

2.争端解决机制的特点

（1）强制性。如果一成员对另一成员的有关措施提出磋商要求，另一成员应在规定的期限内作出答复，并进行磋商。如果不予答复或不进行磋商，或磋商没有在规定的期限内达成相互满意的解决办法，要求磋商的一方（申诉方）可以向争端解决机构提出设立专家组的要求，由争端解决机构设立专家组对案件进行审查。对于专家组作出的争端解决报告，任何争端方都可以提出上诉。对于专家组或上诉机构作出的争端解决报告，除非争端解决机构成员一致反对，即被通过，对争端方有约束力。被裁定违反了有关协议的一方必须在规定的期限内履行有关建议，否则争端解决机构可以授权对其中止减让或承诺（即授权报复）。所有这一切都是强制性的。

（2）自动性。和关税与贸易总协定框架下的争端解决制度不同，世界贸易组织的争端解决程序的启动及进行是自动的，这从上述的强制性也可看出。被诉方不能阻碍争端解决程序的进行。争端解决机构通过专家组或上诉机构的争端解决报告是自动的。这就避免了关税与贸易总协定框架下被诉方阻碍程序、阻碍通过专家组报告的情形，世界贸易组织的贸易制度、多边纪律得到加强。

(3) 统一性。世界贸易组织争端解决机制，统一适用于世界贸易组织的协议和规则。以一个统一的制度，代替了关税与贸易总协定框架下存在的不同争端解决制度。无论是强制性适用规则，还是选择性适用规则，无论是货物贸易规则、服务贸易规则，还是知识产权规则，根据这些规则产生的争端，都根据一个争端解决制度来解决。这就提供多边贸易制度的稳定性和可预见性。

(4) 司法性。除磋商程序外，无论是在专家组程序还是在上诉机构程序，专家组或上诉机构都严格按照现有的法律规则来审理争端，审理人员以独立身份审理案件，与其所属国家或政府没有关系，争端方也不能对审理人员施加影响。审理过程遵循争端解决规则与程序，遵循正当程序规则。这些同关税与贸易总协定框架下争端方以其实力来解决争端截然不同。

3. 争端解决机制的原则

(1) 通过多边制度解决争端。世界贸易组织鼓励、要求通过多边贸易体制解决成员间的贸易争端，阻止成员通过单边措施解决争端。世界贸易组织的争端解决制度是为多边贸易体制提供保证和可预见性的一个重要方面。根据 DSU 第 23 条的规定，成员寻求纠正违反义务情形，寻求纠正其他造成相关协议项下利益丧失或受损情形，或寻求纠正妨碍相关协议目标的实现情形，应沿用并遵守 DSU 的规则和程序。除非根据 DSU 诉诸争端解决机制，各成员不得作出效果上等于认定违反有关协议、利益丧失或损害、阻碍取得有关协议目标的决定。相关成员应遵循 DSU 的规定，确定有关成员执行裁决的合理期，确定中止减让或中止其他义务的程度，并获得相应授权。

(2) 积极解决争端。争端解决机制的目的在于达成积极的解决争端的方法。解决争端应优先考虑能为争端各方都愿意接受并与各有关协议相一致的方法。若无法达成双方愿意接受的方法，争端解决机制的首要目标是确保废除与有关协议不一致的措施。当不可能废除这些措施时，才诉诸补偿和报复，而该方法仅作为临时措施使用，是最后的救济措施。

(3) 有效迅速解决争端。DSU 要求各成员对启动争端解决程序的效力进行评估。在提出一项争端前，各成员应对按照这些程序采取行动是否富有成效作出判断。争端解决机制的目的在于确保对争端有积极的解决办法。

迅速解决贸易争端对各成员的利益都是十分重要的。DSU 规定，当一成员认为其根据有关协议所享有的利益正直接或间接地被另一成员采取的措施损害时，迅速解决争端对世界贸易组织有效地发挥作用、使各成员的权利和义务保持适当平衡至关重要。

(4) 善意解决争端。尽管成员应诉诸争端解决程序解决争端，请求调解和使用争端解决程序不应被视为引起争端的行为，但使用争端解决程序不应用做引起争端的行为。在产生争端时，成员应善意地参与争端解决程序，努力解决争端。故意玩弄诉讼技巧，不遵循正当程序规则，与争端解决机制所追求的目标是相违背的。在世界贸易组织的争端解决中，每一成员都被推定善意地解决争端。

4. 既往不咎的价值导向

透过整个 DSU 的条款，我们看到了一个保障贸易机会、面向未来的价值取向，这尤其体现在裁决的执行措施中。某一成员的措施造成其他成员的利益丧失或受损时，该成员不是对该丧失或受损的利益提供补偿，而是废除或修改相关的措施。这一特点完全不同于我们熟悉的国内法中的违约或侵权救济。

DSU 第 3 条第 7 款确立了争端解决的基本原则。首选的方法是争端各方接受且与相关协议相一致的解决方法。这一方法不可行时，保证撤销与任何相关协议的规定不一致的有关措施，成为争端解决机制的首要目标。而提供补偿只能是立即撤销相关措施不可行时才可采取，且这一补偿取决于被诉方的自愿。最后的手段是针对相关成员采取歧视性的中止减让或义务措施。补偿和中止减让都只能是临时性的补救措施。根据上述规定和争端解决的实践，只要被裁定造成利益损害的一方废除或修改其措施，其以前的措施造成的损害则得不到救济或赔偿。这在相关案件中已经得到确认。DSU中体现的面向未来、既往不咎的价值取向，还可以具体地从报复数额的计算方法中体现出来。如果被诉方未能在合理期限内实施争端解决机构的裁决，或未能完全实施该裁决，拟采取报复的一方的报复额的起算日期是实施裁决的合理期限的届满日，而不是以前的日期。例如，被指控措施实施日、设立专家组申请日、争端解决机构通过争端解决报告日，都不能作为计算报复数额的日期。

5. 未违反协议或义务的争端解决

GATT 1994第23条对利益的丧失或损害规定了3种情况，可以提交总协定处理。第1种情况（第1款a项）就是上述的因有关协议或义务的违反而造成的利益丧失或损害。引起利益损害或丧失的情况还包括不违反协议的措施（b项）或其他情况（c项）。这3种情况代表了争端解决的3种类型，分别称为违约之诉、非违约之诉和其他情形之诉。就迄今为止的争端解决实践看，第1种类型是争端常态，第2种较少，第3种没有发生过。DSU规定的规则与程序，主要是对第1种类型的规定，同时也对后两种情况作了进一步的规定。

第1种类型和第2种类型可以同时出现在同一申诉中。申诉方对被诉方同一措施，既可以提出违约之诉，也可以提出非违约之诉。只不过申诉方在这两种情形中的举证责任是不同的。在第1种类型中，申诉方必须证明被诉方违反了有关协议的条款，在证明了这一点之后，无须证明该措施造成其利益的丧失或受损，这一点是推定存在的。如果争端解决机构裁定被诉方违反了有关协议的要求，被诉方应取消或修改有关措施。而在非违约之诉中，争端解决机构不审查被诉方是否违反了有关协议的要求，而是审查其措施是否造成了申诉方利益的丧失或受损。

（二）措施争议解决机制的不足

WTO的一个重要职能是协调解决成员方之间的货物贸易、服务贸易和与贸易有关的知识产权领域出现的贸易纠纷与争端，在GATT乌拉圭回合谈判过程中，各成员方经过长时间讨论与协商，拟定出《关于争端处理规则与程序谅解书》（DSU），设立了常设性的争端解决专门机构，使WTO的争端解决更具明确统一的程序、规则和时间限制。

从WTO成立以来，WTO争端解决机构（DSB）共受理了数百件争端案件，它在国际贸易领域定权止争的功能为维护国际经济秩序健康有序地发展作出了贡献。但是在十余年的运行过程中，WTO争端解决机制所固有的缺陷也逐渐暴露出来。这主要表现在以下几个方面：

1. 上诉程序的缺陷

WTO上诉复议程序是使WTO争端解决机制更趋向司法化的一项制度创新，是WTO争端解决机制日趋成熟的重要标志。但由于这种新生的制度没有赋予上诉机构一些重要的审查权力，导致争端解决机制在运作中出现理论上的混乱和实践中的越权，引起了广泛的争议。

根据DSU第17条6款和13款的规定，上诉限于专家组报告所涉及的法律问题和专家组所作的法律解释，上诉机构的职能是维持、修改或推翻专家组的法律裁决和结论。这一规定不仅将事实问题明确排除在外，而且还把案件本来可能涉及但专家组报告中没有涉及的法律问题排除在外。在国内民事诉讼法中，上诉法院有权对当事人的上诉是否符合上诉法院的受案范围进行审查。同样，由于WTO争端解决机制中上诉机构可以受理的案件范围是有限的，只有符合上诉条件的案件，上诉机构才有权进行实质审理。因此，争端方在行使上诉权时，上诉机构理应有权对其上诉的适应性进行审查，并对不符合上诉条件的争端做出不予受理的决定。但DSU并没有赋予上诉机构以审查权，也不允许上诉机构驳回不符合上诉条件的诉讼请求，而是规定一旦争端一方在合理期限内将上诉决定通知DSB，案件就自动进入上诉程序，上诉机构必须予以受理。这样的规定与国内法相比无疑是个缺憾，在实践中对争端的解决也产生了不利影响。

2. 证明问题上的不足

国际性司法机构中的举证责任（Burden of Proof）是指各争端当事方根据可被接受的规则，证明其主张直至主张能为法庭所接受的义务。但WTO争端解决机制缺乏对举证责任规则的明确规定，专家组和上诉机构在实践中大量运用自由裁量权，针对个案将举证责任酌情在争端双方间进行分配，表现出了极大的不可预见性和不稳定性。

WTO争端解决机制中的证据规则问题。任何纠纷的核心问题就是证据问题，整个纠纷的解决活动也是围绕着证据的收集、审查和判断来进行的。证据规则是WTO争端解决程序中的核心问题之一，无论是在协商程序，斡旋、调解与调停程序，仲裁程序，还是在专家组程序及上诉审查程序中，证据的运用都是导致当事国胜诉或败诉的关键因素。但由于WTO争端解决机制在强制取证、对证据进行质证以及证据的可采性和证明力问题上缺乏明确的相关规定，完全依赖上诉机构针对具体案件所作的解释，影响了争端的公正解决。

3. 执行措施的弊端

通常来讲，撤销或修改与WTO协议不符合的措施应是最为有效和便利的救济方式，但由于从申诉方投诉到撤销那些不符合协议规定的有关措施真正产生效力一般需要3年的时间，争端裁决的执行具有明显的滞后性，往往导致在败诉方与WTO协议不相符的贸易措施真正被撤销或修改时，因时过境迁而降低了这一救济措施的执行效果，极大地削弱了成员方将贸易争端诉诸WTO争端解决机制的积极性。

4. WTO报复制度的缺陷

（1）报复水平不充分。WTO体制的基本精神和原则就是要保持成员间权利和义务的平衡，从多边贸易体制的实践来讲，这种平衡应该理解为协议所确立的竞争关系的维持或作对等的调整。而WTO争端解决机制将报复水平严格限制在与损害程度相称的范围内，这就意味着该国从提高关税中得到的利益，仅以填平和弥补其遭受的损失为限，使得一些受报复方能够承受起报复措施的影响，从而拒不纠正其违法或不当行为，将争端解决机构的裁决变为一纸空文，瓦解了报复制度的威慑力。

（2）报复与交叉报复制度的不公平性。由于WTO的报复制度是以受害方为实施报复的主体而进行的一种自力救济，因此这种救济措施的实际效果在很大程度上取决于报复双方经济实力对比的情况，经济实力越强，报复的实际效果就越显著。这就使得具有强大经济实力的成员方可以凭借其在全球经济中的垄断地位，频繁而有效地运用报复制度；而经济实力相对弱小的成员方，由于受其经济对外依赖性的限制，其所进行的报复往往无法达到令人满意的效果，反过来还会给其本身经济的发展带来负面影响（例如报复引起进口商品价格上升，消费者利益受到损害），极易导致WTO争端解决机制的畸形。

三、措施争议过程中的辅助性措施

（一）主要贸易国贸易救济特点

1. 贸易措施与政治挂钩

进入21世纪之后，全球贸易政策政治化倾向日趋明显，贸易政策的制定不再是单纯的经济利益考量，而有诸多政治因素的左右。发达国家将贸易救济政策与政治挂钩，视新兴贸易国为潜在威胁，出现了借助贸易政策打压别国的倾向。近年来，西方发达国家纷纷通过各种技术壁垒和其他贸易政策手段，把新兴国家的商品与企业拒之门外，或者对进入其市场的商品与企业，频繁地提起反倾销、反补贴的诉讼与调查。并在这些诉讼与调查中，实施诸多刁难与不公正对待，使被诉国面临重大的经济损失，甚至退出进口国市场。

发达国家扩大了贸易救济措施适用的广度与深度。如美国的201条款（保障措施）、332条款（普遍调查）、301条款（不公平贸易和授权总统进行报复措施）、337条款（知识产权保护）和美国反垄断法的域外效力等。这些条款大大扩展了贸易救济措施的适用范围与深度，阻碍了贸易自由化进程。

2. 重视贸易措施政策的变化与创新

发达国家重视贸易救济政策的变化与创新，以强化其在贸易保护中的作用。日本、美国、欧盟等发达国家，频繁采取反倾销、反补贴、知识产权、劳工标准、歧视性的政府采购、差异性的国内消费政策、汇率变动等形式，为外国商品特别是发展中国家的商品进口设置短期内难以克服的障碍。例如，美国对反倾销调查中关于加工或承包商性质的规定的修改，就增大了加工贸易企业被认定为被调查产品制造商或生产商的可能性和应诉的压力。

3. 贸易救济措施体系攻守全能

世界贸易救济第一强国美国的经验告诉我们，一国的贸易法应该对内相对自由、对外职能强化，在健全的贸易救济法律基础上构建攻守全能的贸易救济体系和完善的内部协调机制。要首先从法律上进一步建立和完善贸易救济体系，从而为我国对外贸易的长期稳定发展提供切实有力的保障；针对我国加入世贸组织以来贸易保护主义不断抬头的新形势，特别是在中国日益成为世界最大贸易国之一的今天，既要能严密地防御不公平贸易，又要适当有意识地加强“积极攻击”的能力，才能在激烈的竞争中最大限度地保护国内农食产业的安全。

4. 扩大贸易救济机关的自由裁量权

我国的反补贴法刚刚起步，应当借鉴欧盟、WTO 比较成熟的立法经验。例如，中国应适当赋予反补贴主管机关更多的自由裁量权。欧盟赋予欧盟委员会很大的自由裁量权，可以增强执法力度，提高效率，更快、更好地执行法律。然而，自由裁量权大了易导致滥用，因此也应当制定相应的制约机制，杜绝滥用裁量权现象的产生。

5. 重视行业协会功能的发挥

由于国家利益和某一具体产业利益的不统一，不代表产业利益的国家行政机关并不会忠实履行反倾销申请人职责。国内外大量的反倾销案例也证明了这一点，绝大多数反倾销立案调查都是由企业或产业组织提出申请的，尤以日本的经验为最典型。因此，在未来的贸易救济实践中，要更加倚重来自行业或企业的自主行动。我国要通过政府的大力提倡和从立法、资金、组织、人才等方面对行业协会和企业进行扶助，加快形成民间的自主保护意识，提高救济能力。

在国际市场竞争中，国外行业协会组织在保护国内产业、支持与组织国内企业联合起来进行贸易救济申诉方面，起着非常重要的协调和管理作用，主要表现在以下几方面：

(1) 价格协调。为了避免出现企业采用低价战略打入国际市场，竞相压价，从而遭到进口国的反倾销调查，不少国家的行业协会协调其行业产品出口价格，确定最低限价等工作，以保护本国产品在国际市场上的合理价格，减少国际贸易中的摩擦。

(2) 建立反倾销预警系统。及时监控国外产品的进口以及通报国外反倾销动态。国外不少行业协会利用自身优势建立反倾销预警机制，监控重点进口产品的变化以及对国内产业的冲击程度，及时发现倾销产品；同时也密切关注国内出口数量、价格、出口国别和地区以及进口国当地的市场状况等等，并及时通报进口国反倾销动态，并采取相应措施，缓解贸易摩擦。

(3) 作为反倾销申诉的申请人。从各国的实践看，行业协会作为反倾销提诉人的案件占绝大多数，而以政府反倾销机构或单个企业作为提诉人的情况十分罕见。

(4) 代表行业利益对政府决策施加影响或者对外游说和交涉工作。

(二) 外贸企业受到“贸易救济措施”制裁的原因分析

1. 产品附加值低

根据世贸组织规则，各国政府实施“贸易救济措施”，主要针对国外进口的价廉、大量充斥本国市场、能对本国相关行业产生影响的各类商品。我国是发展中国家，劳动密集型企业比重较大，产品附加值低是企业出口遭遇国外“贸易救济措施”制裁的一个重要原因，也是当前外贸出口面临的一个重要问题。

2. 品牌意识淡薄

目前，我国对外贸易以加工贸易为主，其中贴牌生产加工方式占较大比重。近年来，一些企业随着生产加工能力和技术水平的提高，开始重视产品品牌的开发和保护，但也确有一些企业仅仅把目光盯在拥有充足的外销订单和饱和生产上，忽视产品品牌的开发和保护，一旦被国外实施“贸易救济措施”制裁，只能被动应对。

3. 自我保护意识不强

应当看到，目前我国外贸企业在应用贸易救济措施方面，自我保护的意识还不强，办法还不多，大多是与国外发生贸易摩擦后才去研究，总体上处于被动应对的地位。有的企业在对自身发展上存在着规模优势的误区，而在一定条件下，规模的优势很可能变成遭受国外“贸易救济措施”打击的劣势。

第二节　发达国家应对农食产品技术性贸易措施经验剖析

美国贸易壁垒应对机制的核心是 301 条款，该条款也是美国应对国外农产品技术性贸易壁垒的最有效的武器，因此也反映了美国农产品技术性贸易壁垒应对机制的特点。301 条款的核心内容为：如果美国贸易代表确信，美国依据任何贸易协定所应享有的权利遭到否定，或外国的某项立法、政策或做法违反贸易协定，与协定不相一致，或是不公正的，并给美国商业造成了负担或限制，则美国贸易代表必须采取强制行动，以实现美国贸易协定应享有的权利，或消除上述立法、政策或做法的影响。不过，在下列情况下，美国贸易代表可以不采取行动：

(1) WTO 机制下的争端解决机构已通过报告，或者经其他贸易协定下争端解决正式程序认定：美国贸易协定所享有的权利并未受否定，或未被争议中的外国立法、政策或做法所侵犯。

(2) 美国贸易代表查明：该外国正采取令人满意的措施以落实美国在贸易协定中的权利，已同意取消或逐步取消有关行为，或同意采取解除造成美国商业负担或限制的紧急办法，或在上述方式不可行时，同意对美国的贸易利益做出令人满意的赔偿。

(3) 在特殊情况下，经发现：采取行动给美国经济带来的负面影响，将远远大于所带来的利益，或者行动将给美国国家安全造成严重损害。在履行以上职责时，美国贸易代表应遵循总统下达的有关命令，其所采取措施的影响程度从量上看，应等于该外国做法对美国商业所施加的负担或限制。

301 条款还有两个极具针对性的变种：超级 301 和特别 301。超级 301 主要规定：通过调查，对构成主要贸易障碍或扭曲的国家和做法进行确定的基础上，由美国贸易代表提交报告，并对其实施相应的反制。特别 301 则旨在保护知识产权。美国贸易代表据此将目标直指那些被其认为未提供充分的、有效的知识产权保护的国家。

欧盟农产品技术性贸易壁垒没有专门的应对机制，适用有关贸易壁垒应对机制的一般性规定。为了确保国际贸易规则得到普遍尊重，同时在国际贸易规则被漠视时能对欧盟利益予以补救，欧共体先后于 1984 年和 1994 年颁布了《新贸易政策工具》和《贸易壁垒规则》，建立起较为完善的贸易壁垒调查制度。

相对于工业品而言，日本向国外市场出口和销售农食产品的规模并不大，因此，日本国在农产品方面遭受外国的技术性贸易壁垒限制的概率，也就大大减小。日本国主要采取两类措施进行应对：第 1 种措施便是自助式，单独或者纠集它国进行集体制约，包括单独采取对等或者报复措施，或者形成战略集团进行攻守同盟；第 2 类措施则是他助式，即通过诉诸 WTO 争端解决机构，凭借后者的权威和有效的集体制裁机制，对采取技术性贸易壁垒措施的国家或者地区施加压力，以迫使后者限制或者取消此类贸易壁垒。

一、发达国家利用措施争议解决机制实例

（一）美国诉韩国涉及农产品测试和检验的措施

1995 年 4 月 4 日，驻日内瓦的美国贸易代表办公室按照 DSU 第 4.4 条的规定诉韩国涉及农产品测试和检验的措施违反相关技术性贸易措施协议。根据《关于争端解决规则与程序的谅解》协定（以下简称为 DSU）第 4 条，GATT1994 协定（GATT1994）第 XXII 条，SPS 协定第 11 条，TBT 协定第 14 条和《农业协定》第 19 条的有关规定，韩国把测试和检验要求强加给从美国和世界贸易组织（以下简称为 WTO）其他成员进口的农产品，从而限制了这些产品的进口，这些措施违背了上述协定中下列几条的规定：

（1）GATT1994 协定第Ⅲ条或第Ⅺ条。

（2）SPS 协定，第 2 和第 5 条。

（3）TBT 协定，第 5 和第 6 条。

（4）农业协定，第 4 条。

（二）加拿大诉澳大利亚关于鲑鱼进口措施

1995 年 10 月 5 日，加拿大根据 DSU 第 4 条第 4 款、GATT 第 23 条第 1 款和 SPS 协定第 11 条第 1 款提出要求与澳大利亚磋商，讨论澳大利亚政府禁止新鲜、冷藏或冷冻鲑鱼进口的问题（本案编号为 WT/DSl8）。

1998 年 11 月 6 日，上诉庭最终结论为加拿大胜诉，澳大利亚便取消禁止新鲜、冷藏和冷鲑鱼的进口行为。

（三）美国诉日本农产品检验检疫措施

1997 年 4 月 7 日，美国指出每种农产品进境，日方都要检疫处理的做法违背协定的规定。日方对某种产品的每个品种，甚至是某种处理在同一种产品中相关的其他品种中已证实是有效的情况下，都禁止进境，直至该品种获得日本本国的有效的检疫处理测定。日方的禁止进境措施已对美国农产品出口产生不利影响，日方这一举措与其在 SPS 协定、GATT1994 及农业协定中的义务不一致。这些协定中不一致的条款包括（不限于）以下几条：

（1）SPS 协定中第 2、4、5 及 8 条。

（2）GATT1994 第Ⅺ条。

（3）农业协定中第 4 条。

经过 3 年的谈判，日方已于 1999 年 12 月 31 日起废除品种测试要求及其试验指导，并于废除之日起生效。

（四）加拿大诉欧盟关于扇贝贸易名称措施

1995 年 5 月 19 日，加拿大向欧盟常驻代表提出请求磋商的函，函中指出法国政府于 1993 年 3 月 22 日公布的 NOR MERP9300051A 条例及后来的修改案涉及扇贝（scallops）贸易名称问题，加拿大政府希望通过磋商，恢复扇贝的法语名称 noix de coquille Saint-Jacques 或 noix de Saint-Jacques，从而恢复其扇贝产品在法国市场上的持久竞争地位。

随后，智利、冰岛、日本、秘鲁等国也提出加入谈判的要求。1996 年 6 月 25 日，双方一致同意由法国根据本协议和其附件采用和实施新条例“Arrete relatif aux denominations de vente admises des Pectinides”解决“加拿大诉欧盟——扇贝贸易名称争端案”。

（五）菲律宾诉美国禁止进口某种虾和虾产品措施

1996 年 10 月 25 日，菲律宾认为美国国家公告第 2368 号“确定国外在捕虾拖网操作中龟类保护程序的相似性的指南修正公告”限制了其虾和虾产品进入美国，同时违背了 WTO 协定，包括：GATT1994 第Ⅰ、Ⅱ、Ⅲ、ⅩⅢ、Ⅺ和ⅩⅢ条和 TBT 协定第 2 条，直接或间接损害了菲律宾的贸易利

益，而其结果使协议客观上成为障碍。菲律宾保留在该质询中进一步追加法律或事实主张的权利，和采取一切其他合适的相应行动。

1996 年 11 月 13 日，澳大利亚要求加入谈判；1996 年 11 月 14 日，日本要求加入谈判。专家组认为，美国禁止虾和虾类进口的措施违反了 GATT1994 第 11 条第 1 款，不符合 GATT 第 20 条序言的规定。1998 年 7 月 13 日，美国对专家组适用法律和法理解释问题提起上诉。上诉机构认定，美国被诉措施总体上不符合 GATT 第 20 条的规定。1998 年 11 月 6 日，DSB 通过了上诉机构的报告。

（六）新西兰诉欧盟影响黄油产品措施

1997 年 3 月 24 日，新西兰向欧盟提出磋商要求，因为英国海关与执法部（HMC&E）近日关于以 AMMIX 黄油加工法和分散加工法制造的新西兰黄油“并非直接由奶及奶油制造”的决定，此规定减少了新西兰的国家专项关税配额（CSTQ），不符合下列条款的规定：

（1）GATT1994 第Ⅱ、Ⅲ、Ⅹ和Ⅺ条。

（2）TBT 协定第 2 条。

（3）进口许可程序协定第 3 条。

1999 年 2 月 24 日，双方达成和解。

（七）美国诉韩国有关产品保质期措施

1995 年 5 月 3 日，美国诉韩国有关产品保质期的措施违反了以下协议：

（1）GATT1994，第Ⅲ 条或第 XI 条。

（2）SPS 协定，第 2 条和第 5 条。

（3）TBT 协定，第 2 条。

（4）农业协定，第 4 条。

1995 年 7 月 20 日，韩国政府和美国通知 DSB，他们已经就 1995 年 5 月 5 日由美国政府在 WT/DS5/1 中提出的对附件中所提到的产品的有关事宜达成双边一致解决。协议已经在附件中列出，对符合附件中所列进口产品的待遇将不会低于原产国中类似产品或其他国家类似产品的待遇。

（八）加拿大等国诉韩国有关瓶装水措施

1995 年 11 月 8 日，加拿大诉韩国有关瓶装水的措施中“瓶装水标准，规格和标签要求公告”中的两项条款违反相关技术性贸易措施协议。

随后美国和欧盟也提出了磋商的要求。经过协商，韩国政府将修订该措施。

（九）美国诉韩国有关农产品检验措施

1996 年 5 月 24 日，美国要求与韩国政府就韩国对进口农产品的要求进行磋商。这些要求包括但不限于测试，检验，孵化，分类，熏蒸和产品规格，还包括自 1995 年 4 月 4 日（WT/DS3/1）提出磋商要求后对这些措施的所有修订、修正和新的措施。美国认为这些措施对来自美国和世界贸易组织其他成员方的农产品进口采取强制性的措施，从而限制了那些产品的进口。这些措施显然与韩国在 GATT1994，SPS 协定，TBT 协定和农业协议下的义务不一致。这些措施与各协议中的条款明显不一致的地方包括但不限于如下各条：

（1）GATT1994，第Ⅲ条和第Ⅺ条。

（2）SPS 协定，第 2、5、8 条。

（3）TBT 协定，第 2、5、6 条。

（4）农业协定，第 4 条。

（十）加拿大诉欧盟关于肉类及肉产品（激素）措施

1996 年 6 月 28 日，加拿大针对欧盟禁止畜牧业中使用某些具有激素作用的物质及相关措施（这些措施严重影响牲畜及其肉类的进口）要求与欧盟进行磋商（WT/DS48/1）。随后，澳大利亚、美国和新西兰分别于 1997 年 7 月 16 日（WT/DS48/2）、7 月 17 日（WT/DS/48/3）和 7 月 18 日

(WT/DS/48/4) 要求参加磋商。欧盟拒绝了美国参加磋商的要求。

最后，上诉机构的最终结论是欧盟措施违背了 SPS 协定第 5.1 条规定的结论，确认协定第 5.1 条和第 2.2 条要求风险评估的结果必须足以支持采取的措施。

(十一) 欧盟诉美国影响禽类产品进口措施

1997 年 8 月 18 日，欧盟要求就美国农业部食品卫生检验署 John Prucha 先生在 1997 年 5 月 5 日的信中关于对来自欧共体的禽类及其制品进口的禁令，以及任何相关措施与美国进行磋商。欧盟指出，“1997 年 4 月 30 日之后产于 EC 的禽类及其制品不适合进入美国，直到美国能够另外得到产品安全的保证。”该信件没有表明基于何种理由 EC 的禽类及其制品突然变得不适于进入美国市场了。该禁令显然与美国在 GATT1994、SPS 协议和 TBT 协议下的义务不一致，具体而言包括但不限于下列各条中的义务：

(1) GATT1994，第Ⅰ，Ⅲ，Ⅹ和Ⅺ条。

(2) SPS 协议第 2，3，4，5，8 条和附录 C。

(3) TBT 协议第 2、5 条。

(十二) 加拿大诉美国影响加拿大输入牛、水果和谷物措施

1998 年 9 月 25 日，加拿大向美国政府要求就美国政府对达科它北部和其他一些国家的牛、水果和谷物禁止进口和在美国国内运输的措施进行磋商。

这些添加的措施禁止源自加拿大的牛、水果和谷物输入美国。加拿大政府认为，这些措施违背了美国在 GATT1994 和 SPS 协定下的义务。这些措施与上述协议不符之处包括但不限于下列各条：

(1) SPS 协定，第 2，3，4，5，6，13 条以及附则的 B 和 C。

(2) TBT 协定，第 2，3，5 和 7 条。

(3) 农业协定，第 4 条。

(4) GATT1994，第Ⅰ，Ⅲ，Ⅴ，Ⅺ，和Ⅻ：12 条。

(十三) 日本对中国农产品启动临时保障措施案

2001 年 4 月 23 日，日本政府以进口激增对国内工业造成严重损害为由，对大葱、鲜蘑菇、蔺草席 3 种主要来自中国的农产品启动临时保障措施，实施关税配额管理，对中国向日本出口的大葱、鲜蘑菇、蔺草席这 3 种农产品对日出口的超过限额（即 1997—1999 年 3 年期间年均对日出口量）部分的农产品分别征收 256%、266%和 106%的高额关税。作为报复，中国也宣称对原产于日本的汽车、手持和车载无线电话机、空调开始加征 100%平均税率的特别关税。此后，两国又在其他方面进行了相互禁止，中日贸易战一触即发。后来，双方通过谈判化解了两国间的贸易争端。本案主要涉及的是 WTO 非歧视原则以及 WTO《保障措施协议》。保障措施是指，成员方在进口激增并对其国内相关产业造成严重损害或严重损害威胁时，采取的进口限制措施。保障措施在性质上完全不同于反倾销措施和反补贴措施，保障措施针对的是公平贸易条件下的进口产品，反倾销措施和反补贴措施针对的是不公平贸易。日方声称它实施的措施是严格按照《保障措施协议》等 WTO 的有关规则操作的。但是，日本的措施是根本站不住脚的。日本对我国 3 种农产品采取的临时保障措施无论在程序上还是在实质内容上均与 WTO 规则严重不符，日本的上述措施不是 WTO 规则所允许的保障措施，而是 WTO 所严格排斥的贸易壁垒。

(十四) 美国诉日本限制进口苹果案

日本为了防止火疫病（Fire Blight）,自 1994 年开始就对美国出口日本市场的苹果实施检疫限制措施。2002 年 4 月 18 日，美国提出上诉。2003 年 11 月 26 日，WTO 上诉机构专家组确认日本的植物卫生措施缺乏 SPS 协定第 2.2 条要求的“充足科学依据”；由于本案的情况不属于“科学证据不充分的情况”，日本的措施不构成第 5.7 条规定的临时措施；日本的措施不是基于风险评估，违反SPS 协定第 5.1 条，因为日本在 1999 年所作的虫害风险分析不符合 SPS 协定附件 1 第 4 款“风险评估”的定义，未根据拟采取的植物卫生措施，评估苹果虫害在进口成员领土内传入、定居或传播的可能性。美、日苹果贸易争端一案维持专家小组的判决，裁定日本违反相关贸易规则，并建议DSB要求日本履行其SPS协定日方所承担的义务。

（十五）美国诉欧盟转基因农产品案

从1998年10月以来，丹麦、意大利、法国、希腊、奥地利和卢森堡等欧盟部分成员国停止了转基因生物的审批程序。之后，欧盟监督委员会和欧盟部长理事会也宣布停止审批新的转基因生物。虽然欧盟没有任何立法规定禁止审批转基因生物上市申请，但这种暂停以及复杂的审批程序事实上已限制了转基因农产品的进口。另外，1998年10月以前欧盟已批准允许进口的转基因农产品，许多欧盟成员国仍然禁止进口。2003年5月，美国、加拿大和阿根廷将欧盟转基因农产品政策诉诸WTO争端解决机制。澳大利亚、巴西、智利、中国、哥伦比亚、萨尔瓦多、洪都拉斯、墨西哥、新西兰、挪威、巴拉圭、秘鲁、泰国、乌拉圭、中国台湾等国家和地区作为第三方参与案件审理。

美欧转基因农产品争端诉WTO案，是转基因农产品国际贸易诉WTO争端解决机制的第一案，也是以美国为首的转基因农产品种植大国和进口农产品主要消费市场的欧盟之间长期博弈的结果。2006年11月29日，专家小组报告获得通过。专家组认定欧盟6个成员国对特定转基因产品所采取的保障措施，没有按照SPS协定第5.1条进行风险评估，也不符合SPS协定第5.7条的规定，欧盟违反了SPS第5.1条规定的义务。因成员国保障措施违反SPS协定第5.1条规定，欧盟应承担连带责任，欧盟行为违反了SPS协定第2.2条的第2项、第3项的要求。WTO最终裁决欧盟及其成员国败诉。

二、发达国家利用争议解决机制经验

（一）常被引用的协议条文

从起诉国所起诉的情况看，运用的较多的规则是TBT协议中的第2条、第5条；SPS协定中的为2、5、3、4、8；农业协定中的第4条；GATT1994中的第Ⅲ和Ⅺ条；进口许可协定中的第3条（表5-1）。

表5-1 WTO争端中常被引用的协议条文

争议争端	TBT协定	SPS协定	农业协议	GATT1994	进口许可协定
美国影响加拿大输入牛、水果和谷物的措施	2，3，5、7	2，3，4，5，6，13、附则的B和C	4	Ⅰ、Ⅲ、Ⅴ，Ⅺ、XXⅣ：12条	
美国影响禽类产品进口的措施	2、5	2，3，4，5，8，附录C		Ⅰ，Ⅲ，Ⅹ、Ⅺ	
韩国有关农产品检验的措施	2、5、6	2、5、8	4	Ⅲ、Ⅺ	
韩国有关产品保质期的措施	2	2、5	4	Ⅲ、Ⅺ	
欧盟影响黄油产品的措施	2			Ⅱ、Ⅲ、Ⅹ、Ⅺ	3
印度限制农产品、纺织品和工业品进口的措施		2、3、5	4.2	Ⅺ，XⅢ、XⅧ	1、3
日本农产品检验检疫措施		2、4、5、8	4	Ⅺ	
韩国涉及农产品测试和检验的措施	5、6	2、5	4	Ⅲ、Ⅺ	

1. 常被引用的 TBT 条文

TBT 协议中的第 2 条、第 5 条，即中央政府机构对技术法规的制定、采用和实施，以及中央政府机构的合格评定程序。

2. 常被引用的 SPS 条文

常被引用的 SPS 条文 SPS 协定中的第 2、5、3、4、8 条常被引用，详情如下：

第 2 条：国际标准、准则或建议是国际检疫的协调基础。

第 3 条：有害生物风险性分析（简称 PRA）。通过风险评估确定恰当的检疫保护水平，检疫措施应考虑对动植物生命或健康的风险性。要获得生物学方面的科学依据和经济因素。

第 4 条：非疫区及低度流行区的概念。

第 5 条：检疫措施的透明度。

第 8 条：对发展中国家的特殊或差别待遇。各成员国在制定检疫措施时应考虑到发展中国家（特别是不发达国家）的特殊需要，给予较长的适应期，并提供技术帮助等。

3. 常被引用的农业协议条文

农业协定中的第 4 条常被引用。

第 4 条：市场准入。

（1）减让表所含市场准入减让涉及关税约束和削减，并涉及其中列明的其他市场准入承诺。

（2）各成员不得维持、采取或重新使用已被要求转换为普通关税的任何措施①，除非第 5 条和附件 5 中另有规定。

4. 常被引用的 GATT1994 条文

GATT1994 中的第Ⅲ、Ⅺ，即国民待遇原则和数量限制的一般取消常被引用，实际上就是非歧视原则中的最惠国待遇原则。

5. 常被引用的进口许可协定条文

进口许可协定中的第 3 条常被引用，即非自动进口许可。

自动进口许可证制度，即把进口许可证毫无数量限制地签发给进口商。也就是说，凡是列入许可证项下的商品清单中的货物，进口商只要申请，就可进口。自动进口许可证通常用于统计目的，有时也用于监督目的，为政府提供可能损害国内工业的大量重要产品的进口情况。非自动进口许可证，也称为特种进口许可证，对列入特种进口许可证项下的商品，进口商必须向有关当局提出申请，经逐笔审核批准并发给许可证后，才得以进口。在通常情况下，非自动进口许可证是与数量限制结合使用的，即进口国主管当局或按照商品来源的国别和地区，或按进口商申请的先后，在总的进口限额中批准给予一定的额度，取得进口配额的进口商才能取得进口许可证，才得以进口。

（二）受争议措施的特点

1. 扩大疫区范围

扩大疫区范围是许多国家无理启用技术性贸易措施的一个特点。比如，1999 年比利时二噁英事件就引起许多国家将禁止区域扩大到整个欧盟，当然也包括所有的食品和饲料。1997 年欧盟疯牛症病毒事件就使得加拿大、以色列、印度、阿根廷等国禁止欧盟所有与牛相关的产品的进口，包括牛肉、牛精液、化妆品等。坦桑尼亚、肯尼亚、乌干达和莫桑比克爆发霍乱，欧盟就停止从上述国家进口水果、蔬菜和鱼产品。同样的，禽流感、地区局部性污染都会使得进口国对该疾病或者污染爆发国家甚至相关国家出口农食产品的戒严甚至是禁止。这些行为明显违反了 SPS 协定的第 2、3、4、8 条规定、农业协定的第 4 条，以及 GATT1994 的第Ⅲ条。被限制国家可以通过要求对方提供风险评估以及提供自身的风险评估来予以反击。

2. 提出过高检测要求

提出过高检测要求使出口国难以达到要求，以达到限制对方出口的目的，是许多国家启用技术性贸易措施的又一特点。1998年，欧盟制定中的新的黄曲霉毒素最大限量，该限量超出了许多国家食品中的含量，严重影响贸易，因此受到阿根廷、澳大利亚、玻利维亚、巴西、冈比亚、印度、印度尼西亚、马来西亚、菲律宾、塞内加尔、泰国等国的反对。1996年，智利、捷克、萨尔瓦多、洪都拉斯、斯洛伐克等国实施禽产品中沙门氏菌零容忍的标准，受到美国的强烈反对，理由是没有迹象表明这些国家已根除了沙门氏菌或拥有监测系统证实其国内产品不存在沙门氏菌。认为这项措施似乎不是以适当的风险评估为依据，且不会明显减低对消费者健康的风险，该做法明显违反了TBT协议中的第2条以及科学依据原则、歧视性原则。被限制国家同样可以通过要求对方提供风险评估以及提供自身的风险评估来予以反击。

3. 生产标准强制性要求

许多国家要求国外进口食品的加工生产、合格评定必须符合该国的要求，否则不予进口。如欧盟对新西兰进口食品的加工方法加以限定，韩国政府对进口农食产品包括但不限于测试、检验、孵化、分类、熏蒸和产品规格加以要求。1996年，巴西葡萄酒进口要求中包含有要求出口国的生产厂家应经巴西当局检查和批准的内容。1998年，波兰要求对用生奶制造的产品进行热处理。1998年，新西兰和澳大利亚停止进口由未经巴氏灭菌牛奶制作的硬奶酪。这些用自己的规则来限制其他国家进口的行为明显违背了TBT协定的第2条和第5条、SPS的第2条和第3条，农业协定中的第4条，科学依据原则、GATT1994第Ⅲ条，进口许可程序协定第3条。对于这些要求，起诉国可以通过国际标准原则、等效原则、科学依据原则、非歧视性原则来加以破解。

三、发达国家应对过程中所采取的辅助措施

（一）采取行业促进机制

1. 美国的促进机制

（1）组建强大的促销组织机构。美国农业部由各类国家股份公司，如农产品信贷公司、联邦机构和其他机构组成，是直接负责农产品出口促销的政府机构，它集农业生产、农村生态、生活管理以及农产品的国内外贸易于一身，对农业产前、产中、产后实行一体化管理。

农产品信贷公司是隶属于美国农业部的国有企业，负责多项农产品出口市场开拓计划的实施。其资金由美国联邦政府预算中强制支出。同时，农产品信贷公司还肩负着支持农民所得和稳定农产品价格的重任。

海外农业服务局是农产品出口促销的具体执行部门。在国会授权下，该局有用于支持农产品出口的专项预算资金，依靠世界上最发达的全球性农业信息通报体系，直接制定并组织执行出口促进计划。美国商务部负责外国农产品贸易壁垒和贸易障碍的申诉与投诉，并帮助农产品出口商解决问题。贸易谈判是美国扩大农产品出口的重要手段，该任务是由贸易谈判代表和代表助理完成的。

农业协会是美国农产品出口促销体系中的半官方机构，在农产品出口促销体系中起着直接的作用。其资金大部分由海外农业服务局直接提供，部分则由私营的农产品企业捐赠，专门帮助美国农产品生产者和食品加工者出口，只对极少的一些项目收取少量费用。

农产品贸易协会在美国有70多家，代表美国各州以及不同类别农产品。这些协会由美国的生产商、加工商和出口商代表组成，可以提供有关美国产品的标准、品种、用途和供应商的详细资料。

此外，美国还有上百个农业团体、协会与政府合作，具体承担农产品出口支持计划。它们负责提供全球市场信息，制定生产计划，督促会员使用统一的商标，建立和利用出口价格协调机制，培养消费者对产品的忠诚度等。

（2）实施农产品国际市场开拓计划。美国现行农产品出口支持政策具体体现在各项促销计划之中，并均有相关的法案支持。

①国际市场拓展计划。为了促进美国农产品销售，美国国会和政府共同制定该计划，主要资助海外的营销和促销活动，直接面向国外最终消费者。它是所有促销计划中涉及产品面和促销方式最广、支持资金最多的一个计划，实施资金为6.5亿美元，占美国农产品营销促销全部资金的56%。该计划的实施方式是，农产品信贷公司将资金拨给经海外农业服务局，经海外农业服务局审定后拨付可参与计划执行的农产品协会。

②国外市场开发合作者计划。为了全面支持有广泛代表性的非盈利性农产品协会或商会，借以开拓新市场，重点扶持高附加值农产品出口，美国政府制定了此计划。该计划在海外农业服务局的指导下，由农产品信贷公司具体负责实施。实施方式也是由农产品信贷公司和非盈利性农产品协会签订合作协议，以返还偿付的形式给予一定比例资金援助。

③优质样品计划。该计划始于1999年，主要用于支持美国贸易机构向新兴海外市场的进口商提供少量农产品样品，让潜在客户发现美国农产品的优良品质。其针对的是商业和制造业，而不是直接的消费者，并优先考虑美国农产品市场份额不超过10%的国家。

④新兴市场计划。为了保持或扩大美国农产品对国外新兴市场的出口，提高这些国家食品和农业企业体系的效率（包括减少贸易壁垒以及增加投资），美国联邦政府特制定了此计划。该项计划主要是资助技术性项目，不是以终端消费者为目标。如支持可行性研究、市场调查、产业评估、环境考察、专门培训等。因此，资助对象是农业或农产品组织、大学、政府农业部门、并优先资助中小农业企业或农业综合企业。

⑤特定农作物技术支持计划。该计划主要支持政府和企业，针对限制或威胁美国农作物出口的卫生、植物检疫和技术壁垒，为出口商提供援助，冲破限制壁垒。支持的产品是除小麦、饲料谷物、含油种子、棉花、大米、花生、糖和烟草之外的所有作物及产品。促销方式是资助研究会、实地调查、病虫害研究、通关前计划等。

（3）建立完善的信贷担保制度。美国政府启用了一系列金融服务措施，制定了一系列促进农产品出口的信用担保计划，强有力地促进美国农产品出口。

①商业出口信贷担保计划。根据美国2002年《农场安全与农村投资法案》，2002—2007年，美国政府每年安排不少于55亿美元，用于农产品短期出口信贷担保和中期出口信贷担保。短期出口信贷提供担保计划适用于贷款年限不超过3年的私人贷款。中期出口信贷担保计划适用于贷款年限不超过7年的私人贷款。

②卖方信用担保计划。该项计划通过鼓励美国出口商给那些得不到普通商品贷款公司的外国进口商付款担保，使美国出口商更容易出口美国农产品。该项计划由海外农业局审查批准，农产品信贷公司负责具体执行。在这项计划下，农产品信贷公司现行的担保比例是出口金额的65%。

③设施担保计划。该计划于1997年12月开始实施，对美国出口的资本和服务提供信贷担保，这些出口的资本和服务须用于改善新兴市场农产品贮藏、加工、处理等农业设施。其管理方式与商业出口信贷担保计划相似，总担保比例为95%。

（4）构建完整的配套服务体系。美国农业现代化和国际化，起核心作用的是科研与教育。针对国际市场和增强农业国际竞争力的农业研发体系，是美国农业从生存向世界上最具生产效率的农业企业转移的主要力量。美国农业研究项目大部分是由政府资助的，其研究成果成为美国农业发展的支柱。近几年来，美国联邦政府对农业科技研发的投入一直在20亿美元左右，约占联邦政府研发总投入的2%。农业部支持的优先研发项目首先要能够降低农民成本，特别是使产品适应国内外市场的需要。

美国的农产品推广将农民和国际市场有机地联系在一起，被认为是历史上转让和推广技术最广泛与最成功的。美国推广组织由联邦、州和当地机构组成。联邦合作者是农业部，州的合作者是全美100多家农学院、农业实验站和州政府，当地机构是3 150个县或当地组织。大学与地方县政府联合组建县级农技推广中心，负责本地区的农业技术推广工作。

人员由大学教授和地方招聘的科技人员组成，经费由联邦政府、州政府和县政府分别承担。除农业推广外，还有直接提升农民素质的各种教育和培训。

2. 欧盟的促进机制

（1）欧盟第一次共同农业政策的促进措施。1992年，欧盟进行了第一次共同农业政策的改革，通过改革以支持农产品的出口。突破国外农产品技术性贸易壁垒主要有以下3个方面的内容：

①降低支付价格水平。谷物的支付价格下降29%，牛肉下降15%，乳制品支付价格下降5%。

②导入对农业支持的直接支付方式。由于降低了价格支付水平，农民的损失部分采用直接支付方式给予补贴。

③导入生产结构调整计划。为获得上述直接支付补贴，农民必须参加减少一定种植面积的生产结构调整计划，但不包括耕地面积20hm^2以下农场。同时，对每公顷休耕耕地给予253欧元的补助。

由上可知，1992年欧盟农业共同政策改革的中心是导入对农业支持的直接支付方式和生产结构调整计划。改革后欧盟对农业补贴主要体现在“黄箱”补贴（AMS），占农业补贴总水平的53%，“绿箱”和“蓝箱”补贴均为22%左右。1986—1988年欧盟AMS为923.9亿美元，占农业GDP的63.4%，承诺在2000年实施期末将其削减至769.03亿美元，削减幅度为17%。1996年欧盟总AMS为612.6亿美元。

（2）欧盟2000年议程中的促进措施。1999年3月26日，欧盟15国国家元首在德国首都柏林达成一项关于2000年议程农业指导政策与资助调整的全面协定，包括规划财政前景、共同农业政策改革和结构性调整行动等3方面内容。新政策的一个核心内容就是降低补贴价格，鼓励竞争，把对农业的补贴进一步从生产补助中分离出来，即从对农产品的价格支持转变为对农民收入的支持，从而达到提高欧洲农业在国际贸易中地位的目标。

上述政策旨在使欧洲农产品更接近世界市场价格，改善农产品在区内和国际市场上的竞争力，突破国外的农产品技术性贸易壁垒，推动欧盟内部需求和出口增长。减少的价格补贴将通过增加的直接利益部分抵消，从而提高农民生活水平。

（3）2003年欧盟新农业政策的促进措施。2003年6月26日，欧盟部长理事会通过了新农业政策改革决议。改革的方向是：彻底改变欧盟对农业的支持方式，使得农业政策更加市场化。改革的核心内容是直接补贴方式的变化，将原来与当年生产面积挂钩的“黄箱”支持转变为与生产不挂钩的“单一的农场补贴”，即“绿箱”支持。此外，原来的价格支持政策仍然保留，支持价格水平有的产品不变，有的产品降低。

改革政策的各项具体措施，分别从2004年和2005年开始执行。具体内容有以下几个方面：

①改革直接补贴方式。按照新的改革方案，取消原来与产品类别和种植面积有关的挂钩补贴，取而代之的是“单一的农场补贴”（Single Farm Payment）。每个农场获得的补贴额将根据以2000—2002年为基期的情况确定。一经确定，补贴就与种植的作物种类和面积多少无关。

②稳定农产品市场政策。欧盟将继续执行以前的市场稳定政策。

③加强对环境、食品安全、动物健康和动物福利标准的要求。上述各项补贴政策包括单一补贴政策，尽管可能不再与生产挂钩，却与遵守环境、食品安全、动物健康和动物福利标准等方面的法规相联系。

④建立新的“农场咨询系统”（Farm Advisory System）。2007年以后，各成员必须都建立起这样的系统。2010年，农业委员会将公告这个系统的运行情况。在此基础上，欧盟部长理事会将决定是否把该系统变为强制农民参加的系统。这个系统的主要任务是向农民提供如何在生产过程中按照有关标准和良好操作规范的咨询服务；农场审计部门将定期对农场投入物的投入水平进行审查，

以确定其是否符合有关的环境、食品安全和动物福利要求。有关的费用将由欧盟的农村发展基金支付。

⑤加强农村发展。欧盟用于促进农村发展的资金将大幅度增加，用于促进农村发展的措施范围也将扩大，这些规定从2005年开始实行。至于具体的措施，则由成员或者地区政府决定。

⑥调减对大农场的补贴。按照新的改革决定，将对大农场直接补贴标准予以调减。调减的幅度是：2005年为3%，2006年为4%，2007年以后为5%。据测算，此项措施每年可节省支出12亿欧元。这些节省下来的支出将全部用于促进农村发展项目。

通过以上6项措施的实施，使欧盟农产品在国际贸易中提高了综合竞争力，对突破技术性贸易壁垒更具有针对性。

3. 日本的促进机制

2000年，日本政府确立了推动农产品出口的战略，并采取了一系列卓有成效的举措，取得了较好的成效。

(1) 建立政府主导、各方参与的出口促进体制。日本政府在农产品出口中发挥主导作用。2000年，日本政府成立农林水产品出口推广协会，该协会由农林水科大臣任会长，各省厅、地方政府、各全国性农业生产组织、流通组织、贸易团体、旅游促进团体以及地方出口促进团体作为成员。协会内设由政府各部门主管官员和主要农业组织负责人组成的干事会，并在农林水产省内设事务局。

该协会负责制定日本农产品出口的基本战略，确定农产品出口的具体目标，完成并实施年度农产品出口行动计划，与外国政府交涉取消农产品进口壁垒等。

全国性农业组织、全国农业协同组织联合会和全国农业协同组织中央会，利用其遍布各地的机构，组织实施政府制定的农产品出口战略规划，帮助农民根据不同市场的需求，进行生产、储运和销售。

有政府预算支持的日本贸易振兴机构利用人力资源和全球网络，组织专家进行市场调研，提供分析报告，提出具体建议，并在展览、推销、宣传上提供资金支持。2005年度仅展览推荐会一项，即安排资金1亿日元。

日本政府对农产品出口有直接的资金支持。这部分资金被称为“推动农林水产物出口倍增事业补助金”，2005年度为6.56亿日元，2006年度增加为12.58亿日元。该补助金一是用于促进出口，包括海外出口环境调查、面向海外出口所需业务调整费用、海外销售促进费用等；二是用于新品种保护的费用，包括从事新品种保护的费用和开发新品种鉴定的DNA技术的费用等。

(2) 树立日本农产品优质、安全的形象。

①农产品出口因地制宜。日本出口的农产品大多是地方特产，如青森苹果、新潟大米等。经过长期改良、培育，受到消费者欢迎，以高质、高价畅销国内。

在此基础上，充分考虑调研海外市场需求的特异性，根据不同需求组织各具特色农产品出口海外。青森县的陆奥苹果是知名品牌，但日本人只喜欢个头适中的苹果，受到市场冷遇的大苹果却在中国被消费者热烈追捧，每个竟然卖到800日元；而个头很小的苹果则在欧洲市场受到欢迎。这使得陆奥苹果这几年的出口量由300t一下增长到1 500t。

佐贺县的早生柑橘，瞄准美国、加拿大市场的圣诞消费，与日本国内需求打出了时间差，供货量不断增加，年出口达5 000t；福冈县的甘王牌草莓味甘、色艳、个头大，因保鲜需要，主打港台市场，年出口达40t。

②打高质、高档、安全、安心牌，占领高端市场。日本出口的农产品在海外定位于高品质和好味道。在高级百货店销售，精美的小包装、绚烂多彩的广告、推销员富有感染力的叫卖声、不菲的价格都使海外消费者将日本农产品作为一种高档商品看待，甚至将消费日本农产品作为一种身份的象征。

日本新潟县出产的月光大米以味美和高价著称，为推销大米，在政府的帮助下，通过使馆举办品尝会，以及各种展销会，现场制作，现场品尝，以强烈的第一印象吸引消费者。通过高价米的出口，不仅在世界树立了高价米的高档形象，而且打破了日本农产品高价无销路的传统观念，给生产者以信心。月光大米还在新加坡、中国香港、中国台湾和泰国等设立销售点，每年出口达到6 000t。

气候湿润的中国台湾对梨的需求旺盛，鸟取县农协将中国台湾市场作为主攻目标，选择中秋节、春节销售旺季，瞄准馈赠需求，以高于日本市场1倍的价格出售。仅鸟取县一年的出口量就达600t。

③组织有序、锲而不舍。日本农产品出口海外经常会遇到主、客观的各种困难，很多日本农产品的出口得益于锲而不舍的精神和沉稳的组织工作。日本知名品牌温州蜜橘出口美国时，美方设置了极为苛刻的检疫条件，为满足美方要求，静冈县农协组织设置21hm^{2}对美柑橘出口基地，为防止周边影响，在基地周边又设置了无病对策缓冲区。有效的措施，满足了检疫要求，使出口量稳步上升；龙胆出口荷兰，遇到了时间长龙胆枯萎的难题，日本迅即组织各方面的专家，就温度控制、花期延迟、运输手段等问题进行攻关，同时协调生产和流通各环节，很快解决了问题，保证了日本龙胆供应欧洲市场。

④以点带面，产业连锁效应。在推广本国农产品过程中，日本经常先将一种叫得响的农产品投放海外市场，在当地形成了良好印象后，再将其他农产品推入市场，也取得了很好的效果。比如，日本鸟取县出产的二十一世纪梨在中国台湾有很好的口碑，该县借此逐渐将其生产的红薯、艾头等也打入了中国台湾市场；日本绿茶对美出口是通过向高级日餐店提供餐后茶得到好评后，各餐馆的订货大量增加，目前出口在欧美以健康高级饮料得到赞誉，年出口超过1 000t。日餐馆的普及同时带动了紫菜和绿茶的出口，是日本推广其食文化的成功范例。

(3) 加强对外交涉，为突破农产品技术性贸易壁垒铺路搭桥。世界各国对本国农产品市场都实行保护政策，特别是近些年来技术性壁垒越来越多。为扩大农产品出口，日本政府出面同各国交涉，在关税、检疫等方面取得进展。比如，通过双边FIA协议，降低农产品的进口高关税；要求进口国调整检疫政策，或根据进口国的检疫要求采取改进措施等。如2000年51个国家和地区由于BSE中止了日本牛肉进口，日本政府主动与各国谈判、交涉，现已逐步恢复出口。

(4) 加强品牌农产品的知识产权保护。由于农产品很容易在海外移植，在国际市场造成对日本高价格的冲击。因此，日本千方百计在海外对自己的农产品品种进行保护。政府一方面提供财力支持开发DNA品种鉴定技术。另一方面，争取各国立法保护海外的日本农产品品种。日本农林水产省还为此专门成立了“农业食品知识产权保护本部”，加大对这项工作的领导力度，一是控制优良品种种苗的外流，二是通过DNA检测控制在海外生产的产品返流日本，扰乱日本市场。

(5) 建立面向出口的生产、流通体制。此举主要是通过构筑面向出口的生产体制，导入新的技术，生产出能够满足海外市场需求、符合海外市场标准、与日本市场有所不同的农产品。

同时，为了保持农产品的出口品质，降低成本，建立出口包装和保鲜系统，利用共同的运输方式，开发出专门出口的运输路径、运输方式等流通体制。

日本重视农业、食品业与制造业和流通业的联系，特别是利用制造业和流通业已有的销售渠道、借鉴其在海外的销售经验，促进农产品出口。

比如大米出口，就借用了电饭煲的渠道和经验，电子企业与农业组合开展了很好的合作。

(6) 积极开展海外市场推广。农产品出口海外，推广工作是关键。日本政府、民间团体、企业、农户紧密配合，按计划、分步骤、有目标地积极开展这项工作。推广手段主要有以下几种:

①开拓并扩展销售渠道。日方对农产品出口的海外信息进行收集、整理和分析，然后将该信息分发给相关单位作为决策参考和依据。这些信息既包括政策制度方面的，如检验检疫制度、商标登记、培育权保护等；也包括市场需求、商品价格、流通状况、饮食习惯等。

②采取多种形式的市场营销手段。充分而有效的市场营销手段包括开展市场调研、制定出口计划、开发海外消费者需要的商品等。具体方法如在国内成田机场介绍、销售日本品牌农产品；组织国内企业参加国外食品展销会；设立直销点，搜集市场反应；召开生产、流通、贸易等相关行业的准备会等；在国外，政府协助民间进行市场调研、疏通政府关系、参加农产品交易会、加强与海外相关贸易部门的联系；另外，金融机构还向农产品出口提供融资和保险的服务。

③重点推介品牌农产品。充分利用在海外开设的日本食品展和百货商店内的日本食品柜台，给当地消费者树立全面的日本食品良好的品牌形象。具体措施包括：设计出口农产品宣传标志、制作宣传资料；在百货公司举行日本食品烹饪演示、在媒体上刊登介绍日本品牌农产品的广告和文章；开设日本食品烹饪培训课程等；通过国际交流基金，向国外派出食品专家介绍日本食品等等。

④注重向来日游客推广日本食文化和食品。日本在 2010 年吸引 1 000 万名游客来日本观光，通过游客来切身体验日本食品，感受日本的伙食文化，不失为一个有效的推广之举。

（二）采取贸易救济措施

1. WTO 关于贸易救济措施的规定

（1）贸易救济。贸易救济（Trade Remedy）是指当外国进口对一国国内产业造成负面影响时，该国政府所采取的减轻乃至消除该类负面影响的措施。目前，WTO 共有 3 种贸易救济措施——反倾销（Anti-dumping）、反补贴（Countervailing）和保障措施（safeguards），分别适用《反倾销协议》（Anti-dumping Agreement）、《补贴与反补贴措施协议》（Agreement On Subsidies and Countervailing Measures，SCM Agreement）和《保障措施协议》（Agreement on Safeguards）。

（2）反倾销。反倾销是指对外国商品在本国市场上的倾销所采取的抵制措施。一般是对倾销的外国商品除征收一般进口税外，再增收附加税，使其不能廉价出售，此种附加税称为“反倾销税”。在 WTO 框架下，只有政府，而不是贸易商和产业界，才能采取反倾销措施。反倾销是 WTO 允许采取的维护公平贸易和保护国内安全的合法手段，为各国所公认。

依据倾销持续时间的长短和对国际贸易的不同作用可分为偶然性倾销、间歇性倾销或短期倾销和连续性倾销（亦称长期性倾销）。依据倾销进行的方式不同可分为直接倾销和间接倾销；依据倾销的贸易形态不同可分为有形贸易倾销和无形贸易倾销；依据倾销主体的不同可分为国内倾销和国外倾销；依据倾销归属范畴的不同可分为经济学意义上的倾销和法学意义上的倾销。

（3）反补贴。WTO《补贴与反补贴措施协议》（以下简称《SCM 协议》）第 1 条对补贴的定义进行了规定，若有下列情况就视为存在补贴:

①一个成员方境内的政府或公共机构（本协定称作“政府”）提供的财政资助，凡属于：

a. 涉及资金直接转移（如赠款、贷款、投股）潜在的资金或债务直接转移（如贷款担保）等政府做法。

b. 放弃或未征收在其他情况下应予征收的政府税收（如税收抵免等财政鼓励）。

c. 政府提供非基础设施的货物或服务，或者购买货物。

d. 政府支付给某个筹资机构，或者委托或指令某个私人机构，来行使上述一种或多种通常应属政府的职能，而此种做法与政府的通常做法并无差别。

②有 GATT 1994 第 16 条意义上的任何形式的收入或价格支持以及而因此给予了利益。

根据补贴的外延角度不同，可以把补贴分为广义的补贴与狭义的补贴；根据补贴的目的不同，可以把补贴分为出口补贴和国内补贴；根据补贴的方法不同，可以将补贴分为直接补贴和间接补贴；根据补贴是否被允许，可以将补贴分为禁止的补贴、可起诉的补贴与不可起诉的补贴。

SCM 协议将补贴分为禁止的补贴、可起诉的补贴和不可起诉的补贴三类。根据受补贴的产品不同，可将补贴分为对初级产品的补贴和对非初级产品的补贴，这种区分在法律上有重要意义。

（4）保障措施。又称保障条款，是指 WTO 成员在进口急增并对国内相关产业造成严重损害或严重损害威胁时，所采取的紧急限制进口的措施。这种措施起到了安全阀的作用，故有自由贸易的"安全阀"之称。乌拉圭回合达成的 WTO《保障措施协议》对实施保障措施的标准、条件及程序作了比较详细的规定。根据该协议的规定，可以这样给保障措施下定义：保障措施是指成员方在某种产品进口大量增长以致其生产同类或与之直接竞争产品的产业遭受损害时，为补救国内产业而针对引起损害的进口产品采取的临时进口限制措施。保障措施针对的是公平贸易条件下的进口产品，即实施保障措施无需证明进口产品存在倾销或补贴。保障措施主要通过关税、数量限制和关税配额等方式来限制进口，以达到使本国产业免受其他成员冲击的目的。它是一种针对公平贸易条件下产品进口的限制措施。

（5）农产品特殊保障措施。是各成员在改革农产品贸易多边管理体制和促进农产品贸易自由化期间，为进口成员及其产业提供的一种救济手段。WTO《农业协议》第 5 条规定，尽管有《1994 年关税与贸易总协定》第 2 条第 1 款（b）项的规定，但是对于将非关税措施转化为普通关税（即非关税措施关税化）且在其减让表中用 SSG 符号标明为减让对象的农产品，允许该成员在进口数量突增或进口价格下跌达到规定的水平时征收附加关税，以保护国内相关产业，即特殊保障措施(Special Safeguard)。

农产品特殊保障措施的实施条件主要有两个，分别是进口数量触发和价格触发。

①进口数量触发。当农产品某年的进口数量超过前 3 年进口量的平均水平（即触发水平，此触发水平是根据该进口成员的进口量占消费量的比例确定），则该成员可以动用此特殊保障条款。

根据 WTO《农业协议》第 5.4 条，触发水平应根据下列以市场准入机会为基础的公式确定，市场准入机会定义为进口相当于可获得数据的最近 3 年相应国内消费量的百分比: a. 如一产品的此类市场准入机会低于或等于 10%，则基准触发水平应等于 125%（如未考虑国内消费，则应适用此基准触发水平）；b. 如一产品的此类市场准入机会高于 10%但低于或等于 30%，则基准触发水平应等于 110%；c. 如一产品的市场准入机会高于 30%，则基准触发水平应等于 105%。

在所有情况下，如果任何一年有关产品进入给予减让的成员关税领土的绝对进口量超过 x（以上所列基础触发水平与可获得数据的最近 3 年平均进口量的乘积）与 y（可获得数据的最近一年有关产品的国内消费量与前一年相比的绝对变化量）之和，则可征收附加关税，但是触发水平不得低于以上 x 中平均进口量的 105%。

②价格触发。所谓触发价格，是指某农产品 1986 年至 1988 年进入给予减让成员境内的平均到岸价格（CIF）（以该成员本国货币表示）。按照通常的理解， CIF 价格是指产品刚进入关税区域的价格，因而不包括海关关税和内部各种费用。

关于何时可以使用特殊保障措施，有以下规定:

a. 如以本国货币表示的该批装运货物的进口到岸价（下称进口价格）与该项下定义的触发价格之间的差额低于或等于该触发价格的 10%，则不得征收附加关税。

b. 如进口价格与触发价格之间的差额（下称差额）高于触发价格的 10%但低于或等于触发价格的 40%，则附加关税应等于该差额超过 10%部分的 30%。

c. 如差额高于触发价格的 40%但低于或等于触发价格的 60%，则附加关税应等于该差额超过 40%部分的 0%，加上 b 项允许的附加关税。

d. 如差额高于 60%但低于或等于 75%，则附加关税应等于该差额超过触发价格 60%部分的 70%，加上 b 项和 c 项允许的附加关税。

e. 如差额高于触发价格的 75%，则附加关税应等于该差额超过 75%部分的 90%，加上 b 项、c 项和 d 项允许的附加关税。

2. 贸易救济措施立案数的变化

从 1995 年到 2009 年的时间里，国际贸易救济措施实践中以反倾销最多，年均 200 次左右，反补贴和保障措施的实践次数相近，年均 20 次左右。从图 5-1 可以看到，反倾销、反补贴和保障措施的趋势是接近的，三者的数量都是在 1997 年发生金融危机之后呈上升趋势，在 2000—2002 年达到最大值后开始下降。前后约为 5 年，在 2008 年发生金融危机之后又重新呈上升趋势。

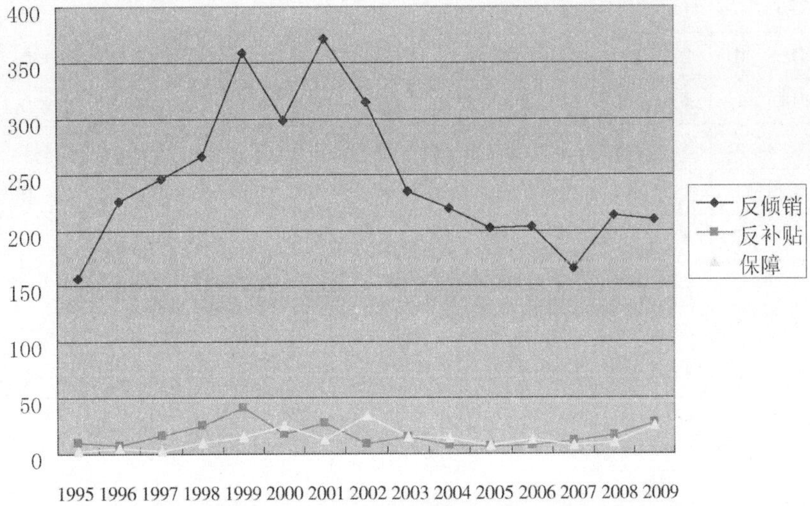

图 5-1 1995-2009 年国际贸易中救济措施立案趋势

3. 主要贸易国和地区贸易救济实践

（1）主要贸易伙伴贸易救济措施的立案情况。当前，采取反倾销、反补贴和保障措施的国家或地区已经几乎覆盖世界上全部的主要贸易国，意味着 90%以上的世界进出口贸易国受到贸易救济措施的潜在影响。

过去，运用贸易救济措施的国家主要集中在发达国家。美国、欧盟、加拿大和澳大利亚曾是全球贸易救济措施的最大用户。1995 年初至 2009 年底，欧盟、美国、加拿大、澳大利亚等国家或地区所发布反倾销案例占世界的 32.6%，反补贴占世界的 73.6%，保障措施占世界的 8.6%。近年来，印度和阿根廷成为贸易救济措施的主要发起国，反倾销占世界的 23.7%，反补贴占世界的 1.6%，保障措施占世界的 14.8%。在这些国家中，使用反倾销最多的国家或地区依次为印度、美国、欧盟，分别占世界的 16.3%、11.8%、11%；使用反补贴最多的国家或地区依次为美国、欧盟和加拿大，分别占世界的 41.6%、22.4%以及 9.6%；使用保障措施的国家或地区依次是印度、美国、阿根廷和欧盟，分别占世界的 12.0%、4.6%、2.8%和 2.3%（表 5-2）。

（2）主要贸易伙伴贸易救济措施的针对对象。主要贸易伙伴贸易救济措施的针对对象情况如表 5-3 所示。印度反倾销的主要针对国为中国、韩国、中国台湾和欧盟，依次为 137 次、47 次、4 次和 42 次；反补贴所针对的对象主要是中国。阿根廷反倾销所针对的对象主要为中国、韩国、中国台湾和美国，依次为 82 次、12 次、11 次和11 次；反补贴所针对对象为欧盟。澳大利亚反倾销所针对对象主要为中国、韩国、中国台湾和美国，依次为 31 次、21 次、10 次和 10 次；反补贴所针对对象主要为中国，共有 3 次。欧盟反倾销所针对对象主要为中国、印度、韩国和中国台湾，依次为 96 次、30 次、28 次和 24 次；反补贴主要针对印度、韩国和中国台湾，依次有 17 次、7 次和 6 次。加拿大反倾销所针对对象主要为中国和美国，分别有 25 次和 17 次；反补贴所针对对象主要有中国、印度和美国，依次有 9 次、5 次和 3 次。美国反倾销所针对对象主要有中国、韩国、中国台湾、印度和美国，依次为 101 次、29 次、22 次和 22 次；反补贴所针对对象主要为中国、印度、韩国、加拿大和阿根廷，依次为 25 次、13 次、8 次、8 次和 4次。

表 5-2　主要贸易国和地区贸易救济措施立案情况

国家或地区	印度			美国			欧盟			阿根廷			澳大利亚			加拿大		
	A	B	C	A	B	C	A	B	C	A	B	C	A	B	C	A	B	C
1995	6	0	0	14	3	1	33	0	0	27	1	0	5	0	0	11	3	0
1996	21	0	0	22	1	2	25	1	0	22	1	0	17	1	0	5	0	0
1997	13	0	1	15	6	1	41	4	0	14	1	1	44	0	0	14	0	0
1998	28	0	5	36	12	1	22	8	0	8	0	1	13	1	1	8	0	0
1999	64	0	3	47	11	2	65	19	0	23	0	0	24	0	0	18	3	0
2000	41	0	2	47	7	2	32	0	0	43	0	1	15	0	0	21	4	0
2001	79	0	0	77	18	1	28	6	0	28	0	1	23	1	0	25	1	0
2002	81	0	2	35	4	0	20	3	1	14	0	0	16	3	0	5	0	1
2003	46	0	1	37	5	0	7	1	1	1	0	0	8	0	0	15	1	0
2004	21	0	1	26	3	0	30	0	1	12	0	1	9	0	0	11	4	0
2005	28	0	0	12	2	0	25	3	1	12	0	0	7	1	0	1	1	2
2006	35	0	0	8	3	0	35	1	0	11	0	1	10	0	0	7	2	0
2007	47	0	0	28	7	0	9	0	0	8	0	0	2	2	1	1	1	0
2008	55	0	1	16	6	0	19	2	0	19	0	0	6	1	0	3	3	0
2009	31	1	10	20	14	0	15	6	0	28	0	0	9	1	0	6	1	0
2010	17	0	0	2	2	0	8	2	1	7	0	0	4	11	0	1	0	0
总数量	613	1	26	442	104	10	414	56	5	277	3	6	212	22	2	152	24	3
所占比例(%)	16.3	0.4	12	11.8	41.6	4.6	11	22.4	2.3	7.4	1.2	2. 8	5.7	9.9	0.9	4.1	9.6	1.4

注：A 代表反倾销，B 代表反补贴，C 代表保障措施。

表 5-3　主要贸易伙伴贸易救济措施的针对对象

国家或地区	印度		阿根廷		澳大利亚		欧盟		加拿大		美国	
	A	B	A	B	A	B	A	B	A	B	A	B
印度			9		4		30	17	5	5	22	13
阿根廷									1		5	4
澳大利亚	2		2				2	1			3	
欧盟	42		1	2						1		
加拿大	5		1		4		1				15	8
美国	29		11		10	1	13	2	17	3		
中国	137	1	82		31	3	96	1	25	9	101	25
韩国	47		12		21		28	7	8		29	8
中国台湾	45		11		10		24	6	8	1	22	
其他国家或地区	306		148	1	132	7	220	22	88	5	245	46
总数	613	1	277	3	212	11	414	56	152	24	442	104

注：A 代表反倾销，B 代表反补贴。

(3) 主要贸易伙伴贸易救济措施的成功胜诉率。总的来说，世界反倾销的胜率维持在 65%以上。印度反倾销的胜率为 71%，阿根廷反倾销胜率为 69%，欧盟和美国的反倾销胜率都在 65%以上，加拿大的反倾销胜率为 62%，澳大利亚反倾销的胜率为 38%。世界反补贴的胜率为 57%，其中阿根廷为 100%，加拿大为 67%，美国为 60%，欧盟为 45%，澳大利亚为 18%。作为被执行反倾销对象时，中国的败诉率是最高的，约为 72%，其次是印度和中国台湾，分别为 67%和 66%，再其次是韩国和美国，分别为 62%和 61%，澳大利亚和阿根廷的败诉率为 52%和 50%，加拿大的败诉率最低，为 47%。当作为反补贴对象时，澳大利亚和欧盟的败诉率是最高的，分别为 100%和 82%，其次是印度和阿根廷，分别为 63%和 57%，再其次是中国、韩国和中国台湾，分别为 47%、43%和 42%，美国和加拿大的最少，分别为 38%和 25%（表 5-4）。

表 5-4　主要贸易伙伴贸易救济措施的成功胜诉率（%）

发起国/遭遇国	印度		阿根廷		澳大利亚		欧盟		加拿大		美国		总数	
	A	B	A	B	A	B	A	B	A	B	A	B	A	B
印度	0	0	67	0	0	0	57	67	60	80	597	62	67	63
阿根廷	0	0	0	0	0	0	0	0	0	0	100	50	50	57
澳大利亚	50	0	50	0	0	0	100	100	0	0	33	0	52	100
欧盟	74	0	0	100	0	0	0	0	0	100	0	0	67	82
加拿大	60	0	0	0	25	0	0	0	0	0	33	38	47	38
美国	69	0	46	0	50	0	54	50	65	0	0	0	61	25
中国	77	0	65	0	39	0	71	0	72	89	78	52	72	53
韩国	75	0	83	0	52	0	43	29	63	0	48	63	62	47
中国台湾	78	0	0	0	20	0	46	50	50	0	67	0	66	43
其他国家或地区	67	0	80	100	63	50	78	21	83	16	80	54	59	42
总数	71	0	69	100	38	18	65	45	62	67	63	60	63	57

注：A 代表反倾销，B 代表反补贴。

第三节　发展中国家应对农食产品技术性贸易措施经验剖析

一、发展中国家利用争端解决机制实例

目前，WTO 争端解决机制是世界各国特别是发展中国家化解经济摩擦、维护自身正当权益的有效途径。

从 WTO 成立 15 年的实践来看，在涉及发展中国家贸易争端中，WTO 争端解决机构的裁决都是较为公平合理的。无论是作为申诉方还是被诉方，发展中国家的正当利益都得到了较为有效的保护。

正是因为 WTO 的争端裁决具有很强的公正性，发展中国家利用 WTO 争端解决机制的积极性普遍都很高。一些经济规模较大的发展中国家更是 WTO 争端解决机制的积极利用者。例如，1995 年

至2004年上半年，巴西申诉到WTO的案例高达22起，印度为14起，墨西哥为12起，韩国为11起，泰国为10起，阿根廷和智利分别为9起。

从表5-5可以看到，发展中国家已经逐渐开始利用技术性贸易措施争议解决机制，并取得了良好的效果。但是，总体来说，发展中国家遭遇国外技术性贸易措施相对较多，但是利用贸易争端解决机制的数量却相对偏少。

表5-5 近年来国际技术性贸易措施争议情况

时间	起诉国	被诉国	技术性贸易措施	反方意见	争议问题	结果
1996	泰国	捷克	捷克停止了从泰国进口禽肉，理由是泰国禽肉的砷酸含量超过了捷克规定的可接受限量	认为这一措施没有科学依据，且对贸易的影响很大；并认为该措施是歧视性的	风险分析，歧视性原则	起诉方胜
1997	泰国	韩国	韩国专家在考察泰国禽工业设施后表示满意，但韩国仍以李司特菌（listeria）为由禁止进口泰国冻禽产品	泰国已向韩方提供了所要求的信息，并要求韩国代表说明是否这一措施是以国际标准或风险评估为依据。根据WHO食品李司特菌工作组提供的信息，李司特菌在亚洲很少发生	科学依据	起诉方胜
1998	菲律宾	澳大利亚	澳大利亚禁止进口菲律宾含苯甲酸酱油	允许新西兰含苯甲酸的酱油进入澳大利亚市场	违背了WTO的非歧视原则	起诉方胜
1998	巴西	欧盟	紧急措施通报（G/SPS/N/EEC/62），称在巴西的橘瓣中发现很高含量的二噁英	巴西代表指出，这一事件已得到全面处理，且巴西当局与欧盟就此问题保持着双边对话	科学依据	双边磋商
1998	阿根廷、澳大利亚、玻利维亚、巴西、冈比亚、印度、印度尼西亚、马来西亚、菲律宾、塞内加尔、泰国	欧盟	CCFAC对这一问题尚没有达成一致，尽管许多国家支持Codex的标准。欧盟认为，该项措施体现了欧盟现有的保护水平。至于取样程序，由于污染只在果仁中出现，污染物量很少。因此，常规样品检验不足以把对消费者的风险降到最低。目前，部分欧盟成员国已采用此方法	欧盟制定中的新的黄曲霉毒素最大限量将严重影响贸易，认为这项措施似乎不是以适当的风险评估为依据，且不会明显减低对消费者健康的风险	科学依据	起诉方胜
1998	坦桑尼亚	欧盟	鉴于坦桑尼亚、肯尼亚、乌干达和莫桑比克爆发霍乱，欧盟已停止从上述国家进口水果、蔬菜和鱼产品。已有证据表明，这些国家的检验程序存在不足	WHO观察员认为实施进口禁令没有必要，尤其是对鱼产品，因为在欧洲鱼不是生食，它提请大家注意WHO关于制定国家政策和霍乱控制指南，特别是其中第九章的结论：“尽管某些食品在国际贸易的流通中存在传播霍乱的理论风险，但很少证明这种风险是显著的，所以各有关当局应寻求对付它的其他办法，而不是对进口实施禁运”	科学依据	起诉方胜

续表

时间	起诉国	被诉国	技术性贸易措施	反方意见	争议问题	结果
1999	菲律宾	比利时	来自菲律宾的油浸金枪鱼罐头可能受到 biphenol-A-diglycydyl 和 biphenol-B-diglycydyl 的污染，比利时某超市停止了销售这种产品			起诉方胜
2000	泰国	埃及	埃及将限制进口转基因(GMOs)食品，由于怀疑泰国的金枪鱼罐头中含有转基因大豆油，埃及禁止进口泰国的金枪鱼罐头	泰国认为对其金枪鱼罐头的限制是歧视性的，并要求埃及政府尽快解除限制	非歧视原则中的最惠国待遇原则，科学原则	起诉方胜
2000	阿根廷	冰岛	冰岛似乎要对优等牛肉开放市场，允许未经热处理的肉类进入冰岛市场			双边磋商
2001	秘鲁	欧盟	禁止继续使用“沙丁鱼”的商品说明			
2008	墨西哥	美国	美国禁止墨西哥产标志有“海豚安全”的金枪鱼在美国市场的销售	墨西哥已经完全遵照多边协定的“海豚安全”既定标准捕捞金枪鱼，而且在此同时，美国允许其他国家标有“海豚安全”的金枪鱼在美国销售。		

中国加入世界贸易组织 10 年来，主动向世贸组织起诉 8 起案件，被诉23 起案件。这一方面与我们的非市场经济地位有关，另一方面也是发达国家不公平待遇的结果。回顾 10 年来我国在 WTO 争端解决机制的实践，可以看到我们是争端解决机制的积极参与者。中国后来居上，已经占了被诉方的 12%，成了仅次于美国和欧盟的被诉方。2009 年，WTO 受理的 14 起贸易纠纷有一半涉及中国，2010 年和 2011 年的案件则有 30%和 35%涉及中国。同时也看到，我国更多的是被动参与,也就是作为被诉方参加了争端解决；10 年来中国仅作了 8 次申诉方，却作了 13 次被诉方。

值得一提的是中国诉美国禽肉案。此案是中国单独起诉美国并最终获得胜诉的 WTO 案件。起诉的对象是美国《2009 年综合拨款法案》的第 727 节，该节通过限制美国政府资金的使用方向，将中国禽肉制品对美出口拒之门外。2009 年 4 月，中国政府提出与美国磋商。2010 年 10 月 25 日，DSB 通过专家组报告，裁定美国《2009 年综合拨款法》有关限制中国禽肉进口的条款违反了 SPS 协定关于卫生措施要以“风险评估”为基础以及风险评估应具备“充分科学证据”的规定。同时，专家组裁定，拨款法的第 727 节违反了 GATT1994 的“最惠国待遇”和“普遍取消数量限制”的规定。美国依 GATT1994 第 20（b）认为其措施是“为保护人类、动物或植物的生命或健康所必需的措施”的抗辩，被专家组驳回。鉴于专家组作出报告时美国《2009 年综合拨款法》已经失去效力，专家组并未提出要美国将其不符措施修改为与其 WTO 义务相符的建议。但是，此案的胜诉仍具有重要意义，它可以防止美国再制定类似的法律，从而为中国企业打开了长期被禁入的美国禽肉市场。

二、发展中国家应对农食产品技术性贸易措施不足原因分析

1. 农业市场主体脆弱

长期以来，发展中国家在农业生产上是要解决吃饭问题，追求农产品的数量，考虑农产品质量和标准不够。而且，发展中国家是以家庭为生产单位的分散经营方式为主，农户是发展中国家农业

生产和经营的基本单位，农户和农业企业是发展中国家农产品出口的主体，而农业企业规模小、投资少、设备简陋、技术落后、层次低；农产品的生产、加工过于分散，生产能力低，管理手段落后、没有建立稳定的质量管理体系，导致农产品的生产时间、生产品种、质量不能统一，出口农产品的质量管理十分困难，产品质量不稳定，即使是同一批产品，其质量也是高低不一。一些质量不合格的产品混入成批的出口产品中，一旦被检验检疫部门查验出来，就会导致整批出口产品被退货，这是造成发展中国家农产品屡屡受制于技术性贸易壁垒的最初根源。

2. 质量标准建设滞后

一是发展中国家农产品的生产者和加工者知识水平较低、素质较差、技术相对落后，而且分散的小农户组织化程度低，难以对产品安全和质量进行科学管理，导致我国农产品的安全和质量标准落后。

二是目前发展中国家农业生产处于从追求产品数量到追求产品质量和安全的转型阶段，质量标准和检验检疫标准与国际标准及进口国标准还有差距，不具备参与国际竞争的内在优势。而且发展中国家标准体系混乱，数目多而水平低下。

3. 环境污染严重

随着城市化进程的加速和乡镇工业的发展，“三废”污染和城市排污量日益，加上农业生产中大量使用农药、化肥，致使发展中国家的大气、水质、土地污染不断加剧，危及农产品的品质和安全。另外，由于“信息不对称”和“道德风险”的存在，农业生产中普遍存在乱用或滥用抗生素、激素、农药等现象，不仅造成了环境污染，而且严重危害着人们的身体健康，也使出口农产品难以达到发达国家越来越高的质量与安全要求。而现在发达国家一直注意避免使用具有毒性、长效和生物积累的农药，而转向使用那些迅速分解和对非目标有机体毒性小的农药，这一点必须引起发展中国家农产品生产企业的重视。

4. 市场结构单一

以我国为例。2002 年的统计数字表明，在我国对外出口的农产品中，亚洲所占比例 2000 年为 53.1%，2001 年为 52.95%。从国家的分布上来看，2001 年美国占出口总额的 20.39%，日本占 16.89%，韩国占 4.7%。我国的农产品出口目的地非常集中，这就很容易造成出口依赖，发达国家也很容易利用其技术上的优势抑制我们。

5. 相关规则掌握和运用不够

(1) TBT 协定和 SPS 协定是 WTO 框架下专门规范技术性贸易措施的两个协定，熟练掌握和运用协定规则，是有效开展技术性贸易措施工作的前提。而发展中国家在熟练掌握和运用协定规则方面还或多或少地存在一定的差距，影响了发展中国家修订技术性贸易措施的质量和有效性，并容易引发国外不必要的关注。

(2) 技术标准、检验检疫措施等种类不断增多、范围不断扩大、技术要求不断趋严、影响不断加重的技术性贸易措施已成为国外实施贸易保护的重要手段之一和国际贸易摩擦的重要原因之一。其不但事关发展中国家对外经济贸易的健康发展和有关出口企业的效益，也事关国家利益、社会就业、社会安定等。但发展中国家相关部门和企业对技术性贸易壁垒的影响认识不够、重视不够、应对不够。

(3) WTO 成员具有对其他成员通报的技术性贸易措施进行评议和交涉的权利。因此，在有限的评议期内对其他成员的技术性贸易措施进行研究，找出其严重影响相关产品出口的不合理之处，提出符合国家利益的评议意见，并敦促通报成员予以考虑和采纳，是有效降低不合理技术性贸易措施、维护发展中国家利益和企业利益的重要手段之一。随着技术性贸易措施涵盖的产品范围越来越广，评议工作的任务更重也更紧迫，发展中国家的评议工作总体取得了成效，但还未能充分、及时抓住有利时机进行研究、评议和应对，尤其是发展中国家在主动跟踪、研究和评议、应对国外技术性贸易措施的意识与能力还需要提高。

6. 信息收集不足

调查显示，大部分企业对国外的技术性贸易措施动态信息的了解不够，一是未建立信息收集机制，没有设置专门机构、配备专门人员随时收集国外技术性贸易措施信息；二是信息来源渠道狭窄，往往是通过国外进口商的要求或者出口受阻的事实来了解目标市场的技术性贸易措施，信息的时效性、准确性、完整性得不到保证，只能被动应付，出口受损严重。

三、发展中国家利用 WTO 争端解决机制维护自身利益的建议

首先，应当实事求是地认识 WTO 争端解决机制的性质，重视其作用。

其次，要改变依赖双边途径来化解贸易摩擦的传统观念，积极利用 WTO 争端解决机制这一更加优越的多边途径。

同时，还必须明确，诉诸 WTO 不是“麻烦制造者”，而是“麻烦终结者”。国内有人担心，中国频繁地利用 WTO 争端解决机制会被他国视为“麻烦制造者”，影响中国的国际形象，主张中国应慎重使用 WTO 争端解决机制。这种观点是不正确的。作为 WTO 的正式成员，充分利用 WTO 争端解决机制是中国的基本权利，即使频繁诉诸 WTO 争端解决机制，也是无可厚非的。另外，通过诉诸 WTO 争端解决机制，利用 WTO 有约束力的裁决，可以“敲山震虎”，对有关国家形成威慑，使之不敢随意对中国出口采取不合理的限制措施。这样反而会减少中外经济摩擦，促进中国与其他国家的友好关系。

要有效发挥 WTO 争端解决机制的作用，我们不仅要积极利用，而且要善于利用。根据以往发展中国家的经验以及中国的实际情况，今后我们尤其要注意以下几点：

第一，认真学习和研究 WTO 争端解决机制，加强 WTO 专门人才的培养。WTO 规则的知识性、技术性很强，其争端解决过程也需要专门的知识、经验和技巧。从过去发展中国家的经验看，人才匮乏成为制约发展中国家参与 WTO 争端解决的主要因素之一。而对于中国来说，这一问题也很严重。

第二，建立官民分工协作体制。在应对 WTO 争端的过程中，政府和企业既要有明确合理的分工，又要加强联系和协作。WTO 争端解决机制不是“民告官”而是“官告官”的场所。国内的企业如果在国外遇到了不公正待遇，不能直接诉诸 WTO，而只能把自己的情况反映给政府有关部门，然后由政府部门出面到 WTO 去申诉。企业一定要尽可能及时、准确、全面地向政府部门反映情况，提供所有有价值的信息。政府有关部门也要加强对企业的信息沟通和引导工作，以最大限度地维护企业和国家的合法权益。尤其是要发挥各种行业组织的桥梁纽带作用，通过行业组织建立政府与企业之间的沟通与协作渠道。

第三，重视国际合作与协调。在许多情况下，某一 WTO 成员所实行的不合理限制措施不可能只针对中国，而是要损害到多个甚至众多成员的正当利益。因此，在遇到此种情况时，中国应该加强与有关国家的合作，建立广泛的“国际统一战线”，团结起来，“共同对敌”。即便有些贸易争端和中国的关系不大，我们也不一定袖手旁观。

四、中国遭遇国外贸易救济措施分析

近年来，中国遭遇的国际贸易摩擦越来越频繁，已经进入了国际贸易摩擦高发期。而且在遇到他国的反倾销等贸易壁垒时，总是抱怨他国违反 WTO 规则，却很少诉诸 WTO 争端解决机制。到目前为止，中国加入 WTO 已有 10 年时间，但申诉到 WTO 的农食产品案件只有 2 起。与巴西、印度和墨西哥等发展中大国相比，中国利用 WTO 争端解决机制的程度明显不够。面对日益频繁的国际贸易摩擦，我们要转变观念，积极利用 WTO 争端解决机制来维护自身的正当利益。

另外，中国应该致力于WTO争端解决规则的修改和完善。

（一）我国遭遇反倾销和反补贴情况

我国遭受反倾销和反补贴的案件占世界所有反倾销和反补贴案件的比例呈递增趋势（图5-2）。其中农食产品的反倾销从1995—2003年一直维持18%左右，但是从2003年开始，中国农食产品遭遇反倾销案件不断增加，2009年农食产品所占比例已经增加到40%。农食产品的反补贴在2004年之前都为0，之后开始增加，除2006年外始终维持在50%以上。

在所有对中国发起反倾销的国家中，以印度的发起比例最高，约为18%；其次是美国、欧盟和阿根廷，分别为13%、12%、11%；加拿大最小，约为3%（图5-3）。

在所有对中国发起反补贴的国家中，以美国的发起比例最高，约为62%；其次是加拿大，约为22%；再次是澳大利亚，约为7%；然后是欧盟和印度，均为3%（图5-4）。

中国遭遇反倾销时的败诉率平均为72%，其中印度和美国对中国的胜诉率超过72%，欧盟、加拿大和阿根廷略低于72%，澳大利亚的胜诉率较低，约为38%（图5-5）。

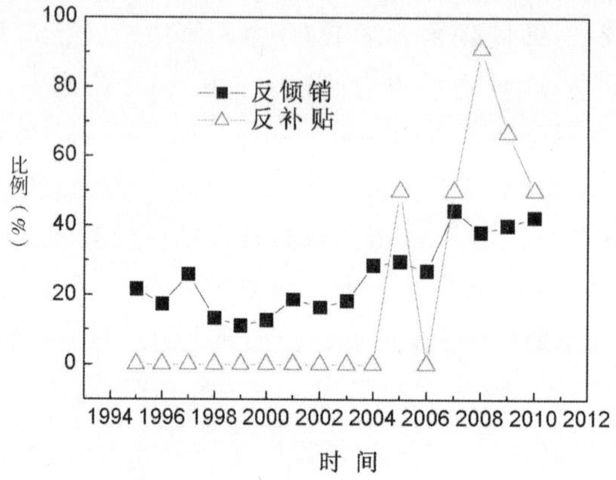

图5-2 我国遭遇反倾销和反补贴的趋势

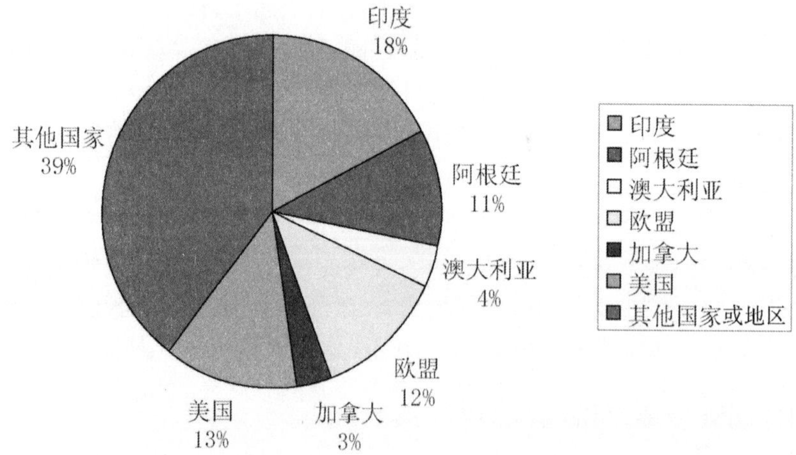

图5-3 主要贸易伙伴对中国的反倾销起诉占中国所受反倾销的比例

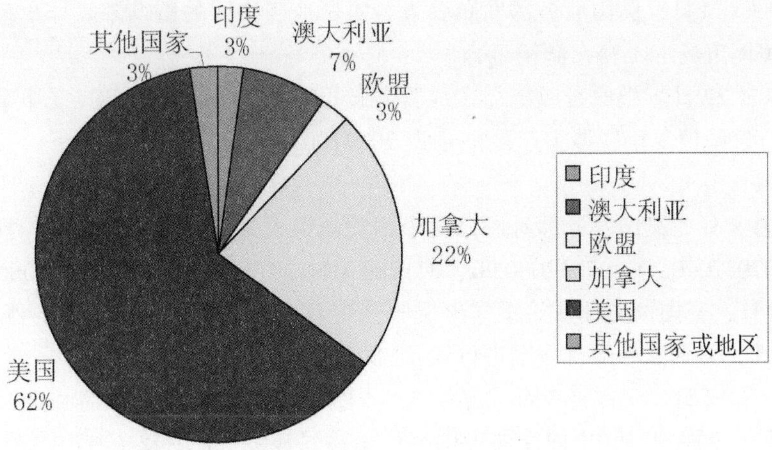

图 5-4 主要贸易伙伴对中国的反补贴起诉占中国所受反补贴的比例

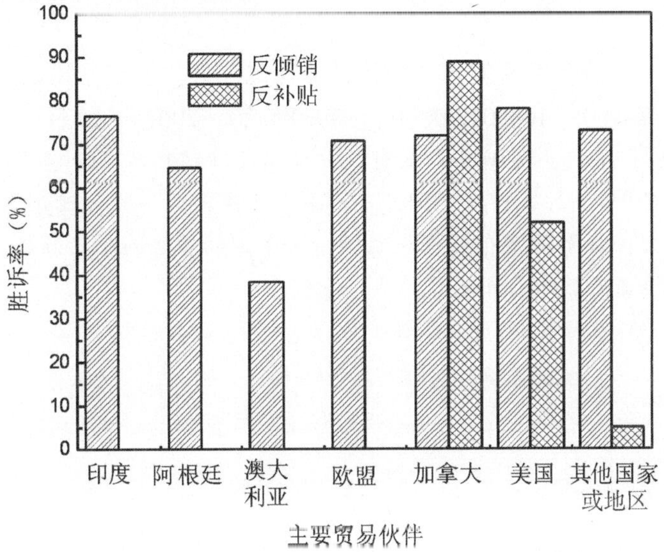

图 5-5 主要贸易国或地区对中国反倾销起诉的胜诉率

（二）我国遭遇的贸易救济措施调查案例

1. 冷冻和罐装暖水虾反倾销案

2004 年 1 月 27 日，美国商务部对原产于中国的冷冻和罐装暖水虾进行反倾销调查，涉案产品海关编码为 03061300.03、03061300.06、03061300.09、03061300.12、03061300.15、03061300.18、03061300.21、03061300.24、03061300.27、03061300.40、16052010.10 和 16052010.30。2004 年 12 月 8 日，美国商务部对该案作出反倾销终裁，裁定中国涉案企业的倾销幅度为 0.07%~112.81%。2005 年、2006 年美国商务部对终裁结果先后进行了两次修改。

2. 罐装蘑菇反倾销案

1998 年 2 月 2 日，美国商务部发布公告，对原产于中国的蘑菇罐头进行反倾销调查，涉案产品海关编码为 20031027、20031031、20031037、20031043、20031047、20031053 和 0711904000。1998 年 12 月 18 日，美国商务部对该案作出反倾销终裁，裁定中国涉案企业的倾销幅度为 123.16%~198.63%。2010 年 3 月 31 日，美国商务部对该案进行第 16 次反倾销新出口商复审。

2010年10月29日，美国商务部发布公告，对原产于中国的蘑菇罐头作出反倾销新出口商复审初裁，裁定在美国市场上不存在倾销行为。

2010年11月29日，墨西哥经济部在《官方日报》发布公告，称已接受申请，开始对进口的中国罐装伞菇进行反倾销复审，涉案产品税号为20031001。

3. 大蒜反倾销案

1994年2月9日，美国商务部对进口自中国的新鲜大蒜进行反倾销调查，涉案产品海关编码为07032000.10、07032000.20、07032000.90、07108070.60、07108097.50、07119060.00和20059097.00。1994年9月26日，美国商务部对该案作出反倾销终裁，裁定中国涉案企业的倾销幅度为376.67%。2010年1月5日，美国商务部对该案进行第18次反倾销新出口商复审。

2010年11月12日，美国商务部发布公告，对原产于中国的新鲜大蒜作出反倾销新出口商复审初裁，鉴于以下4个原因：①之前未向美国境内运输过涉案产品；②在美国境内销售涉案产品为善意；③有资格申请单独税率；④提交了充分调查问卷答复。美国商务部裁定中国2家涉案企业为新出口商，而另1家中国涉案企业由于其销售非善意，因此取消其新出口商身份。

4. 苹果汁反倾销案

1999年7月6日，美国商务部对原产于中国的非冷冻苹果汁进行反倾销调查，涉案产品2002年1月1日前的海关编码为21069052.00和20097000.20。2002年1月1日后的海关编码为20097900.20。2000年4月13日，美国商务部对该案作出反倾销终裁，裁定中国涉案企业的倾销幅度为0.00%~51.74%。2010年2月4日，美国商务部对该案进行第3次反倾销新出口商复审。

2010年8月5日，美国商务部发布公告，对原产于中国的非冷冻苹果汁作出反倾销新出口商初裁，裁定中国涉案企业的倾销幅度为0.00%。

第六章
广东农食产品应对国外技术性贸易措施的对策和建议

随着全球贸易自由化进程的加快，传统的关税措施逐渐减少，更多的国家将贸易保护手段转向了更为隐蔽和灵活的技术性贸易措施。仅2008年，国外技术性贸易措施直接导致中国企业的贸易损失就超过505亿美元（约合人民币3 400亿元），其中广东省占直接损失总额的44.97%。广东是农食产品出口大省，每年的出口额在全国仅次于山东省。随着出口的持续增长，广东农食产品受国外技术性贸易措施的影响也日益严重，从直接损失方面看，以水产品、蔬菜制品、调味品、休闲食品等为代表的广东优势出口农食产品，是遭遇技术性贸易措施的重灾区，给相关行业和对外贸易都造成了巨大损失。据广东质监部门的统计，2002—2005年，全省农食产品所受的贸易损失分别为2.2亿、2.8亿、3.2亿、4.1亿美元。2005年，广东受技术性贸易措施影响被退运的农食产品货值达202万美元，比上年猛增87.6%；2009年超过1 300万美元，占全国损失比例高达40%多。其中出口到欧盟、日本的农食产品表现最为突出。由于受绿色措施和药物残留等影响，2007年广东出口烤鳗仅1.2亿美元，同比下降了20.7%。

进入21世纪，随着各国消费者对食品质量、食品安全的关注日益增强，各国技术水平的不断提高，在农食产品进口方面的准入条件也相应地提高，技术性贸易措施也已经从针对产品本身的性能、质量标准，发展到覆盖产品生产、加工、运输等全过程，出口环境相对恶化，这种形势在“十二五”期间将更加突出。

第一节　主要贸易国或地区农食产品技术性贸易措施特点

一、设立高效风险评估机构，积极制定技术性贸易措施体系

根据CAC的规定，技术性贸易措施的提出必须具备一定的科学基础，SPS措施的制定必须具备一定的风险评估。因而，为了促进各类技术性贸易措施的制定，欧盟、美国、日本等国家或地区设立了专门的风险分析机构，集中力量做好法规标准风险评估任务，提高了效率，极大地促进了各类技术性贸易措施的出台速度。例如，欧盟食品安全局、日本食品安全局、韩国食品安全局、美国卫生部、加拿大卫生部等，通过他们开展的系列评估工作，这些国家不断提出大量严格的技术性贸易措施，技术性贸易措施的通报数量不断增加。自1995年协议实施以来到2008年12月31日，共有106个成员提交了10 026份通报，而且通报数量逐年增长。仅2008年，WTO成员国共提交了1 251份新的技术法规和合格评定程序的通报。

二、法律法规种类繁多，体系完善又各不相同

相对发展中国家来说，发达国家的农食产品技术性贸易措施体系较为完善，相关的法律法规涵盖了食品生产、加工流通、进出口全过程的各个环节，对进口农食产品的认证、包装、标志及检测、检验过程都作了详细的规定，形成了层次分明的网络体系。

美国针对每一种农产品的生产与进口行为，基本上都订有相应的法律法规，并以标准、检测、标志及认证等手段，为进口农产品设置高门槛。美国有权制定法规的部门多，17 个政府部门及 84 个独立机构都有权制定相应的技术法规。立法层次上既有联邦法规，又有地方性法规。美国制定的包括技术法规和政府采购细则等在内的标准有 5 万多个，私营标准机构、专业学会、行业协会等制定的标准也在 4 万个以上。

欧盟自 2000 年颁布了《食品安全白皮书》之后，2002 年又颁布《食品法通则》，此后先后出台了几十项新法规，新的技术法规和标准与原有的法规逐渐形成了有机的整体，成为欧盟食品安全体系运作的基础。这些法律、法规为食品安全制定了十分具体的标准和监管程序。目前，欧盟的标准体系分为两层：上层为包含 300 多个具有法律效力的欧盟指令，下层为包含具体技术内容、可自愿选择的技术标准。凡涉及产品安全、人体健康、消费者权益保护的标准，通常以指令的形式发布。属于指令范围内的产品（如食用农产品、加工食品、饲料），必须满足指令的要求才能在市场上销售，达不到要求的不允许流通。目前，欧盟拥有技术标准 10 多万个，其中 1/4 涉及农产品。在农药残留限量控制方面，欧盟共制定标准 17 000 多项。欧盟及各成员国大多数农产品质量标准从制定之初，就注重与国际接轨，以适应国际市场的需要。

日本的农产品技术标准体系十分健全，分为国家标准、行业标准和企业标准 3 个层次。国家标准即 JAS 标准，以农产品、林产品、畜产品、水产品及其加工制品和油脂为主要对象。行业标准多由行业团体、专业协会和社团组织制定，主要是作为国家标准的补充和技术储备。企业标准是由各株式会社制定的操作规程或技术标准。日本有技术法规 15 部，农产品规格标准 500 多个。另外，日本的农业质量标准数量也很多，不仅在生鲜食品、加工食品、有机食品、转基因食品等方面有详细的标准和标志制度，而且在标准制定、修订、废除、产品认证、监督管理等方面也建立了完善的组织体系和制度体系。仅日本厚生劳动省就已颁布了 2 000 多个品种、1 000 多个残留限量标准；农林水产省已颁布 7 类、351 种品质规格标准，其中很多标准高于国际标准。

三、技术标准更加严格，认证和检疫程序复杂繁琐

近年来，主要贸易国（或地区）不断修改、提高现有技术标准，制定新的更加苛刻的农食产品进口的技术标准和法规。其中最常用的就是农药最高残留限量。发达国家制定了不同农产品的各种农药最高残留量，如欧盟注册了 179 种农药、最高限量标准达 28 689 项；美国对 258 种农药制定出7 455 项限量标准；日本更高达 54 782 项，所涉及的农业化学品甚至高达 799 种。在标准更新频率方面，从 1999 年起欧盟就大幅度调整了农药残留标准，次数多达 7 次，检测所涉及的农药品种从 7 种增加到 2000 年的 63 种，到 2004 年的 173 种，到目前的 186 种。

以药物残留检测为例，其检测门槛越来越高。1993 年，日本对我国大米的药物残留和农药残留检测指标只有 20 多项，目前已增加到 120 多项。德国从 2000 年起对蜂蜜的药物残留实行更加严格的限制，将链霉素残留量标准由原来的每千克 0.2 mg 提高到 0.02 mg，检验门槛提高了 9 倍，该标准现已成为欧盟各国的控制标准。2002 年 5 月，美国 FDA 宣布中国蜂蜜氯霉素残留检测限为 0.31 μg/kg，并有可能提高到 0.1 μg/kg。受此影响，中国蜂蜜 2002 年对美出口约 7 614 t，比上年下降 52.35%；出口额约 809 万美元，下降 43.56%。2006 年日本正式对进口农产品实施技术标准十分苛刻的肯定列表制度，仅“暂定标准”一项就涉及 734 种农业化学品、51 392 个检测指标、364

种农副产品，分别是当时现行标准的2.8倍、5.6倍和1.4倍。近年来，欧盟农药残留新规定了约1 100种杀虫剂在315种农产品上的最高残留量，并对现有标准不能覆盖的农药在食品中的残留采用0.01 μg/mL的“一律标准”。其中对茶叶农残限量指标也由过去的几项猛增到目前的100多项。

与不断提高的技术标准同步，各国推行名目繁多的农食产品质量认证和合格认定制度，利用包装、标签和原产地规则，对农食产品进口进行严格检查。早在1973年，美国FDA首次将HACCP应用于罐头食品加工中。此后又陆续应用于水产、肉类、乳制品、果汁等加工中，要求凡出口美国上述产品的加工企业都必须获得相应的认证资格，并在美国官方机构注册。美国“9·11事件”后，布什总统签署了《公共健康安全与生物恐怖主义应对法案》。根据该法案，美国本土和对美出口的外国食品及饲料的生产、加工、包装、仓储企业都必须在FDA进行登记注册，未登记的外国食品和饲料将被扣关，不得进入美国。此外，美国还是世界上食品标签要求最严格的国家之一，食品标签多达22种，且逐年修订补充。美国要求所有包装食品应有食品标签，强化食品还要有营养标签，必须标明至少14种营养成分的含量，据估计，仅此一项就使美国加工企业每年多支出10.5亿美元。

欧盟不仅有统一的技术标准、法规，而且各国也有各自的严格标准，它们对进口农产品可以随时选择对自己有利的标准。从总体来看，要进入欧盟市场的农产品必须至少达到3个条件之一，即：符合欧洲标准EN，取得欧洲标准化委员会CEN认证标志牌；与人身安全有关的农产品，要取得欧盟安全认证标志CE；进入欧盟市场的产品厂商，要取得ISO9000合格证书。同时，欧盟还明确要求进入市场的产品，凡涉及欧盟指令的，必须符合指令的要求并通过一定的认证才允许在欧洲统一市场流通。2003年9月欧盟通过指令，要求对转基因食品和饲料产品建立准确的标志，以保证经营者和消费者可以获取准确的信息，保证他们有效地进行自由选择，同时保证标签申诉的控制和确认。

日本的认证制度分为强制性和自愿性两类。农产品质量认证体系可以分为常规农产品认证(JAS认证）和有机农产品认证两种。从外国进口的有机食品和本国食品一样，如果没贴JAS标志，就不允许进口者销售。早在2005年之前，日本就建立了优良农产品认证制度，对在生产和销售过程中能够正确进行“身份”管理的优良农产品给予认证，并授予认证标志。起先是对大米和牛肉实行身份证制度，要求凡进入日本国内市场的大米、牛肉，必须标明品种、产地、生产者姓名和认证号码等，否则不许销售，随后又推广到所有农产品。如果发现通过弄虚作假等手段取得认证证书，或取得证书后没能完全履行规定的义务，有关企业和人员的名单将被公布，并将处以100万日元到1亿日元的罚款。

此外，繁琐、苛刻的认证和检疫程序，使我国农食产品出口成本增加，市场竞争力下降。比如，日本《家畜传染病预防实施细则》规定：除韩国、美国、菲律宾等32个国家无口蹄疫的“清洁地区”外，我国和另外9个国家的猪、牛、羊肉等及其制品要经过指定设备加热消毒处理后才可进口。日本进口商自海外进口动物及其产品，需提前向动物检疫所申报，并附有出口国的检疫证明。一般牛、马、猪等需提前90~120天申报，鸡、鸭、狗等提前40~70天申报，出口前需要专门隔离，到岸后实行逐个体检。欧盟也在1999年颁布决议，要求其15个成员国实行紧急措施，对所有来自我国的货物木质包装实行新的检验标准：木质包装不得带有树皮，不得有直径大于3 mm的虫蛀洞，必须对木质包装进行热处理，使木材料含水量低于20%。

四、绿色壁垒形式多样，动物福利壁垒日趋加强

随着工业化的加速，世界经济的高速增长，资源和环境的破坏与污染问题变得日益突出，发达国家转而制定并实施了大量的绿色贸易壁垒措施。其表现形式主要包括绿色环境标志、绿色技术标准、绿色卫生检疫制度、绿色关税和绿色包装制度等。绿色壁垒已经成为困扰广东农产品出口的首

要障碍。欧盟、美国、日本等发达国家（地区）近年来不断通过立法的形式，制定严格的技术标准和环保标准，提出“自然食品、生态食品”等口号，对农产品的生产、包装、处理等方面进行严格要求，直接限制我国农产品的出口。

1995 年 4 月，国际标准化组织开展实施“国际环境监察标准制度”，要求产品达到 ISO9000 系列标准体系。欧盟启动了 ISO14000 环境管理体系技术标准，要求产品从生产前到生产制造、销售使用以及最后的销毁处理全过程，都必须符合环保技术标准要求，对生态环境及人类健康均无损害。许多国家利用此标准限制和拒绝产品进口。美国于 1988 年开始实行环境标志制度，有 36 个州联合立法，在塑料制品、包装袋、容器上使用绿色标志，还率先使用“再生标志”，说明它可重复回收，再生使用。美国 FDA 规定，从 1995 年 6 月 1 日起，凡是出口到美国的鱼类及其制品，都必须贴上有美方证明的来自未污染水域的标签。目前，美国、德国、日本、加拿大、挪威、瑞典、法国、芬兰、澳大利亚等发达国家都已建立了环境标志制度，趋向于协调一致，相互承认。如德国的“蓝色天使”、加拿大的“环境选择”、日本的“生态标志”、欧盟的“欧洲环保标志”等，产品出口到这些国家，必须经申请审查拿到“绿色通行证”。

同时，为了保护环境和资源，发达国家将严重污染环境的产业转移到发展中国家，由于发展中国家绝大部分企业本身无力承担治理环境污染的费用，政府为此有时给予一定的环境补贴，但发达国家却认为发展中国家的“补贴”违反 GATT 和 WTO 的规定，以此为由限制其产品进口。美国在 1999—2000 年就以“绿色补贴”为由对中国苹果汁进行了反倾销调查，当难以有效限制进口时，又提出了 108 种农药残留含量限制要求。

此外，在国际贸易活动中，发达国家通常以保护动物或者以维护动物福利为由，制定一系列动物保护或者维护动物福利措施，限制甚至拒绝外国货物进口，从而达到保护本国产品和市场的目的，即动物福利壁垒。近年来，动物福利得到了西方政府的普遍认可，欧美等国都相继制定了动物福利法，对人们对待动物的方式做出了详细规定，并开始将动物福利引入国际贸易领域，以此作为进口农产品的一个重要标准。1995 年，美国 FDA 宣布对中国的虾类制品实行“自动扣留”，其原因是中国的渔船上没有安装海龟逃生装置，危害海龟的生存，致使中国冻龙虾出口额由 1995 年的1 203.9 万美元减少到 1997 年的 23.8 万美元。从 2004 年开始，欧盟规定市场上出售的鸡蛋必须在标签上标明是“自由放养的母鸡所生”还是“笼养的母鸡所生”。欧盟还通过了在其成员国实施的指导条例，规定到 2013 年欧盟各成员国要采用放养式养猪，停止圈养。美国也已于 2002 年启动了“人道养殖认证标签”，该标签的作用是向消费者保证，提供这些肉、禽、蛋、奶类产品的机构，在对待家禽方面符合文雅、公正、人道的标准。2003 年 2 月，在世界贸易组织农业委员会提出《关于未来承诺模式的草案》中已吸收了某些国家的意见，将动物福利支付列入“绿箱”政策之中。动物福利已成为衡量进出口产品的一个重要标准。

第二节　广东农食产品出口产业 SWOT 分析

SWOT 分析法又称态势分析法，是将与研究对象密切相关的各种主要的内部优势、劣势，外部的机遇、挑战，通过调查列举分析后，将各种因素匹配起来加以系统分析，再得到一系列相应的战略对策。其 4 个英语字母分别代表：优势（Strength）、劣势（Weakness）、机遇（Opportunity）、挑战（Threat）。

加入 WTO 后，广东农业并没有受到预想中的较大冲击，但一些发达国家凭借在科技、管理、环保等方面的优势，设置技术壁垒和绿色壁垒，正在抬高中国农产品的出口“门槛”，使广东农食产品出口呈现一些不明朗因素。随着农产品市场对外开放度的进一步提高，国外农产品已蜂拥而至，广东农产品也面临着严峻的考验。近年来，广东省的外贸出口总值保持稳步增长态势，农产品出口也连年增长，但农产品出口总值占广东外贸出口的比重则呈现逐年下降的趋势。由于广东出口的农产品大多是初级产品，出口规模较小，加工制成品较少，附加值低，抗击国际市场风险的能力较为有限。当前世界经济全球化趋势不断增强，可以说这既给广东的农食产品行业带来了发展的机遇，也提出了更多的挑战。广东省农食产品出口的 SWOT 分析见表 6-1。

表 6-1　广东出口农食产品出口 SWOT 分析矩阵

SWOT 分析表	优势（S）	劣势（W）
	1. 地域资源优势；	1. 以劳动密集型产品为主，缺乏品牌和创新产品；
	2. 地理资源优势；	2. 企业标准化和认证度低；
	3. 劳动力资源优势；	3. 环境污染问题不容忽视；
	4. 市场区位优势；	4. 市场信息体系不健全，市场过于集中；
	5. 大国效应；	5. 标准化体系落后、总体技术水平偏低；
	6. 后发优势	6. 非法出口存在
机遇（O） 1. 世界农产品贸易持续增长； 2. 我国在国际农业体系中的地位不断提升； 3. 中央政府高度重视“三农”问题； 4. 广东省政府出台多项政策扶持农业	SO 战略 利用机遇，发挥优势 利用国家、地方政府对农业的高度重视和世界农产品贸易持续增长，以及中国地位不断提高的良好时机，充分发挥广东省的优势，使广东农食产品的出口迈上新的台阶	WO 战略 利用机遇，减少劣势 利用国家、地方政府对农业的高度重视和世界农产品贸易持续增长，以及中国地位不断提高的良好时机，内强素质，外树品牌，切实提高广东农食产品的国际竞争力
挑战（T） 1. 国际社会对环境保护和食品安全日益关注； 2. 贸易保护主义抬头，贸易竞争环境复杂； 3. 农食产品大量进口对国内同行业的生存和发展构成威胁； 4. 问题产品的进口影响人们的健康安全； 5. 企业出口成本持续上涨	ST 战略 发挥优势，迎接挑战 充分发挥广东省的优势，积极迎接各种挑战。深度推进“以质取胜”和“科技兴贸”战略，不断依靠科技创新，提高广东农食产品科技含量和品牌价值，切实提高国际竞争力	WT 战略 减少劣势，应对挑战 内强素质，外树品牌，大力发展生态农业，逐步生产出安全、无污染的绿色优质产品，切实提高产品竞争力；同时积极开拓国际市场，推进市场多元化，不断提高广东农食产品在国际市场的知名度和占有率

一、优势分析

（一）地域资源优势

广东地处东南沿海、毗邻港澳，水运港口星罗棋布，华侨遍布世界各地，自古就是世界闻名的通商口岸。特别是改革开放以来，广东以其优越的地理位置和千年商埠沉淀的历史积累，对外贸易活跃蓬勃，货物进出口迅猛增长，对我国经济发展具有举足轻重的作用。此外，广东的饮食文化别具特色，食品种类丰富多样，闻名中外，饮食在广东人的生活中具有特殊的地位。

（二）地理资源优势

广东地处亚热带季风气候，阳光充足，雨量充沛，水网密布，土地类型多样，适宜性广，这些自然条件为多种生物栖息繁衍和作物种植提供良好的生态环境。生物种类繁多，生长快速，适合发展优质稻、特色水果和水产养殖等产业。近年来，具有广东特色和竞争优势的水产品、蔬菜水果制品、花卉等取得新的发展，形成了各具特色的区域优势产品和主导产业。珠江三角洲初步成为亚热带水果、花卉、蔬菜等园艺产品生产与出口产品基地。“一乡一品”的特色农产品不断增多，岭南佳果和特色产品名扬海内外。此外，广东养殖水产品品种多、数量大，特别是对虾、鳗鱼、罗非鱼即“一条虾、两条鱼”是主要的出口品种，占全国同类产品出口总量半壁江山。

（三）劳动力资源优势

广东地处改革开放的前沿，20 世纪 80 年代以来，大量的劳动力从经济欠发达地区流向珠江三角洲经济发达地区，为经济发展做出了巨大的贡献。作为改革开放的前沿阵地，广东经济的快速发展在很大程度上得益于劳动力流动所带来的大量廉价劳动力。充足的劳动力，能够在较长的时期内为出口农产品的生产、加工和服务提供低成本的劳动力供给，使广东出口的蔬菜、水果、畜产品、水产品等劳动密集型的农产品，具有明显的成本优势和价格竞争力。

（四）市场区位优势

亚洲是世界农产品贸易最重要，也是最具成长潜力的市场。日本、韩国、中国香港、中国澳门、中国台湾、东盟等都是我国重要的农产品进口国家或地区。由于运距短、运销便捷，广东对亚洲市场出口蔬菜、水果、水产品、肉类等高价值农产品，具有显著的区位优势。

（五）大国效应与后发优势

规模巨大、富有增长潜力和日益开放的中国市场，为世界农产品提供巨大的消费需求和市场空间，也将促进世界农产品贸易发展和贸易格局的调整。中国作为 WTO 成员，正在对国际多边贸易体系产生重要影响。同时中国作为发展中大国，由于坚持实施改革开放战略，引进国外资金、先进技术和管理经验，随着经济的高速增长，正在形成技术、管理和体制等方面的“后发优势”，这都将逐步缩小中国农产品与世界市场的差距，促进出口竞争能力的提高，有利于扩大优势农产品的出口。

综合而言，现阶段广东农食产品的出口潜力主要体现为竞争优势。相对而言，美国、加拿大、澳大利亚等农产品出口国，既有土地资源丰富的优势，又有加工、技术、管理和营销等方面持续投资与创新的高端竞争优势，广东和这些国家在国际农产品市场上既有合作分工和优势互补，也有明显的竞争和利益冲突。

二、劣势分析

（一）以低附加值、低技术含量、劳动密集型产品为主，缺乏特色品牌和创新产品

广东目前出口的水产品、肉类及其制品、蔬菜及其制品、调味品、休闲食品等，初级农产品占出口 80%，深加工食品占 20%，出口产品以低附加值、低技术含量、劳动密集型产品为主，整体的加工程度不高，产品的技术含量低，新品种研发和技术创新能力弱，缺乏品牌和创新产品。在开拓国际市场时，虽然一度以“物美价廉”获得好评，但在品牌建立和创新方面仍未取得大的进展，不适应国际市场消费多样化的需要。同时由于发达国家技术性贸易措施范围非常广泛，涵盖了生产加工、包装以及销售、消费及报废处理等各个环节，其中一些标准还专门针对我国的一些农产品设计，严重削弱了广东农食产品的总体竞争力。

（二） 企业标准化和认证度低，竞争力不强

广东农食产品出口企业普遍规模小，实力弱，组织化程度低，生产仍以分散经营为主。由于集中度和标准化程度低，无论是在规模、效率，还是在竞争能力上，都不能适应国际竞争日趋激烈的挑战。同时，农产品生产、加工、流通和对外贸易管理相互脱节、各自为政，直接导致了农产品出口信息服务渠道不畅，缺乏信息的收集、处理和分析能力，产品适应市场需求能力弱，企业抵御出

口市场风险和突破技术壁垒的能力较低。

此外，我国农食产品进入欧美市场，需要取得该国或国际通行的认证标志。同时，进口国在标签方面的严格要求，对标签内容、文字、图形、代号等专门的规定，以及对进口产品加工厂商的备案、注册等要求，都直接增加了出口产品的成本。而广东很多农食产品出口企业在产品认证、条码化管理方面才刚刚起步，不能完全适应无纸贸易的发展，也同样成为技术性市场准入的限制。

（三）环境污染的问题不容忽视

随着我国工业化发展和现代人类生活方式的变化，工业“三废”中许多有害的化学物质如汞、铅、铜等金属毒素和砷、氟化物、多氯联苯等非金属毒物的乱排乱放；农药、兽药总使用量逐年增加，过量使用化肥等，致使水、土壤和空气等自然环境污染日趋严重。由于我国农业生产技术相对滞后、农民责任意识和法律意识比较淡薄，再加上政府引导、宣传、培训和监管不到位，农民从自身的经济利益和经营成本出发，往往容易发生乱用农兽药、饲料添加剂、生长激素和过量使用化肥与农兽药等问题。同时，由于农业生产属于微利行业，普通农业生产者为了获得更多的利润，在生产过程中潜意识里也倾向于采取使用高毒、高残留、高产量、高收益、低成本的农兽药和生长激素，导致越来越多的有毒有害物质随着灌溉、养殖、种植等环节进入食物链。目前我国农兽药年用药量、平均每公顷化肥年施用量都远远超过世界平均水平。由于缺乏有效监管，国家明令禁止的六六六、甲胺磷、瘦肉精等农兽药使用现象仍然比较严重。农产品的源头污染已经成为我国农食产品安全的主要问题，环境污染对广东农食品安全构成了严重威胁。

（四）市场信息体系不健全，出口比较集中，隐藏着较大的市场风险

目前广东农产品的出口市场主要在美国、日本、欧盟、东南亚等国家或地区，出口额最大的前5个国家或地区分别是中国香港、美国、东盟、日本和欧盟，广东对这些国家或地区的出口总额占所有出口农食产品的近一半，其中亚洲仍是广东农食产品出口的主要市场，出口中国香港和东盟总额占30%，达90亿美元。但广东省农食产品在欧洲和北美市场的占有率却难以提高，仅有12%左右，原因在于广东省出口农产品难以突破欧盟和北美市场在质量与技术标准等方面越来越严格的要求。市场的过于集中化隐藏着较大的市场风险，由于近年来经济不振，广东农产品对邻近的中国香港地区和东盟国家出口下降，就会直接导致广东农食产品出口增幅的下降。

市场信息是出口企业参与国际市场竞争的重要资源，及时有效地获取市场信息是企业赢得国际竞争的关键。许多发达国家建立了农食产品信息库，方便生产者迅速了解国内外的市场信息，查阅科技文献和技术专利等。相比而言，我们的信息化水平较低，尚未建立完善的出口信息收集、分析和预警监测等服务体系。企业无法获得及时、有效、权威的国际市场供求信息，农食产品出口遭遇技术性贸易壁垒经常发生。

（五）标准化体系落后，总体技术水平偏低

我国在农食产品标准上与国外差距主要表现为标准体系结构不合理、协调性不够、制（修）订周期偏长、总体水平偏低等。我国的食品标准体系完成于20世纪90年代初，以产品质量标准和检验检测方法标准为主，缺乏系统化、规范化体系，标准内容不完善、适用范围小，存在较多的交叉、矛盾以及不配套的问题，实用性和操作性不强，其中以限量标准和检测方法方面的标准最为突出。与食品法典委员会（CAC）标准及其他国际标准如ISO/TC34相比，我国的食品标准体系采用国际标准和国外先进标准的比例偏低，技术指标落后，特别是某些食品中有害物质的限量远远低于国际标准或者国外先进标准的水平，已不能够满足入世后食品安全控制的需要。此外，我国在有毒有害物质如农药残留、兽药残留、重金属限量等方面缺乏基础性研究，没有危险性评估数据，加上对国际上食品中新污染物的出现关注不够，在很多情况下，国外提出某项安全限量标准指标、设定一个技术壁垒后，我国才开始被动地研究相关对策，致使标准的制（修）订缺乏科学规划，时间过长，不能及时与国际接轨。

(六) 非法出口仍然存在

一些不法企业非法出口也是导致农食产品安全贸易摩擦的原因之一。个别企业追求眼前利益，不讲信誉违章操作。在美国食品和药品管理局扣留的中国食品，绝大多数属于非法出口，主要因为标签不合格，真正影响消费者健康的有毒有害食品非常少。据国家质检总局统计，2007 年 4 月被美国拒绝入境的 137 批次当中，有高达 56% 的批次是没有经过中国出入境检验检疫机构检验，而是通过非正常途径输出到美国的。

三、机遇分析

(一) 世界经济贸易中农产品贸易持续增长

近几年来，世界农产品贸易持续较快增长。2006 年以来，尽管受到油价高涨和主要经济体利率上扬的影响，全球经济增长依然保持强劲的增长态势。据国际货币基金组织预测，2007 年后世界经济增长仍处于快速增长时期。其中，受房地产市场降温的影响，美国经济增长将明显放慢，但对消费支出的影响有限；欧盟在德、法等主要国家的带动下，投资和消费快速增长；日本经济在出口的带动下已走出通货紧缩，稳步复苏；发展中国家经济整体上保持较快增长。近几年来，世界农产品贸易持续较快增长。在这种趋势中，中国大踏步地提高了我国农产品的出口量。

(二) 国际农业体系中我国的地位不断提升

作为世贸组织成员，我国积极参与农业多边谈判，正在对国际多边贸易体系产生重要影响，逐步成为塑造公平合理、互惠共赢的国际贸易环境的中坚力量。我国农业也在开放中不断提升了竞争力，按可比价格计算，2001—2006 年，中国农业增加值年均增长 4.2%。随着中国地位的提高，使得中国更有资本去进行一系列的行动来加强我国出口贸易。此外，加入 WTO 使我国可以享受 WTO 现有成员的无歧视贸易待遇，降低了农产品贸易谈判成本和交易成本，并获得解决农业产品外贸问题的规范的“渠道”，使我国参与世贸组织的活动由“被动遵守规则”转变为“主动制定规则”，改善了我国农产品出口环境。

(三) 中央政府高度重视并出台扶持政策

中国政府高度重视“三农”问题，对农业进行了战略性调整，大力发展现代农业，为农产品出口贸易发展提供了重要支持。中央发布一系列文件，提出要提高农产品国际竞争力，扩大农产品出口目标，并紧紧围绕“稳粮”、“增收”、“强基础”、“重民生”等出台了一系列目标明确、含金量高、操作性强的政策措施，包括提前下拨的粮食、农资等专项补贴，提高了小麦、水稻的最低收购价等。中央经济工作会议确定的 5 项任务中，专门有一项是要保障农产品有效供给、促进农民持续增收。这些扶持政策为我国进出口贸易提供了平台，使得我国农产品贸易迅速发展。

(四) 广东省政府出台多项政策扶持农业生产

广东省自 20 世纪 90 年代初期开始现代农业建设，历经高产、高质、高效的“三高”农业发展阶段、现代农业示范阶段，现已进入现代农业建设全面推进阶段。省委、省政府提出了统筹城乡发展的目标，制定了一系列以工哺农、以城带乡的政策措施，不断加大财政对现代农业的投入，加快农业基础建设，优化农业结构与区域布局，实施名牌带动战略，大力发展农产品加工流通业，发展特色农业和效益农业，提高农业规模化、集约化和组织化水平，目前广东现代农业发展成效明显。

四、挑战分析

(一) 国际社会对食品安全与保护生态环境的关注与日俱增

近年来，发达国家的技术标准和技术法规中对保护人类生命安全以及世界环境方面的要求日益提高，使广东农食产品出口贸易一时难以适应，成为市场准入的障碍。在新形势下，技术性措施范围更加广泛，严格的环保技术法规、环保标准、绿色环境标志制度等，不断使我们一些符合农食产品质量标准的产品，被借口由于生产、运输、销售过程，或者是包装材料等不符合相关要求而遭遇出口受阻。在发达国家的环保法规中，对商品包装材料的易处理性和可回收率有较高的要求和标准，而我们出口农食产品的传统包装材料落后、不易处理回收，并且不注意对一些天然材料生产的包装物进行卫生和动植物检疫，加之包装材料材质较差，部分出口产品的包装中还大量使用木材、稻草等外观粗陋、易含病虫害的包装材料，给进口国设置贸易措施提供了机会。另外，以知识产权保护为名而实施的技术性贸易措施近年来也有上升的趋势。

（二）贸易保护主义频频抬头

农食产品的技术性限制措施，原本是为了保护国家经济安全，保护人类、动植物的生命或健康，保护环境，防止经济欺诈行为。但长期以来，技术性贸易壁垒具有的合理性和灵活性被一些实行贸易保护主义的国家所利用，使国际贸易环境日趋恶化。在传统贸易壁垒的限制之外，发达国家利用消费者对食品安全的关注，不断提高农产品市场的准入门槛，技术贸易壁垒门槛高筑，范围不断扩大，反倾销、“特保”调查、“知识产权壁垒”、“舆论壁垒”等新型贸易壁垒呈上升的态势。随着我国农产品出口规模的扩大，可能引发发达国家更多的贸易限制措施。日本“肯定列表制度”标志着发达国家的技术壁垒已趋向制度化、法制化，对广东农食产品出口的负面影响将在今后一个时期持续存在。

（三）国际农产品贸易竞争环境极其复杂

加入世界贸易组织后，我国农业与世界农业的关联度不断提高，国际农产品贸易对我国农业的影响日益增强。主要发达国家在要求发展中国家开放农产品市场、推行自由贸易的同时，均对本国农业进行高额补贴，严重扭曲了国际农产品的贸易环境。从 2000 年至世贸组织新一轮谈判达成新农业协定前，欧盟每年向农业提供高达 769 亿美元的“黄箱”补贴，日本为 284 亿美元，美国为 191 亿美元。这给没有补贴能力、又高度开放的中国带来了严峻的挑战，在今后相当长的一段时期内，中国农产品出口仍将面临极其复杂的国际竞争环境。另外，主要发达国家对我国的崛起的担忧依然存在。近年来，因农食产品安全导致的贸易摩擦往往被西方国家、部分媒体，不顾事实，以偏概全，蓄意炒作，危言耸听。如 2007 年上半年发生的宠物食品中毒事件，美国有关方面不顾中国积极主动的回应却大肆单方面指责，连调查的程序都没有走完就下了判断，将中国的鱼、蘑菇、茶叶、糖果等大量农食产品都列进了黑名单。

（四）农食产品的大量进口对国内同行业的生存和发展构成威胁

随着我国对外贸易的迅速发展，农产品进出口大量增加。特别是一些大宗的农产品包括小麦、大豆、食糖、食用油等，国内需求量大，每年都有大量进口，并呈逐年递增趋势。由于我国目前的农业基础仍然薄弱，农食产品生产效率较为低下，市场集中度很低。国外农食产品低价大量进口，挤压了我国农产品的生产和销售空间，使相关产业和企业利益受到损害。以进口大豆为例，中国对大豆需求增长快，市场缺口大，近些年进口量逐年增加，进口转基因大豆的超低价严重挤压国产优质大豆，使之几乎进入了“卖不出”的死胡同，严重损伤了我国农民的利益。

（五）问题农食产品的进口威胁人们的健康安全

与发达国家相比，我国的技术水平和检测手段存在巨大差距。而且我国农产品安全质量标准也不完善。因此，一些存在潜在危害的进口农食产品可能会严重威胁我国消费者的健康安全。近年来，我国检验检疫机构多次从进口的农食产品中查出不合格情况，从进口食品中查出 O157 大肠杆菌、阪崎肠杆菌等微生物不合格，到重金属汞、镉的超标，再到进口燕窝中亚硝酸盐超标等，都表明进口农食产品存在一定的风险。

（六） 企业出口成本持续上涨

近年来，虽然农食产品出口价格有所上升，但由于出口企业发货节奏缓慢，货款回收时间漫长，经营风险不断加大。同时受原材料价格、劳动力成本和仓储、通关等成本费用显著增加等因素的影响，农食产品运作成本增加。再加上发达国家不断提高进口农产品的技术标准，致使我国出口农产品检测项目不断增加，出口检测成本不断加大，最终导致农产品出口综合成本持续上涨，出口企业的整体效益均有不同程度下降，利润日趋微薄。以广东部分水海产品以及初级加工农产品为例，仅 2007 年广东水海产品出口平均价格就下降 9.4%。

第三节　广东农食产品出口应对技术性贸易措施对策和建议

一、目标

以保护经济安全、保障人类和动植物的健康与安全、保护环境、反欺诈为目的，在充分研究主要贸易国对广东出口农食产品有重大影响的技术性贸易措施体系的基础上，结合广东重点农食产品出口遭遇的技术性贸易措施，借鉴世界各国应对农食产品技术性贸易措施的先进经验，提出一系列分层次、有针对性、符合贸易实际和国际通行规则的应对策略和建议，提升广东农食产品有效应对国外技术性贸易措施能力，促进广东农食产品顺利出口。

二、对策和建议

应对技术性贸易壁垒是一个系统工程，要充分调动政府、企业和行业协会等各方面的力量，发挥各自的优势，逐步从被动适应到妥善协调，再到积极制衡，共同建立起一个系统的应对机制。要把应对技术性贸易壁垒的工作贯彻到日常的工作当中去，要在事先、事中、事后的全过程中建立全方位的系统应对、解决方案。从大的层面上来说，这种系统解决方案要靠政府、企业或者行业协会三方结合起来才能完成。

（一）政府

1. 强化宏观调控与引导作用和对农业的支持保护政策

政府要强化宏观调控引导作用，加强各有关部门的协调配合，特别是要重新整合规划、生产、外贸、科研、检验、检疫、防治等各方面力量，加强组织农食产品出口的工作力度。政府应充分加快建立和完善符合 WTO 规则的农业“绿箱”政策体系，继续加大对农业基础设施建设、农业科研教育、培训推广、检验服务、生态环境等的支持，不断改善农业生产环境，大力推行绿色食品、有机食品认证，建立以无公害食品、绿色食品、有机食品为主要内容的农产品质量安全认证体系。帮助广东有竞争优势的产品和加工企业实行通过 ISO9000、ISO14000 认证制度 HACCP 注册，确保出口农产品符合国际市场安全要求。

目前，WTO 规则允许的 12 项“绿箱”措施中，我国尚有 6 项是空白；按照入世谈判允许的 8.5% 补贴上限，中国还有较大的投入增长空间。政府有关部门要加强研究，进一步完善补贴办法，用好 WTO“微量允许”、“绿箱”补贴权利和对农民直接补贴等“黄箱”措施，增加农业国内支持总量。

2. 积极实施农食产品国际标准化战略

根据 WTO、TBT 措施和 SPS 措施的国民待遇原则，一国进口产品应与本国同类产品享有同等待遇。由于我国质量标准才初步形成，远落后于发达国家，因此，政府要针对广东农产品主要出口国家或地区的农产品质量标准，以大宗农产品、出口创汇产品、高附加值产品，如水产品、肉制品、蔬菜及其制品、名优水果、名优茶等为重点，积极实施国际标准化战略，加大农产品从生产、加工到流通环节标准和技术规范的制定工作；逐步提高农食产品国际标准的采标率，加快缩小国内外标准的差距；加快标准认证机构与质量评估机构的建立和完善，规范农食产品质量认证工作秩序，积极开展ISO9000、ISO14000系列标准认证；逐步提高农产品的质量检验检疫的技术手段和能力，建立并完善与国际接轨的农产品标准化体系和技术规范体系，帮助广东农食产品打破绿色壁垒，进入国际市场。同时应鼓励企业更及时、更广泛、更深入地参与到国外技术法规修订和新标准拟定的进程中，充分利用WTO平台，联合其他有共同利益的国家，增加制定规则的话语权，不断提高农食产品的国际竞争力。

3. 加强对出口农产品的产地、生产、加工、包装等全过程进行跟踪监测

根据广东农产品出口的潜力和现状，逐步建立和推广出口农产品生产基地的外向型产业化模式，建立一些劳动密集型的农产品出口生产创汇基地。基地建设的主要内容包括：品种的引进与改良，产地环境建设，农业投入品监管，产品质量监测与检验，动物卫生检疫和疾病防治监测站建设，植物检疫站和病虫害测报站建设；基地内实行专业化生产、标准化管理、产业化经营，并进行出口农产品的产地、生产、加工、包装等全过程跟踪监测。

4. 建立健全农食产品技术性贸易壁垒预警机制

相比发达国家，我国技术性贸易壁垒预警机制研究刚刚起步，广东的预警机制还比较滞后，缺乏系统完善的理论体系支持和前瞻性，运行效率不高，适用范围不广，时效性差。为此，广东要充分利用WTO通报咨询制度的渠道，组织力量及时收集了解发达国家的技术法规和标准，找出与国际条约、世贸规则有关要求及与进口国技术法规、标准的差距；密切跟踪广东大宗、重点农食产品进出口情况，以及对贸易对象国的市场情况、政策信息进行分析研究，建立农食产品技术性贸易壁垒预警机制，制定出具有针对性的贸易策略，为出口企业提供贸易信息等咨询服务，使技术性贸易壁垒工作重点由事后应对转向事前采取措施，最大限度地减少技术性贸易壁垒造成的影响。

同时，广东应该加快信息网络的建设，加强信息的收集、整理、分析和传递，建立和完善技术性贸易措施公共服务平台，及时向企业提供WTO/TBT、WTO/SPS通报、主要贸易对象国的技术法规、技术标准和国际上技术性贸易壁垒的发展动态等信息。同时，企业亦可将自己收集、获取的有关信息反映给相关部门，实现资源的共享。

5. 认真研究TBT及SPS协定，充分利用WTO规则，消除技术性贸易措施不利影响

政府要组织深入研究WTO基本原则和TBT、SPS协定的具体规定，深入研究反倾销、反补贴、保障措施等贸易救济措施，以及可供我利用的进口政策、标准、检验、标签和认证、知识产权保护等贸易壁垒做法，加快建立符合世界规范的、中国自己的技术性贸易措施体系，积极应对农食产品安全领域的贸易摩擦。此外，政府还要组织企业围绕国际先进标准改进产品，尽快实现与国际技术法规和标准体系的对接。

在解决农食产品安全贸易摩擦问题时，政府要积极参与谈判协商，在积极促进公平合理国际贸易规则建立的基础上，最大限度地争取对我有利的谈判结果，要促使发达国家进一步削减乃至取消国内农业补贴和出口补贴，将我国关系国家安全、农村就业和农民增收的重点农产品作为发展中国家的特殊产品免予减让承诺，为我国“三农”问题的解决争取一个公平、合理的国际经济环境。

6. 严把检验检疫出口关，把好进出口关

检验检疫职能部门在出口农产品把关工作中，要切实负起职责，要进一步建立健全农兽药残留监控体系，从源头加大监管力度，指导种植、养殖人员科学规范地使用农兽药，引导和推广绿色生态种植、养殖。此外，要把好出口农产品卫生注册这一关，通过卫生注册关，把管理差、生产工艺落后、质量控制意识薄弱的企业排除在农产品出口企业之外。

7. 加强对外宣传，为中国制造和中国农食产品安全正名

近期中国制造和中国农食产品安全问题成为国外媒体炒作的焦点绝非偶然，除自身的质量问题

等技术性因素外，还有更深刻的国际背景，即“中国威胁论”的持续蔓延，由贸易到经济再到政治，因此要有的放矢地加强对外宣传，有效化解舆论危机，做好危机公关，经济外交亦需要政治公关，必须为中国制造和中国农食产品正名。

（二）行业协会

1. 积极参与政府谈判，协助企业解决争议

行业协会应从扩大出口与保护行业安全、企业合法权益的角度出发，积极配合政府参与谈判，必要时可由行业协会出面按各个企业所占的出口份额统一筹集资金，代表行业整体进行应诉。这不仅能在很大程度上解决资金筹集渠道与利益分配问题，同时还能有效调动企业的积极性和参与能动性。如温州打火机行业协会应对欧盟 CR 法案就是一个比较成功的例子。

2. 加强与国外相关行业组织的联系和交流，收集相关信息，建立预警机制

国外技术性贸易壁垒的形成往往是由几个大企业或是行业协会发起倡导的，很多时候就是将一些行规或是通行的做法通过立法上升为国家的规定，有的甚至被推行为国际规定。行业协会可以通过与国外同行业组织定期交流，收集处于酝酿之中的技术壁垒信息，以及贸易伙伴国本行业的相关标准信息和技术性贸易壁垒的动态，对信息进行甄别和筛选后，定期或不定期向会员企业进行发布和通报，建立技术性贸易壁垒的预警机制。

3. 制定行业标准，建立市场准入机制，维护行业利益

作为发展中国家，行业协会可以根据 WTO《贸易技术壁垒协议》中的“标准守则”规定，依据我国本行业的具体实际情况来制定行业的技术标准，从而在一定范围内不采用现有的国际技术标准，并可以要求发达国家在技术标准方面不提出与我国的经济发展、资金条件和贸易状况等方面不相适应的标准，以维护本行业的利益。

4. 组织企业协同技术攻关，维护企业知识产权，保护创新

行业协会应该在行业内部形成一个保护知识产权和技术创新的机制，激发企业积极自主创新。对一些对行业发展有重大影响的技术，行业协会还可以组织全行业内的技术力量进行联合攻关，技术成果由参与企业共享。如温州很多行业协会就制定了行业内部的技术维权规定，对本行业内企业的新产品新技术进行保护，形成了一种类似“行业专利”的标准，激发了会员企业技术创新的积极性。

5. 引导企业学习相关知识，加强自律，提高应对能力

行业协会可以在信息收集、发出预警的基础上，定期或不定期地对会员企业开展有关技术性贸易壁垒知识的讲座和培训，并接受会员企业的相关咨询，引导企业转变思想观念，增强主动防范意识，学习应对技术性贸易壁垒的相关知识，加强自律，自觉遵守游戏规则，维护公平竞争，做到质量和服务的自律。

（三）企业

1. 按照国际标准组织生产，加快品牌建设，形成竞争优势

21 世纪将是一个绿色产品的世纪，随着经济社会的发展和人民生活水平的不断提高及国际环保技术的快速发展，人们对农产品，特别是食用农产品的质量提出了更高要求。面对农食产品出口成本和门槛越来越高，以及农食产品安全贸易摩擦进一步升级的现状，只有在清洁的农业生态环境中用洁净的生产技术和方式，生产出安全、无污染的优质农产品，才具有商品市场和国际竞争力，才能更好地满足消费者需求。为此，广东企业首先应深度推进“以质取胜”战略，大力发展绿色农产品和有机农产品，推广无公害农产品生产技术，不断依靠科技创新提高农产品科技含量和品牌价值，切实提高农食产品质量，加快品牌建设。与此同时，应加大对违规企业处罚力度，杜绝逃避农食产品出口监管、非法出口事件的发生。

2. 积极开拓出口市场，推进市场多元化

目前，广东农食产品出口主要集中在欧盟、美国和包括日本、韩国在内的一些亚洲国家或地

区，这些地区的技术性贸易措施比较严格，如果食品企业能在致力于提高出口农食产品质量的同时，考虑有步骤地调整农食产品出口的市场方向，将重点转向发展中国家和中等收入国家。这样一方面可以避开欧、美、日等发达国家严苛的技术性贸易措施，减轻来自发达国家的市场压力；另一方面可以争取缓冲时间，逐步实现产品质量的提升和相应技术的提高。为此，企业应在巩固亚洲出口的传统市场，特别是港澳市场的同时，发展美国、欧洲市场，积极开拓东欧、印度、非洲、中东、南美等潜在市场和新兴市场，加强与东南亚国家的经贸合作，努力扩大广东农产品输出。为此，企业需要多研究市场特点，多参加国际贸易展览、展销会、促销会，开展名牌产品的宣传与推介活动，提高农产品在国际市场的知名度和占有率。

3. 实施“走出去”战略，绕过出口目的国的技术壁垒

中国企业要积极实施对外直接投资，实现跨国经营，可以在主要贸易国以开办独资、合资生产企业的形式，不仅可以在当地设立研发中心，利用当地人才，紧跟国际消费潮流，而且可以利用发达国家在资金、某些原材料上的价格优势，节约运输成本。另外，企业还可以采用劳务输出、技术输出等方式，实施“走出去”战略，在发达国家就地生产、加工农产品，变“销地”为“产地”，绕开发达国家技术性壁垒。

第四节　广东出口农食产品应对重点安全限量要求对策和建议

入世 10 年，国际经济形势变幻莫测，国际贸易市场竞争日益激烈，贸易保护手段层出不穷。特别是近年来，农食产品国外技术性贸易措施的影响日益明显，从日本的肯定列表到美国食品安全现代法案，层出不穷的贸易壁垒已成为广东省农食产品外贸出口的最大障碍之一。为帮助企业更好地了解主要贸易国技术性贸易措施，下面以食品添加剂、农兽药残留、微生物污染、重金属污染等农食产品重点安全限量要求为例，分别介绍其有关情况，以便企业积极采取应对措施，突破国外技术性贸易壁垒，规避贸易风险，促进农食产品出口。

一、食品添加剂

食品添加剂的标准问题在国际上已不单纯是技术问题，在很多情况下已涉及经济和政治问题，并已将其作为一个有效的技术贸易壁垒手段。世界各国都有一套自己相应的食品添加剂使用安全标准。由于各国使用的品种和范围差异、判断标准的不同，某些物质在不同国度属于食品添加剂还是属于非法添加物仅一步之遥。近年来，在一些贸易国所发现的我国出口食品安全问题中，食品添加剂占有重大比例。

（一）主要贸易国和地区通报的特点

我国每年都有数量可观的出口食品因食品添加剂问题而被美、欧、日等主要贸易国家拒绝进口。据统计，2005—2009 年我国输往美国、欧盟、日本和韩国的被通报的原因，食品添加剂使用问题在美国、日本和韩国位于通报原因的第 1 位，而在欧盟，食品添加剂因素位于第 2 位。食品添加剂的使用标准和残留量问题已成为严重影响我国食品出口的重要障碍之一。

美国多数以不安全色素和不安全的添加剂的形式通报，没有通报具体的添加剂品种。通报品种的透明度较差，对出口国寻找原因、规避障碍增加了困难。

欧盟对食品添加剂违规的关注程度不及美、日、韩，2005—2009 年仅通报了 131 批。这可能与欧盟进口产品类型和关注的重点有关，也可能与欧盟成员国的食品添加剂使用标准内部存在差异，欧盟内部就不统一有关。但我国输欧水产品的聚磷酸盐是近年来欧盟关注的重点，但由于2008—2009 年我国加强控制，再无该品种的通报。亚硫酸盐、甜味剂和焦油色素以及天然色素在

欧盟也时有通报。

日本特别关注我国允许使用、而日本未批准使用的品种，如甜蜜素和特丁基对苯二酚等。其中甜蜜素在我国输往日本的产品中，2005 年被通报了 45 批次，直至 2009 年每年都被发现问题。2005 年，特丁基对苯二酚在我国输往日本的产品中被通报 12 批，随后每年都有通报。日本对容易超标的二氧化硫、防腐剂和色素等也非常关注。亚硫酸钠由于使用范围广泛，超标现象突出，日本每年都有通报。

韩国对我国食品中使用的防腐剂、二氧化硫、甜味剂都非常关注。韩国所通报的品种非常具体，违规条款非常明确。韩国 2008—2009 年通报数量达 109 批。

(二) 出口被通报原因

我国出口食品因食品添加剂使用问题而被通报，除了发达国家的食品添加剂检测技术、食品添加剂生产的质量控制手段、食品加工技术与方式等优于我国目前的技术水平等原因以外，还有许多主观及客观因素。

1. 出口食品生产企业不了解主要贸易国食品添加剂使用规定，使用了禁用品种或超限量、超范围使用

由于各国饮食习惯及对食品添加剂理解的不同，法规和标准中有关添加剂使用限量、范围甚至质量规格也各不相同。除了个别企业为谋取暴利，不择手段，滥用或超量使用食品添加剂外，我国很多企业由于不了解这些差异，使用了不允许使用的食品添加剂，或者超限量、超范围使用食品添加剂，不仅造成产品质量不合格，甚至可能危及人体健康。如 2005 年，我国曾由于干海藻食品中营养强化剂碘含量过高等原因被欧盟成员国政府从市场上撤下。其实，欧盟早已对这些添加剂规定了使用要求。再如，我国允许在蘑菇罐头中使用柠檬酸亚锡二钠，允许在对虾中使用肌醇六磷酸和植酸钠保鲜，允许使用 4–己基间苯二酚防止虾类褐变，而这些食品添加剂都是欧盟禁止使用的。有的企业为使蔬菜外观色泽更好，超量使用二氧化硫类添加剂。还有的企业用煤烘干蔬菜时使用的煤含硫量高，也使脱水蔬菜中二氧化硫超标。另有一些食品添加剂虽然我国和主要贸易国都允许使用，但适用的范围和限量有所不同，如果不了解这些差异，按照我国规定使用食品添加剂，很可能遭到退货或被销毁处理。

2. 企业原材料把关不严，造成食品添加剂带入

某种食品添加剂不是由于直接加入食品，而是通过其他含有该种食品添加剂的食品原(配）料进入到食品中，被称为“食品添加剂带入”。我国某水果罐头厂 2003 年就曾经被日本查出过一批由 3 种水果拼在一起的罐头中存在甜蜜素的问题，原因就是该罐头中一种从外地引进的成品水果中含有甜蜜素，从而造成“甜蜜素带入”。另有一企业由于原料水果酒中使用过量达 400 mg/kg 以上的山梨酸钾，造成最后的冷冻食品中“山梨酸钾带入”。这些均提醒生产企业在原材料把关过程中要特别注意这一问题。

3. 标准更新慢，检测技术能力有待进一步提高

我国出口食品中食品添加剂使用管理受到严峻挑战，国外标准经常变化和更新，造成对我国产品出口管理要求容易疏漏；有的甚至仅按照我国使用标准进行监管，造成在我国合格的产品在进口国不合格的风险很大。这一点在食品添加剂方面尤其明显。此外，我国食品中食品添加剂检测标准数量极少，方法较陈旧，严重制约检测能力的提高，已成为我国食品出口执法把关的重要障碍。

4. 食品添加剂本身质量不合格

食品添加剂有严格的质量安全要求。不合格的食品添加剂主要体现在产品纯度上，有些劣质的食品添加剂含有少量汞、铅、砷等有毒有害物质，会严重影响产品质量，危害消费者的身体健康。

5. 存在极少数违法使用未经批准或禁用物质的情况

为了降低成本，使利益最大化，有些不法分子在食品中非法添加化工产品和不合格的食品添加

剂，这些未经国家食品安全管理部门批准或者已经明令禁用的品种，一旦添加到食品中，将不可避免地导致中毒甚至死亡的食品安全事故。如2008年，奶粉中添加三聚氰胺的事件造成了我国29.4万婴幼儿泌尿系统出现异常。

（三）对策和建议

1. 从源头上控制出口食品中食品添加剂的使用

企业是食品出口贸易的主体，直接决定着食品的质量。为保证出口食品安全与质量，企业要从源头上控制出口食品中食品添加剂的使用，主要包括正确理解进口国的食品添加剂使用规定，严格按照进口国规定生产；企业应选择质量长期稳定、信誉良好、符合出口国要求的原料、辅料供货方，把好原料、辅料验收关；有效运行HACCP体系，在HACCP计划中对使用的添加剂、着色剂等均应进行危害分析。

2. 熟练掌握出口目的国（地区）食品添加剂有关使用原则

熟练掌握进口国的食品添加剂标准及其更新动态。严格按照批准使用品种、限量和范围使用。美国、日本、中国香港、中国台湾对色素使用限量要求并没有明确规定，针对向这些国家（地区）出口生产的食品应把重点放在允许使用的色素品种控制上。而输往欧盟、俄罗斯、加拿大的产品在注意允许使用品种的同时，还要充分理解允许使用的范围和限量。甜味剂的选用，除与成本、口味有关外，还与风俗及习惯有关。人工合成甜味剂甜度高，用量少，成本低，市场竞争力强。各国已对甜味剂都采取了限产限用的政策，所以使用时也要关注。同时出口产品也要防止由于使用复合食品添加剂而造成使用了进口国认为是使用了违规品种的情况。

3. 关注食品添加剂使用品种的变化

对亚硫酸盐、焦油色素等直接影响食品安全的添加剂品种要特别重视；同时，要关注我国与国外使用范围和限量有差别的品种，以及我国出口食品历史上发现问题较多的品种，如色素、甜蜜素、防腐剂等；此外，要紧密跟踪我国的非法添加物质污染食品事件，如啤酒甲醛超标、奶粉受三聚氰胺污染等问题。

4. 关注食品品种变化

一些经济价值大，在我国出口中占有重要地位，对进口国产品造成竞争性威胁，或者进口国在国际贸易中选择性人，有多种进口来源的食品品种，以及我国频繁曝光、易发生问题的品种，往往是主要贸易国重点关注的对象。例如，中国的鳗鱼、冷冻蔬菜等经常会成为主要贸易国为保护本国产业、不断实施市场壁垒、限制趋严的目标。这些食品品种的出口中要特别注意食品添加剂的使用问题。

二、农兽药残留

农食产品中农兽药的污染成为国际上日益关注的问题，各国均将农兽药残留标准的制定列为重要的工作。由于农产品进口国对农兽药残留要求严格，出口国要求较松，加之各国人民膳食结构不同，因此各国制定的残留限量值往往不同。发达国家很早就对农兽药残留问题开始关注。

（一）国际农兽药残留监控的特点

农兽药残留监控是一项复杂的系统工程，包括药物研制、注册登记、生产、使用及食品和环境监测等诸多环节。目前国际农兽药残留监控呈现出以下几个特点。

1. 农兽药使用禁令越来越多

近几年来，农兽药特别是在动物饲料中添加的药物使用禁令越来越多。到2000年，国际食品法典委员会已经制定了185种农兽药评价和3 724个农兽药残留限量标准。仅食品农兽药残留一项就对176种药物在375种食品中规定了2 439个农兽药残留最高限量标准。美国于1975年即开始实施国家药物残留计划（NRP），要求动物在屠宰前必须检查杀虫剂、重金属、激素和抗生素的残留，1982 年又建立了《避免动物源性食品药物残留数据库》，明确规定了动物源性食品药物残留限量标准。欧盟于 1971 年 11 月发布了《饲料添加剂导则》，首次提出控制药物残留的问题。1990 年 6 月又颁布了动物源性食品中兽药的最高残留限量（MRL）标准。2002 年 7 月，欧盟委员会公布了部分水果、蔬菜、谷物以及某些动物源性食品中农兽药残留限量的最高水平。根据 1993 年通过的“欧盟农兽药重新登记法令（91/414/EEC）”，欧盟要求在 2008 年前对市场上的 850 种农兽药进行重新登记，而且随着欧盟东扩，这一范围已经扩大到 967 种，欧盟明确规定在生产过程中使用过欧盟禁用农兽药的农产品将不能进入欧盟市场。2002 年 8 月 22 日，日本决定进一步加强对食品中的农兽药残留物和食品添加剂的安全管理，加快对农兽药的毒性测试和对食品添加剂的安全评估，日本迄今已经对 229 种农兽药制定了十分严格的残留限量标准。

2. 农兽药残留限量要求越来越严

近几年来，欧盟、日本、美国等发达国家对农兽药残留限量的要求越来越严格。以氯霉素残留限量为例，残留限量标准要求不断提高，已经从以前的 10 μg/kg 提高到目前的 0.1 μg/kg，提高了 100 倍。2002 年 7 月，美国对进口水产品的氯霉素检测实行了新的抽样方法，扩大了子样品数量的检测，只有全部子样品均为阴性结果时方算合格。瑞士对我国输瑞禽肉产品先是检测恩诺沙星，接着是检测氯霉素，2002 年 8 月又开始检测硝基呋喃，而且检测限量标准也由原来的 5 μg/kg 加严到 1 μg/kg。欧盟从 2003 年 1 月起施行新的动植物产品药物残留监测抽样标准，对药物残留监测的目标、原则、术语、抽样程序、结果判定等作出了明确而具体的规定，共发布了 37 个有关食品中农兽药最高残留限量（MRL）的指令，制定出了 194 种农兽药活性物质在 190 种食品中，包括水果、蔬菜、谷物、食用菌、茶叶、肉、蛋、乳等共 28 689 项农兽药 MRL 标准，其中有 3/4 以上的 MRL 标准设定在检测线上。日本通过了《食品卫生法》及其修正案，并对农兽药管理实行了重大改革，推进“可用农兽药清单制度”和“一律基准制度”，对农畜产品使用的农兽药列出详细清单，农畜产品被检出农兽药残留超标或检出清单中未设定限量的农兽药残留将不许进口。清单中未规定的农兽药残留项目将采用 0.01 mg/kg 或 0.05 mg/kg 等作为限量要求，这意味着几乎不允许检出农兽药残留。此外，日本政府明确表示，一旦认定某国是“农兽药残留超标国家”，无须检查即可停止从该国进口食品。俄罗斯对进口冻肉类检测的农兽药残留数量也不断增加，已经由原来的 10 种增加到现在的 59 种，其中，24 种可以允许有残留限量，另外 35 种不得检出。

3. 农兽药残留检测水平越来越高

由于农畜产品中农兽药残留的限量越来越低，常常需要进行微量或超微量甚至是痕量或超痕量分析，而且涉及的农兽药种类繁多，化学结构各不相同，待测组分十分复杂，有的还要检测其有毒代谢物、降解物、转化物、中间产物等。这种情况对农兽药残留检测水平提出了越来越高的要求，推动了农兽药残留检测技术的发展。目前农兽药残留检测广泛使用高效液相色谱仪、高效气相色谱仪、原子吸收光谱仪、质谱仪等先进的仪器设备，检测技术手段越来越趋向于高技术化、系列化（多种残留物同时进行检测）、速测化、便携化。近几年来，为了提高对农兽药残留的检出能力，发达国家越来越多地使用高灵敏度的检测仪器，研制高精确度的检测方法，并设立高水平的国家基准实验室。例如，从 1998 年开始，日本政府支持一种称为“多种农兽药快速分析法”的研究，并于 1999 年投入实际使用。用这种方法可以对农畜产品中农兽药残留、重金属、硝酸盐等 150 个项目同时进行检测分析，3 天就可以出结果。美国食品药物管理局（FDA）使用的多残留检测方法可以同时检测 360 多种农兽药残留。随着科学技术的进步，将会不断开发出新的分析检测技术，农兽药残留检测技术和水平还将会不断地提高。

4. 允许使用的农兽药越来越少

为了减少农畜产品中农兽药残留对人类健康的危害，保护环境安全和生态平衡，国际组织和欧美等发达国家不断减少允许使用的农兽药，允许使用的农兽药数量越来越少。1994 年，联合国粮农组织（FAO）决定禁止使用氯霉素。1973年，欧共体决定禁用青霉素、氨苄青霉素、四环素类抗生素、头孢菌素、磺胺类药物、喹诺酮类药物、三甲氧苄氨嘧啶、氨基糖苷类药物（新霉素、链霉素）和氯霉素等作饲料添加剂。1996年4月29日，欧盟禁止销售用于动物的反二苯代乙烯及其衍生物、盐和酯以及用于其肉和制品供人类使用的动物的β-兴奋剂（盐酸克伦特罗）。从1997年4月起，全面禁止使用阿伏霉素。1998年，欧盟立法禁止使用盐酸克伦特罗（瘦肉精）。1998年12月14日，欧盟决定从1999年1月1日起禁止使用β-促生长剂、喹乙醇、卡巴氧、磷酸泰乐菌素、弗吉尼亚霉素、杆菌肽锌和螺旋霉素。从1999年10月开始，欧盟对不少磺胺类抗球虫药也颁布了使用禁令。欧盟决定从1999年10月1日起停止生产和使用3种促进增重的药物添加剂氯氟苄腺嘌呤、二硝甲苯酰胺、异丙硝哒唑，还决定从2006年1月起，将目前尚允许在饲料中使用的最后4种抗生素也予以禁止使用，这意味着欧盟将全面禁止在饲料中投放任何抗生素。欧盟近日又出台法规，从2005年5月31日起禁止生产和销售2-甲基苯酚、二氯酚、咪草酯、春雷霉素及多抗霉素等农兽药。从1997年8月20日起，美国禁止将氟喹诺酮和氨基糖苷类药物作为非限制性药物使用。2002年，美国食物与药品管理局（FDA）公布了禁止在进口动物源性食品中使用的11种药物名单，其中包括氯霉素、盐酸克伦特罗、乙烯雌酚、二甲硝咪唑、其他硝基咪唑类、异烟酰咪唑、呋喃西林、呋喃唑酮、磺胺类药、氟乙酰苯酮、糖肽。

日本已经禁止在家禽中使用尼卡巴嗪、螺旋霉素、灭霍灵、克球酚（二氯二甲基吡啶酚）、喹乙醇、噁喹酸、甲砜霉素、氨丙啉、磺胺二甲基嘧啶、磺胺喹噁啉、甲苯、万能胆素、前列斯汀、苯酚类消毒药以及含有磺胺喹噁啉成分的药物。最近，日本又对饲料及饲料添加剂标准执行条例进行了修订，决定于2005年1月1日起禁止使用北里霉素、硫霉素、潮霉素B和多萘菌素等4种抗生素作为饲料添加剂。

中国香港以立法形式规定禁用盐酸克伦特罗、沙丁胺醇、氯霉素、阿伏霉素、己烯雌酚、己二烯雌酚和己烷雌酚7种药物，对土霉素、磺胺类药物、金霉素、强力霉素、羟氨苄青霉素、邻氯青霉素、双氯青霉素、氨苄青霉素、苄青霉素、四环素10种药物实施管制。

（二）出口被通报原因

广东农食产品农兽残不合格的原因，美国主要是检出不安全的新兽药和农兽残不合格，如硝基呋喃，而日本主要是检出金霉素、新诺明、四环素和恩诺沙星等。日本对农兽药残留的要求非常严格，检测覆盖的范围包括金霉素、新诺明、四环素、恩诺沙星、呋喃唑酮、呋喃唑酮代谢物、隐形孔雀石绿、涕灭威亚砜、呋喃它酮代谢物、环丙沙星、土霉素、三唑醇、乙酰甲胺磷、2,4-D和除草剂等。农食产品因农兽残被频频通报的原因主要有以下几点：

1. 动植物防疫体系和残留监控体系不完善

我国虽然制定了许多相关的法律法规，但在具体的操作过程中，受地区、部门或企业利益的驱使，仍存在许多问题。主要表现在：病虫害防治体系和残留监控体系不健全；农兽药使用环节监管薄弱；现有的检测方法、标准、技术指标达不到国外技术法规和标准要求；缺少相应的食品和农产品安全检测新方法等。

2. 农兽药市场管理混乱，使用违禁药物的现象严重

我国在农兽药法律法规、农兽药的使用和控制、残留监控体系等方面，尚未建立全国范围的协调一致的监控体系，没有真正完全做到对出口食品和农产品的全过程监管。禁用药物市场上时有销售，甚至一些农兽药成分不明，农民养殖户、种植户违规用药的情况经常发生，对出口动植物源性食品和农产品造成很大威胁。

3. 生产方式落后，质量控制难度大

目前中国相当部分企业管理水平不高，生产及检测设备落后，种植与养殖基地数量多、规模小，管理参差不齐，企业自有基地少，采购货源多，难以实施有效质量控制。

（三）对策和建议

1. 增强食品质量安全意识，科学合理使用农兽药

入世后，我国农食产品面临国内外市场的激烈竞争，卫生安全质量特别是农兽药残留达不到要求，造成我国农食产品出口屡屡受阻。这就要求出口生产者和企业要增强质量安全意识和出口风险意识，克服侥幸心理，坚决做到在种植、养殖中不使用进口国家规定禁用的农兽药，科学合理使用农兽药，在种植、养殖环节控制住农兽药残留，确保出口农食产品卫生安全质量和在国际市场上的良好形象。

2. 充分了解国外各项技术法规和标准要求

农食产品只有达到进口国家的要求才能顺利进入国际市场。发达国家经常利用农兽药残留这一技术壁垒措施遏制我国农食产品的出口，以保护本国的安全与利益，因此限量要求十分严格苛刻，而且标准规定也经常进行调整变化。出口生产者和企业要及时了解进口国家对农畜产品农兽药残留的要求和变化，严格按照进口国家的标准和要求进行生产加工，防止因不了解进口国家的要求和变化盲目生产出口，造成不必要的损失。有关监管部门要加强调查研究，收集有关信息，建立和完善农食产品出口风险分析与预警机制，特别是要跟踪进口国家对农食产品农兽药残留的要求和变化，积极开展咨询服务，及时向出口生产者和企业通报，使其心中有数，早作应对，避免被动。

3. 不断提高产品的市场竞争力

近几年来，发达国家对食品卫生安全问题越来越重视，对农畜产品农兽药残留的要求越来越严格，禁用限用的农兽药越来越多，限量的标准也越来越高，有许多农兽药残留几乎达到了不允许含有的程度，对我国农食产品出口构成了十分严峻的挑战。出口农食产品生产者和企业要在及时了解进口国家对农兽药残留要求和变化的基础上，努力提高自身素质，增强适应和应变能力，特别是要加强诚信体系建设，严格自律，不断提高农畜产品的国际市场竞争力。

4. 大力推行标准化生产

实行标准化生产是提升农食产品卫生安全质量、突破国外技术壁垒的根本途径和有效保证。为了从根本上解决农兽药残留超标的问题，要在出口农畜产品生产加工中推行标准化体系建设；要改变传统生产模式，实行“公司+基地+标准+认证”的生产经营模式；要加快采用国际标准和国外先进标准的步伐，缩小我国农食产品标准与国际标准的差距；要加强质量认证工作，建立健全质量认证体系，积极引导、支持、帮助、督促所有出口农食产品生产加工企业建立并推行 HACCP、GMP、SSOP 等科学生产加工体系，实施 ISO9000、ISO14000 等质量管理标准体系认证；要加大无公害、绿色和有机农食产品的发展力度，打造名优农食产品品牌，提高我国农食产品的国际市场竞争力。

5. 进一步加强检验监管

各有关部门要充分认识我国农食产品出口面临的严峻形势，增强服务意识，加大把关力度，从生产源头到出口离境对农兽药残留进行全过程监管；要不断完善检验检疫手段和设施，提高检验检疫技术水平；要及时跟踪和掌握国外检测标准和先进的检测方法，并向出口生产加工企业反馈；要严格按照进口国对出口农食产品农兽药残留的标准和要求实施检验检疫，防止农兽药残留超标的农食产品走出国门。

三、微生物污染

微生物污染是影响食品安全的最主要因素，各个国家一直都给予了高度的重视。食品中微生物的污染大多是在加工、贮藏、运输和销售过程中，由于原料受到环境污染、杀菌不彻底、贮运方法不当、不规范的卫生操作等，从而造成细菌和致病菌超标。对微生物各项指标的控制，由于各国之间存在饮食文化差异，而且食品原料来源、生产工艺也有所不同，因此规定了检验微生物项目的食品种类也就不同。除美国和 CAC 外，中国、欧盟、澳大利亚、日本和韩国等主要贸易国均规定8 类

食品必须进行微生物检验。其中，乳及乳制品、肉及肉制品、水产品及其制品被进一步细分要求开展微生物检验，提示各主要贸易国主要关注这三大类食品。

农食产品微生物污染的控制，重点是要建立有效运行的 HACCP 体系和不断改进生产工艺，具体包括：

（一）控制原料污染

食品原料在栽培、捕捞、屠宰、运输等过程中都有可能被微生物污染，造成原材料的腐败变质，造成加工工艺、消毒灭菌的困难，影响产品的卫生质量。因此，首先要注意原材料的选择与处理，减少微生物的来源；其次，被选用的食品材料在清洗泥沙、杂质等时，用水必须经过净化和消毒处理，以符合国家饮用水的卫生标准。

（二）加强环境卫生管理

食品工厂应建在远离重工业区，周围不应有农药厂、化肥工厂、垃圾场、粪场、污水坑及大医院等。以免受到废水、废气、废渣和病原微生物及其他污染物的污染，对食品加工厂本身的污染物也必须进行无害化处理。垃圾和粪便可制成堆肥，通过微生物的发酵作用产生高温，从而杀灭病原微生物和寄生虫卵蛹等。生活污水或工业污水应集中通过污水净化设备进行处理，可用化学或生物的方法净化，分解污水中的有机毒物，杀灭病原微生物。

（三）抓好食品生产、贮运和销售等过程中的卫生管理

食品生产的场所、生产车间、从业人员等都应符合有关的卫生要求。在生产、储运和销售等过程中，要严格执行各项卫生制度，杜绝微生物对食品的污染。生产设备应该经常清洗消毒；生产中应注意简化工艺，缩短流程，尽量减少食品在空间暴露的时间。在贮存与运输中要注意生、熟分装，食品与非食品分装，严格禁止食品与化肥、农药等有毒物质同车装运，防止微生物及有毒物质或异味、异气物质污染食品。

（四）严格按照 ISO9001、HACCP、GMP 等多项标准规范生产

各食品企业在 GMP 的基础上，严格实行 SSOP 和 HACCP 的标准规范，要不断完善质量管理和严把质量检测关。食品生产企业的卫生质量控制首先是规定有科学根据的生产工艺，保留工艺记录，以备随时抽查。其次要利用检验手段对成品、半成品逐批检验，并将检验结果反馈到工艺规程中加以改进，如此循环反馈，不断提高本企业的食品卫生质量。

四、重金属污染

食品中的有毒重金属元素，一部分来自于农作物对重金属元素的富集，另一部分则来自于食品生产加工、贮藏运输过程中出现的污染。重金属元素可通过食物链经生物浓缩，浓度提高千万倍，最后进入人体造成危害。进入人体的重金属要经过一段时间的积累才显示出毒性，往往不易被人们所察觉，具有很大的潜在危害性。

中国重金属污染物限量值的设定比 CAC、欧盟、澳大利亚、韩国、日本相对宽松。中国香港重金属检验项目比较多，但重金属涉及食品种类过于笼统，针对性差。铅、汞、锡、砷，涉及食品种类未列出具体类别，仅分为所有固体食物、所有液体食物；铬、镉，涉及食品种类只有谷类、蔬菜、肉类、鱼、蟹肉、蚝、明虾、小虾，而且绝大部分限量值过于宽松，尤其是铅、汞、砷、镉的限量值。中国加入 WTO 后，在重金属法规和标准方面做了大量的配套工作，依据风险性评估技术，等效采用或参照国际 CAC 标准，清理整合并作废了一些标准，形成目前使用的国家标准版本，然而还存在标准之间相互矛盾、制/修订迟缓、整体规划性较差、跟不上形势发展需要的问题，仍需进一步完善。

控制重金属对食品的污染首先要从源头上把关，严格控制工业“三废”和城市生活垃圾对农业环境的污染。其次，加快推行标准化生产，加强农产品质量安全关键控制技术研究与推广，加大无公害农产品生产技术标准和规范的实施力度。第三，加强食品安全监督与检验，强化质量管理，完善食品安全检验检测体系。另外，还要加强食品安全教育，提高公众环保意识，加强群众监督，共同保护自然生态环境，维护人体健康。

五、转基因成分

近年来，基因工程技术被广泛应用于食品的生产中。随着转基因技术食品的商品化生产，转基因食品的安全性评价受到了社会的密切关注。转基因食品的安全性问题，自从转基因食品问世就一直争论不休，到目前为止仍无转基因食品安全性的国际标准。随着转基因产品从农田走上餐桌，在转基因食品安全性问题未得到明确结论之前，加强对转基因食品的监控、管理非常重要。因此，各国管理机构均在进一步完善本国的法规标准，建立完善的评价与管理机构，建立起一系列的转基因安全管理的程序和规范，对转基因食品实施严格的管理。

（一）各主要贸易国对转基因食品的管理

美国 FDA 1992 年颁布了“食品安全和管理指南”，以保证对那些通过现代生物技术所生产的食品和食物成分进行管理的权利。1997 年 FDA 重申并公布了转基因食品咨询程序指南，要求开发商向 FDA 提交基于实验数据的安全性及营养性评估报告，报告内容包括：转基因食品或农作物的名称，引入基因的来源、身份、功能等信息，基因修饰的预期目的及在该食品中表现的特性，针对物质已知或可疑的过敏性和毒性，得出判断该产品安全的证据资料，该转基因食品与原来未经转基因化的同类食品在成分、特性上的比较，尤其是重要的营养成分、毒性等方面，然后要组织企业与 FDA 的专家们讨论这些支持评估的实验数据和信息。FDA 同时认为，由于重组 DNA 技术的快速发展，管理方针应具有足够的灵活性，以便允许随着技术的革新而作必要的修改。

加拿大 1995 年制定、1998 年修订的《新食品管理条例》和 1994 年制定的《新食品安全评价准则》规定对生物技术食品进行管理。加拿大的新食品法规以“实质等同性”原则为基础，并要求生产商在新食品销售和发布广告前的 45 天内向健康保护局提交书面报告。报告内容包括新食品的普通名称、研制和生产的过程及发生的任何主要变化；有关新食品的使用还应包括制作指导及食用量的估计；在加拿大以外的使用情况以及标签上的所有内容。按加拿大食品管理局授权，该国的食品标签由加拿大卫生部和加拿大食品监测局制定。准则要求其标签内容必须真实且容易理解，并且不能造成误导。那些对于健康和安全可能有影响的食品，如可能引起过敏，或可造成毒性、成分及营养的改变，则实行强制性标签。要求生产商在标签上标志是否含有某种成分，但这种标志是真实的并且不造成误导。

欧盟国家对生物技术食品评估做出了严格的法律规定。1997 年 5 月 14 日，欧盟通过了“欧盟议会和委员会新食品和食品成分管理条例第 258/97 号令”并即日生效。该管理法规主要规定了新食品的定义、新食品和新食品成分上市前安全性评估的机制和对转基因产生的食品和食品成分的标签要求。欧盟认为新食品包含有转基因的食品和食品成分、对转基因来源的食品和食品成分以及其他分子结构经过修饰的食品和食品成分等。新食品和食品成分不应给消费者带来危险，不能误导消费者，不能明显不同于现有的食品以至于营养学上不利于消费者。该法规保障消费者有权知道该食品是否为转基因食品。为了保证最终消费者了解必要的信息，欧盟要求新食品必须贴有标签。对于转基因食品和食品成分，则实行强制性标签。标签上必须标明该食物的组成、营养价值和食用方法。

日本的转基因生物技术研究和应用较早，并从一开始就非常重视其安全管理。早在 1979 年，日本政府首相就颁布了“重组 DNA 生物实验指南”，并随后多次进行修订。1996 年，颁布了第 10 次修订案。1989 年 4 月，日本农林水产省大臣颁布了《农、林、渔及食品工业应用重组 DNA 准则》，并先后 3 次修订。日本目前实施的是 1995 年第 3 次修正案。该准则要求，凡是准备生产和销售重组DNA生物用于农业，以及用重组DNA生物生产相关的材料，都必须根据其受体、重组DNA分子和所用载体的特性进行全面的重组DNA生物安全性评价。另外，日本食品流通局负责《新食品规则》的制定和转基因食品的标志。厚生劳动省的安全管理机构设食品卫生课程，由审议会和食品卫生调查会审批并报厚生劳动省大臣确认转基因食品的安全性。

我国政府鼓励基因工程技术及转基因产品的研究开发工作，同时十分重视转基因食品的安全管理。1990年，卫生部制定并颁布了《新资源食品卫生管理方法》。该法规对新资源食品的定义和管理范围做出了明确的规定。对于使用已批准新资源食品为原料的产品，该办法规定“使用获卫生部批准正式生产的新资源食品原料生产食品的，必须经过省级卫生行政部门批准，报卫生部备案。对于食品标签的规定，该办法规定“试生产的新资源食品在广告宣传和包装上必须在显著的位置上标明‘新资源食品’字样及新资源食品试生产批准文号。”为了开展对新资源食品原料、新资源食品、利用新资源生产加工的食品添加剂进行食品安全性评价，我国还颁布了国家标准《食品安全性毒理学评价与程序》。另外，农业部还成立了农业基因工程安全管理办公室和农业生物工程安全委员会，自1997年起正式对我国境内的农业生物基因工程的环境释放和商品化生产实行规范化管理。

（二）对策和建议

综合分析国际、国内转基因农食产品现状，未来以下三方面的工作显得愈为迫切。

1. 加强监管，保障法律法规的有效实施

进一步完善转基因生物安全相关法律法规，根据有关要求，配合地方农业行政主管部门，逐步开展对转基因食品的监督抽查，使转基因产品从田头到市场规范化。从而保障中国转基因生物安全法律法规的有效实施，保障消费者的选择权和知情权。

2. 加强检测监控体系建设

通过加强转基因生物安全检测和评价技术的研究，尤其是快速通量定量检测、转化事件特异性检测技术，转基因产品安全性评价规范化技术研究，充实中国转基因生物安全检测评价标准体系，完善转基因生物安全监测监控体系。

3. 开展转基因产品溯源技术体系研究

近年来，国内外转基因生物安全事件频发，公众对转基因产品信心大受影响，加强转基因产品的安全管理、提高公众对转基因产品的信心已刻不容缓，如何实现转基因产品“从农田到餐桌”的全程溯源管理，建立针对不同产品类型的转基因生物及其产品溯源标志规范是当前转基因产品安全管理所面临的重要而紧迫的任务。

第五节　广东出口重点农食产品应对技术性贸易措施的对策和建议

根据广东农食产品出口贸易现状和受阻情况分析，确定了广东出口的重点农食产品为水产品及其制品、肉类及其制品、蔬菜及其制品、调味品和休闲食品五类食品，下面针对这五类食品，分别从水产品出口贸易现状、主要贸易国家水产品技术性贸易措施的实施情况和发展趋势，以及广东省应对国外技术性贸易措施的建议等方面进行深入分析，期望为相关企业、行业和部门提供参考。

一、水产品及其制品

广东是全国最大的养殖水产品生产和出口省区，水产品是广东东西两翼经济欠发达地区相对重要的出口产品，也是沿海渔民最主要的收入来源。由于养殖水产品产业链长，出口养殖水产品直接或间接解决了广东数百万从业者的就业问题，对推动广东农村经济社会和谐发展具有重要意义。关注水产品出口贸易的变化，对增加渔民收入和提高水产品加工企业效益，具有重要的现实意义。

（一）水产品出口贸易现状

1. 广东水产品出口的整体情况

目前广东检验检疫部门辖区有出口水产品备案注册企业 178 家、备案水产养殖基地 886 家、备案渔船 324 条、备案苗种场 30 家。养殖水产品是广东食品农产品出口的拳头商品，品种多，数量大，对虾、鳗鱼、罗非鱼即“一条虾、两条鱼”是主要的出口品种，占全国同类产品出口总量半壁江山。

近年来，面对发达国家苛刻的技术性贸易措施，广东外贸形势面临严峻考验，但作为广东出口农食产品最大宗的出口水产品，在包括检验检疫机构在内的各级政府部门的大力扶持及企业自身努力下，出口量在高起点上实现高增长，连年大幅增长。在 2006—2010 年 5 年内，广东水产品出口金额达 97.70 亿美元，出口较多的国家或地区依次为美国、中国香港、日本、马来西亚、墨西哥、加拿大、韩国、澳大利亚、俄罗斯、中国台湾、泰国、越南、中国澳门、菲律宾等。以 2010 年为例，经广东检验检疫部门检验合格出口的水产品（不包括食用活水生动物）3.5 万批次、重量 43.9 万吨、货值 23.5 亿美元，同比增长 16%、10%、24%，其中拳头产品冻虾出口 1.2 万批、15 万吨、11.2 亿美元，同比增长 21%、4%、10%，占全国同类产品出口量 60%；罗非鱼出口 0.6 万批、14 万吨、4.6 亿美元，同比增长 12%、12%、30%，占全国同类产品出口量 50%；烤鳗出口 0.06 万批、0.8 万吨、1.3 亿美元，同比增长 9%、3%、47%，占全国同类产品出口量 30%。输往美国、日本、欧盟等 80 多个国家和地区，未发生严重质量安全问题。

为提高水产品质量，国家也出台了一系列政策法规，加强监管力度，实施“从鱼苗到餐桌”的全过程质量控制和管理，即对从水域环境、苗种、养殖、捕捞到加工流通等环节和各种投入品进行严格的质量控制。据不完全统计，目前渔业系统共有国家级、部级质检中心各 3 个，在建的部级质检中心 12 个，环境监测中心 8 个，加入全国渔业生态环境监测网的省（市）级站 24 个。中国水产品质量认证中心积极推进《水产品加工质量管理规范》的修改和颁布，并完成了水产品 HACCP 质量认证审核员队伍建设，多次举办 HACCP 审查员培训班。这些工作的开展，有效地提高了渔业生产者的素质、行业管理和安全水平。

2. 广东水产品出口存在的问题

当前广东水产品质量安全仍存在着一些问题。根据 2008—2010 年官方核实的通报次数统计，首要是被美国通报，通报次数占通报总次数的 67.4%；其次是日本，占通报总次数的 14.0%。其中，农兽残不合格、添加剂不合格和品质不合格依然是影响水产品出口的主要因素，主要进口国以使用禁用兽药、非食品添加剂、污秽和腐败为由对我国施行技术性贸易措施，影响了广东水产品出口。

（1）发达国家大幅提高了进口农产品的门槛，加大了水产品的出口风险。近年来，一些发达国家为了加强对本国农业生产者利益的保护，利用卫生安全、质量认证、标签、包装、环境保护、计量单位等设置技术性贸易措施，来限制外国农产品进入。其中，最常用、影响最大的是利用卫生安全设置技术贸易措施。对进口农产品技术性贸易措施层出不穷，安全卫生要求越来越高。如 2006 年 1 月 1 日，欧盟《食品及饲料安全管理法规》正式实施，新食品安全法也对食品生产过程提出了更严格的要求。欧盟不仅要求终端产品符合新的食品安全标准，而且要求整个生产过程中的每一个环节都符合食品生产安全标准。日本在 2006 年 6 月根据修订后的《食品卫生法》，施行《食品中残留农业化学品肯定列表制度》，对所有农业化学品制定了残留限量标准，其中“暂定限量标准”明确的农药由 200 余种增加到 700 余种；限量标准由 1 万余条增加到 5 万余条；对其他尚不能确定具体“暂定限量标准”的农药，均设定0.01 mg/kg的“一律限量标准”。近年来，虽然广东省水产品出口迅速发展，但面临的困难和问题还很多，农药残留问题已成为出口水产品首要的安全卫生问题和技术贸易瓶颈。

(2) 输美冻虾反倾销案仍然影响着广东省水产品出口。2004年1月27日，美国商务部对原产于中国的冷冻和罐装暖水虾进行反倾销立案；2004年7月16日，美国商务部作出初裁；2004年12月8日作出终裁。除湛江某企业获得目前全球输美冻虾反倾销案中唯一的零关税外，美国以印度某一公司的“单一价格”为替代价格，作出终裁，对中国输美的其他企业的冻虾及罐装温水虾征收27.89%到112.81%不等的反倾销税，平均税率为55%。如此高的税率，使广东大部分水产品加工企业不堪重负，不得不退出美国市场。截至目前，本案已进行2次新出口商复审，1次行政复审，仍维持了原裁决，该案仍影响着广东水产品的对美出口。

(3) 贸易保护主义抬头，国际农产品贸易竞争环境依然极不公平。事实上，即使发达国家能够很好地履行《农业协定》规定的削减农业补贴义务，但其可用“黄箱”补贴空间仍然较大。据WTO资料显示，从2000年开始至WTO新一轮谈判达成新农业协定前，欧盟每年仍然可为农业提供高达769亿美元的“黄箱”补贴，日本为284亿美元，美国为191亿美元，而我国仅为485亿人民币。从“黄箱”补贴约束水平相当于农业总产值的比重看，欧盟为25%，日本为41%，美国为9.5%。发展中国家中，除墨西哥达34%外，其他国家的这个比例均不超过4%的水平。与此同时，发达国家继续对农产品提供巨额出口补贴，也造成了国际农产品贸易的严重扭曲，竞争环境依然极不公平。2006年7月24日，多哈回合谈判无限期中止，问题的关键是美国、欧盟和G20在农业国内支持、农产品市场准入和非农产品3个议题上相互对抗和制约，致使谈判陷入僵局。

(4) 从目前的发展态势看，广东水产业仍处于粗放型阶段。具体表现在：水产品出口量占总产量比重较低，行业外向度偏低；水产品出口价格下降，进口价格却周期性上升，贸易竞争指数趋于下降；水产业的比较优势减弱；水产品质量安全问题突出，在国际贸易中屡遭技术性贸易措施和反倾销保护措施等。

(5) 生产过度分散，效率低下。广东水产品加工、生产缺乏规模化，生产力水平低，分散经营，以至于既无法产生左右市场的能力，也无法保证水产品质量。长期以来，“一口塘”+“一口泵（充气水泵）”的简单生产方式，已经成为渔民根深蒂固的生产方式。水产品加工目前也依然停留在初级阶段，传统产品加工大多以作坊式手工加工为主，加工品技术含量低且多为活鱼冻虾，深加工品比例较低，仅占总产量的30%左右。目前，尽管广东已经有统一的水产流通与加工协会，但仍然缺少单一水产品的协会组织。协会涵盖面过大，管理的事物过于庞杂，就会导致目标分散，很难集中精力应对产业自身出现的问题；组织缺少统一一致的步调，又动摇了协会的权威性。

(6) 销售市场集中，品种单一。广东水产品主要销往中国香港、美国、日本和欧盟市场，销售市场集中。渔业产业结构在很大程度上还难以适应国际市场的需求。其主要表现：传统养殖品种多，名特优新品种少；天然捕捞产品小规格、低龄低质品种多，大规格、高龄优质品种少；出口产品原料、半成品多；附加值高、名牌产品少；特色价格高的产品少，竞争性强、价格低的产品多。主要集中在对虾、低价值冻鱼和冰鲜鱼类等品种，高附加值的养殖鱼类的加工出口尚未形成拳头产品和规模优势。相当多的水产品出口企业没有国际贸易的经验，缺乏必要的国际营销理念，不能很好地把握国际市场及进口国的行情走势，及时调整价格、数量、品种、市场。政府有关部门往往热衷于人为地确定优势产业带、优势产品群，形成一哄而上，又一哄而下的局面，结果事与愿违。优势产业的形成不是人为决定的，而是市场决定的。人为决定的事情，多数会被市场无情地改变和修正。为了争夺出口市场，竞相压价，恶性竞争，授人以倾销的借口，也就不可避免了。

(二) 主要贸易国家水产品技术性贸易措施的实施情况

广东是渔业生产和贸易大省，美国、欧盟、日本是广东水产品出口受阻的主要国家和地区，也是对我国设置技术贸易措施最多的国家和地区，占95%以上，其中欧盟约为41%，日本约为30%，美国约为24%。因此，了解这些国家和地区的水产品技术性贸易措施情况，对促进广东水产品对外贸易具有重要意义。

1. 欧盟

经过十几年的发展，欧盟逐渐形成了由上层为具有法律强制力的欧盟指令、下层为可自愿选择的技术标准组成的两层结构的欧盟指令和技术标准。该体系的建立有效消除了欧盟内部市场的贸易障碍，但对欧盟以外的国家，常常成为技术性贸易措施。

欧盟对进口水产品的市场准入要求非常严格。在91/493/EC指令中，要求对欧盟输入水产品的企业必须获得欧盟的注册。对进口水产品的质量要求必须从原料生产开始，保证生产过程的各个环节均达到质量要求，从而保证终端产品的质量，即建立一个完整的质量保证体系，全面推行HAPPC制度。

178/2002法令要求凡在欧盟市场销售的水产品必须贴有可追溯标签，否则不得进入。指令89/662/EC规定，货物必须在原产地接受系统管理，在目的地接受检查，如果检查发现存在对人类和动物健康存在威胁的风险，可以销毁货物。

2005年1月11日，欧盟发布了2005/34/EC决议，对动物源性产品中的药物残留问题做了新规定，添加了一些要求较高的检测指标。如：氯霉素含量要求小于0.3 mg/kg，硝基呋喃代谢物要求小于11 mg/kg，并且对从第三国进口的动物源性产品中检出药物残留问题做了新的规定，尤其是针对禁用物质残留问题，只有当检出结果低于欧盟制定的最低执法限量时，该产品方可进入食物链，但仍将被记录在案。一旦在6个月内，同一来源、同一禁用物质有4次或以上的记录时，欧盟也将向输出国进行通报并采取相应的措施。

2006年1月1日起，欧盟共实施3部有关食品卫生的新法规。包括：有关食品卫生的法规（EC）852/2004；规定动物源性食品特殊卫生规则的法规（EC）853/2004；规定人类消费用动物源性食品官方控制组织的特殊规则的法规（EC）854/2004。这些新出台的食品安全法规强化了食品安全的检查手段，提高了食品的市场准入标准，增加了对食品经营者的食品安全问责制，并且更加注意食品生产过程的安全，不仅要求最终产品要符合标准，而且在整个生产过程的每一个环节也要符合标准。

欧盟对贝类及多数水产品的进口原则要满足3个条件：一是必须来自欧盟同意进口活双壳贝类和(或）水产品的第三国；二是必须是在欧盟批准的工厂内加工；三是每批必须随附货物卫生证书。具备上述3个条件的水产品在进入欧盟前，还需经过边境检查站的检查，具体检查程序包括文件审核、货证相符核查和物理检查。

2. 日本

日本是我国最大的水产品出口市场，近年来对水产品的质量安全要求日益严格。在2002年9月出台的《食品卫生法》中强化了农产品检查体制和对进口商的责任，除进口商要对进口农产品把关外，还设立了公益法人，由政府和民间机构参与，一旦发现问题，进口商不但遭受损失，还要被处以6个月以下的有期徒刑或30万日元以下的罚款。另外，进口商在进口水产品时须由政府授权并经厚生劳动省认证的57个检验机构中的一个或几个实施包括微生物、农兽药残留成分及大肠杆菌等方面共30个项目的检测，检验合格后才能通关。

日本对所有向日本出口鳗类产品的企业实施卫生注册制度，即对加工企业的加工工序和产品卫生质量进行审核认证。只有取得认证的企业，才能进入日本市场，注册有效期为3年。2003年7月，日本厚生劳动省做出对从中国进口的鳗鱼批批实施恩诺沙星残留检验的决定。2005 年 7 月，开始对进口鳗鱼等养殖产品进行孔雀石绿残留监视检查。

2006 年 5 月 29 日，日本正式实施针对进口农产品的食品准入新制度——食品中残留农业化学品肯定列表制度（Positive List System），对所有农业化学品在食品和农产品中的残留量都做了规定，新标准主要分“暂定标准”和“一律标准”两种。从水产品来看，列表规定的限量标准达 540 项，45 项和我国标准一致，占 8.3%；16 项严于我国标准，占 3%；471 项我国尚无限量标准。其中，对海水产品规定了敌百虫等 44 种农药的残留限量，其中 6 种药物的限量规定为“不得检出”；对鳗鱼产品设立了 68 种农兽药限量，其中 59 种药品为中国无限量，另外 2 种严于中国；而对其他鱼类，也列出了 69 种农药和兽药限量，其中 57 种药品为中国没有限量，另有 4 种比中国原有限量更严。相比日本原来实施的食品准入制度，肯定列表制度对食品、农产品中残留农业化学品限量标准大幅度提高，使我国海水产品进入日本市场的门槛大大提高。

3. 美国

美国的水产品质量安全由 FDA 的水产品办公室负责监管，涉及水产品质量安全的法令主要有：《联邦食品、药物和化妆品法》、《货物包装和标签法案》、《食品质量保护法》等。FDA 1995 年颁布的《加工和进口水产品安全卫生程序》规定，凡出口美国的水产品，其生产加工企业都必须实施 HACCP 管理，并经美国官方机构注册。1997 年 12 月，在食品加工中引入 HACCP 管理体系，禁止进口未实施 HACCP 的水产品，要求所有对美国出口的水产品企业必须获得 HACCP 的认证资格。

美国 FDA 对进口水产品实施严格的抽样检测制度。其中，致病菌中的单核细胞增生李斯特菌、霍乱弧菌不得检出，细菌总数、沙门氏菌、致病性大肠杆菌、金色葡萄球菌有限量指标，土霉素为 0.1 mg/kg、铅 1.5 mg/kg（甲壳纲类）、镉 3 mg/kg（甲壳纲类）、砷 76 mg/kg（甲壳纲类）、甲基汞 1.0 mg/kg、DDT 5.0 mg/kg、多氯联苯 2.0 mg/kg、组胺 50 mg/kg、腹泻性贝类毒素 2.0 mg/kg、麻痹性贝类毒素 5.0 mg/kg、二氯化硫 100 mg/kg。对动物源性产品（包括水产品）要抽查检测 221 类农药、抗生素、兴奋剂类的残留情况，禁止使用下列 11 种药物：氯霉素、盐酸克伦特罗、乙烯雌酚、二甲硝基咪唑、其他硝基咪唑类、异烟酰咪唑、呋喃西林、呋喃唑酮、磺胺类药、氟乙酰咪唑和糖肽等。它还规定，如果在某些食品中检出氯霉素等问题，除了对该批食品进行销毁、退货等处理外，美方将把该批食品的生产加工企业列入不经检验即自动扣留（DWPE）的名单。

综上所述，欧盟、日本和美国均对进口水产品的生产加工过程有比较严格的要求，即生产企业必须登记备案且生产过程的各个环节均应达到质量要求，欧盟和美国都要求水产品出口企业必须获得 HACCP 的认证资格；对兽药残留的要求也逐渐提高，尤其是对一些危害较大的物质提出了很高的检测限量标准。此外，欧盟、美国和日本对水产品的要求也有不同的地方，例如欧盟对水产品标签的可溯源性有明确的要求；日本“肯定列表制度”的实施增加了兽药残留的检测项目，提高了限量要求，对微生物也非常重视；美国则是对水产品实施非常严格的抽样检测制度，检测的项目包括微生物、兽药残留和有害化学物质。

（三）水产品兽药残留安全限量指标值比较

1. 中国水产品兽药残留限量标准现状

我国目前涉及水产品中药物残留的法规主要是 2002 年农业部第 235 号公告《动物性食品中兽药最高残留限量》，附录 2 规定了 21 种渔药残留限量（表 6–2），附录 3 规定了 7 种允许作治疗用但不得检出的药物，附录 4 规定了 31 种禁止使用的药物，在动物源性食品中不得检出。标准主要是农业行业标准无公害食品 NY 5070—2002《无公害食品　水产品中渔药残留限量》，规定了 13 种渔药残留限量（表 6–3），并且在 NY 5071—2002《无公害食品　渔用药物使用准则》中规定了禁用渔药 32 种。

表 6–2 农业部第 235 号公告附录 2 有关水产品中渔药残留限量规定

药物名称（中文）	药物名称（英文）	动物种类	MRL（μg/kg）
阿莫西林	Amoxicillin	所有食品动物	50（肌肉）
氨苄西林	Ampicillin	所有食品动物	50（肌肉）
苄星青霉素/普鲁卡因青霉素	Benzylpenicillin/Procaine benzylpenicillin	所有食品动物	50（肌肉）
金霉素	Chlortetracycline	鱼/虾	100（肉）
氯唑西林	Cloxacillin	所有食品动物	300（肌肉）
达氟沙星	Danofloxacin	除牛、绵羊、山羊和家禽外的其他动物	100（肌肉）
溴氰菊酯	Deltamethrin	鱼	30（肌肉）
二氟沙星	Difloxacin	除牛、羊、猪和家禽外的其他动物	300（肌肉）
恩诺沙星	Enrofloxacin	除牛、羊、猪、兔和禽外的其他动物	100（肌肉）
红霉素	Erythromycin	所有食品动物	200（肌肉）
氟苯尼考	Florfenicol	鱼	1 000（肌肉+皮）
氟甲喹	Flumequine	鱼	500（肌肉+皮）
氟胺氰菊酯	Fluvalinate	所有动物	10（肌肉）
苯唑西林	Oxacillin	所有食品动物	300（肌肉）
噁喹酸	Oxilinic acid	鱼	300（肌肉+皮）
土霉素	Oxytetracycline	鱼/虾	100（肉）
沙拉沙星	Sarafloxacin	鱼	30（肌肉+皮）
四环素	Tetracycline	鱼/虾	100（肉）
磺胺类	Sulfonamides	所有食品动物	100（肌肉）
甲砜霉素	Thiamphenicol	鱼	50（肌肉+皮）
甲氧苄啶	Trimethoprim	鱼	50（肌肉+皮）

表 6–3 NY 5070—2002 水产品中渔药残留限量

药物类别		药物名称		指标（MRL）/(μg/kg)
		中文	英文	
抗生素类	四环素类	金霉素	Chlortetracycline	100
		土霉素	Oxytetracycline	100
		四环素	Tetracycline	100
	氯霉素类	氯霉素	Chloramphenicol	不得检出
磺胺类及增效剂		磺胺嘧啶	Sulfadiazine	100（以总量计）
		磺胺甲基嘧啶	Sulfamerazine	
		磺胺二甲基嘧啶	Sulfadimidine	
		磺胺甲噁唑	Sulfamethoxaozole	
		甲氧苄啶	Trimethoprim	
喹诺酮类		噁喹酸	Oxilinic acid	300
硝基呋喃类		呋喃唑酮	Furazolidone	不得检出
其他		己烯雌酚	Diethylstilbestrol	不得检出
		喹乙醇	Olaquindox	不得检出

2. 国际水产品兽药残留限量标准概况

(1) CAC。CAC 现有水产品渔药残留指标 4 项，涉及 3 种渔药（表 6-4）。

表 6-4 CAC 水产品兽药残留限量指标

序号	兽药名称	动物名称	残留部位	MRL（μg/kg）
1	土霉素	鱼	肌肉	200
2	土霉素	大虾	肌肉	200
3	溴氰菊酯	鲑鱼	肌肉	30
4	氟甲喹	鳟鱼	肌肉+皮	500

(2) 日本。日本“肯定列表制度”中，水生动物渔药残留指标共 688 项，涉及 105 种渔药。其限量标准将水生动物分为鱼、有壳类和其他水生动物三类，鱼又进一步细分为鲑形目、鲈形目、鳗鲡目、鲀形目和其他鱼，有壳类又细分为甲壳纲和有壳软体动物。

(3) 欧盟。欧盟水产品渔药残留指标 39 项，涉及 38 种渔药（表 6-5），并规定了 10 种禁止使用的药物：马兜铃种（Aristolochia spp.）、氯霉素（Chloramphenicol）、氯仿（Chloroform）、氯丙嗪（Chlorpromazine）、秋水仙素（Colchicine）、氨苯砜（Dapsone）、二甲硝咪唑（Dimetridazole）、甲硝哒唑(Metronidazole)、硝基呋喃 Nitrofurans（包括呋喃唑酮 Furazolidone）、罗硝唑（Ronidazole）。

表 6-5 欧盟水产品兽药残留限量指标

序号	兽药名称	动物名称	残留部位	MRL（μg/kg）
1	磺胺类	所有用于生产食品的动物类	肌肉	100
2	羟氨苄青霉素/阿莫西林	所有用于生产食品的动物类	肌肉	50
	氨苄西林（氨苄青霉素）	所有用于生产食品的动物类	肌肉	50
3	马兜铃酸及其配制品	所有食品动物	所有可食组织	ND
4	青霉素（苄青霉素、青霉素 G）	所有用于生产食品的动物类	肌肉	50
5	氯霉素	所有食品动物	所有可食组织	ND
6	三氯甲烷/氯仿	所有食品动物	所有可食组织	ND
7	氯丙嗪		所有可食组织	ND
8	金霉素（标志残留物：本体药物及 4-差位异构体的总和）	所有用于生产食品的动物类	肌肉	100
9	邻氯青霉素	所有用于生产食品的动物类	肌肉	300
10	秋水仙碱	所有食品动物	所有可食组织	ND
11	黏菌素/黏杆菌素	所有用于生产食品的动物类	肌肉	150
12	达氟沙星	所有提供食品的物种，牛、绵羊、山羊、家禽除外	肌肉	100
13	氨苯砜	所有食品动物	所有可食组织	ND
14	溴氰菊酯	鳍鱼类	肌肉及皮（天然的）	10
15	双氯青霉素	所有用于生产食品的动物类	肌肉	300
16	二氟沙星	所有提供食品的物种，牛、绵羊、山羊、猪、家禽除外	肌肉	300

续表

序号	兽药名称	动物名称	残留部位	MRL（μg/kg）
17	除虫脲	鲑科鱼类	肌肉及皮（天然的）	1 000
18	二甲硝咪唑（地美硝唑）	所有食品动物	所有可食组织	ND
19	依马菌素	鲑科鱼类	肌肉及皮（天然的）	100
20	恩诺沙星（标志残留物：恩诺沙星和环丙沙星的总和）	所有提供食品的物种，牛、绵羊、山羊、猪、兔、家禽除外	肌肉	100
21	红霉素（标志残留物：红霉素A）	所有用于生产食品的动物类	肌肉	200
22	氟甲砜霉素（标志残留物：氟甲砜霉素和氟苯尼考）	所有提供食品的物种，牛、绵羊、山羊、猪、家禽、有鳍鱼类除外	肌肉	100
23	氟甲喹	所有提供食品的物种，牛、绵羊、山羊、猪、家禽、有鳍鱼类除外	肌肉	200
		有鳍鱼类	肌肉及皮（天然的）	600
24	林可霉素	所有用于生产食品的动物类	肌肉	100
25	甲硝唑（甲硝咪唑）	所有食品动物	所有可食组织	ND
26	新霉素（标志残留物：新霉素B）	所有用于生产食品的动物类	肌肉	500
27	硝基呋喃（包括呋喃唑酮）	所有食品动物	所有可食组织	ND
28	苯唑西林（苯唑青霉素）	所有用于生产食品的动物类	肌肉	300
29	土霉素（标志残留物：本体药物及其4-差位异物体的总和）	所有用于生产食品的动物类	肌肉	100
30	巴龙霉素	所有用于生产食品的动物类	肌肉	500
31	洛硝哒唑	所有食品动物	所有可食组织	ND
32	沙拉沙星	鲑科鱼类	肌肉及皮（天然的）	30
33	壮观霉素	所有提供食品的物种，绵羊除外	肌肉	300
34	伏虫隆（伏虫脲）	鲑科鱼类	肌肉及皮（天然的）	500
35	四环素（标志残留物：本体药物及其4-差位异物体的总和）	所有用于生产食品的动物类	肌肉	100
36	替米考星	所有提供食品的物种，家禽除外	肌肉	50
37	甲氧苄氨嘧啶	所有提供食品的物种，马科动物除外	肌肉	50
38	泰乐菌素（标志残留物：泰乐菌素A）	所有用于生产食品的动物类	肌肉	100

（4）韩国。根据韩国《食品法典》和中韩《水产品卫生管理协议》以及韩国食品药品管理局根据韩国食品卫生法第7条第1款“食品的标准及规格”对残留限量的不断修订，现有水产品药物残留指标20项，涉及20种渔药（表6-6）。

表 6-6 韩国水产品中兽药残留限量规定

药物名称（中文）	药物名称（英文）	动物种类	MRL（μg/kg）
羟氨苄青霉素（阿莫西林）	Amoxicillin	鱼类、甲壳类	50
氨苄青霉素（氨苄西林）	Ampicillin	鱼类、甲壳类	50
金霉素	Chlortetracycline	鱼类、甲壳类	100
乙烯雌酚	Diethystilbestro	泥鳅、鳗鱼	<1
强力霉素	Doxycycline	鱼类、甲壳类	50
恩诺沙星与环丙沙星	Enrofloxacin + Ciprofloxacin	水生动物	100
氟甲喹	Flumequine	水生动物	500
甲羟孕酮	Medroxyprogesterone acetate	泥鳅、鳗鱼	<1
硝基呋喃代谢物：呋喃唑酮、呋喃它酮、呋喃西林、呋喃妥因	Nitrofuran Metabolites: Furazolidone (AOZ), Furaltadone Hcl (SEM), Furacilinum (AHD), Nitrofurantoin (AMOZ)	水生动物	不得检出（1.0）
诺氟沙星	Norfloxacin	鱼类、甲壳类	不得检出（50）
氧氟沙星	Ofloxacin	鱼类、甲壳类	不得检出（50）
培氟沙星	Pefloxacin	鱼类、甲壳类	不得检出（50）
林可霉素	Lincomycin	鱼类、甲壳类	100
黏菌素	Colistin	鱼类、甲壳类	150
噁喹酸	Oxilinic acid	冰鲜、冷冻产品-养殖鱼	不得检出（100）
土霉素	Oxytetracycline	冰鲜、冷冻产品-养殖鱼和龙虾	100
磺胺类	Sulfonamides	鱼类、甲壳类	100
孔雀石绿	Malachite green	水生动物和水产品	不得检出（2.0）
结晶紫	Crystal violet	水生动物和水产品	不得检出（2.0）
氯霉素	Chloramphenicol	鱼类、甲壳类	不得检出

注：括号中的数字为检测限。

（5）美国。美国水产品药物残留指标 7 项，涉及 7 种渔药（表 6-7），FDA 规定了禁止使用的 11 种药物名单：氯霉素、克伦特罗、己烯雌酚、地美硝唑、异丙硝唑、其他硝基咪唑类、呋喃唑酮、呋喃西林、磺胺类药、氟喹诺酮和糖肽类抗生素。

（6）澳大利亚。澳大利亚水产品药物残留指标 36 项，涉及 12 种药物。其限量指标将水产品分为淡水鱼、海河回游鱼、海水鱼、海洋哺乳动物、甲壳类、鱼类和软体动物 7 类。

表 6-7 美国水产品中渔药残留限量规定

药物名称（中文）	药物名称（英文）	动物种类	MRL（μg/kg）
硝基呋喃代谢物：呋喃唑酮、呋喃它酮、呋喃西林、呋喃妥因	Nitrofuran Metabolites: Furazolidone（AOZ）， Furaltadone Hcl（SEM）， Furacilinum（AHD）， Nitrofurantoin（AMOZ）	水生动物	不得检出
硝基咪唑类	Nitroimidazole	水产品	不得检出
氟喹诺酮类	Fluoroquinolone	水产品	不得检出（5）
土霉素	Oxytetracycline	鲑鱼	0
磺胺类	Sulfonamides	鱼类、甲壳类	不得检出
孔雀石绿	Malachite green	水产品	不得检出（2.0）
氯霉素	Chloramphenicol	鱼类、甲壳类	不得检出（0.1）

注：括号中的数字为检测限。

3. 主要贸易国水产品中药物残留限量指标比较

以我国农业部 235 号公告《动物性食品中兽药最高残留限量》规定的 21 种渔药残留限量与主要贸易国水产品中药物残留限量进行比较，结果见表 6-8。

表 6-8 主要贸易国水产品中药物残留限量比较（μg/kg）

药物名称（中文）	药物名称（英文）	中国	CAC	日本	韩国	美国	欧盟	澳大利亚
阿莫西林	Amoxicillin	50（肌肉）		50，鲈形目 20	50		50	
氨苄西林	Ampicillin	50（肌肉）		50，鲈形目 60	50		50	
苄星青霉素/普鲁卡因青霉素	Benzylpenicillin/Procaine benzylpenicillin	50（肌肉）		50			50	
金霉素	Chlortetracycline	鱼/虾 100（肉）			100			
氯唑西林	Cloxacillin	300（肌肉）		300			300	
达氟沙星	Danofloxacin	100（肌肉）		100			100	
溴氰菊酯	Deltamethrin	鱼 30（肌肉）	30	鲑形目和鳗鲡目 30，鲈形目和其他鱼 10（与四溴菊酯总量）			10	
二氟沙星	Difloxacin	300（肌肉）		300			300	
恩诺沙星	Enrofloxacin	100（肌肉）		100			100	
红霉素	Erythromycin	200（肌肉）	200，鲈形目 60				200	
氟苯尼考	Florfenicol	鱼 1 000（肌肉+皮）		鲑形目、鳗鲡目和其他鱼 200、鲈形目 30，有壳类和其他水生动物 100			100	

续表

药物名称（中文）	药物名称（英文）	中国	CAC	日本	韩国	美国	欧盟	澳大利亚
氟甲喹	Flumequine	鱼 500（肌肉+皮）	500	鲑形目 500，鲈形目 40，鳗鲡目和其他鱼 600	500		有鳍鱼类 600，其他 200	
氟胺氰菊酯	Fluvalinate	10（肌肉）						
苯唑西林	Oxacillin	300（肌肉）	300				300	
噁喹酸	Oxilinic acid	鱼 300（肌肉+皮）		鲑形目、鲈形目和鳗鲡目 50，其他鱼和甲壳纲 30	不得检出（100）			10
土霉素	Oxytetracycline	鱼/虾 100（肉）	200	200	100	0	100	200
沙拉沙星	Sarafloxacin	鱼 30	（肌肉+皮）	鲑形目 30			30（肌肉及皮）	
四环素	Tetracycline	鱼/虾 100（肉）					100	
磺胺类	Sulfonamides	100（肌肉）		鲑形目磺胺嘧啶 100	100	不得检出	100	
甲砜霉素	Thiamphenicol	鱼 50（肌肉+皮）		鲈形目 20				
甲氧苄啶	Trimethoprim	鱼 50（肌肉+皮）		鲑形目 80，其他 50			50	

注：括号中的数字为检测限。

（1）我国水产品渔药残留限量标准与 CAC 比较。我国水产品渔药残留指标与 CAC 相比，CAC 3 种渔药我国均规定了限量，溴氰菊酯和氟甲喹与 CAC 限量指标相同，土霉素比 CAC 限量要严格，有 18 种渔药我国有限量要求而 CAC 却没有。

（2）我国水产品渔药残留限量标准与日本比较。在日本“肯定列表制度”中，水产品渔药残留指标 688 项，涉及 105 种渔药。我国水产品渔药残留指标与日本相比，有 18 种渔药两国都有限量要求，其中指标相同的有 14 种渔药，比日本更严格的有土霉素 1 种，比日本较宽松的有氟苯尼考、噁喹酸和甲砜霉素 3 种。有 84 种渔药日本有限量要求而我国却没有，金霉素、四环素和氟胺氰菊酯 3 种渔药我国有限量要求而日本“肯定列表制度”中未列出，按日本规定执行“一律标准”。

（3）我国水产品渔药残留限量标准与欧盟比较。我国水产品渔药残留指标与欧盟相比，有 17 种渔药我国有限量指标并与欧盟相同，金霉素、噁喹酸、甲砜霉素和氟胺氰菊酯 4 种渔药我国有限量要求而欧盟却没有。有 21 种渔药我国没有规定限量要求，这其中有一些如氯霉素、氨苯砜等为我国禁止使用药物；还有一些如甲硝唑在我国农业部 235 号公告附录 3 列入允许使用但不得检出，没有另外规定限量。

（4）我国水产品渔药残留限量标准与韩国比较。我国水产品渔药残留指标与韩国相比，有 6 种渔药我国限量指标与韩国相同，韩国噁喹酸限量指标比我国要严格很多。

（5）我国水产品渔药残留限量标准与美国比较。美国水产品 7 项药物残留指标中，土霉素和磺胺类我国有限量要求，但比美国宽松；硝基呋喃、孔雀石绿和氯霉素我国禁止使用，只有硝基咪唑类和氟喹诺酮类我国未规定限量要求。

(6) 我国水产品渔药残留限量标准与澳大利亚比较。我国水产品渔药残留指标与澳大利亚相比，只有土霉素限量指标一致，噁喹酸限量指标澳大利亚为 10 μg/kg，比我国要严 30 倍。其余 19 种我国有限量要求而澳大利亚却没有。

(四) 水产品微生物限量指标比较

水产品因营养丰富、味道鲜美受到消费者的喜爱，更成为人类餐桌上的重要菜肴。但水产品中微生物及其代谢物污染引起的食物中毒日益频繁，严重威胁消费者健康，成为食品安全隐患。为保障消费者安全及贸易需要，各国纷纷结合自身情况，规定了严格的水产品微生物学限量要求，逐步加强水产品的卫生监测。表 6-9 列出了各国水产品的微生物学检验项目及相应的限量指标值。

表 6-9　不同国家或地区水产品微生物学检验要求

国家或地区	产品		检验项目	限量值	备注
中国	鱼糜制品	即食	细菌总数	3 000 cfu/g	
			大肠菌群	30 个/100 g	
			致病菌（金黄色葡萄球菌、沙门氏菌、志贺氏菌、副溶血性弧菌）	不得检出	
		非即食	细菌总数	50 000 cfu/g	
			大肠菌群	450 个/100 g	
			致病菌（金黄色葡萄球菌、沙门氏菌、志贺氏菌、副溶血性弧菌）	不得检出	
	腌制生食动物性水产品		细菌总数	5 000 cfu/g	
			大肠菌群	30 个/100 g	
			致病菌（金黄色葡萄球菌、沙门氏菌、志贺氏菌、副溶血性弧菌）	不得检出	
	动物性水产干制品		菌落总数	30 000 cfu/g	
			大肠菌群	30 MPN/100 g	
			致病菌（金黄色葡萄球菌、沙门氏菌、志贺氏菌、副溶血性弧菌）	不得检出	
韩国	鱼肉制品		细菌总数	阴性（仅适于灭菌的肉制品）	
			大肠菌群	阴性（不包括未加热制品）	
	腌制和发酵的海产品		大肠菌群干贝和鱼片	阴性（仅适于液态腌制和发酵的海产品和调味的液态腌制和发酵的海产品）	
	干贝和鱼片		大肠菌群	阴性（仅适于调味的干贝和鱼片）	
日本	鲸鱼肉		大肠杆菌群	阴性	
	鱼糕制品		大肠杆菌群	阴性	
	生食鲜鱼和贝类		副溶血性弧菌	100/g	
	生食牡蛎		细菌计数	50 000 个/g	
			大肠埃希氏菌	230 MPN/100 g	
			副溶血性弧菌	100/g	

续表

国家或地区	产品	检验项目	限量值		备注
日本	冷冻生食鲜鱼和贝类	细菌计数	100 000 个/g		
		大肠杆菌群	阴性		
		副溶血性弧菌	100/g		
	冷冻预煮章鱼	细菌计数	100 000 个/g		
		大肠杆菌群	100 000 个/g		
		副溶血性弧菌	阴性		
	冷冻预煮蟹	细菌计数	100 000 个/g		
		大肠杆菌群	阴性		
		副溶血性弧菌	阴性		
澳大利亚	甲壳类	标准平板计数	n=5 c=2	m=100 000/g M=1 000 000/g	
		凝固酶阳性葡萄球菌	n=5 c=2	m=100 cfu/g M=1 000 cfu/g	
		沙门氏菌	n=5 c=0	m=0/25g	
	双壳贝类（加工过，尚未净化）	单核细胞增生李斯特氏菌	n=5 c=0	m=0/25g	
	双壳贝类（不含扇贝）	大肠埃希氏菌	n=5 c=1	m=2.3/g M=7/g	
	即食脊蜡鲸	单核细胞增生李斯特氏菌	n=5 c=1	m=0/g M=100/g	
欧盟	活双壳贝类、棘皮动物、被囊动物、腹足动物	沙门氏菌	n=5 c=0	m=0/25g	食品安全标准
	已烹煮甲壳类和贝类	沙门氏菌	n=5 c=0	m=0/25g	食品安全标准
		大肠埃希氏菌	n=5 c=2	m=1/g M=10/g	加工卫生标准
		凝固酶阳性葡萄球菌	n=5 c=2	m=100 cfu/g M=1 000 cfu/g	加工卫生标准
美国	新鲜或冷冻蛤、牡蛎及贻贝	需氧菌平板计数	5 个检样中，1 个以上检样>1 500 000/g		
			5 个检样中，2 个以上检样>500 000/g		
		大肠埃希氏菌或粪大肠菌群	所有检样平均值，或 5 个检样中 3 个以上检样 MPN 值>230/100 g		

续表

国家或地区	产品	检验项目	限量值	备注
美国	生滚面包屑虾	需氧菌平板计数	16个检样对数平均值>5.00（几何平均值>100 000/g），且超过16个原料虾检样对数平均值2倍标准偏差以上	
		大肠埃希氏菌	对数平均值>0.56（几何平均值>3.6/g），且超过16个原料虾检样对数平均值2倍标准偏差以上	
		金黄色葡萄球菌	对数平均值>2.00>（几何平均值>100/g），且超过16个原料虾检样对数平均值2倍标准偏差以上	
	新鲜及冷冻蟹肉	大肠埃希氏	最少6个检样中，有1个以上检样MPN值≥3.6/g大肠埃希氏菌	
	所有水生动物	金黄色葡萄球菌	MPN值10 000/g	
		沙门氏菌	检出	
		肉毒梭菌	检出芽孢、繁殖体或毒素	
	即食水产品（消费者仅需稍微烹煮）	产肠毒素大肠埃希氏菌	1 000/g	
		单核细胞增生李斯特氏菌	检出	
		霍乱弧菌	检出	
		副溶血性弧菌	≥10 000/g	
		创伤弧菌	检出	

通过列表比较，可以看出韩国的检验项目为大肠菌群，项目数为1项。日本通常为细菌计数、大肠杆菌群、副溶血性弧菌，项目数1项或3项。中国统一为菌落总数、大肠菌群和致病菌（金黄色葡萄球菌、沙门氏菌、志贺氏菌、副溶血性弧菌），检验项目缺乏针对性和科学性，项目数通常为6项。

澳大利亚检验项目数1项或3项，与乳及乳制品相同，即使是同属于水产品，不同种类检验项目的选择也存在较大差异。如甲壳类选择标准平板计数、凝固酶阳性葡萄球菌、沙门氏菌，双壳贝类（不含扇贝）选择大肠埃希氏菌，而即食脊鳍鲸选择单核细胞增生李斯特氏菌。

欧盟食品安全标准部分仅选择沙门氏菌，项目数为1项。欧盟加工卫生标准部分，已烹煮甲壳类和贝类选择凝固酶阳性葡萄球菌和大肠埃希氏菌，项目数为2项。

表6-9中列出的美国《FDA and EPA Safety Levels in Regulations and Guidance-Seafood》，是合法采取行动将不合格产品清理出市场的规定。非即食的产品无需检验产肠毒素大肠埃希氏菌、单核细胞增生李斯特氏菌、霍乱弧菌、创伤弧菌，而即食的产品选择金黄色葡萄球菌、沙门氏菌、需氧菌平板计数、大肠埃希氏菌等指示性或危害度不严重的细菌指标。美国还允许各州拥有各自不同的食品微生物限量标准，各州均要求致病菌中单核细胞增生李斯特氏菌、霍乱弧菌、沙门氏菌不得检出，细菌总数、致病性大肠杆菌、金黄色葡萄球菌则有不同的限量指标，例如对于新鲜或冷冻牡蛎、蛤、贻贝的凝固酶阳性金黄色葡萄球菌检测，密西西比州要求最大限量为肠毒素阳性或10^4/g，内布拉斯加州则要求最大限量为0。

上述国家水产品在进一步细分类别以及检验项目设定上共性不多，不同类别之间可比程度不高。即便如此，从定量微生物限量值设定水平，中国为 10^3 cfu/g 或 10^4 cfu/g，日本为非即食水产品为 10^4 cfu/g，澳大利亚唯一设定该微生物指标的甲壳类为 n=5，c=2，$m=10^5$/g，$M=10^6$/g，美国为 10^6/g，从中可见，中国的水产品微生物学检验不仅项目多，而且限量标准严格。

此外，中国虽然是水产品出口大国，但对水产品微生物限量标准的制定相对滞后，到目前为止只是对鱼糜制品、腌制生食动物性水产品、动物性水产干制品制定了相应的微生物限量标准，某些产品无相应标准可执行，标准化程度不高。因此，中国必须尽快制定相应的水产品微生物限量标准。此举也能保护中国水产品出口市场尽可能少地受到国外同类水产品的冲击。

（五）国外水产品技术性贸易措施的发展趋势分析

1. 设定检测项目不断增多

如欧盟对水产品新增了 9 项微生物、5 项重金属、9 项农兽药残、磺胺类等 11 类药物的检测指标。日本对中国烤鳗中的恩诺沙星和孔雀石绿含量进行命令检查，后来又增加了硝基呋喃类、硫丹等检验项目。

2. 检测限量标准更加严格

如欧盟对水产品中的氯霉素残留限量标准由原来的 10 μg/kg 降至 0.1 μg/kg，对鳗鱼中硫丹残留量的允许值由 30 mg/kg 加严到 0.01 mg/kg。美国 FDA 也将氯霉素残留的检出限量标准由原来的 5 μg/kg 更新为 1 μg/kg，然后又降到 0.3 μg/kg。而目前最先进、最灵敏的方法检出限值只能达到 0.1 μg/kg。这意味着，只要使用现有的检测方法检出即被认为是超标。实际上，对氯霉素残留已经实行了“零允许量”的标准，即不得检出。

3. 检测技术手段更加先进

气相、液相、酶免疫等检测技术的发展使水产品中药残的检测方法有了重大进展。检测残留限值从原来只能测定 10 万分率提高到目前的 10 亿分率，检测药物由原来的单残留检测发展到多残留检测，达到了可以检出微量、痕量甚至超痕量残留的水平，不仅可以检出水产品中的药物残留，而且可以检出药物代谢中间产物的残留。如德国的 DFG 方法可以检测 325 种农药，S19 方法可以检测 220 种农药；美国 FDA 的多残留检测方法可以检测 360 种以上的农药；荷兰卫生部的多残留检测方法可以检测 200 种农药，加拿大的多残留检测方法可以检测 251 种农药。

4. 对我国实施技术性贸易措施的国家越来越多

目前，不仅原有的国家或地区对我国实施技术性贸易措施的力度不降反升，而且更多的发展中国家也开始对我国实施技术性贸易措施。继欧盟宣布全面禁止我国动物源性产品进口后，瑞士、日本、韩国等国家相继采取措施，加强对我国动物源性产品的检测，德国、荷兰等国提出更高更严的要求，沙特阿拉伯则暂停了我国此类产品的进口。

（六）水产品出口应对国外技术贸易措施的对策

世界农业保护由来已久，农业的基础性、弱质性决定了农产品国际贸易的敏感性，无论是在 WTO 谈判还是在其他国际双边或多边谈判中，农业从来就是争论最大、谈判最艰苦的领域。

1. 主导或参与制定国际贸易规则

研究表明，国外技术壁垒给中国水产品出口造成的贸易障碍最大。而中国是发展中国家，是全球水产品生产、贸易和消费大国，水产品也是我国农产品出口的最大宗产品，有必要在 WTO/SPS 协议框架下，针对重点关注的问题提出合理主张。但由于水产品涉及安全健康，进口国很容易以此为理由对谈判设置障碍。因此，促成制定对我方有利的国际检测标准和限量标准、促进国外废除或修改不合理的限制性措施、促使水产品的生产和销售有统一的国际标准意义重大，还可以减少技术性贸易措施对水产品贸易的影响。

在发达国家制/修订水产品相关技术法规和标准时，我国应积极应对，一方面根据我国水产业的实际情况，对国外不合理的技术法规和技术标准采取坚定立场，尽快向WTO提出相关的关注或提案，增加我国的谈判筹码，争取相关发展中国家的支持。同时，积极推进国际技术交流、政府部门交流、检测能力互认等工作，尽早促成国际标准的制定，维护我国作为世界水产品生产第一大国的正当权益。

通过对国外技术壁垒的研究分析，并结合征求水产品出口企业的意见，提出相关的贸易关注或提案，积极开展交涉，表明中国维护水产业健康、可持续发展的态度和促进水产品贸易顺利开展的决心。

2. 深化水产品深加工，进行技术创新，提高产品质量

企业要以应对技术壁垒为契机，依靠科技进步调整出口商品结构，尤其是深化对水产品的深加工，促使产业升级，提高加工层次。一是加强技术研发，特别是加强关键技术的研发，不断开发新工艺、新配方、新方法，推出新产品，从而提高产品科技含量，促使产品结构向高新技术产品和高附加值产品转型；二是通过提高产品的深加工程度，把中间体生产为成品，不仅可以提高企业的利润，同时还可以避开各种形式的贸易壁垒。

3. 充分发挥水产行业协会的作用

在市场经济的竞争中，单打独干的营销方式并不适合加入世贸组织后参与国际产品市场竞争的需要。可以通过行业协会这条政府和企业之间的纽带，帮助生产者协调出口价格，减少我国产品压价竞争、自相残杀的情况，还可以在对外宣传、谈判、销售等方面提供服务，承担大量产前、产后的工作。此外，还可以通过跟踪国外技术壁垒措施的变化动向，使企业及时掌握国外市场贸易壁垒信息。

4. 制定和实施市场多元化战略

我国出口水产品主要集中在美、日、韩、欧等发达国家，出口市场过分集中，市场风险极大，应实行市场多元化战略。市场多元化战略就是要使我们的产品在市场分布上应更加均衡，不要什么都一窝蜂地涌向某一个市场。因此，企业要努力调整自己的出口市场战略。具体实施时要本着“巩固老市场、开拓新市场、出口份额过于集中的要适当分流”的原则，使我们的产品能出口到更多的国家或地区。这不但可以避免某些产品的出口过于集中，容易授人以柄，从而限制我国的出口，而且如果国家间发生贸易战时，企业可以通过贸易转移把损失降到最低程度。

5. 建立技术壁垒预警体系

一是政府要促使外贸企业系统收集各国（地区）关于进口、外国投资及其他与外经贸相关的法律、法规和行业标准，建立相应的数据库，及时了解所在市场对某种商品采取哪些措施和政策，以及当地制定的各种标准和这些标准在实施中所遇到的问题等。二是选择可信赖的国外产品代理公司，它们不仅对当地市场了如指掌，对所在行业的最新动态以及消费者的最新需求也应充分把握。三是应把信息及时向政府部门、行业和企业进行扩散，从而确保在每一起技术壁垒案件发生之前，都能事先得到消息，为及时调整出口策略、减少被技术壁垒影响的概率和迅速组织企业应对创造重要条件。

二、蔬菜及其制品

近年来，我国蔬菜产业发展十分迅速，蔬菜生产从单一品种向多样化方向发展，从普通蔬菜、低档菜向名特优方向发展，蔬菜产业已成为促进农业结构调整、增加农民收入的一个重要增长点。蔬菜作为进出口植物源性食品中的敏感商品之一，出口量仅次于粮食类、水果，在农产品中排列第3位。关注蔬菜出口贸易动向，无疑对增加农民收入和提高蔬菜生产基地效益具有重要意义。此外，广东地区毗邻港澳，出口蔬菜还大量供应中国香港和澳门地区。因此，努力维持和提高广东地

区出口蔬菜质量安全水平对维护港澳地区社会稳定具有重要的政治意义。

(一) 蔬菜及其制品出口贸易现状

1. 广东蔬菜及其制品出口的整体情况

目前，广东地区有出口蔬菜备案基地 248 家。蔬菜是广东农产品出口的拳头商品之一，数量庞大，保鲜蔬菜是出口蔬菜的主要种类，占 90% 以上，其余种类包括速冻蔬菜、脱水蔬菜、盐渍蔬菜和其他蔬菜产品，出口蔬菜主要去往港澳地区、马来西亚、日本、美国。

在包括检验检疫机构在内的各级政府部门的大力扶持及企业自身努力下，广东出口蔬菜质量状况得到明显提高，已基本符合进口国家或地区的质量要求，出口量实现不断增长。据官方统计，2008 年广东出口蔬菜 6.2 万批次、47.5 万吨、1.7 亿美元，同比增长 54.30%、10.80%、1.20%；2009 年出口蔬菜 7.3 万批次、50.1 万吨、1.8 亿美元，同比分别增加 9.89%、5.42%、9.83%，全年无质量事故出现。据深圳海关统计，2011 年上半年，经广东深圳口岸出口的蔬菜量价齐升，出口蔬菜 41 万吨，比 2010 年同期增加 6.6%；价值 4 亿美元，同比大幅增长 56%。

2. 广东蔬菜及其制品出口存在问题

根据 2008—2010 年官方核实的通报次数统计，2008 年被通报 15 次，其中 8 次被美国通报，占总通报次数的 53.3%，其次是港澳，被通报的主要原因是标签不符、腐败变质和农药残留、重金属超标。2009 年，广东出口蔬菜遭国外通报 8 次，主要为重金属镉超标。

(1) 技术性壁垒已成为蔬菜出口的主要障碍。近年来，随着经济全球化进程的加快，进口国家或地区技术性壁垒日趋加强，主要表现为：涉及的出口农产品种类越来越多；制定的技术标准越来越高，对蔬菜中的疫病、农药残留量、重金属含量等安全卫生项目的要求越来越多，限量指标越来越苛刻。

(2) 落后的企业经营理念和管理水平是影响出口蔬菜质量安全的内在因素。近年来，广东地区出口蔬菜生产企业虽然有了很大的发展，但是与发达国家或地区相比，经营理念还偏落后，生产规模小，管理水平不高。具体表现在：①蔬菜产品质量不高，有机产品和深加工产品少。②生产企业规模过小，加工工艺落后，管理水平低。③企业因循守旧，不熟悉境外检验检疫法规变化，部分企业诚信度差，自律水平低，不良竞争与弄虚作假、以次充好现象严重。④“公司+基地+农户”的模式普遍存在，仍未建立真正的“公司+基地+标准化”的经营模式。“公司+基地+农户”的模式实际上是合同种植，企业对种植基地虽有监管要求，但难以彻底落实，特别是蔬菜种植过程中的农业化学品使用难以做到科学合理。

(3) 农业化学品市场管理混乱。我国在农业化学品法律法规、使用和控制、残留监控体系等方面存在一定问题，尚未建立全国范围协调一致的农药残留及其他化学污染物的监控体系，特别是有关部门对国内农业化学品的监管不到位，各种混配、标志不规范甚至无标志的农业化学品充斥市场，从而导致无法真正对出口蔬菜生产加工进行全程监管。

(4) 农药残留法规标准相对滞后。我国部分农药残留法规标准与蔬菜进口国家或地区的要求差距较大，而且目前缺少配套的农药残留检测方法，现有标准检测方法的技术指标往往达不到进口国家或地区技术法规和标准的要求。目前仅在农药残留限量指标方面，国际食品法典 (CAC) 有 2 572 项限量标准，欧盟有 22 289 项，美国有 8 669 项，日本有 9 052 项，而我国仅公布了国家强制性农药残留限量标准 205 项，国家推荐性残留限量标准 354 项，与国外相比存在很大差距。此外，目前在我国现行国家标准中，采用国际标准或国外先进标准的尚不足 70%，高新技术标准严重缺乏。而且，国外对农业化学品的残留限量标准在农业化学品的产品研发阶段就已开始研究制定，因此农业化学品投放市场后，按照开发商提供的使用方法，完全能够做到符合残留限量标准的要求。与此同时，我国农业化学品残留限量标准的制定往往与产品研发脱节，残留限量标准的制定相对于产品投放市场存在很长的滞后期，而且残留限量标准的制定周期也长。

(5) 供港澳蔬菜种植基地备案数量不足，生产的蔬菜不能满足出口需求。自《食品安全法》及《供港澳蔬菜检验检疫监督管理办法》实施以来，大部分供港澳蔬菜原料都来自于备案种植基地。由于蔬菜生产的季节性及地域性，特定季节受基地备案不足的影响，供港蔬菜原料明显不足。事实上，我国新鲜蔬菜生产在春冬季节以南方地区为主，夏秋季节则以北方为主，只有南北地区均拥有足够的备案种植基地，才能保证供港澳蔬菜全年 365 天的足量顺畅出口。在目前情况下，供港澳蔬菜种植基地备案数量不足，生产的蔬菜不能满足出口需求，造成一些非备案基地蔬菜出口的情况发生，从而影响了出口质量。

(6) 出口蔬菜农药残留及重金属残留监控力度不够。全面监控是掌握出口蔬菜质量安全的基础。自2006 年以来，国家质检总局逐步开展出口植物源性食品残留监控计划，监控力度逐年加大，方式方法也更具灵活性。但是，随着我国农产品出口贸易的不断发展，现有的监控范围及品种覆盖面都还远远不能满足全面监控的需要。

(7) 出口蔬菜检测周期过长。广东出口的蔬菜产品大部分为初级农产品，属于冷鲜蔬菜。冷鲜蔬菜比例占全部蔬菜产品的 90% 以上，其保质期短，不易保存。而在出口蔬菜日常检验监管中，品质安全检测项目较多，由于技术的局限性，导致检测周期过长，特别是涉及定量检测的项目往往需要较长的检测周期，非常不利于新鲜及保鲜蔬菜的顺利出口。

(8) 生产环境污染问题日趋严重。随着我国改革开放和工业化推进，全国普遍存在农耕地区生态环境恶化的情况。这种情况在广东等经济发达地区更为严重。目前，广东部分地区出口蔬菜生产大环境较差，空气、水源、土壤污染严重，增加了有毒有害物质、微生物、重金属等安全风险物质超标的可能性。

(二) 蔬菜及其制品主要贸易国家技术性贸易措施的实施情况

广东省是农产品生产和贸易大省，许多农产品特别是新鲜蔬菜的出口具有比较大的优势。然而，一些国家或地区利用农产品的质量等级标准作为技术壁垒来保护本国农业发展，致使我国新鲜蔬菜的出口受到很大阻碍，如影响我国出口新鲜蔬菜价格，极大地阻碍了我国农业生产优势的发挥和出口创汇的提高。欧盟、美国、日本是我国出口蔬菜受阻的主要国家或地区，也是设置技术贸易措施最多的国家或地区。因此，了解这些国家或地区的技术性贸易措施情况，对促进我国蔬菜贸易的发展具有重要意义。

1. 欧盟

欧盟在蔬菜方面的农药残留限量标准最多，欧盟共对 163 类植物产品、针对 200 余种农药制定了约 15 700 项农药残留最高限量指标（MRLs），其中针对西兰花的限量标准有 103 项，针对蘑菇的限量标准有 125 项，针对大葱的限量标准有 125 项，针对荷兰豆的限量标准有 219 项，针对萝卜的限量标准有 123 项，针对洋葱的限量标准有 127 项，针对油菜子的限量标准有 91 项，针对番茄的限量标准有 100 项，针对芦笋的限量标准有 126 项等。欧盟将对中国蔬菜的农药残留检测项目，从原来的 6 项增加到 62 项；欧洲蔬菜委员会对欧盟地区的进口蔬菜实行新的更加严格的农药残留最高限量标准，意味着中国出口蔬菜从此面临着欧盟更加苛刻的绿色壁垒。

欧盟从 2004 年 1 月 1 日开始正式禁止 320 种农药在欧盟地区销售，其中涉及在我国农业生产中允许使用的农业化学品多达 62 种，因此此项禁令对中国水果、蔬菜等多种农产品构成了更高的技术壁垒。从 2006 年 1 月 1 日起，欧盟实施了新的《食品及饲料安全管理法规》，强调食品安全要"从农场到餐桌"，不仅对终端产品有要符合标准的要求，同时要求产品在整个生产过程中的每一个环节也要符合标准。《食品及饲料安全管理法规》实施后，广东部分不符合欧盟新规定的农产品惨遭欧盟的退货。

欧盟食品安全管理局对蘑菇罐头有新的规定。我国是世界蘑菇罐头重要出口国，2005 年出口蘑菇罐头 30 万吨左右，2006 年前两个月就出口近 4 万吨，货物价值近 4 000 万美元。2006 年欧盟食品安全管理局对罐头食品中的双酚环氧树脂、酚醛环氧树脂和邻酚环氧树脂的含量实施新规定，要求前两项物质不得检出，后一项物质的含量要求小于1 mg/kg。而我国目前蘑菇罐头中马口铁的涂料均使用环氧树脂和酚醛树脂共聚而成的环氧酚醛涂料，其制造涂料的原料质量和生产工艺控制，均有可能造成此3种物质在马口铁空罐中的残留。而目前国内的包装容器生产方面的卫生标准在短时期内很难跟上欧盟标准的变化，以至于达不到欧盟的要求，欧盟的此项新规定对我国蘑菇罐头的出口造成了严重的阻碍。

自2006年6月15日起，意大利实行番茄酱原产地强制标签制度。原产地标签内容要求包括番茄酱的产地和种类等信息。而意大利一直以来都是我国番茄酱出口的第一大市场，意大利的这一新法令却大大影响了我国的番茄酱出口量：虽然近几年来我国番茄酱产业快速发展，番茄酱的品质和价格在国际市场上均具有较大的优势和竞争力，然而我国番茄酱对意大利的出口却呈下降趋势。自意大利实行番茄酱原产地强制标签制度以来，对企业未来出口造成了一定影响，原因是番茄酱企业本身利润比较薄，企业的抗风险能力较弱；而意大利实行番茄酱原产地强制标签制度将会增加我国企业出口手续的复杂性，加大了企业交易成本，并延缓了商品的出口速度，从而导致番茄酱的出口困难程度大大增加。

2. 日本

我国是世界上最大的农产品出口国，日本是最大的农产品进口国。日本蔬菜的进口虽然起步较晚，但增长速度却很快。

2006年5月29日，日本正式实施针对进口农产品的食品准入新制度——食品中残留农业化学品肯定列表制度，对所有农业化学品在食品和农产品中的残留量都做了规定。与日本原标准相比，“肯定列表制度”对农业化学品的设限数量大幅增加，限量标准也更加严格。日本是我国蔬菜的第一大出口市场，日本实施“肯定列表制度”农业化学品残留限量新标准后，大大提高了农产品进口的技术门槛，该标准堪称“世界上最苛刻的农药残留比”，对我国出口到日本的蔬菜影响巨大。

与日本原农药残留标准比较，日本“肯定列表制度”具有以下特点：

(1) 检测项目、限量标准成倍增加。截至2004年，日本只对186种食品、农产品中的255种农业化学品设立了9 321个限量标准，其中包括229种农药；而日本“肯定列表制度”的暂定标准涉及734种农业化学品，共有51 392个限量标准，分别是原限量标准数量的288%、551%。如大蒜、洋葱、胡萝卜、桃罐头、芦笋罐头等产品原限量标准数量均小于100个，而新的暂定标准限量标准数量在300个左右。

(2) 农药残留限量标准更为严格。暂定标准中依据日本标准制定的限量标准有19 116条，依据国外标准（美国、欧盟、加拿大、澳大利亚和新西兰）制定的限量标准有20 031条，共占全部标准的76%，而上述国家的农药残留限量标准在国际上是最为严格的。

“一律标准”是指日本政府确定的对身体健康不会产生负面影响的农业化学品的限值，将应用于在“肯定列表制度”关于食品中提及的但未制定最大残留限量标准的农业化学品（《农药取缔法》中规定的农药活性原料、《确保饲料安全及品质改善法律》中规定的饲料添加剂及《药事法》中规定的兽药，但不包括日本厚生劳动省指定的豁免物质）。目前，日本已登记或已设定残留限量标准的农兽药（350种）远少于世界上使用的农兽药数（700多种），按照原规定，对于没有制定限量标准的农兽药，即使发现进口食品中含有该物质，也允许其在日本销售。但是“一律标准”实施后，任何食品中若含有未涵盖在“肯定列表制度”暂定标准中的农药，并且含量超过0.01 mg/kg，就不得进口、加工、使用、销售。0.01 mg/kg实际上就是目前使用的一些检测方法的最低检出限，也就等于要求这些项目不得检出，因此“一律标准”大大增加了检测项目的覆盖面，要求非常严格。

3. 美国

美国是世界上农药管理制度最完善、程序最复杂的国家，建立了一整套较为完善的农药残留标准、管理、检验、监测和信息发布机制。美国农药登记与MRLs制定由其环境保护局（EPA）负责。为了确保食品安全，维护消费者利益，美国制定了详细、复杂的MRLs体系，共涉及380种农药约11 000项，其中的MRLs大部分是在全美登记的农药根据联邦法规法典（CFR）制定的，其余为农药在各地区登记中制定的MRLs、有时限或临时的MRLs、进口MRLs和间接残留的MRLs等，还列出了豁免物质或无需MRLs的清单，提出了“零残留”的概念。美国所有的MRLs和豁免物质均列入了联邦法规法典（CFR）第40章第180节中。

美国MRLs中有时限或临时性的MRLs约有600项，涉及100种农药，1998—2008年已撤销了400多项有时限的MRLs，2009年撤销27种农药的114项有时限的MRLs。列出了约165种豁免物质清单，包括柴油、增效醚、除虫菊（酯）、鱼藤酮、藜芦碱等农药活性成分，部分在为农产品收获后使用和用于特殊处理的农药（如溴甲烷作为移栽前的土壤熏蒸剂，碘化钾作为香蕉叶面处理剂等），其余绝大部分为非活性成分（如助剂）。美国根据国内需要，对国内没有登记的部分农药/作物组合制定了少量的进口MRLs。“零残留”即不得检出，美国提出此概念主要基于以下原因（或其中之一）：一是未确定农药对两种温血动物物种的安全剂量；二是农药对试验动物有致癌性或其他显著的生理学影响；三是产品在进行国际贸易前，残留的农药通过洗涤、风蚀等过程及GAP已去除而几乎不再存在。

美国食品与药物管理局对进口食品实施的一项控制措施是“自动扣留”。据美国FDA的统计显示，1999年8月至2000年1月，我国共有634批出口蔬菜食品因不符合美国政府的技术法规被FDA扣留。2004年，中国出口到美国的农产品总扣留816批次，其中蔬菜水果类产品被扣留次数达440次，排在第一位，占扣留批次总量的53%。

2007年，美国农业部发布关于美国进口水果和蔬菜病虫害风险评估与快速批准的最终规定，并宣称此举将引发其他国家采取相同的规范措施，有利于促进美国自身农产品的出口，此项规定于同年8月17日生效。此项以风险为基础的审批程序仅仅适用于6种水果和蔬菜产品：茄子、黄秋葵、青椒、肯尼亚州甜玉米和胡萝卜以及南美的虎耳草科醋栗属的植物。目前指定的检疫措施有5种：收获后处理、入境检查、产品来自无病区的检疫证明、产品不携带特定病虫害的检疫证明以及与商品相关的风险通过商业行为进行防止等。该规定说明对上述6种产品的检疫可采取上述5种措施之一或更多的措施。

（三）蔬菜及其制品技术性贸易措施发展趋势分析

1. 检测设限数量大幅增加

欧盟共对163类植物产品、针对200余种农药制定了约15 700项最高农药残留限量指标，其中西兰花有103项，大葱125项，蘑菇125项，荷兰豆219项，萝卜123项，洋葱127项，番茄100项，芦笋126项等。在日本2006年起实施的“肯定列表制度”中，仅“暂定标准”一项就有392个限量标准，涉及264类食品中的734种化学品残留，如涉及大葱的农药残留限量标准由原来的77项增加到339项。由此可见，设定检测限量已成为发达国家技术性贸易措施的发展趋势，未来将有越来越多的检测项目被设限。

2. 限量标准更加严格

欧盟于2002年上半年起对欧盟地区进口的蔬菜实行更加严格的农药残留最高限量标准。如氰菊醋最高残留量值由10 mg/kg降低到0.05 mg/kg，喹硫磷最高残留量限值由2 mg/kg降至0.1 mg/kg。2006年日本新出台的“肯定列表制度”中的“一律标准”则更为严格，0.01 mg/kg（亿分之一）的限量简直达到了检测仪器的极限，即只要仪器能检出该物质的存在，就有可能超标；此外，新标准中设定的农产品中农业化学品的不得检出项数量增多，仅仅涉及大葱的339项农药残留限量标准中就有15项为不得检出项。

3. 检测项目不断增加

欧盟对我国出口蔬菜的农药残留检测项目，从原来的6项增加至62项，是原检测项目的1 033%，检测项目的数量大幅度增加。无独有偶，在日本的“肯定列表制度”中，检测项目的数量相较于原标准亦成倍增加。

4. 检测技术手段更加先进

气相、液相、酶免疫等检测技术的发展使蔬菜中农药残留的检测方法有了重大进展。检测残留限值从原来只能测定10万分率提高到目前的10亿分率，检测药物由原来的单残留检测发展到多残留检测，达到了可以检出微量、痕量甚至超痕量残留的水平，不仅可以检出蔬菜中的药物残留，而且可以检出药物代谢中间产物的残留。

（四）蔬菜及其制品中农业化学品残留安全限量指标值比较

1. 我国蔬菜及其制品农业化学品残留限量标准数量

农业部从1974年开始，先后发布了7批农业化学品合理使用准则（GB 8321.1—7），其中涉及蔬菜的限量标准为39项，农业化学品36种。

1981—2000年，卫生部批准发布的蔬菜中农业化学品残留限量国家标准21个，给出43种农业化学品MRL值。在GB 16333—1996前言中指出：“本标准参照采用FAO/WHO食品法典委员会CX/PR2—1992《农业化学品最大残留限量法典》。为适应国际贸易、学术交流的需要，我国农业化学品残留限量标准尽可能向国际标准靠拢。但由于我国农业化学品残留限量标准体系与国际标准体系不同，我国人民膳食结构具有自身的特点，因此本标准在基本保留我国原标准体系的基础上，依据我国人民膳食结构，应用我国农业化学品残留试验数据，参照国际标准而制定。”这段前言，基本上概括了我国制定标准的总体原则。由卫生部批准发布的43种农业化学品最大残留限量标准基本上包括了农业化学品使用准则中的33项标准。

2001年8月，国家质检总局发布了GB 18406.1—2001国家标准：农产品安全质量无公害蔬菜安全要求。该标准给出了41种农业化学品最大残留限量值。41种农业化学品中包括杀虫剂37种，杀菌剂4种。在杀虫剂中有机磷杀虫剂19种，氨基甲酸酯类农业化学品4种，菊酯类农业化学品11种，几丁质合成抑制剂3种。

综合上述3个国家部门在不同时间制定的农业化学品残留最高限量标准，作为国标的标准有53个。

2001年9月，我国发布了农业行业标准——无公害食品。至2002年9月，共发布了韭菜、白菜类、茄果类、番茄、甘蓝、黄瓜、苦瓜、豇豆、菜豆、萝卜、胡萝卜、菠菜、芹菜、蕹菜、香菇、平菇等25种（类）蔬菜上使用的农业化学品最大残留限量标准。作为行业标准，采用对一种蔬菜上所有常用农业化学品均给出限量值的方式，不再采取以往国家标准上一种农业化学品对“蔬菜”给出一个限量值，这样NY 5000系列标准的农业化学品残留限量数为325个。

GB 2763—2005由卫生部和国家标准化管理委员会共同发布，代替和废止了1981年以来我国发布过的34个农业化学品残留限量的原国家标准，新标准对蔬菜类制定了31种农业化学品的最大残留限量（杀虫剂、杀螨剂23种，杀菌剂6种，除草剂2种）。标准GB 2763—2005中规定全面禁止使用的农业化学品有23种，禁止在蔬菜中使用甲胺磷，不得在蔬菜和水果中使用对硫磷、甲基对硫磷，不得检出呋喃丹、马拉硫磷和甲拌磷。NY 1500.1.1—1500.30.1—2007系列标准是为了指导科学、合理、安全使用农业化学品，有效地防治病、虫、草害，并使农业化学品残留不超过规定的限量标准，保护环境，保障人体健康而制定。此标准规定了阿维菌素等30种农业化学品在农产品中的最大残留限量，其中涉及蔬菜类农产品病虫害防治使用农业化学品品种5个。农业部第199号公告规定，禁止在蔬菜、果树、茶叶、中草药上使用的农业化学品有：甲拌磷，甲基异柳磷，特丁硫磷，甲基硫环磷，治螟磷，内吸磷，克百威，涕灭威，灭线磷，硫环磷，蝇毒磷，地虫硫磷，氯唑磷，苯线磷。此外，农业部第199号公告全面禁止使用以下农业化学品：六六六，滴滴涕，毒杀芬，二溴氯丙烷，杀虫脒，二溴乙烷，除草醚，艾氏剂，狄氏剂，汞制剂，砷、铅类，敌枯双，氟乙酰胺，甘氟，毒鼠强，氟乙酸钠，毒鼠硅。此外，根据农业部第274号公告，甲胺磷、甲基对硫磷、对硫磷、久效磷和磷胺等5种高毒农业化学品全面禁止使用。

根据我国2005年发布的食品中农业化学品最大残留限量GB 2763—2005、标准GB 2763—2005第一号修改单以及农业部标准NY 1500.1.1—1500.30.1—2007的规定，表6-10具体列出了我国蔬菜中农业化学品的残留限量值。

表6-10 中国现行标准中蔬菜农业化学品残留限量

农业化学品名称	农业化学品类型	食物类型	标准号	MRL（mg/kg）
乙酰甲胺磷（Acephate）	杀虫剂	蔬菜	GB 2763—2005	1
双甲脒（Amitraz）	杀螨剂	果菜类蔬菜	GB 2763—2005	0.5
敌菌灵（Anilazine）	杀菌剂	番茄	GB 2763—2005	10
甲萘威（Carbaryl）	杀虫剂	蔬菜	GB 2763—2005	2
多菌灵（Carbendazim）	杀菌剂	番茄/芦笋/辣椒	GB 2763—2005	0.5/0.1/0.1
百菌清（Chlorothalonil）	杀菌剂	叶菜类蔬菜	GB 2763—2005	5
毒死蜱（Chlorpyrifos）	杀虫剂	叶菜类蔬菜/番茄/茎类蔬菜/韭菜	GB 2763—2005	0.1/0.5/0.05/0.1
氯氟氰菊酯（Cyhalothrin）	杀虫剂	叶菜类蔬菜/果菜类蔬菜	GB 2763—2005	0.2/0.2
氯氰菊酯（Cypermethrin）	杀虫剂	叶菜类蔬菜/果菜类蔬菜/黄瓜/豆类蔬菜	GB 2763—2005	2/0.5/0.2/0.5
滴滴涕（DDT）	杀虫剂	豆类/蔬菜	GB 2763—2005	0.05/0.05
溴氰菊酯（Deltamethrin）	杀虫剂	叶菜类蔬菜/果菜类蔬菜 叶菜类蔬菜/果菜类蔬菜	GB 2763—2005	0.5/0.2
敌敌畏（Dichlorvos）	杀虫剂	蔬菜	GB 2763—2005	0.2
除虫脲（Diflubenzuron）	杀虫剂	叶菜类蔬菜	GB 2763—2005	1
乐果（Dimethoate）	杀虫剂	叶菜类蔬菜/果菜类蔬菜/豆类蔬菜/茎类蔬菜/块根类蔬菜	GB 2763—2005	1/0.5/0.5/0.5/0.5
顺式氰戊菊酯（Esfenvalerate）	杀虫剂	叶菜类蔬菜	GB 2763—2005	1
杀螟硫磷（Sumithion）	杀虫剂	蔬菜	GB 2763—2005	0.5

续表

农业化学品名称	农业化学品类型	食物类型	标准号	MRL（mg/kg）
甲氰菊酯（Fenpropathrin）	杀虫剂、杀螨剂	叶菜类蔬菜	GB 2763—2005	0.5
倍硫磷（Fenthion）	杀虫剂	蔬菜	GB 2763—2005	0.05
氰戊菊酯（Fenvalerate）	杀虫剂	叶菜类蔬菜/果菜类蔬菜/瓜菜类蔬菜/块根类蔬菜	GB 2763—2005	0.5/0.2/0.2/0.05
氟氰戊菊酯（Flucythrinate）	杀虫剂	果菜类蔬菜/块根类蔬菜	GB 2763—2005	0.2/0.05
六六六（α-1,2,3,4,5,6-Hexachlorocyclohexane）	杀虫剂	蔬菜	GB 2763—2005	0.05
马拉硫磷（Malathion）	杀虫剂	叶菜类蔬菜/果菜类蔬菜/豆类蔬菜/芹菜/块根类蔬菜	GB 2763—2005	8/0.5/2/1/0.5
百草枯（Paraquat）	除草剂	蔬菜	GB 2763—2005	0.05
二甲戊灵（Pendimethalin）	除草剂	叶菜类蔬菜	GB 2763—2005	0.1
氯菊酯（Permethrin）	杀虫剂	蔬菜	GB 2763—2005	1
伏杀硫磷（Phosalone）	杀虫剂	叶菜类蔬菜	GB 2763—2005	1
辛硫磷（Parathion）	杀虫剂	蔬菜	GB 2763—2005	0.05
腐霉利（Procymidone）	杀菌剂	果菜类蔬菜/黄瓜/韭菜	GB 2763—2005	5/2/0.2
克螨特（Propargite）	杀螨剂	叶菜类蔬菜	GB 2763—2005	2
三唑酮（Triadimefon）	杀菌剂	豌豆	GB 2763—2005	0.05
敌百虫（Trichlorfon）	杀虫剂	蔬菜	GB 2763—2005	0.1
艾氏剂和狄氏剂（Aldrin and dieldrin）	杀虫剂	鳞茎类蔬菜/果菜类蔬菜/叶菜类蔬菜/豆类蔬菜/块根类蔬菜	GB 2763—2005（第一号修改单）	0.05/0.1/0.05/0.05/0.05
五氯硝基苯（Quintozene）	杀菌剂	果菜类蔬菜	GB 2763—2005（第一号修改单）	0.1
异狄氏剂（Endrin）	杀虫剂	果菜类蔬菜	GB 2763—2005（第一号修改单）	0.05
阿维菌素（Abamectin）	杀螨剂、杀虫剂	叶菜类蔬菜	NY 1500.1.1—2007	0.05
氟虫腈（Fipronil）	杀虫剂	叶菜类蔬菜	NY 1500.12.1—2007	0.05（母体及代谢物总和）

2. 国际蔬菜农业化学品残留限量标准概况

CAC标准是发达国家普遍采用的国际标准，20世纪80年代初，英、法、德等国家采用国际标准已达80%，日本的国家标准有90%采用国际标准。目前，发达国家采用国际标准的面较广。WTO组织明确规定，CAC标准为解决贸易争端的评判标准。因此，CAC是世界上唯一的政府间协调国际食品标准法规的国际组织。CAC标准对不同种类及单项蔬菜上分别使用的农业化学品作出最高残留限量标准，总计七大类及单种蔬菜42种上对79种农业化学品规定了723个最高农业化学品残留限量指标。

从2008年9月1日起，欧盟27个成员国实行统一的农产品和食品的农业化学品残留标准。欧盟蔬菜中农业化学品最高残留限量是按蔬菜分类制定的：①对根和根茎类蔬菜使用的96种农业化学品给出了最高残留限量。②对果菜类蔬菜给出了47种农业化学品残留最高限量。③对芸薹类蔬菜给出了44种农业化学品残留最高限量。④对叶菜类蔬菜给出了46种农业化学品残留最高限量。⑤对鲜豆类蔬菜给出了95种农业化学品残留最高限量。⑥对真菌类蔬菜给出了47种农业化学品残留最高限量。欧盟标准对六大类蔬菜给出了375个农业化学品残留最高限量值。

日本对蔬菜类的农业化学品残留限量标准，按每种蔬菜上使用的农业化学品来给出。日本于2006年5月29日正式实施的《食品中残留农业化学品肯定列表制度》制定的最大残留限量标准共有51 392项，对十字花科、菊科、伞形科、茄科、百合科、食用菌、薯芋类、瓜类等规定了248个残留限量标准，对46种蔬菜共规定1 712个农业化学品残留限量标准，对其他蔬菜规定31个限量标准，在蔬菜产品中设定的农业化学品残留限量标准共有1 743项。对未涵盖在化学品名单和最大残留限量标准中所有其他农业化学品和其他食品规定了0.01 mg/kg的“一律标准”。

美国对58种农业化学品在叶类蔬菜、球茎蔬菜、葫芦类蔬菜、果类蔬菜及番茄、黄瓜、甘蓝、花椰菜、洋葱、茄子、甜瓜、佛手瓜、蘑菇、黄秋葵等单项蔬菜共制定出677项农业化学品残留限量标准。

韩国对每种蔬菜上农业化学品残留限量作了规定，总计25种蔬菜318个农业化学品残留限量值。

马来西亚对103种农业化学品在叶菜类、无叶蔬菜、根类蔬菜上共制定出494项农业化学品残留限量标准。

CAC和发达国家对农业化学品残留限量指标的制定都经过严格的毒理学分析和社会学调查研究等危险性评估，并根据农业化学品的实际使用情况、检测技术的革新和贸易需要对限量标准进行及时修订。

3. 中国与国外蔬菜农业化学品最大残留限量比较

为比较中国与国外蔬菜农业化学品残留限量标准上的差异，对GB 2763—2005《食品中农业化学品最大残留限量》中较常见的蔬菜农业化学品最大残留限量与国际标准进行对比（表6-11）。

表6-11 中国与国外部分蔬菜残留限量标准比较（单位：mg/kg）

农业化学品名称	农业化学品类型	中国	CAC	日本	美国	韩国	澳大利亚
乙酰甲胺磷（Acephate）	杀虫剂	1（蔬菜）		5（莴苣）	10（结球莴苣）	5（莴苣叶）	10
双甲脒（Amitraz）	杀虫剂	0.5（果菜类蔬菜）	0.5（番茄）			0.05	
敌菌灵（Anilazine）	杀菌剂	10（番茄）			10		
甲萘威（Carbaryl）	杀虫剂	2（蔬菜）		1.0（卷心菜）	21（卷心菜）	0.05	10（叶菜类蔬菜）

续表

农业化学品名称	农业化学品类型	中国	CAC	日本	美国	韩国	澳大利亚
多菌灵（Carbendazim）	杀菌剂	0.5（番茄）/ 0.1（芦笋）/ 0.1（辣椒）	0.5（番茄）	3（番茄）		0.05（番茄）	3（蔬菜）
百菌清（Chlorothalonil）	杀菌剂	5（叶菜类蔬菜）	1（花椰菜）	1（花椰菜）	5（花椰菜）	5（叶菜类蔬菜）	10叶菜类蔬菜(除了甜菜和菠菜)
毒死蜱（Chlorpyrifos）	杀虫剂	0.1（叶菜类蔬菜）/ 0.5（番茄）/0.05（茎类蔬菜）/0.1（韭菜）	0.5（番茄）	0.5（番茄）		0.5(番茄)	0.5（番茄）
氯氟氰菊酯（Cyhalothrin）	杀虫剂	0.2（叶菜类蔬菜）/ 0.2（果菜类蔬菜）	2（花椰菜）	0.5（花椰菜）	6 (除芸薹外的叶菜类，第4组)	0.01	0.5［芸薹属植物（油菜型或甘蓝型）蔬菜］
氯氰菊酯（Cypermethrin）	杀虫剂	2（叶菜类蔬菜）/ 0.5(果菜类蔬菜）/ 0.2（黄瓜）/ 0.5（豆类蔬菜）	0.7（叶菜类蔬菜）	2（莴苣）		2（莴苣）	5（叶菜类蔬菜）
滴滴涕（DDT）	杀虫剂	0.05（豆类）/ 0.05（蔬菜）		0.2（莴苣）		0.05	1（蔬菜）
溴氰菊酯（Deltamethrin）	杀虫剂	0.5（叶菜类蔬菜）/0.2（果菜类蔬菜）	2（叶菜类蔬菜）	0.5（莴苣）	0.3（果菜）	0.01	
敌敌畏（Dichlorvos）	杀虫剂	0.2（蔬菜）	0.5（蘑菇）	0.1（莴苣）	0.5	0.05	0.5
除虫脲（Diflubenzuron）	杀虫剂	1（叶菜类蔬菜）	0.3（蘑菇）	1（花椰菜，大白菜）		2（叶类蔬菜）	0.1（蘑菇）
乐果（Dimethoate）	杀虫剂	1（叶菜类蔬菜）/ 0.5（果类蔬菜）/ 0.5（豆类蔬菜）/ 0.5（茎类蔬菜）/ 0.5（块根类蔬菜）	0.3（结球莴苣）	2（莴苣）	2（叶用莴苣）	2（莴苣头部）	2（蔬菜）
顺式氰戊菊酯（Esfenvalerate）	杀虫剂	1（叶菜类蔬菜）					
杀螟硫磷（Sumithion）	杀虫剂	0.5（蔬菜）		0.2（莴苣）		0.2（莴苣头部）	0.5（蔬菜）
甲氰菊酯（Fenpropathrin）	杀虫剂、杀螨剂	0.5（叶菜类蔬菜）	1（番茄）	2（番茄）		1（番茄）	
倍硫磷（Fenthion）	杀虫剂	0.05（蔬菜）		5（番茄）		0.1（番茄）	
氰戊菊酯（Fenvalerate）	杀虫剂	0.5（叶菜类蔬菜）/0.2（果菜类蔬菜）/0.2（瓜菜类蔬菜）/0.05（块根类蔬菜）	2（结球莴苣）	2（莴苣）		1.0 [19]	1（芸薹属叶类蔬菜）

续表

农业化学品名称	农业化学品类型	中国	CAC	日本	美国	韩国	澳大利亚
氟氰戊菊酯（Flucythrinate）	杀虫剂	0.2（果菜类蔬菜）/0.05（块根类蔬菜）		0.05（莴苣）		0.05	
六六六（α-1,2,3,4,5,6-Hexachlorocyclo-hexane）	杀虫剂	0.05（蔬菜）		1（温州蜜柑，其余2）		0.01（蔬菜）	
马拉硫磷（Malathion）	杀虫剂	8（叶菜类蔬菜）/0.5(果菜类蔬菜)/2（豆类蔬菜）/1（芹菜）/0.5（块根类蔬菜）	0.5（番茄）	0.5（番茄）	8（番茄）	0.5（番茄）	
百草枯（Paraquat）	除草剂	0.05（蔬菜）	0.07（叶类蔬菜）	0.05（莴苣）	0.05（芸薹类叶菜）	0.05（蔬菜）	0.05（蔬菜）
二甲戊灵（Pendimethalin）	除草剂	0.1（叶菜类蔬菜）					
氯菊酯（Permethrin）	杀虫剂	1（蔬菜）	2（结球莴苣）	3（莴苣）	20（绿叶类叶菜）	3（莴苣叶）	5（叶用莴苣）
伏杀硫磷（Phosalone）	杀虫剂	1（叶菜类蔬菜）		0.5（花椰菜）			
辛硫磷（Parathion）	杀虫剂	0.05（蔬菜）		0.05（花椰菜）			
腐霉利（Procymidone）	杀菌剂	5（果菜类蔬菜）/2（黄瓜）/0.2（韭菜）	5（结球莴苣）	5（莴苣）		0.05	
克螨特（Propargite）	杀螨剂	2（叶菜类蔬菜）	2（番茄）	2（番茄）			
三唑酮（Triadimefon）	杀菌剂	0.05（豌豆）	0.2（番茄）	0.3（番茄）		0.5（番茄）	0.2（果菜类）
敌百虫（Trichlorfon）	杀虫剂	0.1（蔬菜）		0.05（大白菜）		0.05	0.1（蔬菜）

在蔬菜农业化学品残留检测项目中，中国的农业化学品残留指标涉及52种农业化学品共58项，CAC农业化学品残留标准有827项指标，涉及146种农业化学品；欧盟的蔬菜农业化学品残留限量标准共583项，涉及76种农业化学品；日本在具体各类蔬菜产品中设定的农业化学品残留限量标准共有1 743项，美国对52种农业化学品设定了677项农业化学品残留限量标准；韩国对25种蔬菜设定了318个农业化学品残留限量值；马来西亚对103种农业化学品在叶菜类、无叶蔬菜、根类蔬菜上共制定出494项农业化学品残留限量标准。CAC和发达国家对农业化学品制定的残留限量指标远远多于中国的农业化学品残留检测项目，反映了我国蔬菜农药残留限量标准中存在的一些问题。

4. 我国蔬菜及其制品农业化学品残留限量标准中存在的问题

（1）我国蔬菜农药残留限量标准偏少。我国蔬菜农药残留限量标准制定是采用一种农药对整体蔬菜而言，再细分也不过是分为果菜、叶菜二类。这样制定标准的原则使我国的标准过粗、过少。在达不到量的要求的同时，质也无法保证。而日本则采用单一蔬菜上所使用的农药全部限量值。这种标准量上的差异，使我们的蔬菜出口遇到了困难。

(2) 我国一些农药残留限量标准严于国外。以目前我国使用量最多的、对蔬菜安全质量影响较大的10种杀虫剂如甲胺磷、氧化乐果、甲拌磷、对硫磷、克百威等为例，进行农药残留检测的比较。同一检测数值，按不同国家标准进行判定，不合格率分别为：中国37.5%，美国2.67%，欧盟22.7%，日本1.62%，CAC标准6.76%。这一对比表明，在上述农药残留限量标准上，我国标准严于国外一些国家或地区的标准。如甲胺磷，中国的标准是不得使用，而欧盟、美国、日本和CAC标准中均给出了限量值。马拉硫磷、克百威在中国的标准中不得检出，而欧盟、CAC及美国标准中给出了残留限量值。

(五) 蔬菜及其制品出口应对国外技术贸易措施的建议

1. 进一步加强种植基地检验检疫备案管理

一是要督促企业进一步加强对其原料种植基地的管理，实施良好农业操作规范（GAP），科学合理地使用农药，并建立健全产品质量追溯体系；二是要对已实施检验检疫备案的出口蔬菜种植基地的生产、加工和出口总量实施核销制度，特别是高风险的叶菜，监管时必须严格评估，做到出口报检时逐一核销，确保出口保险和冷冻蔬菜的原料来自本企业的检验检疫备案基地；三是要大力推行"公司+基地+标准化"模式，依靠和联合地方政府，进一步鼓励和引导出口蔬菜生产加工企业建立自由出口蔬菜种植基地，并按照标准化进行生产。

2. 健全完善技术标准法规，实施"残留监控+重点项目检测"的检验监管模式

首先，要建立健全蔬菜产业标准体系。建立健全蔬菜产业标准体系是对农业理念、运行机制、生产手段、经营模式等进行的一次重大变革，核心就是要形成一整套质量标准和操作规程。而健全蔬菜产业标准体系的重要实现途径是采用国际技术标准，逐步实现我国蔬菜产业技术标准与国际技术标准的接轨。其次，应加快我国产品质量与管理体系方面的法制建设，通过科技手段提高我国产品质量和安全，改善我国蔬菜产业出口结构。除此之外，我国还应加快技术法规和技术标准的融合。最后，应对出口蔬菜全面实施"残留监控+重点项目检测"的检验监管模式。要根据出口蔬菜源头监管情况、有毒有害物质残留监控情况，结合国外反馈信息，通过风险分析，确定出口蔬菜重点检测项目。

3. 鼓励绿色生态农业的发展

绿色技术水平低是我国出口农产品受制于绿色壁垒的重要因素。要有效跨越绿色壁垒，就必须从源头抓起，加大力度推进我国的绿色生态农业建设，做到真正提高我国农产品的绿色技术水平。第一，必须高度重视生态环境的保护和治理，因为加强生态环境的保护和治理是提高农产品绿色技术水平的基础和前提。第二，应对产业结构进行优化以及完善出口经营模式。我国出口蔬菜的经营主体大多为小规模经营企业，出口的专业化、规模化、集团化不高，针对这种形势，广东农产品出口行业要努力调整产业结构，提高优质农产品的生产比重，优化产业价值链；强化出口经营企业的联合，建立集团公司，提高专业化、规模化、集团化水平，不断增强市场的开拓能力，提高国内蔬菜品牌形象，促进国内蔬菜产品的销售和提高市场份额；实现农产品生产、加工、出口一体化，同时注重提高生产技术及包装水平，逐步转变"以低价促出口"为"以高质量和高附加值产品出口"的方式，特别是对保鲜蔬菜的出口应该加强等级规格管理，从强调"量大"向"重质适量"方向发展，完善农产品的出口经营模式。

4. 开拓国外周边市场

在提高广东蔬菜的国际竞争力的同时，还应该重视对于韩国等周边市场以及欧洲市场的开拓。具体来讲，向韩国等周边国家的蔬菜出口，一方面，应该加强政府间关于蔬菜信息的交流，争取建立稳定的贸易关系。另一方面，加大从日本引进品种、引进栽培技术以及推广品种的力度，重视蔬菜种植前的国际市场预测，力争对日、韩的出口实现订单种植。在开拓欧洲市场方面，国内蔬菜加

工企业应该努力争取获得欧洲蔬菜加工质量规格的认证，这也是开拓欧洲市场的最重要一步，是蔬菜产品走向欧洲市场的关键所在。

5. 建立技术壁垒预警体系

具体而言，预警机制应包括预警信息的收集和跟踪、预警信息的风险评估、信息通报和组织评议、应对措施研究和应用等。由于大多数蔬菜及其产品措施从制定、采纳和执行要经历一段时间，通过实时跟踪，能够及时掌握相关动态，采取相应对策，为成功应对国外技术贸易壁垒打下坚实的基础。因此，现阶段应建立部门协调、行业主导、企业参与、科技支持的技术性贸易壁垒预警系统。一是加强与世贸组织及各成员国 WTO/TBT 咨询点的交流与沟通，注重国际和国外技术沟通，建立国际和国外技术法规、标准信息收集渠道。二是建立专门的技术性贸易壁垒信息收集和咨询机构，用以负责收集、跟踪国外的新贸易壁垒措施包括技术法规、标准、各种评定程序等并及时通报。三是建立广东省主要贸易对象的技术性贸易壁垒措施及市场准入信息数据库，方便企业查询，并为企业提供相关咨询服务。四是建立跟踪全省重点出口企业的预警监测网络，动态监控出口商品遭受技术性贸易壁垒的状况。此外，还要建立预警快速反应机制的有效通报途径，根据国际市场的新情况，及时向企业传递有关信息，及时发布预警信息，最大限度地消除技术贸易壁垒对广东蔬菜出口造成的障碍。

三、肉类及其制品

广东出口肉类及其制品主要包括供食用的活动物及冰鲜的鸡肉、鸭肉、猪肉等，产品主要出口中国香港、澳门，少量出口美国、日本。广东地区养殖出口基地主要集中在惠州、高明、东莞、河源、汕尾等地区，出口中国香港、澳门的肉制品占全国的九成以上。由于养殖业产业链长，出口肉制品直接或间接解决了广东数百万人就业问题，对推动广东农村经济社会和谐发展具有重要意义。关注肉制品贸易的变化，对增加农民收入和提高肉制品加工企业效益，具有重要的现实意义。

（一）肉类产品出口贸易现状

1. 广东肉类产品出口的整体情况

目前广东检验检疫辖区（除深圳、珠海外）备案的出口肉制品加工厂分为出口禽肉加工厂（15家）、出口猪肉加工厂（5家）、供港冰鲜禽肉加工厂（13家）、供港冰鲜猪肉加工厂（3家）四大类，对应的养殖基地也分为四类，出口禽肉养殖基地（103家）、出口猪肉养殖基地（34家）、供港冰鲜禽肉养殖基地（145家）、供港冰鲜猪肉养殖基地（42家），同时内地运送供港冰鲜猪肉车辆也需要备案，共65辆车。出口禽肉及其制品的主要地区有：广州、东莞、惠州、肇庆、河源、高明等，其中东莞、肇庆两地出口最大，占广东出口禽肉及其制品总量的61%。出口猪肉及其制品的主要地区有：惠州、河源、汕尾等，分别约占30%，熟猪肉制品主要由东莞出口。广东因为地理优势，肉制品出口主要销往中国香港、澳门，供港澳冰鲜禽肉和猪肉加工厂占全国备案加工厂的一半。

随着全球经济一体化发展，国际人员和贸易往来频繁，动物疫病频繁化、复杂化，使得肉制品出口形势严峻，但作为广东出口食品农产品较大份额的肉制品，在包括检验检疫机构在内的各级政府部门的大力扶持及企业自身努力下，出口量在高起点上实现高增长，连年大幅增长。在2008—2010年3年内广东地区经广东检验检疫部门检验合格出口的肉制品（不包括食用活动物）出口32 959批，重量33.1万吨，金额达7 400万美元，其中主要为冰鲜或冷冻的禽类和猪肉，少量的牛蛙和各种腌肉制品。出口的食用活动物88 370批，金额达6.25亿元，其中主要是活猪、活鸡及活牛等，另外少量出口乳鸽及其他禽类，出口较多的国家或地区依次为中国香港、中国澳门、美国、马来西亚、墨西哥、柬埔寨等，未发生严重质量安全问题。

2. 广东肉类产品出口存在问题

国内肉制品价格远远低于国外，肉产业发展的根本出路在于发展外向型经济。不过下列因素近期将阻碍广东肉企挤占更大的国际市场份额：欧美国家长期将中国内地视为疫区，大大限制了外向型经济的发展。同时疫情容易上升为政治问题，也容易引起社会性恐慌，造成系统风险。国际供求关系变化、技术贸易壁垒、药物残留超标、产品质量达不到进口国要求、产品标准不统一、没有自主品牌、进出口规模小、组织化程度较低及动物福利等因素都会影响中国成为肉类强国。

根据2008—2010年官方核实的通报次数统计，主要是被美国通报，通报次数11次，占通报总次数的68.7%；其次是日本，占通报总次数的18.75%，再次是中国香港，占通报总次数的12.5%。美国通报的主要产品为冻牛蛙腿，占通报次数的九成，主要通报的原因是兽药不合格、标签不合格。通过分析，农兽药残留不合格、标签不合格是影响肉制品出口的主要因素，主要进口国以不安全的新兽药、标签不合格、污秽和腐败为由对我国实行苛刻的技术贸易措施，影响了广东肉制品出口。因此，肉制品生产企业和相关管理部门必须高度重视，采取有效的措施应对技术性贸易措施，保证我国肉制品出口的可持续性。

动物疫病仍是影响肉品安全和相关贸易的重要因素。现代畜牧业为人类提供了丰富的肉、奶、蛋等动物源性食品的同时，人们也正日益为动物源性食品的安全性担惊受怕。2001—2003年发生在欧洲的口蹄疫，近百万头家畜被扑杀，造成几十亿美元的经济损失；2001年德国的疯牛病事件，致使卫生部长和农业部长引咎辞职；韩国因发生口蹄疫，扑杀了数十万头牲畜；2004年以来连续不断地发生禽流感疫情，已经殃及16个国家或地区，据不完全统计，至少有38.4万只禽类感染发病，总共有近46.3万只死亡，销毁超过1.4亿只禽类，因此造成的经济损失和对社会的影响目前尚难估量。稍有不慎，动物疫情就可能给某一地区的畜牧业造成致命性的打击，造成的食品安全问题日益威胁着人类的健康安全。

发达国家大幅提高了进口农产品的门槛，加大了肉制品的出口风险。近年来，一些发达国家为了加强对本国农业生产者利益的保护，利用卫生安全、质量认证、标签、包装、环境保护、计量单位等设置技术性贸易措施，来限制外国农产品进入。其中，最常用、影响最大的是利用卫生安全设置技术贸易措施。进口农产品技术性贸易措施层出不穷，安全卫生要求越来越高。如2006年1月1日，欧盟《食品及饲料安全管理法规》正式实施，新食品安全法也对食品生产过程提出了更严格的要求。欧盟不仅要求终端产品符合新的食品安全标准，而且要求整个生产过程中的每一个环节都符合食品生产安全标准。日本在2006年6月根据修订后的《食品卫生法》，施行《食品中残留农业化学品肯定列表制度》，对所有农业化学品制定了残留限量标准，其中“暂定限量标准”中明确的农药由200余种增加到700余种；限量标准由1万余种条增加到5万余条；对其他尚不能确定具体“暂定限量标准”的农药，均设定0.01 mg/kg的“一律限量标准”。

贸易保护主义抬头，国际农产品贸易竞争环境依然极不公平。事实上，即使发达国家能够很好地履行《农业协定》规定的削减农业补贴义务，但其可用“黄箱”补贴空间仍然较大。发达国家继续对农产品提供巨额出口补贴，也造成了国际农产品贸易的严重扭曲，竞争环境依然极不公平。2006年7月24日，多哈回合谈判无限期中止，问题的关键是美国、欧盟和G20在农业国内支持、农产品市场准入和非农产品3个议题上相互对抗和制约，致使谈判陷入僵局。

生产过度分散，企业监管困难。体系和卫生保障体系不健全，“注水肉”、“瘦肉精”事件时有发生。地方保护严重，在以农业为主的区域，松散养殖是农民维持生计的重要方式之一，地方政府经常设置市场进入壁垒。无序竞争，“一口锅、一把刀、一部三轮车”的私屠滥宰现象严重干扰市场秩序。

销售市场集中，品种单一。广东肉制品主要销往香港、澳门，销售市场集中。欧美等发达国家对中国肉制品始终存在疑虑，使中国肉制品难以打开发达国家市场，主要原因有：传统养殖品种多，名特优新品种少；出口产品原料、半成品多，附加值高、名牌产品少；特色价高的产品少，竞争性强价格低的产品多。主要集中在冰鲜鸡鸭和猪肉等品种，高附加值的特色养殖类产品的加工出口尚未形成拳头产品和规模优势。相当多的肉制品出口企业没有国际贸易的经验，缺乏必要的国际营销理念，不能很好地把握国际市场及进口国的行情走势，及时调整价格、数量、品种、市场。为了争夺出口市场，竞相压价，恶性竞争，授人以倾销的借口，也就不可避免了。

致病微生物导致的食源性疾病仍然是危及肉品安全的重要因素。美国每年约有 7 600 万人发生食源性疾病，占总人口的31% 左右，大约造成 3 800 亿美元的损失。通过近两年的进出口肉品检验检疫情况看出，虽然大部分进出口肉品生产加工企业已经建立 HACCP、GMP 等质量卫生管理体系，但大肠杆菌、沙门氏菌、金黄色葡萄球菌等致病微生物造成的肉品污染案例有所增加。客观而言，通过十几年的发展，中国乃至世界肉品产业，特别是加工业的生产管理水平得到了突飞猛进的发展，尤其是在控制致病微生物方面有了根本性转变，如果上述问题不引起足够重视，就可能退步，所引起的损失将是巨大的。

走私等肉品非法贸易问题正成为影响肉品安全和正常贸易的突出问题。由于近期世界范围内禽流感等动物疫情此起彼伏，各国不断加强进境肉品的检验监管工作，国际肉品资源日趋紧张，各国肉品消费市场需求压力不断增大，肉品市场价格稳中有涨，受利益驱动，一些不法商人伺机而动，通过走私、夹带、换包装或伪造卫生证书等手段将非法产品，甚至疫区产品纳入流通渠道，不仅威胁到畜牧业和公众的健康安全，也损害了合法经营者的利益，扰乱了正常的进出口肉品贸易秩序。

（二）主要贸易国家肉制品技术性贸易措施的实施情况

我国的肉制品出口是典型的生产的巨人和出口的矮子，绝大部分仅以初级加工品或基本以原料进入市场。欧盟市场关闭、日本压价，除了国际市场的供求关系制约出口外，更主要的是我国肉类在卫生标准和品质上达不到国际市场的要求；在欧美等发达国家，无论是生产规模，还是加工技术、科学管理和市场占有率都达到了较高的程度，低温肉制品早已盛行、加工分割肉品种尤其突出，加工工艺机械化、现代化程度高，自动化的无菌包装生产线 20 世纪在 70 年代后期已经建立。

1. 欧盟

目前，广东地区并无出口欧盟的肉类产品，国内仅山东的几家肉制品生产企业对欧盟进行了对外注册，准予出口到欧盟。

2002 年欧盟禁止进口中国禽肉类产品，2008 年才决定恢复对中国熟制禽肉产品的进口。2002 年 1 月，欧盟以中国进口的部分动物源性食品中含有氯霉素残留和中国农药残留体系未达到其要求为由，全面禁止从中国进口动物源性产品，肠衣和公海捕获直接运抵欧盟市场的鱼类产品除外。2004 年 1 月，中国部分地区暴发高致病性禽流感疫情，40 多个国家或地区暂停进口中国生禽肉。禽流感的暴发，使欧盟开始全面禁止进口中国禽肉产品。

2006 年 1 月 1 日起，欧盟启用新的食品安全法规。新法规提高了食品市场准入的标准，特别是对肉食，不仅要求终端产品要符合标准，在整个生产过程中的每一个环节也要符合标准。这对我国禽产品的生产和加工提出了更加严格的要求。

养禽业是我国畜牧业发展最早，产业化、规模化程度最高的产业，欧盟封关对我国禽业的影响不言而喻。禽肉出口曾是我国出口创汇的重要方面，最高时在所有出口行业中排第 6 位，欧盟曾是我国最大的出口基地。

表面上看，中国禽产品出口遇到的主要障碍是药物残留物问题和动物疾病问题。实际上，更大的也是更难解决的问题在于这两个问题背后所隐藏的东西，即法律制度上和监管体系上的缺陷。

在法律体系方面，我国在食品安全和动物产品及检疫方面的法律法规有的操作性不强，有些规章的立法等级有限，适用范围有限，执行效力也有很大疑问。如《食品卫生法》无法做到“从农田到餐桌”的全程管理；《动物防疫法》仅对动物疫病的检疫作出规定，对禁止或限制使用物资没有规定；《兽药管理条例》仅适用于兽药的生产、流通和销售，而对用药环节没有规定；《饲料和饲料添加剂管理条例》禁止在饲料生产加工过程中添加违禁药物，但对养殖户在自配饲料中搀入违禁药却没有相关规定。

在检疫管理体制上，欧盟与我国关于禽产品（及其他动物源性产品）的争议中，一个重要方面就是动物健康和卫生检疫管理体制。按照 OIE（世界动物卫生组织）的要求，有关国家应建立“官方兽医制度”，以对涉及动物健康和人类安全的动物、动物产品、生物制品等进行兽医卫生监督管理，并承担相应责任。而我国的动物健康及食品监管体制与此要求差距甚大。同时，我国的产品认证制度同样存在着政出多门、各自为政的弊端。

2. 美国

美国已成为中国出口遭遇技术壁垒的最大国家。美国的技术壁垒体系覆盖范围广，法规体系复杂，执法体系严谨，单边主义色彩鲜明。美国对食品、药品和化妆品及动植物的进口检验特别严格，机构齐全，专业人员队伍庞大，程序严密，因而构成对进口国特别是中国重大的障碍。

美国表面上极力倡导贸易自由化，但美国是世界农业大国，许多农产品过剩。为了将国内过剩的农产品抛向国际市场和阻止国外价格低廉的农产品冲击国内市场，美国设置标准极为苛刻的农产品技术贸易壁垒体系，具有较强的保护主义色彩。中国肉制品出口面对的美国技术性贸易壁垒，主要体现在严格的检验、检疫、认证、标准手段和措施上。美国制定了完整的保障食品安全的法律、法规和标准体系。这些法律既规范着国内农产品生产加工，同时也将不符合标准的国外产品挡在了国门之外。比如，美国就有《联邦食品、药品和化妆品法》、《联邦肉类检验法》、《蛋类产品检验法》、《家禽食品检验法》等，构成一个严密的食品安全保护法规网，对进口农产品的认证、包装、标志及检测、检验方法作了详细的规定。美国于 1997 年 12 月在食品加工中引入 HACCP 管理体系，禁止进口未实施 HACCP 的水产品和肉类食品，要求所有对美国出口的水产品、肉类产品企业必须获得 HACCP 的认证资格。

长期以来，美国通过实行“年度综合拨款法”等措施阻碍中国禽肉对美出口，这一做法从根本上违背了世贸规则，损害了中国企业在多边贸易体制下的应有利益。2010 年 10 月，世贸组织正式裁决美国《2009 年综合拨款法》关于限制中国禽肉进口的条款不符合世贸组织规则。

3. 日本

在技术法规、标准和合格评定程序方面，日本的技术标准与法规名目繁多，尽管日本新制定的国家标准有 90% 以上采用国际标准化组织等的标准，但仍有不少技术标准和法规与国际通行标准不一致。日本对商品规格要求很严，如果产品不满足相关规格标准，也不可能进入日本市场。

在产品质量认证和合格评定程序方面，凡进入日本市场的各国商品，日本的进口部门均对其国内的生产、消费、需求领域作动向调查，并由商品流通业界做定性分析。只有具备对比性、代表性、适用性、流通性，且多样化、个性化、感性化和市场畅销率高的商品才能获准进入日本市场。日本目前有 25 项认证制度。对某些产品，日本进口商在进口前不仅对它的国内市场进行动态调查，做出定性定量分析，还要对产品进行质量认证，或对其生产工艺和生产方法进行合格评定。

在环保方面，日本科技水平较高，通过立法手段，制定了严格的技术标准，对国外产品的进入限制性很强。环保标志不仅要求产品质量达标，且产品生产、销售、运输、消费的全过程都要有利于环境，对人体健康无害。在包装制度方面，要求产品包装必须利于回收处理且不能对环境产生污染。

进口检疫与食品卫生制度。日本制定了一系列法律法规，对进口的动植物及食品实行严格的检疫和卫生防疫制度。相关法律有《食品卫生法》、《植物防疫法》、《家畜传染病预防法》等。

动物防疫。日本动物检疫的指导原则是《家畜传染病预防法》，以及依据国际兽疫事务局（OIE）等有关国际机构发表的世界动物疫情通报制定该法的实施《细则》（即禁止进口的动物及其产地名录）。凡属该《细则》规定的动物及其制品，即便有出口国检疫证明也一概禁止入境。日本从外国进口动物以牛、马、猪、兔等家畜及各种家禽为主。如牛、羊、猪等偶蹄动物，因易感染口蹄疫，日本对其进口十分警惕。日本认为，全世界仅有韩国、菲律宾、美国等 32 个国家或地区属于无口蹄疫的“清洁地区”，可以正常进口。另有包括中国在内的9个国家的猪牛羊肉及肉制品要经过指定设备加热进行消毒处理后才可进口。而来自其他国家的上述货物均被禁止入境。

4. 中国香港

中国香港进口肉制品的要求参考欧盟等发达国家，强调源头管理，每年定期对供港肉制品企业进行检查，同时对肉制品企业配套养殖场也进行检查，特别是对养殖场的检查，涉及兽药、饲料、疫苗、管理等各个方面。

2010年中国香港推出新的《食物安全条例》，在肉制品方面作出了以下新的规定：

一是对立法规管的食物定义范围有所扩大。体现在：第一，在《公众卫生及市政条例》中，食物的定义并不包含活鱼（介贝类水产动物除外）、活两栖动物和冰，此次草案则将前述3种添加到食物的定义中。第二，目前香港食卫局及下属职能机构（香港食环署）对野味、肉类、家禽的规管依据为《进口野味、肉类及家禽规例》（第132AK章），该规例中不包含禽蛋产品的内容。新《食物安全条例》将会把添加了禽蛋规管要求的内容包含进来。

二是对相关部门执法权限予以扩大。包括授权对进口食品（野味、肉类和家禽除外）符合食品安全标准的检查权利和发出禁止进口令、禁售令或回收令的权利。

三是对内地供港的水生动物及水产品明确法律依据以及输港口岸做出调整。新《食物安全条例》将会对香港食卫局与国家质检总局过去达成的行政安排（检验检疫协议）做出法律地位的确认；并在原有文锦渡口岸输送供港水生动物及水产品基础上，拟增加经水路入港的流浮山、葵涌码头。

（三）肉制品技术性贸易措施的发展趋势分析

1. 技术标准、法规不断增多，让出口国防不胜防

为了阻碍外国产品的进口，保护本国市场，许多国家制定了繁多严格的标准、法规，甚至用法律明确规定进口商品必须符合进口国标准。目前，欧盟拥有的技术标准就有10多万个，德国的工业标准约有1.5万种。美国是目前公认的法制、法规比较健全的国家，其技术标准和法规之多就不必多说了。

2. 有些标准经过精心设计和研究，可以专门用来对某些国家的产品形成技术壁垒

如美国规定进口的月饼中咸蛋为唯一动物源性原料，同时限制制作工艺和烘焙时间，而中国的月饼大都是用猪油做原料调馅的，烘焙时间也不能达到美国要求；法国为了阻止英国糖果的进口而规定禁止含有红霉素的糖果进口，而英国的糖果普遍采用红霉素染色剂制造；法国禁止含有葡萄糖的果汁进口，这一规定的意图就在于抵制美国货物，因为美国出口的果汁普遍含有葡萄糖这一添加剂。

3. 检测技术手段更加先进

气相、液相、酶免疫等检测技术的发展使肉制品中药物残留的检测方法有了重大进展。检测残留限值从原来只能测定10万分率提高到目前的10亿分率，检测药物由原来的单残留检测发展到多残留检测，达到了可以检出微量、痕量甚至超痕量残留的水平，不仅可以检出水产品中的药物残留，而且可以检出药物代谢中间产物的残留。

4. 对我国实施技术性贸易措施的国家越来越多

技术性贸易壁垒的影响较之于关税和一般非关税壁垒更为广泛和深远，是因为它具有明显的扩散及仿效效应。一旦一个产品被实施了技术性贸易壁垒，就会产生连锁反应，从个别产品扩展到整个行业甚至多个行业，从一个国家扩展到多个国家甚至全球。近年来，国外越来越多对我国出口产品进行行业性封锁，一个产品不合格，整个行业的相关产品都会受到影响。

此外，一国实施的技术性贸易壁垒容易引起他国效仿。2002年1月30日，欧盟理事会以我国浙江舟山地区的冻虾仁氯霉素含量超标为由，通过《关于对产自中国的进口动物产品实行某些保护性措施的决议》（2002/69/EC），暂停进口产自中国的供人或动物消费的动物源性产品，禁令由虾

仁扩大到所有动物及含有动物成分的产品达 100 多个品种。欧盟的这一措施很快引起美国、匈牙利、俄罗斯甚至沙特阿拉伯等国的仿效。

5. 绿色壁垒扮演日益重要的角色

所谓绿色壁垒，就是以保护自然资源、生态环境和人类健康为名，通过制定一系列复杂苛刻的环境标准、卫生标准和法规，对来自其他国家的产品或服务设置各种人为障碍，保护本国产业利益，形成一种新型的非关税壁垒。随着全球环保意识的增强，各国尤其是发达国家对环保的要求越来越严格，以保护生态环境名义实施限制或禁止贸易措施名目繁多，绿色壁垒在技术性贸易壁垒中扮演越来越重要的角色。目前，虽然上述新的壁垒形式在实施范围和实施效力上不及那些已深入人心的标准、法规和合格评定程序，但它们代表了技术性贸易壁垒新的发展方向。这些新的壁垒涉及的范围更广、手续繁杂、措施严厉、扩散性更强，更易产生连锁反应。种种趋势表明，新的贸易壁垒形式将是今后较长一段时间内最难突破的壁垒。

6. 信息技术壁垒

信息技术壁垒是伴随电子商务、“无纸贸易”日新月异的发展而形成的，是发达国家在通关、检验检疫、电子单证等方面提出的新要求。目前，一些国家已开始强行要求以电子数据交换（EDI）方式进行贸易，美国、欧盟都已作出决定，要求采用 EDI 方式办理海关业务，若采用人工报关的，海关手续将被推迟受理。这又是发展中国家向发达国家出口的一个新门槛。

7. 道德壁垒

道德壁垒包括社会责任标准和动物福利标准。前者是关于人的劳动环境、劳动条件及劳工权利的标准，后者是关于动物生存权利、福利的标准。新近出现并被日益关注的全球首个“社会责任标准”——SA8000 标准，就把贸易保护的实现转到劳工标准、保护人类健康、维护人权和社会责任上，且有很大的隐蔽性和欺骗性。对畜禽产品的生产过程推行动物福利标准也会对我国食品和农产品的出口造成严重的负面影响。

(四) 肉及肉制品安全限量比较分析

1. 肉及肉制品的兽药残留限量比较

参见本书第四章第三节。

2. 肉及肉制品重金属限量比较

(1) 国内外对肉及肉制品重金属检测项目比较。由于各国之间存在饮食文化差异，加之外界环境因素和食品原料来源、生产工艺等也有所不同，因此关注的重金属检验项目也就不同。表 6–12 分别列出 CAC、中国以及各主要贸易国或地区法规和标准中规定的肉及肉制品重金属检验项目。

表 6–12 国内外肉及肉制品重金属检测项目比较

重金属种类	CAC	中国	欧盟	澳大利亚	日本	韩国	美国	中国香港
铅	√	√	√	√				
镉		√	√	√				√
汞		√						
砷		√					√	
锡	√	√						

CAC、中国及各主要贸易国或地区肉制品涉及的重金属项目主要有铅、镉；锡主要是罐装肉制品。总之，与 CAC 及各主要贸易国相比，中国和中国香港不仅重金属检验项目数量多，而且各重金属指标涉及食品种类数量也多。

（2）国内外肉及肉制品重金属限量比较。国内外肉及肉制品重金属限量比较见表 6–13。

表 6–13　中国与各国之间的重金属限量比较

重金属	中国		CAC		欧盟		澳大利亚		美国		中国香港	
	肉品种类	限量（mg/kg）	肉品种类	限量（mg/kg）	肉品种类	限量（mg/kg）	肉品种类	限量（mg/kg）	肉品种类	限量（mg/kg）	肉品种类	限量（mg/kg）
铅	禽畜肉类	0.2	牛肉、猪肉、绵羊肉及禽肉	0.1	牛肉、绵羊肉、猪肉及禽肉	0.1	牛肉、绵羊肉、猪肉及禽肉	0.1			所有固体食物	
	食用禽畜下水	0.5	牛下水、猪下水、禽下水	0.5	牛、绵羊、猪及禽类内脏	0.5	可食用的牛、绵羊、猪及禽类内脏	0.5				
	熟肉制品	0.5										
	肉类罐头	0.5										
	腌腊肉制品	0.2										
	胶原蛋白肠衣	2										
锡	肉类罐头	250	熟制腌肉肠，熟制腌火腿，熟制腌猪蹄膀，咸牛肉，午餐肉	50~250							所有固体食物	230
镉	禽畜肉	0.1			牛肉、绵羊肉、猪肉、禽肉及马肉	0.05~0.2	牛肉、绵羊肉和猪肉	0.05			动物肉类及家禽肉类	0.2
	禽畜肝脏	0.5			牛肝、绵羊肝、猪肝、禽类肝脏及马肝	0.5	牛肝、绵羊肝和猪肝	1.25				
	禽畜肾脏											
	熟肉制品											
	肉类罐头											
	腌腊肉制品											

续表

重金属	中国		CAC		欧盟		澳大利亚		美国		中国香港	
	肉品种类	限量(mg/kg)	肉品种类	限量(mg/kg)	肉品种类	限量(mg/kg)	肉品种类	限量(mg/kg)	肉品种类	限量(mg/kg)	肉品种类	限量(mg/kg)
砷	蛋类、禽畜肉类	0.05							蛋、禽畜肉及下水	0.5~2.0	肉类固体食物	1.4
铬	肉类（包括肝、肾）	1									动物及家禽肉类	1
汞	肉、蛋（去壳）及蛋制品	0.05									所有固体食物	0.5
	鲜、冻禽产品	0.05										
	熟肉制品	0.05										
	肉类罐头	0.05										
	腌腊肉制品	0.05										

通过比较发现，中国肉及肉制品重金属检验项目最多，限量值的设定与CAC、欧盟、澳大利亚、韩国、日本相比无较大区别。此外，中国香港重金属检验项目也比较多，但重金属涉及食品种类过于笼统，仅分为所有固体食物、所有液体食物，而且绝大部分限量值过于宽松，尤其是铅、汞、砷、镉的限量值。

3. 肉及肉制品微生物限量比较

肉及肉制品以其丰富的营养成为人们膳食营养的主要来源。正由于肉及肉制品含有如此丰富的营养成分，因此使其在加工、贮藏、运输和销售过程中极易受到微生物的污染，并在适宜的调节下会很快繁殖，最终导致腐败变质，引起消费者食物中毒，危及健康甚至生命。因此，肉类食品的卫生安全性成为各国高度关注的问题之一。表6–14列出各主要贸易国肉及肉制品微生物学检验项目及相应的限量指标值。

表6–14　国内外肉及肉制品微生物检验要求

国家或地区	产品		检验项目	限量值	备注
中国	鲜、冻禽产品	鲜禽产品	菌落总数	1 000 000 cfu/g	
			大肠菌群	10 000 MPN/100 g	
			沙门氏菌	0/25 g	
			出血性大肠埃希氏菌O157：H7	0/25 g	
		冻禽产品	菌落总数	500 000 cfu/g	
			大肠菌群	1 000 MPN/100 g	
			沙门氏菌	0/25 g	
			出血性大肠埃希氏菌O157：H7	0/25 g	

续表

国家或地区	产品		检验项目	限量值	备注
中国	熟肉制品	烧烤肉	菌落总数	50 000 cfu/g	
			大肠菌群	90 MPN/100 g	
			致病菌（金黄色葡萄球菌、沙门氏菌、志贺氏菌）	不得检出	
		肴肉	菌落总数	50 000 cfu/g	
			大肠菌群	150 MPN/100 g	
			致病菌（金黄色葡萄球菌、沙门氏菌、志贺氏菌）	不得检出	
		肉灌肠	细菌总数	50 000 个/cm^2	
			大肠菌群	30 个/100 cm^2	
			致病菌（金黄色葡萄球菌、沙门氏菌、志贺氏菌）	不得检出	
		酱卤肉	细菌总数	80 000 个/cm^2	
			大肠菌群	150 个/100 cm^2	
			致病菌（金黄色葡萄球菌、沙门氏菌、志贺氏菌）	不得检出	
		熏煮火腿、其他熟肉制品	细菌总数	30 000 cfu/g	
			大肠菌群	90 个/100 g	
			致病菌（金黄色葡萄球菌、沙门氏菌、志贺氏菌）	不得检出	
		肉松、油酥肉松、肉粉松	细菌总数	30 000 cfu/g	
			大肠菌群	40 个/100 g	
			致病菌（金黄色葡萄球菌、沙门氏菌、志贺氏菌）	不得检出	
		肉干、肉脯、肉糜脯、其他熟肉干制品	细菌总数	10 000 cfu/g	
			大肠菌群	30 个/100 g	
			致病菌（金黄色葡萄球菌、沙门氏菌、志贺氏菌）	不得检出	
	辐照熟畜禽肉类	出厂	菌落总数		
			大肠菌群		
			致病菌（金黄色葡萄球菌、沙门氏菌、志贺氏菌、溶血性链球菌）	不得检出	
		销售	菌落总数		
			大肠菌群		
			致病菌（金黄色葡萄球菌、沙门氏菌、志贺氏菌、溶血性链球菌）		不得检出

续表

国家或地区	产品		检验项目		限量值	备注
韩国	肉制品		细菌总数（个/g）		≤10 000	仅适用于巴氏灭菌的制品
	肉制品		细菌总数		阴性	仅适用于经灭菌的肉制品
			大肠菌群		阴性	
			大肠埃希氏菌 O157：H7		阴性	
日本	肉制品	肉脯	大肠埃希氏菌		阴性	
		未加热	大肠埃希氏菌		100 个/g	
			金黄色葡萄球菌		1 000 个/g	
			沙门氏菌		阴性	
		特殊加热	大肠埃希氏菌		100 个/g	
			梭菌		1 000 个/g	
			金黄色葡萄球菌		1 000 个/g	
			沙门氏菌		阴性	
		加热杀菌前包装	大肠杆菌群		阴性	
			梭菌		1 000 个/g	
		加热杀菌后包装	大肠埃希氏菌		阴性	
			梭菌		1 000 个/g	
			沙门氏菌		阴性	
	鲸鱼肉制品		大肠杆菌群		阴性	
澳大利亚	腌制/盐腌已烹煮预包装肉		凝固酶阳性葡萄球菌	n=5 c=1	m=100/g M=1 000/g	
			单核细胞增生李斯特氏菌	n=5 c=0	m=0/25 g	
			沙门氏菌	n=5 c=0	m=0/25 g	
	热处理预包装肉酱		单核细胞增生李斯特氏菌	n=5 c=0	m=0/25 g	
			沙门氏菌	n=5 c=0	m=0/25 g	
	未烹煮发酵肉糜		沙门氏菌	n=5 c=0	m=0/25 g	
			凝固酶阳性葡萄球菌	n=5 c=1	m=1 000/g M=10 000/g	
			大肠埃希氏菌	n=5 c=1	m=3.6/g M=9.2/g	
欧盟	碎肉和预制肉	生食	沙门氏菌	n=5 c=0	m=0/25 g	食品安全标准
		熟食	沙门氏菌	n=5 c=0	m=0/10 g（2010 年 1 月 1 日后禽畜肉 m 改为 0/25 g）	食品安全标准
	机械分离肉		沙门氏菌	n=5 c=0	m=0/25 g	食品安全标准
	肉制品	生食	沙门氏菌	n=5 c=0	m=0/25 g	食品安全标准
		熟食	沙门氏菌	n=5 c=0	m=0/10 g（2010 年 1 月 1 日后禽畜肉改为 0/25 g）	食品安全标准

续表

国家或地区	产品	检验项目		限量值	备注
欧盟	牛、绵羊、山羊和马胴体	需氧菌菌落总数		m=3.5（对数平均值） M=5.0（对数平均值）	加工卫生标准
		肠杆菌科		m=1.5（对数平均值） M=2.5（对数平均值）	加工卫生标准
		沙门氏菌	n=50 c=2	m=0/25 g	加工卫生标准
	猪胴体	需氧菌菌落总数		m=4.0（对数平均值） M=5.0（对数平均值）	加工卫生标准
		肠杆菌科		m=2.0（对数平均值） M=3.0（对数平均值）	加工卫生标准
		沙门氏菌	n=50 c=5	m=0/25 g	加工卫生标准
	肉鸡和火鸡禽胴体	沙门氏菌	n=50 c=7	m=0/25 g（颈部皮肤）	加工卫生标准
	碎肉	沙门氏菌	n=5 c=2	m=500 000 cfu/g M=5 000 000 cfu/g	加工卫生标准
		需氧菌菌落总数	n=5 c=2	m=50 cfu/g M=500 cfu/g	加工卫生标准
	机械分离肉	大肠埃希氏菌	n=5 c=2	m=500 000 cfu/g M=5 000 000 cfu/g	加工卫生标准
		需氧菌菌落总数	n=5 c=2	m=50 cfu/g M=500 cfu/g	加工卫生标准
	预制肉	大肠埃希氏菌	n=5 c=2	m=500 cfu/g M=5 000 cfu/g	加工卫生标准
美国	小公牛/小母牛	沙门氏菌	n=82 c=1	m=阳性	
		大肠埃希氏菌	n=13 c=3	m=阴性（即<5 cfu/cm^2） M=100 cfu/cm^2	
	母牛/公牛	沙门氏菌	n=58 c=2	m=阳性	
		大肠埃希氏菌	n=13 c=3	m=阴性（即<5 cfu/cm^2） M=100 cfu/cm^2	
	碎牛肉	沙门氏菌	n=53 c=5	m=阳性	
		大肠埃希氏菌	n=13 c=3	m=阴性（即<5 cfu/cm^2） M=100 cfu/cm^2	
	嫩鸡	沙门氏菌	n=51 c=12	m=阳性	
		大肠埃希氏菌	n=13 c=3	m=100 cfu/cm^2 M=1 000 cfu/cm^2	
	猪	沙门氏菌	n=55 c=6	m=阳性	
		大肠埃希氏菌	n=13 c=3	m=10 cfu/cm^2 M=10 000 cfu/cm^2	
	碎火鸡肉	沙门氏菌	n=53 c=29	m=阳性	
		大肠埃希氏菌	n=13 c=3	m=100 cfu/cm^2 M=1 000 cfu/cm^2	
	碎鸡肉	沙门氏菌	n=53 c=26	m=阳性	
		大肠埃希氏菌	n=13 c=3	m=100 cfu/cm^2 M=1 000 cfu/cm^2	

通过列表比较，可以看出韩国规定了肉制品（仅适用于经灭菌的肉制品）的检验项目为细菌总数、大肠菌群、大肠埃希氏菌 O157：H7，且定为阴性，要求较苛刻。日本按不同的加工处理将肉制品进一步细分后做出具体规定，均规定应检验反映受粪便污染程度的大肠杆菌群或者大肠埃希氏菌，几乎都要求检验沙门氏菌，加热产品还要求检验梭菌，项目数 1~4 项不等。中国统一为菌落总数、大肠菌群和致病菌（金黄色葡萄球菌、沙门氏菌、志贺氏菌），检验项目的选择同样缺乏针对性和科学性，项目数通常为 5 项。

澳大利亚肉制品均规定检验沙门氏菌，此外，加工程度相对较浅的未烹煮发酵肉糜要求再增加大肠埃希氏菌、凝固酶阳性葡萄球菌的检验；腌制/盐腌已烹煮预包装肉要求再增加凝固酶阳性葡萄球菌、单核细胞增生李斯特氏菌的检验；而对于深加工的热处理预包装肉酱要求再增加单核细胞增生李斯特氏菌的检验。检验项目数 2 项或 3 项。

欧盟食品安全标准部分仅选择沙门氏菌，项目数为 1 项。欧盟加工卫生标准部分，牲畜类胴体要求检验除沙门氏菌之外，还要求检验需氧菌菌落总数、肠杆菌科；禽类胴体仅要求检验沙门氏菌；碎肉和机械分离肉要求检验需氧菌菌落总数、大肠埃希氏菌；预制肉仅要求检验大肠埃希氏菌。项目数 1~3 项。

美国联邦法规中的畜禽产品要求包括“检验加工控制标准：大肠埃希氏菌检验”和“减少致病菌的执行性标准：沙门氏菌”，分别列出了鸡、牛、猪的微生物限量。

中国与欧盟相比，可以看出欧盟要求比较严格。如欧盟碎肉和预制肉的菌落总数指标，n=5，c=2，m=5×10^5，M=5×10^6，即取 5 个检样，最多只允许 2 个检样超过 5×10^6；中国 n=1，c=0，m=10^6，即取 1 个检样，检验结果不可超过 m 值 10^6。虽然同样是不可超过 10^6，但欧盟的 5 个检样还必须有 3 个不得超过 10^5。牲畜类胴体的菌落总数也是如此，规定 m=10^4 ，M=10^5。又如，欧盟和澳大利亚均规定沙门氏菌 n=5，c=0，m=0/25 g，中国规定为不得检出，显然也比中国严格。

但值得注意的是，欧盟和美国在畜禽产品生产加工过程允许存在一定比例携带沙门氏菌的产品。这是因为这些国家自动化程度高，如鸡的宰杀势必感染沙门氏菌。美国作为世界上生产和出口肉鸡最多的国家，禽畜肉主管部门 USDA 充分考虑了某些集团利益后（垄断资本家的利益），制定的《减少致病菌、危害分析和关键控制点体系最终法规》允许沙门氏菌检出率可以为阳性。

与欧盟、澳大利亚、美国等主要贸易国相比，中国食品微生物限量还存在食品分类、检验项目、采样方法等方面的问题，仍需进一步完善。

（五）肉制品出口应对国外技术贸易措施的建议

世界农业保护由来已久，农业的基础性、弱质性决定了农产品国际贸易的敏感性，无论是在 WTO 谈判还是在其他国际双边或多边谈判中，农业从来就是争论最大、谈判最艰苦的领域。

1. 促进提高肉制品生产质量管理体系，提高产品质量，打造过硬品牌

随着国际禽肉市场竞争的日益激烈，肉制品出口越来越依赖品牌效应。目前，品牌已经成为一种产品在国际上立足的重要标志，是其国际竞争力和企业信誉的重要体现。

因此，企业要以应对技术壁垒为契机，依靠科技进步调整出口商品结构，尤其是深化对肉制品的深加工，促使产业升级，提高加工层次，按照国际先进标准，从生产、加工到包装、运输，全面提升产品的附加值，并从饮食文化方面发展我国禽肉类产品的特色，将其打造成家喻户晓、品质良好的品牌，对禽肉类产品乃至整个产业的发展有着重要的推动作用。

政府要加大对畜禽肉产业的扶持力度，利用资金投入、技术支持，到推进企业认证、质量监管等多种手段，切实帮助企业提高生产质量管理体系，提高产品质量，打造民族品牌，使得中国肉制品获得国际社会认可。当前，国内肉制品生产还存在低成本、低技术的生产方式，需要走规模化、产业化、标准化生产模式。因而，政府可以充分利用 WTO 的相关规则，学习发达国家农业扶持的经验，对我国畜禽肉类产品的养殖、生产、加工和出口企业进行补贴，鼓励畜禽肉类产品的出口。

同时，增加对我国畜禽肉产业的投资，对畜禽肉类产品的企业提供包括生产设备、检测仪器、厂房等基础设施的更新，以及新的技术专利等无形资产的使用权。

在整体提高我国畜禽肉产业的产业化水平的同时，政府还应集中优势努力打造我国畜禽肉类产品龙头企业的建设。由于各国法律和标准的不同，各国对进口禽肉类产品所需的认证也不尽相同，从申请到取得这些认证需要投入大量的专门人才和检测设备，还需要与进口国不断沟通。受资金和技术限制，这些对于国内大多数畜禽肉类产品生产和出口企业都无法单独完成，因此需要政府加以扶持。政府可以运用其行政手段和技术等方面的优势，帮助企业与进口国达成认证申报注册手续，并不断督促企业自身体系的建设，出台相关的奖励和刺激政策，使广东畜禽肉类产品加工生产企业尽可能多地获得国外禽肉市场的通行证，增强我国畜禽肉类产品的出口竞争力。

2. 积极扩大多边谈判，帮助企业实施市场多元化战略

政府需要扩大与贸易伙伴的双边或多变谈判，利用WTO规则，敦促发达国家取消对发展中国家不公平的技术性贸易壁垒。同时，继续发挥国际大国的作用，进一步推进全球农产品贸易自由化进程。

广东畜禽肉类产品长期以来出口地区集中，主要在日本、中国香港、美国和欧盟等发达国家（或地区），而这些发达国家（或地区）往往科技发达，对产品卫生质量要求非常高，而对于一些与我国发展水平相似的国家，技术性贸易措施的水平较低。因而企业实施市场多元化战略不但可以有效规避不合理的技术性贸易壁垒，同时也可以扩大广东畜禽肉类产品的国际市场占有率，改变过去由于发达国家单方面提高标准而使企业受阻的情况。

3. 完善技术性贸易措施建设，参与国际贸易规则制定

面对日趋严峻、繁琐的技术性贸易措施新形势，建立和完善我国畜禽肉类产品的标准化体系和相关法律法规的建设就显得尤为重要。首先，政府应该积极借鉴发达国家制定标准和相关法规的经验，尤其是国际食品法典委员会所颁布肉制品标准，加快我国畜禽肉类产品的标准化建设，使得中国肉制品技术性贸易措施与国际社会接近，减少因技术性贸易措施差别而引起的贸易障碍。其次，在发达国家制/修订肉制品相关技术法规和标准时，我国应积极应对，一方面根据我国肉制品的实际情况，对国外不合理的技术法规和技术标准采取坚定立场，尽快向WTO提出相关的关注或提案，增加我国的谈判筹码，争取相关发展中国家的支持；另一方面积极推进国际技术交流、政府部门交流、检测能力互认等工作，尽早促成国际标准的制定，维护我国作为世界肉制品生产大国的正当权益。

4. 建立技术壁垒预警体系

近年来，发达国家不断提高畜禽肉类产品的技术性贸易措施和市场准入条件，标准变化迅速，国内企业常常由于对国外新出台的技术性贸易壁垒的信息了解不充分而使出口产品蒙受损失。因而，首先，政府应组织专门的人力、物力，发挥政府优势，利用各种渠道，尽可能快地收集和整理国外最新的技术性贸易措施和法规、标准制定动向，通过通报网站、数据库以及咨询电话等方式，建立起我国针对国外技术性贸易壁垒的预警机制。其次，企业应选择可信赖的国外产品代理公司，它们不仅对当地市场了如指掌，对所在行业的最新动态以及消费者的最新需求也应充分把握。最后，各部门应把信息及时向政府部门、行业和企业进行扩散，从而确保在每一起技术壁垒案件发生之前都能事先得到消息，为及时调整出口策略、减少被技术壁垒影响的概率和迅速组织企业应对创造条件。

5. 充分发挥肉制品行业协会的作用

一方面，行业协会可以将国内畜禽肉企业的意见传达给政府部门，也可以在面对不合理的外生技术性贸易壁垒时代表国内行业向国外要求起诉或者谈判。在发达国家，大多数行业协会在国际贸易中都起着非常重要的作用。因此，行业协会可以通过联合进口国的民间组织，向实施贸易保护的政府部门施加压力，使得其取消或降低不公平的技术性贸易壁垒。另一方面，行业协会本身对内要

依建立企业自律和行业自律机制，监督会员之间按照行业协会制定的道德规范、行为准则和竞争程序等开展生产。同时也要建立惩罚机制，对违规会员进行处罚，正确处理、协调和规范企业间的竞争关系，避免企业之间不合理的恶性竞争，保护畜禽肉产业市场良性运转。

6. 大力发展中兽药产业及生物制药产业

随着欧盟等发达国家禁止在畜禽饲料中添加抗生素、抗菌药物，面对各国对畜禽产品的绿色贸易壁垒，纯天然、无公害、高效低毒、绿色环保的中兽医药技术与产品、生物制药备受世人瞩目。发挥中草药及生物制药防治动物疾病的优势和特点，不但会降低抗生素和化学合成药物的用量，而且能改善畜禽产品品质。

四、调味品

民以食为天，食以味为先，调味品是人民生活必需品。随着人民生活水平的提高，人们对日常生活的要求已由原来的“吃饱”过渡到现在的“吃好”，对生活必需品之一的调味品的要求自然也越来越高，这也是整个调味品产业发展的动力。看似不起眼的小小调味品，却创出了一个庞大的市场，自 2003 年调味品行业进入高速发展阶段以来，年增长率一直保持在 10% 以上，有时达到了 20%，甚至 30% 以上的增长速度。某些产品的月销售额以亿计，发展速度甚至超过了一些以高科技著称的企业。调味品产业“小产品、大市场”的格局正在形成，发展前景非常广阔。

广东是中国第一调味品大省，出口份额也远比其他省份要多得多，在业内具有代表性。因此，分析广东调味品出口受阻的原因，对及时了解进口国要求，规避风险，减少损失，增加广东调味品国际市场份额，具有积极的意义。

（一）调味品出口贸易现状

1. 调味品出口的整体情况

根据国家标准 GB/T 20903—2007，调味品是指在饮食、烹饪和食品加工中广泛应用的，用于调和滋味与气味，并具有去腥、除膻、解腻、增香、增鲜作用的产品。按终端产品进行分类，可分为食用盐、食糖、酱油、食醋、味精、芝麻油、酱类、豆豉、腐乳、鱼露、蚝油、虾油、橄榄油、调味料酒、香辛料和香辛料调味品、复合调味料、火锅调料，共 17 类。

广东调味品产量大、品种多，传统老字号以海天、致美斋为代表，新一代调味品企业以美味鲜、珠江桥、味事达为代表。现有的知名品牌有海天、厨邦、致美斋、味事达、珠江桥、双桥、美极等。其中，海天已发展成为全国最大的专业调味品生产基地，生产以酱油为龙头，包括蚝油、醋、调味酱、味精、鸡精、调味汁、调味粉等八大系列 200 余个品种的产品，产品不仅遍及全国 30 多个省、市、自治区，还远销全球 100 多个国家或地区。

2008—2010 年，广东检验检疫辖下各口岸调味品年出口量分别为 12.61 万吨、12.04 万吨、13.32 万吨，货值分别为 1.32 亿美元、1.39 亿美元、1.41 亿美元，主要出口产品为酱油，其后依次为酱类、食醋、汤料及其制品、其他调味品。出口量较大的口岸有新会、中山、番禺，汕头、广州等，主要输往中国香港、美国、马来西亚、英国、印度等国家或地区。

2. 调味品出口存在问题

（1）口岸不合格检出情况。2008—2010 年，广东检验检疫辖下各口岸出口调味品不合格数量分别为 33 批、16 批、22 批，不合格的原因主要有微生物、化学有害物质、品质、食品添加剂、食品标签，其中微生物不合格主要为大肠菌群、菌落总数、金黄色葡萄球菌；品质方面主要是氨基酸态氮；化学有害物质主要是亚硝酸盐、三氯丙醇、黄曲霉毒素；食品添加剂主要是山梨酸、苯甲酸、二氧化硫。

（2）国外通报不合格情况。2008—2010 年，调味品不合格的主要通报方是美国和欧盟，其中美国通报次数占总通报次数的 68.1%，欧盟通报次数占总通报次数的 19.1%，具体情况见表 6-15。

表 6-15 不同国家或地区对调味品通报情况（2008—2010 年）

国家或地区	2008 年	2009 年	2010 年	总计
美国	18	9	5	32
欧盟	2	0	7	9
马来西亚	2	0	0	2
日本	1	1	0	2
中国台湾	0	1	0	1
韩国	0	0	1	1
总计	23	11	13	47

调味品被通报的不合格原因主要包括备案注册、食品添加剂、品质、微生物等，被通报次数分别为 25 次、10 次、9 次、8 次；其后不合格原因还包括食品标签、农兽药残、人类受到危害、化学物质污染、生物毒素。

仅美国通报了低酸性食品及酸化食品未备案注册的情况，主要原因是加工过程未备案 16 次，低酸性食品生产厂未注册 9 次。

马来西亚、美国、欧盟、日本通报了食品添加剂不合格情况，其中马来西亚通报检出苯甲酸和山梨酸各 2 次，美国通报检出亚硫酸盐、色素和不安全的食品添加剂各 1 次，欧盟通报检出对羟基苯甲酸丙酯、对羟基苯甲酸乙酯各 1 次，日本通报检出山梨酸 1 次。

品质不合格共被通报 9 次，其中美国通报 8 次，包括因污秽或腐败通报 7 次和不符合卫生标准通报 1 次，韩国因任意延长流通时间通报 1 次。

微生物污染共被通报 8 次，其中欧盟通报 5 次，原因是检出蜡样芽孢杆菌 3 次和枯草芽孢杆菌 2 次，美国因检出沙门氏菌通报 3 次。

标签不合格共被美国通报 4 次。

人类受到危害是被欧盟因检出辐照而通报 2 次。

农药残留不合格共被通报 2 次，包括日本因检出除草剂通报 1 次和中国台湾因检出巴拉松通报 1 次。

化学物质污染被欧盟因检出锌通报 1 次。

生物毒素超标是被欧盟因检出黄曲霉毒素而通报 1 次。

3. 调味品出口被通报原因分析

出口检验和国外通报不合格情况大致可分为以下几方面：市场准入未获准（备案注册）、污染物质超标（微生物、三氯丙醇、亚硝酸盐、生物毒素、农兽药残、重金属、辐照）、品质未达标（氨基酸态氮）、食品添加剂超量超范围使用（山梨酸、苯甲酸、色素）、食品标签不符合规定。

出口调味品质量有所提高，但微生物超标问题依然存在，拟出口产品中不合格原因中半数以上是微生物问题，尤其是细菌总数和大肠菌群超标问题。此外，虽然三氯丙醇事件已经过去很久，但不合格情况时有出现。

由于现阶段酱油的生产工艺大多以天然发酵为基液，经过后期的调配制作而成，加工工艺成熟，因此生产企业要在加工环境和加工过程中物理、化学和生物污染控制上下工夫，特别是从两方面强化管理：一是对使用的辅料要经检验合格，确保食品添加剂质量符合要求才使用；二是继续抓好在酱油的后处理过程的质量，包括灭菌、配兑、沉淀等工序，确保品质达标、有毒有害物质不超标，各项指标均能符合要求。

已出口调味品被国外通报不合格原因最多的是未备案注册，该现象在 2008 年尤为突出。据国家商报消息，仅2008年4~5月，美国FDA就通报了10批次来自中国的食品未经低酸性食品注册，产品包括腌萝卜、酱油、盐水豆腐、青豆罐头等品种。这些产品均因没有获得美国FDA签发的FCE号和SID号而被扣留。

我国被美国FDA扣留的未注册的低酸性食品主要原因，一是输美食品企业不熟悉美国的对低酸性食品必须注册的这一要求，其次是部分企业对本身产品的特性不了解，对pH和水分活度没有进行检测而盲目出口。

综上所述，造成产品不合格被禁止出口或被国外通报的原因，一方面在于企业生产加工运输环节存在漏洞，使得产品存在安全质量问题，如污染物质超标、品质未达标；另一方面在于对国外标准法规和最新动态的收集不及时，无法完全掌握出口国家的要求，仅能从以往的经验进行评估，从而增加出口调味品不合格的风险，如未获备案注册、食品添加剂超量超范围使用、食品标签不符合规定。

此外，通过非法途径非法出口食品的现象时有发生，而且在国外通报不合格案例中占有的份额颇重。以2010年为例，8批被通报食品就有6批为非法出口，值得高度关注。

（二）主要贸易国或地区的调味品技术性贸易措施实施情况

1. 美国

美国联邦法规第21篇169章（21 CFR 169 Food Dressings and Flavorings）对调味品做出了严格的要求，生产商应参照该要求对产品质量进行控制。出口至美国的调味品生产企业应重点关注以下三方面的问题。

（1）市场准入程序。由于对密封容器包装的低酸性食品的热加工不充分，以及酸化食品酸化处理不适当，引发了对生命具有威胁的肉毒素中毒。为此，美国发布了21 CFR 108，规定除酒精饮料外，最终平衡pH大于4.6及水分活度大于0.85的低酸性食品与酸化食品入境前必须向FDA申请办理注册登记，由生产企业申请工厂注册号（FCE，Food Canning Establishment）及加工过程呈报号（SID，Submission Identifier），而且SID必须按产品种类和规格进行注册，不同种类和规格的产品被分配不同的SID号码。由于某些调味品也属于低酸性食品所定义的范畴，比如酱油、酱类，所以出口这类产品至美国的生产企业必须提前申请注册登记号，避免因程序不符合要求而被扣留。

（2）食品标签规定。美国是世界上食品标签要求最严格的国家之一，食品标签方面的法律法规体系比较完善，包括《联邦食品药品和化妆品法》、《合理包装和标签法案》、《1990年营养标签和教育法案》、《1994年膳食补充剂健康和教育法案》、《2004年食品过敏原标签和消费者保护法案》等，而且频繁地进行修订更新。调味品与大部分食品一样，除必须列出食品名称、配料表、净含量、进口商名称地址、原产国和营养标签之外，还可能涉及过敏原标志、转基因标志，甚至是辐照标志问题。所以，调味品企业应对美国食品标签规定及变化情况密切跟踪，认真研究，并提前采取应对措施，否则出口产品极易发生因食品标签不合格而被美国扣留的情况。

（3）限量指标要求。美国对进口食品的安全卫生极为重视，制定并实施了名目繁多的食品安全方面的技术性贸易措施，对食品添加剂、药物残留以及其他污染物都进行严格监控。但是美国的技术性贸易措施体系非常分散。比如，美国的法律体系是由联邦法律和各州法律组成的，50个州都有自己的宪法和法律，各州之间的法律不完全相同，这在很大程度上影响了法律的统一实施。又如，美国政府广泛地依赖和使用非政府机构制定的自愿标准，然而当标准无法满足管理和采购要求时，联邦政府、州和地方政府及机构会自行制定相关标准，各州标准缺乏一致性，并且往往不采用国际标准，给产品进入美国造成了极大的障碍。加上，美国通报形式基本未列明不合格检测项目的具体名称，如"检出不安全色素"、"含新兽药"、"检出杀虫剂"、"检出不安全的食品添加剂"，透明度较差，给出口国寻找原因、规避风险增加了困难。因此，只有提前多关注、多收集美国食品添加剂使用、微生物污染限量指标以及品质要求方面的信息，才能争取主动权。

2. 欧盟

欧盟较早关注和研究国际贸易中的技术性贸易壁垒问题，有着世界上最完整、最复杂的技术法规体系，近年来，颁布了大量的技术法规和标准，并配套了相应的合格评定程序，是技术性贸易壁垒最严重的地区。目前，欧盟高度关注环保和节能，因此相关要求也成了欧盟设置技术性贸易壁垒的新领域。

进入欧盟地区的调味品，其安全必须满足欧盟食品最高标准的《欧共体食品安全白皮书》，然后是该产品相关的具体指令，如下：

（1）欧盟第88/388/EEC号指令规定了关于调味料的一般规定、标签要求及成分上限，指令91/71/EEC，从协调各成员国用于食品的香料以及香料生产的原料来源方面完善了指令88/388/EEC。目前88/388/EEC和91/71/EEC被EC 1334/2008代替，新的调味品法规也包括一份调味物质的肯定列表名单，对欧盟使用的总计2 800种的调味物质进行评估，并且对其中的530种物质进行更多测试，包括之前已经受到诸如联合国粮农组织/世界卫生组织食品添加剂联合专家委员会评估过的调味物质，已于2010年底通过。

新法规其中一个主要变化是对天然调味品增补了新的详细标签要求，同时对确定作为“调味物质”的天然以及人造调味品重新分类。

（2）食品污染物最高限量的新法规（EC 1881/2006号条例）自2007年3月1日起正式生效，原EC 466/2001号食品污染物法规同时废止。欧盟关于食品污染物最高限量的新法规对硝酸盐、真菌毒素、重金属、二噁英及类二噁英多氯联苯、三氯丙醇等六大类食品污染物做出了最高限量要求。上述污染物涉及食品农产品种类极广，水产品、动物产品、粮食制品、调味品、罐头食品、蔬菜、水果、酒类等几乎都在新法规的监控范围内。

此后，EC 629/2008，EC 105/2010，EC 165/2010，EC 1126/2007，EC 565/2008，EC 629/2008，EC 105/2010，EC 165/2010对EC1881/2006号条例进行了修订。

从上述欧盟通报情况看，出口调味品至欧盟的生产企业应关注以下几方面。

欧盟是世界花生主要进口地区，黄曲霉毒素自然成为欧盟关注的重点，欧盟规定的黄曲霉毒素限量标准是世界最严格的。1998年7月16日，欧盟通过了1525/98号指令，公布了欧盟食品中黄曲霉毒素的限量标准和与之配套的抽样方案，该指令已经于1999年1月1日在所有欧盟成员国实施。其具体内容包括：作为人类直接食用或用作食品原料的花生、油籽类、坚果、干果、谷物及其制品中黄曲霉毒素B1限量为2 μg/kg，总黄曲霉毒素限量（B1+B2+G1+G2）为4 μg/kg；需经挑选或其他物理处理后方能供人类食用的花生中黄曲霉毒素B1限量为8 μg/kg，总黄曲霉毒素限量（B1+B2+G1+G2）为15 μg/kg。2010年1月1日欧盟实施《因黄曲霉毒素污染风险而加强对某些第三国进口食品进行特殊控制的决议》，对不同进口国的抽样检测黄曲霉毒素的比例进行修改，特别是对来自中国的花生及其制品的抽样比例由以前的10%提高到20%。虽然到目前为止该检测项目主要针对花生，但是调味品也曾因黄曲霉毒素超标被通报过，而且口岸检验酱油和酱类也发现过黄曲霉毒素超标的情况，所以生产酱油以及含花生等油籽类酱料的出口企业应该关注花生黄曲霉毒素检测指令。

食品添加剂对羟基苯甲酸乙酯、对羟基苯甲酸丙酯属于对羟基苯甲酸酯类防腐剂，中国国家标准GB 2760允许羟基苯甲酸酯类用于醋、酱油、酱及酱制品、蚝油、虾油、鱼露等，最大使用量为0.25g/kg。但是欧盟仅允许其添加至某些品种，如谷类小吃或马铃薯类小吃和包衣坚果、不含巧克力的糖果、包装肉制品的肠衣、液体食品补充剂、表面经过处理的肉干制品，不允许其添加至调味品。

3. 日本

日本与调味品相关的法规标准包括：

（1）《植物保护法》规定对进口调味品进行病虫害检疫，对报装密封的干燥调味品可以免除该检查。

(2)《食品卫生法》要求调味品必须符合相关的食品添加剂、农药残留等方面的要求，同时根据调味品的性质和生产地点，进行黄曲霉毒素的项目检查。此外，在销售时，调味品必须有商标说明。

(3)《日本农业标准》(JAS) 要求，调味品的质量需符合该标准中“加工食品质量状况标准”，且必须有产品在出口国的状况描述。另外，因为检查核实和描述制度已引入“有机的农产品”，除非符合 JAS 所收录的具体分级标准，否则此类产品不可使用诸如“yuki”或者“有机”等表述。

（三）调味品技术性贸易措施的发展趋势分析

1. 准入门槛越砌越高

如美国要求某些属于低酸性食品的调味品（酱油、酱类）进口前必须向 FDA 申请办理注册登记，由生产企业申请工厂注册号 FCE 及加工过程呈报号 SID，不同种类和规格的产品还应分别注册不同的 SID 号码。

又如美国 2011 年 1 月 4 日生效的《食品安全现代化法案》，首次要求进口商必须验证其海外供货商为保证食品安全而采取了充分的预防控制措施，FDA 还可以授权合格的第三方检测者确认境外食品设施符合美国食品安全标准，以确保进口食品符合美国标准，保障消费者安全。

2. 法规标准越订越严

如欧盟对香辛料调味料（辣椒、胡椒、姜、姜黄、肉豆蔻）中的赭曲霉毒素 A 残留限量标准 2012 年 7 月 1 日起将由原来的 30 μg/kg 降至 15 μg/kg。

又如酱油中的三氯丙醇（3-MCPD）限量方面，最初是 2000 年，我国在行业标准（SB 10338—2000）中规定配制酱油所使用的原料水解植物蛋白三氯丙醇含量应≤1 mg/kg，加拿大食品检验署和香港食物环境卫生署指引也是≤1 mg/kg。2002 年 12 月，澳大利亚在“标准 1.4.1 污染物和天然有毒物质”中增加豆酱和蚝酱中的三氯丙醇含量应≤0.2 mg/kg 的规定。2006 年，欧盟规定水解植物蛋白以及酱油中三氯丙醇最高含量为 0.02 mg/kg。正在制定中的《酱油》国家食品安全标准也规定酿造酱油中的三氯丙醇限量为 0.02 mg/kg。

标签方面的要求也是日趋严格，不仅是标示内容增加，而且要求也在不断修改。比如，美国食品标签频繁修订，据 WTO 通报及美国动态法规信息分析得知，2007—2009 年美国制/修订的食品标签要求主要涉及以下几方面：健康和含量声称、过敏原标签、辐照食品标签、转基因食品标签、营养标签、酒精含量说明、贮藏说明、原产国标示和标签管理。与大部分食品一样，调味品也应该根据新规定对标签版面做出相应的修改。

3. 检测技术越来越先进

气相、液相、酶免疫等检测技术的发展使药物残留的检测方法有了重大进展。检测残留限值从原来只能测定 10 万分率提高到目前的 10 亿分率，检测药物由原来的单残留检测发展到多残留检测，达到了可以检出微量、痕量甚至超痕量残留的水平，不仅可以检出最终产品中的药物残留，而且可以检出药物代谢中间产物的残留。

检测技术的进步对检测项目的增加和加严起到了推波助澜的作用。以日本为例，2006 年 5 月 29 日实施“肯定列表制度”以来，不但具体限量标准数量从 10 000 余条突增至近 60 000 条，而且每年修订的药物残留数据以千计，2006 年 5 月 29 日至 2009 年 7 月 2 日，两年半的时间修订了 3 000 余药残限量数据。

（四）调味品出口应对技术性贸易措施的建议

1. 加强产品风险管理

把调味品风险监测作为风险管理的主要手段，成立质量安全风险管理技术机构，推进安全风险监测体系建设，充分运用已有的风险监测渠道，包括重点监测、监督抽查、口岸查验、现场检查、社会舆情、投诉举报、境外通报等，不断扩大风险监测范围，加大对重点地区、重点产品的风险监测力度。特别是对那些高风险、高敏感性的调味品，要实施重点监测、实时监测，提升风险监测的针对性和有效性。

同时，要在风险监测的基础上，完善风险分析制度，加强风险分析评估，对监测发现的问题和可能发生的风险，及时向社会发布风险预警，向地方政府做出风险通报，让公众提前做好风险防范准备。

通过进一步加大风险监测力度、完善风险分析、加强风险预警和通报、构建风险防范长效机制，把风险消灭在萌芽状态，切实做到防范在前、主动在前。

2. 落实企业主体责任

企业是食品质量安全的责任主体。通过加大宣传的方式，调动企业的主观能动性，引导企业落实质量安全主体责任的自觉性。同时，促请调味品行业协会等民间组织充分发挥行业监督和约束作用，协同督促落实企业的主体责任。

作为食品安全的责任主体，企业必须将安全成本纳入生产成本，加强全过程控制。要求企业不断完善食品原辅料的采购查验、食品添加剂备案、关键工序控制、食品出厂检验、运输贮存管理、不合格食品召回等各项食品安全管理制度，把好食品原辅料进厂验收和使用控制关、食品生产过程关键工艺质量控制关以及食品出厂检验关。提升企业防范和降低质量安全风险的能力，切实落实食品安全法规定的企业质量安全主体责任，确保出口调味品的安全卫生。

3. 做好原料基地备案

自2005年国家检验检疫总局对出口蔬菜（含食用菌）、茶叶等植物源性食品原料种植基地实施检验检疫备案管理以来，我出口蔬菜、茶叶的质量安全水平有了显著提高，成效显著。

建议对调味品敏感原料如大豆、辣椒等，实施原料基地备案管理制度，全面推进出口食品“公司+基地+标准化”管理模式，规范种植管理，从源头抓好，有效控制农药、重金属等化学污染物，保障出口植物源性食品原料的质量安全卫生。

4. 搭建信息共享平台

广泛收集欧、美、日、韩等主要贸易国调味品法律法规、标准、合格评定程序、通报和预警等信息，如市场准入要求、安全卫生限量指标、致敏原和转基因标签标志等，通过建立信息共享平台，及时把国内外调味品信息提供给生产企业。

5. 发挥协会桥梁作用

行业协会是企业与政府的桥梁纽带，能起到上传下达的作用，是做好食品安全工作不可或缺的角色之一。

为调味品行业的发展创造良好的舆论环境和氛围，使得企业时刻关注食品安全，切实做好生产管理和品质控制。中国调味品协会自2009年以来，每年都在行业内组织召开调味品行业的食品安全会议，邀请政府部门、专家、企业代表及媒体朋友一同探讨调味品行业的食品安全话题。

6. 着手相关研究工作

（1）建议开展调味品原辅料、食品添加剂和包装材料的风险分析，确定原辅料等物料验收的关键控制指标和关键控制限值，制定原料供应商的管理和评估办法，为原料验收及源头质量把关提供重要的科学依据。

（2）建议开展调味品生产过程中部分关键控制点的关键限值的实验研究工作，通过数据分析，确定关键限值和控制措施，为调味品HACCP实施提供科学指南。

五、休闲食品

休闲食品其实也是快速消费品的一类，是在人们闲暇、休息时所吃的食品。主要分类有：干果，膨化食品，糖果，肉制食品等。随着生活水平的提高，休闲食品一直是深受广大人民群众喜爱的食品。据统计，休闲食品消费增长速度很快，近年来我国休闲食品市场规模呈几何级的速度增长，高出食品市场平均增长率20个百分点，休闲食品在主要超市、重点商场食品经营比重中已占到了10%以上，名列第一；销售额已占到5%以上，名列第三，仅次于冷冻食品和保健滋补品，在中国食品市场的地位日益重要。但中国休闲食品产量与国外发达国家相比相距甚远，尤其同世界休闲食品消费大国美国相比，中美两国人均消费差距约为150倍。可见，休闲食品的发展空间巨大。

目前，市场上的休闲食品共有以下几大类：谷物膨化类、油炸果仁类、油炸薯类、油炸谷物类、食糖类、肉禽鱼类、干制果蔬类等。根据中国CIQ的分类方式，休闲食品可分为糖果及巧克力制品、烘焙油炸食品、蜜饯、干（坚）果及炒货、肉脯类以及饮料等。下文就以该分类方式对广东出口休闲食品进行分析。

（一）休闲食品出口贸易现状

1. 广东休闲食品出口的整体情况

广东是我国休闲食品生产和出口的集中地，中国规模较大的休闲食品企业都集中在这里，如：徐福记、锦泰（思朗）、嘉顿、雀巢美极、圣心、华美等。2006—2010年，休闲食品出口量比例已超过广东农食产品出口的5%，因而关注休闲食品出口贸易的变化，对于广东食品行业的发展，具有重要的现实意义。

2007—2010年4年中，广东检验检疫机构辖区（除深圳、珠海外）出口货值达18.21亿美元，出口较多的国家或地区依次为中国香港、东盟、美国、澳大利亚、加拿大、英国、日本、沙特阿拉伯等（表6-16）。而在2008—2010这3年中，广东出口休闲食品均以双位数字的比例快速增长，2008年出口货值同比增长18.19%，2009年增长11.67%，2010年增长36.40%。广东出口休闲食品类别中，出口量（按货值）依次是：糖果巧克力类、烘焙油炸食品类、蜜饯类、干坚果炒货类、肉脯类，其中糖果巧克力类产品在广东出口休闲食品中占据了重要组成部分，2007—2010年4年中糖果及巧克力制品的出口额是最大的，共9.35亿美元，超过休闲食品出口总额的50%。而在2008—2010年的3年中，就占广东整个出口休闲食品货值近六成（2008年占56.5%，2009年占60.55%，2010年占60.6%），并且年增长情况也非常迅速，3年增长率分别为34.97%、24.49%和38.61%（图6-1）。

表6-16 2007—2010年广东休闲食品出口额

产品种类	出口额度（万美元）					不同产品出口量比例（%）
	2007年	2008年	2009年	2010年	2007—2010年	
糖果及巧克力制品	20 572.09	18 614.06	22 760.28	31 548.07	93 494.50	51.35
烘焙油炸食品	8 433.38	9 133.66	9 006.35	12 364.98	38 938.36	21.39
蜜饯	2 852.40	3 830.56	3 267.89	4 787.08	14 737.93	8.09
干（坚）果、炒货类	1 861.54	3 456.62	2 273.77	2 631.14	10 223.07	5.61
肉脯	821.00	1 194.00	862.59	732.12	3 609.71	1.98
合计	43 721.75	48 118.69	38 170.88	52 063.39	182 074.70	100.00

广东出口糖果的种类涵盖了所有糖果品种，其中以硬质糖果出口最多；其次是烘焙和油炸食品，2007—2010年4年的出口额达到3.90亿美元，约占21.39%，在2010年增长迅猛。再次是蜜饯和

干（坚）果及炒货，分别占 8.09% 以及 5.61%；最低的是肉脯类，仅占 1.96%。

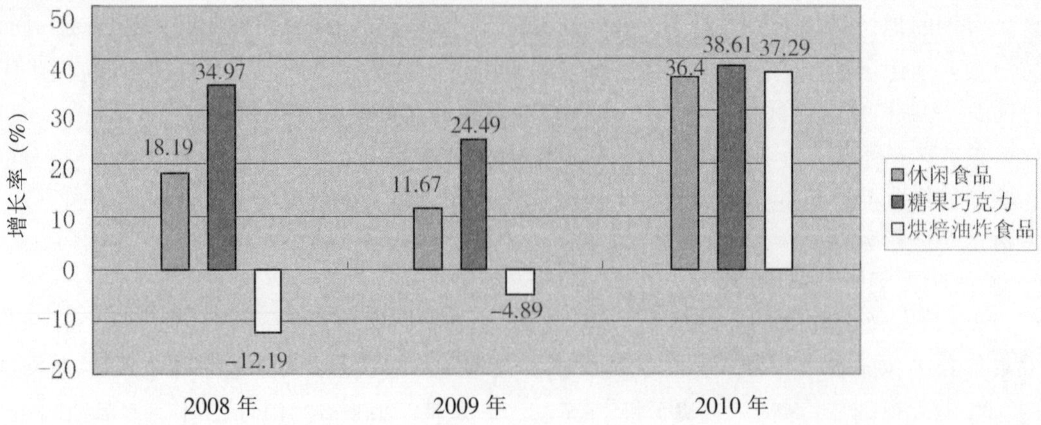

图 6-1 2008-2010 年广东出口休闲食品及糖果巧克力类、烘焙油炸类食品的同比增长情况

2. 广东休闲食品出口存在问题

（1）广东出口休闲食品的不合格概况。2008—2010 年，广东休闲食品在出口时共被检出不合格批次 353 批，3 年来整体的平均合格率均为 99.71%，广东出口休闲食品的整体质量情况基本是良好的，但其中仍存在着一些质量安全问题（表 6-17）。从广东出入境检验检疫局辖区检验出的不合格出口休闲食品统计显示：最多被检出的是糖果及巧克力制品，占总不合格批次的比重为 39.66%，略低于糖果及巧克力类食品在出口休闲食品中的比重（51.00%）。烘焙油炸食品不合格批次所占比重为 46.46%，高于此类食品在出口休闲食品中比重约 1.8 倍，说明烘焙油炸食品的相对不合格率较高。蜜饯类食品不合格批次所占比重为 5.10%，略低于出口额中所占比重。干（坚）果炒货类食品所占的比重为 1.98%，也低于出口所占比重。

表 6-17 2008—2010 年广东休闲食品出口检验不合格批次

产品种类	2008 年	2009 年	2010 年	2008—2010 年	2008—2010 年不同产品比例（%）
糖果及巧克力制品	86	36	18	140	39.66
烘焙油炸食品	70	32	62	164	46.46
蜜饯类	8	8	2	18	5.10
干（坚）果、炒货类	3	4	0	7	1.98
肉脯类	21	1	2	24	6.80
合计	188	81	84	353	100.00

表 6-18 2009—2010 年境外对广东出口休闲食品预警批次

产品种类	2009 年	2010 年	2009—2010 年	2009—2010 年不同产品比例（%）
糖果及巧克力制品	18	0	18	27.69
烘焙油炸食品	18	11	29	44.62
蜜饯	10	4	14	21.54
干（坚）果、炒货类	4	0	4	6.15
合计	50	15	65	100.00

2009—2010 年，广东出口休闲食品在国外被预警 65 次。从表 6–18 可以看到，烘焙油炸类食品被预警比例最高，其次是糖果及巧克力制品、蜜饯、干（坚）果、炒货类。其中烘焙油炸食品、蜜饯类食品被预警比例远高于出口额比重，前者为 44.62%，后者为 21.54%，说明这两类食品需要重点监管；干果炒货类食品被预警比例略大于出口额比重；糖果及巧克力制品被预警比例低于出口额比重。出口烘焙油炸食品的问题最为严重，值得进一步加强监管。

(2) 广东出口休闲食品检出不合格项目的概况。在众多项目中，出口休闲食品被检测不合格的项目中最多的是微生物，约占 75.78%；其次是添加剂，约占 9.32%；再次是黄曲霉素和标签，分别占 5.90%以及 4.66%。重金属所占比重为2.80%，其他占 1.55%（表 6–19）。可见，制约中国休闲食品出口的重要因素是微生物问题。

表 6–19 2008—2010 年广东出口休闲食品检验不合格项目出现批次

年度检测不合格项目种类	2008 年	2009 年	2010 年	2008—2010 年	2008—2010 年不同产品比例（%）
微生物	134	55	55	244	75.78
添加剂	19	9	2	30	9.32
重金属	7	0	2	9	2.80
标签	8	2	5	15	4.66
黄曲霉素	1	3	15	19	5.90
其他	0	0	5	5	1.55
总计	169	69	84	322	100.00

（二）存在问题

1. 国内食品安全问题严重影响我国国际形象，增加出口难度

国内每一次大规模食品安全问题都将在长时间内影响我国国际形象，增加我国食品出口难度。如，2007 2008 年三聚氰胺污染事件对中国乳业乃至乳制品行业的打击巨大，国外消费者不认同中国的乳品以及乳制品，同时也影响到了所有含乳类的休闲食品出口。

2. 非法出口严重影响我国国际形象

非法出口产品严重影响广东休闲食品出口的质量安全。从调查数据分析，广东出入境检验检疫局辖区被国外通报的不合格休闲食品大部分属于非法出口的不合格食品，非注册企业生产的休闲食品通过非法途径，未经检验检疫出口是造成被国外通报不合格较多的主要原因。据统计，3 年内不合格通报中，近四成是由于属于非法出口的不合格休闲食品。

3. 技术落后制约我国食品出口

出口休闲食品的微生物指标不合格情况尤为严重。出口休闲食品微生物超标问题依然严重(2008 年占不合格出口休闲食品的 69.23%，2009 年是 62%，2010 年是 79.71%)，是出口休闲食品不合格的主要原因。由于休闲食品生产加工企业起步门槛低，规模小，工艺简单，设备及卫生条件简陋，自动化和机械化程度不高，生产工人和管理人员流动性强，生产工人卫生培训跟不上，企业日常卫生管理制度不落实等，造成企业质量管理不到位，出口食品质量隐患多。

4. 对现行国外食品标准认知不足，影响到产品的出口

对国外食品标准收集渠道不广，掌握不够，不及时，加之食品中有毒有害物质限量标准正作为许多国家新的技术性壁垒，变化较快，在掌握标准的“新”与“全”方面存在难度。其中最能受到关注的是食品添加剂的标准问题。

食品添加剂是休闲食品的灵魂，食品添加剂的合理、合法应用，可以极大提升休闲食品的感官享受，博取消费者的青睐。但是与此同时，食品添加剂的误用、滥用以及非法添加物的使用，对消费者而言是一种梦靥，对休闲食品产业更是一种灾难性打击。因此，休闲食品的发展与监管的核心重点应该是食品添加剂的监管。目前，各国对食品添加剂的规定各不相同，内容更新频繁，食品添加剂品种繁杂。如：①目前，国际以及各国禁止在食品领域中使用的甜味剂。FAO/WHO：对苯乙基脲；美国：环己基氨基磺酸盐及其衍生物、甜精；日本：甜精、环己基氨基磺酸钙、环己基氨基磺酸钠、甘草酸三钠。②目前，国际及各国禁止在食品中使用的防腐剂。FAO/WHO：硼砂；硼酸；溴化植物油；氯酸钾；焦碳酸二乙酯；碘酸钙、碘酸钾；硝基糠棕；水杨酸及其盐类；溴酸钾(1994 年)；美国：焦碳酸二乙酯［Diethylpyrocarbonate（DEPC）；§189.140］、一氯乙酸(Monochloroacetic acid；§189.155)、硫脲（Thiourea；§189.190）；日本：硫氰乙酸乙酯（防腐剂）、酸性亚硫酸钾（漂白剂），次亚硫酸钾（漂白剂），甲基苯醌（防腐剂）、亚硝酸钾（发色剂），过氧化氮（小麦粉改良剂），原儿茶酸乙酯（抗氧化剂），没食子酸异戊酯（抗氧化剂）、亚硫酸钾（漂白剂），高锰酸钾（酿造用剂），氯胺 B（杀菌剂），氯胺 T（杀菌剂），山梨酸钠（防腐剂），对羟苯甲酸セカングリブチル（防腐剂），对二氯基氨、2,4,5-三氯苯氧基代十二烷基三甲铵（柑橘表皮抑霉剂），次氯酸（杀菌剂），脱氢醋酸（防腐剂）、1993.4.28 漂白粉（杀菌剂）。③最近，加拿大正在修订法规，以允许添加源自一种转基因枯草芽孢杆菌品系的麦芽淀粉酶，到面包、面粉、全麦面粉和非标准烘焙产品中。

由于信息收集不及时，休闲食品生产企业的产品配方、生产工艺未能因应进口国相关法规及限量的更新而及时跟进，同时某些新检测项目缺乏相应的标准、判定依据，使企业质控部门和国家检测监督部门的检测手段不能及时跟进把关，从而也造成出口产品被进口国检出不合格。

休闲食品是我国对一类食品的总称，有些国家并不是这么归类，因而目前，部分国家有关各类休闲食品的标准，主要集中在对休闲食品的品质指标、安全指标以及标签等的规定；也有些国家并没有单独颁布关于休闲食品的标准，但是在其他食品法规中对食品进行了通体的规定，休闲食品属于这类食品，同样符合该类规定。但是，无论这些国家是否颁布单独的休闲食品标准，这些国家的休闲食品生产与进出口都是以 CAC 所颁布的这几类休闲食品标准为准则的（表 6-20）。

表 6-20　CAC 中的休闲食品标准

标准号	英文名称	中文名称
CODEX STAN 12-1981，Rev. 1-1987，Rev. 2-2001	Honey	蜂蜜
CODEX STAN 86-1981，Rev. 1-2001	Cocoa Butter	可可脂
CODEX STAN 87-1981	Chocolate	巧克力
CODEX STAN 105-1981，Rev. 1-2001	Cocoa powders（cocoas） and dry mixtures of cocoa and sugars	可可粉和可可糖混合物
CODEX STAN 141-1983，Rev. 1-2001	Cocoa（Cacao）Mass（Cocoa/Chocolate Liquor）and Cocoa Cake 1 2001	加工可可和巧克力制品所使用的碎可可豆，可可块，可可油饼和可可细粉
CODEX STAN 142-1983	Composite and Filled Chocolate	夹心巧克力成分
CODEX STAN 147-1985	Cocoa Butter Confectionery	可可脂糖果
CODEX STAN 168-1989	Mayonnaise	蛋黄酱
CODEX STAN 212-1999，Amend. 1-2001	Sugars	糖

（三）休闲食品出口应对国外技术贸易措施的建议

1. 建立技术壁垒预警体系

一是收集整理国内外休闲食品的产品质量安全信息，包括国内外标准和相关检验检疫法规，及其他与外经贸相关的法律、法规，建立相应的数据库，及时了解所在市场对某种商品采取什么措施和政策，以及当地制定的各种标准，和这些标准在实施中所遇到的问题等，并加强国内外标准和相关检验检疫法规的研究，尤其是食品添加剂安全使用标准。二是选择可信赖的国外产品代理公司，它们不仅对当地市场了如指掌，对所在行业的最新动态以及消费者的最新需求也应充分把握。三是应充分发挥进出口食品化妆品风险预警信息系统预警作用，及时收集和发布风险预警信息，把信息及时向政府部门、行业和企业进行扩散，从而确保在每一起技术壁垒案件发生之前，都能事先得到消息，为及时调整出口策略、减少被技术壁垒影响的概率和迅速组织企业应对创造条件。

2. 深化产品种类及配方技术创新，提高产品质量

企业要以应对技术壁垒为契机，依靠科技进步调整出口商品结构，尤其是深化对休闲食品品种、配方的技术创新，促使产业升级，提高加工层次。加强技术研发特别是加强关键技术的研发，不断开发新工艺、新配方、新方法，推出新产品，从而提高产品科技含量，促使产品结构向高新技术产品和高附加值产品转型，以避开各种形式的贸易壁垒。

3. 主管部门与地方相关职能部门紧密配合，敦促企业加强监督管理

一是主管部门（质检系统）要充分发挥在技术、信息、人才等方面的优势，积极指导帮助企业提高质量控制能力，确保产品质量，增强企业在国际市场竞争力和应对国外技术壁垒的能力。二是主管部门与地方相关职能部门增加横向联系沟通，达成共识，发挥合力，形成对进出口食品质量安全齐抓共管的良好局面，努力构建“地方政府负总责，企业负主体责任，检验检疫机构负监管责任”的进出口食品安全责任体系。三是加强企业监督指导，督促企业加大投入，改进卫生条件和设备，配置较高素质检测人员，配齐生产管理技术人员，提高企业人员业务能力和管理水平，提高企业自检自控能力，适应形势发展和现代企业管理的需要，确保产品安全卫生质量。强化企业日常监管，积极了解掌握食品行业中所谓的“潜规则”，及时发现问题，解决问题。四是主管部门要系统分析企业信誉及产品风险，通过质量安全诚信体系建设，加强对企业动态分类管理，控制高风险、低诚信企业及其产品，提高针对性、有效性，同时也要着力强化企业是产品质量第一责任人的意识，促进企业自觉履行社会责任。

4. 企业加强原辅料管理，特别是食品添加剂的管理

一是企业建立健全原辅料索证、检验验收制度，加强原料源头管理。二是加强出口食品添加剂使用的管理。对出口食品使用添加剂备案管理，强化出口食品生产企业添加剂购买、贮存、使用的核查机制，加强出口食品中添加剂及非食品用化学物质的监测工作，加大对食品添加剂和非食品用化学物质违法违规使用行为的处罚力度。

参考文献

[1] 林苗，李志勇，等. 主要贸易国农食产品及化妆品技术性贸易措施指南 [M]. 北京：中国标准出版社，2009.

[2] 葛志荣，蒲民，等. 主要贸易国家和地区食品中农兽药残留限量标准汇编：农兽药卷（上、下）[M]. 北京：中国标准出版社，2006.

[3] 王霓霓，蒲民，等. 主要贸易国家和地区食品中农兽药残留限量标准汇编（上、中、下）[M]. 2 版. 北京：中国标准出版社，2010.

[4] 葛志荣，蒲民，等. 国内外食品添加剂使用规范和限量标准：农兽药卷（上、下）[M]. 北京：中国标准出版社，2007.

[5] 宿忠民，等. 主要贸易国家和地区食品中微生物限量标准汇编 [M]. 北京：中国标准出版社，2009.

[6] 葛志荣，等. 日本肯定列表制度—食品中农业化学品残留限量：药品卷 [M]. 北京：中国标准出版社，2010.

[7] 葛志荣，等. 日本肯定列表制度—食品中农业化学品限量标准：食品卷 [M]. 北京：中国标准出版社，2010.

[8] 葛志荣，邹志飞，等. 国内外食品添加剂使用规范和限量标准（上、中、下册）[M]. 北京：中国标准出版社，2007.

[9] 邹志飞. 食品添加剂检测指南（上、下册）[M]. 北京：中国标准出版社，2010.

[10] 甄宇江. 主要贸易国食品中致敏原标识管理 [M]. 北京：中国标准出版社，2011.

[11] 《食品中农业化学品残留限量》编委会编. 日本肯定列表制度食品中农业化学品残留限量：食品卷. 北京：中国标准出版社，2006.

[12] 《主要贸易国家和地区食品中农兽药残留限量标准》编委会编. 主要贸易国家和地区食品中农兽药残留限量标准：食品卷 [M]. 北京：中国标准出版社，2006.

[13] 姜宗亮. 韩国食品安全法规与标准译编. 北京：中国工商出版社，2003.

[14] 高维新，蔡春林. 贸易救济法教程 [M]. 北京：对外经济贸易大学出版社，2009.

[15] 苑涛. WTO 贸易救济措施 [M]. 北京：清华大学出版社，2007.

[16] 迈克尔·R. 里德. 国际农产品贸易 [M]. 孔雁，译. 北京：清华大学出版社，2009.

[17] 韩立余. 世界贸易组织法 [M]. 北京：中国人民大学出版社，2010.

[18] 蒲民，高东微，等. 剖析日本肯定列表制度 [J]. 中国食品工业，2006（9）：16–18.

[19] 蒲民，林伟，王力舟. 美国食品安全体系特点分析 [J]. 中国标准化，2006（8）：19–21.

[20] 黄冠胜，林伟，王力舟，等. 食品安全技术性贸易措施体系框架研究. 中国标准化，2006（8）：6–8.

[21] 李晓瑜，王茂起. 国内外食品添加剂的管理法规、标准状况及分析 [J]. 中国食品卫生杂志，2004，16（3，4）：211–214.

[22] 戴宇欣. 欧盟与我国食品添加剂使用规定的对比研究 [J]. 上海标准化，2005（7）：47–51.

[23] 田静. 食品添加剂和污染物法典委员会及 FAO/WHO 食品添加剂联合专家委员会简介 [J]. 中国食品卫生杂志，2006，18（3）：286–288.

[24] 宋稳成，何艺兵，叶纪明. 国际食品法典农药残留限量标准最新进展 [J]. 农药科学与管理，2008，29（2）：41–51.

[25] 耿天霖. 中国农药残留领域采用CAC标准研究［J］. 世界农业, 2005, 10: 39-42.
[26] 张志恒, 陈丽萍. 欧盟农药MRL标准及中国的主要差距［J］. 世界农业, 2004, 10: 47-48.
[27] 马爱进. 中外食品中农药残留限量标准差异的研究［J］. 中国食物与营养, 2008, 1: 12-14.
[28] 中华人民共和国广东出入境检验检疫局编译. 国内外技术法规和标准中食品微生物限量［M］. 北京: 中国标准出版社, 2002.
[29] 白凤翎, 等. 国内外食品卫生微生物标准体系探究［J］. 食品科技, 2006 (5): 1-4.
[30] 孟昭赫. 国际上食品卫生微生物学采样和标准的动态［J］. 中国公共卫生, 1989, 5 (7): 11-14.
[31] 李乐, 宋怿, 房金岑. 浅谈协调性原则在水产技术性贸易措施通报评议中的理解与运用［J］. 中国水产, 2010 (7): 82-83.
[32] 宋林飞. 积极应对当前国际新贸易保护主义［J］. 中国经贸导刊, 2009 (7): 38.
[33] 狄琳娜, 王殿华. 食品安全技术性贸易措施的经济效应分析——基于市场失灵的视角［J］. 社会科学家, 2011 (6): 63-66.
[34] 国家质量监督检验检疫总局. 世界贸易组织与技术性贸易措施［M］. 北京: 中国计量出版社, 2005.
[35] 于维军. 农畜产品出口遭遇技术性贸易壁垒的现状及原因分析［J］. 中国禽业导刊, 2005 (21).
[36] 金德有. 中国应对技术性贸易壁垒策略［M］. 北京: 中国标准出版社, 2005.
[37] 林伟. 美国食品安全技术性贸易措施体系解析［J］. 中国标准化, 2006: 8.
[38] 全毅. 浅析美国食品技术性贸易壁垒体系［J］. 世界经济与政治论坛, 2006: 1.
[39] 赵欣. 美国、欧盟、日本技术性贸易壁垒的比较分析与对策研究［J］. 中国轻工教育, 2005: 4.
[40] 李轩. 对技术性贸易壁垒国际规制的理性分析［J］. 经济纵横, 2007年5月刊创新版.
[41] 孙敬水. 技术性贸易壁垒的经济分析［M］. 北京: 中国物资出版社, 2005.
[42] 王菁. 欧美食品领域技术性贸易壁垒体系的特点与发展趋势［J］. 中国食物与营养, 2009 (10): 34-36.
[43] 李哲. 以技术预警实现战略应对——技术性贸易措施典型案例分析［J］. 中国科技论坛, 2006 (4): 91-95.
[44] 全毅. 国际农产品贸易中技术性贸易壁垒的现状与趋势［J］. 国际经贸探索, 2005: (1).
[45] 李萍. 技术性贸易壁垒对我国农产品出口的影响及对策［J］. 中山大学学报论丛, 2005: (4).
[46] 刘敏. 应对技术壁垒是国家科技工作的一项长期战略［J］. 中国科技论坛, 2004: (5).
[47] 王江. 构建我国农产品技术性贸易壁垒预警体系的框架［J］. 农业经济问题, 2006: (5).
[48] 莫世健. 技术性贸易壁垒中贸易和环保的平衡［J］. 中国政法大学学报, 2007, 25 (2).
[49] 裘海花. 地方政府如何应对国外技术壁垒. 技术壁垒案个案分析［J］. 中国外贸, 2005 (7): 44-46.
[50] 李纂. 行业协会在应对技术性贸易壁垒中的作用思考［J］. 世界标准化与质量管理, 2006 (4): 47-50.
[51] 宋稳成, 何艺兵, 叶纪明. 国际食品法典农药残留限量标准最新进展［J］. 农药科学与管理. 2008, 29 (2): 41-51.
[52] 耿天霖. 中国农药残留领域采用CAC标准研究［J］. 世界农业, 2005, 10: 39-42.
[53] 张志恒, 陈丽萍. 欧盟农药MRL标准及中国的主要差距［J］. 世界农业, 2004, 10: 47-48.
[54] 马爱进. 中外食品中农药残留限量标准差异的研究［J］. 中国食物与营养, 2008, 1: 12-14.
[55] 耿天霖. 国内外兽药残留限量标准差异性及技术壁垒措施研究［J］. 家禽科学, 2005, 7: 5-8.

[56] 马爱进. 食品中兽药残留限量标准的差异 [J]. 肉类研究, 2007, 10: 40-43.
[57] 佟家栋. 贸易自由化、贸易保护与经济利益 [M]. 北京: 经济科学出版社, 2002.
[58] 陈有志, 徐世腾. 国际反倾销中公共利益问题及启示 [J]. 国际贸易问题, 2002.
[59] 侯海英著. 反倾销与贸易保护主义 [M]. 北京: 兵器工业出版社, 2006.
[60] 李乐, 宋怿, 房金岑. 浅谈协调性原则在水产技术性贸易措施通报评议中的理解与运用 [J]. 中国水产, 2010 (7): 82-83.
[61] 宋林飞. 积极应对当前国际新贸易保护主义 [J]. 中国经贸导刊, 2009 (7): 38.
[62] 狄琳娜, 王殿华. 食品安全技术性贸易措施的经济效应分析——基于市场失灵的视角 [J]. 社会科学家, 2011 (6): 63-66.
[63] 蒋芳. 我国禽肉产需形势分析及发展趋势 [J]. 中国畜牧杂志, 2007, 43 (22): 19.
[64] 孙涛. 技术性贸易壁垒对我国畜产品出口影响的实证分析 [D]: [硕士学位论文]. 济南: 山东大学, 2007.
[65] 申秋红. 中国家禽业的经济分析 [D]: [博士学位论文]. 北京: 中国农业科学院, 2008.
[66] 陈劲松. 绿色壁垒与中国畜产品出口贸易战略研究 [D]: [硕士学位论文]. 济南: 山东大学, 2004.
[67] 朱信凯. 中国肉鸡产业经济研究 [M]. 北京: 中国农业出版社, 2007.
[68] 段辉娜, 王巾英. 我国畜产品出口中的动物福利壁垒探析 [J]. 中央财经大学学报, 2007 (3): 76-80.
[69] 廖洪波, 唐良富, 余松华, 等. 我国与CAC关于肉类添加剂使用范围和限量标准的对比研究 [J]. 中国食品添加剂, 2010, 2: 171-177.
[70] 徐俊. 在美国感受HACCP [G]. http: //www.foodmate.net/topic/haccp6/doc/xujun.doc.
[71] Azim Essaji. Technical regulations and specialization in international trade [J]. Journal of International Economics, 2008.
[72] Calvin L, et al. Technical Barriers to Trade: A Case Study of Phytosanitary Barriers and U. S. - Japanese Apple Trade [J]. Journal of Agricultural and Resource Economics, 1998.
[73] Deardorff A V. Determinants of Bilateral Trade: Does Gravity Work in a Neo Classical Framework [M]. University of Chicago Press, 1998.
[74] Roberts D, et al. Overview of Foreign Technical Barriers to US Agricultural Exports. Economic Research Service Staff Paper, U. S. Department Agriculture, 1997.
[75] Hiro Lee, et al. Cooperation or Confrontation in U. S. - Japan Trade? Some General Equilibrium Estimates [J]. Journal of the Japanese and International Economics, 1999.
[76] Henson Spencer. Costs Associated with Divergent National Product Standards and Conformity Assessment Procedures and the Impact on International Trade. Regulatory Reform in the Global Economy - Asian an Latin American perspectives, OECD, 1998.
[77] Maskus K E, et al. The cost of compliance with product standards for firms in developing countries: an econometric study [M]. Washington DC: World Bank Working Paper, 2007.
[78] McCallum J. National Borders Matter: Canada - US Regional Trade Patterns. American Economic Review, 1995.
[79] Paul Brenton, et al. Technical Barriers to Trade in the European Union: Importance for Accession Countries. CEPS Working Document No. 144, 2000.
[80] Krissoff, et al. Barriers to Trade in Global Apple Market. Fruit and Tree Nuts Situation and

Outlook, Economic Research Service.

[81] WHO Media centre. Food safety and foodborne illness [R/OL]. [2007-3]. http://www.who.int/mediacentre/factsheets/fs237/en/.

[82] Commision Regulation (EC) No. 2073/2005 of 15 November 2005 on microbiological criteria for foodstuffs. http://eur-lex.europa.eu/en/index.htm.

[83] Commission Regulation (EC) No. 1441/2007 of 5 December 2007 amending regulation (EC) No. 2073/2005 of 15 November 2005 on microbiological criteria for foodstuffs. http://eur-lex.europa.eu/en/index.htm.

[84] Australia New Zealand Food Standards Code Standard 1.6.1 Microbiological Limits for Food [S]. http://www.foodstandards.gov.au/thecode/foodstandardscode.cfm.

[85] Amendment of the Australia New Zealand Food Standards Code [R]. http://www.foodstandards.gov.au/thecode/foodstandardscode.cfm.

[86] Specifications, Standards and Testing Methods for Foodstuffs, Implements Containers and Packaging, Toys, Detergents [S]. http://www.mhlw.go.jp/english/topics/foodsafety/index.html.

[87] Ministerial Ordinance on Milk and Milk products Concerning Compositional Standards, etc [S]. http://www.mhlw.go.jp/english/topics/foodsafety/index.html.

[88] Bad Bug Book [R/OL]. http://www.cfsan.fda.gov/cgi-bin/printall.cgi.

[89] ICMSF microbiological hazards categorisation [R]. http://www.foodmicrobe.com/food%20poisoning%20microorganisms.htm.

[90] Microbiological criteria - past, current and future use [R]. http://www.icmsf.iit.edu.

[91] http://www.codexalimentarius.net/mrls/pestdes/jsp/pest_q-e.jsp.

[92] http://ec.europa.eu/sanco_pesticides/public/index.cfm.

[93] http://www.mrldatabase.com/.

[94] MRLs for Pesticides in Foods, 2008.11, http://kfda.go.kr/index2.html.

[95] http://www.ffcr.or.jp/.

[96] http://www.accessdata.fda.gov/SCRIPTs/cdrh/cfdocs/cfCFR/CFRSearch.cfm.

[97] http://www.foodstandards.gov.au/thecode/foodstandardscode.cfm.

[98] http://www.codexalimentarius.net/mrls/vetdrugs/jsp/vetd_q-e.jsp.

[99] Commision Regulation (EC) No. 1881/2006 of 19 December 2006 setting maximum levels for certain contaminants in foodstuffs. http://eur-lex.europa.eu/en/index.htm.

[100] Commission Regulation (EC) No. 1126/2007 of 28 September 2007 amending Regulation (EC) No. 1881/2006 setting maximum levels for certain contaminants in foodstuffs as regards Fusarium toxins in maize and maize products. http://eur-lex.europa.eu/en/index.htm.

[101] COMMISSION REGULATION (EC) No. 565/2008 of 18 June 2008 amending Regulation (EC) No. 1881/2006 setting maximum levels for certain contaminants in foodstuffs as regards the establishment of a maximum level for dioxins and PCBs in fish liver. http://eur-lex.europa.eu/en/index.htm.

[102] COMMISSION REGULATION (EC) No. 629/2008 of 2 July 2008 amending Regulation (EC) No. 1881/2006 setting maximum levels for certain contaminants in foodstuffs. http://eur-lex.europa.eu/en/index.htm.

[103] Australia New Zealand Food Standards Code Standard 1.4.1 Contaminants and Natural Toxicants

[S]. http://www.foodstandards.gov.au/thecode/foodstandardscode.cfm.
[104] Amendment of the Australia New Zealand Food Standards Code [R]. http://www.foodstandards.gov.au/thecode/foodstandardscode.cfm.
[105] Specifications, Standards and Testing Methods for Foodstuffs, Implements Containers and Packaging, Toys, Detergents [S]. http://www.mhlw.go.jp/english/topics/foodsafety/index.html.
[106] Specifications and Standards for Foods, Food Additives, et al. Under The Food Sanitation Law [S]. http://www.jetro.go.jp/en/reports/regulations/.
[107] Action Levels for Poisonous or Deleterious Substances in Human Food and Animal Feed. http://www.cfsan.fda.gov/~lrd/fdaact.html.

附录I　水产品兽药残留限量指标

一、日本

序号	药物名称（中文）	药物名称（英文）	水生动物	MRL（μg/kg）
1	2,4–滴	2，4–D	鱼：鲑形目（如大马哈鱼和鳟）	1 000
2	爱比菌素	ABAMECTIN		5
3	艾氏剂和狄氏剂	ALDRIN and DIELDRIN（as total）		100
4	烯丙孕素	ALTRENOGEST		3
5	阿莫西氨林	AMOXICYLLIN		50
6	苄青霉素	AMPICILLIN		50
7	腈嘧菌酯	AZOXYSTROBIN		8
8	氨苯乙酯	BENZOCAINE		50
9	苄青霉素	BENZYL PENICILLIN		50
10	倍他米松	BETAMETHASONE		0.3
11	溴鼠灵	BRODIFCOUM		1
12	溴化物	BROMIDE ION		50 000
13	溴替唑仑	BROTIZOLAM		1
14	羟基茴香二丁酯	BUTYLHYDROXYANISOL		500
15	角黄素	CANTHAXANTHIN		20 000
16	卡拉洛尔	CARAZOLOL		1
17	氟酮唑草	CARFENTRAZONE–ETHYL		300
18	氯丹	CHLORDANE		50
19	氯地孕酮	CHLORMADINONE		2
20	克伦特罗	CLENBUTEROL		不得检出
21	氯舒隆	CLORSULON		20
22	邻氯青霉素	CLOXACILLIN		300
23	多粘菌素 E	COLISTIN		200
24	氯睾酮	CROSTEBOL		0.5
25	氯氰菊酯	CYPERMETHRIN		30
26	嘧菌环胺	CYPRODINIL		0.4
27	达氟沙星	DANOFLOXACIN		100
28	滴滴涕（包括 DDD 和 DDE）	DDT（including DDD and DDE）		3 000
29	溴氰菊酯和四溴菊酯（总量）	DELTAMETHRIN and TRALOMETHRIN（as total）		30
30	地塞米松	DEXAMETHASONE		不得检出
31	羟基甲苯二丁酯	DIBUTYLHYDROXYTOLUENE		10 000
32	双氯青霉素	DICLOXACILLIN		300
33	二氟沙星	DIFLOXACIN		300

续表

序号	药物名称（中文）	药物名称（英文）	水生动物	MRL（μg/kg）
34	除虫脲	DIFLUBENZURON	鱼：鲑形目（如大马哈鱼和鳟）	1 000
35	二苯胺	DIPHENYLAMINE		0.4
36	丙蝇驱	DIPROPYL ISOCINCHOMERONATE		4
37	敌草快	DIQUAT		100
38	多拉菌素	DORAMECTIN		5
39	因灭汀	EMAMECTIN BENZOATE		100
40	硫丹	ENDOSULFAN		4
41	异狄氏剂	ENDRIN		5
42	恩诺沙星	ENROFLOXACIN		100
43	红霉素	ERYTHROMYCIN		100
44	乙氧喹啉	ETHOXYQUIN		1 000
45		ETYPROSTONTROMETHAMINE		1
46	丁香油酚	EUGENOL		50
47	伐灭磷	FAMPHUR		20
48	克线磷	FENAMIPHOS		5
49	杀螟硫磷	FENITROTHION		2
50	唑螨酯	FENPYROXIMATE		5
51	氟苯尼考	FLORFENICOL		200
52	氟甲喹	FLUMEQUINE		500
53	氟氯苯菊酯	FLUMETHRIN		5
54	氟啶草酮	FLURIDONE		500
55	咪唑双酰胺	GLYCALPYRAMIDE		30
56	草甘膦	GLYPHOSATE		300
57	七氯	HEPTACHLOR		50
58	六氯苯	HEXACHLOROBENZENE		100
59	磷化氢	HYDROGEN PHOSPHIDE		10
60	灭草烟	IMAZAPYR		1 000
61	异丁子香酚	ISOEUGENOL		100 000
62	拉沙里菌素	LASALOCID		5
63	林可霉素	LINCOMYCIN		100
64	林丹	LINDANE（gamma-BHC）		1 000
65	马拉硫磷	MALATHION		500
66	甲苯咪唑	MEBENDAZOLE		20
67	杀扑磷	METHIDATHION		1
68	甲氧氯普胺	METOCLOPRAMIDE		5
69	奈夫西林	NAFCILLIN		5
70	新霉素	NEOMYCIN		500
71	诺孕美特	NORGESTOMET		0.1

续表

序号	药物名称（中文）	药物名称（英文）	水生动物	MRL（μg/kg）
72	甲黎嘧胺	ORMETOPRIM	鱼：鲑形目（如大马哈鱼和鳟）	100
73	苯唑青霉素	OXACILLIN		300
74	丙氯苯咪唑	OXIBENDAZOLE		30
75	恶喹酸	OXOLINIC ACID		50
76	土霉素	OXYTETRACYCLINE		200
77	巴龙霉素	PAROMOMYCIN		500
78	杀鼠酮	PINDONE		1
79	哌嗪	PIPERAZINE		50
80	吡喹酮	PRAZIQUANTEL		20
81	氢化泼尼松	PREDNISOLONE		0.7
82	丙苯磺隆	PROPOXYCARBAZONE		4
83	沙拉沙星	SARAFLOXACIN		30
84	西玛津	SIMAZINE		10 000
85	壮观霉素	SPECTINOMYCIN		300
86	螺旋霉素	SPIRAMYCIN		200
87	磺胺嘧啶	SULFADIAZINE		100
88	磺胺间二甲氧嘧啶	SULFADIMETHOXINE		100
89	磺胺间甲氧嘧啶钠	SULFAMONOMETHOXINE		100
90	3-磺胺异恶唑	SULFISOZOLE		100
91	乙黄隆	SULFOSULFURON		5
92	伏虫隆	TEFLUBENZURON		500
93	七氟菊酯	TEFLUTHRIN		1
94	四氟醚唑	TETRACOMAZOLE		0.3
95	噻菌灵	THIABENDAZOLE		20
96	替米考星	TILMICOSIN		50
97	乙酸去甲雄三烯酮	TRENBOLONE ACETATE		不得检出
98		TRIBUPHOS		2
99	敌百虫	TRICHLORFON		4
100	三氯吡氧乙酸	TRICLOPYR		3 000
101	氟乐灵	TRIFLURALIN		1
102	甲氧苄氨嘧啶	TRIMETHOPRIM		80
103	泰乐霉素	TYLOSIN		100
104	杀鼠灵	WARFARIN		1
105	右环十四酮酚	ZERANOL		2

续表

序号	药物名称（中文）	药物名称（英文）	水生动物	MRL（μg/kg）
106	2,4-滴	2，4-D	鲈形目（如鲣，竹荚鱼，鲭，黑鲈，海鲷，金枪鱼）	1 000
107	爱比菌素	ABAMECTIN		5
108	艾氏剂和狄氏剂	ALDRIN and DIELDRIN（as total）		100
109	烯丙孕素	ALTRENOGEST		3
110	阿莫西林	AMOXICYLLIN		20
111	氨苄青霉素	AMPICILLIN		60
112	腈嘧菌酯	AZOXYSTROBIN		8
113	氨苯乙酯	BENZOCAINE		50
114	苄青霉素	BENZYL PENICILLIN		50
115	倍他米松	BETAMETHASONE		0.3
116	二环霉素	BICOZAMYCIN		50
117	溴鼠灵	BRODIFCOUM		1
118	溴化物	BROMIDE ION		50 000
119	溴替唑仑	BROTIZOLAM		1
120	羟基茴香二丁酯	BUTYLHYDROXYANISOL		500
121	角黄素	CANTHAXANTHIN		100
122	卡拉洛尔	CARAZOLOL		1
123	氟酮唑草	CARFENTRAZONE-ETHYL		300
124	氯丹	CHLORDANE		50
125	氯地孕酮	CHLORMADINONE		2
126	克伦特罗	CLENBUTEROL		不得检出
127	氯舒隆	CLORSULON		20
128	邻氯青霉素	CLOXACILLIN		300
129	多粘菌素 E	COLISTIN		200
130	氯睾酮	CROSTEBOL		0.5
131	氯氰菊酯	CYPERMETHRIN		10
132	嘧菌环胺	CYPRODINIL		0.4
133	达氟沙星	DANOFLOXACIN		100
134	滴滴涕（包括 DDD 和 DDE）	DDT（including DDD and DDE）		3 000
135	溴氰菊酯和四溴菊酯（总量）	DELTAMETHRIN and TRALOMETHRIN（as total）		10
136	地塞米松	DEXAMETHASONE		不得检出
137	羟基甲苯二丁酯	DIBUTYLHYDROXYTOLUENE		10 000
138	双氯青霉素	DICLOXACILLIN		300
139	二氟沙星	DIFLOXACIN		300
140	二苯胺	DIPHENYLAMINE		0.4
141	丙蝇驱	DIPROPYL ISOCINCHOMERONATE		4
142	敌草快	DIQUAT		100

续表

序号	药物名称（中文）	药物名称（英文）	水生动物	MRL（μg/kg）
143	多拉菌素	DORAMECTIN	鲈形目（如鲣，竹荚鱼，鲭，黑鲈，海鲷，金枪鱼）	5
144	强力霉素	DOXYCYCLINE		50
145	因灭汀	EMAMECTIN BENZOATE		0.5
146	硫丹	ENDOSULFAN		4
147	异狄氏剂	ENDRIN		5
148	恩诺沙星	ENROFLOXACIN		100
149	红霉素	ERYTHROMYCIN		60
150	乙氧喹啉	ETHOXYQUIN		1 000
151		ETYPROSTONTROMETHAMINE		1
152	丁香油酚	EUGENOL		50
153	伐灭磷	FAMPHUR		20
154	克线磷	FENAMIPHOS		5
155	杀螟硫磷	FENITROTHION		2
156	唑螨酯	FENPYROXIMATE		5
157	氟苯尼考	FLORFENICOL		30
158	氟甲喹	FLUMEQUINE		40
159	氟氯苯菊酯	FLUMETHRIN		5
160	氟啶草酮	FLURIDONE		500
161	磷霉素	FOSFOMYCIN		50
162	咪唑双酰胺	GLYCALPYRAMIDE		30
163	草甘膦	GLYPHOSATE		300
164	七氯	HEPTACHLOR		50
165	六氯苯	HEXACHLOROBENZENE		100
166	磷化氢	HYDROGEN PHOSPHIDE		10
167	灭草烟	IMAZAPYR		1 000
168	异丁子香酚	ISOEUGENOL		100 000
169	交沙霉素	JOSAMYCIN		50
170	拉沙里菌素	LASALOCID		5
171	林可霉素	LINCOMYCIN		50
172	林丹	LINDANE（gamma-BHC）		1 000
173	马拉硫磷	MALATHION		500
174	甲苯咪唑	MEBENDAZOLE		20
175	杀扑磷	METHIDATHION		1
176	甲氧氯普胺	METOCLOPRAMIDE		5
177	奈夫西林	NAFCILLIN		5
178	新霉素	NEOMYCIN		500
179	诺孕美特	NORGESTOMET		0.1
180	新生霉素	NOVOBIOCIN		50

续表

序号	药物名称（中文）	药物名称（英文）	水生动物	MRL（μg/kg）
181	竹桃霉素	OLEANDOMYCIN	鲈形目（如鲣，竹荚鱼，鲭，黑鲈，海鲷，金枪鱼）	50
182	丙氯苯咪唑	OXIBENDAZOLE		30
183	恶喹酸	OXOLINIC ACID		50
184	土霉素	OXYTETRACYCLINE		200
185	巴龙霉素	PAROMOMYCIN		500
186	杀鼠酮	PINDONE		1
187	哌嗪	PIPERAZINE		50
188	吡喹酮	PRAZIQUANTEL		20
189	氢化泼尼松	PREDNISOLONE		0.7
190	丙苯磺隆	PROPOXYCARBAZONE		4
191	西玛津	SIMAZINE		10 000
192	壮观霉素	SPECTINOMYCIN		300
193	螺旋霉素	SPIRAMYCIN		200
194	磺胺间甲氧嘧啶钠	SULFAMONOMETHOXINE		100
195	3-磺胺异恶唑	SULFISOZOLE		100
196	乙黄隆	SULFOSULFURON		5
197	七氟菊酯	TEFLUTHRIN		1
198	四氟醚唑	TETRACOMAZOLE		0.3
199	噻菌灵	THIABENDAZOLE		20
200	替米考星	TILMICOSIN		50
201	乙酸去甲雄三烯酮	TRENBOLONE ACETATE		不得检出
202		TRIBUPHOS		2
203	敌百虫	TRICHLORFON		4
204	三氯吡氧乙酸	TRICLOPYR		3 000
205	氟乐灵	TRIFLURALIN		1
206	甲氧苄氨嘧啶	TRIMETHOPRIM		50
207	泰乐霉素	TYLOSIN		100
208	杀鼠灵	WARFARIN		1
209	右环十四酮酚	ZERANOL		2
210	2,4-滴	2,4-D	鳗鲡目（如鳗鲡）	1 000
211	爱比菌素	ABAMECTIN		5
212	艾氏剂和狄氏剂	ALDRIN and DIELDRIN（as total）		100
213	烯丙孕素	ALTRENOGEST		3
214	阿莫西林	AMOXICYLLIN		50
215	氨苄青霉素	AMPICILLIN		50
216	腈嘧菌酯	AZOXYSTROBIN		8
217	氨苯乙酯	BENZOCAINE		50
218	苄青霉素	BENZYL PENICILLIN		50

续表

序号	药物名称（中文）	药物名称（英文）	水生动物	MRL（μg/kg）
219	倍他米松	BETAMETHASONE	鳗鲡目（如鳗鲡）	0.3
220	溴鼠灵	BRODIFCOUM		1
221	溴化物	BROMIDE ION		50 000
222	溴替唑仑	BROTIZOLAM		1
223	羟基茴香二丁酯	BUTYLHYDROXYANISOL		500
224	角黄素	CANTHAXANTHIN		100
225	卡拉洛尔	CARAZOLOL		1
226	氟酮唑草	CARFENTRAZONE-ETHYL		300
227	氯丹	CHLORDANE		50
228	氯地孕酮	CHLORMADINONE		2
229	克伦特罗	CLENBUTEROL		不得检出
230	氯舒隆	CLORSULON		20
231	邻氯青霉素	CLOXACILLIN		300
232	多粘菌素 E	COLISTIN		200
233	氯睾酮	CROSTEBOL		0.5
234	氯氰菊酯	CYPERMETHRIN		10
235	嘧菌环胺	CYPRODINIL		0.4
236	达氟沙星	DANOFLOXACIN		100
237	滴滴涕（包括 DDD 和 DDE）	DDT（including DDD and DDE）		3 000
238	溴氰菊酯和四溴菊酯（总量）	DELTAMETHRIN and TRALOMETHRIN（as total）		10
239	地塞米松	DEXAMETHASONE		不得检出
240	羟基甲苯二丁酯	DIBUTYLHYDROXYTOLUENE		10 000
241	双氯青霉素	DICLOXACILLIN		300
242	二氟沙星	DIFLOXACIN		300
243	二苯胺	DIPHENYLAMINE		0.4
244	丙蝇驱	DIPROPYL ISOCINCHOMERONATE		4
245	敌草快	DIQUAT		100
246	多拉菌素	DORAMECTIN		5
247	因灭汀	EMAMECTIN BENZOATE		0.5
248	硫丹	ENDOSULFAN		4
249	异狄氏剂	ENDRIN		5
250	恩诺沙星	ENROFLOXACIN		100
251	红霉素	ERYTHROMYCIN		200
252	乙氧喹啉	ETHOXYQUIN		1 000
253		ETYPROSTONTROMETHAMINE		1
254	丁香油酚	EUGENOL		50
255	伐灭磷	FAMPHUR		20

续表

序号	药物名称（中文）	药物名称（英文）	水生动物	MRL（μg/kg）
256	克线磷	FENAMIPHOS	鳗鲡目（如鳗鲡）	5
257	杀螟硫磷	FENITROTHION		2
258	唑螨酯	FENPYROXIMATE		5
259	氟苯尼考	FLORFENICOL		200
260	氟甲喹	FLUMEQUINE		600
261	氟氯苯菊酯	FLUMETHRIN		5
262	氟啶草酮	FLURIDONE		500
263	咪唑双酰胺	GLYCALPYRAMIDE		30
264	草甘膦	GLYPHOSATE		300
265	七氯	HEPTACHLOR		50
266	六氯苯	HEXACHLOROBENZENE		100
267	磷化氢	HYDROGEN PHOSPHIDE		10
268	灭草烟	IMAZAPYR		1 000
269	异丁子香酚	ISOEUGENOL		100 000
270	拉沙里菌素	LASALOCID		5
271	林可霉素	LINCOMYCIN		100
272	林丹	LINDANE（gamma-BHC）		1 000
273	马拉硫磷	MALATHION		500
274	甲苯咪唑	MEBENDAZOLE		20
275	杀扑磷	METHIDATHION		1
276	甲氧氯普胺	METOCLOPRAMIDE		5
277	米洛沙星	MILOXACIN		500
278	奈夫西林	NAFCILLIN		5
279	新霉素	NEOMYCIN		500
280	诺孕美特	NORGESTOMET		0.1
281	甲黎嘧胺	ORMETOPRIM		100
282	苯唑青霉素	OXACILLIN		300
283	丙氯苯咪唑	OXIBENDAZOLE		30
284	恶喹酸	OXOLINIC ACID		50
285	土霉素	OXYTETRACYCLINE		200
286	巴龙霉素	PAROMOMYCIN		500
287	杀鼠酮	PINDONE		1
288	哌嗪	PIPERAZINE		50
289	吡喹酮	PRAZIQUANTEL		20
290	氢化泼尼松	PREDNISOLONE		0.7
291	丙苯磺隆	PROPOXYCARBAZONE		4
292	西玛津	SIMAZINE		10 000
293	壮观霉素	SPECTINOMYCIN		300

续表

序号	药物名称（中文）	药物名称（英文）	水生动物	MRL（μg/kg）
294	螺旋霉素	SPIRAMYCIN	鳗鲡目（如鳗鲡）	200
295	磺胺间二甲氧嘧啶	SULFADIMETHOXINE		100
296	乙黄隆	SULFOSULFURON		5
297	七氟菊酯	TEFLUTHRIN		1
298	四氟醚唑	TETRACOMAZOLE		0.3
299	噻菌灵	THIABENDAZOLE		20
300	替米考星	TILMICOSIN		50
301	乙酸去甲雄三烯酮	TRENBOLONE ACETATE		不得检出
302		TRIBUPHOS		2
303	敌百虫	TRICHLORFON		10
304	三氯吡氧乙酸	TRICLOPYR		3 000
305	氟乐灵	TRIFLURALIN		1
306	甲氧苄氨嘧啶	TRIMETHOPRIM		50
307	泰乐霉素	TYLOSIN		100
308	杀鼠灵	WARFARIN		1
309	右环十四酮酚	ZERANOL		2
310	苯亚砜苯咪唑，非班太尔，苯硫达唑（总量）	OXFENDAZOLE，FEBANTEL and FENBENDAZOLE（as total）		50
311	土霉素	OXYTETRACYCLINE	鲀形目（如河豚）	200
312	螺旋霉素	SPIRAMYCIN		200
313	2，4-滴	2，4-D	其他鱼	1000
314	爱比菌素	ABAMECTIN		5
315	艾氏剂和狄氏剂	ALDRIN and DIELDRIN（as total）		100
316	烯丙孕素	ALTRENOGEST		3
317	阿莫西林	AMOXICYLLIN		50
318	氨苄青霉素	AMPICILLIN		50
319	腈嘧菌酯	AZOXYSTROBIN		8
320	氨苯乙酯	BENZOCAINE		50
321	苄青霉素	BENZYL PENICILLIN		50
322	倍他米松	BETAMETHASONE		0.3
323	溴鼠灵	BRODIFCOUM		1
324	溴化物	BROMIDE ION		50 000
325	溴替唑仑	BROTIZOLAM		1
326	羟基茴香二丁酯	BUTYLHYDROXYANISOL		500
327	角黄素	CANTHAXANTHIN		100
328	卡拉洛尔	CARAZOLOL		1
329	氟酮唑草	CARFENTRAZONE-ETHYL		300
330	氯丹	CHLORDANE		50

续表

序号	药物名称（中文）	药物名称（英文）	水生动物	MRL（μg/kg）
331	氯地孕酮	CHLORMADINONE	其他鱼	2
332	克伦特罗	CLENBUTEROL		不得检出
333	氯舒隆	CLORSULON		20
334	邻氯青霉素	CLOXACILLIN		300
335	多粘菌素 E	COLISTIN		200
336	氯睾酮	CROSTEBOL		0.5
337	氯氰菊酯	CYPERMETHRIN		10
338	嘧菌环胺	CYPRODINIL		0.4
339	达氟沙星	DANOFLOXACIN		100
340	滴滴涕涕（包括 DDD 和 DDE）	DDT（including DDD and DDE）		3 000
341	溴氰菊酯和四溴菊酯（总量）	DELTAMETHRIN and TRALOMETHRIN（as total）		10
342	地塞米松	DEXAMETHASONE		不得检出
343	羟基甲苯二丁酯	DIBUTYLHYDROXYTOLUENE		10 000
344	双氯青霉素	DICLOXACILLIN		300
345	二氟沙星	DIFLOXACIN		300
346	二苯胺	DIPHENYLAMINE		0.4
347	丙蝇驱	DIPROPYL ISOCINCHOMERONATE		4
348	敌草快	DIQUAT		100
349	敌草隆	DIUON		2 000
350	多拉菌素	DORAMECTIN		5
351	因灭汀	EMAMECTIN BENZOATE		0.5
352	硫丹	ENDOSULFAN		4
353	异狄氏剂	ENDRIN		5
354	恩诺沙星	ENROFLOXACIN		100
355	乙氧喹啉	ETHOXYQUIN		1 000
356		ETYPROSTONTROMETHAMINE		1
357	丁香油酚	EUGENOL		50
358	伐灭磷	FAMPHUR		20
359	克线磷	FENAMIPHOS		5
360	杀螟硫磷	FENITROTHION		2
361	唑螨酯	FENPYROXIMATE		2
362	氟苯尼考	FLORFENICOL		200
363	氟甲喹	FLUMEQUINE		600
364	氟氯苯菊酯	FLUMETHRIN		5
365	氟啶草酮	FLURIDONE		500
366	咪唑双酰胺	GLYCALPYRAMIDE		30
367	草甘膦	GLYPHOSATE		300

续表

序号	药物名称（中文）	药物名称（英文）	水生动物	MRL（μg/kg）
368	七氯	HEPTACHLOR	其他鱼	50
369	六氯苯	HEXACHLOROBENZENE		100
370	磷化氢	HYDROGEN PHOSPHIDE		10
371	灭草烟	IMAZAPYR		1 000
372	异丁子香酚	ISOEUGENOL		100 000
373	拉沙里菌素	LASALOCID		5
374	林可霉素	LINCOMYCIN		100
375	林丹	LINDANE（gamma-BHC）		1 000
376	马拉硫磷	MALATHION		500
377	甲苯咪唑	MEBENDAZOLE		20
378	杀扑磷	METHIDATHION		1
379	甲氧氯普胺	METOCLOPRAMIDE		5
380	奈夫西林	NAFCILLIN		5
381	新霉素	NEOMYCIN		500
382	诺孕美特	NORGESTOMET		0.1
383	甲黎嘧胺	ORMETOPRIM		100
384	苯唑青霉素	OXACILLIN		300
385	丙氯苯咪唑	OXIBENDAZOLE		30
386	恶喹酸	OXOLINIC ACID		30
387	土霉素	OXYTETRACYCLINE		200
388	巴龙霉素	PAROMOMYCIN		500
389	杀鼠酮	PINDONE		1
390	哌嗪	PIPERAZINE		50
391	吡喹酮	PRAZIQUANTEL		20
392	氢化泼尼松	PREDNISOLONE		0.7
393	丙苯磺隆	PROPOXYCARBAZONE		4
394	西玛津	SIMAZINE		10 000
395		SODIUM NIFRUSTYRENATE		50
396	壮观霉素	SPECTINOMYCIN		300
397	螺旋霉素	SPIRAMYCIN		200
398	磺胺间二甲氧嘧啶	SULFADIMETHOXINE		100
399	磺胺间甲氧嘧啶钠	SULFAMONOMETHOXINE		100
400	3-磺胺异恶唑	SULFISOZOLE		100
401	乙黄隆	SULFOSULFURON		5
402	七氟菊酯	TEFLUTHRIN		1
403	四氟醚唑	TETRACOMAZOLE		0.3
404	噻菌灵	THIABENDAZOLE		20
405	替米考星	TILMICOSIN		50

续表

序号	药物名称（中文）	药物名称（英文）	水生动物	MRL（μg/kg）
406	乙酸去甲雄三烯酮	TRENBOLONE ACETATE	其他鱼	不得检出
407		TRIBUPHOS		2
408	敌百虫	TRICHLORFON		10
409	三氯吡氧乙酸	TRICLOPYR		3 000
410	氟乐灵	TRIFLURALIN		1
411	甲氧苄氨嘧啶	TRIMETHOPRIM		50
412	泰乐霉素	TYLOSIN		100
413	杀鼠灵	WARFARIN		1
414	右环十四酮酚	ZERANOL		2
415	2,4-滴	2,4-D	甲壳纲	1 000
416	爱比菌素	ABAMECTIN		5
417	艾氏剂和狄氏剂	ALDRIN and DIELDRIN（as total）		100
418	烯丙孕素	ALTRENOGEST		3
419	阿莫西林	AMOXICYLLIN		50
420	氨苄青霉素	AMPICILLIN		50
421	腈嘧菌酯	AZOXYSTROBIN		8
422	苄青磺隆	BENSULFURON-METHYL		50
423	苄青霉素	BENZYL PENICILLIN		50
424	倍他米松	BETAMETHASONE		0.3
425	溴鼠灵	BRODIFCOUM		1
426	溴化物	BROMIDE ION		50 000
427	溴替唑仑	BROTIZOLAM		1
428	角黄素	CANTHAXANTHIN		100
429	卡拉洛尔	CARAZOLOL		1
430	氯丹	CHLORDANE		50
431	氯地孕酮	CHLORMADINONE		2
432	克伦特罗	CLENBUTEROL		不得检出
433	氯舒隆	CLORSULON		20
434	邻氯青霉素	CLOXACILLIN		300
435	多粘菌素 E	COLISTIN		200
436	氯睾酮	CROSTEBOL		0.5
437	氯氰菊酯	CYPERMETHRIN		10
438	嘧菌环胺	CYPRODINIL		0.4
439	达氟沙星	DANOFLOXACIN		100
440	滴滴涕涕（包括 DDD 和 DDE）	DDT（including DDD and DDE）		1 000
441	地塞米松	DEXAMETHASONE		不得检出
442	双氯青霉素	DICLOXACILLIN		300
443	二氟沙星	DIFLOXACIN		300

续表

序号	药物名称（中文）	药物名称（英文）	水生动物	MRL（μg/kg）
444	二苯胺	DIPHENYLAMINE	甲壳纲	10 000
445	丙蝇驱	DIPROPYL ISOCINCHOMERONATE		4
446	多拉菌素	DORAMECTIN		5
447	因灭汀	EMAMECTIN BENZOATE		0.5
448	硫丹	ENDOSULFAN		4
449	异狄氏剂	ENDRIN		5
450	恩诺沙星	ENROFLOXACIN		100
451	红霉素	ERYTHROMYCIN		200
452		ETYPROSTONTROMETHAMINE		1
453	丁香油酚	EUGENOL		50
454	伐灭磷	FAMPHUR		20
455	克线磷	FENAMIPHOS		5
456	杀螟硫磷	FENITROTHION		2
457	唑螨酯	FENPYROXIMATE		5
458	氟苯尼考	FLORFENICOL		100
459	氟氯苯菊酯	FLUMETHRIN		5
460	氟啶草酮	FLURIDONE		500
461	咪唑双酰胺	GLYCALPYRAMIDE		30
462	草甘膦	GLYPHOSATE		3 000
463	七氯	HEPTACHLOR		50
464	六氯苯	HEXACHLOROBENZENE		100
465	磷化氢	HYDROGEN PHOSPHIDE		10
466	灭草烟	IMAZAPYR		100
467	咪唑乙酸铵	IMAZETHAPYR AMMOUIUM		100
468	拉沙里菌素	LASALOCID		5
469	林可霉素	LINCOMYCIN		100
470	林丹	LINDANE（gamma-BHC）		1 000
471	马拉硫磷	MALATHION		500
472	甲苯咪唑	MEBENDAZOLE		20
473	杀扑磷	METHIDATHION		1
474	甲氧氯普胺	METOCLOPRAMIDE		5
475	奈夫西林	NAFCILLIN		5
476	新霉素	NEOMYCIN		500
477	诺孕美特	NORGESTOMET		0.1
478	苯唑青霉素	OXACILLIN		300
479	丙氯苯咪唑	OXIBENDAZOLE		30
480	恶喹酸	OXOLINIC ACID		30
481	土霉素	OXYTETRACYCLINE		200

续表

序号	药物名称（中文）	药物名称（英文）	水生动物	MRL（μg/kg）
482	巴龙霉素	PAROMOMYCIN	甲壳纲	500
483	杀鼠酮	PINDONE		1
484	哌嗪	PIPERAZINE		50
485	吡喹酮	PRAZIQUANTEL		20
486	氢化泼尼松	PREDNISOLONE		0.7
487	丙苯磺隆	PROPOXYCARBAZONE		4
488	壮观霉素	SPECTINOMYCIN		300
489	螺旋霉素	SPIRAMYCIN		200
490	乙黄隆	SULFOSULFURON		5
491	七氟菊酯	TEFLUTHRIN		1
492	四氟醚唑	TETRACOMAZOLE		0.3
493	噻菌灵	THIABENDAZOLE		20
494	替米考星	TILMICOSIN		50
495	乙酸去甲雄三烯酮	TRENBOLONE ACETATE		不得检出
496		TRIBUPHOS		2
497	敌百虫	TRICHLORFON		4
498	氟乐灵	TRIFLURALIN		1
499	甲氧苄氨嘧啶	TRIMETHOPRIM		50
500	泰乐霉素	TYLOSIN		100
501	杀鼠灵	WARFARIN		1
502	右环十四酮酚	ZERANOL		2
503	2,4-滴	2,4-D	有壳软体动物	1 000
504	爱比菌素	ABAMECTIN		5
505	艾氏剂和狄氏剂	ALDRIN and DIELDRIN（as total）		100
506	烯丙孕素	ALTRENOGEST		3
507	阿莫西林	AMOXICYLLIN		50
508	氨苄青霉素	AMPICILLIN		50
509	腈嘧菌酯	AZOXYSTROBIN		8
510	氨苯乙酯	BENZOCAINE		50
511	苄青霉素	BENZYL PENICILLIN		50
512	倍他米松	BETAMETHASONE		0.3
513	溴鼠灵	BRODIFCOUM		1
514	溴化物	BROMIDE ION		50 000
515	溴替唑仑	BROTIZOLAM		1
516	角黄素	CANTHAXANTHIN		100
517	卡拉洛尔	CARAZOLOL		1
518	西维因	CARBARYL		300
519	氟酮唑草	CARFENTRAZONE-ETHYL		300

续表

序号	药物名称（中文）	药物名称（英文）	水生动物	MRL（μg/kg）
520	氯丹	CHLORDANE	有壳软体动物	50
521	氯地孕酮	CHLORMADINONE		2
522	克伦特罗	CLENBUTEROL		不得检出
523	氯舒隆	CLORSULON		20
524	邻氯青霉素	CLOXACILLIN		300
525	多粘菌素 E	COLISTIN		200
526	氯睾酮	CROSTEBOL		0.5
527	氯氰菊酯	CYPERMETHRIN		10
528	嘧菌环胺	CYPRODINIL		0.4
529	达氟沙星	DANOFLOXACIN		100
530	滴滴涕涕（包括 DDD 和 DDE）	DDT（including DDD and DDE）		1 000
531	溴氰菊酯和四溴菊酯（总量）	DELTAMETHRIN and TRALOMETHRIN（as total）		
532	地塞米松	DEXAMETHASONE		不得检出
533	羟基甲苯二丁酯	DIBUTYLHYDROXYTOLUENE		
534	双氯青霉素	DICLOXACILLIN		300
535	二氟沙星	DIFLOXACIN		300
536	二苯胺	DIPHENYLAMINE		0.4
537	丙蝇驱	DIPROPYL ISOCINCHOMERONATE		4
538	敌草快	DIQUAT		100
539	多拉菌素	DORAMECTIN		5
540	因灭汀	EMAMECTIN BENZOATE		0.5
541	硫丹	ENDOSULFAN		4
542	异狄氏剂	ENDRIN		5
543	恩诺沙星	ENROFLOXACIN		100
544	红霉素	ERYTHROMYCIN		200
545		ETYPROSTONTROMETHAMINE		1
546	伐灭磷	FAMPHUR		20
547	克线磷	FENAMIPHOS		5
548	杀螟硫磷	FENITROTHION		2
549	唑螨酯	FENPYROXIMATE		5
550	氟苯尼考	FLORFENICOL		100
551	氟氯苯菊酯	FLUMETHRIN		5
552	咪唑双酰胺	GLYCALPYRAMIDE		30
553	草甘膦	GLYPHOSATE		3 000
554	七氯	HEPTACHLOR		50
555	六氯苯	HEXACHLOROBENZENE		100
556	磷化氢	HYDROGEN PHOSPHIDE		10

续表

序号	药物名称（中文）	药物名称（英文）	水生动物	MRL（μg/kg）
557	灭草烟	IMAZAPYR	有壳软体动物	100
558	拉沙里菌素	LASALOCID		5
559	林可霉素	LINCOMYCIN		100
560	林丹	LINDANE（gamma-BHC）		1 000
561	马拉硫磷	MALATHION		500
562	甲苯咪唑	MEBENDAZOLE		20
563	杀扑磷	METHIDATHION		1
564	甲氧氯普胺	METOCLOPRAMIDE		5
565	奈夫西林	NAFCILLIN		5
566	新霉素	NEOMYCIN		500
567	诺孕美特	NORGESTOMET		0.1
568	苯唑青霉素	OXACILLIN		300
569	丙氯苯咪唑	OXIBENDAZOLE		30
570	土霉素	OXYTETRACYCLINE		200
571	巴龙霉素	PAROMOMYCIN		500
572	杀鼠酮	PINDONE		1
573	哌嗪	PIPERAZINE		50
574	吡喹酮	PRAZIQUANTEL		20
575	氢化泼尼松	PREDNISOLONE		0.7
576	丙苯磺隆	PROPOXYCARBAZONE		4
577	壮观霉素	SPECTINOMYCIN		300
578	螺旋霉素	SPIRAMYCIN		200
579	乙黄隆	SULFOSULFURON		5
580	七氟菊酯	TEFLUTHRIN		1
581	四氟醚唑	TETRACOMAZOLE		0.3
582	噻菌灵	THIABENDAZOLE		20
583	替米考星	TILMICOSIN		50
584	乙酸去甲雄三烯酮	TRENBOLONE ACETATE		不得检出
585		TRIBUPHOS		2
586	敌百虫	TRICHLORFON		4
587	三氯吡氧乙酸	TRICLOPYR		4 000
588	氟乐灵	TRIFLURALIN		1
589	甲氧苄氨嘧啶	TRIMETHOPRIM		50
590	泰乐霉素	TYLOSIN		100
591	杀鼠灵	WARFARIN		1
592	右环十四酮酚	ZERANOL		2
593	2,4-滴	2,4-D	其他水生动物	1 000
594	爱比菌素	ABAMECTIN		5

续表

序号	药物名称（中文）	药物名称（英文）	水生动物	MRL（μg/kg）
595	艾氏剂和狄氏剂	ALDRIN and DIELDRIN（as total）	其他水生动物	100
596	烯丙孕素	ALTRENOGEST		3
597	阿莫西林	AMOXICYLLIN		50
598	氨苄青霉素	AMPICILLIN		50
599	腈嘧菌酯	AZOXYSTROBIN		8
600	苄青霉素	BENZYL PENICILLIN		50
601	倍他米松	BETAMETHASONE		0.3
602	溴鼠灵	BRODIFCOUM		1
603	溴化物	BROMIDE ION		50 000
604	溴替唑仑	BROTIZOLAM		1
605	角黄素	CANTHAXANTHIN		100
606	卡拉洛尔	CARAZOLOL		1
607	氯丹	CHLORDANE		50
608	氯地孕酮	CHLORMADINONE		2
609	克伦特罗	CLENBUTEROL		不得检出
610	氯舒隆	CLORSULON		20
611	邻氯青霉素	CLOXACILLIN		300
612	多粘菌素 E	COLISTIN		200
613	氯睾酮	CROSTEBOL		0.5
614	氯氰菊酯	CYPERMETHRIN		10
615	嘧菌环胺	CYPRODINIL		0.4
616	达氟沙星	DANOFLOXACIN		100
617	滴滴涕（包括 DDD 和 DDE）	DDT（including DDD and DDE）		1 000
618	地塞米松	DEXAMETHASONE		不得检出
619	双氯青霉素	DICLOXACILLIN		300
620	二氟沙星	DIFLOXACIN		300
621	二苯胺	DIPHENYLAMINE		0.4
622	丙蝇驱	DIPROPYL ISOCINCHOMERONATE		4
623	多拉菌素	DORAMECTIN		5
624	因灭汀	EMAMECTIN BENZOATE		0.5
625	硫丹	ENDOSULFAN		4
626	异狄氏剂	ENDRIN		5
627	恩诺沙星	ENROFLOXACIN		100
628	红霉素	ERYTHROMYCIN		200
629		ETYPROSTONTROMETHAMINE		1
630	伐灭磷	FAMPHUR		20
631	克线磷	FENAMIPHOS		5
632	杀螟硫磷	FENITROTHION		2
633	唑螨酯	FENPYROXIMATE		5

续表

序号	药物名称（中文）	药物名称（英文）	水生动物	MRL（μg/kg）
634	氟苯尼考	FLORFENICOL		100
635	氟氯苯菊酯	FLUMETHRIN		5
636	咪唑双酰胺	GLYCALPYRAMIDE		30
637	草甘膦	GLYPHOSATE		3 000
638	七氯	HEPTACHLOR		50
639	六氯苯	HEXACHLOROBENZENE		100
640	磷化氢	HYDROGEN PHOSPHIDE		10
641	拉沙里菌素	LASALOCID		5
642	林可霉素	LINCOMYCIN		100
643	林丹	LINDANE（gamma-BHC）		1 000
644	马拉硫磷	MALATHION		500
645	甲苯咪唑	MEBENDAZOLE		20
646	杀扑磷	METHIDATHION		1
647	甲氧氯普胺	METOCLOPRAMIDE		5
648	奈夫西林	NAFCILLIN		5
649	新霉素	NEOMYCIN		500
650	诺孕美特	NORGESTOMET		0.1
651	苯唑青霉素	OXACILLIN		300
652	丙氯苯咪唑	OXIBENDAZOLE		30
653	巴龙霉素	PAROMOMYCIN		500
654	杀鼠酮	PINDONE		1
655	哌嗪	PIPERAZINE		50
656	吡喹酮	PRAZIQUANTEL		20
657	氢化泼尼松	PREDNISOLONE		0.7
658	丙苯磺隆	PROPOXYCARBAZONE		4
659	壮观霉素	SPECTINOMYCIN		300
660	乙黄隆	SULFOSULFURON		5
661	七氟菊酯	TEFLUTHRIN		1
662	四氟醚唑	TETRACOMAZOLE		0.3
663	噻菌灵	THIABENDAZOLE		20
664	替米考星	TILMICOSIN		50
665	乙酸去甲雄三烯酮	TRENBOLONE ACETATE		不得检出
666		TRIBUPHOS		2
667	敌百虫	TRICHLORFON		4
668	氟乐灵	TRIFLURALIN		1
669	甲氧苄氨嘧啶	TRIMETHOPRIM		50
670	泰乐霉素	TYLOSIN		100
671	杀鼠灵	WARFARIN		1
672	右环十四酮酚	ZERANOL		2

二、澳大利亚

序号	类别	品名	药物中文名称	药物英文名称	限量/(μg/kg)
1	淡水鱼	淡水鱼	氯丹	CHLORDANE	50
2			七氯	HEPTACHLOR	50
3	海河回游鱼	澳洲肺鱼	烯虫酯	METHOPRENE	1 000
4		鲑鱼	土霉素	OXYTETRACYCLINE	200
5		海河回游鱼	滴滴涕	DDT	1 000
6			六氯苯	HEXACHLOROBENZENE	10
7			七氯	HEPTACHLOR	50
8		太平洋鲑鱼	喹菌酮	OXOLINIC ACID	10
9	海水鱼	海鱼	艾氏剂和狄氏剂	ALDRIN and DIELDRIN	100
10			六六六	BHC	10
11			氯丹	CHLORDANE	50
12			滴滴涕	DDT	1 000
13			狄氏剂	DIELDRIN	100
14			六氯苯	HEXACHLOROBENZENE	100
15			七氯	HEPTACHLOR	50
16			林丹	LINDANE	1 000
17	海洋哺乳动物	长须鲸	氨苯乙酯	Benzocaine	500
18	甲壳类	甲壳类	艾氏剂和狄氏剂	ALDRIN and DIELDRIN	100
19			六六六	BHC	10
20			氯丹	CHLORDANE	50
21			滴滴涕	DDT	1 000
22			狄氏剂	DIELDRIN	100
23			六氯苯	HEXACHLOROBENZENE	100
24			七氯	HEPTACHLOR	50
25			林丹	LINDANE	1 000
26		虾	氟乐灵	TRIFLURALIN	1
27	鱼类	鱼	异丁子香酚	Isoeugenol	100 000
28	软体动物	包括头足类动物的软体动物	艾氏剂和狄氏剂	ALDRIN and DIELDRIN	100
29			六六六	BHC	10
30			氯丹	CHLORDANE	50
31			滴滴涕	DDT	1 000
32			狄氏剂	DIELDRIN	100
33			六氯苯	HEXACHLOROBENZENE	100
34			七氯	HEPTACHLOR	50
35			林丹	LINDANE	1 000
36		鲍鱼	氨苯乙酯	Benzocaine	500

附录II　乳品兽药残留限量指标

一、日本

序号	药物中文名称	药物英文名称	限量/(μg/kg)
1	[单双（三甲基亚甲基氯化铵）]烷基甲苯	[MONOBIS（TRIMETHYLAMMONIUM METHYLENE CHLORIDE）]-ALKYL-TOLUENE	1 000
2	1,1-二氯-2,2-二(4-乙苯)乙烷	1,1-DICHLORO-2,2-BIS（4-ETHYL-PHENYL)ETHANE	10
3	茅草枯	2,2-DPA	100
4	2,4-滴	2,4-D	10
5	2,4-滴丁酸	2,4-DB	50
6	2,6-二异丙基萘	2,6-DIISOPROPYLNAPHTHALENE	700
7	对氯苯氧乙酸	4-CPA	20 000
8	5-(丙磺酰基)-1-H-苯并咪唑-2-胺(5-(丙基硫酰)-1-H-苯并咪唑-2-胺)	5-(PROPYLSULPHONYL)-1-H-BENZ-IMIDAZOLE-2-AMINE	100
9	爱比菌素	ABAMECTIN	5
10	乙酰甲胺磷	ACEPHATE	20
11	吡虫清	ACETAMIPRID	60
12	三氟羧草醚	ACIFLUORFEN	20
13	甲草胺	ALACHLOR	10
14	涕灭威	ALDICARB	10
15	涕灭砜威	ALDOXYCARB	20
16	艾氏剂和狄氏剂（总量）	ALDRIN and DIELDRIN（as total）	6
17	脂肪族醇乙氧基化物	ALIPHATIC ALCOHOL ETHOXY-LATES	1 000
18	丙烯菊酯	ALLETHRIN	10
19	烯丙孕素	ALTRENOGEST	3
20	莠灭净	AMETRYN	50
21	氯氨基吡啶酸	AMINOPYRALID	30
22	双甲脒	AMITRAZ	10
23	阿莫西林	AMOXICYLLIN	8
24	氨苄青霉素	AMPICILLIN	20
25	杀螨特	ARAMITE	10
26	阿扑西林	ASPOXICILLIN	50
27	磺草灵	ASULAM	100
28	莠去津	ATRAZINE	20
29	阿伏霉素	AVOPARCIN	10
30	甲基谷硫磷	AZINPHOS-METHYL	50

续表

序号	药物中文名称	药物英文名称	限量/(μg/kg)
31	腈嘧菌酯	AZOXYSTROBIN	8
32	杆菌肽	BACITRACIN	400
33	巴喹普林	BAQUILOPRIM	30
34	燕麦灵	BARBAN	50
35	苯霜灵	BENALAXYL	50
36	恶虫威	BENDIOCARB	50
37	丙硫克百威	BENFURACARB	50
38	苯达松	BENTAZONE	50
39	苄青霉素	BENZYL PENICILLIN	4
40	倍他米松	BETAMETHASONE	0.3
41	二环霉素	BICOZAMYCIN	100
42	联苯肼酯	BIFENAZATE	20
43	联苯菊酯	BIFENTHRIN	50
44	卡呋菊酯	BIORESMETHRIN	50
45	联苯三唑醇	BITERTANOL	50
46	啶酰菌胺	BOSCALID	100
47	溴鼠灵	BRODIFACOUM	1
48	苯草酮	BROMACIL	40
49	溴化物	BROMIDE ION	50 000
50	溴螨酯	BROMOPROPYLATE	50
51	溴苯腈	BROMOXYNIL	70
52	溴替唑仑	BROTIZOLAM	1
53	噻嗪酮	BUPROFEZIN	10
54	英拜除草剂	BUTAFENACIL	10
55	丁氧环酮	BUTROXYDIM	10
56	角黄素	CANTHAXANTHIN	100
57	克菌丹	CAPTAN	10
58	卡拉洛尔	CARAZOLOL	1
59	西维因	CARBARYL	50
60	多菌灵，托布津，甲基托布津，苯菌灵（总量）	CARBENDAZIM，THIOPHANATE，THIOPHANATE-METHYL and BENOMYL(as total)	300
61	长杀草	CARBETAMIDE	100
62	克百威	CARBOFURAN	50
63	丁呋喃	CARBOSULFAN	30
64	萎锈灵	CARBOXIN	10
65	氟酮唑草	CARFENTRAZONE-ETHYL	40
66	头孢乙腈	CEFACETRILE	100
67	头孢氨苄	CEFALEXIN	100

续表

序号	药物中文名称	药物英文名称	限量/(μg/kg)
68	头孢洛宁	CEFALONIUM	10
69	头孢吡啉	CEFAPIRIN	30
70	头孢唑啉	CEFAZOLIN	50
71	头孢哌酮	CEFOPERAZONE	50
72	头孢喹咪	CEFQUINOME	20
73	头孢噻呋	CEFTIOFUR	100
74	头孢呋肟	CEFUROXIME	20
75	氯杀螨	CHLORBENSIDE	50
76	氯草灵	CHLORBUFAM	50
77	氯丹	CHLORDANE	2
78	杀螨酯	CHLORFENSON	50
79	毒虫畏	CHLORFENVINPHOS	200
80	氟定脲	CHLORFLUAZURON	100
81	氯苯胍亭	CHLORHEXIDINE	50
82	氯草敏	CHLORIDAZON	10
83	氯地孕酮	CHLORMADINONE	3
84	矮壮素	CHLORMEQUAT	500
85	乙酯杀螨醇	CHLOROBENZILATE	100
86	地茂散	CHLORONEB	50
87	百菌清	CHLOROTHALONIL	60
88	枯草隆	CHLOROXURON	50
89	氟唑虫清	CHLORPHENAPYR	10
90	毒死蜱	CHLORPYRIFOS	20
91	甲基毒死蜱	CHLORPYRIFOS-METHYL	10
92	氯磺隆	CHLORSULFURON	80
93	氯酞酸甲酯	CHLORTHAL-DIMETHYL	50
94	克拉维酸	CLAVULANIC ACID	100
95	克伦特罗	CLENBUTEROL	0.05
96	烯草酮	CLETHODIM	50
97	炔草酸	CLODINAFOP ACID	100
98	炔草酯	CLODINAFOP-PROPARGYL	50
99	苯哒嗪钾	CLOFENCET	20
100	四螨嗪	CLOFENTEZINE	10
101	氯羟吡啶	CLOPIDOL	20
102	二氯皮考啉酸	CLOPYRALID	90
103	解毒喹	CLOQUINTOCET-MEXYL	100
104	氯舒隆	CLORSULON	2 000
105	噻虫胺	CLOTHIANIDIN	10

续表

序号	药物中文名称	药物英文名称	限量/(μg/kg)
106	邻氯青霉素	CLOXACILLIN	20
107	多黏菌素 E	COLISTIN	50
108	氯睾酮	CROSTEBOL	0.5
109	环丙酸酰胺	CYCLANILIDE	50
110	氟氯氰菊酯	CYFLUTHRIN	40
111	三氟氯氰菊酯	CYHALOTHRIN	30
112	霜脲氰	CYMOXANIL	50
113	氯氰菊酯	CYPERMETHRIN	50
114	环丙唑醇	CYPROCONAZOLE	10
115	嘧菌环胺	CYPRODINIL	0.4
116	落灭津	CYROMAZINE	10
117	达氟沙星	DANOFLOXACIN	50
118	滴滴涕（包括 DDD 和 DDE）	DDT（including DDD and DDE）	20
119	溴氰菊酯和四溴菊酯（总量）	DELTAMETHRIN and TRALOMETHRIN (as total)	30
120	地塞米松	DEXAMETHASONE	20
121	丁嘧脲	DIAFENTHIURON	20
122	燕麦敌	DI-ALLATE	200
123	二嗪磷	DIAZINONDIAZINON	20
124	熊脱氧胆酸	DIBUTYLSUCCINATE	40
125	麦草畏	DICAMBA	200
126	敌敌畏和二溴磷（总量）	DICHLORVOS and NALED（as total）	20
127	氯甲草	DICLOFOP-METHYL	50
128	双氯青霉素	DICLOXACILLIN	10
129	三氯杀螨醇	DICOFOL	100
130	苯醚甲环唑	DIFENOCONAZOLE	10
131	除虫脲	DIFLUBENZURON	20
132	吡氟草胺	DIFLUFENICAN	10
133	双氢链霉素，链霉素（总量）	DIHYDROSTREPTOMYCIN and STREPTOMYCIN（as total）	200
134	落长灵	DIMETHIPIN	10
135	乐果	DIMETHOATE	50
136	烯酰吗啉	DIMETHOMORPH	100
137	重氮氨苯脒	DIMINAZENE	150
138	达诺杀	DINOSEB	10
139	呋虫胺	DINOTEFURAN	50
140	特乐酚	DINOTERB	50
141	二苯胺	DIPHENYLAMINE	0.4

续表

序号	药物中文名称	药物英文名称	限量/(μg/kg)
142	丙蝇驱	DIPROPYL ISOCINCHOMERONATE	4
143	敌草快	DIQUAT	10
144	乙拌磷	DISULFOTON	10
145	二硫代氨基甲酸盐类	DITHIOCARBAMATES	50
146	敌草隆	DIURON	100
147	多拉菌素	DORAMECTIN	30
148	因灭汀	EMAMECTIN BENZOATE	0.5
149	硫丹	ENDOSULFAN	4
150	异狄氏剂	ENDRIN	5
151	恩诺沙星	ENROFLOXACIN	20
152	氟环唑	EPOXICONAZOLE	10
153	依普菌素	EPRINOMECTIN	20
154	丙草丹	EPTC	100
155	红霉素	ERYTHROMYCIN	40
156	胺苯磺隆	ETHAMETSULFURON-METHYL	20
157	乙烯利	ETHEPHON	50
158	乙硫磷	ETHION	500
159	乙呋草黄	ETHOFUMESATE	200
160	丙线磷	ETHOPROPHOS	10
161	乙氧嘧磺隆	ETHOXYSULFURON	10
162	二氯乙烯	ETHYLENE DICHLORIDE	100
163	乙螨唑	ETOXAZOLE	10
164	氯唑灵	ETRIDIAZOLE	50
165		ETYPROSTONTROMETHAMINE	1
166	噁唑菌酮	FAMOXADONE	30
167	伐灭磷	FAMPHUR	20
168	咪唑菌酮	FENAMIDONE	20
169	克线磷	FENAMIPHOS	5
170	氯苯嘧啶醇	FENARIMOL	10
171	腈苯唑	FENBUCONAZOLE	50
172	苯丁锡	FENBUTATIN OXIDE	50
173	环酰菌胺	FENHEXAMID	10
174	杀螟硫磷	FENITROTHION	2
175	仲丁威	FENOBUCARB	20
176	噁唑禾草灵	FENOXAPROP-ETHYL	20
177	甲氰菊酯	FENPROPATHRIN	100
178	粉锈啉	FENPROPIMORPH	10
179	唑螨酯	FENPYROXIMATE	5

续表

序号	药物中文名称	药物英文名称	限量/(μg/kg)
180	倍硫磷	FENTHION	200
181	三苯锡	FENTIN	50
182	氰戊菊酯	FENVALERATE	100
183	氟虫清	FIPRONIL	20
184	甲氟燕灵	FLAMPROP-METHYL	10
185	富拉磷	FLAVOPHOSPHOLIPOL	10
186	吡氟禾草灵	FLUAZIFOR	50
187	氟苯哒唑	FLUBENDAZOLE	10
188	氟氰戊菊酯	FLUCYTHRINATE	70
189	咯菌腈	FLUDIOXONIL	10
190	氟甲喹	FLUMEQUINE	100
191	氟氯苯菊酯	FLUMETHRIN	50
192	氟唑嘧磺草胺	FLUMETSULAM	100
193	氟烯草酸	FLUMICLORAC PENTYL	10
194	丙炔氟草胺	FLUMIOXAZIN	10
195	氟尼辛	FLUZIXIN	20
196	喹唑菌酮	FLUQUINCONAZOLE	100
197	氟啶草酮	FLURIDONE	50
198	氟草烟	FLUROXYPYR	200
199	氟哇唑	FLUSILAZOLE	10
200	氟酰胺	FLUTOLANIL	50
201	粉唑醇	FLUTRIAFOL	50
202	磷霉素	FOSFOMYCIN	50
203	呋线威	FURATHIOCARB	50
204	庆大霉素	GENTAMICIN	200
205	草胺磷	GLUFOSINATE	20
206	咪唑双酰胺	GLYCALPYRAMIDE	30
207	草甘膦	GLYPHOSATE	100
208	氯吡嘧磺隆	HALOSULFURON METHYL	10
209	吡氟氯禾灵	HALOXYFOR	20
210	七氯	HEPTACHLOR	6
211	六氯苯	HEXACHLOROBENZENE	10
212	噻螨酮	HEXATHIAZOX	20
213	环嗪酮	HEXAZINONE	80
214	氢化可的松	HYDROCORTISONE	10
215	磷化氢	HYDROGEN PHOSPHIDE	10
216	烯菌灵	IMAZALIL	20
217	咪唑甲氧甲烟酸铵	IMAZAMOX-AMMONIUM	30

续表

序号	药物中文名称	药物英文名称	限量/(μg/kg)
218	咪唑甲烟酸铵	IMAZAPIC-AMMONIUM	60
219	灭草烟	IMAZAPYR	10
220	咪唑乙烟酸铵	IMAZETHAPYR AMMONIUM	100
221	吡虫啉	IMIDACLOPRID	20
222	双咪苯脲	IMIDOCARB	50
223	恶二唑虫	INDOXACARB	100
224	甲基碘磺隆	IODOSULFURON METHYL	10
225	异菌脲	IPRODIONE	200
226	异氰脲酸盐/酯	ISOCYANURATE	800
227	异柳磷	ISOFENPHOS	10
228	氮氨菲啶	ISOMETAMIDIUM	100
229	稻瘟灵	ISOPROTHIOLANE	20
230	异恶氟草	ISOXAFLUTOLE	30
231	伊维菌素	IVERMECTIN	10
232	卡那霉素	KANAMYCIN	400
233	酮洛芬	KETOPROFEN	50
234	亚胺菌	KRESOXIM-METHYL	10
235	拉沙里菌素	LASALOCID	10
236	左旋咪唑	LEVAMISOLE	300
237	林可霉素	LINCOMYCIN	150
238	林丹	LINDANE（gamma-BHC）	10
239	利谷隆	LINURON	50
240	氟丙氧脲	LUFENURON	200
241	马拉硫磷	MALATHION	500
242	麻保沙星	MARBOFLOXACIN	80
243	2 甲 4 氯（包括酚硫杀）	MCPA（including phenothiol）	80
244	2 甲 4 氯丁酸	MCPB	50
245	甲苯咪唑	MEBENDAZOLE	20
246	美西林	MECILLINAM	50
247	2 甲 4 氯丙酸	MECOPROP	50
248	吡咯二酸二乙酯	MEFENPYR-DIETHYL	10
249	美洛昔康	MELOXICAM	10
250	孟布酮	MENBUTONE	40
251	缩节胺	MEPIQUAT-CHLORIDE	50
252	甲磺胺磺隆	MESOSULFURON-METHYL	10
253	硝磺酮	MESOTRIONE	10
254	甲霜灵和精甲霜灵（总量）	METALAXYL and MEFENOXAM（as total）	30
255	乙丁烯酰磷	METHACRIFOS	10

续表

序号	药物中文名称	药物英文名称	限量/(μg/kg)
256	甲胺磷	METHAMIDOPHOS	20
257	杀扑磷	METHIDATHION	1
258	烯虫酯	METHOPRENE	50
259	甲氧滴滴涕	METHOXYCHLOR	10
260	甲氧虫酰肼	METHOXYFENOZIDE	10
261	甲基氢化泼尼松	METHYLPREDNISOLONE	10
262	甲氧氯普胺	METOCLOPRAMIDE	5
263	异丙甲草胺	METOLACHLOR	30
264	甲氧磺草胺	METOSULAM	10
265	嗪草酮	METRIBUZIN	50
266	甲磺隆	METSULFURON-METHYL (METSULFURONMETHYL)	70
267	速灭磷	MEVINPHOS	50
268	莫能菌素	MONENSIN	10
269	绿谷隆	MONOLINURON	50
270	甲噻嘧啶	MORANTEL	100
271	莫西丁克	MOXIDECTIN	40
272	腈菌唑	MYCLOBUTANIL	10
273	N-(2-乙己基)-8,9,10-三降冰片-5-烯-2,3-二羟基酰亚胺	N-(2-ETHYLHEXYL)-8,9,10-TRINORBORN-5-ENE-2,3-DICARBOXIMIDE	300
274	奈夫西林	NAFCILLIN	5
275	那罗星	NANAFROCIN	30
276	新霉素	NEOMYCIN	500
277	哒草伏	NORFLURAZON	100
278	诺孕美特	NORGESTOMET	0.1
279	双苯氟脲	NOVALURON	1 000
280	新生霉素	NOVOBIOCIN	80
281	竹桃霉素	OLEANDOMYCIN	50
282	氧化乐果	OMETHOATE	50
283	奥比沙星	ORBIFLOXACIN	20
284	解草腈	OXABETRINIL	50
285	苯唑青霉素	OXACILLIN	30
286	恶草酮	OXADIAZON	100
287	杀线威	OXAMYL	20
288	苯亚砜苯咪唑，非班太尔，苯硫达唑（总量）	OXFENDAZOLE，FEBANTEL and FENBENDAZOLE（as total）	100
289	丙氧苯咪唑	OXIBENDAZOLE	30
290	羟氯柳苯胺	OXYCLOZANIDE	300

续表

序号	药物中文名称	药物英文名称	限量/(μg/kg)
291	砜吸磷	OXYDEMETON-METHYL	10
292	乙氧氟草醚	OXYFLUORFEN	30
293	土霉素，金霉素，四环素（总量）	OXYTETRACYCLINE，CHLORTETRACYCLINE and TETRACYCLINE（as total）	100
294	百草枯	PARAQUAT	10
295	对硫磷	PARATHION	50
296	甲基对硫磷	PARATHION-METHYL	50
297	虫帕唑	PARBENDAZOLE	100
298	戊菌唑	PENCONAZOLE	10
299	硝草胺	PENDIMETHALIN	10
300	氯菊酯	PERMETHRIN	100
301	苯敌草	PHENMEDIPHAM	100
302	苯醚菊酯	PHENOTHRIN	50
303	甲拌磷	PHORATE	50
304	亚胺硫磷	PHOSMET	200
305	毒莠定	PICLORAM	50
306	氟吡酰草胺	PICOLINAFEN	10
307	杀鼠酮	PINDONE	1
308		PINOXADEN	20
309	哌嗪	PIPERAZINE	50
310	增效醚	PIPERONYL BUTOXIDE	200
311	抗蚜威	PIRIMICARB	50
312	甲基虫螨磷	PIRIMIPHOS-METHYL（PIRIMIFOS-METHYL）	10
313	吡利霉素	PIRLIMYCIN	300
314	多粘菌素 B	POLYMYXINE B	500
315	吡喹酮	PRAZIQUANTEL	20
316	氢化泼尼松	PREDNISOLONE	0.7
317	吡芬溴铵	PRIFINIUM	50
318	甲基氟嘧磺隆	PRIMISULFURON-METHYL	20
319	咪酰胺	PROCHLORAZ	50
320	腐霉利	PROCYMIDONE	40
321	丙溴磷	PROFENOFOS	10
322	调环酸钙盐	PROHEXADIONE-CALCIUM	10
323	扑草净	PROMETRYN	50
324	毒草安	PROPACHLOR	20
325	敌稗	PROPANIL	30
326	亚草酸	PROPAQUIZAFOP	10
327	炔螨特	PROPARGITE（BPPS）	100

续表

序号	药物中文名称	药物英文名称	限量/(μg/kg)
328	烯虫磷	PROPETAMPHOS	20
329	丙环唑	PROPICONAZOLE	10
330	残杀威	PROPOXUR	50
331	丙苯磺隆	PROPOXYCARBAZONE	4
332	炔苯酰草胺	PROPYZAMIDE	10
333	氟磺隆	PROSULFURON	50
334	吡蚜酮	PYMETROZINE	10
335	百克敏	PYRACLOSTROBIN	60
336	吡嘧磷	PYRAZOPHOS	20
337	除虫菊酯	PYRETHRINS	500
338	哒螨灵	PYRIDABEN	10
339	哒草特	PYRIDATE	200
340	二甲嘧菌胺	PYRIMETHANIL	20
341	蚊蝇醚	PYRIPROXYFEN	20
342	嘧草硫醚	PYRITHIOBAC-SODIUM	20
343	二氯喹啉酸	QUINCLORAC	100
344	喹氧灵	QUINOXYFEN	10
345	五氯硝基苯	QUINTOZENE	10
346	喹禾灵	QUIZALOFOP-ETHYL	40
347	苄呋菊酯	RESMETHRIN	100
348	利福西明	RIFAXIMIN	60
349	稀禾定	SETHOXYDIM	300
350	西玛津	SIMAZINE	20
351	壮观霉素	SPECTINOMYCIN	200
352	艾克敌	SPINOSAD	1 000
353	螺旋霉素	SPIRAMYCIN	200
354	螺螨酯	SPIRODICLOFEN	10
355	螺甲螨酯	SPIROMESIFEN	100
356	萁孢菌素	SPIROXAMINE	40
357	苯酰磺胺	SULFABENZAMIDE	10
358	磺胺溴甲嘧啶钠	SULFABROMOMETHAZINE SODIUM	10
359	乙酰磺胺	SULFACETAMIDE	10
360	磺胺嘧啶	SULFADIAZINE	70
361	磺胺间二甲氧嘧啶	SULFADIMETHOXINE	20
362	磺胺二甲嘧啶	SULFADIMIDINE	25
363	周效磺胺	SULFADOXINE	60
364	磺胺乙氧嗪	SULFAETHOXYPYRIDAZINE	10
365	磺胺胍	SULFAGUANIDINE	10

续表

序号	药物中文名称	药物英文名称	限量/(μg/kg)
366	磺胺	SULFANILAMIDE	10
367	磺胺吡啶	SULFAPYRIDINE	10
368	磺胺喹噁啉	SULFAQUINOXALINE	10
369	磺胺噻唑	SULFATHIAZOLE	90
370	磺胺曲沙唑	SULFATROXAZOLE	100
371	乙黄隆	SULFOSULFURON	6
372	戊唑醇	TEBUCONAZOLE	10
373	抑虫肼	TEBUFENOZIDE	10
374	丁噻隆	TEBUTHIURON	300
375	四氯硝基苯	TECNAZENE	50
376	七氟菊酯	TEFLUTHRIN	1
377	吡喃草酮	TEPRALOXYDIM	60
378	特丁硫磷	TERBUFOS	10
379	特丁净	TERBUTRYN	100
380	杀虫威	TETRACHLORVINPHOS	300
381	四氟醚唑	TETRACONAZOLE	0.3
382	噻菌灵	THIABENDAZOLE	100
383	噻虫啉	THIACLOPRID	20
384	噻虫嗪	THIAMETHOXAM	10
385	甲砜霉素	THIAMPHENICOL	50
386	噻苯隆	THIDIAZURON	30
387	噻吩磺隆	THIFENSULFURON	10
388	禾草丹	THIOBENCARB	50
389	硫双威和灭多威（总量）	THIODICARB and METHOMYL（as total）	20
390	甲基乙拌磷	THIOMETON	50
391	替米考星	TILMICOSIN	50
392	硫普罗宁	TIPPRONIN	20
393	托芬那酸	TOLFENAMIC ACID	50
394		TOLYELOXYSULFURON	10
395	乙酸去甲雄三烯醇酮	TRENBOLONE ACETATE	不得检出
396	三唑酮	TRIADIMEFON	50
397	三唑醇	TRIADIMENOL	10
398	野麦畏	TRI-ALLATE	100
399	醚苯黄隆	TRIASULFURON	20
400	三唑磷	TRIAZOPHOS	10
401	苯磺隆	TRIBENURON-METHYL	10
402	三溴沙仑	TRIBROMSALAN	10
403		TRIBUPHOS	2

续表

序号	药物中文名称	药物英文名称	限量/(μg/kg)
404	敌百虫	TRICHLORFON	50
405	三氯吡氧乙酸	TRICLOPYR	10
406	十三吗啉	TRIDEMORPH	50
407	布洛芬	TRIFLOXYSTROBIN	20
408	氟菌唑	TRIFLUMIZOLE	50
409	杀铃脲	TRIFLUMURON	50
410	氟乐灵	TRIFLURALIN	50
411	嗪氨灵	TRIFORINE	50
412	甲氧苄氨嘧啶	TRIMETHOPRIM	50
413	吡那敏	TRIPELENNAMINE	20
414	灭菌唑	TRITICONAZOLE	10
415	泰乐霉素	TYLOSIN	50
416	乙烯菌核利	VINCLOZOLIN	50
417	维吉霉素	VIRGINIAMYCIN	100
418	杀鼠灵	WARFARIN	1
419	甲苯噻嗪	XYLAZINE	20
420	右环十四酮酚	ZERANOL	2

二、欧盟

序号	类别	药物中文名称	药物英文名称	限量/(μg/kg)
1	所有食品生产用奶	阿莫西林	AMOXICYLLIN	4
2	所有食品生产用奶	氨苄青霉素	AMPICILLIN	4
3	所有食品生产用奶	苄青霉素	BENZYL PENICILLIN	4
4	所有食品生产用奶	金霉素	CHLORTETRACYCLINE	100
5	所有食品生产用奶	邻氯青霉素	CLOXACILLIN	30
6	所有食品生产用奶	粘菌素	COLISTIN	50
7	所有食品生产用奶	双氯青霉素	DICLOXACILLIN	30
8	所有食品生产用奶	红霉素	ERYTHROMYCIN	40
9	所有食品生产用奶	林可霉素	LINCOMYCIN	150
10	所有食品生产用奶	新霉素	NEOMYCIN	1 500
11	所有食品生产用奶	苯唑青霉素	OXACILLIN	30
12	所有食品生产用奶	土霉素	OXYTETRACYCLINE	100
13	所有食品生产用奶	壮观霉素	SPECTINOMYCIN	200
14	所有食品生产用奶	四环素	TETRACYCLINE	100
15	所有食品生产用奶	替米考星	TILMICOSIN	50
16	所有食品生产用奶	甲氧苄氨嘧啶	TRIMETHOPRIM	50
17	所有食品生产用奶	泰乐霉素	TYLOSIN	50

续表

序号	类别	药物中文名称	药物英文名称	限量/(μg/kg)
18	绵羊奶	丙硫咪唑	ALBENDAZOLE	100
19	绵羊奶	氧化丙硫咪唑	ALBENDAZOLE OXIDE	100
20	绵羊奶	磺胺类药物	ALL SUBSTANCES BEONGING TO THE SULFONAMINE GROUP	100
21	绵羊奶	双甲脒	AMITRAZ	10
22	绵羊奶	头孢唑啉	CEFAZOLIN	50
23	绵羊奶	达氟沙星	DANOFLOXACIN	30
24	绵羊奶	二嗪磷	DIAZINON	20
25	绵羊奶	二氟沙星	DIFLOXACIN	800
26	绵羊奶	双氢链霉素	DIHYDROSTREPTOMYCIN	200
27	绵羊奶	恩诺沙星	ENROFLOXACIN	100
28	绵羊奶	苯硫氨酯	FEBANTEL	10
29	绵羊奶	苯硫苯咪唑	FENBENDAZOLE	10
30	绵羊奶	乙酸氟孕酮	FLUGESTONE ACETATE	1
31	绵羊奶	氟甲喹	FLUMEQUINE	50
32	绵羊奶	卡那霉素	KANAMYCIN	150
33	绵羊奶	尼托比明	NETOBIMIN	100
34	绵羊奶	苯亚砜苯咪唑	OXFENDAZOLE	10
35	绵羊奶	壮观霉素	SPECTINOMYCIN	200
36	绵羊奶	链霉素	STREPTOMYCIN	200
37	牛奶	丙硫咪唑	ALBENDAZOLE	100
38	牛奶	氧化丙硫咪唑	ALBENDAZOLE OXIDE	100
39	牛奶	磺胺类药物	ALL SUBSTANCES BELONGING TO THE SULFONAMINE GROUP	100
40	牛奶	双甲脒	AMITRAZ	10
41	牛奶	杆菌肽	BACITRACIN	100
42	牛奶	巴喹普林	BAQUILOPRIM	30
43	牛奶	倍他米松	BETAMETHASONE	0.3
44	牛奶	卡拉洛尔	CARAZOLOL	1
45	牛奶	头孢乙腈	CEFACETRILE	125
46	牛奶	头孢氨苄	CEFALEXIN	100
47	牛奶	头孢唑啉	CEFAZOLIN	50
48	牛奶	头孢哌酮	CEFOPERAZONE	50
49	牛奶	头孢喹咪	CEFQUINOME	20
50	牛奶	头孢噻呋	CEFTIOFUR	100
51	牛奶	头孢洛啉	CEPHALONIUM	20
52	牛奶	头孢匹林	CEPHAPIRIN	60
53	牛奶	氯地孕酮	CHLORMADINONE	2.5

续表

序号	类别	药物中文名称	药物英文名称	限量/(μg/kg)
54	牛奶	克拉维酸	CLAVULANIC ACID	200
55	牛奶	克伦特罗	CLENBUTEROL	0.05
56	牛奶	氟氯氰菊酯	CYFLUTHRIN	20
57	牛奶	三氟氯氰菊酯	CYHALOTHRIN	50
58	牛奶	达氟沙星	DANOFLOXACIN	50
59	牛奶	溴氰菊酯	DELTAMETHRIN	20
60	牛奶	地塞米松	DEXAMETHASONE	0.3
61	牛奶	二嗪磷	DIAZINON	20
62	牛奶	二氟沙星	DIFLOXACIN	800
63	牛奶	双氢链霉素	DIHYDROSTREPTOMYCIN	200
64	牛奶	恩诺沙星	ENROFLOXACIN	100
65	牛奶	依普菌素	EPRINOMECTIN	20
66	牛奶	苯硫氨酯	FEBANTEL	10
67	牛奶	苯硫苯咪唑	FENBENDAZOLE	10
68	牛奶	氰戊菊酯	FENVALERATE	40
69	牛奶	氟甲喹	FLUMEQUINE	50
70	牛奶	氟氯苯菊酯	FLUMETHRIN	30
71	牛奶	氟尼辛	FLUZIXIN	20
72	牛奶	庆大霉素	GENTAMICIN	100
73	牛奶	双咪苯脲	IMIDOCARB	50
74	牛奶	卡那霉素	KANAMYCIN	150
75	牛奶	麻保沙星	MARBOFLOXACIN	75
76	牛奶	美洛昔康	MELOXICAM	15
77	牛奶	莫西丁克	MOXIDECTIN	40
78	牛奶	奈夫西林	NAFCILLIN	30
79	牛奶	尼托比明	NETOBIMIN	100
80	牛奶	诺孕美特	NORGESTOMET	0.15
81	牛奶	新生霉素	NOVOBIOCIN	50
82	牛奶	苯亚砜苯咪唑	OXFENDAZOLE	10
83	牛奶	羟氯柳苯胺	OXYCLOZANIDE	10
84	牛奶	喷沙西林	PENETHAMATE	4
85	牛奶	氯菊酯	PERMETHRIN	50
86	牛奶	吡利霉素	PIRLIMYCIN	100
87	牛奶	氢化泼尼松	PREDNISOLONE	6
88	牛奶	利福西明	RIFAXIMIN	60
89	牛奶	螺旋霉素	SPIRAMYCIN	200
90	牛奶	链霉素	STREPTOMYCIN	200
91	牛奶	噻菌灵	THIABENDAZOLE	100

续表

序号	类别	药物中文名称	药物英文名称	限量/(μg/kg)
92	牛奶	甲砜霉素	THIAMPHENICOL	50
93	牛奶	托芬那酸	TOLFENAMIC ACID	50
94	山羊奶	磺胺类药物	ALL SUBSTANCES BELONGING TO THE SULFONAMINE GROUP	100
95	山羊奶	头孢唑啉	CEFAZOLIN	50
96	山羊奶	头孢哌酮	CEFOPERAZONE	50
97	山羊奶	达氟沙星	DANOFLOXACIN	30
98	山羊奶	二嗪磷	DIAZINON	20
99	山羊奶	二氟沙星	DIFLOXACIN	800
100	山羊奶	恩诺沙星	ENROFLOXACIN	100
101	山羊奶	乙酸氟孕酮	FLUGESTONE ACETATE	1
102	山羊奶	氟甲喹	FLUMEQUINE	50
103	猪奶	氟甲喹	FLUMEQUINE	50

三、澳大利亚

序号	类别	药物中文名称	药物英文名称	限量/(μg/kg)
1	除山羊奶以外的奶	左旋咪唑	LEVAMISOLE	300
2	奶	茅草枯	2,2-DPA	100
3		2,4-滴	2,4-D	50
4		2,4-滴丁酸	2,4-DB	50
5		吡虫清	ACETAMIPRID	10
6		三氟羧草醚	ACIFLUORFEN	10
7		涕灭威	ALDICARB	10
8		涕灭砜威	ALDOXYCARB	20
9		莠灭净	AMETRYN	50
10		双甲脒	AMITRAZ	100
11		杀草强	AMITROLE	10
12		磺草灵	ASULAM	100
13		莠去津	ATRAZINE	10
14		阿伏霉素	AVOPARCIN	10
15		甲基谷硫磷	AZINPHOS-METHYL	50
16		腈嘧菌酯	AZOXYSTROBIN	5
17		杆菌肽	BACITRACIN	500
18		恶虫威	BENDIOCARB	100
19		乙丁氟灵	BENFLURALIN	10
20		苯菌灵	BENOMYL	100
21		苯达松	BENTAZONE	50

续表

序号	类别	药物中文名称	药物英文名称	限量/(μg/kg)
22	奶	苄青霉素	BENZYL PENICILLIN	1.5
23		倍他氟氯氰菊酯	BETA-CYFLUTHRIN	100
24		联苯菊酯	BIFENTHRIN	500
25		苄呋菊酯	BIORESMETHRIN	50
26		联苯三唑醇	BITERTANOL	200
27		苯草酮	BROMACIL	40
28		溴苯腈	BROMOXYNIL	20
29		噻嗪酮	BUPROFEZIN	10
30		英拜除草剂	BUTAFENACIL	10
31		丁氧环酮	BUTROXYDIM	10
32		克菌丹	CAPTAN	10
33		西维因	CARBARYL	50
34		多菌灵	CARBENDAZIM	100
35		长杀草	CARBETAMIDE	100
36		克百威	CARBOFURAN	50
37		丁呋喃	CARBOSULFAN	50
38		氟酮唑草	CARFENTRAZONE-ETHYL	25
39		氟唑虫清	CHLORFENAPYR	10
40		氯苯胍亭	CHLORHEXIDINE	50
41		矮壮素	CHLORMEQUAT	100
42		氯磺隆	CHLORSULFURON	50
43		氯酞酸甲酯	CHLORTHAL-DIMETHYL	50
44			CLODINAFOP ACID	100
45			CLODINAFOP-PROPARGYL	50
46		二氯皮考啉酸	CLOPYRALID	50
47			CLOQUINTOCET ACID	100
48			CLOQUINTOCET-METHYL	50
49		环丙酸酰胺	CYCLANILIDE	50
50		氟氯氰菊酯	CYFLUTHRIN	100
51		环丙唑醇	CYPROCONAZOLE	10
52		嘧菌环胺	CYPRODINIL	10
53		落灭津	CYROMAZINE	10
54		丁酰肼	DAMINOZIDE	50
55		丁嘧脲	DIAFENTHIURON	20
56		麦草畏	DICAMBA	100
57		敌敌畏	DICHLORVOS	20
58		氯甲草	DICLOFOP-METHYL	50
59		苯醚甲环唑	DIFENOCONAZOLE	10

续表

序号	类别	药物中文名称	药物英文名称	限量/(μg/kg)
60	奶	吡氟酰草胺	DIFLUFENICAN	10
61		落长灵	DIMETHIPIN	10
62		乐果	DIMETHOATE	50
63		烯酰吗啉	DIMETHOMORPH	10
64		敌草快	DIQUAT	10
65		乙拌磷	DISULFOTON	10
66		二硫代氨基甲酸盐类	DITHIOCARBAMATES	200
67		依玛菌素	EMAMECTIN	0.5
68		丙草丹	EPTC	100
69		红霉素	ERYTHROMYCIN	40
70		甲基胺苯磺隆	ETHAMETSULFURON-METHYL	20
71		乙烯利	ETHEPHON	100
72		克线磷	FENAMIPHOS	5
73		苯硫眯唑	FENBENDAZOLE	100
74		环酰菌胺	FENHEXAMID	10
75		2,4,5 滴丙酸	FENOPROP	20
76		噁唑禾草灵	FENOXAPROP-ETHYL	20
77		倍硫磷	FENTHION	200
78		氟虫清	FIPRONIL	10
79		甲氟燕灵	FLAMPROP-METHYL	10
80		富拉磷	FLAVOPHOSPHOLIPOL	10
81		吡氟禾草灵	FLUAZIFOP-BUTYL	100
82		精吡氟禾草灵	FLUAZIFOP-P-BUTYL	100
83		氟氰戊菊酯	FLUCYTHRINATE	50
84		咯菌腈	FLUDIOXONIL	10
85		氟氯苯菊酯	FLUMETHRIN	50
86		氟唑嘧磺草胺	FLUMETSULAM	100
87		喹唑菌酮	FLUQUINCONAZOLE	100
88		氟草烟异丙酯	FLUROXYPYRL-METHYL-HEPTYL ESTER	100
89		氟酰胺	FLUTOLANIL	50
90		粉唑醇	FLUTRIAFOL	50
91		呋线威	FURATHIOCARB	50
92		草胺磷	GLUFOSINATE	50
93		草甘膦	GLYPHOSATE	100
94		氯吡嘧磺隆	HALOSULFURON METHYL	10
95		吡氟氯禾灵	HALOXYFOR	20
96		环嗪酮	HEXAZINONE	50

续表

序号	类别	药物中文名称	药物英文名称	限量/(μg/kg)
97	奶	咪草啶酸	IMAZAMOX	50
98		甲基咪草烟	IMAZAPIC	10
99		灭草烟	IMAZAPYR	10
100		咪草烟	IMAZETHAPYR	100
101		吡虫啉	IMIDACLOPRID	50
102		噁二唑虫	INDOXACARB	50
103		甲基碘磺隆	IODOSULFURON METHYL	10
104		异菌脲	IPRODIONE	100
105		异噁氟草	ISOXAFLUTOLE	50
106		亚胺菌	KRESOXIM-METHYL	1
107		利谷隆	LINURON	50
108		氟丙氧脲	LUFENURON	200
109		代森锰锌	MANCOZEB	200
110		2 甲 4 氯	MCPA	50
111		2 甲 4 氯丁酸	MCPB	50
112		甲苯咪唑	MEBENDAZOLE	20
113		吡咯二酸二乙酯	MEFENPYR-DIETHYL	10
114		甲哌翁	MEPIQUAT	50
115		甲磺胺磺隆	MESOSULFURON-METHYL	10
116		威百亩	METHAM	200
117		甲胺磷	METHAMIDOPHOS	10
118		灭多威	METHOMYL	50
119		甲氧虫酰肼	METHOXYFENOZIDE	10
120		代森联	METHIRAM	200
121		异丙甲草胺	METOLACHLOR	50
122		甲氧磺草胺	METOSULAM	10
123		嗪草酮	METRIBUZIN	50
124		甲磺隆	METSULFURON-METHYL (METSULFURONMETHYL)	100
125		速灭磷	MEVINPHOS	50
126		甲噻嘧啶	MORANTEL	100
127		二溴磷	NALED	50
128		新霉素	NEOMYCIN	500
129		氧化乐果	OMETHOATE	50
130		解草腈	OXABETRINIL	50
131		杀线威	OXAMYL	20
132		苯亚砜苯咪唑	OXFENDAZOLE	100
133		羟氯柳苯胺	OXYCLOZANIDE	50

续表

序号	类别	药物中文名称	药物英文名称	限量/(μg/kg)
134	奶	砜吸磷	OXYDEMETON-METHYL	10
135		乙氧氟草醚	OXYFLUORFEN	10
136		土霉素	OXYTETRACYCLINE	100
137		百草枯	PARAQUAT	10
138		甲基对硫磷	PARATHION-METHYL	50
139		虫帕唑	PARBENDAZOLE	100
140		硝草胺	PENDIMETHALIN	10
141		氯菊酯	PERMETHRIN	50
142		苯敌草	PHENMEDIPHAM	100
143		苯醚菊酯	PHENOTHRIN	50
144		甲拌磷	PHORATE	50
145		毒莠定	PICLORAM	50
146		氟吡酰草胺	PICOLINAFEN	100
147		抗蚜威	PIRIMICARB	100
148		甲基虫螨磷	PIRIMIPHOS-METHYL (PIRIMIFOS-METHYL)	50
149		普鲁卡因青霉素	PROCYMINE BENZYLPENICILLIN	2
150		腐霉利	PROCYMIDONE	20
151		敌稗	PROPANIL	10
152		亚草酸	PROPAQUIZAFOP	10
153		炔螨特	PROPARGITE (BPPS)	100
154		丙环唑	PROPICONAZOLE	10
155		甲基代森锌	PROPOINEB	200
156		炔苯酰草胺	PROPYZAMIDE	10
157		吡蚜酮	PYMETROZINE	10
158		哒草特	PYRIDATE	200
159		二甲嘧菌胺	PYRIMETHANIL	10
160		蚊蝇醚	PYRIPROXYFEN	20
161		嘧草硫醚	PYRITHIOBAC-SODIUM	20
162		喹氧灵	QUINOXYFEN	10
163		喹禾灵	QUIZALOFOP-ETHYL	100
164		喹禾康酯	QUIZALOFOP-P-TEFURYL	100
165		稀禾定	SETHOXYDIM	50
166		西玛津	SIMAZINE	10
167		精异丙甲草胺	S-METOLACHLOR	50
168		艾克敌	SPINOSAD	20
169		萜孢菌素	SPIROXAMINE	50

续表

序号	类别	药物中文名称	药物英文名称	限量/(μg/kg)
170	奶	链霉素和双氢链霉素	STREPTOMYCIN AND DIHY-DROSTREPTOMYCIN	20
171		乙黄隆	SULFOSULFURON	5
172		戊唑醇	TEBUCONAZOLE	50
173		抑虫肼	TEBUFENOZIDE	10
174		丁噻隆	TEBUTHIURON	200
175		吡喃草酮	TEPRALOXYDIM	20
176		特丁净	TERBUTRYN	100
177		四环素	TETRACYCLINE	100
178		噻菌灵	THIABENDAZOLE	50
179		噻虫啉	THIACLOPRID	10
180		噻苯隆	THIDIAZURON	10
181		噻吩磺隆	THIFENSULFURON	10
182		禾草丹	THIOBENCARB	50
183		甲基乙拌磷	THIOMETON	50
184		甲基多保净	THIOPHANATE	100
185		甲基硫菌灵	THIOPHANATE-METHYL	100
186		福美双	THIRAM	200
187		三唑酮	TRIADIMEFON	100
188		三唑醇	TRIADIMENOL	10
189		野麦畏	TRI-ALLATE	100
190		醚苯黄隆	TRIASULFURON	10
191		苯磺隆	TRIBENURON-METHYL	10
192		敌百虫	TRICHLORFON	50
193		布洛芬	TRIFLOXYSTROBIN	20
194		三氟啶磺隆钠	TRIFLOXYSULFURON SODIUM	10
195		杀铃脲	TRIFLUMURON	50
196		氟乐灵	TRIFLURALIN	50
197		灭菌唑	TRITICONAZOLE	10
198		泰乐霉素	TYLOSIN	50
199		代森锌	ZINEB	200
200		福美锌	ZIRAM	200
201	奶，脂肪中	艾氏剂和狄氏剂	ALDRIN and DIELDRIN	150
202		Alpha-氯氰菊酯	Alpha-Cypermethrin	1 000
203		六六六	BHC	100
204		氯丹	CHLORDANE	50
205		毒死蜱	CHLORPYRIFOS	200
206		甲基毒死蜱	CHLORPYRIFOS-METHYL	50

续表

序号	类别	药物中文名称	药物英文名称	限量/(μg/kg)
207	奶，脂肪中	蝇毒磷	COUMAPHOS	100
208		三氟氯氰菊酯	CYHALOTHRIN	500
209		氯氰菊酯	CYPERMETHRIN	1 000
210		滴滴涕	DDT	1 250
211		溴氰菊酯和四溴菊酯（总量）	DELTAMETHRIN and TRALOMETHRIN (as total)	30
212		二嗪磷	DIAZINON	500
213		狄氏剂	DIELDRIN	150
214		硫丹	ENDOSULFAN	500
215		生物丙烯菊酯	ESFENVALERATE	200
216		乙硫磷	ETHION	500
217		乙呋草黄	ETHOFUMESATE	200
218		杀螟硫磷	FENITROTHION	50
219		氰戊菊酯	FENVALERATE	200
220		七氯	HEPTACHLOR	150
221		六氯苯	HEXACHLOROBENZENE	500
222		LAMBDA-氯氟氰菊酯	LAMBDA-CYHALOTHRIN	500
223		林丹	LINDANE	200
224		马拉硫磷	MALATHION	1 000
225		马拉松	MALDISON	1 000
226		杀扑磷	METHIDATHION	500
227		亚胺硫磷	PHOSMET	200
228		草虱威	PROMACYL	4 000
229		杀虫威	TETRACHLORVINPHOS	50
230		三氯吡氧乙酸	TRICLOPYR	100
231		Zeta-氯氰菊酯	Zeta-CYPERMETHRIN	1 000
232	绵羊奶	阿莫西林	AMOXICYLLIN	10
233		除虫脲	DIFLUBENZURON	50
234		绵羊奶，脂肪中溴氰菊酯	DELTAMETHRIN	200
235	牛奶	阿维菌素	ABAMECTIN	20
236		脂肪族醇乙氧基化物	ALIPHATIC ALCOHOL ETHOXY-LATES	1 000
237		阿莫西林	AMOXICYLLIN	10
238		氨苄青霉素	AMPICILLIN	10
239		阿维菌素 B1	AVERMECTIN B1	20
240		头孢噻呋	CEFTIOFUR	100
241		头孢呋肟	CEFUROXIME	20
242		头孢洛啉	CEPHALONIUM	20

续表

序号	类别	药物中文名称	药物英文名称	限量/(μg/kg)
243	牛奶	头孢匹林	CEPHAPIRIN	10
244		氟定脲	CHLORFLUAZURON	100
245		克拉维酸	CLAVULANIC ACID	10
246		氯舒隆	CLORSULON	1 500
247		邻氯青霉素	CLOXACILLIN	10
248		地塞米松	DEXAMETHASONE	50
249		三甲基地塞米松	DEXAMETHASONE trimethylacetate	50
250		除虫脲	DIFLUBENZURON	50
251		敌草隆	DIURON	100
252		多拉菌素	DORAMECTIN	60
253		依普菌素	EPRINOMECTIN	30
254		富拉磷	FLAVOPHOSPHOLIPOL	10
255		双咪苯脲	IMIDOCARB	20
256		伊维菌素	IVERMECTIN	50
257		酮洛芬	KETOPROFEN	50
258		拉沙里菌素	LASALOCID	10
259		林可霉素	LINCOMYCIN	20
260		美洛昔康	MELOXICAM	0
261		烯虫酯	METHOPRENE	100
262		莫能菌素	MONENSIN	10
263		新生霉素	NOVOBIOCIN	100
264		增效醚	PIPERONYL BUTOXIDE	50
265		丙溴磷	PROFENOFOS	10
266		扑草净	PROMETRYN	50
267		磺胺嘧啶	SULFADIAZINE	100
268		周效磺胺	SULFADOXINE	100
269			SULFATROXAZOLE	100
270		特丁硫磷	TERBUFOS	10
271		替米考星	TILMICOSIN	20
272		托芬那酸	TOLFENAMIC	50
273		甲氧苄氨嘧啶	TRIMETHOPRIM	50
274		维吉霉素	VIRGINIAMYCIN	100
275	牛奶，脂肪中	毒虫畏	CHLORFENVINPHOS	200
276		溴氰菊酯	DELTAMETHRIN	500
277		莫西丁克	MOXIDECTIN	2 000
278	山羊奶	左旋咪唑	LEVAMISOLE	100
279		林可霉素	LINCOMYCIN	100
280		壮观霉素	SPECTINOMYCIN	2 000
281	山羊奶，脂肪中	溴氰菊酯	DELTAMETHRIN	200

附录Ⅲ 食品接触材料限量值

一、欧盟

材质	类别	项目	规范或限量	备注
	所有塑料制品	总迁移量	10 mg/dm^2	
			60mg/kg	接触婴幼儿食品的塑料材料和制品
	丙烯腈-丁二烯-苯乙烯共聚物（ABS）	丙烯腈	SML = ND（DL = 0.020 mg/kg）	
		丁二烯	FP 中 QM = 1 mg/kg 或 SML = ND （DL =0.020 mg/kg）	
	丙烯腈-苯乙烯共聚物（AS）	丙烯腈	SML = ND （DL = 0.020 mg/kg）	
	三聚氰胺-甲醛树脂（MF）	三聚氰胺	SML = 30 mg/kg	
		甲醛	SML = 15 mg/kg	
	脲醛树脂（UF）	甲醛	SML（T） = 15 mg/kg	二者之和，以甲醛计。
		六亚甲基四胺	SML（T） = 15 mg/kg	
	聚己内酰胺（PA6）	己内酰胺及其钠盐	SML（T） = 15 mg/kg	以己内酰胺计
	聚碳酸酯（PC）	双酚 A	SML = 0.6 mg/kg	
		碳酸二苯酯	SML = 0.05 mg/kg	
	聚酰胺（PA66）	芳香族伯胺	SML（T） =ND（DL= 0.01mg/kg）	
	聚对苯二甲酸乙二醇酯（PET）	对苯二酸	SML = 7.5 mg/kg	
		乙二醇	SML = 12 mg/kg	
	聚氯乙烯（PVC）	氯乙烯	FP 中 QM = 1 mg/kg，SML=ND（DL=0.01 mg/kg）	
		以锡计	SML（T） = 0.006 mg/kg	以锡计
		有机锡（二甲基锡类）	SML（T） = 0.18 mg/kg	以锡计
	聚偏二氯乙烯（PVDC）	偏二氯乙烯	FP 中 QM = 5 mg/kg 或 SML=ND（DL=0.05 mg/kg）	
	聚甲醛（POM）	甲醛	SML（T） = 15 mg/kg	
	聚甲基丙烯酸甲酯（PMMA）	甲基丙烯酸甲酯	SML（T） = 6 mg/kg	以甲基丙烯酸和甲基丙烯酸酯总和计
	聚四氟乙烯（PTFE）	四氟乙烯	SML = 0.05 mg/kg	
	尼龙 11（PA11，聚 ω-氨基十一酰）	11-氨基十一酸	SML =5 mg/kg	
	乙烯-醋酸乙烯共聚物（EVA）	乙酸乙烯酯	SML =12 mg/kg	
	聚氯乙烯瓶盖垫圈（PVC 垫圈）	BBP（邻苯二甲酸苄基丁酯）	SML = 30 mg/kg	仅可用于重复使用制品或接触非脂肪食品（婴儿和幼童食品除外）的一次性制品的增塑剂。用作加工助剂时 FP 中 QM =0.1%
		DINP（邻苯二甲酸二异壬酯）	SML（T） = 9 mg/kg	
		DIDP（邻苯二甲酸二异癸酯）	SML（T） = 9 mg/kg	

续表

材质	类　别	项　目	规范或限量	备　注
		DEHP（邻苯二甲酸二(2-乙基己基）酯	SML（T） = 1.5 mg/kg	仅可用于接触非脂肪食品的重复使用制品的增塑剂。用作加工助剂时 FP 中 QM =0.1%
		DBP（邻苯二甲酸二丁酯）	SML（T） = 0.3 mg/kg	仅可用于接触非脂肪食品的重复使用制品的增塑剂。用作加工助剂时，仅可用于聚烯烃，且 FP 中 QM =0.05%
		NODP （邻苯二甲酸正癸基正辛酯）+DDP（邻苯二甲酸二正癸酯）+DNOP（邻苯二甲酸二正辛酯）混合物	SML = 5 mg/kg	接触脂肪食品时有超 SML 的风险。
	聚氨酯（PU）	异氰酸酯	QM（T） = 1 mg/kg	以异氰酸根（NCO）计
		环氧乙烷	FP 中 QM = 1 mg/kg	
		环氧丙烷	FP 中 QM = 1 mg/kg	
	聚砜（PSF）	双酚 A	SML = 0.6 mg/kg	
	PSF 奶瓶	双酚 A	SML = 0.03 mg/kg	
	聚对苯二甲酸丁二醇酯(PBT)	对苯二酸	SML = 7.5 mg/kg	
		1,4-丁二醇	SML =5 mg/kg	
	发泡聚苯乙烯	偶氮二甲酰胺	2005 年 8 月 2 日起禁用	
橡胶	一般橡胶（含硅橡胶和弹性体）制品	总迁移量	60 mg/kg 或 10 mg/dm²	
		芳香族伯胺	SML = ND（DL = 0.01 mg/kg）	
		特定物质	参见以下内容	
	喂食奶嘴和安抚奶嘴，用硫化橡胶、硅橡胶或热塑性弹性体（TPE 或 TPR）制成	锑（Sb）	15 mg/kg	
		砷（As）	10 mg/kg	
		钡（Ba）	100 mg/kg	
		镉（Cd）	20 mg/kg	
		铅（Pb）	25 mg/kg	
		铬（Cr）	10 mg/kg	
		汞（Hg）	10 mg/kg	
		硒（Se）	100 mg/kg	
		N-亚硝胺	0.01 mg/kg	
		N-亚硝化基化合物	0.1 mg/kg	
		硫醇基苯并噻唑（MBT）	8 mg/kg	
		抗氧剂 246（BHT，2,6-二叔丁基对甲基酚）	30μg/100mL 或 60μg/dm²	
		抗氧剂 2246（2,2′-亚甲基双（4-甲基-6-叔丁基苯酚）	15μg/100mL 或 30μg/dm²	
		挥发性化合物	0.5%（质量分数）	

续表

材质	类别	项目	规范或限量	备注
	丁腈橡胶	丙烯腈	ML = ND（DL=0.01 mg/kg）	
		丁二烯	FP 中 QM =1mg/kg 或 SML=ND（DL=0.020mg/kg）	
	丁苯橡胶和顺丁橡胶	丁二烯	FP 中 QM =1 mg/kg 或 SML=ND（DL=0.020mg/kg）	
	聚氨酯橡胶	异氰酸酯类	FP 中 QM（T）= 1 mg/kg（以 NCO 计）	
	氯醇橡胶	表氯醇（=环氧氯丙烷）	FP 中 QM = 1 mg/kg	
		环氧乙烷	FP 中 QM = 1 mg/kg	
	丙烯酸酯橡胶	丙烯腈	SML=ND（DL=0.01mg/kg）	
	苯乙烯-丁二烯嵌段聚合物（SBS、SEBS）	丁二烯	FP 中 QM =1 mg/kg 或 SML =ND（DL =0.020 mg/kg）	
纸制品	所有纸制品	镉（Cd）	QMA = 0.002 mg/ dm^2	
		铅（Pb）	QMA = 0.003 mg/ dm^2	
		汞（Hg）	QMA = 0.002 mg/ dm^2	
		五氯苯酚	QM = 0.15 mg/kg	
	再生纸制品	BBP（邻苯二甲酸苄基丁酯）	SML = 30 mg/kg	
		DINP（邻苯二甲酸二异壬酯）	SML（T）= 9 mg/kg	
		DIDP（邻苯二甲酸二异癸酯）	SML（T）= 9 mg/kg	
		DEHP（邻苯二甲酸二(2-乙基己基）酯	SML（T）= 1.5 mg/kg	
		DBP（邻苯二甲酸二丁酯）	SML（T）= 0.3 mg/kg	
		NODP（邻苯二甲酸正癸基正辛酯）+DDP（邻苯二甲酸二正癸酯）+ DNOP（邻苯二甲酸二正辛酯）混合物	SML = 5 mg/kg	
		多环芳烃	SML=ND（DL=0.01mg/kg）	
		苯甲酮	SML=0.6 mg/kg	
		米蚩酮	SML=ND（DL=0.01mg/kg）	
		芳香胺	QM=0.1 mg/kg	
		荧光增白剂	ND	
陶瓷制品	扁平制品（深度≤25 mm）	镉（Cd）	0.07mg/dm^2	84/500/EEC 指令
		铅（Pb）	0.8 mg/dm^2	
	一般空心器皿	镉（Cd）	0.3 mg/L	
		铅（Pb）	4.0 mg/L	
	烹调器皿和>3 L 的空心器皿	镉（Cd）	0.1 mg/L	
		铅（Pb）	1.5 mg/L	

续表

材质	类　别	项　目	规范或限量	备　注
玻璃制品	扁平制品	铅	0.8 mg/dm^2	取样品结果数据平均值
	小空心器皿	铅	1.5 mg/L	所有样品结果数据
	大空心器皿	铅	0.75 mg/L	所有样品结果数据
	特大空心器皿	铅	0.5 mg/L	所有样品结果数据
软木制品		五氯苯酚	QM=0.15 mg/kg，SML=150ng/kg	
		三氯苯酚	SML=2000 ng/kg	
		感官特性	不得引起食品感官性质的劣变	
		微生物	不含有可产生微生物污染的真菌和酵母菌	

注：

1. SML——某种特定物质在食品或食品模拟物的迁移限量，简称特定迁移限量，以 mg（物质）/kg（食品或食品模拟物）表示。

2. SML（T）——以总的基团/物质表示的特定迁移限量。

3. QM——物质在原料或制品中最大允许残留量，以 mg（物质）/kg（材料）表示。

4. QMA——在成品或制品中，每 6 平方分米与食品直接接触的表面内允许含有的某种物质的最大毫克数，一般以“mg/6dm^2”为单位。

5. QM（T）——以总的基团/物质表示的在原料或制品中最大允许残留量。

6. ND——不得检出。

7. DL——分析方法的检出限。

8. FP——最终材料或制品。

三、美国

材质	类　别			项　目	规范或限量要求	备　注
塑料制品	有机涂层	≤3.785L（1 加仑）的一次性容器	用于容器的涂料（涂层）	经锌（以油酸锌计）校正后的氯仿可溶性提取物	≤0.5mg/in^2，且≤（0.005%×容器水容量）/容器接触面积（mg/in^2）	FDA 21CFR 175.300
			带涂层的容器制品	经锌（以油酸锌计）校正后的氯仿可溶性提取物	≤0.5mg/(in^2 食品接触面积)，且≤50mg/(kg 容器水容量)	
		>3.785L（1 加仑）的一次性容器		经锌（以油酸锌计）校正后的氯仿可溶性提取物	≤1.8mg/in^2，且≤（0.005%×容器水容量）/容器接触面积（mg/in^2）	
		用于重复使用容器的涂料（涂层）		经锌（以油酸锌计）校正后的氯仿可溶性提取物	≤18mg/in^2，且≤（0.005%×容器水容量）/容器接触面积（mg/in^2）	
		容器组分以外的重复使用涂料（涂层）		经锌（以油酸锌计）校正后的氯仿可溶性提取物	≤18mg/in^2 涂层面积	
		丙烯酸酯共聚物涂层		氯仿可溶性提取物	≤0.5mg/in^2（水，100℃，30min）	FDA 21CFR 175.210
				氯仿可溶性提取物	≤0.5mg/in^2（正庚烷，49℃，30min）	

续表

材质	类　别	项　目	规范或限量要求	备　注
	丙烯酸塑料（PMMA 等）	总不挥发性提取物	≤0.3 mg/in²（0.0465 mg/cm²）	FDA 21CFR 177.1010
		高锰酸钾可氧化提取物的吸光度	≤0.15（水、8%乙醇和 50%乙醇）	
		有紫外吸收提取物的吸光度	≤0.30（水、8%乙醇和 50%乙醇）	
		有紫外吸收提取物的吸光度	≤0.10（正庚烷）	
	丙烯腈/丁二烯/苯乙烯共聚物（ABS）制品，用于表 4 中 E~G 条件下各类食品（含醇饮料除外）	共聚物的氮含量	16%~18.5%（基于共聚物）	FDA 21CFR 177.1020
		残留丙烯腈单体	≤11mg/kg	注：本节所指 ABS 不可用作制造饮料容器
		总不挥发性提取物	≤0.5μg /in²（水、3%乙酸或正庚烷，49℃，8d）	
		丙烯腈提取量	≤1.5μg /in²（水、3%乙酸，65℃，15d）	
	丙烯腈/丁二烯/苯乙烯/甲基丙烯酸甲酯共聚物制品，用于表 4 中 C~G 条件下（≤88℃）的各类食品（碳酸饮料除外）	共聚物的氮含量	13.0%~16.0%（基于共聚物）	FDA 21CFR 177.1030
		残留丙烯腈单体	≤11mg/kg	注 1：本节所指共聚物不可用作制造饮料容器
		总不挥发性提取物	≤0.5μg/in²（水、3%乙酸或正庚烷，49℃，10d）	注 2：需同时符合 180.22
		丙烯腈提取量	≤2.5μg /in²（水、3%乙酸，88℃，2h，冷却至 49℃80~90 min，保持 49℃10d）	
丙烯腈-苯乙烯共聚物（AS）	由 66~72 份的丙烯腈和 28~34 份的苯乙烯聚合，用于表 4 中 C~G 条件下的无醇饮料	共聚物的氮含量	17.4%~19%（基于共聚物）	
		残留丙烯腈单体	≤80mg/kg	FDA 21CFR 177.1040
		总不挥发性提取物	≤0.01mg/in²（水、3%乙酸，66℃，10d）	注：需同时符合 180.22
		共聚物提取量	≤0.001mg/in²（水、3%乙酸，66℃，10d）	
	由 45~65 份的丙烯腈和 35~55 份的苯乙烯聚合，用于 93℃以下的各类食品（饮料瓶除外）	共聚物的氮含量	12.2%~17.2%（基于共聚物）	
		残留丙烯腈单体	≤50mg/kg	
		共聚物提取量（基于 100g 共聚物试样）	≤2.0mg/kg（250 mL 水或正庚烷，回流温度，2 h）	
	由 66~72 份的丙烯腈和 28~34 份的苯乙烯聚合，用于表 4 中 C~G 条件下的无醇和含醇低于 8%的饮料	共聚物的氮含量	17.2%~19%（基于共聚物）	
		残留丙烯腈单体	≤0.10mg/kg	
		总不挥发性提取物	≤0.01mg/in²（水、3%乙酸，66℃，10d）	
		共聚物提取量	≤0.001mg/in²（水、3%乙酸，66℃，10d）	

续表

材质	类　别		项　目	规范或限量要求	备　注
	以丁二烯/苯乙烯弹性体改性的丙烯腈–苯乙烯共聚物，用于室温及以下的无醇饮料瓶		残留丙烯腈单体	≤11mg/kg	FDA 21CFR 177.1050
			共聚物提取量（基于100g共聚物试样）	≤2.0 mg/kg（250 mL 水，回流温度，2 h）	注 1：本表所指共聚物不可用作制造饮料容器
			共聚物提取量（基于100g共聚物试样）	≤0.5 mg/kg（250 mL 正庚烷，回流温度，2 h）	注 2：需同时符合 180.22
			丙烯腈提取量	≤0.4mg/kg	
	正烷基戊二酰亚胺/丙烯酸共聚物类，用于接触表 4 中 D~G 条件下的各类食品（乙醇含量 8%以上的饮料除外）		总不挥发性提取物	≤0.3 mg/in^2	FDA 21CFR 177.1060
			高锰酸钾可氧化提取物的吸光度	≤0.15（水、8% 乙醇和 50%乙醇）	注：按照表 3 和表 4 进行提取试验
			有紫外吸收提取物的吸光度	≤0.30（水、8% 乙醇和 50%乙醇）	
			有紫外吸收提取物的吸光度	≤0.10（正庚烷）	
	对苯二甲酸和间苯二甲酸与1,4–亚环己基二亚甲基的共聚物		总提取物量	≤0.55%（水、乙酸乙酯和正己烷，回流 2h）	FDA 21CFR 177.1240
	乙烯/丙烯酸共聚物	丙烯酸衍生物占总聚合单元 <10% 的制品	酸化氯仿可提取物	≤0.5 mg/in^2（按表 3 和表 4 条件提取）	FDA 21CFR 177.1310
		丙烯酸衍生物占总聚合单元 10%~25%的制品，在表 4 中 B~H 条件下与无游离脂肪食品接触，或在 E~G 条件下与含游离脂肪食品接触	–	–	注：测定方法见 177.1330

续表

材质	类别			项目	规范或限量要求	备注
	乙烯/一氧化碳共聚物，用于≤121℃的制品组分或薄膜内层			氯仿可溶性提取物	≤0.5 mg/in^2（按表3和表4条件提取）	FDA 21CFR 177.1312
	乙烯/丙烯酸乙酯共聚物，用作食品蒸煮用以外的接触材料			二甲苯可溶物	≤11.3%（回流，冷却至25℃）	FDA 21CFR 177.1320
				正己烷可溶物	≤5.5%（50℃下提取）	测试方法见177.1520
	离子键树脂	乙烯/甲基丙烯酸共聚物，或乙烯/甲基丙烯酸/乙酸乙烯酯共聚物，以及二者的铵钙镁钾钠锌盐		酸化氯仿可提取物	≤0.5mg/in^2（按表3和表4条件提取）	FDA 21CFR 177.1330
		乙烯/甲基丙烯酸/丙烯酸异丁酯共聚物及其钾钠锌盐	接触脂肪食品（厚度≤0.051cm的薄膜）	酸化氯仿可提取物（简化试验）	≤0.109mg/cm^2（正庚烷，49℃，2 h）	酸化氯仿可提取物的测定方法详见本节（e）
			接触脂肪食品厚度（厚度>0.051cm的薄膜）	酸化氯仿可提取物（简化试验）	≤0.062mg/cm^2（正庚烷，49℃，2 h）	
			接触脂肪食品厚度（厚度>0.051 cm的薄膜）	酸化氯仿可提取物（平衡试验）	≤0.109mg/cm^2（正庚烷，49℃，达到平衡）	
			接触水质食品	酸化氯仿可提取物（简化试验）	≤0.001mg/cm^2（水性提取物，49℃，48h）	
				酸化氯仿可提取物（平衡试验）	≤0.109mg/cm^2（水性提取物，49℃，达到平衡）	
	乙烯/丙烯酸甲酯共聚物			氯仿可溶性提取物（经锌校正）	≤0.5mg/in^2（按表3和表4提取）	FDA 21CFR 177.1340
	乙烯/乙酸乙烯酯共聚物（EVA）		共聚物	氯仿可溶性提取物	≤0.5mg/in^2（按表3和表4提取）	FDA 21CFR 177.1350
			薄膜制品	总提取物	≤薄膜量的4.5%（正庚烷，24℃，30min）	

续表

材质	类别			项目	规范或限量要求	备注
	乙烯/乙酸乙烯酯/乙烯醇共聚物	厚度≤0.013cm的薄膜制品，用于表4中D~G条件下的表3中Ⅰ、Ⅱ、Ⅳ-B和Ⅷ类食品		总提取物	≤0.0047 mg/cm^2（水，21℃，48 h）	FDA 21CFR 177.1360
				总提取物	≤0.0062 mg/cm^2（50%乙醇，21℃，48 h）	
		厚度≤0.076cm制品，用于表4中F~G条件下的表3中Ⅲ、Ⅳ-A、Ⅶ-A、Ⅸ类食品		总提取物（除以系数5后）	≤0.078 mg/cm^2（正庚烷，38℃，30 min）	
		厚度≤0.018cm制品，用于表4中B~H条件下的所有食品（乙醇含量>8%者除外）		乙烯/乙酸乙烯酯/乙烯醇低聚物提取量	≤0.093 mg/cm^2（水，100℃，30 min）	
	氟碳树脂（不包括全氟碳树脂）			总提取物（基于100g树脂颗粒样品）	≤0.003%（水，回流8 h）	FDA 21CFR 177.1380
	用于重复接触食品的制品或其组分，或用于接触表3中Ⅰ、Ⅱ、Ⅵ、Ⅶ-B和Ⅷ类食品的一次性制品			总提取物（基于100g树脂颗粒样品）	≤0.003%（50%乙醇，回流8 h）	
				总提取物（基于100g树脂颗粒样品）	≤0.01%（正庚烷，回流8 h）	

续表

材质	类别			项目	规范或限量要求	备注
	高温复合薄膜，用于121～135℃的各类食品（乙醇含量大于8%的除外）	用于温度≤121℃的复合薄膜制品		总不挥发性提取物的氯仿可溶物	≤0.0016mg/(cm² 食品接触面)（水，121℃，2 h）	FDA 21CFR 177.1390
		用于温度≤135℃的复合薄膜制品，不使用粘合剂或含聚氨酯的粘合剂		总不挥发性提取物的氯仿可溶物	≤0.0020mg/(cm² 食品接触面)（水，135℃，1 h）	
		用于温度≤135℃的复合薄膜制品，使用聚酯 / 环氧物/尿烷粘合剂		总不挥发性提取物的氯仿可溶物	≤0.016mg/(cm² 食品接触面)（水，135℃，1 h）	
		用于温度≤135℃的复合薄膜制品，使用聚氨酯/聚酯树脂/环氧胺粘剂		总不挥发性提取物的氯仿可溶物	≤0.008mg/(cm² 食品接触面)（水，135℃，1 h）	
		尼龙 12/铝箔复合膜，使用温度≤121℃		总提取物（来自尼龙 12 的接触食品层）	≤0.0078 mg/cm²（水，121℃，2 h）	
		使用尼龙 6/12 树脂（限用于非接触食品层）时，用于温度不超过100℃无醇食品的复合薄膜		ε-己内酰胺提取量	≤0.15mg/(in² 复合薄膜)（水，100℃，5 h）	
				ω-月桂内酰胺提取量	≤0.04mg/(in² 复合薄膜)（水，100℃，5 h）	

续表

材质	类 别		项 目	规范或限量要求	备 注
	聚对苯二甲酸乙二醇酯作为接触食品层，使用乙烯/1,3-亚苯基氧乙烯基间苯二甲酸酯/对苯二甲酸酯共聚物(限用于非接触食品层)时，在表4中C~G条件下使用的复合薄膜		间亚苯基二氧-O,O'二乙基间苯二甲酸酯或环状双间苯二甲酸乙二醇酯提取量	≤0.5 mg/(in^{2}复合薄膜接触食品表面)（8%乙醇，65.6℃，2 h）	
	使用尼龙6/66树脂（限用于非接触食品层）时，用于温度不超过82.2℃无醇食品的复合薄膜		ε-己内酰胺提取量	≤0.15mg/(in^{2}复合薄膜)（水，82.2℃，5 h）	
	使用尼龙6/66树脂（限用于非接触食品层）时，用于温度不超过100℃无醇食品的复合薄膜		ε-己内酰胺提取量	≤0.04mg/(in^{2}复合薄膜)（水，100℃，5 h）	
	使用尼龙6/69树脂（限用于非接触食品层）时，用于表4中B~H条件下无醇食品的复合薄膜		提取物中的氮含量	≤15mg/(cm^{2}复合薄膜)（水，100℃，8 h）	

续表

材质	类别		项目	规范或限量要求	备注
塑料制品	蜜胺/甲醛树脂模制品（MF）（甲醛与三聚氰胺摩尔比<1:3）		氯仿可溶性提取物	≤0.5mg/in²（按表 1 和表 2 提取）	FDA 21CFR 177.1460
	丙烯腈/丙烯酸甲酯共聚物改性的腈橡胶，由 74~77 份丙烯腈、23~27 份丙烯酸甲酯在 8~10 份蜜胺/甲醛树脂模制丁二烯/丙烯腈共聚物存在下接枝共聚而成，用于表 4 中 D~G 条件下的制品组分		共聚物的氮含量	16.5%~19%（基于共聚物）	FDA 21CFR 177.1480
			残留丙烯腈单体	≤11mg/kg	注 1：需同时符 180.22
			乙腈可溶物	≤95%（基于共聚物）	注 2：本节所指共聚物不得用于制造饮料容器
			提取物（基于 100g 共聚物试样）	≤2.0 mg/kg（250 mL 水，回流 2 h）	
			提取物（基于 100g 共聚物试样）	≤0.5 mg/kg（250 mL 正庚烷，回流 2 h）	
	尼龙树脂（PA）	PA66	水提取物	≤1.5%（质量分数）	FDA 21CFR 177.1500
			95%乙醇提取物	≤1.5%（质量分数）	注：提取物检测方法详见 177.1500（d）
			乙酸乙酯提取物	≤0.2%（质量分数）	
			苯提取物	≤0.2 %（质量分数）	
		PA610	水提取物	≤1.5%（质量分数）	
			95%乙醇提取物	≤2.0%（质量分数）	
			乙酸乙酯提取物	≤1.0 %（质量分数）	
			苯提取物	≤1.0 %（质量分数）	
		PA66/610	水提取物	≤1.5%（质量分数）	
			95%乙醇提取物	≤2.0 %（质量分数）	
			乙酸乙酯提取物	≤1.0%（质量分数）	
			苯提取物	≤1.0%（质量分数）	
		PA6/66	ε-己内酰胺单体残留量	≤0.7%（质量分数）	
			水提取物	≤2.0%（质量分数）	
			95%乙醇提取物	≤2.0%（质量分数）	
			乙酸乙酯提取物	≤1.5 %（质量分数）	
			苯提取物	≤1.5 %（质量分数）	
		PA6/66 树脂，限用于复薄膜中非接触食品层（详见 177.1395）	ε-己内酰胺单体残留量	≤0.4%（质量分数）	FDA 21CFR 177.1500
			水提取物	≤0.8%（质量分数）	注：提取物检测方法详见 177.1500（d）
			95%乙醇提取物	≤1.0%（质量分数）	
			乙酸乙酯提取物	≤0.5 %（质量分数）	
			苯提取物	≤0.5 %（质量分数）	

续表

材质	类别		项目	规范或限量要求	备注
塑料制品	尼龙树脂（PA）	PA11，用于≤0.5 %（质量分数）一次性或重复使用制品	水提取物	≤0.30%（质量分数）	
			95%乙醇提取物	≤0.35%（质量分数）	
			乙酸乙酯提取物	≤0.25%（质量分数）	
			苯提取物	≤0.3 %（质量分数）	
		PA11，限用于重复使用制品，或一次性制品中接触食品一侧的粘合剂	水提取物	≤0.35%（质量分数）	
			95%乙醇提取物	≤1.6 %（质量分数）	
			乙酸乙酯提取物	≤0.35 %（质量分数）	
			苯提取物	≤0.40%（质量分数）	
		厚度≤51μm的PA6/12薄膜，用于表4中B~H条件下的各类食品（乙醇含量>8%者除外）	水提取物	≤2.0%（质量分数）	
			乙酸乙酯提取物	≤1.5%（质量分数）	
			苯提取物	≤1.5%（质量分数）	
		PA6	水提取物	≤1.0 %（质量分数）	
			95%乙醇提取物	≤2.0 %（质量分数）	
			乙酸乙酯提取物	≤1.0%（质量分数）	
			苯提取物	≤1.0%（质量分数）	
		PA6，限用于厚度≤0.0254mm的薄膜	水提取物	≤1.5%（质量分数）	
			95%乙醇提取物	≤2.0 %（质量分数）	
			乙酸乙酯提取物	≤1.0%（质量分数）	
			苯提取物	≤1.0%（质量分数）	
		PA66T，限用于厚度≤0.0254mm的薄膜	水提取物	≤1.0 %（质量分数）	
			95%乙醇提取物	≤1.0 %（质量分数）	
			乙酸乙酯提取物	≤0.25%（质量分数）	
			苯提取物	≤0.25%（质量分数）	
		PA612，限用于≤100℃的重复使用制品	水提取物	≤0.50%（质量分数）	
			95%乙醇提取物	≤1.50%（质量分数）	
			乙酸乙酯提取物	≤0.50 %（质量分数）	
			苯提取物	≤0.50%（质量分数）	
		PA12，限用于：1）接触表4中A（杀菌条件≤30min，≤121℃）和B~H条件下无醇食品的厚度≤0.0254 mm的薄膜；2）涂料，拟重复接触表4中B~H条件下各类食品（乙醇含量大于8%者除外）	水提取物	≤1.0 %（质量分数）	FDA 21CFR 177.1500
			95%乙醇提取物	≤2.0 %（质量分数）	注：提取物检测方法详见177.1500 (d)
			乙酸乙酯提取物	≤1.50%（质量分数）	
			苯提取物	≤1.50%（质量分数）	
		厚度≤40μm的PAMXD-6和抗冲击改性PAMXD-6薄膜，用于表4中C~H条件下的表3中Ⅴ和Ⅸ类食品	水提取物	≤2.0 %（质量分数）	
			95%乙醇提取物	≤2.5 %（质量分数）	
			乙酸乙酯提取物	≤1.0 %（质量分数）	
			苯提取物	≤1.0 %（质量分数）	

续表

材质	类别		项目	规范或限量要求	备注
塑料制品	尼龙树脂（PA）	抗冲击改性 PAMXD-6 树脂，在 PA6 薄膜（膜厚≤15μm）中用作改性剂（用量≤13%）。薄膜用于各类食品（乙醇含量＞8%的饮料除外），以及<49℃的饮料	水提取物	≤2.0 %（质量分数）	
			95%乙醇提取物	≤2.5 %（质量分数）	
			乙酸乙酯提取物	≤1.0 %（质量分数）	
			苯提取物	≤1.0 %（质量分数）	
		PAMXD-6 树脂，仅用于以下制品的非接触食品层：多层薄膜；由 PP 接触食品层和外层构成的硬质塑料容器	间甲苯二胺-己二酸环状单体提取量	≤0.5μg/in²（按表 3 和表 4 选择条件提取）	
			水提取物	≤1.0 %（质量分数）	
			95%乙醇提取物	≤1.5 %（质量分数）	
			乙酸乙酯提取物	≤0.2%（质量分数）	
			苯提取物	≤0.2%（质量分数）	
		PA12T，用于各类食品（乙醇含量＞8%者除外）	水提取物	≤0.1%（质量分数）	
			乙酸乙酯提取物	≤0.50%（质量分数）	
			苯提取物	≤0.50%（质量分数）	
		PA6I/6T，用于各类食品（乙醇含量＞8%的饮料除外）	水提取物	≤0.2%（质量分数）	
			95%乙醇提取物	≤1.0 %（质量分数）	
			乙酸乙酯提取物	≤0.1%（质量分数）	
			苯提取物	≤0.1%（质量分数）	
		PA6/12 树脂，限用于复合薄膜中非接触食品层（详见 177.1395）	ε-己内酰胺残留量	≤0.5%（质量分数）	FDA 21CFR 177.1500
			ω-月桂内酰胺残留量	≤0.1%（质量分数）	注：提取物检测方法详见 177.1500 (d)
			水提取物	≤0.8%（质量分数）	
			95%乙醇提取物	≤1.0 %（质量分数）	
			乙酸乙酯提取物	≤0.5%（质量分数）	
			苯提取物	≤0.5%（质量分数）	
		PA6/12 树脂，限用于高温复合薄膜（详见 177.1390）	ε-己内酰胺残留量	≤0.8%（质量分数）	
			ω-月桂内酰胺残留量	≤0.1%（质量分数）	
			水提取物	≤1.0 %（质量分数）	
			95%乙醇提取物	≤1.5%（质量分数）	
			乙酸乙酯提取物	≤0.5%（质量分数）	
			苯提取物	≤0.5%（质量分数）	
		PA6/69 树脂，限用于复合薄膜中非接触食品层（详见 177.1395）	水提取物	≤3.0 %（质量分数）	

续表

材质	类别			项目	规范或限量要求	备注
塑料制品	尼龙树脂（PA）	PA46，限用于表4中E~G条件下重复使用的滤膜，接触醇含量≤13%的饮料		水提取物	≤0.3%（质量分数）	
				95%乙醇提取物	≤0.2%（质量分数）	
				乙酸乙酯提取物	≤0.2%（质量分数）	
				苯提取物	≤0.3%（质量分数）	
		PA6-3-T，用于表4中D~H条件下（热灌装温度≤40℃）的重复接触含醇≤8%饮料的制品（瓶除外）		水提取物	≤0.007%（质量分数）	
				95%乙醇提取物	≤0.64%（质量分数）	
				乙酸乙酯提取物	≤0.003%（质量分数）	
				苯提取物	0	
	烯烃类聚合物	聚丙烯		正己烷提取物	≤6.4%（回流温度）	
				二甲苯提取物	≤9.8%（25℃）	
		聚乙烯	蒸煮时包裹或存放食品的制品除外	正己烷提取物	≤5.5%（50℃）	
				二甲苯提取物	≤11.3%（25℃）	
			蒸煮时包裹或存放食品的制品	正己烷提取物	≤2.6%（50℃）	
				二甲苯提取物	≤11.3%（25℃）	
			用作涂料（用量≤涂料的50%）	正己烷提取物	≤53%（50℃）	
				二甲苯提取物	≤75%（25℃）	
		烯烃类共聚物（以下三栏中的烯烃类共聚物除外）		正己烷提取物	≤5.5%（50℃）	
				二甲苯提取物	≤30%（25℃）	
		烯烃类共聚物，限于在表4中D~H条件下接触食品		正己烷提取物	≤5.5%（50℃）	
				二甲苯提取物	≤30%（25℃）	
		烯烃类共聚物，用于蒸煮时包裹或存放食品的制品		正己烷提取物	≤2.6%（50℃）	
				二甲苯提取物	≤30%（25℃）	
		4-甲基-1-戊烯和1-链烯烃的共聚物		正己烷提取物	≤6.6%（回流温度）	
				二甲苯提取物	≤7.5%（25℃）	
		聚（甲基戊烯）		正己烷提取物	≤6.6%（回流温度）	
				二甲苯提取物	≤7.5%（25℃）	
		聚乙烯接枝共聚物，详见177.1520（a）（5）		正己烷提取物	≤0.45%（15℃）	
				二甲苯提取物	≤1.8%（25℃）	
		乙烯/马来酸酐共聚物，用作粘合剂或密封材料，与≤49℃的食品接触		正己烷提取物	≤1.36%（50℃）	
				二甲苯提取物	≤2.28%（25℃）	

续表

材质	类别			项目	规范或限量要求	备注
塑料制品	尼龙树脂（PA）	全氟化碳树脂（六氟丙烯和四氟乙烯均聚或共聚物，或全氟丙基乙烯基醚/四氟乙烯共聚物）	面积≥645dm²、厚度≥127mm的模制品	总提取物量	≤3.1mg/dm²（水、50%乙醇、正庚烷和乙酸乙酯，回流提取2h）	FDA 21CFR 177.1550
				氟化物提取量（以氟计）	≤0.46mg/dm²（水、50%乙醇、正庚烷和乙酸乙酯，回流2 h）	注：全氟丙基乙烯基醚/四氟乙烯共聚物限用于重复使用制品的涂层
			厚度0.025mm的六氟丙烯和四氟乙烯均聚或共聚物涂层，或厚度0.10mm的全氟丙基乙烯基醚/四氟乙烯共聚物涂层	总提取物量	≤3.1mg/dm²（水、8%乙醇、正庚烷，回流2 h）	
				氟化物提取量（以氟计）	≤0.46mg/dm²（水、8%乙醇、正庚烷，回流2 h）	
	多芳基化合物（双酚A和间、对苯二甲酸二苯酯缩合物）			总提取物（厚度＞0.5mm的片状树脂表面）	≤2.33μg/cm²（水，121℃，2 h）	FDA 21CFR 177.1555
	聚芳基醚酮树脂，用于重复使用制品			总提取物量	≤0.008mg/cm²（水、50%乙醇、3%乙酸、正庚烷，回流2 h）	FDA 21CFR 177.1556
	聚芳基砜树脂，用于较高温度下接触食品的制品			总提取物量	≤0.008mg/cm²（提取2h：水，121℃；50%乙醇，71.1℃；3%乙酸，100℃；正庚烷，65.6℃）	FDA 21CFR 177.1560
	聚-1-丁烯和丁烯/乙烯共聚物	聚-1-丁烯		正庚烷提取物（95%乙醇提取物≤0.80%）	≤2.5%（50℃，2 h）	FDA 21CFR 177.1570
		丁烯/乙烯共聚物		95%乙醇提取物（0.1~0.2mm薄膜试样）	≤0.80%（索氏抽提，回流6 h）	
		聚-1-丁烯（厚度≤0.1mm蒸煮用制品）		正庚烷提取物	≤2.5%（50℃，2 h）	
	聚碳酸酯（PC）树脂			总提取物量	≤0.15%（水、50%乙醇、正庚烷，回流6h）	FDA 21CFR 177.1580
	聚酯碳酸酯树脂			总提取物量	≤0.005%（水、50%乙醇，回流6h）	FDA 21CFR 177.1585
				总提取物量	≤0.002%（正庚烷，回流6h）	
				二氯甲烷残留量	≤5mg/kg	
	聚醚酰亚胺树脂			总提取物（基于厚度0.16cm的薄片试样）	≤12.3μg/cm²（水，121℃，2 h）	FDA 21CFR 177.1595
	羧基改性的聚乙烯树脂			总提取物量	0.5mg/in²（按表3和表4提取）	FDA 21CFR 177.1600
	氯化聚乙烯，用于接触脂肪食品以外的制品（蒸煮用包装除外）；接触脂肪食品时，限用于聚氯乙烯/氯化聚乙烯共聚物制品中的改良剂，且用量≤15%			正己烷提取物	≤7.0%（50℃）	FDA 21CFR 177.1610
				总氯	≤60%	注：所用聚乙烯应符合177.1520要求

续表

材质	类　别			项　目	规范或限量要求	备　注
塑料制品	氟化聚乙烯制品，由氟气对聚乙烯制品表面进行改性而得			正己烷提取物量≤5mg/kg	≤5.5%	FDA 21CFR 177.1615
				二甲苯提取物量	≤11.3%	
				氟离子提取量（以所接触的食品体积计）	≤5mg/kg（按表3和表4提取）	
	氧化聚乙烯			酸化氯仿可提取物	≤0.5mg/in^2（按表3和表4提取）	FDA 21CFR 177.1620 注：按177.1330（c）测定
	苯二甲酸乙二醇酯聚合物（PET）	用于温度≤121℃食品（含醇饮料除外）		氯仿可溶性提取物	≤0.5mg/in^2（水，121℃，2 h）	FDA 21CFR 177.1630
				氯仿可溶性提取物	≤0.5mg/in^2（正庚烷，65.6℃，2 h）	
		用于乙醇含量≤50%的饮料		氯仿可溶性提取物	≤0.5mg/in^2（水，121℃，2 h）	
				氯仿可溶性提取物	≤0.5mg/in^2（正庚烷，65.6℃，2 h）	
				氯仿可溶性提取物	≤0.5mg/in^2（50%乙醇，49℃，24 h）	
		无涂层PET塑料，用于包装食品后在>121℃焙烤或蒸煮		氯仿可溶性提取物	≤0.02 mg/in^2（水，121℃，2 h）	
				氯仿可溶性提取物	≤0.02 mg/in^2（正庚烷，65.6℃，2 h）	
		PET纤维，用于干食品；或温度≤100℃散装食品（含醇饮料除外）的重复使用（包括过滤）制品；或温度≤49℃，乙醇含量≤50%散装饮料的过滤		氯仿可溶性提取物	≤0.2 mg/in^2（水，100℃，2 h）	
				氯仿可溶性提取物	≤0.2 mg/in^2（正庚烷，65.6℃，2 h）	
				氯仿可溶性提取物	≤0.2 mg/in^2（50%乙醇，49℃，24 h）	
		用于乙醇含量≤95%的饮料	容积>500mL	氯仿可溶性提取物	≤0.005 mg/in^2（95%乙醇，49℃，24 h）	
			容积≤500 mL	氯仿可溶性提取物	≤0.05 mg/in^2（95%乙醇，49℃，24 h）	
	聚对甲基苯乙烯和用橡胶改性的聚对甲基苯乙烯，限用于表4中B~H条件。			对甲基苯乙烯单体残留量	≤1%（聚对甲基苯乙烯基本聚合物）	FDA 21 CFR 177.1635
				对甲基苯乙烯单体残留量	≤0.5%（橡胶改性聚合物）	
	聚（氧-1,2-乙烷二基氧羰基-2,6-萘二基羰基）树脂			总不挥发提取物	≤2.0mg/ in^2（水，121℃，2 h）	FDA 21 CFR 177.1637

续表

材质	类别		项目	规范或限量要求	备注
塑料制品	聚苯乙烯及橡胶改性聚苯乙烯（PS）	PS 基本聚合物	苯乙烯单体残留量	≤1%（质量分数）	FDA 21 CFR 177.1640
		用于接触脂肪食品的 PS 基本聚合物	苯乙烯单体残留量	≤0.5%（质量分数）	
		橡胶改性 PS	苯乙烯单体残留量	≤0.5%（质量分数）	
	聚砜树脂，用于重复使用制品，或表 4 中 H 条件下的一次性制品		总提取物量	≤0.0078mg/cm²（水、3%乙酸、50%乙醇和正庚烷，回流 6 h）	FDA 21 CFR 177.1655
	聚对苯二甲酸四亚甲基酯制品		总提取物量	≤0.08mg/in²（水、121℃，2 h）	FDA 21 CFR 177.1660
			总提取物量	≤0.02mg/cm²（正庚烷，65.6℃，2 h）	
			总提取物量	≤0.04 mg/in²（3%乙酸，100℃，2 h）	
			总提取物量	≤0.02 mg/in²（50%乙醇，65.6℃，2 h）	
	聚乙烯醇薄膜（不可用作与水接触制品）		总提取物量	≤0.078mg/cm²（按表 3 和表 4 提取）	FDA 21 CFR 177.1670
	与表面无游离脂肪食品接触的苯乙烯嵌段聚合物	苯乙烯与 1,3-丁二烯的嵌段聚合物	总提取物量（基于厚度 0.19cm 的试样）	≤0.0039mg/cm²（水，回流 30min）	FDA 21 CFR 177.1810
				50%乙醇≤0.002mg/cm²	
			总提取物量（基于厚度 0.19cm 的试样）	≤0.002mg/cm²（50%乙醇，66℃，2 h）	
		苯乙烯与 2-甲基-1,3-丁二烯，或氢化苯乙烯与 1,3-丁二烯的嵌段聚合物	总提取物量（基于厚度 0.071cm 的试样）	≤0.002mg/cm²（水，回流 2 h）	
			总提取物量（基于厚度 0.071cm 的试样）	≤0.002mg/cm²（50%乙醇，66℃，2 h）	
	苯乙烯/马来酸酐共聚物，用于表 4 中 B~H 条件下的各类食品（含醇和碳酸饮料除外）	苯乙烯/马来酸酐共聚物	苯乙烯单体残留量	≤0.3%（质量分数）	FDA 21 CFR 177.1820
			马来酸酐残留量	≤0.1%（质量分数）	
			总提取物量	≤0.006%（水，回流 1 h）	
			总提取物量	≤0.02%（正庚烷，23℃，2 h）	
		丁二烯改性的苯乙烯/马来酸酐共聚物	苯乙烯单体残留量	≤0.3%（质量分数）	
			马来酸酐残留量	≤0.1%（质量分数）	
			总提取物量	≤0.015%（水，回流 1 h）	
			总提取物量	≤1.0%（正庚烷，23℃，2 h）	

续表

材质	类别	项目	规范或限量要求	备注
	苯乙烯/甲基丙烯酸甲酯共聚物	总不挥发性提取物	≤0.3mg/in^2（按表3和表4条件提取）	FDA 21 CFR 177.1830
		高锰酸钾可氧化提取物的吸光度	≤0.15（水，8%和50%乙醇）	注：测定方法见177.1010（C）
		紫外可吸收提取物的吸光度	≤0.30（水，8%和50%乙醇）	
		紫外可吸收提取物的吸光度	≤0.40（正庚烷）	
	无纺毡复合片材	总提取物量	1%（水，回流1 h）	FDA 21 CFR 177.1850
	脲醛树脂模制品（UF）（甲醛与尿素的摩尔比<2∶1）	总提取物量	≤0.5mg/in^2（按表1和表2提取）	FDA 21CFR 177.1900
	氯乙烯/乙烯共聚物，用于表4中D~G条件	总提取物量	0.1%（正庚烷，65.6℃，2 h）	FDA 21CFR 177.1950
		总提取物量	0.03%（水，65.6℃，2 h）	注：分析方法见本节
		总提取物中的氯乙烯乙烯共聚物（基于100g样品）	0.5mg（水，65.6℃，2 h）	
	氯乙烯/1-己烯共聚物，用于表4中D~G条件	总提取物量	0.01%（水，65.6℃，2 h）	FDA 21CFR 177.1960
		总提取物量	0.3%（正庚烷，65.6℃，2 h）	
	氯乙烯/月桂基乙烯基醚共聚物	总提取物量	0.03%（水，65.6℃，2 h）	FDA 21CFR 177.1970
		总提取物量	0.60%（正庚烷，65.6℃，2 h）	注：分析方法见本节
	氯乙烯/丙烯共聚物	总提取物量	0.1%（正庚烷，65.6℃，2 h）	FDA 21CFR 177.1980
		总提取物量	0.03%（水，65.6℃，2 h）	注：分析方法见本节
		总提取物中的氯乙烯丙烯共聚物（基于100g样品）	0.17mg（水，65.6℃，2 h）	
	1,1-二氯乙烯/丙烯酸甲酯共聚物制品（无支持薄膜，阻隔层等）	1,1-二氯乙烯单体残留量	≤10mg/kg	FDA 21CFR 177.1990
		丙烯酸甲酯单体残留量	≤5mg/kg	
		总提取物量（基于10g树脂试样）	≤0.5%（100mL水，121℃，2 h；再100mL正庚烷，66℃，2 h）	
		总提取物量（基于薄膜形式的试样）	≤0.047mg/cm^2（水，121℃，2h）	
	1,1-二氯乙烯/丙烯酸甲酯/甲基丙烯酸甲酯共聚物及其制品	氯仿可溶性提取物	≤0.08mg/cm^2（按表3和表4条件提取）	FDA 21CFR 177.2000

续表

材质	类　别		项　目	规范或限量要求	备　注
	无机物增强的尼龙树脂（PA66+最多40%的碳酸钙+最多0.2的三乙氧基甲硅烷基丙胺，可含有最多0.2%的二氧化钛）		总提取物量（基于1/8 in的模制试验条）	≤5mg/in^2（水和50%乙醇，回流24 h；体积面积比=2mL / in^2）	FDA 21CFR 177.2355
			提取物的灼烧灰分	≤0.5mg/in^2	
	全氟化碳固化弹性材料（四氟乙烯/全氟甲基乙烯基醚/全氟-2-苯氧丙基乙烯基醚三聚物，其中前二者分别≥40%，后者≤5%。		总提取物量（基于厚度≥1cm的制品）	≤3.1mg/dm^2（水、50%乙醇和正庚烷，回流2 h）	FDA 21CFR 177.2400
			氟化物（以氟计）提取量（基于厚度≥1cm的制品）	≤0.47mg/dm^2（提取条件同总提取物）	
	酚醛树脂模制品		总提取物量	≤0.15mg/in^2（水，回流2 h；体积面积比=2mL/in^2）	FDA 21CFR 177.2410
			苯酚提取量	≤0.15mg/in^2（提取条件同总提取物）	
			苯胺提取量	不得检出（色谱法测定，方法检出限≤0.006mg/in^2，提取条件同总提取物）	
	聚芳醚酮树脂制品		氯仿可溶性提取物	≤0.05mg/in^2（水、3%乙酸、50%乙醇和正庚烷，回流2h）	FDA 21CFR 177.2415
	交联聚酯树脂制品		氯仿可溶性提取物	≤0.1mg/in^2（水、8%或50%乙醇）	FDA 21CFR 177.2420
			总提取物量	0.1mg/in^2（正庚烷）	注：按表3和表4条件提取
	聚醚砜树脂制品		氯仿可溶性提取物	≤0.02mg/in^2（水、50%乙醇、3%乙酸和正庚烷，回流2h）	FDA 21CFR 177.2440
	聚氧化（2,6-二甲基-1,4-亚苯基）树脂，用于重复使用制品，或表4中H条件下的一次性用品		总提取物量（基于25g树脂试样）	≤0.02%（200mL正庚烷，71.1℃，2h）	FDA 21CFR 177.2460
	聚甲醛共聚物，可用于温度≤121℃的重复使用制品	制品	氯仿可溶性提取物	≤0.5mg/in^2（按表1和表2条件提取）	FDA 21CFR 177.2470
		共聚物	总提取物量	≤0.20%（水，回流6 h）	
			总提取物量	≤0.15%（正庚烷，回流6 h）	
	聚甲醛均聚物（POM），可用于温度≤121℃的重复使用制品	制品	氯仿可溶性提取物	≤0.5mg/in^2（按表1和表2条件提取）	FDA 21CFR 177.2480
		均聚物	甲醛提取量（基于均聚物的质量分数）	≤0.0050%	
			总提取物量	≤0.20%（水，回流6 h）	
			总提取物量	≤0.15%（正庚烷，回流6 h）	

续表

材质	类别		项目	规范或限量要求	备注
	聚苯硫醚树脂（涂料）	使用温度≤100℃的涂层	总提取物量	≤0.02mg/in^2（水、50%乙醇和3%乙酸，回流8 h）	FDA 21CFR 177.2490
			总提取物量	≤0.1mg/in^2（正庚烷，回流8 h）	
		高温全氟化碳树脂（见177.1550）用涂层，用于烘烤和油炸食品	总提取物量	≤0.2mg/in^2（水、50%乙醇、3%乙酸和正庚烷，回流8 h）	
			总提取物量	4.5 mg/in^2（二苯醚，回流1 h）	
	聚1,1–二氟乙烯树脂		总提取物量	≤0.01mg/in^2（水、50%乙醇和正庚烷，回流2 h）	FDA 21CFR 177.2510
	苯乙烯/二乙烯基苯交联树脂		总提取物量（基于100g树脂试样）	≤1%（100mL乙酸乙酯，回流1 h）	FDA 21CFR 177.2710
	丙烯腈共聚物	体积面积比＞10mL/in^{2}的一次性使用制品	丙烯腈单体提取量	≤0.003 mg/in^2（食品模拟物，49℃）	FDA 21CFR 180.22
		体积面积比≤10mL/in^{2}的一次性使用制品	丙烯腈单体提取量（基于容器容量）	≤0.3mg/kg（食品模拟物，49℃）	注：根据共聚物组成和使用情况，还应分别符合174~179和181.32要求
		重复使用制品	丙烯腈单体提取量	≤0.003 mg/in^2（食品模拟物，提取条件为使用温度和第一次使用时间）	
	丙烯腈含量≤30%的共聚物和树脂	体积面积比＞10mL/in^{2}的一次性使用制品	丙烯腈单体提取量	≤0.003 mg/in^2	FDA 21CFR 181.32
		体积面积比≤10mL/in^{2}的一次性使用制品	丙烯腈单体提取量（基于容器容量）	≤0.3mg/kg	注：提取条件同180.22
		重复使用制品	丙烯腈单体提取量	≤0.003 mg/in^2	
纸制品	成品纸和纸板（仅指接触水性食品的产品）		经蜡、矿脂、矿物油和锌（以油酸锌计）校正后的氯仿可溶性提取物	≤0.5mg/in^{2}食品接触表面（按表3和表4提取）	FDA 21CFR 176.170
橡胶制品	拟重复使用的橡胶制品（婴儿奶嘴除外）		水中总提取物量（回流温度）	7小时≤20mg/in^2，随后2h≤1 mg/in^2	FDA 21CFR 177.2600
			正己烷中总提取物量（回流温度）	7小时≤175mg/in^2，随后2h≤4mg/in^2	
	拟重复使用的橡胶制品（接触脂类食品）		正己烷中总提取物量（回流温度）	≤175 mg/kg（最初7h），且≤4 mg/kg（随后2h）	

续表

材质	类别		项目	规范或限量要求	备注
	具有密封垫的密封材料	增塑聚合物，包括未硫化的或硫化的或用其他固化方法处理的天然和合成橡胶，由融化物、溶液、增塑溶胶、有机溶胶、机械分散体、或乳胶形式成型的整片或环形垫圈	水提取物的氯仿可溶物	≤50mg/kg	FDA 21CFR 177.1210
			正庚烷提取物的氯仿可溶物	≤500mg/kg	注1：按照表1和表2进行提取试验，氯仿可溶物经锌量（以油酸锌计）校正
			8%乙醇	≤50mg/kg	注2：以使用密封材料的容器的水容量作为计算基础
		增塑聚合物预成型的整片或环形垫圈，包括未硫化的天然和合成橡胶	水提取物的氯仿可溶物	≤50mg/kg	注3 分析方法及结果计算见175.300
			正庚烷提取物的氯仿可溶物	≤250mg/kg	
			8%乙醇	≤50mg/kg	
		经硫化增塑的聚合物预成型的整片或环形垫圈，包括天然和合成橡胶	水提取物的氯仿可溶物	≤50mg/kg	
			正庚烷提取物的氯仿可溶物	≤50mg/kg	
			8%乙醇	≤50mg/kg	
		带聚合物或树脂涂层的纸、纸板、塑料或金属箔基材预成型的整片或环形密封垫	水提取物的氯仿可溶物	≤50mg/kg	
			正庚烷提取物的氯仿可溶物	≤250mg/kg	
			8%乙醇	≤50mg/kg	
木制品			五氯苯酚及其钠盐	≤50mg/kg	FDA 21CFR 178.3800
陶瓷制品	扁平器皿		铅	≤3mg/L	FDA CPG 7117.06、FDA CPG 7117.07
			镉	≤0.5mg/L	
	小空心器皿（杯和马克杯除外）		铅	≤2	
			镉	≤0.5mg/L	
	大空心器皿（水罐除外）		铅	≤1	
			镉	≤0.25mg/L	
	杯和马克杯		铅	≤0.5mg/L	
			镉	≤0.5mg/L	
	水罐		铅	≤0.5mg/L	
			镉	≤0.25mg/L	

三、日本

材质	类别	项目		规范/限量要求
所有包装材料、器皿和器具	所有包装材料、器皿和器具	人工色素		非强制法规所列出的合成人工色素不得使用
金属制品	器皿	铜、铅以及合金		铜、铅以及合金不得被刮出
	用于制造或修补食品接触的器具、容器和包装的金属	铅		≤0.1%
		锑		≤5%
	镀锡层	铅		≤0.1%
	用于制造或修补食品接触的器具、容器和包装的焊接材料	铅		≤0.2%
塑料制品	1. 一般规格要求			
	合成树脂	材质试验	铅	100μg/mL
			镉	100μg/mL
		溶出试验	重金属（以铅计）	1μg/mL（浸出液为4%乙酸）
			高锰酸钾消耗量	10 μg/mL（浸出液为水）
	2. 个别规格要求			
	酚醛树脂、蜜胺甲醛树脂、脲醛树脂	溶出试验	苯酚	5μg/mL（浸出液为水）
			甲醛	阴性
			蒸发残渣	30μg/mL（浸出液为正庚烷）
				30μg/mL(浸出液为20%乙醇)
				30μg/mL（浸出液为水）
				30μg/mL(浸出液为4%乙酸)
	甲醛树脂（不包括酚醛树脂、蜜胺甲醛树脂、脲醛树脂）	溶出试验	苯酚	阴性（浸出液为水）
			甲醛	阴性（浸出液为水）
			蒸发残渣	30μg/mL(浸出液为4%乙酸)
	聚氯乙烯（PVC）	邻苯二甲酸2-乙基己基		产品不能由含邻苯二甲酸2-乙基己基脂的PVC为主要原料制成。但当待测产品经过某种方法处理，可以防止邻苯二甲酸二（2-乙基己基）酯溶出或渗沥到食品中时，该限制不适用。
		材质试验	二丁基锡（DBT,以氯化二丁基锡计）	50μg/g
			磷酸三甲苯酯（TCP）	1 μg/g
			氯乙烯单体	1 μg/g
			邻苯二甲酸2-（乙基己基）酯	1 μg/g
		溶出试验	蒸发残渣	150μg/mL（浸出液为正庚烷）
				30μg/mL（浸出液为20%乙醇）
				30μg/mL（浸出液为水）
				30μg/mL（浸出液为4%乙酸）

续表

材质	类别	项目	规范/限量要求	
	聚乙烯（PE）	溶出试验	蒸发残渣	30 μg/mL（浸出液为正庚烷）
				30μg/mL（浸出液为20%乙醇）
				30μg/mL（浸出液为水）
				30μg/mL（浸出液为4%乙酸）
	或聚丙烯（PP）	溶出试验	蒸发残渣	30 μg/mL（浸出液为正庚烷）
				30μg/mL（浸出液为20%乙醇）
				30μg/mL（浸出液为水）
				30μg/mL（浸出液为4%乙酸）
	聚苯乙烯（PS）	材质试验	挥发性物质（苯乙烯、甲苯、乙苯、异丙苯、丙苯总量）	5 000 μg/g
		溶出试验	蒸发残渣	240μg/mL（浸出液为正庚烷）
				30μg/mL（浸出液为20%乙醇）
				30μg/mL（浸出液为水）
				30μg/mL（浸出液为4%乙酸）
	发泡聚苯乙烯（用于沸水时）	材质试验	挥发性物质（苯乙烯、甲苯、乙苯、异丙苯、丙苯总量）	2 000 μg/g
			苯乙烯	1 000 μg/g
			乙苯	1 000 μg/g
		溶出试验	蒸发残渣	240μg/mL（浸出液为正庚烷）
				30μg/mL（浸出液为20%乙醇）
				30μg/mL（浸出液为水）
				30μg/mL（浸出液为4%乙酸）
	聚偏二氯乙烯（PVDC）	材质试验	钡	100μg/g
			偏二氯乙烯单体	6μg/g
		溶出试验	蒸发残渣	30μg/mL（浸出液为正庚烷）
				30μg/mL（浸出液为20%乙醇）
				30μg/mL（浸出液为水）
				30μg/mL（浸出液为4%乙酸）
	聚对苯二甲酸乙二醇酯（PET）	溶出试验	锑	0.05μg/mL（浸出液为4%乙酸）
			锗	0.1μg/mL（浸出液为4%乙酸）
			蒸发残渣	30μg/mL（浸出液为正庚烷）
				30μg/mL（浸出液为20%乙醇）
				30μg/mL（浸出液为水）
				30μg/mL（浸出液为4%乙酸）
	聚甲基丙烯酸甲酯PMMA（有机玻璃）树脂	溶出试验	甲基丙烯酸甲酯	15μg/mL（浸出液为20%乙醇）
			蒸发残渣	30μg/mL（浸出液为正庚烷）
				30μg/mL（浸出液为20%乙醇）
				30μg/mL（浸出液为水）
				30μg/mL（浸出液为4%乙酸）

续表

<table>
<tr><th>材质</th><th>类别</th><th>项目</th><th colspan="2">规范/限量要求</th></tr>
<tr><td rowspan="29"></td><td rowspan="6">尼龙 PA</td><td rowspan="6">溶出试验</td><td>己内酰胺</td><td>15μg/mL（浸出液为 20%乙醇）</td></tr>
<tr><td rowspan="5">蒸发残渣</td><td>30μg/mL（浸出液为正庚烷）</td></tr>
<tr><td>30μg/mL（浸出液为 20%乙醇）</td></tr>
<tr><td>30μg/mL（浸出液为水）</td></tr>
<tr><td>30μg/mL（浸出液为 4%乙酸）</td></tr>
<tr><td></td></tr>
<tr><td rowspan="4">聚甲基戊烯 PMP</td><td rowspan="4">溶出试验</td><td rowspan="4">蒸发残渣</td><td>120μg/mL（浸出液为正庚烷）</td></tr>
<tr><td>30μg/mL（浸出液为 20%乙醇）</td></tr>
<tr><td>30μg/mL（浸出液为水）</td></tr>
<tr><td>30μg/mL（浸出液为 4%乙酸）</td></tr>
<tr><td rowspan="11">聚碳酸酯 PC</td><td rowspan="3">材质试验</td><td>双酚 A（包括苯酚和对叔丁基苯酚）</td><td>500 μg/g</td></tr>
<tr><td>碳酸二苯酯</td><td>500 μg/g</td></tr>
<tr><td>胺（三乙胺和三丁胺总量）</td><td>1μg/g</td></tr>
<tr><td rowspan="8">溶出试验</td><td rowspan="4">双酚 A（包括苯酚和对叔丁基苯酚）</td><td>2.5 μg/mL（浸出液为正庚烷）</td></tr>
<tr><td>2.5 μg/mL（浸出液为 20%乙醇）</td></tr>
<tr><td>2.5 μg/mL（浸出液为水）</td></tr>
<tr><td>2.5 μg/mL（浸出液为 4%乙酸）</td></tr>
<tr><td rowspan="4">蒸发残渣</td><td>30μg/mL（浸出液为正庚烷）</td></tr>
<tr><td>30μg/mL（浸出液为 20%乙醇）</td></tr>
<tr><td>30μg/mL（浸出液为水）</td></tr>
<tr><td>30μg/mL（浸出液为 4%乙酸）</td></tr>
<tr><td rowspan="4">聚乙烯醇 PVA</td><td rowspan="4">溶出试验</td><td rowspan="4">蒸发残渣</td><td>30μg/mL（浸出液为正庚烷）</td></tr>
<tr><td>30μg/mL（浸出液为 20%乙醇）</td></tr>
<tr><td>30μg/mL（浸出液为水）</td></tr>
<tr><td>30μg/mL（浸出液为 4%乙酸）</td></tr>
<tr><td rowspan="4">聚乳酸</td><td>材质试验</td><td>总乳酸</td><td>30μg/mL（浸出液为水）</td></tr>
<tr><td rowspan="3">溶出试验</td><td rowspan="3">蒸发残渣</td><td>30μg/mL（浸出液为 20%乙醇）</td></tr>
<tr><td>30μg/mL（浸出液为水）</td></tr>
<tr><td>30μg/mL（浸出液为 4%乙酸）</td></tr>
<tr><td rowspan="10">橡胶制品</td><td rowspan="10">非奶嘴橡胶制品</td><td rowspan="3">材质试验</td><td>镉</td><td>100μg/g</td></tr>
<tr><td>铅</td><td>100μg/g</td></tr>
<tr><td>2-巯基咪唑</td><td>阴性</td></tr>
<tr><td rowspan="7">溶出试验</td><td rowspan="3">蒸发残渣</td><td>60μg/mL（浸出液为 20%乙醇）</td></tr>
<tr><td>60μg/mL（浸出液为水）</td></tr>
<tr><td>60μg/mL（浸出液为 4%乙酸）</td></tr>
<tr><td>重金属（以 Pb 计）</td><td>1μg/mL</td></tr>
<tr><td>甲醛</td><td>阴性</td></tr>
<tr><td>酚</td><td>5μg/mL（浸出液为水）</td></tr>
<tr><td>锌</td><td>15μg/mL（浸出液为 4%乙酸）</td></tr>
</table>

续表

材质	类 别	项 目	规范/限量要求	
	橡胶奶嘴	材质试验	镉	100μg/g
			铅	100μg/g
		溶出试验	蒸发残渣	40μg/mL
			重金属（以 Pb 计）	1μg/mL
			甲醛	阴性
			酚	5μg/mL
			锌	1μg/mL
玻璃制品	填充深度<2.5cm 器皿		铅	0.7μg/cm²
			镉	8μg/cm²
	填充深度≥2.5cm	用于加热烹饪的器皿	铅	0.05μg/mL
			镉	0.5μg/mL
		非加热烹饪器皿（容积<600mL）	铅	0.5μg/mL
			镉	1.5μg/mL
		非加热烹饪器皿（600mL≤容积<3L）	铅	0.25μg/mL
			镉	0.75μg/mL
		非加热烹饪器皿（容积≥3L）	铅	0.25μg/mL
			镉	0.5μg/mL
陶瓷制品	填充深度<2.5cm 器皿		铅	0.7μg/cm²
			镉	8μg/cm²
	填充深度≥2.5cm	用于加热烹饪的器皿	铅	0.05μg/mL
			镉	0.5μg/mL
		非加热烹饪器皿（容积<1.1L）	铅	0.5μg/mL
			镉	2μg/mL
		非加热烹饪器皿（1.1L≤容积<3L）	铅	0.25μg/mL
			镉	1μg/mL
		非加热烹饪器皿（容积≥3L）	铅	0.25μg/mL
			镉	0.5μg/mL
搪瓷制品	填充深度<2.5cm 器皿	用于加热烹饪的器皿	铅	0.5μg/cm²
			镉	1μg/cm²
		用于非加热烹饪的器皿	铅	0.7μg/cm²
			镉	8μg/cm²
	填充深度≥2.5cm	容积≥3L	铅	0.5μg/cm²
			镉	1μg/cm²
		非加热烹饪器皿（容积<3L）	铅	0.07μg/mL
			镉	0.8μg/mL
		加热烹饪器皿（容积<3L）	铅	0.07μg/mL
			镉	0.4μg/mL

四、ISO

材质	类　别	项　目	规范或限量要求	备　注
陶瓷、玻璃制品	盘、碟	铅	0.8mg/dm²	ISO 6486-2
		镉	0.07mg/dm²	
	小容器	铅	2mg/L	
		镉	0.5mg/L	
	大容器	铅	1mg/L	
		镉	0.25mg/L	
	储存罐	铅	0.5mg/L	
		镉	0.25mg/L	
	杯	铅	0.5mg/L	
		镉	0.25mg/L	
	烹调用器具	铅	0.5mg/L	
		镉	0.25mg/L	